吉野作造と上杉愼吉

日独戦争から大正デモクラシーへ

今野元 著
Hajime Konno

名古屋大学出版会

吉野作造と上杉愼吉——目　次

凡例

一、本書では、原文引用部および人名に関して、技術的に可能な範囲で当時の表記を再現する（但し原本で略字を使っている箇所を正字に直すことはせず、また書名ではインターネット検索に対応するべく「吉野作造」を用いる）。従来の日本近代史研究には、史料を引用する際に、自動的に戦後の漢字、仮名遣いに置き換える風習があるが、これには疑問の余地がある。ドイツで刊行中の『マックス・ヴェーバー全集』では、ヴェーバー自身の綴り方を尊重しており、編集者が新正書法に直すようなことはしていない。筆者も本書でこの『マックス・ヴェーバー全集』の流儀を踏襲する。

二、年代表記に当たっては、便宜上の理由からキリスト紀元（グレゴリウス暦）を基本とし、これに年号を添えることとする。但し煩雑になる場合、舞台が海外になる場合には、年号併記を省略した。

三、地名表記は原則としてその地域のその時点での官庁語に従う。従って「オーストリア」、ドイツ語系「スイス」は、本書ではエステルライヒ、シュヴァイツと表記する。但しドイツ、モスクワなど慣用に従った地名表記もある。

四、固有名詞は、基本的には代表的なもの（吉野作造、上杉愼吉など）を用いるが、文脈に合わせてその時期の表記（吉野作藏、上杉愼吉など）を用いた箇所もある。また官職、爵位などは、登場する時代によって変化するので、その文脈に合ったものを使用する。

五、本書でいう「大正デモクラシー」とは、日露戦争前後（七博士建白書事件、日比谷焼討事件）から昭和初期（血盟団事件、五・一五事件）にかけて高揚した、民衆の政治参加を求める運動を指している。筆者は旧来の通説とは異なり、議会主義民主制を志向した吉野作造も、愛国的大衆の奮起を呼び掛けた（後半生の）上杉愼吉も、一君万民的秩序を理想とし、国民の政治参加を推進しようとした点で、共に「大正デモクラシー」の担い手だったと考えている。すでに伊藤隆の「革新派」論が問題提起をしたように、前者を促進者、後者を敵対者と見る二項対立的な「大正デモクラシー」観は、近代政治の実態に合わない。ちなみに筆者は、デモクラシーと、ナショナリズム・軍国主義・攻撃的対外政策・排外主義とが、本質的に相矛盾するとは考えていない。また筆者の見解では、デモクラシーおよびポピュリズムは、Föderalismus および Partikularismus と同じで、同一物を賛成・反対の両立場から描写した表現である。

六、引用文中の強調は全て原文にあるものである。原文で二重に強調されている箇所は、本書でも二重に強調する。引用部内の一部箇所を筆者自身が強調することはしない。

七、引用文中の「／」は原文の改行を、［……］は中略を示す。引用者による補足は［　］で示した。

序章　大正デモクラシーとドイツ政治論の競演

一　日本の比較対象としてのドイツ

近現代の日本人は比較対象として常にドイツを意識してきた。もちろん、ドイツだけが近代日本のモデルだったわけではない。幕末維新期の日本ではむしろ英米仏への関心が強く、ドイツは「日耳曼《ゼルマン》」として略述されるに過ぎなかった。しかし、独仏戦争（いわゆる普仏戦争）でドイツ連合軍がフランス帝国軍に圧勝し、誕生したドイツ帝国が経済的にも学問的にも興隆していくにつれて、日本人のドイツ学習熱は高まった。第一次世界戦争後はアメリカが再びその影響力を増していったが、それでもドイツは、今日に至るまで日本人に最も意識される国の一つであり続けている。

日本人がドイツに注目した理由は、時代や立場によって様々である。明治の指導的政治家たちは、学術的・軍事的・経済的発展が著しく、民主化の進展が温和であったドイツに、日本にとっての現実的な模範を見た。第一次世界戦争後、知識人たちはドイツからマルクス主義を吸収しようとし、軍人たちはその総力戦体制の経験に学ぼうとした。戦後の知識人たちは、東ドイツの社会主義国家建設に共感し、近代ドイツの「権威的国民国家」を批判する歴史学の手法を学ぼうとし、のちには西ドイツの「過去の克服」や欧州統合政策を称讃した。最近の日本人は、移民・難民問題、環境問題、観光問題などに関して、ドイツの事例を参照しようとしている。

日本で近代国家建設が一段落し、ドイツ政治を分析するという営み、すなわちドイツ政治論が本格化したのは二〇世紀初頭である。当初はドイツから技術的知識を輸入していた日本人は、明治も後半になると、ドイツという国のあり方そのものに興味を示すようになっていったのである。

二　吉野作造と上杉慎吉――ドイツ政治論の黎明

上杉慎吉《しんきち》や吉野作造は日本におけるドイツ政治論の第一世代に属する。彼らは明治末年から東京帝国大学の教壇に立ち、ドイツに留学して現地の事情を観察し、帰国後はドイツ政治を援用しつつ日本政治の将来を論じた。大正デモクラシーの背景には、ドイツ政治をどう見るかを巡る論争があった。

上杉は北陸の生まれで、東大法科で見出され、卒業と共に助教授に任命され、「獨逸學」に邁進した。上杉は学生時代から憲法学教授だった穂積八束の支援を受け、当初は社会学を志したが、やがてドイツを中心とする西洋政治思想史の研究を始めた。ドイツに留学した上杉は、ハイデルベルク大学教授ゲオルク・イェリネック（一八五一―一九一一年）の下に赴き、また付近の実務を見て回った。上杉はドイツ時代にトルコ人の友人と交友して、帝国主義の熾烈さを実感し、ヴィルヘルム二世やエドワード七世の「親政」に新しい政治指導の模範を見た。帰国後、上杉は当初ドイツでの留学体験を様々に披露していたが、辛亥革命勃発、明治天皇崩御、第一次世界戦争勃発と国内外の情勢が緊迫し、日本の君主制を取り巻く状況が厳しくなると、ドイツ政治を援用しつつ天皇中心の政治を擁護する議論を展開し始め、穂積と共闘するようになる。晩年の上杉の政治運動の出発点となったのも、一九二〇年のドイツを中心とした欧米旅行だった。

これに対し吉野は、仙台でアメリカ系プロテスタンティズムに入信し、日本への愛国心と西洋への傾倒とを両立させる流儀を会得した。次いで吉野は東大法科で「獨逸學」に向き合い、その影響下で学問的自己形成をしていく。吉野は上杉に遅れること一年で大学を卒業し、やはり抜群の成績を収めたが、上杉のような僥倖には恵まれず、妻子を抱え清国で家庭教師をしつつ、職探しの日々を送らなければならなかった。上杉に遅れること六年で漸く政治史助教授に任命された吉野は、間もなく洋行する機会を得たが、主な滞在先はドイツ帝国であった。上杉と違い吉野のドイツ留学には、ドイツ学界との接触がほとんどなく、各国を漫遊し文献を渉猟することで、欧米各国の生きた姿を看取するのを常とした。プロテスタンティズムの政治的使命を確信していた吉野は、折からの政教分離論に反論するために、政治にとって有害なのはキリスト教一般ではなく、専らカトリシズム（および保守派プロテスタンティズム）だとの議論を展開するようになる。帰国後、教授に就任して母校の教壇に立った吉野は、日独戦争の勃発に際し、ドイツ帝国打倒を訴える正戦論を展開し始め、日本が協商国と共に闘うことの意義を語り続けた。吉野は英米を世界の模範として称揚したが、英米にはごく短期間しか滞在したことがなく、ドイツを中心とするヨーロッパ政治史を研究の出発点としていた。二人のドイツ政治論の競演は、戦間期に入っても続いたのだった。

ちなみに本書で筆者が設定する枠組は「吉野作造と上杉愼吉」であって、「美濃部達吉と上杉愼吉」ではない。従来上杉は、常に穂積八束と共に、美濃部達吉、一木《いっき》喜徳郎、有賀長雄の劣位の対抗者として描かれてきた。だが同時代人は、上杉と吉野との関係を意識していた。後輩同僚の穂積重遠曰く「［上杉］先生はよく美濃部達吉先生と並べて云はれるが、同年輩の同僚として對立したのは故吉野作造先生だ。此兩先生は思想傾向の相違を見て犬猿たゞならぬ間柄であったかの様に世間では想像したものだが、「上杉と吉野と自分とは大の親友で、三人でよく芝居を観に行ったものだ」と中田薫先生が思出話をされる」[1]。斎藤勇（英文学者）や片山哲（政治家）も、本郷で二人が共にいるのを目撃しており、南原繁も上杉や中田が、吉野や牧野英一に敬意を懐いていたと証言する[2]。吉野、上杉は同年生まれで、共に東京帝国大学法科大学の特待生になった。助教授一年目の上杉はまだ学生だった吉野を応援し、やがてあとから助教授になった吉野も上杉の著作を推奨した。だが二人の道は別れていく。吉野は政治史講義で上杉の反対説を取り上げ、上杉は「外國の事例や、憲政の本義を説くまでもなく」といった一節で吉野を示唆した[3]。学生団体では吉野系の「帝大新人會」（以下新人会とも）と上杉系の「帝大七生社」（以下七生社とも）とが激突した。ただ二人は、共に大日本帝国憲法を前提とした近代日本の発展を願うという共通項を有していた。そして二人は、議会政治が崩壊する昭和初期に、日米戦争の機運が高まる中でこの世を去ったのである。

三　先行研究の問題点

吉野作造、上杉愼吉の描かれ方の変遷については第七章で述べることにして、次に筆者が克服すべきと考える現在の日本政治史研究の傾向について指摘しておきたい。

(1) 学問分野の相互敬遠：社会科学者が分野の垣根に固執している。日本の政治学界は、蠟山政道や丸山真男らが第二次世界戦争後にドイツ「國法學」、「國家學」の影響を呪った頃から、法学との分離に固執してきた。また法学者側も、「法学的思考《リーガル・マインド》」なるものを称揚し、「法律家《ユリステン》」の特権意識に安住している。法学者、政治学者、経済学者が一堂に会した近代日本の討論風景が忘却され、戦後日本の社会科学は各分野の蛸壺に籠ったのである[4]。

この蛸壺化の影響で、上杉愼吉は純粋法学的に、吉野作造は純粋政治学的に矮小化されて描かれることになった。一方で上杉は政治学科の卒業であり、政治学や社会学の講義も担当していたのに、彼はいつも憲法学者として扱われ、彼の人生はいつも「天皇機関説論争」の前史および後史として描かれてきた。他方で吉野にも行政法助教授になる話があり、牧野英一の刑法論を書評し、また助手河村又介が最高裁判所判事になったにも拘らず、小野塚喜平次（一八七〇—一九四四年）との「師弟」関係が誇張され、上杉との掛け合いも解明されてこなかった。こうした流儀はもう改めなければならない。

(2) 英米偏重：日本近代史研究者の多くが英米、特にアメリカ合衆国に目を奪われている。確かに日米戦争に通じる戦間期の研究でアメリカが重視されるのは当然だが、近代日本がドイツに学び、ドイツと戦い、ドイツと同盟した以上、ドイツ関係の史料を見ない日本史研究というのは、やはり隔靴掻痒の感がある。対米敗戦後の日本では学者のアメリカ留学が多くなり、アメリカには世界の「ベスト・アンド・ブライテスト」が集まるなどと、無邪気に信じる心酔者もいる。これまで「吉野作造とドイツ」という問題意識が十分広まらなかったのは、英米のみに目を向けがちな日本史家が英語以外の西洋語に疎く、二〇世紀後半のドイツ軽視の風潮に安住してきたからではなかろうか。

日独関係が近代日本史研究で重視されてこなかった背景には、ドイツ研究者の怠慢もあった。最近はドイツ研究者も日独関係史に取り組むことが多くなってきたが、二〇世紀末までは日本史に深入りしないのがドイツ研究者の常道であった。だがドイツ研究者が本業を継続しつつ、ドイツ語能力を活かして日本近代史研究でも発言するべきときが来ている。

(3) 戦後日本の源流探し：日本近代史研究者の多くが、なお善悪二元論を払拭できていない。自由民権運動 対 藩閥政府、福澤諭吉・中江兆民 対 伊藤博文・山縣有朋、英米仏 対 ドイツ、衆議院 対 貴族院、政党内閣 対 軍部独裁、開明派教授対民間右翼、キリスト教対神道、民衆対天皇、民衆対国家権力といった具合にである。一方で吉野作造や美濃部達吉を日本内発的な自由民主主義の源流として称揚し、他方で上杉愼吉や穂積八束ら没落した「神権学派」の奇行を冷笑するといった流儀では、日本近代史研究は深まらない(5)。留学以降の吉野は、普通選挙および政党内閣を後援したが、そのエリート主義は政党や大衆への懐疑を孕んでいた。これに対し上杉は、政党や議会を終始敵視したが、人民投票や社会政策への興味が嵩じて「無產の愛國者」に感情移入し、華族や富裕層への敵意を煽る普通選挙論者にもなった。また吉野は、軍閥官僚や枢密院を敵視したが、天皇のことは敬愛し続け、君主制と議会主義民主制とは両立するとの持論に固執した。これに対し上杉は、「天皇卽國家」を呼号したが、家産制国家論を否定し、天皇に私的領域を許さなかった。さらに吉野は、対米・対中関係では日本の自重を求めたが、ロシヤ帝国やドイツ帝国に対しては攻撃的な正戦論者で、晩年には「東洋モンロー主義」に傾斜していく。これに対し上杉は、白人種の世界支配に対抗して黒人、トルコ人、朝鮮人を含めた有色人種の糾合を訴え、中華民国とは(日本の優位を前提とした)連繫を模索していた。このように、単純な二元論的な対立構図では捉えきれない二人を多角的に比較することが、本書の課題である。

第一章　明治日本のドイツ的近代化

一　幕末維新期の「獨逸學」の勃興

「獨逸學」は近代日本の知的基盤だったが、その評価は分かれている。「この時代は最高度に外国文化を摂取し、英仏流の功利主義や自由主義に溺れて自らを忘れ去った者もあったが、これが時代の主流をなしていたわけではない。寧ろ、独自の日本精神を培いつつ、概して英仏思想に対抗していた獨逸文化を摂取し、明治史の根柢を養いつつあった事実を深く思わねばならない[1]」。「ドイツ文化の吸収によって発展した日本は、ドイツと組んで第二次世界大戦をおこすにいたった。それは、憲法における同類性が同類の文化を生み、さらに、国家的行動における提携をも容易にすることを物語っているといってよいようである[2]」。前者はドイツ文化の摂取と日本精神の涵養とを近代日本の精華とする議論（一九四三年）で、後者はドイツ文化の受容を近代日本の破滅の淵源と見る議論（一九七四年）である。このように毀誉褒貶に晒されてきた「獨逸學」の萌芽を見るのが本章の課題である。

一般にドイツ文化においては、(1)近代以降の世界を支配する西洋文化の有力な一潮流という側面と、(2)西洋内

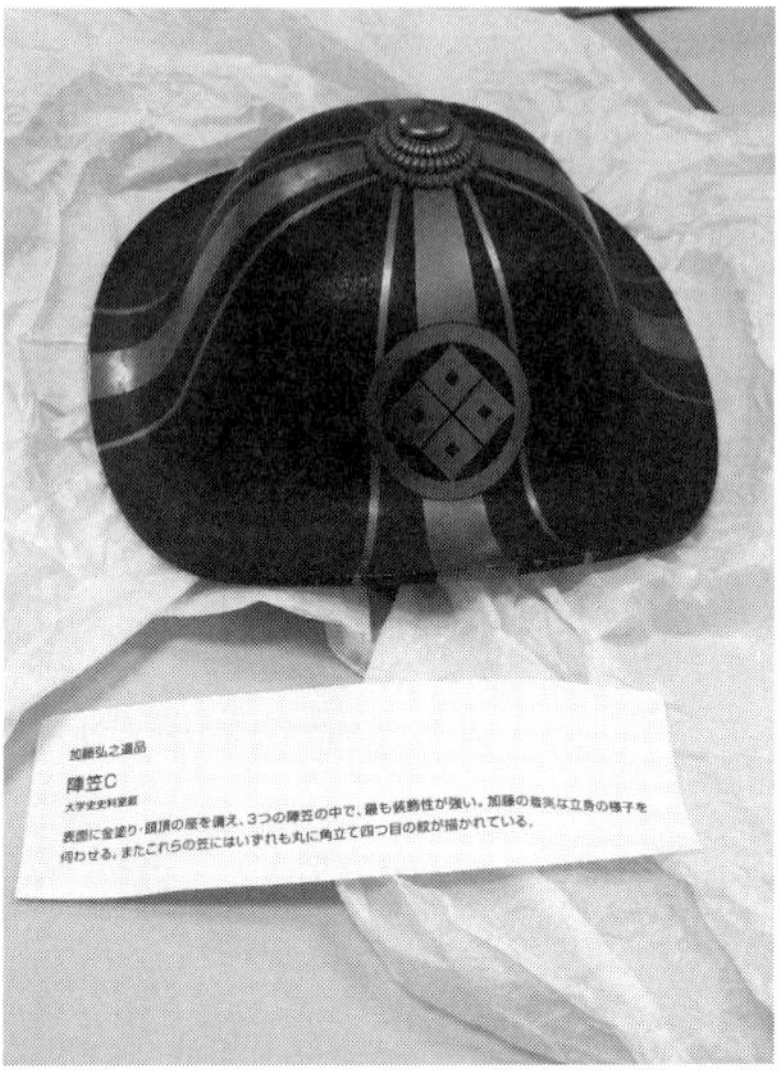

図 1　幕臣加藤弘之の陣笠

「華夷秩序」において英仏（伊米）など「中心」「普遍」に抵抗する「周縁」「固有」の思想という側面とが、複雑に絡み合っている。この支配および抵抗の二面性を押さえることが、ドイツ文化を研究する際にも、その日本での受容である「獨逸學」を見る際にも肝要である。

「獨逸學」の第一歩を印したのは、市川齋宮（兼恭）である。市川は一八一八年（文政元年）に広島藩の侍医の家に生まれ、大阪（適塾）、江戸（杉田立卿・成卿塾）で「蘭學」を修めて、福井藩で砲術指南をしたが、一八五六年（安政三年）に蕃書調所教授手伝となった。市川は活版印刷の研究、ロシヤ使節エフィーミイ・ヴァシリエヴィチ・プチャーチンや再来日したシーボルト（フィリップ・フランツ・フォン・ジーボルト）の応接、フランス語学の創始など多様な業務をこなしたが、頭取の古賀謹一郎の指示で、後述の加藤弘藏と共にドイツ語研究にも着手した（教授の杉田成卿はドイツ語の心得があったが、一八五九年には他界していた）。市川、加藤の「獨逸學」着手は一八六〇年（万延元年）と推測される。同年九月四日、プロイセン王国の外交官フリードリヒ・ツー・オイレンブルク伯爵の率いるドイツ諸国使節団が神奈川に来航すると、市川、加藤はドイツ使節団が献上した電信機、写真機の使用法を伝習して将軍に披露した。幕府崩壊で教授職を辞した市川は、京都兵学校教授、東京学士会院（のち帝国学士院）会員となったが、一八九九年（明治三二年）に長逝した。(3)

後年「獨逸學」の鼻祖と仰がれたのが加藤弘藏（弘之）である。一八三六年（天保七年）に但馬国出石藩士の甲州流兵学指南の家に生まれた加藤は、佐久間象山に兵学・砲術を、次いで坪井爲春に「蘭學」を学んだ。一八六〇年（万延元年）、加藤は二十五歳で蕃書調所教授手伝に採用され、一八六四年（元治元年）に幕臣、開成所教授並となる。一八六八年（明治元年）には、加藤は目付、大目付御勘定頭へと昇進した。徳川家達に従い一旦駿府に赴いた加藤だったが、やがて維新政府に召し出され、開成学校、次いで東京大学の綜理となる。加藤は明治天皇にヨハン・カスパル・ブルンチュリの『國法汎論』を進講し、明六社同人、東京学士会院会員となり、一九〇七年（明治四〇年）に日本の「獨逸學」の創始者として皇帝ヴィルヘルム二世から勲一等王冠勲章を授与された。[4]

日本の「獨逸學」は医学から発展した。西洋世界に日本を紹介したケンペル（エンゲルベルト・ケンプファー）、シーボルトは、いずれも「ドイツ国民の神聖ローマ帝国」（リッペ伯領、ヴュルツブルク司教領）出身の医師であった。杉田玄白、前野良澤が『解體新書』として邦訳した『ターヘル・アナトミア』は、ダンツィヒの医学者ヨハン・アダム・クルムスの著書『解剖学図説《アナトーミシエ・タベッレン》』の蘭語訳であった。ドイツ医学に直接触れようと、市川、加藤以前にも杉田成卿、楢林宗健、桂川甫周らはドイツ語読解に取り組み始めていた。[5]それでも日本の近代医学は初めからドイツ一辺倒だった訳ではない。徳川幕府は長崎医学伝習所を設け、大阪の適塾、江戸の佐倉順天堂と共にオランダ医学を導入した。戊辰戦争ではイギリス海軍医ウィリアム・ウィリスが薩摩藩兵を支援した。維新後に東京の医学校に外国人教師を招聘するに当たり、一旦ウィリスに決定したが、一八六九年（明治二年）に相良知安（佐賀藩蘭方医）が山内容堂、大久保利通らに諫言し、一転ドイツ人招聘となったのが、日本医学のドイツ傾倒

図 2　加藤弘之が授与されたプロイセン勲一等王冠勲章

の端緒とされる。相良は、オランダ人は国が衰退している、イギリス人は日本人を侮蔑している、アメリカは新興国で医学が未発達である、フランスは奢侈に流れている、ドイツは学問が興隆し、国制も日本に近く、アジアにも進出していないと述べており、政治的配慮もあったらしい。長州の推すオランダ医学と、薩摩の推すイギリス医学との対立を回避したのではないか、経験重視のイギリス医学より思弁的なドイツ医学の方が高尚に見えたのではないかなどの説、ウィリスへの排斥運動があったとの伝承もある。結果として「東校」(のち東京医学校)に招聘されたのは、プロイセン陸軍軍医少佐レオポルト・ミュルレル(ミュラー)(内科)、同海軍軍医少尉テオドル・ホフマン(外科)であった。英学中心の風潮の中でドイツ語学習には抵抗もあったが、二人は軍隊の流儀で公私に亙って学生を鍛錬した(6)。

日本医学界のドイツ志向が確立するには、更なるドイツ人教師の来日が必要であった。エルヴィン・フォン・ベルツは、ライプツィヒ大学附属病院で相良元貞(知安の弟)を治療したのが縁で、一八七六年(明治九年)から東京医学校、のち東京大学医学部、東京帝国大学医科大学に勤務した。ベルツは愛知県御油出身の日本女性と結婚し、草津温泉を愛するなど、日本社会にも馴染んだ。また愛知県公立医学校のアルブレヒト・フォン・ローレツは、新ヴィーン学派の医学教育を導入し、山形でも教鞭を執っている。ただ日本医学が悉くドイツ化した訳ではなく、東京慈恵会医科大学のようにイギリス系の医科大学も存在した(7)。

医学に続いてドイツ化したのが軍制である。新政府は山縣有朋、大村益次郎の指導下で、一旦陸軍はフランス式、海軍はイギリス式と決めた。幕末に続き、フランスからの軍事顧問団が招聘された。今日でも警察や陸上自衛隊が用いる「陸軍分列行進曲」は、フランスの軍楽隊長シャルル・ルルーの作曲である。帝国陸海軍の軍服にもフランスの影響が残った。なお各藩の兵制も、土佐藩など九藩はフランス式、薩摩藩など十七藩はイギリス式、水戸藩など十一藩はオランダ式であった(8)。ただ会津藩(山本覺馬)や紀州藩(中澤帯刀)のように、長崎の武器商人・技術者カール・レーマン（プロイセン王国出身）から撃針銃を購入した藩もあり、紀州藩の軍制はカール・ケッペン（シャウムブルク＝リッペ侯国軍人）の指導下でプロイセン式を採用し、ドイツの影響を受けた徴兵制を逸早く導入した[9]。

日本軍制がドイツ式へと転換していく契機は一八七〇年の独仏戦争だったが、これを推進したのが桂太郎である。長州藩士だった桂はフランス留学に向かったが、その途上で独仏戦争の帰趨を知ってドイツに行き先を変え、一旦帰国後、公使館附武官としても再度滞独した。桂はドイツ体験を活かして日本陸軍の整備を進めたが、兒玉源太郎、寺内正毅らと協力して、日本独自の兵制を模索した。桂以外にも大山巖、品川彌二郎、北白川宮能久親王らが独仏戦争を観戦しており、北白川宮はプロイセン陸軍大学校を卒業している。日本陸軍は陸軍大学校教官として、フランス駐在武官やフランス贔屓の陸軍卿西郷従道の抗議を尻目に、プロイセン陸軍参謀少佐クレメンス・メッケルらを招聘した。メッケルは数々の逸話を残し、帰国後は「日本人メッケル」を自称して、日露開戦時には山縣有朋に「日本万歳　メッケル」と打電した。メッケルの死後、日本の陸軍大学校構内にはその胸像が設置された[10]。

やがてドイツ志向は宮廷儀礼、警察業務、軍楽など多方面に広がっていくが、その際人材調達に奔走したのが、青木周藏（一八四四―一九一四年）である。青木は長門国の蘭方医三浦玄仲の長男に生まれ、明倫館好生堂（長州藩立医学校）教頭の青木周弼の養孫となった。青木は医学を学んだものの、本来の興味関心は「政法の学」にあった。「従来予の閲読せし和蘭医書は大半独人の著述を翻訳せしもの」だと気付いた青木は、「某蘭書中の一項に於て、凡そ学問に於ては独逸の右に出づるものなしとの数語」も読んだ。一八六六年のドイツ戦争（いわゆる普墺戦争）で勝利して「目下旭日昇天の勢のある孛国」に留学して「政法の学」を修めようと、青木は一八六八年（明治元年）一〇月に医学修行の名目でベルリンへ向かう。途中青木はマルセイユに上陸し、フランス軍の整然たる教練に感激し、パリの壮麗さにも心を打たれた。青木はフランス人から、ドイツの如き片田舎には行くな、無礼なドイツはもうすぐフランスが懲罰するなどと言われた。だがドイツに入った青木は、プロイセン軍の質実剛健さに驚愕し、薄給でも貴族の矜持を以て滅私奉公する同士官に、日本の武士の姿を投影した。ベルリンで青木はドイツ語学習に努めたが、到底現地人並みには使いこなせないと悟り、一八七〇年夏学期にはギムナジウムなどでの教育を経ずに「大学に入」った。同年晩春にベルリンを訪れた山縣有朋に嘆願し、青木は専攻科目を医学から政治学に変えた。「世界の最大文明国と誇称して憚らざる」フランスへの一撃を期待していた青木は、独仏戦争の勃発に喝采し、桂太郎らとその顚末を視察した。青木はベルリンに百人余り居た日本人留学生を束ねるようになり、医学や軍事に偏らないようにと割り振りまでしている。仕舞に青木は、青木家から迎えた妻を離縁して、一八七七年にプロイセン貴族の娘と再婚した。そして彼は外務省に入り、日本公使として長年ベルリンに滞在した他、外務大臣として条約改正交渉に当たった。ただその青木も、日本を闇雲にドイツ化しようとは思わなかった。ベルリンを訪れた木戸孝允が、伊藤博文が勧めた日本のキリスト教化について相談したとき、青木はそれが日本国内での宗教戦争に発展する危険を警告した。また青木は自ら国際結婚をしながら、日本人が人種混合をしていないことをその長所と考えていた。[11]

二 日本政治への「獨逸學」の影響

医学や軍事学から始まった日本の「獨逸學」は、やがて政治関連の諸分野（近代日本の法制度、法学、政治学、経済学、歴史学、教育学などの分野）にも広がっていった。

政治的領域における「獨逸學」の普及には三つの理由があった。(1)ドイツ系学問の世界的優位——一九世紀後半のドイツは学問で世界の注目を受け、ドイツの大学は世界中の留学生を集めていた。「研究と教育との一致」を謳って一八一〇年に創立されたベルリン大学は、世界の近代大学の模範となった。二〇世紀前半、ノーベル賞には多くのドイツ人が名を連ねた。従って近代日本の「獨逸學」への傾倒は、当時の世界的潮流に倣うものだった。(2) 英米仏の覇権的地位への反撥――日本は開国後まず英米仏と関係を深め、そこから学問を導入したが、アジア進出を狙うこれら諸国には日本人も圧力を感じることがあった。英米仏への反撥から、同じ西洋内で軍事的・経済的に成功が著しく、まだアジアに進出していなかったドイツへの興味が高まった。「獨逸學」は、英米仏の政治形態を当然の模範とはせず、各国の文物を比較検討し、日本に最適なものを採用するという相対主義的態度と結び付いた。(3) 自由民権運動への反動――日本の民権派が英仏を参考に民主政を志向したのに対し、これを危惧する政府内外の勢力は、君主政をより重視するドイツ政治に注目した。日本の民権派は、国内では藩閥政府に対する民間の抵抗者、いわば弱者、マイノリティであったが、国際的な文脈で見ると、英米仏の世界覇権を背景に、その政治方式を日本国内にも輸入しようとする先兵、いわば強者、マジョリティの側にいた。こうした民権派の振舞に疑問を懐く諸勢力は、対抗モデルをドイツに求めたのである。日本における「獨逸學」は、「英米佛學」に対抗する理論武装という意味を有しており、それだけに日本主義にも繫がりやすい性格を有していた。

幕末日本の主要な話題は「公議政体」で、ドイツ政治も当初この観点から論じられた。加藤弘藏が著した一八六一年（文久元年）の『最新論』では、「日耳曼」つまりドイツ連邦が扱われる際、プロイセン王国などの君主国ではなく、フランクフルト、ブレーメン、ハンブルク、リューベックといった都市共和国に、アメリカやシュヴァイツと並んで注目が置かれていた。ドイツと言えば君主制という固定観念はまだ成立していなかった。(12)

だが青木周藏が木戸孝允と交わした「コンスチツーション」論議には既に変化の兆しが見える。ベルリン留学中の青木に日本の国制変革について相談した木戸は、当初「コンスチツーション」の概念を英米仏的な意味で、つまり専制政治の反対概念として理解していた。だがこれに答えた青木は、「コンスチツーション」を「一国の基本的法律」一般と価値中立的に理解し、それは徳川時代の日本にもあったものだと説明した。青木は英米仏の流儀を標準視するのではなく、各国国制を比較する方針を採り、特にシュタイン＝ハルデンベルク改革以降の自治制度に基礎を置くプロイセン国制を有効なものとして勧めたのだった。(13)

東大政治学のドイツ化は、服部一三（一八五一―一九二九年）が開始した。長州藩出身の服部は、長崎で英語を学び、一時は船舶のボーイになってまでアメリカに渡航しようとした。岩倉具經・具定兄弟の随員になることで渡米の夢が叶った服部は、現地で出会ったラフカディオ・ハーンを松江に英語教師として招聘するなど、アメリカとの縁を深めていく。だがその服部がやがて、「東京大學に於てドイツ風の政治學を興せしは全く予が仕事なり」、「大學の風を獨逸風に向はせしは余の與る所なり」と豪語するようになる。服部は帰国後、文部省に勤務したが、米教育界には学ぶところが少ないと見て、英仏独の学制を調査し、ドイツで二箇月の調査の末「頗る得る所ありたり」との感想を懐くに至った。服部は一八八一年（明治一四年）七月に東京大学法学部「部長」に就任し、同年の論文で独自の「哲學」批判を披露した。それによると、自分勝手に空理空論を語る「哲學」は誠に茫漠たる営みで、自然に成長するべきものではあっても、大学で教授する学科としては適さない、「哲學」が文明開化の基盤だなどという説は信じ難いという。アメリカ仕込みの理学士服部は飽くまで「實學」志向であり、当時の「哲學」だけでなく、旧来の「漢學」にも否定的であった。特に政治学科については、彼は「其ノ國ノ國體ヲ保護シ、其國ノ利ヲ興スベキ人才ヲ育成センガ爲」のものであると確信していた。この「國體」は、文脈からして国家の体制という一般的な意味で解釈するべきだが、服部に日本「國體」の独自性への拘りがなかったわけではない。服部は、欧米の空理空論を「日本ノ如キ制度、人情大イニ彼ニ異ナル國ニ於テハ」教授すべきではないとも述べており、晩年には国際連盟への協力、中華民国との親善を進めながらも、平沼騏一郎主宰の「國本社」の神戸支部長を務めている。この団体は上杉愼吉の指導する「興國同志會」の後継団体の一つでもある。一九二四年（大正一三年）七月一一日には、服部は貴族院議員として、コミンテルンの日本への悪影響を危惧する「赤化防止演説」を行っている。法学部部長の服部は、当時まだ文学部に属していた東京大学の「政治學及理財學科」で、御雇外国人の哲学者アーネスト・フランシスコ・フェノロサ（一八五三―一九〇八年）が講義を担当していることを問題視した。アメリカ人フェノロサは、ドイツ哲学、特にゲオルク・ヴィルヘルム・フリードリヒ・ヘーゲルに傾倒する人物で、のちに日本美術の信奉者になり、仏教徒として日本の土となったが、服部には空理空論の唱道者にしか見えなかった。服部は、フェノロサの講義が「主トシテ世態學ノ理ヲ教へ、政治家ノ實務トスベキ科目ハ棄テ、之ヲ教ヘズ」、「徒ニ空理ヲ説クノ辯士ヲ養成スルモノ、如シ」と酷評した。服部がいう「世態學」とは「ソシヨロジー」のような「新奇ノ一説」であり、その流入でロシヤの学生は「虚無黨」に与するようになった、かつて「漢學」に染まった日本の若者が「不平ノ政談」を弄したのと同様に危険だと警告した。服部は、綜理の加藤弘之や御雇外国人のヘルマン・ロエスレル（レースラー）と相談し、東大政治学の変革に乗り出したのだった。[14]

「政治學及理財學科」が法学部に移管されると、政治学講義はドイツ人カール・ラートゲン（一八五六―一九二一年）が担当するようになった。ラートゲンはシュトラスブルク大学のゲオルク・フリードリヒ・クナップの下で博士号を取得し、実姉の夫に社会政策学会の総帥グスタフ・シュモラーがいた。ラートゲンは青木周藏の仲介でフェノロサの後任となり、一八八二年から八年間「政治学」（Political Science）および「行政法」の講義を担当した。当時外国人教師による東京大学法学部の授業はまだ英語で行われており、ラートゲンは日本行きの船中で英語を稽古したが、着任後は苦労し、当初は学生によるラートゲン排斥運動も起きた。ラートゲンの聴講生には、阪谷芳郎や、坪内雄藏（逍遙）、穂積八束などがいる。ラートゲンは東京大学法学部の方針に反して、演習の実施にも固執した。彼はまた、ロエスレルやアルベルト・モッセらと日本の立法作業にも助言し、大日本帝国憲法制定を見届けた。帰国後ラートゲンは、教授資格論文「日本の国民経済と国家財政」を書き、ハイデルベルク大学で事実上引退したマ

ックス・ヴェーバーの後任となり、最後はハンブルク大学学長となった。(15)

ドイツ系法学・政治学の振興を期して開校されたのが「獨逸學協會學校」である。一八八一年（明治一四年）に同協会を設立したのは、青木周藏、桂太郎、品川彌二郎、山脇玄、平田東助らドイツ帰りの人々で、同協会総裁は北白川宮能久親王である。殊に同校創立に熱心だった品川（長州藩士）は、兵部省から独仏戦争観察の目的でドイツに派遣されたものの、幅広くドイツの政治や学問に関心を深め、とりわけフリードリヒ・ヴィルヘルム・ライファイゼンやヘルマン・シュルツェ＝デーリッチュの協同組合構想を日本に輸入した。ドイツ志向の彼らは、ドイツ人教師まで英語で講義しなければならない東京大学の現状に業を煮やした。ドイツ人教師が多い医学部を除き、東京大学が外国人教師の授業を英語と定めていたのは、薩摩藩出身でアメリカ帰りの初代文部大臣森有禮の意向による。そこで彼らは、一八八三年に同協会に中等教育学校を設置し、一八八五年には法学・政治学の高等教育を行う専修科も併設した（但し専修科は一八九五年に廃止）。校長には、西周、桂太郎、加藤弘之ら大物が相次いで就任した。教頭にはベルリンから招かれたゲオルク・ミヒャエリスが就いた。(16)

東大法学のドイツ化を進めたのが、東京帝国大学法学部の父と仰がれる穂積陳重《のぶしげ》（一八五五―一九二六年）である。(17)穂積家は伊達秀宗の宇和島入りに陸奥から同行した鈴木家を祖とするが、祖父重麿が本居大平に入門して藩校国学教授となり、父重樹もその職を継いでいた。長兄重頴（清一郎）に続いて藩校明倫館に入り、八年間漢学に親しんだ次男陳重（養子に入り入江邑次郎、のち穂積に復姓）は、幼君伊達宗陳の側近に抜擢された。入江（穂積）は一八七〇年（明治三年）から貢進生として東京の大学南校（のち東京開成学校などに改称）英学部で学び、法学を選択した。やがて穂積は第二回文部省官費留学生として一八七六年からイギリスに留学し、ロンドン大学キングズ・コレッジでの一箇月を経て、ミドル・テンプルで三年間学び、一八七九年に最優等で卒業して「バリスター・アト・ロウ」の資格を得た。だが穂積は、イギリス人には「自負矯慢他国ヲ賤視スルノ風」があって比較法研究が遅れていると考え、ベルリン大学でさらに二年間法学を学んだ。[18] 穂積は、愛読するジョン・オースティンの法理学がドイツ法学の影響を強く受けているのに驚き、またローマ法研究でドイツ学界が傑出しているのを知って、ドイツに転学したとも述べている。ベルリンで穂積は、ドイツの法学教育が他国より優れており、またドイツ帝国で進行中の法典編纂が、日本のそれにも参考になると確信した。曰く「獨逸は學問を以て他國に勝つの國なり」[19]。一八八六年三月に発足した帝国大学法科大学では、穂積陳重が教頭を務め、「獨逸學」への傾斜を強めた。同年九月に設けられた学科は、第一科（仏語）、第二科（英語）、第三科（政治）だったが、翌年九月に学科が「法律學科」と「政治學科」とに再編された際には、前者に「英吉利部」、「佛蘭西部」と並んで「獨逸部」が設けられていた。さらに重要なのが、穂積が日本法学を日本語化したことである。創生期の東京大学法学部では、外国人教師、日本人教師を問わず英語が授業語だったが、穂積は日本語での授業を始め、日本語の法律用語を考案した。東大法学の脱英米化・ドイツ化・日本化が、共に進んだという点は見逃せない。[20]

図 3　穂積陳重

大日本帝国憲法も特にドイツ諸分邦の憲法を参考にして起草された。伊藤博文は一八八二年（明治一五年）に憲法起草のための渡欧を命じられるが、行き先に選んだのはベルリンであった。伊藤は自由民権運動が英米仏志向であることを意識し、意図的に別なモデルをドイツに求めた。ベルリン大学教授ルドルフ・フォン・グナイストを訪れた伊藤は、憲法起草に貴殿の知恵を拝借したいと願い出て、いきなり一蹴される。イギリス国制の研究者で、ドイツ帝国の学界に君臨していた国民自由主義者のグナイストは、自分は日本のことなど知らない、憲法とは歴史に根差したものであり、ブルガリア憲法の如き金メッキは論外だと述べたのである。グナイストは伊藤との懇談には応じたが、伊藤、青木公使に行政法を講じたのは、彼のユダヤ系の弟子アルベルト・モッセだった。このグナイストの態度が、西洋人の傲慢さなのか、厳しい教師の親心なのかは判断が付かないが、ドイツ人の非西欧諸国への冷淡さと、ドイツ法学の歴史主義とが、非西欧諸国の急速な憲法採用への懐疑を生んだ可能性は大いにある。このベルリン滞在の最中、伊藤一行は夏休みをヴィーンで過ごし、河島醇の仲介でヴィーン大学教授ローレンツ・リッター・フォン・シュタインの講義をホテルで受けた。シュタインは社会保守主義者で、北ドイツ出身ながらエステルライヒ（オーストリア）で職を得ていたが、近代日本建設への貢献という業績を残したのである。(21)

日本の「獨逸學」の唱道者の多くは非ドイツ留学生だった。青木周藏の如き一貫したドイツ贔屓は一般的ではない。基本的に伊藤博文はイギリス留学生、服部一三はアメリカ留学生、井上毅はフランス留学生、穂積陳重はイギリス留学生であり、彼らはそれぞれの留学地との関係を失わなかったが、比較検討の結果、ドイツを近代日本にとって最適のモデルとして選んだのである。闇雲なドイツ好きが日本のドイツ的近代化を進めたというわけではない。

ドイツ的近代化は日本独自の流儀でもなかった。一九世紀、ドイツの研究教育体制は英米仏をも畏怖せしめ、世界中で受容の対象となっていた。イギリスの法学者ジェイムズ・ブライス子爵もハイデルベルク大学に留学し、一九世紀のアメリカ政治学もドイツ国家学の影響を受けていた。日本のドイツ的近代化は伊藤らの酔狂ではなかったのである。(22)

第二章　「獨逸學」との格闘　一八九八－一九〇六年

序　東京帝国大学法科大学――「官学アカデミズム」の権威と自由

上杉愼吉と吉野作造とが出会い、「獨逸學」と向き合ったのは、明治末年の東京帝国大学法科大学（当時の略称：東京法科大学、東大法科）でのことだった。二人が世に出る切掛はそこでの学業上の成功にあった。我々はまずこの大学について知る必要がある。

東京大学法学部の組織的変遷を確認しよう。「昌平黌」「蕃書調所」の系譜を引く「東京開成學校」と、「東京醫學校」とが合併して、一八七七年（明治一〇年）四月に「東京大學」が開学し、前者の系譜を引く「法學部」、「文學部」、「理學部」、後者の系譜を引く「醫學部」が設置された。一八八五年、「東京大學法學部」には二つの組織が吸収された。第一は「司法省法學校」の後身である「東京法學校」で（同年九月）、第二は「東京大學文學部」にあった「政治學及理財學科」だった（同年一二月）。後者の吸収に伴い「東京大學法學部」は「東京大學法政學部」へと改称した。一八八六年三月に「帝國大學令」が発布され、「東京大學」は「工部大學校」を吸収して「帝國大學」となり（一八九七年「東京帝國大學」に改称）、各學「部」は「分科大學」へと改組され、「東京大學法政學部」は「帝國大學法科大學」となった。この時「帝國大學令」は「帝國大學總長」が「法科大學長」を兼任するとしていたため、「法科大學長」は渡邊洪基、加藤弘之、濱尾新といった歴代「帝國大學總長」が兼任し、「東京大學法政學部長」だった穗積陳重教授は「法科大學教頭」に就任した。だが一八九三年の「帝國大學令」改正でこの兼任が解かれ、穗積が「法科大學長」になる。一八九七年より「帝國大學法科大學」には「法律學科」と「政治學科」が設けられ、後者から一九〇八年に「經濟學科」が、一九〇九年に「商業學科」が分離した。一九一九年（大正八年）、「帝國大學令」改正で「分科大學」は「部」に戻り、同時に「法學部」から「經濟學部」が独立した。一九四七年（昭和二二年）九月、「東京帝國大學」は「東京大學」に名称を変更した。一九四九年、「国立学校設置法」公布により「東京大学」が成立し、旧制「東京大學法學部」は新制「東京大学法学部」になった。二〇〇三年（平成一五年）、東京大学は「国立大学法人東京大学」となった。(1)

東京大学法学部は日本学界における「権威主義の権化」だと言われることがある。(2) この話題は、上杉、吉野が在学中の一九〇三年（明治三六年）にも、斬馬劍禪が『讀賣新聞』に連載した「東西両京の大學」で扱われた。斬馬劍禪とは五來欣造（素川）（一八七五―一九四四年）の筆名だというが、五來は一八九四年（明治二七年）に帝国大学法科大学を卒業し、弁護士、『讀賣新聞』主筆、明治大学講師を経て、一九二七年（昭和二年）に早稲田大学教授となった人物である。(3) 五來は母校の東京帝国大学法科大学に疑問を懐き、その対抗馬たる京都帝国大学法科大学に共感しつつ、両校を比較検討したのである。

実際のところ、東京大学法学部の権威主義は確かに存在してきたのだが、それは時代により趣を異にしていた。東京帝国大学に途方もない権威主義があり、それが徐々に解体して、今日の東京大学の姿になったという単純な話でもない。ここで二人の学びの場について考察してみよう。

図 4　勅任官大礼服を着用した梅謙次郎

かつて東京大学は、日本最古の近代大学、首都の国立大学、日本国家の学者・法曹・官吏の養成所として、国内では他大学にない重量感を備えていた。東京帝国大学の「職員」（教授）たちは、アカデミック・ガウンではなく勅任官大礼服などを正装とし、その肖像が『法學協會雜誌』や教室に掲げられた（なお京都帝国大学では、教授が勅任官である割合が遙かに低かったという[4]）。東京帝国大学の権威が最も華麗に演出されたのが、天皇の行幸を仰ぎ、一部閣僚も列席して行われた卒業証書授与式であった。以下の記述は、吉野作藏が卒業した一九〇四年（明治三七年）の式典を報じた『法學協會雜誌』の記述である。

我東京帝國大學は去る七月十一日例年の如く卒業證書授與式を擧行せしに恐多くも、天皇陛下には軍國多事にして夙夜震襟《ママ》を勞せらるゝにも拘らず特に右式場へ行幸仰出され、午前十時三十分御出門、德大寺侍從長御陪乘、田中宮内大臣、岡澤侍從武官長、桑原宮内書記官、日野西侍從、伊藤侍從武官、桂侍醫、慈光寺侍從等供奉、御順路を經て同十一時我大學に御着輦、久保田文部大臣、山川大學總長（傷顏にて御遠慮の爲め）代理松井農科大學長、並に參校の桂首相、芳川内務、寺内陸軍、山本海軍、清浦農商務、小村外務、波多野司法、大浦遞信の各大臣、濱尾菊池古市等各名譽教授、各分科大學教授助教授、外國人教師以下各職員、卒業生及び學生等一同門内に整列奉迎、君が代の奏樂中に御降車、松井總長代理の御先導にて便殿に入御、休憩中御先着の山階宮菊麿王殿下を始め奉り各大臣大學總長代理等に拜謁仰付られ、總長代理の御先導にて標本古文書天覽の御途次、廊下に整列したる

各教授等に謁を賜ひ、左の順序に依り標本及古文書の御覧及び説明を聞食されたり

一　熱海間歇泉の模型（本多光太郎説明）

二　宏覺禪師蒙古降服祈禱文（京都正傳寺藏）

三　異國降伏祈禱關東教書（金剛峯寺所藏）

四　北條時宗祈願文（益田孝氏所藏）

以上は文科大學教授三上參次及び黒板勝美詳かに説明を言上したるに　陛下にも一方ならず天顏麗はしく次に

五　ろしやの人種（坪井正五郎説明）

坪井博士は圖書其他を以て委細の説明を言上し奉りたるに是亦非常に御滿足なるやに拜し奉りたり右終りて一旦便殿に入御、暫時御休憩、松井總長代理は更に御先導申上げ圖書館内なる卒業證書授與式場に臨御、各分科大學長より法、醫、工、文、理、農の順序に依り卒業生總代に一一卒業證書を授與し、次で優等卒業生十二名に對し各銀時計一個宛を賜はりたり、其内法科大學優等卒業生は左の五名なり

二上　兵治（英法）　松本　修、片山　義勝（獨法）　吉野　作藏、池尾　芳藏（政治科）

右終りて奏樂中に再び便殿に入御、御休憩中特に久保田文部大臣を御前に召され親しく各地教育の實況並に戰時戰後教育の要件等に付御下問あり文相奉答の後左の御沙汰書を下し賜りたり

御汰《マ》沙《マ》書

軍國多事の際と雖教育の事は忽にすべからず其局に當る者克く精勵せよ

文部大臣恭しく之を拜受し、之を松井總長代理に授け、正午還幸仰出られ諸員奉送すること奉迎の時に同じく、午後一時宮城へ還御あらせられたり、御還幸の後各職員及學生等一同直に法科大學前庭に相集りて右勅語奉讀式を行ひ、松井總長代理より聲高く御沙汰書を再々拜讀し終るや否や、濱尾名譽教授の發聲に和して三度、

穗積教授在職滿二十五年祝賀宴會
（明治三十九年十一月十五日於上野精養軒）

図5　穂積陳重教授就職満二十五年祝賀宴会

天皇陛下の萬歳を唱へ、畏くも　至尊か教育に大御心を垂れ賜ふの深遠なるに感激し、互に益努力精勵すへきことを期して散會せり　［以下成績順に卒業生名簿を記載(5)］

厳粛な儀礼もさることながら、見逃せないのは法科大学の特別扱いである。「恩賜の銀時計」十二個の内、五個が法科大学卒業生に下賜されている。講義内容を模範的に反復した法科大学生が、独自の卒業研究を行った他分科大学生よりも圧倒的に重視されたのである（この年は医科大学から二名、工科大学から二名、文科大学から二名、農科大学から一名が下賜されたが、理科大学は対象者がなしだった）(6)。また法科大学生でも、政治学科と法律学科独法兼修とが重視されているように思われる。

法科大学指導部の権勢も話題となった。濱尾新、穂積陳重、富井政章ら幹部や外国人教師の慶事に際しては、上野精養軒や小石川植物園で盛大な祝宴が開かれ、その光景が『法學協會雜誌』で披露されたり、東京美術学校教授の手による肖像画が作成されたりした(7)。斬馬劍禪は、穂積陳重や梅謙次郎が豪邸を構え、栄耀栄華を誇っていると批判した。特に穂積に関しては、家人に御前様と呼ばせている、御者には直接口頭では指示を出さない、岡田朝太郎、山田三良《さぶろう》ら幇間を侍らせているなどとこき下ろした。[8]

世代交代の経緯も神話化された。学問を志す学生たちが対等の立場で切磋琢磨して教授職を目指すというより、教授が直感的に惚れ込んだ特定の学生を口説き落として大学に「残す」という流儀は、二〇世紀末の東京大学でも美談のように語られていた。教授による「神童」認定は、司教による按手と同じく、研究業績とは別次元のカリスマ性を当該学生に付与する。教授が「神童」を見付ける手段は筆記試験である。吉野曰く「毎年〳〵さういふ無味乾燥の答案許りの内に、四年前にたつた一つ始めて私の講義を批評的に書いた答案に接した。これは全然獨立の見解を以て私の講義を批評的に書いたもので、非常に面白いと思つた[。]そこで此の學生が何處に居るかと思つて、事務所の小使をやつて捜させると、寄宿舍に討論會があつて其處に居るといふので、會つて見て非常に敬服した。將來大學教授になる爲めに試驗論文を書いてはどうかと勸めたけれども、嫌だといつて商賣人になつて仕まつた、さういふ者があつた」[9]。東大法科の試験での鳩山秀夫と穂積重遠との首席争いは、「大學開設以來の秀才　月桂冠は孰に落つる」などと新聞を賑わした（卒業後二人は共に法科大学教授として「残った」[10]）。教授が学生時代の自分の勉強法を自慢したり、カンニングの手口が報道されたりすることもあった。[11]斬馬劍禪は、京都帝国大学がベルリン大学から研究重視の方針を導入し、学生の自由な思考を応援しているのに、東京帝国大学は学生を小学生扱いして知識を叩きこんでいると評した。教授の言葉を鸚鵡返しにする筆記試験で「真正の人物、真正の学者」を得ようとするのは、「木に縁りて魚を求むるの類」だというのである。[12]こうした批判にも拘らず、学部試験の高得点者を後継者扱いする風習は、東京大学法学部では生き続けた。だが銀時計を貰えば自動的に助教授になれたわけではなく、人事の決定過程は不透明である。法制史家の中田薫は、一九〇〇年（明治三三年）卒業生の政治学科第八席だったが、同首席松岡均平、法律学科独法兼修首席松本烝治と同様に教授として「残った」[13]。管見の限り『教授會決議錄』にも採用理由など議論の経緯は一切記されていない。上杉や吉野の例から考えると、採用には卒業時の試験よりも、一年次のそれで成功し、「特待生」となって教授たちの知遇を得ることが重要だったようである。ただ助教授に採用されても、どの科目を担当するのかは、法学か政治学かも含めて大学の都合に左右された。優秀な人物ならどの科目でも担当できるはずだという発想だろうか。これでは国内学界の指導者は育成できても、研究者の養成はできまい。

　採用された人々の間には、ときに濃厚な人間関係があった。例えば採用時、穂積八束は法学部長穂積陳重の実弟であり、一木喜徳郎は文部省視学官（のち京都帝国大学総長・文部大臣）岡田良平の実弟であり、鳩山秀夫は元法学部教授鳩山和夫の実子であり、穂積重遠は元法科大学長穂積陳重の実子であり、高木《たかき》八尺は東京帝国大学文科大学教授（英語学）神田乃武男爵の実子であり、杉村章三郎は元法科大学教授（のち宮内大臣）一木喜徳郎の実子であり、岡義武・岡義達兄弟は元農商務省商工局長で、『法學協會雜誌』の常連執筆者だった岡實の実子であった。婚姻による事後的結合もあり、例えば美濃部達吉、鳩山秀夫、末弘嚴太郎《いずたろう》は、みな東京帝国大学総長菊池大麓男爵の娘を娶った義理の兄弟で、田中耕太郎（商法）は恩師松本烝治（同）の娘を娶っていた。吉野作造にしても、農商務省勤務の実弟吉野信次に（昵懇だった佐々木惣一を経由した話として）「京都大学の民法の先生はどうだ」、「学者商売も案外カネになるよ」などと誘いを掛けていた。もちろん親類縁者でなければ上昇が不可能だったというわけではない。山田三良のように、中学校も出ずに東京専門学校（のちの早稲田大学）から帝国大学法科大学予科に移り、高等学校学力試験を経て本科生となり、大学院、留学を経て法科大学教授、法学博士となり、東京帝国大学法学部長、京城帝国大学総長、日本学士院長まで歴任した人物もいる。けれども山田は早稲田、法科大学予科時代から鳩山和夫、穂積陳重の熱心な後援を受けていた[14]。ただそうした人脈の存在が東大法科の特性かどうかは分からない。

　発足当初の京都法科大学の教授会では天狗の寄合のように甲賛乙駁が展開されるが、東京法科大学の教授会では少壮教授が悉く老教授の弟子であるために、議論するのは老教授の方だけだと、斬馬劍禪は述べる[15]。これは今日の

『教授會決議録』では確認できないことであり、京都法科大学で本当に自由な討論が可能だったのかも甚だ疑わしいが、東大法科のかくも濃密な人間関係が、教授会の雰囲気に反映していた可能性はあるだろう。

当初は国内唯一の大学だった東京帝国大学が、日本の学界形成に果たした役割は決定的であった。京都帝国大学法科大学も創成期の教授陣は東大法科の出身者が多く、卒業時の成績も東大残留組と大きな差がない[16]（尤も師弟愛には差があった可能性がある）。だが東大法科に「残る」（あるいは「戻る」）のか、京大や学習院に移るのか、さらに外部に去るのかで人生は変わってくる。研究者養成は徐々に他大学でも行われるようになるが、学界の人材供給に占める東京大学の役割の重要性は変わらず、東大閥は一世紀以上法学・政治学界の最大勢力であり続けたのである。

恩顧関係では、科目毎に「シューレ」が形成されるほどの人数がまだ居なかったので、個々の講座担当者より穂積陳重の役割が重要だった。小野塚喜平次は既に一年生で穂積に目を掛けられ、後述のように吉野作造も穂積に就職について相談している。吉野によれば、同期の約百四十人の学生の就職が「殆ど全部」穂積の差配によるものだったという[17]。

こうして見ると、東京帝国大学法科大学とは噂に違わず途轍もない権威主義の巣窟だったように思えてくるが、話はそう単純ではない。戦後の東大法学部と比較すれば、それでもまだ明治末年の東大法科の方が風通しがよかったという面もあるのである。

東京帝国大学法科大学には討論を好む気風があった。百年後の二〇世紀末、日本の文系学界には「権威主義的少産化」の暗雲が垂れ込めていた。これは研究室の重苦しい雰囲気が知的生産を停滞させる現象をいう。年長者が好んで「学問の厳しさ」を説き、先人の偉業を語るので、入門者は最初の一歩が容易に踏み出せない。恩師の寵愛を忝くする弟子は、人生の好機を逃すまいと冒険を避けるようになる。学問的評価とは文系の場合、結局は評価者の心証であって、業績の分量や外部の反響で決まるわけではないので、若手は自分の力量を誇示する威圧的で批判を浴びにくい論文を少量発表しようとする。次々と研究を発表するのは「書き散らす」ことだ、自分に甘いのだと冷笑されるので、遅筆を気取るようになる。学閥外の挑戦者が現れた場合には、応戦して恥をかいても困るので、「論じる価値がない批判には応答しない」ことにする。恩師の「海岳の学恩」を蒙り首尾よく講座後継者になっても、名誉教授が数代に亙って存命なので、その視線は重苦しい。このように恩師から嘱望される若手も大変だが、勘気を蒙った若手の人生は悲惨である。威嚇的な指導を受ければ、萎縮して書けなくなる。奮起して成果を挙げても、学閥内でのカーストには何の変化もない。自主的な成果発表の機会が限られていた時代には、指導教官は自分の意に沿わない弟子の論文を、「まだ刊行できる水準ではない」として却下し、あるいはそもそも読まずに放置し、いつまでも無業績の状態に留め置くこともできた。弟子は恩師に認めてもらいたいと無駄な努力を重ね、創造性を失って疲弊していく。こうした「権威主義的少産化」と比較すると、東京法科の人々にはまだ批判し批判されることを厭わない気風があった。ただ彼らが鷹揚だったのは、日本の学問が内容的にも組織的にも、まだ素朴だったからでもある。

東京帝国大学法科大学で議論の場となったのが、『法學協會雜誌』、『國家學會雜誌』である。両雑誌は現存するが、後者は隔月刊行になり、現役教員の認可した「助手論文」や博士論文が長々と連載されているため、現役教員自身の投稿は存外少ない。だが明治時代、両雑誌は毎月一冊刊行され、いつも現役教授たちの論文で一杯だった。東大法科の教授陣は二十名程であり、同一人物が頻繁に執筆するのでなければ、学術誌を月二冊も発行できない。しかも彼らは、『法學志林』（法政大学）、『法學新報』（中央大学）など、別な雑誌にも盛んに寄稿していた。また山田三良は、『法學協會雜誌』の編輯委員になった際、京大法科の活発さを意識して東大法科の雑誌を刷新しようと、仏独法科首席学生を雑誌委員にし、巻頭に毎号教授二人の論説を載せるようにした(18)。但し当時の「論文」は、現代の感覚で見れば軽薄である。漫談調の講演がそのまま活字化されていたり、海外大学のカリキュラムや機構が紹介されていたり、海外新刊本一覧、海外文献抄訳、政界・学界のこぼれ話が採録されていたり、海外の碩学の肖像が掲げられていたり、「緑會」の描写、「法科大學學歌」の選考記録が載っていたりと、雑誌の内容も雑多であった。[19]誤植などの技巧的ミス、外国語の不可解な記述も多かった。だがそうした些事には拘泥せず、活発に議論する気風がそこにはあった。掲載論文に対する「質疑」も公募され、それには回答すると予告されていた。[20]

『法學協會雜誌』、『國家學會雜誌』の性格も今日と異なっていた。この二つの雑誌は、今日でも形式上「法学協会」、「国家学会」の雑誌とされているが、その実態は普通の大学の紀要と変わりがない。「法学協会」も「国家学会」も開催されず、会員も現役・退職教員に限定されている。だが東大法科の「法學協會」、「國家學會」は開放的で活発な学術団体だった。「法學協會」は一八八三年（明治一六年）に東京大学法学部に設置された教員・学生・学士の討論会で、当初は「法律研究會」、「法律討論會」などと言ったが、翌年に現在の名称になった。「國家學會」は「政治學及理財學科」が文学部から法学部に移った際に、伊藤博文伯爵の肝煎りで新設された団体で、一八八七年に『國家學會雜誌』第一号が刊行され、会員も学界の枠組を越えて政界・官界へ、また全国へと広がっていた。[21]論文は自由投稿が可能で、特に『國家學會雜誌』には井上毅、由利公正、阪谷芳郎、木場貞長、近衛篤麿ら実務家が挙って寄稿し、現役学生の文章も掲載された。政府に協力する学者を「御用学者」と卑しむ風潮も、明治期にはまだ後年ほど著しくはなかった。[22]

東京帝国大学法科大学では政治学者、法学者、経済学者が一緒に議論した。日本政治学の祖と仰がれる小野塚喜平次がハイデルベルク大学で自分の専攻を「法学」（Jura）と記していたように、[23]当時の学問の境界は曖昧だった（本当は今日でも曖昧なはずだが）。「法學協會」、「國家學會」は、政治学者、法学者、経済学者が共有する議論の場であった。つまり『法學協會雜誌』も法学者によって独占されていたわけではないのである。この二学会に加えて、牛込の穂積陳重邸での学生との法学談義に端を発する「法理研究會」が、本郷で毎月開催される研究会へと発展した。[24]「法理研究會」は教授・助教授が交代で報告し、相互に批判し合う場で、分野を越えて同僚が参集し、外部者もやってきた。二〇世紀末の研究会のように司会が「専門家」を優遇し、発言者を指名した形跡もない。議論は数時間に亙って行われ、参加者および討論内容は、逐一『法學協會雜誌』、『國家學會雜誌』で紹介された。

こうした議論好きの雰囲気で、教授・助教授同士の甲論乙駁は日常茶飯事であった。冷戦期の東京大学法学部では、日本国憲法体制を擁護し、自由民主党を批判し、社会主義には民主主義の一種として共感するという暗黙の前提を共有しつつ、川島武宜、丸山真男、福田歓一、辻清明らを共通の始祖と仰ぐ気風が育まれたため、世界観を巡る教官同士の華々しい論戦は少なくなった。だが明治期の『法學協會雜誌』、『國家學會雜誌』では、美濃部達吉が穂積八束、筧克彦を批判したように、名指しの激しい応酬が展開されることがあった。特定の論題について、現職教授や学士たちが賛成派、反対派に分かれてディベートを行い、その様子が『法學協會雜誌』で報告されるということもあった。[25]

従って、天皇機関説論争も民本主義論争も、こうした東京帝国大学法科大学の比較的奔放な議論風土を背景に理解されなければならない。もちろん論争をすれば個人間の確執も生まれただろうが、それでも当初は同じ職場の同僚としての一体感が維持されていたのである。後述のように、上杉愼吉と美濃部達吉とが共に芝居を見に行く仲であったり、[26]戸水寛人が休職にされた際、上杉愼吉、美濃部達吉、小野塚喜平次らが団結して文部省に抗議したりするようなこともあった。

東京帝国大学では西洋文化も日本文化も併存していた。西洋文化を学ぶのは、蕃書調所の流れを汲む東京大学の一貫した伝統だったが、一九四五年までは日本文化も並べて信奉する余地が残されていた。筧克彦は「法理學」で「佛教哲理」、「古神道大義」を講義し、授業前に柏手を打つパフォーマンスをしたことでも有名である。和服での登壇も上杉愼吉の専売特許ではなく、『法學協會雜誌』では筧克彦や一木喜徳郎が和服姿の肖像写真を披露している。[27]だが対米敗戦後の日本学界では、西洋文化とは別に日本文化を信奉することは、学者失格の烙印を押されかねない危険行為の一つとなっている。

東京帝国大学がその法的基礎を置いた大日本帝国憲法は、融通無碍な性格をしていた。それは一方で君主の統治権を明記しつつ、他方で臣民の権利を規定し、臣民を代表する帝国議会を設置していた。こうした二面性は、君主専制から民主化の過程を徐々に進んでいたヨーロッパ諸国の憲法でも同様で、最終的に政治的決断を下すのが君主なのか、国民なのかを曖昧にしたものだった。加えて大日本帝国憲法は、一方で西洋諸国の政治制度を受容しつつも、他方で皇祖皇宗以来の国内的一貫性をも主張していた。従ってこの憲法を肯定するとしても、そのどの側面に力点を置くかで多様な立場があり得た。「日本と西洋の絶妙のブレンド」であるこの憲法に対しては、発布当時の西洋人有識者の評判も良好であった。[28]

英米仏独のどの学問を志向するかも、東京帝国大学法科大学には選択の余地があった。確かに明治年間、学長の穂積陳重が自ら「獨逸學」重視の音頭を取り、ドイツ系が主流扱いされた面は否めない。しかし日本の法学・政治学は英米仏系から始まっており、そうした系譜が東大法科から消えたことは一度もなかった。当時の『法學協會雑誌』、『國家學會雜誌』を見ると、「獨墺の國家學」への関心は格別だとしても、英米仏独系の学問が競演している印象を受ける。[29]上杉愼吉や吉野作造が学んだのもそうした風土でのことだった。

穂積陳重が君臨していた頃は、東京帝国大学法科大学の党派争いはまだ顕在化していなかった。総長も加藤弘之は出石藩（仙石家）、濱尾新は豊岡藩（京極氏）、山川健次郎は会津藩（松平家）の士族で、教授も穂積陳重は宇和島藩（伊達家）、梅謙次郎は松江藩（松平氏）の士族と出身は多様であり、教授が士族に限定されていたわけでもない。だが明治も末年になると教授たちの対立が激化していく。「このころ東大の法科大学内には二つの学閥のようなものがあって、その何れにも属さず、あるいはそれに反対するような者は色々の嫌がらせや妨害をうけ、居たたまらなくなって、ついに外に出ていってしまう人も出るという有様でした」[30]。小野塚喜平次が教授会で筧克彦を「偽君子」と面罵し、筧が言い返さないのに上杉愼吉や野村淳治が憤慨するというような、緊迫した人間関係が生まれたというのである[31]。

一　上杉愼吉の「獨逸學」への没頭

（1）北陸の医家から東京へ

上杉愼吉（当初は上枚とも）は北陸の医家の出身である。上杉は一八七八年（明治一一年）八月一八日（一七日とも）、医師の父上杉（上枚とも）寛二の赴任先だった福井県足羽郡福井町毛矢（毛屋とも）で次男として生まれた（長男は夭折で愼吉が事実上の長男。実弟に（のち平野）復男、悌三）。上杉は父の転勤に従い福井県南条郡武生町、石川県鳳至郡輪島町、石川県金沢区（のち市）へと転居したが、本籍地は当初「石川縣江沼郡大聖寺町字耳聞山十七番地」、のち「石川縣金澤市下今町十二番地」にあった[32]。上杉家（あるいは上枚寛二（旧名野田寛）の実家野田家か）は、「藤原氏の後裔ニシテ、代々醫ヲ以テ加賀國大聖寺藩主松平飛彈守ニ仕」えた家柄と言われ、母テルも藩の医師馬嶋家の出身であった[33]。この馬嶋家というのは、尾張国海東郡馬嶋（今日の愛知県海部郡大治町大字馬島）から全国に広まった眼科医の系譜ではないかと推測される[34]。上杉愼吉が東京で「獨逸學」に馴染めたのは、森林太郎（鷗外）と同じく実家が医師だったことで、「蘭學」や「獨逸學」に近い環境で育ったためかもしれない。

十万石格の大聖寺藩は金沢藩の支藩で、藩主前田家（分家）は代々「松平飛彈守」を名乗り、維新後は子爵に列した（金沢の本家は侯爵）。九谷焼を名産品とする大聖寺藩は金沢藩と共に本郷に江戸屋敷を有し、今日ではベル

図６　大聖寺の風景（奥は旧藩主の茶室「長流亭」）

ツ・スクリバ胸像の横に「加洲大聖寺藩上屋敷址」の記念碑がある。小野塚喜平次の越後長岡藩、吉野作造の仙台藩と同じく、金沢藩や大聖寺藩も王政復古の大号令直後は佐幕派だったが、金沢藩の方針転換で官軍に帰順し、一人の戦死者も出さなかった。それでも上杉は、子供時代に薩長を不倶戴天の敵と教えられたというが、実態は不明である。前田家は新政府の要請で、「浦上四番崩れ」で流罪となった切支丹を受け入れ、大聖寺藩も五十人（当初は八十三人）を収容したが、その待遇の人道性を疑ったイギリス公使館員が、大聖寺を視察に訪れるという出来事が起きている。[35]

上杉は早くも小学校時代に知性の片鱗を見せたが、同時に反抗的な性格も目立ってきた。一八八三年（明治一六年）四月に輪島小学校初等科に入った上杉は、登校を好まず家人を苦慮させ、試験の際に我関せずの態度を取って教師が家庭に苦情を言ったという。だが一八八六年に上杉家が金沢に転居すると、上杉は成績優秀のため四学年半で高等科一年に編入され、県庁より数々の表彰を受け、「神童」との評判を取った。[36]

上杉は一八九〇年（明治二三年）に小学校高等科を卒業後、金沢の「私立の中學校」（白銀町の本願寺立大谷中学校と推測される）に入ったが、退学して第四高等中学校に再入学した。同校の名簿に上杉の名が登場するのは、一八九三年秋からである。[37] 上杉は当初必ずしも優等ではなく、無届欠課も多かったが、徐々に成績を上げ、一八九八年夏に大学予科（法科）を三十五人中第四席で卒業した。[38] 第四高等中学校は、上杉入学当時はまだ創成期で、一八九三年に煉瓦造二階建の校舎や武道場「無聲堂」が落成し、一八九四年の高等学校令で第四高等学校へと改称され、一八九五年に学生組織「北辰會」が結成されている。四高も、憲法発布や日清戦争といった時代の潮流から無縁ではなく、一八九四年の紀元節には、御真影拝礼に際し制服の不着用を教官から咎められた学生が反撥し、問答中に彼らが次々下校するという騒動が起きたという[39]。

四高時代の上杉の動向は判然としない。殁後の回想によれば、上杉は四高で弓道、剣道、テニスの稽古に励んだというが、現存史料では、同世代の野村淳治や阿部信行が示したような、目に見える活躍振りを確認することができない[40]。また上杉は穂積八束遺著の序文で、「予少小ニシテ和漢ノ文章ヲ嗜ミ夙ニ本居氏ノ記傳平田氏ノ古道論頼氏ノ外史政記ノ類ヲ讀ミ水戸ノ大義名分論ニ沒頭シ勤王志士カ慷慨悲憤ノ說ニ熱中シ自ラ慷慨家ヲ以テ居リ友人ヲシテ予ヲ目シテ生ルルコト二十年後レタリト云ハシムルニ至レリ」と回顧し、友人と淺見絅齋『靖獻遺言』を輪読し、「我何ソ夷狄ノ文字ヲ學ハンヤ」と唱えて英語教師を驚かせたと書いている。ただ若き上杉の日本主義的痕跡は一切確認されておらず、後年の脚色が入っている可能性もある。唯一確認できるのは、「加能越鄉友會」への加入程度だが、これは前田家と在京学歴エリートとを結ぶ一種の県人会で、上杉にとって加入は上京への布石だったのだろう[41]。

なお、少年上杉は一八九三年（明治二六年）に『少年園』に投稿した「ねむけさまし」に僅かな痕跡を残している。「生兵法は大怪我のもとゝはよくもいひたるかな、生學問をほこりがましく、さもものし

図 7　第四高等学校（第四高等中学校）

りらしき顔するときは、思はぬ大けがをするものなり」。上杉は、「鐵面皮」を「てつめんかは」と読んだ人の話、日付をMeiji, 25 Year 6 month, 17 dayと書いた人の話、「上杉」をローマ字でWesgiと書いた小学校教師の逸話を紹介している。そこには、日本知識人の一知半解を批判した後年の上杉の片鱗が既に現れている[42]。

（2）東大法科の優等生

上杉愼吉は一八九八年（明治三一年）九月に東京帝国大学法科大学政治学科に入学し、ここで頭角を現した。上杉は入学早々腸チフスを罹って一年間休学し、金沢での静養を余儀なくされた。このため上杉は、最初の学年末試験を一九〇〇年六月に受験することになった。上杉はこの試験で首席になったという。彼の好成績は入念な準備の賜物だった。上杉は講義ノートに加えて、自分の勉強の成果を要約したノートを作成したほか、試験前には要点を書いた巻紙を壁に張り回して中央に端座し、上野の森を歩いて気持ちを落ち着けてから試験に臨んだといわれる。彼が途方もなく早く答案を仕上げて退出し、友人を驚かせることもあった。第四高等学校出身の上杉に嫉妬した第一高等学校出身の同期生が、彼の態度が気に食わないと、酒席で彼を殴打する事件も起きている[43]。

上杉はこの試験で穂積八束に「神童」認定を受けた。法科大学長・憲法学教授だった穂積は、一年生上杉の答案に眼を見張り、人を介して本人への接触を試みた。後年の展開を念頭に置くと、我々は穂積が初めから自分の思想的後継者を探していたと思いがちだが、穂積が実際上杉の何に着目したのかは分からない。いずれにしても上杉は、この折は穂積の好意に応えなかった。穂積が「民法出テ忠孝滅フ」と唱えたのは、上杉が第四高等中学校に在学中のことである。その噂を耳にしていたのか、生意気盛りの上杉は、「大學ニ入ルノ前ヨリ穂積八束ナル人ハ便佞卑屈高官ニ阿附シテ其ノ説ヲ二三シテ富家ノ駙馬トナリテ榮達ヲ圖ルトノ評判ヲ耳ニシ一圖ニ是ヲ唾棄スヘシ」と考えていたという。ただ当時の上杉は思想的に昏迷し、キリスト教に安らぎを得たこともあって、迷走の末に、結局勧められた小石川の穂積の私設学生寮に入った。入寮後も上杉の穂積への不遜な態度は変わらず、ビールを鯨飲して議論を挑むこともあったが、穂積は意に介しなかったという[44]。

穂積および上杉の思想は、天皇主権を明言し政党（およびその権力基盤である衆議院）を批判する点、信念のために時流に抗して孤軍奮闘するというヒロイズムでは共通性があるが、本質的な違いもある。穂積は、政党勢力の専横を防止するために、権力分立を徹底し帝国議会の専制を防止するべきことを説いたが、後年の上杉のように天皇を超自然的権威として強調しているとは言えず、その国家・民族理解はある種の生物学的色彩を帯びていた。また穂積には大衆への警戒が強く、政党批判もそれと結び付いていたが、上杉には大衆を「無産の愛國者」として礼讃する傾向もあり、国際権力政治に対応した国家権力の集中、大衆動員を背景にした君主への集権化という秩序構想があった[45]。

二年生から特待生に選ばれた上杉愼吉は、一九〇〇年（明治三三年）秋から『法學協會雜誌』編集への参加を許され、学生身分で同誌への投稿ができるようになった[46]。

図８　穂積八束

上杉の処女作とされるのが、一九〇二年（明治三五年）一一月に『國家學會雜誌』に掲載された「河上法學士ノ憲法論ニ付キテ」である[47]。上杉は、現実の事物を抽象化したのが定義であるのに、一旦構築した定義に合わない事物が新たに出てきたときに狼狽するのは愚かだとして、河上の憲法解釈を批判している。河上は、第四条で天皇は統治権の総攬者であると明記しながら、第七三条で改憲に際し帝国議会の参与を必要とすると規定したのは、憲法の矛盾だと論った。これに対し上杉は、天皇の統治権を議会の参与を要しない絶対的なものと定義する必要性はなく、憲法の実態に即してそのような定義を予めしなければ、矛盾など初めから存在しないではないかと主張している。上杉はこの第一作で早くも先輩に果敢に論戦を挑んだわけだが、こうした論争的姿勢は彼の特徴になっていく。

翌月の「自殺＝一定ノ法則又ハ定則ニ従テ發生シ變動シ又ハ其間一定ノ常序ノ存スルト稱セラル、社會現象ノ一トシテ自殺ノ此見地ヨリスル實證的觀察[48]」は、上杉社会学の原初形態である。この論文は、人間の行動が「必至論」の言うように予め決まっているのか、あるいは「自由意志論」の言うように決まっていないのかという古代ギリシア哲学以来の問いを扱ったものである。上杉は、人間行動の法則性の存在を確信し、それを認識しようとするオーギュスト・コント、チャールズ・ダーウィン、ハーバート・スペンサーの立場、人間の自由意思の存在を主張するイマヌエル・カント、バールーフ・デ・スピノザ、アルトゥール・ショーペンハウアーの立場を比較した。上杉は、「必至説」を否認はできないまでも、必然的・予定的法則が存在するという考え方には違和感を懐き、自殺を人間の自由な行為の一例として見るに至る。上杉は自殺と風土、季節、週日、時刻、国籍、文化、宗教、経済状態、身分、性別、年齢などとの関係を、多くの統計資料を基に検討し、一定の法則性の存在を想像させるとしつつも、直ちに断定的なことは言えないと結論付けている。

ちなみにこの自由意思論議は、上杉愼吉と同期の牧野英一がのちに『刑事學の新思潮と新刑法』（一九〇九年）で扱うことになる論点でもある。牧野は「新派」の「意志必至説」を採ったが、つまりそれは犯罪を個人の問題ではなく、社会全体の問題として考えるという発想だった。これに対し初期上杉の人間観は「舊派」の「意志自由説」に親和的だった。これは両人の政治的立場にも連動する問題である。なお牧野の新派刑法学には、のちに吉野作造が助太刀して、旧派の大場茂馬を批判する書評を『國家學會雜誌』に掲載している[49]。

一九〇二年（明治三五年）一〇月、四年生になっていた上杉愼吉は、穗積陳重教授の法理学演習に参加し始めた。

東大法科は講義を教育の中心に置いていたが、ドイツ系学問が「ゼミナール」制度で発展したとの認識から、徐々に演習を開設するようになり、この年穂積の法理学演習が始まったのである。この科目名を考案した穂積は、形而上学の印象がある「哲學」の語を避けて「法律哲學」ではなく「法理學」とし、「法律一般の原理」を幅広く扱うことを目指していた(50)。初年度の法理学演習は火曜日の午後一時から三時まで行われ、題目は「社會主義と法律との關係」であった。「社會主義」とはかなり大胆に聞こえるが、この演習で穂積はこれをマルクス主義というより、ピエール・ジョゼフ・プルードン、フェルディナント・ラサールからグスタフ・シュモラー、アドルフ・ヴァーグナー、ゲオルク・フォン・ヘルトリング男爵まで、無政府主義から社会改良主義、社会保守主義、カトリック社会教説までを含む広い概念として用いていた。演習は四年生の雉本朗造（のち京都帝国大学法科大学教授・同法科大学長）が「研究の一部」を報告した後、二回目の一〇月一四日に同学年の上杉が穂積の用意した第一項である「社會主義と法律との關係、總論」の報告を行った。上杉は、緒言で社会主義とは何かを問い、法律の本質如何を「沿革的哲理的」に論じた。次いで本論で、「（一）社會主義論者の要求する所は、要するに個人の權利を制限若は廢止すること、及國家の權利を萬能ならしむることにありと論し、終に（二）個人の權利とは如何の問題につきて」研究成果を披露したという。国家の万能化と個人の止揚という上杉の議論には、後年の総力戦体制論の片鱗が現れている。『法學協會雜誌』は、上杉の報告について「辨論は寛急其宜を得論理は極めて明白、大に有益なる報告なりき」と評している。上杉の報告は牧野英一、永井亨のものと共に、翌年の同誌に要綱が掲載された(51)。

この上杉の最初期三作品に共通しているのは、社会学的関心、とりわけ人間社会の「實驗的」、「實證的」、「歸納的」観察への興味である。人間社会とは如何に出来ているのかを実証的に解明したいという上杉の問題意識は、晩年になって社会学講義に結実することになるが、いずれにせよそれは法学の枠内には収まらない営みだった。ちなみに学生上杉の知的活動には、日本主義的な特徴は全くなく、援用するのもストア派哲学、コント、スペンサー、ダーウィン、スピノザ、カントなど西洋の思想家ばかりであった。

個人と社会とは不可分だという上杉愼吉の問題関心は、穂積八束とも通じ合っていた。穂積によれば、孤立した個人が存在し得ると思うのは誤解であり、「法」の目的は個人の孤独化を完成することではなく、人間の共同生活に最も適合的な条件を現実から抽象化することなのだという。さらに穂積は、「法」は一君主、一階級が私的利害から制定しても、社会での共同生活に適合しなければ自然に消滅するものだと説く。逆に個人の私的利害から始まった君主制や所有権も、社会の必要性に合致すれば存続し定着するというのである。[52]

（3）東大法科助教授への抜擢

一九〇三年（明治三六年）七月、上杉愼吉は東京帝国大学法科大学政治学科を卒業した。卒業間近の上杉は、本郷切通し「清水樓」の娘と恋に落ちていたといい、また卒業試験では過度の飲酒（一説には新設された卒業試験への抗議の泥酔ともいう）で成績を落とし、政治学科第三席となったともいうが、それでも「恩賜の銀時計」を拝領することができた。法律学科（独・仏・英法兼修）、政治学科とある中で、どの学科、兼修がどれだけの拝受者を出すかは年度によって様々である。特待生の上杉は教授たちには知られた存在だっただろうが、第三席での受賞には法科大学長穂積八束の意向が効いた可能性もある。尤もこの年、銀時計は明治天皇本人ではなく名代の華頂宮（のち伏見宮）博恭王（のち軍令部総長）の前で下賜された。この年に法科大学から「恩賜の銀時計」組に選ばれたのは、上杉（政治）の他に牧野英一（仏法）、雉本朗造（独法）、小野義一（政治）、小川郷太郎（政治）で、全員が以前から『法學協會雜誌』への投稿を許されていた優等生であった。[53]

上杉愼吉は、卒業直後の一九〇三年（明治三六年）八月三一日に、東京帝国大学法科大学助教授に採用され、行政法担当となった。彼は高等官七等に叙せられ、同年一一月二〇日には従七位となった。[54]卒業を前に上杉は、穂積八束から進路をどうするかと問われ、「生活立身ノ事」など重視していないと啖呵を切った。穂積はこれを聞いて、上杉の好きにすれば良いと答えた。だが数日後、上杉は自らの保証人であった一木喜徳郎教授（行政法）から、母校の助教授就任を慫慂されたという[55]。「恩賜の銀時計」を下賜された仲間でも同じ待遇を受けた者はおらず、のちに同僚になる牧野英一も一旦は検事として任官した。この上杉の異例の抜擢を、人は穂積の恩顧人事と信じて疑わない。尾崎士郎の歴史小説『天皇機關説』では、密かに内意を告げた穂積に、上杉が「今朝も吉原から馬（つけ馬のこと）を曳いて歸つてきたばかりで、こんな人間が先生の後任者になるなぞといふことは以てのほかです」と辞退したことになっている[56]。事前に穂積が動いた可能性は実際あるが、提案者の一木がここで何の役割も果たしていなかったとは考え難い。一木は実務家出身の公法学者で、のち貴族院議員、法制局長官、文部大臣、内務大臣、宮内大臣、枢密院議長、内大臣と顕職を歴任し、男爵となった。一木はまた、のちの上杉夫人の伯父早川千吉郎（三井財閥・国家学会評議員[57]）の同級生でもある。さらに一木は、後述の通り上杉主宰の「桐花學會」にも参加していた。のちの回顧によると、一木は法科大学教授として学生上杉の将来に期待し、未来の同僚として最も歓迎したというが、実子杉村章三郎が助教授に採用された際には、一木が法学部教授上杉に礼状を出し、鞭撻を乞うている[58]。一木の実家岡田家も、二宮尊徳の「報徳教」を奉じ、ドイツのライファイゼン組合運動も参考にしつつ、東洋道徳による社会教化を図る家系であった[59]。美濃部達吉が一木に心酔し、天皇機関説事件で一木と共に非難されたからといって、一木・美濃部路線と穂積・上杉路線とを二項対立的に考えるのは、全く実態に合わない。ちなみに当時、金沢小学校高等科、第四高等学校で上杉の先輩である野村淳治が、

図9　一木喜徳郎

図 10　野村淳治

一九〇一年には内務省を経て東大法科助教授（行政法）に採用されていたが、当時は留学中であったため、野村が口添えをした可能性は小さい[60]。

助教授就任を契機に、上杉愼吉は公法学者としての自覚を強めていく。上杉は就職直後の第一作「公法學ノ獨立」（一九〇三年一〇月）で、ローマ法以来発達してきた私法学と比較して公法学が未熟であったとし、社会学研究の知見も踏まえて、公法学の「科學」としての自立を模索している。上杉は、私法学を法学そのものとし、その手法を公法学に適用しようとする態度に苛立っていた。特定の流儀の押し付けを嫌うのは上杉の年来の性分だが、彼の主張は私法学から国法学が学ぶことを説いたゲルバー＝ラーバントの「法学的」手法への反撥だったのかもしれない。なおこの論文で上杉が公法学独立の契機として「國民權利ノ觀念ノ勃興」、「三權分立ノ思想ノ流行」、「立憲法治ノ主義ノ採用」を挙げ、「專制警察ノ國家ニ在テハ公法ナルモノナシ近世ノ國家ニ於テ初メテ公法アリ」と述べているのは興味深い。またドイツにおける自然法学と歴史法学との対立について、「自然法ノ議論ニモ敬服シ歴史派ノ説明ヲモ取ルヘシトスルモノナリ」としているのも見逃せない[61]。

（4）西洋政治思想史研究への没頭

公法学確立の志を懐いた上杉愼吉は、その基礎固めとして西洋政治思想史を学んだ。当時の上杉は、学生時代に引き続き日本主義の色彩がなく、西洋研究の域内に留まっていた。上杉は思想史研究を進めるに当たり、マイヤー、ブルンチュリ、イェリネックのドイツ法概説を手掛かりにしていた。上杉は特にマイヤーを重宝していたらしく、

「吾々が獨逸國法の教科書として普通に使用するマイエルの獨逸國法論」と述べている。[62]

西洋政治思想史研究における上杉愼吉の問題関心は、フランス革命の「失敗」から国家理論がどう発展したかという点にあった。「蓋し佛蘭西革命は千古罕に見るの變亂たり狂瀾怒濤世界を震撼し人類社會の秩序一朝にして亡失するに至り具さに慘禍を極むその人心を感激する寔に甚深なるものありその空しく失敗に終るに至りては革命の精神の基礎としてその動亂を經緯したる思想に對して各種の方面より強烈なる反動的精神の勃興するに至りしは寔にこれを自然の數と云ふべきなり」[63]。この歴史認識から出発した上杉は、西洋政治思想の中でも、フランス革命およびナポレオン戦争への応答としてのドイツ政治思想に傾倒していき、主権は君主でも人民でもなく国家に在るとする国家主権説こそ、君主専制と民主主義という両極間の落とし所だと考えるようになっていくのである。上杉はこうした西洋政治思想史のイメージを、助教授就任後の一年間を掛けて確立した。

西洋政治思想史研究をフランス革命批判から始めるという流儀には、東京帝国大学法科大学では先例があった。ラートゲンは講義でフランス革命を扱った際、学生がその原因を国王による人民の権利の蹂躙だと答えたのに対し、一体国王が何の権利を侵害したというのか、国王政府はどのようなもので、革命に際し国家の諸機関はどのような事態に遭遇したのかと逆に学生に聞き返し、人民の権利のような抽象的観念を覚え込む学生たちへの苛立ちを表明している。[64]戸水寛人もジャン＝ジャック・ルソーの社会契約説を謬説とし、その起源をソクラテスや詭弁家グラウコン、リコフロン、デモクリトスにまで遡っている。[65]後述のように、吉野作造も工科大学講師時代には、革命が打ち出した人民主権論は革命の失敗で排斥されたと説いていた。

まず上杉愼吉は主権論に興味を懐いた。一九〇三年（明治三六年）の短い論文「ジアン、ボダーンノ主權論」がその現れである。上杉は、イェリネック『一般国家学』の学説史整理に依拠しつつ、教皇、ローマ帝国、国内諸侯という内外の諸勢力から独立した主権という理念を生み出し、一七・一八世紀の「専制主義ノ學問的基礎」、「近世主権論の濫觴」をなしたボダンを、近代国家学の創造者と称えている。[66] ただこの論文では憲法の問題が論じられることはなく、上杉の主権に関する考察も萌芽的なものに留まった。

次いで上杉愼吉の考察は保守主義へと進んだ。論文「近世ノ帝王神權説」（一九〇四年）では、上杉は一七・一八世紀英仏の王権神授説ではなく、一九世紀独仏の「佛蘭西大革命ニ對スル反動的精神」たる保守主義を扱っている。上杉はジョゼフ＝マリー・ドゥ・メーストル伯爵、ルイ・ガブリエル・ドゥ・ボナール子爵のような仏カトリック保守派、アダム・ミュラー、フリードリヒ・フォン・シュレーゲル、フリードリヒ・シェリング、フリードリヒ・カール・フォン・サヴィニー、フリードリヒ・ユリウス・シュタールのような独保守派（プロテスタンティズムからカトリシズムへの転向者を含む）を挙げ、その思想を紹介している。「皆等シク唱ヘテ曰ク政治上ノ權力ヲ全ク人類ノ創造ニ委セントスルノ荒唐無稽ナル想像タルニ止ルハ大革命ノ失敗明カニ之ヲ證セリ人ノ意志ト理性トヲ國家制度ヲ形成スルノ基礎トスル誤レル主義ハ全然之ヲ拒斥セサルヘカラス故ニ社會契約説ハ絶對的ニ非ナリ主權ヲ人爲ニ求ルトスルカ如キハ人類天賦ノ性格ニ反セリト」。ここでの上杉の問題関心は、理性的個人から出発しその相互了解によって社会が形成されているという社会契約説の歴史的実証性、有益性への懐疑であった。上杉の見るところ、「近世ノ帝王神權説」は単に君主を利する支配イデオロギーではない。「神權説ハ獨リ帝王ニ幸スヘキモノニ非ス權力獨リ上帝ニ在リト云ハ、之ヲ代表スルモノハ帝王タルコトヲ得ヘク又人民タルコトヲ得ヘシ帝王ノ徒天祐ヲ口ニセルハ人民ハ民ノ聲ハ神ノ聲ナリト唱フルコトヲ得ヘシ神ノ權威ハ反逆ヲ壓スルノ具タルヘク又反逆ヲ煽動スルノ用ヲ爲スヘシ殺活ノ用ヲ爲ス劍其獨リ帝王威權ヲ張ルノ具トナリシモノ亦一ニ革命ノ反動ニ依ルト云フコトヲ得ヘシ」。支配の源泉が支配を覆す契機ともなりうるとする点は、西洋諸国は君主国であれ共和国であれ、根源的には全て民主制なのだという、上杉の持論にも通じるのだった。上杉は「近世ノ帝王神權説」を、フランス革命後の混乱を鎮めるための理論的工夫だと見て、絶対的なるものを信奉する宗教的態度とは距離を置いた。「夫レ一ノ時代ニ一ノ學説思潮ノ起ルモノ決シテ偶然ニ非ス莫大ニ行ハル、ニ至ルモ亦偶然ニ非ス學者ノ説ハ寧ロ時代ノ反映ニシテ之ヲ讀ム者ハ此點ニ付テ所謂紙背ニ徹ル底ノ眼光ヲ具セサルヘカラス」。[67]

さらに上杉愼吉は「多數決」（一九〇四年）で社会契約論に目を向けた。社会は「有機的」だと考える上杉は、個々人が契約を結ぶことによって社会が構成されると説明する「機械的」な社会契約説を否認した。社会契約説の非現実性を明らかにするために、上杉は多数決原理が広く採用されていることを挙げる。上杉は、社会契約論を真に受けるなら全会一致制を採るべきで、多数派の意向が全体の意向と見做される多数決原理は、本来社会契約論とは相容れないはずであり、この件に関するジョン・ロック、ザムエル・フォン・プーフェンドルフ男爵、エメール・デ・ヴァッテル、ルソーの弁明は牽強付会でしかないと退けた。なお多数決原理に関連して、上杉愼吉が批判した人物に美濃部達吉がいる。上杉は、選挙とは国会を「全人民の「縮圖」」にするものであるべきで、「少數者の權利」が尊重されるよう、現行の大選挙区連記投票の制度を改め、比例代表制の導入を図るべきだという美濃部の意見を論題にした。この「少數者の權利」論はイェリネックが一八九八年に唱えたもので、国民が民族的・宗教的に分裂している場合に、多数決原理が特定の少数派を常に不利に追いやるよう機能する危険を指摘した議論である。上杉は、社会が固定した「多數派」と「少數派」との二派からなるかのような議論は「空中樓閣」だ、各論点で賛否両派が離合集散するだけだとし、国会を「全人民の「縮圖」」にするという発想には意味がない、「少數者の權利」に拘る必要もないと論じた。[68]

社会契約論との関連で、上杉愼吉は「モナルコマキ」（暴君放伐論）にも注目した。「民約説の先驅」（一九〇四年）で、上杉はイェリネック門下生ルドルフ・トロイマンの『モナルコマキ』[69]を援用しつつ、宗教改革から暴君放伐論登場に至る経緯を紹介した。同書は恩師に献呈された博士論文で、ルソー以前に革命理論の起源を求めている。同書は、仏「人權宣言」を独創的なものとせず、米諸邦憲法にその起源を見たイェリネック『人權宣言』と共に、

『国法・国際法論集』を為していた。上杉はこの暴君放伐論を、フランス革命の淵源と考えた。「その説主なる國々に於て一も實行せらるゝに至らず専制の君主は其の權威を振ふことを止めす平然居坐して學者の飢迂愚を笑へり何くんぞ知らん後に或は暴君の放伐實行せられ奇矯なる Monarchomachen の説は遂に Roussean か民約説となるに及んて一世を風靡し怒濤澎湃佛蘭西革命の大變革となる全世界を震撼せり唯とり之れを偶然と云ふへけんや」（Roussean は Rousseau の誤植）。注目されるのは、上杉が暴君放伐論を警戒しつつも、君主の暴虐な統治にも革命の原因があったと見ていることである。上杉はまた、オットー・フォン・ギールケがドイツの暴君放伐論者ヨハンネス・アルトゥジウスに注目したのを「顯晦の功」と称え、アルトゥジウスのことも「一代の鴻儒」と呼んでいる。上杉はユベール・ローニェやフアン・デ・マリアナの暴君放伐論を紹介した後で、アルトゥジウスには「最も學究的にして最も精確」だとして敬意を払った。(70) 西洋の君主は横暴だったために革命を招いたが、日本の君主は別だ——別の道を歩むべきだ——という考え方が、上杉には芽生えつつあった。

社会契約論を疑問視した上杉愼吉だが、彼はその系譜に属するカントを、革命を抑制する思想家、ルソーへの対抗馬として熱烈に称揚した。一九〇四年（明治三七年）三月二一日、東京帝国大学法科大学では「フランス人の民法典」の成立百周年記念講演会が行われ、上杉もこれに同席した。上杉は「フランス人の民法典」というより、その制定者ナポレオンを一八世紀の思想的混乱の末に起こったフランス「大革命」を収拾した「絶世の大英傑」と称えたが、一八〇四年がカントの歿年でもあることに読者の注意を促し、ドイツ人が彼に「偉大なる」（der Grosse）という称号を付すのも決して大袈裟ではない、さらに「永遠なる」（der Ewige）とも呼ぶべきだとした。上杉がカントを称えた具体的論点は以下のものだった。(1) 一九世紀の精神である「國民の信念人類の精神」がカントを祖とすること。(2) 一九世紀の法学の基礎を作り、歴史法学派もそうでない法学派も、皆カントを祖とすること。(3) ルソーの社会契約論に学びながら、ルソーのような「卑近なる事實を誣ゆるの論」に与せず「生命ある」社会契約論を唱えたこと。社会契約を飽くまで「理性の理想」とし、それが歴史的事実であるかのような虚偽の主張をしなかったこと。(4)「國體 forma imperii」と「政體 forma regiminis」とを区別したこと。上杉は、「帝王神權說」、つまり保守主義も、カントやその後継者（カール・ザロモー・ツァハーリエ、フリードリヒ・シュライエルマッハーなど）も、サヴィニーら歴史法学派も、フランス革命への反動として位置付けていた[71]。

上杉は吉野に触発され書いた「國家學史上に於けるヘーゲルの地位」（一九〇四年）で、ヘーゲルも革命後の混乱を収拾した思想家として称揚した。「此派の思想は二つの點より革命思想の反動と見るべし一は個人の意思を排して一般意思を重んじることなり一は人民主權を斥けて國家そのもの丶うちに國家の正當を發見せんとすることなり」。上杉によれば、シェリングからヘーゲルへ受け継がれた学派が、国家主権説に繋がったのだという。上杉は「民主主義」を「酒」に譬え、健康を害すると分かっているのに皆で飲んで酩酊していると揶揄した。国家を倫理の体現者としたヘーゲルは、民主主義に酔うドイツ国民を満足させる哲学上の工夫をしたのであり、イェリネックを援用して「獨逸國實際の需要に適」した教説だったとした。上杉はまた、ヘーゲルとギリシア哲学との連関性にも注目した。この論文は、上杉の合言葉「國家は最高の道德なり」の出発点となった[72]。

社会契約説を警戒する一方で、上杉は家産制国家論を前近代的だとして退けた。一九〇五年一〇月、上杉は論文「國家家產說」を発表し、カール・ルートヴィヒ・フォン・ハラーの家産制国家論を批判的に紹介している。上杉曰く「「ハルレル」の學說たる要するに再ひ中世の公法と私法とを混同したる封建時代の舊想に還れるものにしてその積極的價價は極めて少しC. E. Jarckeの如きRomeo Maurenbrecherの如き保守の思想を抱く者二三のこれを祖述したる者なきに非ずと雖も固より有力なることを得ず唯たその社會契約の革命の思想を批評するの鋭利なるに於て極めて注目すへしと爲すのみこれを以て復古學派の先驅たり學說としては固より採るに足らさるのみ[73]」。

以上のような西洋政治思想史研究を踏まえて、上杉は論文「國家主權說の發達」（一九〇五年一月）で、国家主権説をフランス革命後の（特にドイツ）国家学の終着点とし、君主を国家の機関と位置付けた。「之を要するに國家主權説は君主々義と民主主義の調和なり革命の餘波として人民主權の思想人を酔はしむるものなりしと雖も反動の精神も亦た盛にして民を以て主權の出つるところと爲し國家は民の約束に成る製作物たりとするの思想は明かに排斥せられたり此の時に行はれたる國家も亦た宇宙の進行の一面たりとするの哲學者の理論は自ら深く人心に入るものありて國家の實在を認め之れを有機體たりと爲し人格たりと爲すヘーゲルの考索は新國家學の進行の第一歩を成し等しく革命の反動の精神の一たる歴史派の學説か之れを助成し後に自然科學の發達するに及ひてブルンチユリイの國家を自然的有機體と爲すの説となり茲に國家の獨立の生命適切に分り易く認められ人格として國家の實在が主張せらるゝに至て人格たる國家に主權の所在を歸する所謂國家主權の思想大成するに及へり而して君主は國家の機關たりとせらる[74]」。

上杉は論文「立憲政治の妙用」（一九〇五年）などで、自ら国家主権説の効用を説いた。上杉が「立憲政治」を肯定するのは、それが専制体制とは異なって「權力機關」と「國民」との「調和並行」を促し、「國政發展」の要件が整うからであった。「立憲政治」が「國民奉公ノ念」を喚起するという点は、後年の普通選挙肯定論とも繋がるものである。上杉はこの指摘をする際に、小野塚喜平次『政治學大綱』を援用している。また上杉は「立憲政治」のもう一つの利点として、君主無答責にすることで批判を大臣が引き受け、君主本人を防衛し、延いては国家の安定に資することを挙げた。上杉は、君主専制の場合、政治不信が革命による君主の殺害を惹起し、国家が動揺する危険があるとした。この点は、翌年の論文「大臣責任論」でも再論され、上杉は「代理受刑論」（Prügelknaben-theorie：貴公子が罪を得たとき従者が代理で体罰を受けたことに由来する）に与すると述べている。上杉はさらに、憲法の字句に拘泥して立憲政治を忘れ、例えば大臣が「袞龍の袖下」に隠れて責任を君主に転化することがないよう戒めた。「國民奉公ノ念」への期待からか、上杉は自由を人権の一つと見ることに熱心だった。上杉は一九〇五年

（明治三八年）四月の論文「自由權」で、自由を国家権力の行使に制限を加える観念とし、「個人の權利」とは別種と見るカール・フリードリヒ・フォン・ゲルバー、パウル・ラーバントの学説を退けた。但し上杉の説く「自由」論は、個人と国家権力との対峙を自明とするものではなく、両者の協働を念頭に置いたものだった。つまり立憲主義者ではなかった上杉は、「國家窮迫の事變災害」などの際にも、それに対応する切れ目のない行政を国家に求め、「便宜」に応じた法治国家原則の柔軟な解釈を提唱し、議会が事後承認する天皇や政府の緊急命令の意義を重視した。また上杉は、大臣が議会に対して責任を負うことには消極的であった。[75]

「權力機關」と「國民」との「調和並行」を目指す上杉は、国民皆兵制や地方自治制も重視した。上杉は無敵のプロイセン軍が国民皆兵制であることに注目し、その基礎には「完全ナル地方自治ノ制度」があると説いた。彼は都会を軽薄で華美なものとして忌避し、保守的な農村共同体でこそ質実剛健な兵士が育つと主張した。この議論の延長線上で、上杉は被差別部落にも視線を向けている。「等シク日本國民ナリ等シク陛下ノ赤子ナリトハ因襲ノ力恐シキカナ夢ニモ思ヒ寄ラサリシ穢多ノ民カ體格强健ナレハ五肢完全ノ身體ヲ捧ケテ他ト共ニ兵營ニ入リ軍隊ヲ組成スルニ至テ務メテ自ラ其ノ國民タル性格ヲ確認スルニ至ルハ眞ニ當然ト云ハサルヘカラス」。農村や被差別部落を「國民」として統合するという上杉の議論は、「無產の愛國者」を称揚した後半生の前兆とも言うべきものであった。[76]

（5）社会学

上杉愼吉は行政法助教授となっても社会学への興味を増していった。それは上杉のハーバート・スペンサーへの追悼文（一九〇四年）などからも窺える。[77] 上杉の問題関心は、多数の個人が如何にして集合体を為し得るのかという点にあり、社会契約説への興味とも連関していた。上杉の社会学への興味は、民主主義鼓吹の彼岸で「科學的眞理」に照らして人間社会を考察したいという欲求から発しており、常に反個人主義的傾向が強く、のちには吉野への反論の理論的基盤となっていく。ちなみに上杉のいう「社會」とは単なる人間集団の意味で、「國家」は一つの「社會」であり、「國家」を権力側、「社會」を民衆側と見る国家・社会二元論ではない。従って上杉の社会学は、同時に政治学、国家学でもあった。

上杉は社会心理学への興味から、一九〇四年（明治三七年）に論文「社會ノ指導者」を書いている。上杉は、社会は多数の人々の集合体であることはよく知られているのに、今なお英雄崇拝の風が残っているのはどうしてなのかと問うた。上杉はまず、個々人の感情には類似した面があり、これが個々人を繋ぎ社会（実際にはその多数派）の基盤を為す「社會心意」なのだとした。上杉は、社会を基本的に「衆愚の巷」だとし、「輿論」は激情に左右されやすいと見たが、「輿論」の形成を促す社会の指導者が出てくるものだと考えた。この指導者は、「民ヲ欺ク奸雄」、「デマゴーグ」の場合もあるが、常にそうではないと上杉は言う。この論文での上杉の問題関心はまだ曖昧だったが、後世から見ると、上杉は天皇によるカリスマ的国家指導、あるいは上杉自身による国民教育を念頭に置いていたようにも見える。(78)

同年の論文「多數決」にも社会学的関心が強く看取できる。上杉は多数の意思を全体の意思と同視できるのは、社会を一つの「有機」体と考える発想が前提にあるからだと考えた。穂積八束が、多数決では暗愚な民衆への服従を強いられると恐れたのに対し、上杉は、多数決に従わず個人の自律を説く穂積の論調は、むしろ個人主義的で社会契約論に通じると批判した。(79) この穂積批判は、吉野のエリート主義政治観と一線を画した後期上杉の「無産の愛國者」論にも通じるものがある。

上杉愼吉が社会学的論法で国家法人説を肯定したのが、「天皇ノ國法上ノ地位ヲ論ス」（一九〇五年五・六月）である。上杉によれば、意思や目的の主体は本来生きた人間だが、社会の複雑化に伴い集団にも主体性を認めるようになり、前者を自然人、後者を法人と呼ぶようになる。ここでは法人は「擬制」ではなく、「實在」するものとされる。法人は自分の意思や目的を示すため、別な自然人あるいは法人を機関とし、法人（例えば国家）と機関（例えば天皇）とが法的に一体となる。二つの人格が一体化するこの関係を上杉は「機關關系」と呼び、二つの人格が二つのままである「代理」とは別な法律関係だとする。上杉は国家を法人の一例とし、それは個々人を包含するが、個々人とは別箇の目的があり、個々人を統治権で拘束するとした。上杉は天皇こそ国家の意思と目的とを表示する不可欠の機関で、統治権を有するのは国家の方だと説いたのだった。加えて上杉は、天皇は自然人だが、代替わりによって別の天皇が誕生するわけではなく、ただ一人の「萬世一系ノ天皇」が居るだけだと主張した。上杉のこの論法は、国家法人説の提唱でありつつ、同時に「天皇即國家」論の前兆を含むものだった[80]。

（6）法解釈学

当時の流儀では、実定法研究者は様々な法解釈の討論に加わり、その結果を文書化することになっており、上杉慎吉も様々な法解釈論争に加わっている[81]。

図11　清水澄

この法解釈論争の一環で、上杉は穂積八束門下の兄弟子清水澄《とおる》（学習院教授）にも挑戦している。そこでの話題は、天皇による法律の裁可が有する法的意味についてである。清水は、裁可により法律は確定成立し、公布により国民への拘束力が生じるようになると説明した。上杉は、裁可で法律が確定成立しているのなら、公布以前にも国民への拘束力があるはずだと説いた。上杉は、「三権分立主権在民」の発想が散見される立憲君主制諸国の憲法にも裁可制度が残されているのは、君主の拒否権の残滓ではないかとした[82]。

(7) 行政法・憲法講義

上杉愼吉は東大法科の助教授としての採用から洋行までの三年弱、研究の傍らで教育にも力を注いだ。東大法科では、助教授は講義を担当せず速やかに洋行するのが通例だったが、上杉は何故か助教授就任直後から講義を担当していた。行政法研究を開始して僅か一年後、上杉は一九〇四年（明治三七年）に初めての単著書『行政法原論』を刊行した。この大著の序文で穂積八束は、従来散漫な羅列が多く暗黒の地を行くが如きだった日本行政法研究に「地圖」が現れたと同書を激賞している。翌一九〇五年には、最初の憲法教科書『帝國憲法』を刊行しているが、この本も上杉の講義を単行本にした浩瀚なものだった。さらに、彼は洋行する一九〇六年には、『比較各國憲法論』を日清両国で刊行し、西洋各国憲法に関する広範な知識を世に示したが、比較研究だという割には理論的考察が多い。加えて上杉は一九〇三年九月以来、一年生向けに月曜日に公法学演習を開設し、憲法講義の順序に依り質問・討論・講演の機会を設けた。この公法学演習には、時々「穂積教授」（八束か）も出席して学生の質問に答えた。また上杉は学生の面会日を設け、憲法に関する質問はもちろん、世間話などにも応じたという[83]。

上杉愼吉の教科書『帝國憲法』は、彼の初期思想を集約した作品でもある。ここでの上杉の立場は、君主専制と民主主義との中庸としての国家主権説であった。「彼ノ國家ノ個的存在ヲ否認シテ或ハ君主ノミヲ認メ或ハ人民ノミヲ認ムルカ如キハ極メテ幼稚ノ思想ニシテ皆非ナリ[84]」。「國家カ一ノ共同團體タルコトハ唯一ノ正確ナル觀念ニシテ統一恆久ナル獨立一個ノ個體タリ[85]」。一方でそこには、後年に披露される彼の基本構想も既に姿を見せていた。即ち、実態を度外視した自然法論を問題視している点、「日本帝國」を西洋に例のない「純正ノ君主國體」とし安易に「泰西最新ノ法理」で日本の憲法を説明することを批判している点、憲法制定は旧日本から新日本への「國體」変革ではなかったとする点、統治権の所在に関する「國體」と統治権行使の方法に関する「政體」とを区別している点、天皇は単なる一官吏ではないとする点、社会契約説あるいは個人本位の思想を問題視する点、ボダンを援用しシャルル・ドゥ・モンテスキュー男爵の権力分立論を批判して統治権（主権）の唯一不可分を説いている点、「民主國體」といっても実権を握るのは少数者であり、「貴族國體」との境界は曖昧だとする点、家産制的国家理解を否定している点などである。[86] しかし他方で、そこには後年とは異なる言明も存在していた。個別憲法を比較検討して帰納的に一般論を導き出す「一般憲法學」の手法を一概に排斥しない点、国家主権説に依拠し天皇を最高機関と位置付けている点、人民主権論の影響があることを認めつつ国家主権説を支持する点などがそれである。[87] なおイエリネックの挙げた国家の三要素（領土・国民・主権）を、領土・臣民・統治権と言い換えて引き継いでいる点も見逃せない。[88] 憲法理解における神話的要因の強調もまだ見られなかった。

図 12　戸水寛人

（8）学問の自由論

洋行前年の一九〇五年（明治三八年）一〇月、上杉愼吉は「戸水休職事件」で東京帝国大学の同僚たちと共闘している。羅馬法教授戸水寛人は金沢藩士戸水信義の長男で、妻は大聖寺藩士の家系の出身である。[89] 戸水は穂積八束とほぼ同年齢で、穂積の祖先教論をサー・ロバート・フィルマー（英王権神授説の論客でロックの批判対象）の『パトリアルカ』に似ていると評しつつ、日本臣民の皇室への忠誠心は先天的なもので、天皇と臣民とを同祖とし、家父長制の論理で尊皇を説明する穂積の議論は不適切だと批判し

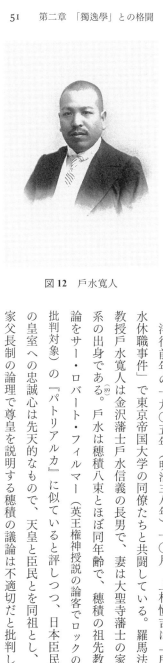

たことがある。[90] さて戸水は、政府に対露開戦を促して「バイカル博士」の異名を取り、戦勝後は賠償や領土割譲を求めてポーツマス媾和条約調印を批判したので、久保田譲文部大臣により文官分限令に基づき休職とされた。この事件を受けて一九〇五年一〇月、『國家學會雜誌』では特集が組まれ、同僚たちが文部省批判の筆を執った。序文を執筆した美濃部達吉は、法の濫用、権力の濫用への抵抗を訴えた。これに続き同志たちが、金井延、寺尾亨、岡田朝太郎、小野塚喜平次、高野岩三郎、姉崎正治、中川孝太郎、河津暹、上杉愼吉、志田鉀太郎、山田三良、美濃部達吉、筧克彦、高橋作衛の順番で執筆している（穂積兄弟の名前はない）。上杉の論稿「循吏傳」は、専制主義の鼓吹者トーマス・ホッブズの対抗馬であった自由思想の代表者ジョン・ミルトンを称揚し、言論・出版の自由を説いたその著書『アレオパギティカ』の検閲を担当して、逆に感化され職を辞した一官吏について紹介したものだった。「此頃無學下根ノ俗官吏。學問教育ノ自由ノ大義ヲ解セス。一時ノ利便ニ従ヒ權勢ノ驅使ニ就キ、任ニ學問教育ノ職ニ在ル者ノ地位ヲ動カサンコトヲ試ムル者アリ。識者見テ帝國文明ノ前途ノ爲メニ深憂アリ[91]」。なお後年、京都帝国大学総長澤柳政太郎の教授免官措置に、同法科大学教授連が抗議の辞表を提出した「澤柳事件」（一九一三・一四年）に際しても、上杉はその未公開の覚書で、大学教授としての身分意識を示しつつ、教授連の「眞面目なる心情」に「深く同情」している。ただ彼は、教授には一般官吏とは異なり独立性が必要なので、教授会がその任免一切を掌握するとの主張には疑問を呈し、またこの騒動が学生を動揺させることを憂い、さらに官立法科大学は二つも必要ないので、この際京都を廃止してはどうかとも述べている。[92]

二　吉野作造の「獨逸學」への順応

（1）西洋世界への接近

吉野作造（当初は作藏、作三とも）は、一八七八年（明治一一年）一月二九日に宮城県志田郡大柿村（一八八九年に町村合併で「宮城縣志田郡古川町字大柿九十六番地」になる）の商家に生まれた。父吉野年藏（年造とも）は、家督を継いだ長女の夫に「吉野屋」を委ね、古川町長を務めた。実家は新聞配達も請け負っており、吉野は早くから政治に興味を懐いた[93]。

図13　古川の風景（緒絶橋）

吉野作造の成育環境には反薩長の気風があり、自由民権運動の息吹があった。古川周辺は「大崎平野」と呼ばれる米作地帯で、室町時代には大崎氏が支配し、やがて伊達政宗が征服して、岩出山に居城を構えた。伊達氏は奥羽越列藩同盟に与して薩長軍と戦い、新政府に冷遇された。幕末維新期の興奮は、少年吉野の周辺にはまだ残っていたようである。「今時の年若い青年諸君には分かるまいが、明治も二十年頃までは、一から十まで明治新政府の爲る事が癪に障り、伯夷叔齋を氣取るまでの勇氣はないが白眼を以て天下をにらみ、事毎に不平を洩らしては薩長嫌厭の情を民間にそゝるといふ底の人物が到る所に居たものだ。［……］私は薩長にいぢめられた方の東北の片田舎に生まれたので割合によく這般の消息はわかる。今から回想して見るに、成る程あゝした類の人物は可なり澤山私共の周圍にも居つて、我々子供の頭に識らずく重大の影響を與へた様である」[94]。またこの県北地方は、明治初年からロシヤのハリストス正教会が進出した地域で、仙台、古川、中新田、高清水、石巻、金成、涌谷、気仙沼などに教会堂が建設されていた。そうした正教会の拡大は、この地の自由民権運動の展開と密接な関係にあった。「五日市憲法草案」執筆者の千葉卓三郎も、労働運動家の鈴木文治も、正教徒として出発した宮城県人である[95]（だが鈴木はやがて『新人』に参画し、知性主義的観点から正教会を批判するようになる）[96]。

吉野作造は古川の尋常・高等小学校を卒業後、一八九二年（明治二五年）に仙台の宮城県尋常中学校に進んだ。吉野は学者家系出身の大槻文彦校長から倫理の授業で、『海國兵談』を書いた仙台藩士林子平の逸話を聞いて、偏狭な島国根性の蒙を啓かれたとし、林を称える文章を書いている。また吉野は、織田信長、豊臣秀吉、徳川家康の気質を比較したり、漢の高祖（劉邦）が旧怨のある雍歯を登用した逸話を論じたりと、在るべき君主像を盛んに論じており、後年のドイツ君侯論や天皇論との関係で注目される[97]。

少年吉野作造は尊皇の情念に燃えていた。吉野は小学校で青山延于『皇朝史略』、頼山陽『日本外史』、大槻磐溪『近古史談』を読まされた。中学校の作文の授業で寒桜という題が出されたとき、吉野は足利幕府が定着しても九州の一角で南朝のために奮戦した菊池氏一門の孤忠を寒桜に譬えた名文を作ったという。吉野はまた日清戦争に際しても、「荒野原太刀を枕にまどろみて鬠のいさをや夢よ見る覧」（「軍人ゆめ」）、「唐の荒野に生へし醜草も靡くや君の御稜威の風に」（「皇徳及邊境」）、「故郷の妻子がかきしたま章か月をかすむる雁金の跡」（「夜營」）、「露霜におきふすも君の爲なれや大和男子の何いとふべき」（同上）といった和歌を詠んで、日本軍将兵の勤王精神を称えた。さらに吉野は、私財を投じて順徳天皇陵を修復した江戸時代の佐渡奉行、曾根吉正を称讃している[98]。

吉野作造は陸海軍の活躍に心を躍らせ、西洋の侮りに憤慨する愛国少年だった。福島安正中佐のシベリア単騎横断や、郡司成忠大尉の千島遠征の逸話は、吉野を感激させた。そして一八九四年（明治二七年）に日清戦争が勃発すると、吉野は第二師団の出征を見送り、真夜中でも停車場で群衆に交じって万歳を繰り返した。吉野は戦勝祝賀の提燈行列にも参加したが、凱旋した乃木希典中将（第二師団長）が馬上から群衆を見回して叮嚀に答礼する姿には好感を懐いた。吉野は「三国干渉」（一八九五年四月）に憤慨し、能勢三郎と連名でこう表明している。「日清僅に干戈を藏めしと雖も東洋の平和は未だ全く克復せられざるをや加ふるに歐州の諸强國己が兵艦の强きに誇り慢りて東洋の事に喙を容れ機を見て將に爲さんとするあるをや［……］日東の大國民は將に世界の上に縦横の鐵道を布き經緯の運河を掘鑿して所謂諸强なるものを蹂躙し以て今日の辱を雪かざるべ［か］らず(99)」。この西洋への対抗意識は、彼の日露・日独戦争肯定論や最晩年の「東洋モンロー主義」でも再演されることになる。

図 14　第二高等学校（現：東北大学）

　このように少年吉野は愛国心に燃えつつも、キリスト教に帰依する前から西洋文明と日本文明との調和を重視していた。「國粹」と題する小文で、吉野は「國粹保存」を肯定しつつ、西洋文明を排斥する偏狭な日本主義には苦言を呈している。「己れもとより國粹を拆けて漫りに泰西を崇拝するものにはあらねど美風と陋習とを能く識別しあしきをすてゝよきを殘し又泰西のあしきをば拆けてそのよきを容るゝこそ道なるべけれと思ふなり(100)」。

　吉野は中学校でドイツ式教育に触れた可能性がある。大槻文彦校長は吉野作造が中学三年のときに病気で退任し、後任には湯目補隆が就任した。湯目は仙台藩の名門出身で、ドイツ遊学から帰国して厳格な管理教育を行ったが、排斥運動が起きて退任させられた。ただ吉野が

図15　和装のブゼル（右）

その排斥運動に加わったかは定かではない[101]。

一八九七年（明治三〇年）九月、吉野は第二高等学校法科に入学した。法科の選択は、友人の木下淑夫が出願時に文科から書類を書き換えたためだという。二高法科時代、吉野がドイツ法の手ほどきを受けていた可能性もあるが、これは確認できていない[102]。

二高に入学した頃、吉野は信奉者を集めて松下村塾のような私塾を主宰していた。これは、北四番丁にあった武家屋敷風の平屋に、中学校を抜群の成績で卒業後二高に進学していた吉野と、彼を慕う中学生七人とが共同生活をするという自炊寮であった。吉野は既に青年期から、知的指導者の役割を担っていたということになる[103]。

この二高時代に、吉野はアメリカ系キリスト教の影響を受けた。明治期の東北地方では、ハリストス正教会とバプティスト教会とが密接に関係を持ちつつ布教を進めていた。仙台に出た吉野は、活発なプロテスタンティズムの宣教活動に触れ、特に東北学院長の押川方義の講話に感銘を受けていた。そうした中で、吉野は二高入学後に、私立「尚絅女學校」に勤務していた米人教師アンネー・サイレーネ・ブゼル嬢（一八九九年校長就任）のバイブル・クラスに通うようになる。これは一八九三年（明治二六年）四月、同校で非常勤講師をしていた或る二高生が、ブゼルに『聖書』研究をしたいと述べて始まったものだった[104]。

このブゼルを通じて吉野は西洋文明を受け入れることができた。実は吉野は、尋常小学生の頃に勧められて齋藤秀三郎の英語塾に入ったが、短気な教師に恐れをなして一日で辞めたという。これでは英米嫌いになりかねないところだが、ブゼルの包容力は吉野を安心させたようである。ブゼルは飲酒批判者ではあったが、一般に柔軟な宣教者だった。ブゼルは、一方でカレーライスやアイスクリームなどで人々の興味を引き、他方で祖先崇拝、家族主義、明治神宮や桃山御陵への参拝など日本の習慣を尊重した[105]。ブゼル曰く「成程、私は日の照る下に於て最も偉大な國家、一大共和國の忠誠な市民であります。しかし私は此の國の尊い　皇太子殿下が私に對して畏多くも優渥なる御會釋を賜つた事を深く誇りとする者であります[106]」。和服に日本髪という姿も見せたブゼルの同化主義に対しては、宣教師仲間から疑問の声も上がっていた[107]。

吉野作造は、二高の友人である内ヶ崎作三郎、栗原基、島地雷夢らと、一八九八年（明治三一年）七月三日に仙台「浸禮教會」（バプティスト教会）で「浸禮」を受けた。熱心な島地に躊躇する内ヶ崎が誘われ、噂を聞いた吉野も急遽加わったという。中島力三郎牧師に逆さに抱えられた志願者は、講壇の下の水槽に漬けられた。洗礼名は、吉野がピリポ、内ヶ崎がダニエル、栗原がヨハネ、島地がフランシスである[108]。吉野は自分の入信について、高等学校まで来て馬鹿者だと言われたと回顧している。特に二高の澤柳政太郎校長は、彼らを自宅に呼んで入信の理由を聞き、不思議な現象だと呆れたという。日本にはキリスト教迫害の過去があったので、吉野も相当の覚悟で入信したらしい[109]。大戦中に吉野は自分の入信をこう回顧している。「如何なる態度を以て神に對すべきか神と自分との關係を如何やうに取扱ふべきかに就ては、釋迦も我々に之れを教へました。孔子も我々に之れを教へました。然しクリストの我々に教へた道が一番よく我々の眞心を滿足せしむるものであるといふ確信の下に、余はクリストの弟子となつたものであります[110]」。

米系プロテスタンティズムへの帰依は、吉野の道徳的潔癖症を決定的なものにした。これは内村鑑三『余は如何にして基督教徒になりし乎』でも描かれたように、淫祠邪教の蔓延する「魔術の園」日本で、文明側にいるという自信および使命感の産物である。そもそも吉野は、入信前から「浮世」を「迷の戰」と呼び、「小利」に惑う「民」

を夏の燈火に飛び込む虫に譬えていたが、入信後は現世批判に拍車が掛かった。吉野は、大陸征服まで企てた豊臣秀吉の気宇壮大さに憧憬しつつ、キリスト教徒の自分が「天國を此世に建設する」という大目標を実現できていないことを嘆き、若者たちの自堕落な放蕩生活を糾弾し、日本「古來」の厭世観（鴨長明）を陳腐で活力に欠けると一蹴するなどした。ただ吉野は、洗礼前から西洋・日本文明の調和を求めていたのであり、洗礼後も日本との一体感を失うことはなかった。天皇への敬愛とデモクラシーの鼓吹とが混在し、国益遂行と国際的協調とが同居する吉野思想の中核は、すでに仙台時代には確立していたのである。(111)

アメリカ文化に傾倒した吉野だったが、ドイツ文化との接触は定かではない。小学校から大学まで一緒だった三浦吉兵衛は独文学者（一高教授など）になったが、雑誌投稿の仲間だった彼とドイツの話をした形跡はない。なお後年の吉野は、中学教科書だった磯田良『西洋史』で、「地名人名のドイツ流の呼び方に異様の感を催したことを覺えて居る」と回顧している。確かに吉野は、「サキソニー」、「ビスマーク」、「ハートリング」など、ドイツの固有名詞まで英語読みにする嫌いがあった。本当に中学時代から異様だと思っていたのなら、吉野も筋金入りのドイツ嫌いだったことになるが、恐らくこれは後年の誇張だろう。(112)

一九〇〇年（明治三三年）七月一〇日、法科次席の「吉野作三（宮城縣平民）」は第二高等学校を卒業する。卒業生総代として挨拶をしたのは、法科首席の佐々木安五郎（岩手県平民、のち鉄道官僚）だった。吉野ら卒業生の大半は仙台を離れて上京した。(113)

（2）「獨逸學」との遭遇

一九〇〇年（明治三三年）九月、吉野作造は東京帝国大学法科大学に入学し、ここでも優等生となったが、晩年に「獨逸學」について次の有名な回顧談を残している。

［……］一年生のとき一木喜德郎先生の國法學講義に心醉し、一日大に勇を皷して（當時私は格別内氣で臆病であつた）先生を九段上の私邸に訪うて教を乞ふたことがある。遇つては下すつたが、君は獨逸語が達者に讀めるか、でないと話にならぬと云つた風の簡單な問答に辟易して這々の體で引き退り、迂つかり教授訪問などをするものではないと悔ゐたのであつた。斯んなわけで、どうしても學問が我々の活きた魂に迫つて來ない。夫れからどう云ふものか私は早くから政治學に興味を有つてゐたと見え、一日こツそり上級のその講義を偸み聞きして見た。講師は木場貞長氏、駄洒落まじりに一册の洋書を机上に開いて政治は術なりや否やとか何とか述べて居られた。その時は何とも氣がつかなかつたが今考へるとブルンチユリーの紹介であつたらしい。之で以て見ても、當時の最高學府の青年が近代政治の理解を全然缺いて居つたことに何の不思議もないだらう。

私自身の眼を此方面で大に開いて吳れられた第一の恩人は小野塚教授である。同博士は三十四年歐洲の留學から歸られ、私の二年生のとき私共にその最初の政治學の講義を授けられた。この講義で私の受けた最も深い印象は、先生が政治を爲政階級の術と視ず、直に之を國民生活の肝要なる一方面の活動とせられたことである。先生は盛に衆民主義といふ言葉を使はれた（因に云ふ先生はデモクラシーを衆民主義と譯されたのである）斯んなことは現代の人達には何の不思議もないことだらうが、實は斯程までに專制的政治思想があの頃天下を横行して居たのである。憲法布かれてやツと十年にしかならないのだから、考へて見ればまた怪むに足らぬことかも知れぬ。(114)

一木喜德郎は、東京帝国大学法科大学での「獨逸學」の旗振り役として、穂積陳重に劣らず重要な人物だった。一木は内務省時代にベルリン大学、ハレ大学、ライプツィヒ大学に留学し、ギールケの国法学講義に感服したが、動けば金が要ると言訳して授業を欠席し、ドイツ人とも交友せずに下宿での読書や執筆に耽ったといい、ドイツの学問と対決してきたとは言い難い[115]。だが帰国後の一木は「獨逸學」の推奨者となり、「獨逸學協會學校」の評議員を務め、邦訳『ゲオルグ・マイエル獨逸國法論』序文ではこう述べている。「客又更ニ問フテ曰ク外國ノ國法ヲ學ハントセハ宜シク孰レノ國法ヲ學フヘキカト余之ニ答ヘテ曰ク英ト言ハス佛ト言ハス獨墺伊米ト言ハス多々益々可ナリ孰レノ國法カ學テ人ヲ益セサルモノアラン然レトモ人力ニ限アリ若一時ニ多キヲ望ムヘカラスンハ其レ獨逸ノ國法ヲ先ニセンカ獨逸二十餘國各法制ヲ異ニシ君主政ナル者有リ共和政ナル者有リ而シテ之ヲ統フルニ一ノ聯合國家ヲ以テス故ニ一國ニシテ諸種ノ制度ヲ兼ネ有スルハ獨逸ニ如クモノナシ而シテ立憲君主制ノ最モ本邦ニ近似スルモノモ亦之ヲ獨逸ニ求ムルコトヲ得ヘシ[116]」。ちなみにこの客というのは、一木を訪ねた学生吉野のことだったのかもしれない。

吉野作造は木場貞長が用いたヨハン・カスパル・ブルンチュリを、「政治を爲政階級の術と視」るものだと感じたと述べている。吉野はブルンチュリの国法学を、フランス流の社会契約論、イギリス流の議会主義に対して、藩閥政府が担ぎ出した御用学説として嫌悪することがあった[117]。また木場が、ブルンチュリの学説を特に「爲政階級の術」にしていた面もあるだろう。木場は日本の文学士号に加えてドイツで哲学博士号を取得した文部官僚で、一九〇〇年（明治三三年）春より翌年秋まで、非常勤で東大法科の政治学・政治史の講義を担当していた。当時の法科大学では現役官僚が非常勤講師を務めることがあり、吉野の在学中には下級生が平沼騏一郎の民法講義を聞いていたという[118]。木場は文学部准講師だった一八八二年に、憲法起草の目的で渡欧した伊藤博文に随行しており、「孛國ノ官吏ハ身心ノ全力ヲ盡シテ國家ニ奉シ政府モ亦之ヲ優遇スルヿ頗ル渥ク君臣ノ美風大ニ見ルニ足ルモノアリ」などと発言するような人物だった[119]。とはいえこの吉野の回顧談には、後年の潤色が加わっている可能性がある。蠟山政道は、吉野が学生時代に読んだブルンチュリ『國法汎論』英訳本に、「細字で澤山の書入れや見出しが頁の余白に一杯なされていた」のを見たという。そうだとすると、実は学生時代の吉野はブルンチュリを愛読していたのかもしれず、「爲政階級の術」という反感を本当に懐いていたのかどうかも怪しいことになる。また加藤弘之の和訳が出ていた『國法汎論』を英訳で読み、独語原典を用いなかったという点にも注意が必要である[120]。

吉野は小野塚喜平次を恩人と呼んでいる。小野塚は西欧各国の「衆民政」を展望する比較政治学者であった。討幕軍の侵攻で甚大な被害を受けた越後長岡で、地主の子小野塚は薩長専制支配を憎悪し、「慷慨的な愛國、民權自由」の精神を育んだ。小野塚は当初福澤諭吉に憧れて慶應義塾を目指したが、父が「一層程度が高いやうだ」と勧めた帝国大学法科大学に入学する。「獨逸法學の獨壇場」だった当時の帝大法科で、小野塚はジョン・スチュアート・ミルやスペンサーなどイギリス系思想に傾倒し、また末松精一に共鳴して穂積八束に反撥したが、ドイツ系思想の「整然たる系統的論述」にも敬意を表していた。小野塚曰く「軍事、法制、經濟、學術、教育等ノ諸方面ニ於テ、現代ノ獨乙ガ研究ノ價値ニ富ムハ已ニ我國民ノ周知スル所ナリ」。渡邊洪基総長を介した伊藤博文伯爵からの官界への誘いを断り、小野塚は穂積陳重の勧めに従って大学院で政治学を専攻する。一八九七年（明治三〇年）からドイツに留学し、英仏にも滞在した小野塚は、留学中の一九〇〇年に助教授、帰国した一九〇一年に教授となり、その年の政治学講義を吉野が聞いたのである。小野塚によると、吉野は講義だけでなく彼の初めての演習にも参加したという。小野塚の政治学講義は、『政治學大綱』から内容を覗い知ることができる。小野塚はドイツを「學界ノ先鋒」と呼び、イェリネックの分類法に依拠しつつ、またブルンチュリ、カント、ギールケなども引用しながら、政治学の全体像を描いた。それは「衆民主義」の唱導を含んではいるものの、体系的・観念的性格を帯びていた[121]。

図 16　小野塚喜平次

当時の小野塚は対露強硬論者でもあった。吉野が在学中の一九〇三年（明治三六年）、小野塚は第一次桂内閣の対露政策を軟弱と攻撃する戸水寛人（羅馬法）、富井政章（民法）、金井延（経済学）、寺尾亨（国際法）、高橋作衛（国際法）、中村進午（外交史）の「七博士建白書」に参加した。彼らは、中村が帝国大学卒業後学習院教授になっていた以外は、全員が東京帝国大学法科大学の現役教授だった。彼らの運動は、満洲から撤兵しないロシヤ軍の乱暴狼藉を強調し、開戦も辞さない対露姿勢を日本政府に対して求めたものである。それは近衛篤麿公爵を盟主とし、国民の声を外交に反映させようとした運動で、大正デモクラシーの嚆矢だった。小野塚は先輩高橋の誘いで参加し、小石川の自邸に同志を集め、代表として山縣有朋を訪問するなど熱心に活動した。小野塚は即時開戦を唱える戸水よりは穏健な態度を取っていたが、毅然たる対露姿勢を求めていたことに変わりはない。同じ頃小野塚は、のちに軍神と仰がれる廣瀬武夫海軍少佐（のち中佐）とも交友し、旅順に「廣瀬君萬歳」と記した激励の書簡を送ったが、廣瀬の戦死により届かなかった。[122]

小野塚は後年の吉野にとって重要な存在となっていくが、学生時代の彼を小野塚と直結させるのは正しくない。演習主宰者として学生吉野に接しただけでなく、彼に最初の学術出版の契機を与えたのは、法理学教授の穂積陳重だった。穂積は東大法科の重鎮として、学生たちの就職の面倒を見る「口入屋」の役割を果たしており、吉野もまた穂積の庇護を受けていた。卒業時の吉野に「専心學問をしてはどうか」と勧めたのも、のちに逓信省での特別待遇の官職を斡旋したのも穂積であった。のちに京都帝国大学の岡田良平総長から、吉野が内々に同法科大学行政法助教授の職を打診された際、これに憤激して返事をしないよう吉野に命じたのも穂積である。この意味で吉野は「穂積門下」だったと言うべきだろう。[123] また就職活動が難航していた吉野に、袁世凱一家の家庭教師という職を斡旋したのは、梅謙次郎であった。ハイデルベルク留学中、梅が京城で腸チフスに罹って急死すると、吉野は日記に「真ニ悼惜ニ堪ヘズ　一日モ早ク詳報ノ到ランコトヲ待ツ」と記し、繰り返し痛惜の念を表明している。[124] さらに

『國家學會雜誌』編集に従事する過程で、河上肇と美濃部達吉の指導を受けたとの記述もある。経済学教授の金井延も吉野に社会主義者鎮圧法について教え、坪井九馬三の政治史講義はミハイル・アレクサンドロヴィチ・バクーニンやピョートル・アレクセエヴィチ・クロポトキンを扱ったというが、社会主義論としては満足できず、安倍磯雄や木下尚江に傾倒したと後年述べている。加えて文科大学では、吉野は倫理学教授の中島力造からカール・ロートベルトゥスやカール・マルクスについて聞いている。ロシヤ系ドイツ人の「ケーベル先生」（ラファエル・ケーバー）の「哲學概論」も、学生吉野は「ぬすみぎゝ」した。学外では、早稲田大学教授の浮田和民の自由主義思想も吉野を惹きつけた。選挙法改正でイギリス議会の品位が落ちたとする穂積八束に反撥した吉野は、浮田に一種の清涼剤を見出したようである。(125)

吉野作造は卒業前にヘーゲル研究に取り組んだ。一九〇四年（明治三七年）三月、学部最終学年における穂積陳重の法理学演習で、吉野は「ヘーゲルの法律哲學の基礎及び評論」に関する報告を行う。この問題設定は穂積の提示した十二の課題のうち第十番目のもので、吉野は自分の個性を発揮するのではなく、先哲の思想を紹介するだけという課題を選んだと述べている。だが吉野は自ら選んだこの課題に苦戦し、卒業直後に刊行したときには、「及び評論」の部分を断念して「ヘーゲルの法律哲學の基礎」とせざるを得なかった。(126)吉野はここでクーノ・フィッシャーの哲学史概説などを参考にしつつ、難解なヘーゲル哲学を懸命に紹介した。ただヘーゲルの基本概念に多大な頁を割き、法哲学自体には末尾の三分の一しか紙面を割かないなど、構成は不器用である。とはいえ「個人主義的機械主義」を排して個人と国家との一致を説くという、彼の理解するところのヘーゲルの「有機体」的国家観は、日露戦争に熱狂する自由主義的ナショナリスト吉野の心境には合致するものだった。

ここで登場するのが、吉野作造より半年若いが一年先に卒業し、既に助教授になっていた上杉愼吉である。上杉は、難解で自分も手を焼いていたヘーゲルについて、学生吉野が報告したのを歓迎し、自分もヘーゲルに関する

「未定稿の未定稿」を発表した。曰く「之れを投するは主として吉野君等の批評を乞はんとするに在りて酷評を實は希望し居るなり」[127]。吉野の報告論文「ヘーゲルの法律哲學の基礎」は、穂積の評価を得たと見えて、一九〇五年(明治三八年)の『法學協會雜誌』に前半部が掲載され、後半部は掲載されないまま、結局全体が翌年単行本として刊行され、吉野の著書第一作となった[128]。上杉は吉野のヘーゲル研究を激賞した。「余輩は學友として吉野君を有することを誇る又た吉野君を出せるは我が法科大學の誇ならん」、「吉野君が好んで多數學生の皆避けたる至難の問題たるヘーゲルの法律哲學を擇ばれたるもの自信の甚だ當れるを見る」、「之れも吉野君の熱心を以てすれば乃木將軍の旅順に於けるが如し遂に見事に乘取られたるなり」、「私情の爲めには君の學友として法科大學の一員として其誇を得たるを謝す深く謝す」[129]。上杉の熱烈な応援は、学界への就職を考えていた吉野には励みになったことだろう。

上杉からのエールには吉野も応答した。助教授就任後ドイツに留学した吉野は、雑誌『新女界』で上杉の新著『婦人問題』を強く推奨している。「最も近頃は、段々婦人の間にもハイカラな運動が始つて、家を外に飛び廻るものも多くなつたさうだ[。]所謂婦人運動も可なり盛である。近頃新聞の廣告で見ると、友人上杉法學博士が「婦人問題」と題する一書を公にしたさうだが、同君は獨乙留學中熱心に同問題を研究し、婦人運動の熱心家なるエリネツク教授夫人に親炙して居られたのみならず、婦人問題に關する殆んどあらゆる著書を持つて歸られたから、定めし獨乙の婦人問題に關しても能く之を明にして居られると思ふ」[130]。ここで興味深いのは、吉野が上杉の『婦人問題』刊行を新聞広告で知り、まだ現物を見ていないにも拘らず、もう良書だろうと決めてかかっている点である。これは即ち、かの上杉君の著作なら素晴らしいに決まっているという、上杉に対する信頼の表現なのである。滞独中の日記を見ても、「上杉君」が手紙で自分の結婚について連絡してきたり、吉野からも葉書を出したりして、私的に交流していたことが分かる[131]。

ちなみに吉野作造がドイツ観念論哲学から出発し、上杉愼吉が実験主義的社会学から始めたことは、二人の軌跡を踏まえると意義深い。吉野の政治思想はヘーゲルのように人類の知的発展を念頭に置き、上杉の政治思想は人間の相互依存の実態を強調したからである。

（3）本郷教会と東京帝国大学との間

吉野作造は一九〇四年（明治三七年）七月一一日に東京帝国大学法科大学を卒業したが、上杉のような大学への即時就職は叶わなかった。吉野の実家はこの頃経済的に思わしくない状況にあり、吉野自身も既に妻子を抱えていたので、一日も早く職を得たかっただろう。[132]政治学科首席である上にヘーゲル論も刊行していた吉野だが、このときは穂積陳重ですら職を用意できなかったらしい。行き場のない吉野は、政党の事務所で働こうとも考え、西園寺公望の傘下にいた宮城県遠田郡涌谷出身の衆議院議員（立憲政友会）管原傳に相談している。これは政治学研究には「實驗」、つまり実務体験も必要だろうとの考えからだった。だが政治家になることは古川町長の父年藏に戒められ、管原にも止められた。吉野は大学院に進学し、同年一二月より東京帝国大学工科大学嘱託講師を務めつつ、『國家學會雜誌』の編集に従事した。生活費稼ぎだろうか、管原の主宰する新聞『人民』に「如何にせば試驗に成功するか」を掲載したのは一九〇五年春である。[133]

不遇な時代の吉野作造は、本郷教会（プロテスタント組合教会）に出入りし、月刊雑誌『新人』での言論活動に精を出した。吉野の本郷教会転入は、学部最終学年の一九〇四年（明治三七年）の二月一四日だった。本郷教会は、一九〇一年一〇月以来、本郷弓町にあった。今日の「弓町本郷教會」の建物は関東大震災後のもので、一九二七年（昭和二年）三月二七日に献堂式が行われている。この本郷教会を率いたのが、「熊本バンド」の海老名彈正（一八五六―一九三七年）である。海老名は、横井時雄（伊勢時雄）に一時牧師職を委ねた以外は、一八八六年から一九二〇年まで本郷教会の牧師職を務めて、その象徴的存在となった。海老名はその「霊感に溢れた説教」で多くの若者を魅了し、本郷教会の礼拝は演説会の様相を呈していた。吉野は仙台時代から、キリスト教の神話的側面を科学的知見との関係でどう捉えるかで悩んでいたので、海老名の自由主義神学には大いに共感するものがあっただろう。[134]

本郷教会は学生への宣教を意識してこの地に居を定めた。本郷教会の講演会では、金井延、和田垣謙三、寺尾亨、井上哲次郎、中島力造、浮田和民のような東京帝国大学、早稲田大学の教授たちが登壇した。一八九一年（明治二四年）に教育勅語への不敬があったとして、内村鑑三が第一高等学校教師を辞任せざるを得なくなったとき、彼を迎えて説教を任せたのも本郷教会であった。内村を批判する「教育と宗教との衝突」を連載した井上哲次郎も、元来本郷教会に出入りしていた人物だった。吉野作造が加わった一九〇四年頃、本郷教会は活況を呈し、学生青年会には東京帝国大学、早稲田大学、慶應義塾大学、東京高等師範学校、女子高等師範学校などの学生が集まっていた。特に女子高等師範学校は本郷教会と繫がりが深く、同校教授安井哲（のち東京女子大学第二代学長）も姿を見せていた。女性の擡頭を反映してか、一九〇九年には『新人』（海老名彈正主筆）の姉妹誌『新女界』（安井哲主筆）が発刊されている。それ以外にも、德富猪一郎、田口卯吉、鹿子木員信、大杉榮などが本郷教会に出入りしていた。千葉豊治、栗原基、内ヶ崎作三郎、鈴木文治、小山東助など宮城県出身者も、本郷教会では一群をなしていた。[135]

本郷教会の近所にはドイツ普及福音教会の壱岐坂教会があり、かつて「スピンネル」ことシュヴァイツ人ヴィルフリート・シュピンナー（一八五四―一九一八年）がいた。改革派牧師シュピンナーは一八八五年（明治一八年）に来日し、プロテスタント系ドイツ人を司牧しつつ、「獨逸學協會學校」でも教壇に立ち、一八九一年に離日した。[136]吉野作造もドイツ留学中に彼を訪ねている。[137]シュピンナーの自由主義的態度は、日本のキリスト教徒の間では物議を醸した。火事で焼け出された本郷教会は、この壱岐坂教会に間借りしていたことがあり、そこで一九〇〇年に『新人』が創刊された。[138]

吉野作造が『新人』誌上に登場したのは、日露戦争論を通じてであった。当時本郷教会では、海老名彈正が義戦論をとって日本の戦争遂行を支持していたが、これに対して日清戦争を肯定していた内村鑑三が転向し、木下尚江、安部磯雄、堺利彦、幸徳秋水らと共に非戦論を唱えていた[139]。『新人』は、「王政復古擧國一致開國進取」を提唱する雑誌で、プロテスタンティズムという西洋の思想を受け入れつつ、日本が世界列強と肩を並べたことを寿ぐ雑誌である[140]。吉野は「翔天生」の筆名で、海老名に助太刀することにしたのだった。

吉野作造は日露戦争を国益、道義の両面から肯定した。吉野は、ロシヤ帝国が満洲を占領するのは、港を獲得し、英米独仏と比較して貧弱な自国工業のための市場を獲得するためだと分析した。ロシヤが日本商工業にとっても有望な市場である満洲を自国市場として独占しようとし、さらに朝鮮を掌中に収め、「世界の好市場」たる中国を独占するのは「火を見るよりも明」だ、ロシヤの膨張は日本のみならず「世界の平和的膨張の敵」だ、「自由進歩の敵」だ、「文明の敵」だというのである。さらに吉野は、「専制政治は武斷政治侵略政治なること歴史の證する所にして又露國の實例の之を示す所」だとし、「故に吾人は文明のために又露國人民の安福のために切に露國の敗北を祈る者也」とした。吉野はロシヤ帝国の侵略主義がヨーロッパでも軍事的緊張を招き、独墺伊の三国同盟結成を促したと説明した。吉野は、ロシヤの滅亡を望むわけではないが、「露國を膺懲するは或は日本國民の天授ならん」と結んだ[141]。吉野は戦闘にも参加しようと、「旅順港が陥落せざる前」に内ヶ崎作三郎と衆議院の一室で一年志願兵の体格検査を受けた。だが吉野は痩せ過ぎ、内ヶ崎は太り過ぎで不合格になった。内ヶ崎曰く「もし合格したりしならば僕等は二〇三高地に於て討死する光榮を有したのであるかもしれぬ[142]」。

吉野は日露戦争がロシヤ第一革命を惹き起こしたことを喜んだ。吉野は頑強だったロシヤ貴族層が戦争で動揺し、専制からの人民解放に向かいつつあることを、「文明の微光」が差したと歓迎した。ロシヤ『ノヴォースチ』紙のロンドン特派員が、ロシヤ人民に自由への欲求はなく、政府にも立憲化の意思がないとして、革命の不成功を予言すると、吉野はこれに反論して、日露戦争がロシヤ人民を変容させたはずだと主張した[143]。

ロシヤ政治論を展開しつつ、吉野作造は日本政治の観察を始めていた。『新人』での処女作である「政界時感」（一九〇三年）は、彼の政治論の萌芽的形態を示すものである。吉野は知的に進歩した国民が立憲政治を行うのを必然とし、二大政党に対して党利党略に走らず、国益を追求するよう要求した。ただ吉野はこの文章で、「多數凡庸の徒」が集う政党の現状から、将来政党に政権を任せられるようになるまで、超然内閣・藩閥政治を甘受すると述べている。当時の吉野は、一般平民の「智徳」が未熟だとして普通選挙も選挙権拡大も遠い理想としていた。ちなみに看過できないのは、内の立憲政治だけでなく外の帝国主義をも吉野が「世界の大勢」と見ており、またどちらの方針も挙国一致を促す点で同方向のものだと考えていたことである。日本はいつも世界＝西洋の潮流に従うべきとの持論は、吉野に終生付いて回ることになる。(144)

世界＝西洋の「大勢」への順応を訴える吉野作造は、エスペラントに注目した。吉野は「ザーメンホーヘル」という「獨逸の人」（実際はロシヤ領ポーランドのユダヤ人ザメンホフ）がこの万国共通語を考案した経緯を振り返り、その習得が容易だとの証言を紹介し、イギリスではエスペラント採用への興味が高まっていると報じている。(145)

他方で吉野は西洋の黄禍論には憤慨した。吉野は、オーストラリアの論者が日露戦争でのロシヤの勝利を希望し、日本が勝利した場合の東洋の自立化と日本人・中国人移民の流入とを危惧していることに激怒した。「歐洲人は自分等のみが世界最優秀の人種にして自ら世界を指導するの任あり亞細亞も亦自己の支配すべきもの也と自信し居るなり。彼等は自ら世界の主人公を以て居り、歐洲以外の土地人民は全然歐洲及歐人のためにあるものとなす。彼等は自己の定めたる規則におこがましくも萬國公法の名を與へ、自己の歴史を僭稱して世界歴史といへり。歐洲の利害は即ち世界の利害にして人道とは歐洲的同情以外に出でざるものと誣うるに至る。ア丶此思想は如何に高遠なる人道の發達を妨げたるぞ。」「黄禍論は理に於て固より誤れり。強て問題を求むれば吾人は果して高等なる西人と伍して共同の文明を樂むの品格を有するや否やの一點のみ」。吉野は、日本の擡頭で黄禍論が起きるのは不可避だ、大いに黄禍論が起きればよいと居直っている。「吾人は凡ての方面に奮勵して、大に黄禍論を起らしめざるべからず。而して結局我國をして彼等が到底我國の實力を敬重せざるを得ざるの地位に上らしめざるべからず」[146]。吉野は、兒玉源太郎の仏印侵攻論なるものが仏訳されフランス輿論を刺戟したという事件に言及し、日本の国是が「平和的膨張主義」であって他国の利権を脅かすものでないことを説明しつつ、日本が弱体のうちはこうした不当な疑念を招くので、国力を増大させて西洋列強を黙らせよと息巻いた[147]。

吉野は論文「國家魂とは何ぞや」（一九〇五年）で、君主や貴族のような支配者の意思を超越した「一大民族的精神」としての「國家魂」を、自由な個人が自発的に信奉することは、「基督教徒たる我が帝國臣民の抱負」としても相応しいとし、非戦論を唱える社会主義系『平民新聞』の幸徳秋水（無神論者）に反論している。また社会の立場から国家を批判する『直言』の木下尚江に対しても、国家・社会二元論は多数の人間が参画する近代国家には適合しない、「國家」と「國家的制度」とを混同した幼稚な誤謬だと反論し、個人と国家とを繫ぐ「國家魂」が「上は一天萬乘の天皇陛下から下萬民に至る迄」、遂には東洋に至るまで広まることに期待した。ただ吉野は、私有財産廃止論には距離を置きつつも、社会問題への関心を共有する者同士として、木下らキリスト教徒の社会主義者との連帯にも期待しており、木下の本郷教会での講演会が警官から中止命令を受けたことには憤った[148]。

「國家魂」論者の吉野は「日本民族の精神的自覺」を促した。「民族の精神的覺醒、祖國本來の大精神の回顧はやがて民族的大使命の自覺、國民的活動の源泉である。正に是れ我黨の大活躍を爲すべき時ではあるまいか」[149]。吉野は、「東郷大將以下軍人諸氏」の凱旋に対する国民の熱狂に触れ、武官の「高潔誠忠」と文官の「私曲非行」とを対比し、元老・大臣を攻撃した。吉野は戸水休職事件に関しても「不德無能の吏僚」を批判している[150]。

吉野は『新人』でドイツ政治批判にも着手している。吉野は、ドイツの君主制国家で「狡猾なる政治家」が民衆を騙してその政治参加を制限しているとし、日本政治がこれに似てきたと批判した。また、ビスマルクを「超然内閣制の張本人」と呼び、日本政治家がこれを模範視するのを批判した。日本の保守勢力が模範とするドイツ政治を批判するという吉野の基本姿勢は、既にここに看取できるのである。(151)

『新人』での言論活動と並行して、吉野は自分が幹事、次いで雑誌委員を務める『國家學會雜誌』に時折文章を寄稿していた。(152) 偶然にも吉野の『國家學會雜誌』デヴューは、上杉と同じ河上肇論であった。吉野はのちに河上の訳本も書評しており、果敢に議論を仕掛けている様子からして、当時既に河上と親しい関係にあったことが推測される。(153)

吉野は一九〇五年に「「國家威力」と「主權」との觀念に就て」を発表するが、これは民本主義論の出発点であった。(154) 吉野の考えでは、「主權」は「各個人に國家的行動を命令し得る法律上の力」であるが、各個人に「國家的行動」を要求するのは、実は「主權」だけではないという。吉野によれば、「主權の命令あらずとも我より進んで或る國家的行動を爲すに至らしむるもの」が存在し、それが「國家威力」、Staatsgewalt なのだという。吉野は率直にも、ドイツで Staatsgewalt がどういう意味の言葉かは知らないが、「恰好の名辭」なのでこれを使うなどと述べている。吉野は「主權」を「法律學」的觀念、「國家威力」を「國家學政治學若しくは社會學」的觀念と考えていた。

この「國家威力」「主權」二分論を、吉野は穂積八束への対案として提示していた。当時流行しつつあった国家主権説（天皇機関説）を穂積が批判したのに対し、吉野は「主權が國家にあり」ではなく「國家威力が國家にあり」と言えばいいのではないかと述べた。吉野は、「近世以前の國家」は「國家威力在少數者の國家」であり、「所謂近代國家（Modern State）」は「國家威力在多數者の國家」だとし、「主權」概念を迂回することで、易々と近代国家を民主主義国家にしてしまった。「法律上より論ずれば主權は國家に於ける最高の權力なり主權者は何人の支配をも受くべからざるものなりと雖も、政治上より之を論ずれば主權者は實際國家威力の支配を受くること多きものにして且つ又之が制肘に甘ずるを可とするものなり。何となれば主權者が能く主權者として永久に萬民の尊敬を博せんとせば一に國家威力の指示する所を着實に顯表するの措置は出でざるべからざるを以て也。故に近代國家に於ける國家威力は單に臣民を統制するの規範たるのみならず又實に主權者をも指導するの活力たるものなり」。吉野は「フレデリック大王」の「朕は國家第一の忠僕なり」との発言を引き、近代国家における君主の地位を示したものとした。吉野は、「所謂民主々義（Demokratie）」とは主権に対する「國家威力」の「要請（クレーム）の聲」だという。吉野は、「民主々義」は「人民主權論」、「個人本位主義」のような極端な形で主張され、「革命の失敗と共に排斥」されたが、「民主々義」の根柢に横たわる「一大真理」は「人民主權論なる謬説に連坐」して亡びることはなく、「立憲政躰論」として承認されたのだという。

一九〇五年（明治三八年）五月、吉野作造は「有賀博士著『滿洲委任統治論』を讀む」を発表するが、これは彼の東アジア論を予感させるものとなった[155]。この論文は、有賀長雄の著作『滿洲委任統治論』の紹介で、吉野は「暗中光一點に會したる思」と呼んで情熱的に推奨している。吉野は、日本が満洲をどう扱うかという問題に際し、有賀が標準とする点が三つあるとしている――「（一）日本の利益、（二）清國主權の尊重、（三）世界列國の同情の維持」。この三原則は、吉野自身の中国・朝鮮論の構成要素ともなるのだった。

同一九〇五年七月の「日本文明の研究」では、吉野は明治年間の日本論を三つの時期に分けて説明している[156]。第一の時期は維新直後で、「歐西文明の模習と國粹の破壞」とに忙しく、「日本文明」への研究は捗らず、極端な国粋論者を除けば皆「支那印度の文明の混成的繼受」として片付けていた。第二の時期は日清戦争後で、勝敗が分かれた日本と中国との文明比較がなされ、日本が「西洋文明」をうまく受容したことが注目された。第三の時期は日露戦争後で、後進国とはいえ西洋の国ロシヤを降した日本の固有の文明への関心が高まっているという。戦勝の興奮の中で、吉野は「日本文明」研究を「日本學者の光榮ある天職にして又其當然の義務」と呼び、自らそれに意欲を示した。「思ふに日本文明の研究は決して一場一席の閑事業に非ず。吾人の終生を捧ぐるに價する重大なる而かも名譽ある事業なり。日本文明の研究に多大の趣味を有する予は、民族的自覺の今日に於て本問題の必ずや學者の論明に上るべきを想ひ、茲に一言して之に關する諸學者の意見と研究とを與り聞かんことを望むもの也」。

なお翌一九〇六年（明治三九年）一月、吉野は『國家學會雜誌』に「農業保護政策ト獨逸勞働者」を発表している。これはドイツ「社會民主黨員（?）ノ手ニ成ル穀物輸入税反對論」の抄訳で、やや極論だが日本の輸入米課税論争への参考資料となるとの前書が付されているが、吉野自身の考察はなく、出典や著者名も明かされていない(157)。

（4）清国体験

卒業後一年以上経っても就職先の決まらなかった吉野作造は、清国の直隷総督袁世凱の長男だった袁克定の家庭教師になることにした。『新人』は袁世凱を「李鴻章逝後の清國に於て第一流の政治家にして、殊に我國に對して好意と尊敬とを把持すとの評あり」と称え、袁克定についても「世の華冑の子に似ず、一個の秀才にして前途甚だ有望なりと稱せらる」と紹介した。一九〇六年（明治三九年）一月二二日夕刻、夫人や三女を伴い新橋停車場を出発する吉野を、プラットフォームに集まった本郷教会の人々は「別れの歌」で送った(158)。

三年間に亙ったこの清国滞在は、吉野の最初の外国体験である。吉野は袁克定の教育に加え、一九〇七年（明治四〇年）九月からは袁世凱の設立した天津の北洋法政学堂でも教鞭を執った。吉野は一時期奉天にいた以外は、概ね天津で過ごしている。吉野は多くの滞在記を発表し、外国観察としてはドイツ留学の予行演習をする形となった。後年の吉野は、清国滞在時には中国研究を余りせず、本格的な進展は第三革命（一九一六年）以後だったと述べているが、これは事実に反している。一九一五年に大総統の袁世凱が帝位を目指したので、吉野の袁評価が悪化し、袁家に奉仕した経歴が不都合になったのだろう。清国滞在時の吉野は、現地情勢に関心を懐き、その政治発展に期待していた。今井嘉幸は、北洋法政学堂で教師仲間の吉野と語り合ったが、彼らは当時から中国革命に期待し、気風改善のために、政府が嫌う体操を教育に取り入れたと証言している(159)。

当時の吉野作造に顕著なのは、清国の人間に対する違和感である。吉野は、清国人が形式主義に陥り、形だけ整えれば内実は気にしないという面をもち、「泣き男」、花嫁の「觀覧」、「纏足」など、滑稽な習慣があるとした。吉野の清国批判は、後年のカトリック教会批判とも一脈通じるものがある(160)。さらに吉野は清国で見聞きした堕落、腐敗、停滞、不正、暴力、愚昧の数々を赤裸々に綴り、こう結論付けている。「人類本性の自然的煥發が著しく妨げられて居るが爲めに、支那人には著しく獨立自由の思辯と云ふことが乏しい。獨立自由の思辯が乏しいから從て亦高邁なる理想と云ふものがない。理想がないから當然また進歩と云ふことが無い。大體から云ふと支那には**模倣**はある。併し乍ら**進歩**は無いと予は斷ずるを憚らない(161)」。吉野は一夫多妻制など、同国の習俗を赤裸々に描いた。大内兵衛によると、吉野は帰国後、大内ら学生が参加した歓迎会で、「袁世凱の家庭なるもの〻馬鹿らしさと支那の高官なるもの〻無責任とを口を極めての〻しった」という(162)。こうした吉野の清国像は、ヘーゲルが『歴史哲学講義』で描き、丸山真男が採用した中国イメージを想起させる(163)。

文明国の高みから野蛮国に教示するという吉野作造の知的エリート主義は、中国人・朝鮮人留学生の庇護者となった後年の姿と何ら矛盾するものではない。「我日本帝國にして眞に支那の爲に圖らうとならば科學上道徳上の最も平凡なる常識を支那人一般に傳ふるに若くは無い。清國政府の爲めに力を致すも必要であらう。吏人の出たる留學生などの爲に心を勞するも必要であらう。併し更に緊要にして又最も有效なのは、自ら清國庶民の中に打ち入り、近世文明の教ふる眞理の光に浴せしめ、彼等をして眞理に依りて事を斷じ事を行ふの人民たらしめる事であると思ふ(164)」。後進国に対する否定的評価と、これを先進国知識人として助けたいという保護者的愛情とが、表裏一体の関係にあったのである。

使命感を以て勤務していた吉野は、「清國在勤の日本人教師」を発表し、清国の近代化に奉仕する同胞を描いた。日本人は漢字を解し、勤勉である上に、「外國人」教師、つまり欧米人教師よりも給料が安く、清国人との関係構築が容易だという。日本人が教え清国人が教わるという役柄は、吉野にとって当然のもので、清国人学生のカンニングに容赦なく対処したという逸話も、彼の心理を反映している。同時に、吉野は同僚の日本人が居丈高に振舞って清国人の自尊心を傷付け、教師として失敗する光景にも遭遇した。峻厳でありつつ愛情をも以て中国人を指導するという吉野の姿勢は、こうした状況で生まれたのである[165]。

このように清国で教師生活を送っていたとき、吉野は西洋列強と、特にドイツ勢力と初めて直接対峙した。吉野は清国における日本人の教育的使命を意識したが、その際アメリカ基督教青年会と並んで競争相手として意識したのが、ドイツ人教師であった。吉野は、日本官憲と日本人教師とが概して連携しないのに対し、ドイツは官民一致で清国での地歩を築こうとしていると見た。ドイツ人が教える学校を「將來侮るべからざるもの」と表現する吉野は、明らかにドイツに中国進出の競争相手を見、現地の日本人として対抗意識に燃えていたのである[166]。

なお吉野作造の清国論は日常観察や伝聞情報の総括であった。吉野自身も、清国の政情が不透明なために、多くの憶測が混じっていることを認めている。清国の緩慢な立憲化を描写した「天津に於ける自治制施行の現況」では、現地ならではの情報を踏まえ、「劣等なる其の民智」と袁世凱の卓見とを対置して、鋭敏な感覚で立憲化の必然を見抜いて日本に留学生を送り、自己の勢力圏で自治制を導入しようとした「博覧强記勵精不倦」の改革者、「清國政界ノ花形役者」袁世凱への高い評価が綴られている。このため吉野は、袁世凱が吉野の帰国直前に突然勅命で免職追放になったことに深く「同情」し、袁や周囲の政治家たちの人間関係について様々な憶測を披露した。吉野は自分の袁家との深い縁を強調しているが、このような初期吉野の袁世凱評価は彼自身の日本社会への自己アピールだった可能性もある[167]。

吉野は一九〇九年（明治四二年）から翌年にかけて、『國家學會雜誌』に「近世平和運動論」なる文章を連載している。これは吉野の名を掲げているが、冒頭に記載があるように、実は吉野によるドイツ語文献の抄訳だった（弟吉野信次から摘訳を貰っていたことにも触れていない）。底本は、「恐ラク同種ノ著書中出色ノモノ」だという、アルフレート・フリート（一八六四―一九二一年）の『近代平和運動』である。[168] フリートはエステルライヒの平和主義者で、一九一一年にノーベル平和賞を受賞するが、当時の吉野はまだ彼をよく知らなかった（やがて吉野は一九一二年九月二七日にジュネーヴで彼を訪ねることになる）。[169] フリートはこの著作で、戦争は依然としてなくならないものの、時代の変遷に従い範囲が縮小し、数も少なくなっているとして、平和運動の意義を強調した。また彼は、戦争を競争と混同し、人類の進歩に戦争は不可欠だと論じるヘルムート・カール・ベルンハルト・フォン・モルトケの議論を戒めた。フリートは、戦争を少しでも減少させるために、国際社会の無政府性を改め、「仲裁々判制度」など超国家的国際機関による調停を行うよう提案している。

吉野のように外国人の文章を邦訳して掲載することは、当時の東大法科では多かった。殊に熱心だったのが美濃部達吉である。例えば美濃部は、ハイデルベルク大学の過去百年間の国法学研究史を、イェリネックの小冊子を抄訳する形で紹介している。また美濃部は、イェリネック『一般国家学』の「國體」に関する部分を抄訳している。[170] 美濃部はこうした輸入学問を繰り返しながら、徐々に自分の流儀を編み出していったのだった。ちなみに吉野は、美濃部の著作『日本行政法』第一巻（一九〇九年）について、多少の異論は付しつつも大々的に称讃しており、学問的にも交流があったものと推測される。[171]

第三章　洋行　一九〇六―一九一四年

序　ドイツ留学――日本人エリートの試煉

上杉愼吉および吉野作造にとって主な海外修業の場は、ドイツ帝国であった。ドイツ帝国は新旧の多様な側面を持つ国であり、西洋の様々な潮流を知るには適した留学地だった。

ドイツ帝国は明治維新直後に誕生した新国家である。デンマークとの領土紛争を解決し、墺普二元支配を解消し、フランスの干渉を排除するのに、ドイツ人は三度の戦争を要した。その帰趨を決したのはプロイセンの軍事力だが、他のドイツ諸国の独自の動きも無視できない。またドイツ帝国は、君侯や貴族が階級的利害により構築した国家だったわけではなく、長年のドイツ国民国家形成運動の結果として、国民の熱狂の中で誕生した国家であり、当時の社会主義者やカトリック教徒も、現実の国家形態には不満があっても、ドイツ統一という目標には好意的であった。ただドイツ帝国は、エステルライヒを除外した小ドイツ主義国家である。エステルライヒおよびドイツ帝国のドイツ人は、依然としてドイツ・アイデンティティを共有し、文化的・人的交流を密接に行っていた。

ドイツ帝国は連邦国家であった。帝国の頂点に立つのは「ドイツ皇帝」だが、憲法上は帝国の主権者とはされず、連邦諸国の元首たちの第一人者と考えられていた。また「帝国政府」は連邦諸国への配慮から設置されず、ただ一人の帝国大臣である「帝国宰相」およびそれを補佐する「帝国長官」たちからなる帝国指導部が、事実上の帝国政府を為していた。神聖ローマ帝国で「ドイツの自由」と称揚されたドイツ連邦制は、ドイツ連邦共和国でも地域民主主義の表現と評価されているが、ドイツ国家にとって常に不安定要因でもあった。

ドイツ帝国の国制は、君主主義と民主主義との妥協の産物であった。ドイツ皇帝は軍事・外交に関する権限を有したが、予算・法律は帝国議会の可決を必要としていた。帝国議会は、男子・普通・平等・直接・秘密選挙を行っていた。この選挙法を（当初は北ドイツ連邦議会に）導入した帝国宰相（連邦宰相）オットー・フォン・ビスマルク侯爵は、反抗的な自由主義勢力を保守的大衆の動員で抑制しようと意図したが、それでもドイツ帝国の選挙法がイギリスより民主的だった事実に変わりはない。ただドイツは連邦制であるため、連邦諸国の選挙法はまちまちだった。有名な「プロイセン三級選挙法」は、納税額によって一票の価値に格差を付ける不平等なものだが、男子普通選挙（男子全員に選挙権を付与する選挙）ではあった。市民でも高額納税者は第一等級になるし、貴族でも財力がなければ第三等級になった。ただ領邦内の州議会、郡議会、市参事会では、身分制議会の流儀が残っていた。

政治は制度を運用する人間にも左右される。帝国宰相ビスマルクを「ボナパルティズム」を駆使する「カリスマ的支配者」、アドルフ・ヒトラーの先駆者とするのは戯画的だとしても、彼の存在を無視したドイツ政治分析はあり得ない。一八八八年に皇帝ヴィルヘルム一世、フリードリヒ三世が崩御し、一八九〇年にビスマルクが退陣すると、何かと話題になった皇帝ヴィルヘルム二世の下で、カプリヴィ伯爵、ホーエンローエ侯爵、ビューロー侯爵、ベートマン・ホルヴェーク、ミヒャエリス、ヘルトリング伯爵、バーデン大公子が帝国宰相を務めた。ミヒャエリスは東京で「獨逸學協會學校」の教頭だった人物である。だがビスマルクに匹敵する指導者はもう現れなかった。

ドイツ帝国はイギリスを凌駕してアメリカ合衆国に並ぶ経済大国となり、社会保障政策の草分け、社会政策学会やマルクス主義政党の揺籃の地ともなった。学術面でもドイツ帝国は世界に近代大学の模範を示し、ノーベル賞受賞者を続出させ、ディーゼル機関、飛行船、ガソリン自動車、レントゲン、ブラウン管、毒ガス、相対性理論、細菌学などが世界中に広まった。婦人運動、菜食主義、裸体主義などもドイツではこの時代に勃興し、ヴァンダーフォーゲルなど青年運動も発達した。さらにドイツが西欧諸国の海外植民地経営を遅ればせに模倣し、遠くアフリカやアジアの地に足跡を記したのもこの時期だった。

このドイツ帝国という場をどう生かすかは留学生側の問題である。明治初期、ドイツ留学は日本人エリートの試煉の場であり、成功への道であったが、明治末期になると留学生の緊張感も減退していた。幕末維新期の日本人には、近代国家建設の秘訣を探るという使命感があった。西洋諸国と日本とは隔絶しており、追いつくのは容易でないという焦燥感があった。だが対外的勝利が続くと、洋行は遊学の色彩を強めていく。美濃部達吉はイェリネックに学んだというが、何をどう学んだのかは明らかではない。小野塚喜平次にしても、エミール・ブトミーと意見交換した可能性はあるが、各国を漫遊した印象が強い。筆記試験の好成績だけで将来を約束され、個人としても日本人としても焦りのない人々が、自己流の勉強だけで帰国しても意外ではない。なるほど彼らは、その分西洋社会の様々な側面を見学して回り、現地人と交際したかもしれない。そうした実地検分も生きた社会の実態を知り、学者としての度量を広げる機会にはなっただろうが、実地検分が学術研究の代替になるわけではない。

明治末になると、もう西洋人に教えを請う時代でもないと居直る日本人も現れた。同志社からアメリカ留学をして、東京帝国大学文科大学教授（倫理学）となっていた中島力造は、この頃「西洋にも案外大した人物大した學者は居ぬ」、「日本の學界は決して歐米に劣らない」などと述べていた。中島は一九一一年（明治四三年）、二十年振りの洋行で欧米世界の精神的衰退を実感したとし、かつてのトーマス・カーライル、カント、ヨハン・ゴットリープ・フィヒテ、ヘーゲル、アンリ・ベルグソンといった知的巨人たちに匹敵する人物がもはや欧米にはいないと嘆いた。中島は日本の各分野、特に「吾國の法文科大學」には「世界的の學者人物」が揃っており、これが世界で認知されていないのは、外国語に翻訳されていないからに過ぎないと言い切っている。中島は、学問以外の分野でも日本の人材は世界に勝るとも劣らないとし、東郷平八郎、乃木希典らを「世界的のゼネラル」と称揚している。(1)『法學協會雜誌』(一九〇三年)にも次のような記述がある。「他日若し我國の法律學が、イェリングが嘗て羅馬法につきて言へるが如く、世界を征服するの時あらば、其は、必ずや、現時に於ける演習科の制度に胚胎せるものなるべき(2)」。ここでは、日本法学が世界を席巻する日が夢想されているのである。東大法科の関係者は、英米独仏など西洋主要国の法制度を学習して、自分たちはもう西洋人と同じ知的水準に立った、いや各語圏を幅広く勉強した分、彼らよりも優位に立っていると早合点したのだろう。日本海海戦や旅順攻略といった畑違いの成功も、日本の知識人に根拠のない自信を与えていた。だがイェリネックの書いた文章を理解すれば、彼と同じ知的水準に立ったことになるわけではもちろんない。イェリネック『一般国家学』に匹敵する作品を書き、それが世界で彼に匹敵する反響を生んで、初めて彼と同じ知的水準に立ったことになるのである。学問とは新しい知見の創造であって、既存の知識の習得というのはその準備段階に過ぎない。どうやら日本人は、明治時代には既に、知識と知性とを混同していたようである。

西洋からの受容を終えたとの認識から、東京帝国大学の名物だった英語の授業も減少していった。穂積陳重ら東大法科の創業者たちは、日本語で法学の議論ができるよう、学術日本語の整備に奮闘した。その結果、東大法科の授業は徐々に、日本人により日本語で行われるようになった。御雇外国人の講義科目は一部に残るのみとなり、やがて一つもなくなった。こうなると学生の外国語能力も減退せざるを得ないだろう。(3)国内での外国語授業の経験が乏しい者が、いきなり洋行して授業に苦労するのは当たり前だった。

日本学界にも海外での研究成果を承認したがらない島国根性がある。高等商業学校出身の福田徳三（一八七四―一九三〇年）は、ミュンヒェン大学で哲学博士号を取得し、博士論文「日本の社会的・経済的発展」をドイツ語で刊行した。だが日本学界は福田の労には報いなかった。福田は東京高商や慶應義塾では教授になったが、正式な大学教授になったのは、母校が東京商科大学に昇格した一九二〇年（大正九年）のことである。日本学界は、恩師の愛顧を得て卒業後数年以内に就職した帝国大学出身者たちがいつも指導していた。福田も帰国後に東京帝国大学法科大学で法学博士号を取り直したが、帝国大学には就職できず、日本学界では奇矯な脇役に留まった。

日本人の海外研究が深化しない原因は現地にもあった。なるほど日露戦争での勝利は、西洋での日本の株を上げるものではあった。だが一度の戦争に勝利した程度で、西洋人が日本人を対等な知的パートナーと見るようになるわけではない。西洋学界で、特に文系領域で日本人が何がしかの研究で認められるためには、数年にわたる真剣な学問的研鑽が必要であるし、仮にそれを経たとしても、後藤新平（一八五七―一九二九年）（マックス・フォン・ペッテンコーファー門下生）や福田徳三（ルヨ・ブレンターノ門下生）のように、ドイツの思考枠組で日本事情を紹介するのが関の山で、社会科学の根本問題について現地研究者と対等の議論を交わすのは難しかった[4]。

さらに東西を問わず、一般に大学という組織にも新世代の独創性を歓迎しない構造がある。教授が明確な方針を有し、それに従う学生のみが上昇できるというのは、大学では日常茶飯事である。多くの場合学生には、教授のエピゴーネンから出発する以外に道がない。ヴェーバー・サークルのような学外の私的サークルには多様な人物が出入りしたが、ヴェーバー教授の指導下で博士号を取得した者には彼の方針に忠実な者が目立ち、その結果誰一人恩師と同じだけの知的存在感を発揮できた人物はいなかった。日本人が多く出入りしたイェリネックの研究室では、キエフ出身のボフダン・アレクサンドロヴィチ・キスチャコーフスキイのように、自国事情を紹介する外国人留学生が集っていた。仮に日本人が独自の観点から西洋の国制を研究したいと希望しても、イェリネックがそれを許容したかどうかは怪しい。「そんなことより、君の出身国のことを紹介してくれ給え」と言われた可能性が高いだろう。明治末にはまた、日本回帰の機運も強まってきた。輸入するだけでは満足せず、日本からも発信するというのは、一見当然のことであるように思われる。ただ当時の日本人学者は、世界共通の論題に持論を述べるというより、日本的なものを析出し、称揚するという論調に傾斜していった。

普遍史的観点から日本の法文化を解説したのが穂積陳重である。新しいものも古いものも、西洋文化も東洋文化も消化する雑食性の穂積は、万国東洋学会の連合総会（一八九九年一〇月ローマ）で、「祖先教」（ancestor-worship）に関する英語講演を行った。これはフュルテル・ドゥ・クーランジュやラフカディオ・ハーンなどに触発された日本法文化論である。穂積は、血族の自然な愛情に発する祖先崇拝を人類共通の出発点として肯定し、日本の神道をその系譜に分類し、外来の仏教も日本ではその色彩を帯びたが、欧米の祖先崇拝はキリスト教により圧殺されたと説いた。穂積の議論は、祖先崇拝が残存した日本を残存しなかった西洋と比較する宗教社会学の試みだが、丸善から出た英語版を見ると、日本の皇室、建国神話、宗教文化を紹介していて、外国向けのお国自慢の様相を呈しており、国学者だった父祖の魂を弟八束と共に受け継いでいるようでもある。この著作は、日本の人気教授による民族宗教礼讃、キリスト教排撃だとして、宣教師から批判を蒙ったが、重版の度に補強され、第三改訂版（一九一三年）には伊勢神宮、春日大社などの写真も登場し、実弟八束の神式葬儀（一九一二年）の写真も活用された。なお穂積陳重本人の葬儀（一九二五年青山斎場）も神式で行われ、大正天皇・貞明皇后から大真榊が下賜された[5]。

洋行を踏まえて日本に回帰したのが筧克彦であった。一八七二年（明治五年）に信州諏訪に生まれた筧は東京で成育し、東京帝国大学法科大学法律学科英法兼修を首席で卒業した後、同大学院で穂積八束教授、一木喜徳郎教授の指導のもとで教育行政を研究した。同年ドイツへの三年間の留学を命じられ、ベルリン大学でオットー・ギールケ教授の指導を仰いだ筧は、日本で学んだ西洋の制度・法律など問題の表皮に過ぎないと考えるようになり、制度

図17　筧克彦

の背景にある西洋思想の研究に没頭した。筧はキリスト教に没入し、日曜日に教会に通って『聖書』理解を深めた。筧はベルリン大学でも高名なプロテスタント神学者アドルフ・フォン・ハルナックの講筵に列し、西洋古典学者ウルリヒ・フォン・ヴィラモーヴィッツ＝メレンドルフ、哲学者ヴィルヘルム・ディルタイにも接した。筧は帰国後、東大法科の行政法第二講座を委ねられたが、彼の講義を単行本化した『西洋哲理』（大正二年）は、日本では最初期の西洋政治思想史概説である。ところが筧は、帰国後急速にアジア・日本回帰を遂げる。筧は元来、近代日本建設の礎たらんとする熱烈な愛国者だった。筧は洋行への途上、壇ノ浦で感慨に耽っていたところを、同船のイギリス人に馬鹿にされた屈辱、上海の公園で「犬と支那人入るべからず」という札を見、インドで乞食同然の現地人に接した衝撃を、後々まで忘れることができなかった。帰国後に知己の示唆で、自分が学んだドイツ哲学と同じ発想が仏教思想にもあると感じるようになった筧は、一九〇八年（明治四一年）から担当した「法理學」講義で仏教を扱うようになり、四年後に『佛教哲理』を刊行した。この件で内部告発を受けた東京帝国大学総長の濱尾新は、折角西洋で学んできたのに仏教を講じるとは何事だと叱責した。筧は、内容的誤謬の指摘は受け付けるが、ただ仏教は論じるなという指示は拒否するとし、後日『佛教哲理』を献呈したところ、濱尾から詫び状がきたという。さらに筧は日本古来の精神に立ち返るべく、一九一二年に『古神道大義』、二年後に『續古神道大義』を刊行した。筧の『古神道大義』には、有斐閣からの出版に横槍が入り、清水書店からの刊行を余儀なくされた他、神道を強制しようとしている、時代錯誤だとの美濃部達吉の書評が『國家學會雜誌』に掲載された。にも拘らず、同書はやがて神道論として乃木希典や貞明皇后も心服する筧の代表作となる。

筧は、『法學協會雜誌』には和服の肖像を掲載させつつ、講義にはフロックコートで威儀を正して赴いた。[6]穂積陳重、筧克彦のように、当時としては比較的深く西洋を知る部類の人物が、西洋と逆の方向へ進んでいった点は見逃せない。西洋との対決に刺戟されて、彼らは日本に回帰したのである。

一　上杉愼吉のドイツ学界との格闘

（1）ゲオルク・イェリネック門下での研鑽

一九〇六年（明治三九年）五月、上杉愼吉は満二十八歳を目前にして留学に出発した。上杉は「外國語殊にドイツ語に達者」だったといい、ドイツ語文献も多く読んでいたので、ドイツ行きは彼の希望に合うものだっただろう。上杉は留学生活をほとんどドイツ帝国で過ごしたが、一時ジュネーヴやローザンヌを漫遊し、ロンドン行きも計画したが実現はしなかった。先述のように東大法科には、若手が助教授就任後直ちに洋行し、三年ほど遊学して教授に昇進し、講義を開始するという流儀があった。だが上杉は、助教授就任直後に講義を開始し、先輩の中田薫が居たため、国費留学の機会が回ってくるのはいつになるとも知れなかった。そこで上杉は待ち切れずに休職して私費留学に踏み切ったが、その際主筋（金沢藩）の前田利爲侯爵（一八八五―一九四二年）から財政支援を得たようで、感謝状の下書きや文通の痕跡が残されている。[7]

上杉愼吉の留学先はバーデン大公立ハイデルベルク・ルプレヒト・カール大学であった。上杉は穂積八束、山田三良、美濃部達吉、小野塚喜平次ら先輩たちが学んだこの大学を選んだ。ハイデルベルク大学は一三八六年の創立で、神聖ローマ帝国ではプラーク、ヴィーンに続く三番目の、ドイツ帝国では最古の大学であった。教皇の勅許を

図18　『法學協會雜誌』に掲載されたゲオルク・イェリネック像

得てこの大学を創立したのはライン宮中伯・選帝侯ループレヒト一世であり、宗教改革、フランス革命の混乱を経て、大学を再編したのがバーデン大公カールだったため、この大学名となった。ドイツ帝国の時代、バーデン大公国にはカトリック系のフライブルク大学、プロテスタント系のハイデルベルク大学があり、加えてカールスルーエ工科大学（今日のカールスルーエ大学）があった。(8) フランスに近い西南ドイツのバーデン大公国は、帝国建設以前から自由主義陣営が政権を獲得するほどの進歩的領邦で、ハイデルベルク大学はその知的中心であった。連邦制の伝統があるドイツでは、各領邦君主がそれぞれの領邦統治の事情で大学を設立したので、ヴィーン大学やベルリン大学に逸材が集中することなく、各分野の碩学が様々な大学で教鞭を執ってきた。世紀転換期のハイデルベルク大学は、「ハイデルベルクのミュトス」と呼ばれる黄金期を迎えており、国法学のゲオルク・イェリネック、ゲルハルト・アンシュッツ、経済学のアルフレート・ヴェーバー、カール・ラートゲン、歴史学のディートリヒ・シェーファー、ヘルマン・オンケン、プロテスタント神学のエルンスト・トレルチュなどが教壇に立っていた。アルフレートの兄マックス・ヴェーバーはもはや教壇には立っていなかったが、同地で知識人のサロンを開いていた。

上杉愼吉が師事したのは国法学教授イェリネックである。イェリネックはユダヤ教説教師アドルフ・イェリネックの息子としてエステルライヒ帝国に生まれ、妻カミラ（一八六〇―一九四〇年）もユダヤ教徒のヴェルトハイム家に生まれている。ヴィーン大学で学び、員外教授にまでなったイェリネックは、バーゼル大学正教授を経て、ドイツ帝国のハイデルベルク大学で正教授となった。イェリネックはユダヤ教を離れ、ハイデルベルクでヴェーバー家らプロテスタント系自由主義知識人との交流を深めたが、キリスト教への改宗はせずに宗教から距離を置いた。なお上杉がハイデルベルクに到着したとき、イェリネックはバーデン大公国枢密宮廷顧問官の称号を帯び、副学長を兼任していた（バーデンでは大公が大学学長なので、副学長は事実上の学長）[9]。

上杉がイェリネックに弟子入りした理由は判然としない。先輩同僚の助言を受けたのかもしれないが、上杉は留学前からマイヤーやイェリネックの概説書を援用しており、マイヤーが死去していた以上、イェリネックに付くのは自然な流れとも言えた。イェリネックにヴェーバーと同じく西欧派自由主義の典型を見る者は、のちの「神権学派」上杉の入門を訝るかもしれない。確かに議会政治に対する二人の態度は大きく違うが、両者には思想的共通点も少なくない。ラーバントのような法実証主義に拘泥せず、国家を社会学的に考察するというイェリネックの一般国家学は、上杉の社会学志向とも相通じるところがある。イェリネックの国家法人説は、自由主義にも保守主義にも利用できる発想で、「國家は最高の道徳なり」という考え方に通じなくもない。

ドイツに着いた上杉愼吉は、まずは意気込んで帝都ベルリン（プロイセン王国）に行き、日本大使館の船越光之丞一等書記官（山縣有朋女婿）に推薦状をもらって、イェリネックの許へと赴いた[10]。ハイデルベルクでの上杉は、当初ノイエンハイマー・ラントシュトラーセ五八番地のシュマイケルト家に下宿し、一九〇八年六月にはヴェルダー通二八番地に居住していたが[11]、やがてブンゼン通のイェリネック邸に転居したらしい。「ハイデルベルヒノ公法學大家ゲオルグ・エリネツク氏方ニ寄宿シ、此處ニ集ル諸學者ト切磋琢磨ス」とあるので、穂積八束塾のように同輩が居たのかもしれない。帰国後の上杉は、ハイデルベルクを故郷のように懐かしみ、一九二〇年に再訪を果たしている[12]。

一九〇六年一一月一七日にハイデルベルク大学に学籍登録をした上杉愼吉は、一九〇六・〇七年冬学期には「政治・社会理論史」（イェリネック）、「議会論」（イェリネック）、「公法学演習」（イェリネック）、「ドイツ国法」（アンシュッツ）に、一九〇七年夏学期には「一般国家学」（イェリネック）、「統治の政治論」（イェリネック）、「公法学演習」（イェリネック）に参加した[13]。ただ上杉が学位取得などを試みた形跡は見当たらない。

上杉はハイデルベルクでイェリネックと交流を深めた。同地での最初の聖夜には、上杉はイェリネックに両親からの贈物を届けている[14]。滞在中の遣り取りは史料が少なく分からないが、ハイデルベルクを離れてからの書簡からは親密さの度合いが窺い知れる。上杉はドイツからシベリア鉄道、南満洲鉄道を使って帰国する途中、奉天や旅順からイェリネックに、「我らが満洲鉄道」や敵将ロマン・イシドロヴィチ・コンドラチェンコ戦死の場の絵葉書を出した。旅順攻防戦には金沢の陸軍第九師団が参加していたので、上杉も感慨深かったのかもしれない。さらに東京帰着後、上杉は東京帝国大学法文科大学の絵葉書を送っている[15]。書簡の文面にも親愛の情が籠っている。「私がここ東京に着いてから四週間が過ぎました。自分がドイツからかくも遠い故郷へ戻ってきたことを、私は信じられずにいます。ハイデルベルクの記憶は余りにも鮮明なので、私が今やかの美しい町に二度と滞在しないのだということを、しばしばほとんど忘れてしまうほどです」。上杉は自分が帰国するとき、イェリネックから「ハイデルベルクにはいつ戻るのか」と問われたことに感激したが、実際には二度と恩師に会えなかった[16]。一九一一年一月一二日、イェリネックがハイデルベルクで急死すると、上杉は未亡人カミラに深く哀悼の意を表した。『法學協會雜誌』がイェリネックの遺影を掲げて弔辞を掲載したとき、筆を執ったのは彼の熱心な紹介者だった美濃部達吉ではなく、彼の家に起居した上杉であった[17]。ただ上杉がイェリネックの学説を「祖述」したことはない。上杉はその学説を断片的に引用し、或る時は賛意を表し、或る時は反論したのである。

一年の学習を経て、上杉愼吉は一旦ハイデルベルクを離れた。一九〇七年夏頃には、ルソーをその生地ジュネーヴで研究し、ロシヤ辺りの無政府主義者と交際して、地元警察の留置場に入れられるに至ったという。また同年八

図 19　Luxhof の宣伝

月、上杉はヴュルテンベルク王国の首都シュトゥットガルトで第二インターナショナル第七回大会を参観し、普通選挙について「大に感悟する所」があったという。さらに上杉は、同年末から一九〇八年春まではベルリンで過ごした。恐らくこのベルリン滞在の際だと思われるが、上杉はフィリップ・ツー・オイレンブルク＝ヘルテフェルト侯爵（皇帝ヴィルヘルム二世の側近）の男色裁判に遭遇し、裁判官が輿論に惑わされずに判決を下すことの重要性を力説するのを目にした。[18]

だが留学二年目に上杉愼吉は鬱状態に陥った。上杉のドイツ生活は学問修行一辺倒だったわけではなく、中田薫と合流してリヒャルト・ヴァーグナーの「タンホイザー」、「ローエングリン」、ジュゼッペ・ヴェルディの「椿姫」を観劇し、またハイデルベルクの「贅澤屋」（Luxhof）などで食事を楽しみ、大酒を飲んだ。[19] それでも留学中二度目の降誕祭を前に、ベルリン滞在中の上杉は、フランス語会話の手引に次の独白を書き込んだ。「齢三十ニシテ無学文盲ナルコト余ノ如ク、何等ノ識見スラナキ予ノ如キ者ガ学問ヲ生命トシテ一生涯ヲ送ラント思ウハ、殆ンド無意義ナル所業ト云ウベシ、考エレバ考エル程驚クベキ無学ナリ文盲ナリ。六十迄生キルト見テ孔々として止ムコトナケレバ、学問ノ一生ラシキ目鼻ガツクデアロウカ。到底見込ナシ。七十迄ト見テモ八十迄ト見テモ、学問洋々到底及ブトコロニ非ズ。シカシナガラ……出来ルダケ力学シテ見ル迄ノコトナリ。四十年十二月十日」[20]。「無学」とは知識不足を、「文盲」とは語学力不足を指すのだろうか。

一九〇八年初夏にベルリンからハイデルベルクに戻り、イェリネック邸に起居するようになった上杉は、健康上の理由から、予定されたロンドン行きを取り止め、転地療養するよう医師に勧められ、オーデンヴァルトの山村アーデルスハイム（バーデン大公国）に移って一年間の休養に入った。上杉は師イェリネックには病状を報告していたが、日本の同業者たちに知られるのを恐れていた。とはいえ親友の中田薫などは、週末に上杉を訪ねてアーデルスハイムまで赴くことがあった(21)。

図 20　アーデルスハイムの街並

上杉愼吉はこのアーデルスハイムによく馴染んだ。上杉は村人が自分を「夷狄」扱いしないのに驚いた。「例へば私の家へ西洋人を下宿させて、一所に飯を食ふといふことはちよつといやであります、何となく氣持が悪いやうな氣がしますけれども、西洋人は平氣であります。私のやうな者を西洋人が見たならば大分むさくろしい、氣持が悪いといふやうな人間かも知れませぬけれども、平氣で家に置いて友達交際をするのであります」。上杉は村役場に出入りして行政実務に触れ、また麦酒を呑みながら地元民と交流した。或る日上杉が、村長になったら気持ちがいいだろう、この村に永住してもいいと戯言を言うと、上杉は「偉い學者」らしいから本当に村長にしようという話になってしまい、断るのに苦労したという。また上杉が、気分転換に旅館店頭での食肉販売を手伝い、目方の勘定が鷹揚だとして、地元婦人連の人気者になったという逸話もある(22)。

アーデルスハイム滞在は上杉愼吉に人間観察の機会を与えた。アーデルスハイムは人口千二百人で、カトリック系・プロテスタント系住民が混在していた。当時の村長は後者に属し、麦酒を飲み過ぎてハイデルベルク大学で博士号を取れなかった「好人物」だったが、その自由奔放さが前者から批判を浴びており、その任期切れと共に（中立性も買われたのか）上杉の村長就任の話が出たのである。上杉はこの村で、ドイツの宗派対立の激しさ、村落で聖職者の果たす役割の大きさを学んだ。上杉はさらに、ドイツの官吏は粒揃いである、西洋人は日本人よりも個々人の人間、生命を大事にする、隣人の消息を気にする、貯蓄を重んじる、体格をよくすることに努めているなどと感想を述べている。(23)

アーデルスハイムでの生活はのどかだったようだが、それでも上杉は精神に変調を来した。上杉は日本人仲間には「茲デ先人未發ノ一大哲理ヲ發見シテ見セル」などと粋がっていたが、実際のアーデルスハイム滞在は後述の吉野と同じく、大学での緊張から離脱したものと推測される。上杉は日本への郷愁の念とそれを克服しようとする功名心とから、極度の神経衰弱に陥った。上杉は同地の旅館で、或る日書籍やノートなどを手当たり次第に燃やし始め、火事だと思って集まった村人が部屋に突入して事なきを得たという。(24)

アーデルスハイムを出た上杉は、バーデン大公国の首都カールスルーエに行き、内務大臣ヨハン・ハインリヒ・フォン・ボドマン男爵（一九一七年バーデン首相）に要請して八箇月居場所を貰い、「獨逸でも相當に設備の整つた模範的の國」たるバーデン大公国の行政実務を見学した。実務見学で上杉の印象に残ったのは次の点であった。(1)貯蓄問題：上杉はドイツ人が自発的に貯蓄することに注目した。上杉はボドマンの勧めで、貯蓄に励む模範的な集落として、カールスルーエ郊外のグラーベンを見学している。上杉は、日本でも人間改良の意味で貯蓄に励むべきとはしたが、同時にこの貯蓄癖が独仏で、嬰児殺害をも辞さない産児制限、食事制限による健康被害、（費用の掛かる）結婚ではなく買春による性欲処理などの負の側面を持っていることに警鐘を鳴らしもした。(2)婦人問題：上杉は、「婦人問題と社會黨の問題」を「第二十世紀の大問題」と呼んだ。上杉は、男性の道徳的頽廃が男性の未婚化、延いては未婚女性の増大をもたらしていると見て、風紀改善を図ると同時に、「婦人の見解を高くして、婦人をして我も亦一人の人間であるから、男子よりも劣等な者ではないといふ自覺心を起さして、婦人の勢力を強くして社會を改良して往く」ことが必要だと論じた。(3)官僚の仕事術：上杉は、ドイツの官吏が下吏に至るまで仕事熱心で有能だと感じた。上杉は或る郡庁で、現場の老官吏から書類の管理法を聞き、その堂々たる説明振りに目を見張った。上杉は「官尊民卑」の気風だけが批判され、官民が対立しがちな日本と違い、官吏が熱心に民衆の世話を焼き、民衆が官吏を尊ぶドイツは「官尊民尊」だと高く評価した[25]。

上杉は内務省地方局から『カールスルーエ市の公共施設：附　巴丁婦人協會の事業』なる小著も発表している。これは同市がドイツでも模範市とされ、見るべきものが少なくないとの理由からである。その内容は、市民生活の概況、市立貯蓄金庫、市の学校貯金、市立質金庫、市労働局、バーデン労働紹介同盟、市下水道、糞尿の処分、道路の構造・並木・掃除、公園と公会堂、公立浴場、慈恵救済設備、住家建築取締、警察組織、バーデン婦人協会の事業という構成で、上杉のいつもの情熱的な文章とは異なり、『米欧回覧実記』のように行政の在り方を詳しく描写している。その文章には、市民生活の隅々まで行き届いたドイツ官吏の合理的統治への上杉の感心が滲み出ている。とはいえ上杉はドイツ行政の全てを肯定したわけではなく、下水道や道路舗装のように不備な部分についても指摘している。バーデン婦人協会の叙述は、女性向けの啓発・生活支援事業を肯定的に捉えたものである[26]。

一九〇九年（明治四二年）五月二九日午後七時一五分、上杉はベルリン・フリードリヒ通駅から出発し、シベリア鉄道を経由して、六月二二日に帰国した。上杉の精神的不安定は留学の終盤まで続いたようで、帰国間際にはベルリンでドイツへの郷愁から不安定になり、心配した中田薫が上杉に請われて半日ほど同伴した。上杉は留学中に休職が満期となって一旦辞職していたが、帰国後の同年七月六日に東京帝国大学法科大学助教授への再任の辞令を受けることができた[27]。

(2) 帰国後の成果発表とドイツ学界との交流

紆余曲折に富んだドイツ留学だったが、上杉愼吉はハイカラな西洋風紳士として本郷に帰ってきた。一九一〇年(明治四三年)一〇月、助教授上杉の肖像写真が、『法學協會雜誌』に掲載された。この頃同誌は、教授・助教授の写真を順々に掲載しており、上杉にも順番が回ってきたのである。大礼服、フロックコート、羽織袴で威儀を正した同僚が多い中で、背広を着た上杉は若く潑溂とした姿を見せている。この写真が、「目白臺の饒舌孃をいやが上に騒がせた」という逸話も残っている(当時「目白臺」には「日本女子大學校」[のちの日本女子大学]があった)。同年一一月二四日、上杉は中田薫らと共に「法學博士」の学位を授与された[28]。さらに同年、上杉は三十二歳で山本信子(ノブ)と結婚した。信子は広島県出身の三菱造船技師山本金一の娘で、石川県出身で三井財閥の早川千吉郎(大蔵省出身、のち南満洲鉄道社長、貴族院議員)は信子の母方の伯父だった。山本信子は長崎県に実家があったが、小学校三年生で東京の早川宅に預けられ、東京女学館に進学していた。上杉は信子との間に息子五人、娘四人を儲けることになる。家庭では、上杉は妻に仕事のこと(美濃部との論争なども含め)を全く話さず、夜遅くまで書斎に籠っていた。上杉は贅沢な生活振り、いい加減な金勘定で妻に苦労を掛けたとも、子供たちに「うちのお母さんはえらい」と言って妻の献身への感謝を口にしていたともいう[29]。

法科大學助敎授 法學士 上杉愼吉君
S. Uesugi, Hōgakushi,
ASSISTANT PROFESSOR OF PUBLIC LAW IN THE IMP. UNIVERSITY OF TOKYO.

図21　帰国した頃の上杉愼吉

帰国後の上杉愼吉の姿を、一九一一年(明治四四年)入学の小野清一郎はこう回顧する。「上杉先生

図 22　留学時代の写真と思われるもの（上杉は後列中央・前列右端にトルコ帽の男性が2人いる）

はやがて静かに入つて來られて教壇に登られた。そうして悠揚せまらざる態度とはあゝいふ態度をいふのであらうと思はれるやうな落つきのある態度で私共新入學生を一トわたり見まわされた後、滑らかな、そしてよく透る聲で、講義を始められた。私共新入生はたゞもう感心してしまつたものである。其の年私共がきいた講義の中でも最も印象のふかい講義は上杉先生の憲法であつたといふことは、私一人の感じではなかつたであらう[30]」。

一九〇九年（明治四二年）一〇月二八日、上杉慎吉は「法理研究會」で帰朝報告「獨逸に於ける公法に關する近事附其以外の國に於ける公法に關する近頃の二三大事件」を行い、後日『國家學會雜誌』に「獨逸ニ於ケル憲法ニ關スル近事」と改題して刊行した。この講演は過去数年間のヨーロッパ政治に関する所感を述べたもので、雑多な要素が含まれているが、後年の上杉の政治的・学問的展開を予感させる作品である。この上杉講演に同席したのは、金井延、穂積八束、筧克彦、清水澄、山口弘一ら二十人余りだった[31]。以下、内容を講演録に沿って辿ってみよう。

①この講演の冒頭で、上杉はトルコの憲法問題を論じた。ハイデルベルク大学時代、上杉には同じ憲法を専攻するトルコ人の友人が居た。「當時恰も一たび中止せられたる土耳其憲法復活の運動盛なるに會し、予は屢次此の土耳其人を訪ひ、土耳其憲法に就て質問談論し、頗る交遊を重ねたり。彼は土耳其の貴族にして靑年土耳其黨に屬し、

英氣潑溂たる好漢なりき」。留学時代の写真にも、上杉がトルコ帽の男性二人と撮っているものがある。上杉のトルコ憲法研究は、これら友人との交流の産物であったようである。[32]

上杉はマケドニア内乱に苦しむオスマン帝国の姿から始めた。西洋列強は、憲法を停止したトルコを半文明国とし、そうした国にマケドニアは任せられないと主張した。西洋列強に干渉の口実を与えないためにも、また自国を文明化して国を強化するためにも、トルコ憲法を復活すべきと考えたのが、英仏独への留学経験がある軍人たちの青年トルコ党であり、彼らはさらに「統一及び進歩のためのオスマン同盟」を結成して、内乱鎮圧のためのマケドニア出動を拒否した。この叛乱に苦悩した皇帝アブドゥル・ハミド二世は、十時間に亙る会議を経て憲法の復活を決定した。

上杉はここでトルコ憲法の歴史を振り返った。一八三九年にギュルハネ離宮で、皇帝アブドゥル・メジドは「ハット・イ・シェリフ」を発布した。上杉はこれが、生命・名誉・財産を尊重し、刑事裁判を公開し、徴税請負を廃止して租税制度を整備し、兵役期間を限定するもので、トルコ人に「土耳其ノ人權宣言」と呼ばれているとした。そして、「ハット・イ・シェリフ」はなお神政的なものに過ぎなかったが、一八七六年に皇帝アブドゥル・ハミド二世の下で「カヌン・イ・エッサッシ」、つまり基本法（ミドハト憲法）が制定された。だがその二年後に、公式の宣言なしに事実上停止させられ、一九〇八年に至ったと説明した。

上杉はトルコの立憲政体確立を肯定的な立場で観察していた。上杉の文章には皇帝（スルタン＝カリフ）専制への期待は見られない。彼はミドハト憲法を「立派ナ歐羅巴式ノ立憲政體ノ憲法」だとして、その人権規定を詳細に紹介し、後日その全文を翻訳して『法學協會雜誌』第二八巻（明治四三年）に掲載している。[33]トルコ語やトルコ紀元を多用するところには、オスマン帝国の内情を深く分析しようとする彼の熱意が窺える。

だが上杉は、事がトルコの内政問題に留まらず、ヨーロッパ大の問題になったことを指摘した。ベルリン条約

（一八七八年）以来オスマン帝国領ボスニア・ヘルツェゴヴィナ二州の施政権を握ってきたハプスブルク帝国が、一九〇八年一〇月に外相アロイス・エーレンタール男爵の主導で、ドイツ帝国の後楯を得て両州に主権を拡張するという宣言を行った。上杉はこの併合を、青年トルコ党が憲法復活の結果として、名義上の領土である両州でもトルコ議会議員選挙を実施することを主張したため、エステルライヒが動いたものとして説明した。さらに、ロシヤ帝国を後楯とするブルガリアは、この混乱に乗じてトルコからの独立を宣言した。トルコ国内で立憲政体を快く思わない保守派は、青年トルコ革命が領土喪失を招いたと非難した。このように上杉は、憲法がないと言ってはトルコに介入し、憲法が出来たら出来たでまた介入するという、西洋列強の行動様式を学んだのである。

②ここで上杉は、話題をドイツ帝国に移した。というのも、エステルライヒがボスニア・ヘルツェゴヴィナ二州を併合し、英仏露がそれを甘受したことは、ヨーロッパ覇権を目指すドイツ帝国の勝利だと思われたからである。上杉は、「獨逸内部ノ統一ノ勢ハ我々獨逸ノ近世ノ歴史ヲ研究スルモノニ取ッテハ非常ニ著シイ事實」だとした。

上杉はまずドイツ軍の統一化に着目した。ドイツ帝国憲法では、ドイツ軍はプロイセン軍、バイエルン軍、ヴュルテンベルク軍、ザクセン軍の四軍からなっていたが、今ではそうした形式にも拘らず、ドイツ軍は事実上一体としてプロイセン王の指揮下にあると、上杉は説明した。この軍隊の統一化こそが、ドイツ統一の最も重要な点だと考えたのである。

続いて上杉愼吉は帝国財政の充実に言及した。パウル・ラーバント『国法学』を援用しつつ、上杉は帝国財政の「分離主義」（上杉は連邦主義を、批判を込めて常にこう呼んだ）的性格を説明したが、帝国憲法第七〇条に「帝国税が導入されない内は」各連邦諸国から賦課金を徴収するという記載があることに注目し、そこでは将来の帝国税導入が前提視されている、ビスマルクはそうだったに違いないと力説した。上杉は一八七九年の「フランケンシュタイン条項」からシュテンゲルの財政改革に至るまでの帝国財政充実を巡る綱引きを描いた。

上杉はドイツ帝国の統一性を象徴する機関として、ドイツ皇帝および帝国議会を取り上げた。上杉はドイツ皇帝について、ドイツの主権者ではなくプロイセン王が帯びる尊称に過ぎないとしつつも、実際にはドイツ皇帝が主権者であるかのように感じるドイツ人が出てきたと主張する。「聯邦會議」(Bundesrat) が主権者で、プロイセン王＝ドイツ皇帝はその「プレジデント」だと呼ばれるが、宣戦媾和の権限、軍隊の統帥権などを持つ皇帝は、普通の国の元首と変わりないと上杉は言う。帝国議会に関しても、上杉はそれが帝国を統一する組織であることを強調する。一院制で普通選挙に基づく帝国議会は、ドイツがドイツ国民の国であることを明確に示す機能を有するというのである。だが普通選挙制度を取ったために社会民主党の擡頭を招き、上杉はこれを基本的に問題だと見るが、中央集権志向の社会民主党を、ドイツの国民的統一の推進という点で肯定的にも評価した。

上杉はヴィルヘルム二世を「英邁の主」と呼び、皇帝自らがドイツの統一化を一段と進め、皇帝の指導下でドイツがイギリスとヨーロッパの覇権を争うに至ったことを高く評価した。上杉の議論は、どことなくフリードリヒ・ナウマン『民主制と帝制』(*Demokratie und Kaisertum*) を連想させるが、ナウマンへの直接の言及はない。上杉は、自分が一九〇八年にドイツで体験した「デイリー・テレグラフ事件」も、皇帝の熱心さが起こした事件だと同情的に紹介している。上杉は、この舌禍事件での皇帝の発言内容には踏み込まず、「餘リ面白クナイコトヲ云ハレタ」とだけ記している。上杉は皇帝が各方面から非難を浴びたことを紹介したのち、帝国議会で中央党、社会民主党、進歩人民党から提起された、そして上杉の恩師イェリネックが『フランクフルト新聞』で提起した、宰相責任論に話を移した。つまり帝国宰相が皇帝の発言に責任を持ち、帝国議会や「聯邦會議」の信任を前提とする案である。その際上杉は、イェリネックもドイツを議会主義の国にするつもりはない、ドイツの隆盛は皇帝のお蔭だと述べたと報告している。「コレラノカイザアノ「インタルビユウ」ノ問題、ソレカラ宰相ノ責任問題、エリネツク氏ノ意見等ヲ綜合シテ、見レハ獨逸ノ識者ノ意見ハカイザアノ権ハ統一ノ中心テアツテ、カイザアノ權力ヲ益々强クシ、普魯西ノ權力ヲ益々强クシテ行カナケレハナラヌト云フコトニ考ヘテ居ルヤウニ思ハレルノテアリマス、卽チ獨逸保守黨ノ政策方針カ暗々ノ裡ニ力ヲ占メテ居ルト思フノデアリマス」。上杉は末尾で、イギリス国王が女性のヴィクトリアから男性のエドワード七世へと交代して権力を強め、イギリスでも議会政治が衰退しているとの見方も示した。ちなみに上杉のヴィルヘルム二世評価は、「君主神權」を頼んで民主化の潮流に逆行したとして皇帝を非難し、経済ばかりが突出したドイツ国民の政治的成熟度を疑うとした、同時期の小野塚喜平次の論調と対立するものだった。とはいえ小野塚も、この事件で皇帝権力が弱まるとは限らないと見る点では、上杉と意見を共有していた(34)。

次いで上杉愼吉は選挙法問題を扱っている。上杉は、社会民主党が不公平な選挙法下で、得票率ほどは議席を獲得できていないこと、プロイセン三級選挙法にも拘らずベルリンで六議席を獲得するに至ったことなどを扱い、ドイツ連邦諸国の選挙法改正の動向に言及している。ただ上杉自身は普通選挙への不信感を隠さない。「斯樣ニ普通選擧法ノ採用ハ、目下ノ大勢トモ云フヤウナ有樣テアリマスカ、日本テモ屹度普通選擧ノ議カ盛ニ起ルトキカ來ルト思フ、日本特別ノ事情ヲモ考察シ利害得失ヲ我々ハ今ヨリ研究シテ置カネハナラヌト思フ、私一己トシテハ、保守的ナ思想ヲ以テ今日ノ選擧權スラモ一層制限シタイト思テ居ルカ、如何ナモノデアリマスカ、茲ニハ只右ノ如キ趨勢ヲオ話スルノミテアリマス」。上杉は、ザクセン王国が三級間接制限選挙法を新たに導入した件に触れるのを忘れなかった。

③最後に上杉は婦人問題に触れたが、これについては単著書があるので後述する。

この講演後の討論で、穗積八束は上杉に謝辞を述べつつ、「最近のタイムス紙上より英國議院政治の衰退に付き」興味深い事例の紹介があったと述べた。穗積は上杉が、欧米の議会主義民主制の衰退傾向を看取してきたことを喜んでいた。この頃穗積八束は、日本の貴族院で普通選挙反対の演説を行って、英米には見られない真正の保守主義者だとしてシカゴ『トリヴューン』紙に取り上げられ、これに共感したアメリカ人読者から、普通選挙で選ばれた

議員は劣悪だと訴える手紙を受け取るなど、議会主義民主制との対決姿勢を強めていた。(35)

一九一〇年（明治四三年）、上杉愼吉はさらに『婦人問題』を発表する。主筋（金沢藩）の前田朗子前侯爵夫人に献呈されたこの単著で、上杉はアウグスト・ベーベル『婦人と社会主義』、ヘンリク・イプセン『人形の家』に代表される西洋婦人運動の擡頭に触れ、独英仏語文献を駆使してその概要を紹介した。そこではカミラ・イェリネックの女給廃止論や、ヴェーバーの『エルベ川以東の農業労働者の状況』も援用されている。その上で上杉は婦人運動を両義的に評価した。上杉はゲーテやシラーを引用しつつ、男女の区別を一切拒否する急進的立場をたしなめ、女性には女性の「天分」があり、男性に従い妻、母としての義務を全うすべきと説いた。上杉は、全ての女性が結婚するわけではない以上、婦人の職業を全面否定することはなかったが、軍人や船長などあらゆる職業を女性に開放せよというような主張は疑問視した。また大学教育は女性には無理があるという主張に同意し、女性に相応しい別な教育の必要を説いた。ただ上杉は、主観的には女性を最大限尊重していると考えていた。女性を男性と同じく単なる人間とし、自由平等の型に嵌めることは、女性を尊重していることにならないと考えたのである。上杉は、女性が男性へ従うことは単なる隷従ではないと強調し、冒頭にゲーテ『タウリス島のイフィゲーニエ』の一節を掲げた。「いとけなきときより先づ我が兩親にさては神靈に服從することを習ひ、かく從順なるうちに我が心はいといみじく自由にこそ感覺しけれ」。服従しながら自由のままであるというのは、後年の上杉の国家観とも通じる発想であろう。だが同時に上杉は、婦人運動家が批判するような女性の屈辱的状況も一部に実在することを認めた。彼は廃娼運動、女工の待遇改善、官能小説の抑制、アルコールの制限など、婦人運動家の主張の一部に強く賛同し、女性を男性の単なる「玩弄物」と見ることに反対し、参政権こそ与えないものの、女性に一定の民法上の権利を与えることも考えた。女性に男性とは異なる崇高さ、純潔さを見、結婚を永遠の結合として称えた上杉は、ルターが離婚を認め、諸侯の畜妾を許容したことを非難した。(36)

これ以外にも上杉愼吉は、留学を踏まえた公法学研究を次々と発表した。そこにはドイツの保守的潮流を援用しつつ、議会政治を批判するという一貫した方針が見て取れる。

上杉は、一九〇九年（明治四二年）九月に論文「官僚政治」で帰国後の第一声を上げていた。上杉はバーデン大公国の行政実務を見学し、議会の擡頭を許さないドイツ官僚の卓越性を高く評価した。上杉の見るところ、フランスから導入されたドイツ、特にプロイセンの官僚制は、国家を軍隊のように統率する組織であり、階層的組織形態から、貴族の活躍の場となっている。このため上杉は、日本の貴族にも官吏としての出仕を促した。上杉はまた、新帝国宰相ベートマン・ホルヴェークが内務官僚出身であることも強調した。官僚制が陥りがちな繁文縟礼の傾向に関しても、上杉は正確な行政には書面による手続が必要だと擁護した。ただ上杉は、ドイツでは地方自治が国家統一にも貢献しているとしつつも、日本の場合はむしろ地方自治を制限するべきだと訴えた。ちなみに上杉はこの論文でも、天皇を「機關」とする考え方を「國法ニ關スル根本原理」と肯定しているが、その説が人民主権論に転化することを戒め、多数者の人民が統治するというのは建前で、実際の統治者は君主や大統領だ、優れた者が劣った者を統治するのは当然だと主張している。[37]

一九一〇年（明治四三年）三月の論文「孛漏士衆議院議員選擧法改正問題」では、上杉愼吉はラーバントを参考にしつつ、「普通選擧ハ不可ナリ」と断言した。上杉はプロイセン三級選挙法改正を不可能とし、それを延々「研究」、「思考」するのは愚かだとした。上杉はまた「下等階級」が財産と教養とを備えた秩序ある人々を支配するのは、「貴族富豪ノ専制ト等シク」国家に有害だと述べた。上杉は留学中ベルリンのモアビートで、自党に投票しなかった商店主を吊し上げる社会民主党の掲示を見たといい、下からの「テロリズム」を避けるためには秘密投票にも意義があると主張した。上杉は「納税し、兵士を務め、沈黙する」（Steuer zahlen, Soldat sein, maulhalten）のが良きドイツ人だとし、有能なプロイセン行政の基盤となってきた三級選挙法の維持がドイツ帝国の利益、人民の幸福だ

としたのである。(38)

一九一〇年（明治四三年）秋の論文「憲法ノ欠缺」以降、上杉愼吉は済し崩し的な解釈改憲に警戒を示すようになる。この論文で上杉が問題視したのは、イェリネック「憲法変遷」（Verfassungswandlung）論（一九〇六年刊行）だった。イェリネックは、憲法は常に欠缺を含むものであり、それは現実の勢力関係で埋められるのだとしたが、これに対しラーバントは、実情に委ねるのは法の意義を忘れることだとし、憲法典の欠缺はあっても憲法の欠缺はないと主張した。この件に関しては、上杉は断固としてラーバントの立場に立ち、自然法論の導入、比較法学による一般原則の析出（イェリネック門下生ユリウス・ハチェック）、実情に理論を合わせるべきとする社会法学（オイゲン・エールリヒら）などの新潮流を批判した。上杉は三年後の論文「自由法説非ナリ」でも、「社會ノ不滿」に応じた法解釈を求めた牧野英一らの立場を、「法ナキコトヲ要求スルノ説」だ、「主權ヲモ非認セントスルノ説」だとし、社会が国家を圧倒し「實力競爭ノ社會」にしかねないと危惧を表明したのだった。(39)

一九一一年（明治四四年）八月の論文「公設住家制度」では、上杉はドイツの低所得者向けの公営住宅制度を、日本の模範として紹介した。ハイデルベルク（バーデン大公国）在住だった頃、上杉は「南獨諸國、ライン地方」の「行政ノ實際殊ニ社會政策的ノ設備」の見学に努めたが、その際公営住宅制度が目に留まったという。上杉は「貧民窟の慘狀」を訴え、ウルム（ヴュルテンベルク王国）や、シュトゥットガルト（同首都）、ミュールハウゼン（帝国領エルザス＝ロートリンゲン）の例を紹介し、この事業の原初形態としてエッセンのクルップ社労働者住宅なども紹介した。下層民に共感したこの論文は、後述のレファレンダム論と並んで、後年の普通選挙支持への転換を予感させるものだった。とはいえ当時の上杉には、日本の経済的競争力を低下させるとして工場法制定に苦言を呈するなど、下層民寄りとは言い難い発言もあった。(40)

一九一一年（明治四四年）一一月の論文「豫算先議」では、上杉は貴族院の存在意義を力説した。帝国憲法第六五条によれば、予算は衆議院が先に審議することとされ、あたかも衆議院が貴族院に優越するかのように見える。これに対し上杉は、これを明確な存在理由のない不必要な制度だとする清水澄の学説を支持した。上杉はドイツ連邦諸国の例やブライスのアメリカ論も援用して、「上院」の存在意義や「下院」の問題性を力説し、貴族院に衆議院の軽挙妄動を戒めよと激励したのである。上杉は二年後の論文「貴族院ノ職分ト構成」でも、二院制、貴族院の意義を再論し、後者の政党化を危惧した。加えて上杉は「英國上院ノ豫算拒否權」(一九一〇年三月)で、イギリス貴族院が、保守党のヘンリー・ランズダウン侯爵の提議で庶民院を通過した財政法への賛否を留保した事件にも注目し、穂積八束と共に西洋諸国の脱議会主義民主制、上院自立の潮流を強調しようとした。[41]

上杉愼吉は国外に向けてもドイツ語で発信した。一九一〇年(明治四三年)、上杉はイェリネック、ラーバント、ロベルト・ピロティ(ヴュルツブルク大学教授)編集のドイツ語法学雑誌『現代公法年報』に、「シン・ウイェスギ」の名で寄稿し、日本の立法作業について紹介した。これはドイツ帝国および連邦諸国、イギリス、フランス、イタリア、ロシヤ、ハンガリー、ノルウェイなど、各国の立法状況を紹介する比較法学の雑誌で、上杉が日本紹介を引き受けたのである。上杉のこの寄稿は編集者イェリネックの仲介で実現したもので、上杉の帰国後すぐに入稿されたのだった。[42]上杉はこの論文で、日本の立法作業をこう総括した。「かくして我々今日の日本人は法治国家に住んでいる。司法の領域では立法作業は差し当たり終結を見たのである。フランス民法典を手本として作られた旧民法は、一八九六年に長い準備作業の末に、内容的にも形式的にもドイツ民法典に倣って完全に改訂された」。「同様に、或いはそれ以上に、我々の新商法は一九〇〇年にドイツ商法に倣って制定された」。「つまり「法治国家」の外的形態はこのように相当程度存在するのである。立憲的に支配される民族はいまや東アジアにも存在する」。つまり上杉は、ドイツ語系の国際的法学界に対して、日本がすでに「法治国家」、「立憲的に支配される民族」であることを、それが好ましいという価値的前提に立って強調し、しかも日本がドイツを模範にしたことを強調しているのである。

そこにはトルコの先例なども踏まえ、国際社会で日本の近代化を印象付けようとする上杉の姿があった。[43] 上杉は（途中から「シンキチ・ウィェスギ」の名で）東京帝国大学法科大学教授として、以後一九一二年、一九一三年、一九二三／二四年にも同じ雑誌に投稿した。上杉の論考は徐々に短くなっていったが、日本が近代国家になったことを国際社会に認知して欲しいという姿勢は変わらなかった。大正天皇即位に際しても、天皇の万世一系性を指摘する一方で、天皇が憲法の規定を守ると宣言した事実を強調しており、「既に日本に根付いた近代的な民主的・社会的理想」という表現も見られる。つまり上杉は、対外的には西洋的常識の範囲内で論じ、「萬邦無比」の「國體」を誇ることはなかったのである。[44]

（3）天皇機関説論争

一九一二年（明治四五年／大正元年）の天皇機関説論争は、日本の憲法学界を、そして上杉愼吉の人生をも変えることになった。この事件を通じて上杉の日本主義的側面が強くなっていくが、その背景には上杉がドイツ留学で得た経験があったと思われる。

二〇世紀初頭の世界各国は大半が君主制を採用していたが、間もなく変化の兆しが見えてくる。一九一〇年一〇月にはポルトガル王マヌエル二世が亡命し、宮殿に共和国の旗が翻った。一九一二年には暴力革命を掲げるドイツ社会民主党が帝国議会で第一党となり、翌年にはギリシア王ゲオルギオス一世が暗殺されるという事件が起きた。清国でも一九一一年（宣統三年）一〇月に辛亥革命が勃発した。清朝が呆気なく崩壊するという展開は、当初は吉野作造ですら予想できなかったことである。[45] 革命と復古とを繰り返すヨーロッパ諸国は兎も角、数千年続いた中国君主制の崩壊は、日本君主制にとっても対岸の火事では済まされない事態である。日本でも一九一〇年（明治四三年）には、「大逆事件」（幸徳秋水事件）の検挙があった。やがて新しい潮流は、東京帝国大学法科大学にも流入してくる。美濃部達吉の憲法学説がそれであり、穂積八束らにとって深刻な脅威となった。

元来美濃部達吉は憲法学者ではない。美濃部が東京帝国大学法学部で憲法を講じるまでには長い道のりがあった。美濃部は東大法科で、入学前から私淑していた一木喜徳郎教授（国法学）の講義に感動し、一八九七年（明治三〇年）に東大法科を卒業するに際しては「成るべくは一生學究生活を送りたい」と考えていた。だが美濃部は、実家の経済状況から大学院進学が困難だったので、止むを得ず内務省県治局で勤務した。内務省では朝九時から夕方四時過ぎまで茫然と机に座っているだけの時間が多く、本気で取り組んだ仕事はなかったという。この頃美濃部が再会したのが、内務省勅任参事官を兼務していた一木だった。美濃部は卒業時の謝恩会で一木の声色を真似して見せるなど、恩師に一方ならぬ思慕の情を示し、一木の記憶にも残っていた。一木は、日本法制史と比較法制史とを講義している宮崎道三郎教授が、予てから前者に専念したいと希望しているので、もし美濃部が大学院に入学するなら、比較法制史教授候補として推してもよいと述べた。こうして美濃部は、まだ何一つ研究業績のないまま、教授会で一木、宮崎に推薦され、比較法制史教授候補として大学院に入学したのである。しかも美濃部は、在勤約一年で内務省を退官したものの、上司の配慮で留学までの期間「内務省試補」として同省勤務の建前を取り、時々出勤して無駄話をするだけで多少の手当を貰っていた。この試補時代に、内務省地方局訳として『歐洲大陸市政論』（アルバート・ショウ著）を刊行したのが、美濃部の処女作となった[46]。

美濃部は宮崎の指導下で大学院生活を一年送り、独仏英三箇国への留学を命じられた。留学中の様子を、美濃部

図 23　美濃部達吉

はこう語る。「三年間の在歐中は、可なり一生懸命になつて、ドイツ、フランスおよびイギリスの法律歴史を勉強した。歴史の素養が甚だ乏しいので、直接古文書に就いて資料の研究をするなどは、到底力の及ばない所であつたが、知名の先進學者の著述に就いて、一通りの知識を収得することに努めた」。この発言には、美濃部憲法学の輸入学問的、非歴史主義的性格がよく表れている。彼の愛読書はイェリネック、ラーバント、マイヤーだったが、ドイツ留学をしたもののイェリネックの「謦咳」には接していないという。のちに美濃部は、西洋学界の世界的威信を背景に、国内で自説を通説だと繰り返し述べるようになる。西洋学界＝世界標準の常識はこうだから、日本でもそれが通用して当たり前という天下り的論法だが、それは内容的説明にはなっていないとも言える[47]。

美濃部達吉は、一九〇二年（明治三五年）秋の帰国と同時に東京帝国大学法科大学教授に採用されたが、憲法担当ではなかった。美濃部は比較法制史の授業を七、八年続けたが、元来彼は憲法・行政法を志しており、比較法制史研究も公法分野に力点を置いていた。美濃部が公法を志向した理由は、自分には論理的思索を好む傾向があると考えていたためと、一木の国法学講義に感激したためだったという。東大法科の国法学講義および憲法講義は、その内実は共に憲法の講義で、前者は「西洋諸國殊に英獨佛三國の憲法の比較」に重きを置き、後者は「日本の憲法」に重きを置くという違いがあるだけだった。一九〇八年、美濃部は国法学講座の一木が兼担していた行政法第一講座を引き継ぎ、兼担した。そして一九一一年、新任の中田薫が比較法制史講座を引き継ぐに際して、美濃部は行政法第一講座を専任するに至る。しかし美濃部が東大法科で憲法講義を行うのは、上杉が二度目に渡欧した一九二〇年のことだった。翌年、帰国した上杉の憲法第一講座と並んで、美濃部の憲法第二講座が新設されるのである[48]。

行政法学者となった美濃部は、東京帝国大学法科大学の先輩同僚たちへの論戦を挑んだ。一木は、天皇主権と天皇国家一体性とを強調する穂積説に対して、やや距離を置きつつも、穂積への論争を挑むようなことはなかった。後年宮内大臣になったように、一木は官界との関係も深かった。これに対し美濃部は学生時代から、穂積八束の憲法講義を流麗だが非論理的だと感じており、教授就任後は穂積批判を展開し始めた。美濃部の批判は、やがて一木の不十分さにも向けられていくようになる。こうして美濃部は、東大法科の議論好きの風土を象徴する人物となった。また美濃部は、国家法人説を以て天皇の権威を一定の枠内に限定し、議会中心の政治を肯定する憲法理解を展開していく。美濃部は『日本國法學』第一巻(一九〇六年)を刊行し、自己の憲法理解を明らかにした。(49)

この美濃部の前に立ちはだかったのが、一九一〇年(明治四三年)三月に病身の穂積八束から憲法講座を引き継いだ上杉愼吉である。美濃部は後年、「私は今に至つても、上杉君が如何にして此の如き攻撃を爲すに到つたかを理解し得ない」と述べた。(50) 上杉の美濃部批判の背景には、もちろん恩師を擁護する気持ちや、部外者の美濃部への不快感もあっただろう。通説では、上杉が美濃部に先制攻撃を仕掛けたと理解されているが、(51) 穂積・上杉と美濃部との間には以前から論争があり、開始時期を特定するのは難しい。

美濃部・上杉対決の憲法学的背景としては、留学を通じての上杉の変容があった。⑴国家主権説の肯定から否定へ:上杉は留学前、ドイツ国家学の成果としての国家主権説を、民主主義と君主主義とが争う近代政治の落ち着き所として肯定した。上杉にとって国家主権説は、民主主義が擡頭する時代に、フランス革命のような暴発を回避しつつ、君主制を守る論理だったのである。だが上杉は、留学中の英独政治の観察から、君主の指導性がますます強まっているという印象を得た。特にヴィルヘルム二世の「親政」は、上杉には現代政治の模範であるように思われた。それでも上杉は帰国当初はまだ国家主権説に立っていたが、ラーバントを援用してイェリネック、ハチェック、エールリヒらと批判的に対峙する中で、そして美濃部が日本国制を議会主義民主制へと済し崩し的に変革しようとするのを見て、国家主権説に潜在する君主主義否定の危険性を実感するようになった。⑵西洋政治に横たわる共同体的前提の認識:上杉は西洋諸国には日本と違って、社会全体として政治を考える気風があるという印象をますます強めていった。後述のように、吉野も労働者の集会に行って、討論の知的水準の高さに驚いている。このため上杉は、西洋諸国は君主国でも共和国でも、結局は民主制だという認識に至ったのである。ここで上杉は、日本も西洋諸国と共にあるべきと考えるのではなく、日本は西洋とは根本的に違う、混同するべきではないという結論に達したのである。(3) 国際政治的観点の付加：上杉は留学前、穂積八束と同じく憲法を国内政治の観点から論じていた。民主主義と君主主義との争いは、内政上の権力闘争である。だが上杉は留学で国際政治に目覚めた。特にハイデルベルクでトルコ人留学生と意気投合し、青年トルコ革命の混乱に乗じてハプスブルク帝国がボスニア＝ヘルツェゴヴィナを併合するという事件にも直面した。東洋の動揺に付け込んで、西洋が遣りたい放題にしているという印象を、上杉が懐いたとしても不思議はない。

上杉自身は、穂積八束に反抗的だった自分が留学を経てその支持者に豹変したと述べているが、これを鵜呑みにはできない。上杉は穂積遺稿の序文で述べている。「明治四十二年夏歸朝シタル予ハ別人トシテ先生ニ見ミヘタリ西遊研學ノ間予ハ深ク我國體ノ萬國無比ナルヲ感シ建國ノ基礎世界ニ倫ナク國史ノ發展又全ク異ナルノ日本ニ在リテハ國家ノ基礎法タル憲法ノ本質自ラ彼ト異ルモノナカルヘカラサルト爲シ帝國國體ノ明確ナル認識ト鞏固ナル尊皇ノ信念トハ日本憲法研究ノ根本骨子タルヘシトスルノ動カスヘカラサル確信ヲ懷抱スルニ至レリ」(52)。だが上杉は留学で「別人」になったわけではなかった。留学で自分の憲法観に自信を付けた上杉は、帰国後に穂積から憲法講座を引き継ぎ、擡頭してきた美濃部説の危険性を認識するようになったのであり、そこに何かしらの非合理的跳躍があったわけではない。

帰国直後の上杉愼吉は、一九〇九年（明治四二年）一二月に『法學協會雜誌』で美濃部達吉の新著『日本行政法』第一巻を評したが、これは対立の前触れとなった。上杉は「先輩」美濃部の新著を歓迎し、続巻の刊行に期待を表明したが、比較法制史専攻だったはずの美濃部の行政法論を、基本的には「業餘」の仕事と考えていた。また上杉は、美濃部行政法学の種本が「オットー、マイヤアの獨逸行政法イエリネックの一般國家學」であることを見抜いた。さらに上杉は、美濃部が大日本帝国憲法の条文から出発せず、自由主義、自然法論に傾斜し、「自然の條理」なるものを語ることに、人民主権論に通じる危険性を感じ始めていた。これに対し美濃部は上杉の書評に深謝したが、上杉が個別国家の独自性に固執することについては、それに一定の理解を示しつつも、やはり「或ル程度マデハ各立憲國ニ共通ナ一般原則ノ存在ヲ認ムベキコトモ亦疑ヒナイ處デアラウ」と普遍主義の基本姿勢を明示した(53)。

上杉愼吉は一九一一年（明治四四年）年頭、美濃部達吉への攻勢に出た。上杉は同年一月の論文「國體及政體」で、穂積八束および小野塚喜平次に依拠して、主権の所在に関する「國體」論と、主権の行使形態に関する「政體」論との区別を必要とし、両者を混同した西洋の学説や、それに順応した美濃部説を批判したのである。また上杉はイェリネックの訃報に接すると、三月にその追悼文を発表し、亡き恩師との親密さを強調した(54)。

一九一一年（明治四四年）一月二六日には、上杉は「法理研究會」で「レフェレンダム」について講演し、美濃部と衝突した。上杉は留学中に見たローザンヌの「レフェレンダム」の風景や「ランデスゲマインデ」の伝統を紹介し、最近はイギリスでもこの制度が提唱されつつあることに注目した。上杉は「レフェレンダム」の擡頭を「國會不信任の結果」、「國會ヲ監督スル手段」だと解釈して、議会政治を擁護する美濃部と言い争いになった。上杉はまた、「レフェレンダム」には下層民も含めた国民の「愛國心」を涵養し、政党の無益な権力闘争を止めさせ、諸「階級」の「調和」を促す作用があるとも見ていた。ただ上杉がこの時点で、議会制度の対案として「レフェレンダム」を日本にも推奨したというわけでもなかった。上杉は投票する住民が肝心の提案内容を理解していない様子を見て、「レフェレンダム」、「デモクラシー」なるものに、一体どの程度価値があるのかと訝ってもいた。また上杉は「レフェレンダム」を、彼が警戒するルソーの社会契約論、フランス革命の系譜に属するものと見ており、君主国ではあり得ないとした。それでも人民の擡頭および議会の凋落という上杉の図式は、美濃部批判として機能していた(55)。

美濃部は一九一二年（明治四五年）三月に新著『憲法講話』を刊行したが、これが穂積八束を刺戟した。『憲法講話』は、美濃部が担当した文部省主催の中等学校教員向け講座を書籍化したものである。穂積は三月一一日に恩師加藤弘之男爵に書簡を送り、美濃部への危機感を表明した。憤慨した穂積が引用したのが、例の一節であった。「國家の機關は其の種類極めて多く、上は君主より下は交番の巡査に至る迄總て國家の機関たるものであります」[56]。穂積は加藤に憲法学論争での支援を要請した。「方今学界ニテ君主ヲ統治権ノ主体ナリト説明致シ候ハ閣下、上杉愼吉氏（法学博士）及小生ノ三人ニ止リ候他ハ大学（東西共）ノ教授モ皆君主ハ統治機関ナリト論シ候其ノ説ノ最鋭利ナルハ美濃部氏［一部判読不能］故ニ同氏ノ著書ヲ差上候／上杉氏ヘモ申傳ヘ若都合出来候ハ其ノ憲法ノ著書差上ケ可申様致スヘク候[57]」。穂積は上杉にも、場合によっては加藤を訪問するよう指示した[58]。

一九一二年（明治四五年）五月、美濃部は『國家學會雜誌』に上杉の新著『國民教育帝國憲法講義』の書評を発表し、以下の理由で読者には勧められないと明言した。(1)国家主権説は「今日の進歩したる學者の間には、殆ど定説といふべきもので、是は君主主義の國たると民主主義の國たるとに少しも關係は無い」。国家主権説は民主主義だという上杉の主張は誤りである。(2)君主国であっても君主は統治権の主体ではなく「國家の最高機關」であることは「是も學者の間の定説」であり、君主を人民の使用人扱いしているなどという上杉の批判は「誣言」も甚だしい。(3)穂積・上杉学派が説く國體・政體二分論は理由がない。「國體」（Staatsform）と「政體」（Verfassungsform/Regierungsform）とは同一だというのが「一般の通説」である。(4)「君主卽ち國家なり」というのは非合理的な物言いで、君主が国家を代表していることと、君主は国家と同一であることとは異なる。(5)フランス革命の発想は元来ヨーロッパが有していたもので、ヨーロッパ人はつまるところ民主主義的な人々だという上杉説は、理解不能である。(6)上杉は君主、官僚の権力を強調する立場ながら、その粗雑な表現が却って不謹慎になっている。例えば上杉は皇統が絶えた場合の規定がないのは憲法の欠缺だというが、「我帝國に於て皇統が連綿として天壌と共に窮なかるべきことは二千年來の日本民族の確信して居る處」であり、そうした仮定自体が天皇に対して不謹慎である[59]。

一九一二年（明治四五年）六月、上杉は『國家學會雜誌』および『太陽』に漢文調の論文「國體ニ關スル『憲法講話』ノ所説」および「國體に關する異説」を掲載した。上杉は、天皇主権説は「平明の眞實」、「一般の確信」であるのに、美濃部がそれを中等学校教員の前で否定したのを問題視した。⑴主権が天皇ではなく国家にあるという美濃部の主張は、憲法第一条の明文に反している、⑵国家とは人民の団体であるから、国家主権とは要するに民主主義になる、⑶天皇を国家の一「機關」として扱うことは、美濃部が否定したところで、やはり天皇を国家の使用人として扱うことに他ならない、というのが上杉の指摘である。上杉は美濃部が尊皇の情を示しつつ、同時に済し崩し的な民主化を進めようとする矛盾を突き、本当に天皇を尊重するなら、美濃部は従来の表現を断念すべきだとした。ここで上杉は、自分が留学前に支持した国家主権説をいつどういう理由で否認するようになったかを説明せず、あたかも自分の学説は一貫しているかのような態度で議論している。そして、帝国憲法発布を「國體」変革ではなかったとし、帝国議会は君主国としての基本的性格に影響するものではないと力説した。なお上杉は、この論文と同月に著書『帝國憲法綱領』も刊行している。ここでは帝国議会、裁判所、国務大臣および枢密顧問が「官府」とされ、天皇は自立した統治権者、主権の保有者として描かれている。そしてアリストテレスやプラトンに基づき「國家ハ、最高ノ道徳ナリ」と宣言され、人間生活の共同性が強調されている[60]。穂積八束は同年六月一日、来訪した上杉寛二から『太陽』論文を受領し、その論理の明快さに「深く敬服」する旨の礼状を送った。穂積は美濃部の件を枢密院、貴族院でも問題にすると記した[61]。

美濃部達吉は同年七月の『太陽』で、自分を「朝憲を紊亂する亂臣賊子」だとする上杉の批判を意外とし、自著を熟読すればその誤りが分かるはずだとした。美濃部は、日本が「萬邦無比」の強固な君主制国家であるとの認識を強調し、国家主権説が民主主義に繋がるという上杉の指摘を飽くまで誤解とした。美濃部はいつも通り、自説こそ「大多數の國法學者」によって共有され、「啻に歐米諸國の學者の間では殆んど定説とも言ふべき程に最も廣く行はれてゐ居る通説」だと主張した。これに対し上杉はさらなる『太陽』での反論で、自分は美濃部を「亂臣賊子」などと呼んでいないとしつつ、美濃部が天皇の統治権を認めたことを解釈変更として歓迎し、それに合わない『憲法講話』の文言を削除せよと迫った。[62]

この天皇機関説論争の最中、一九一二年（明治四五年）七月三〇日に明治天皇が崩御した。大喪は九月一三日夜に青山の陸軍練兵場で行われ、霊柩は伏見桃山陵に埋葬された。日本の文明開化および軍事的栄光を象徴する君主が世を去り、ある種の虚脱感が生まれる可能性が生じた。そしてこの間、八月一二日に上杉愼吉は東京帝国大学法科大学教授への昇任辞令を受けた。[63]

上杉・美濃部の論争は学界を二分した。一九一三年（大正二年）六月二一日、加藤弘之が上杉主宰の「桐花學會」で講演「君主國體とは何ぞ」を行い、国家を「自然物」とする独特の生物学的解釈を披露し、国家有機体論の立場から美濃部説を逐一批判した。加藤はまた憲法第一条を動かし難い証拠とし、西洋諸国の議会批判も援用して、上杉説を支持したのだった。[64] また京都帝国大学法科大学教授の井上密は、統治権の所在は普遍的原理ではなく「各國の國法」や歴史的経緯で決めるもので、日本の場合天皇が統治権の主体なのは明白だとし、さらにドイツ連邦諸国の類似例やマックス・フォン・ザイデル、コンラート・ボルンハーク、ヘルマン・レームらの国法学説も援用した。これ以外にも筧克彦、清水澄が上杉説に心情的に近かっ

図24　加藤弘之

たことは、後年の言動から窺えるが、[65] 同時代に発言した形跡はない。他方、上杉批判を展開したのは、浮田和民、織田萬（京大法科教授）、市村光恵（同上）らだった。浮田は上杉論文を、内務省地方局が翻訳頒布したコンスタンチン・ポベドノースツェフの政党・議会批判やトーマス・ホッブズの絶対王政擁護論に譬えた。市村は天皇の名で美濃部を攻撃した上杉の論争姿勢を非難し、私信でも上杉を叱責したが、日本には欧州諸国の立憲政治成立の原因だった君主と民衆との対立がないという認識は上杉と共有した。[66]

美濃部達吉や市村光惠の批判が出ると、穂積八束は上杉愼吉を私信で激励した。穂積は上杉への「人身攻撃」をする市村論文を「論法甚拙」と非難し、美濃部論文は自分への「間接射撃」で、上杉を自分の弁護者に見せようとしている、「老獪ナル仕打」だと憤った。ただ穂積は美濃部を「有望ノ人」と呼び、「此ノ一事ノ失策ヲ以テ棄ツヘカラス」、「美濃部氏ノ身分及評判ニハ傷ケスシテ其ノ説ノ害毒ヲ除ク方法」を取るべきとしている。穂積は貴族院などに働きかけ、「陸軍部内ノ利物」参謀次長大島健一少将が賛同してくれたと喜んだ。[67] やがて穂積は自らも上杉を応援する論文「國體の異説と人心の傾向」を発表している。[68]

政官界でも意見は分かれていた。美濃部達吉はこの件で政府に累が及ぶ虞があるとして、法制局勅任参事官の退職願を提出したが、政府は学問の独立を尊重し学説の異同に干渉しないとして、桂太郎首相が一九一三年（大正二年）一月にこれを却下した。[69] だが同年三月、奥田義人文部大臣（第一次山本内閣・立憲政友会）は、貴族院での松浦厚伯爵の質問に、美濃部説には不穏当な点があると答え、中等学校教員試験委員から美濃部を外した（実は奥田は穂積八束とは同宿したこともある友人で、上杉は彼に自著『國民教育帝國憲法講義』を献呈していた）。司法官だった平沼騏一郎は、穂積説の「祖述」たる上杉説に美濃部説が勝利したものの、それは西洋流が勝ったに過ぎないと考えていた。上杉のザマはない、美濃部は筋がいいと言う司法省の若手に、平沼ら先輩は天皇を機関と呼ぶなど怪しからんと叱責した。この件で山縣有朋も、美濃部を乱臣賊子とする平沼の意見に同意したという。[70]

図 25　穂積八束の葬儀

新聞も両派に分かれて泥仕合を展開した。『國民新聞』は、美濃部こそ条文を無視し、天皇を交番巡査と同列に置き、君主政体と共和政体との違いを曖昧にした曲学だとの批判を連載した。『大阪毎日新聞』は上杉の署名付きの反論を掲載したが、同時に上杉が恋人を捨てて穂積八束の女婿になり、岳父の学説を継承したとの誤報も展開した。『二六新報』は、穂積や上杉の人格攻撃に邁進した。同紙は上杉を青二才、高天原博士、曲学阿世、乱臣賊子と呼び、上杉は前田利爲や早川千吉郎の歓心を買っている、穂積は妻の実家浅野家に頭が上がらないなどとの噂を流した。さらに同紙は、憲法なきが如き専制的憲法学は官僚への追従だ、帝国主義を準備するものだとし、異説を排撃する穂積・上杉の態度は中世的だとする鎌田榮吉（慶應義塾塾長）、国民を無視する穂積説には以前から反対だった、上杉とは同郷だが付き合いがないという戸水寛人の発言を掲載した。[71]

「戸水事件」では学界の一員として官界に「学問の自由」を説教した上杉愼吉だったが、彼はこの天皇機関説論争を契機に学界との一体感を失い、その代わりに政官界・軍部に接近し、また一般社会に訴えるようになる。星島二郎が論争を総括する論文集を出そうとしたとき、美濃部はこれを嫌ったが、上杉は大賛成している。東京帝国大学法科大学には亀裂が入り、学界内党派対立は先鋭化していった[72]。

この論争の渦中で、穂積八束は一九一二年（大正元年）一〇月五日にこの世を去った。体調不良を押して大喪に参列したのが症状を悪化させたという。死の床で穂積は「上杉ハ未タ來ラサルカ」と呟いたが、上杉は臨終に間に合わなかった[73]。上杉の成長を喜んでいた穂積は、上杉のドイツ語論文を「流暢平易」で「獨逸人ノ執筆を読む如し」だと褒め、日本の狭い学界など相手にせず「獨逸其他」で活躍せよと激励していたので[74]、最後に一目会いたかったものと思われる。穂積の葬儀は四日後、小石川原町の自宅および染井墓地で行われ、齋官は神田明神の平田宮司が務めた。勅使が差し遣わされ、一大隊が儀仗兵として参列した。担がれた棺にはフロックコートにシルクハットの上杉、美濃部、野村、清水、山田、筧らが同行した。江木衷、阪谷芳郎が所感を発表し、穂積を曲学阿世の御用学者だとするのは誤りだと訴えた。東大法科緑会は同年一一月一五日に第三十二番教室で「故穂積八束先生追悼會」を催し、木場貞長や上杉愼吉などが故人の功績を称えた[75]。上杉はその後も、自宅に恩師の油絵の肖像画を掲げ、命日には墓参を欠かさず、時には息子も伴ったという[76]。

（4）「國體論」の急進化

論争の興奮も冷めやらぬ一九一三年（大正二年）一月、上杉愼吉は天皇中心の国家観を闡明する「皇道概説＝古神道大義ヲ讀ム」を『國家學會雜誌』に発表する。本来これは筧克彦『皇國ノ根柢　萬邦ノ清華　古神道大義』の書評だったが、前半では筧と関係のない自説が展開されている。それは口語風の漢字片仮名交じり文で書かれ、上杉の演説をそのまま筆記したかのような煽動的文体になっていた。「イト可畏ケレドモ、明治天皇陛下ノ御偉德多アルガ中ニ、殊ニ尊キハ、明治二十二年二月十一日ノ大日本帝國憲法ノ御發布ト、明治二十三年十月三十日ノ教育ニ關スル勅語ノ御發布トニコソアレ。是レ、永久ニ日本臣民ノ絕對的ニ依遵スベク、又依遵スルコトヲ得ル、活動ノ基礎タル規律ヲ定メラレタルモノデアリテ、天壌無窮ノ國體ノ復古的大自覺タル御維新ヲ以テ初マリ、擧國民ノ宗教的大情熱ガ最高度ニ顯發セル御崩御ヲ以テ終レル御治世ノ、開闢以來未曾有ナル意義ガ最モ明ニ形ハレタルハ、此ノ二大典ノ御制定デアル」。上杉は以下のように主張した。(1)大日本帝国憲法や教育勅語は日本臣民が永遠に絶対的に準拠すべき規範であるということ。上杉はここで特に教育勅語に書かれた義勇、忠孝、祖先崇拝といった徳目を重視した。何故日本人が教育勅語を遵守すべきかという問いに対して、上杉はそれが天皇の勅語だからだと答える。上杉は、儒学や仏教は孔子や釈迦といった個人の私見に過ぎず、キリスト教の超越神は実証不能な想像の産物だが、天皇の意志は日本臣民の活動一切を規定するというのが「日本道徳」の「本色」であり、「天壌無窮の神勅」に従い「萬世一系」の皇統を受け継ぐ「現人神」たる天皇に服従するのに、理由など要らないという。(2)寛克彦が「古神道」を日本国家の中心に据えつつも、仏教やキリスト教を排斥するのは「吝嗇臭イ」と否定して宗教的寛容を説いたことに、上杉は疑問を呈した。特に上杉は、キリスト教の超越神の観念が天皇への敬意と両立しないと主張した。「耶蘇神ノ絶對的攝理ニ服シツ、天皇ニモ絶對的ニ憑依シマツルト云フコトハアリ得ナイ。皇道ノ寛容性ト云フコト、異教ヲ風靡シテ其ノ内容ヲ分ケヘダテナク攝取スルト云フ意ナラバ宜シケレトモ、然ラサレハ、皇道ノ本義ヲ誤ルノ恐ガアル」[77]。

「皇道概説」発表の翌月、一九一三年（大正二年）二月に「第一次護憲運動」（大正政変）が勃発した。増師問題を契機に辞任した西園寺公望首相の後任が決まらない中、結局内大臣から首相に復帰した桂太郎を、新聞は「正二位桂大明神」と呼んで笑い、刺客が「魔王」山縣有朋を襲った。さらに尾崎行雄代議士が衆議院で、玉座を胸壁とし詔勅を弾丸とするものだとして、桂首相を糾弾した。市井では暴動が起き、桂内閣は総辞職に追い込まれた。上杉は、後年当時の様子をこう描写していた。「去冬第三十一回帝國議會ノ開會中頻ニ衆議院ハ正當ニ民意ヲ代表セサルコトヲ訴フルノ聲ヲ聞ケリ遂ニ群衆ハ議院ノ門前ニ肉薄シテ激烈ナル騷擾ヲ暴發シ院内ニハ一部ノ議員怒號シテ議事ノ進行ヲ妨害スルノ事アリ」。上杉は、大臣でも議員でも公人として批評を免れ得ないのは同じことで、「尾崎某」の桂批判は不遜な放言だったと非難した(78)。

一九一三年(大正二年)五月一四日、三四郎池に面した東京帝国大学の会議所「山上御殿」で、「桐花會」発会式が行われた。この前月、上杉愼吉や井上通泰(眼科医・歌人)らが陸軍将校クラブの「偕行社」に集まり、「忠君愛國」を鼓吹する運動を構想したのが同会の契機だった。寺内正毅伯爵、平田東助子爵の関与も噂されたが、上杉は強く否定している。発会式に参集したのは、上杉、井上に加え、筧克彦、江木千之(元内務官僚・貴族院議員・江木衷の実兄)、加藤玄智(東京帝国大学文科大学教授(神道学))、大島健一参謀次長(山縣有朋側近・大島浩の父)など二十五人であった。後日の報道では、清水澄(学習院教授・穗積八束門下生)、丸山雅彦(国学者)、山田新一郎(元内務官僚・北野神社(北野天満宮)宮司・國學院幹事長)、二宮熊次郎(新聞経営者・山縣有朋側近)、加藤房藏(京城日報社長)などの名前も見える(但し山田ら國學院関係者は間もなく退会した)。彼らは同会の目的を「我が國體を明徴にし益々忠君愛國の精神を堅實にする」ことと規定した(79)。

「桐花會」はやがて「桐花學會」と名乗るようになるが、上杉はその設立趣旨を次のように説明している。「近時西洋學問の丸呑込み流行し人心の歸向する處極めて憂ふべきものあるのみならず畏れ多くも先帝崩御後に於る政局の推移に伴はれて培養されし議會萬能論の如きは國體本來の面目を汚すも亦甚だしと云はざる可らず」。「予は切實に我憲政治下に於る政黨を無用有害視する者なり蓋し憲政の運用に政黨を必要とするは責任内閣制を採る西洋に於て已むを得ずとするも畏くも統治の大權を上御一人にて統べさせらるゝ我國にては議會は單に政治事項の諮問府に止まるとなれば政黨は絶對に無用なるに拘らず政界近時の成行は動もすれば我國獨特の憲法政治を西洋化せしめんとす是れ洵に憂ふべき傾向にして政黨は無用どころか我國體の見地より云へば寧ろ有害なりと云はざる可らず予は予の學說よりして到底日本現時の政黨なるものを認容し難く而して出來得べくんば一生の事業として之が撲滅を圖らんとす」[80]。この文面から、上杉が天皇の代替わり、大正政変という不安定な社会状況で、美濃部流の憲法理解が拡散するのを恐れ、政党に害悪を見たことが見て取れる。ちなみに尾崎行雄は、上杉の政党批判を「途方もなき見解」とし、「巣鴨邊」（＝椿山荘」の山縣有朋）との関係を推測した。尾崎は「桐花學會」の設立について「御氣の毒ながら全然有害無益のものなり」と切って捨てた[81]。

尾崎行雄の推測通り、実際山縣有朋と上杉愼吉とは親密な関係になっていた。「事は舊聞であるが、山縣有朋公爵在世の折、加賀の前田侯に物語られた一插話がある。／貴藩は徳川時代に加賀百萬石と稱し封祿の大と富力とを以て天下に冠たるものであつた、明治の今日、尙加ふるに一つの國寶があるのは羨ましい。金澤生れの上杉といふ男は、今大學にあつて憲法を講義して居るが、頭腦よく國家に大切な學者であると、前田侯を滿悦せしめたとの話だ」[82]。上杉は山縣の人となりについて、実務家だと思って会ってみたら、初対面で哲学的なことを詳しく聞かれ、上杉が返答に窮するほど新しい思想への知識も豊富で、意外に「學問的研究的」だったと述べている。山縣も著書を次々献呈してくる上杉の「勇硯」を称えた。小田原古稀庵に山縣を訪ねるよう上杉を導いたのは、護憲運動に「至極困惑」した一木喜徳郎である。中田薫も友人上杉の教授昇進を喜び、上杉が元老の愛顧を得たことにも祝詞を述べた[83]。

学界で敵が増えた分、上杉愼吉の政官界、軍部、宮中との関係は深まっていく。一九一三年（大正二年）一二月九日、上杉は陸軍大学校国法学教授となり、また同年枢密院囑託にも任ぜられた。翌年には、彼は閑院宮に進講する機会を得た。一九一五年四月には、上杉は逓信官吏練習所憲法・行政法教授、一九一六年五月七日には海軍大学校国法学教授となった。文官高等試験臨時委員にも、一九一二年、一九一四年、一九一五年、一九一六年、一九一七年と就任している。上杉はまたこの頃ドイツ連邦諸国の例を援用して、官吏の議員兼任によって政党政治を抑制する戦略を考えていた節がある[84]。

上杉は御用学者との批判を浴びるようになっていくが、彼は自分では主体的に発言しているだけで、藩閥・官僚の走狗になったわけではないと思っていた。確かに同じ頃上杉は、「閥族退治」を呼び掛け、桂内閣の「憲政上の價値」は何もないと述べたり、宮内大臣ら高官の蓄財を攻撃したり、宮内省が過度の形式主義で天皇と国民との一体化を阻害していると批判したり、逆に官憲が人民に対し十分威厳を示していないと批判したりもしていた。[85]「國體」論を突き詰めた上杉は、「天皇即國家」という原則に逢着した。これは天皇の権威の絶対視だけでなく、天皇の私的領域の否定をも意味していた。上杉によれば、「家産制國家」では軍事も裁判も財政も君主の私事だったが、逆に日本では「天皇ノ衣食住婚嫁出産モ皆國事」であり、「天皇ハ全部公人ニシテ天皇ニ在リテハ公私ノ分別初メヨリ存セサリシナリ」という。彼は大正天皇の即位に際し勅令で設置された「大禮使」の法的性格について、これを衆議院で「皇室ノ事務ニ非ス主トシテ國家ニ屬スルモノ」と説明した政府に異議を唱え、皇室の事務は「古來」全て国家の課題なのだとした。[86]上杉の思い描いた日本国家は、天皇にも臣民にも私的逃げ場のない完全な「公共圏」だったのである。

二　吉野作造のドイツ学界の敬遠

（1）西洋への出発

一九〇九年（明治四二年）一月に清国から帰った吉野作造は、遂に悲願だった東京帝国大学法科大学助教授の職を得た。吉野の担当する「政治史講座」は、一九〇〇年に「政治學及政治史講座」の分割で誕生し、文科大学教授坪井九馬三の出講を経て、吉野をその初代専任担当者に迎えたのである。吉野はこの講座について、自ら志願したのではなかったと、一九二四年の退官時には述べている。ただ一九〇四年の卒業時実家への書簡で、吉野は既に政治史専攻志願について述べているので、一九〇九年にいきなり政治史担当を命じられたわけではないらしい[87]。いずれにしろ上杉愼吉も吉野作造も、まだ研究実績がない科目で、或る日突然「斯界の権威」となったのである。一九一八年に吉野は、「二年や三年の研究によって覺束なき議論を吐くものを専門家と見る所の我國學界の貧弱さを憐まざるを得ない」などと述べているが、二〇世紀初頭の大学教授職には、吉野や上杉のように事前準備の乏しい「専門家」が就くことも少なくなかったのである[88]。

一九〇九年（明治四二年）四月二〇日に七位に叙された吉野は、一週間後に宮城に参内した。「朝佐〻木安五郎君ヲ訪ヒフロックコートヲ借リ理髪シ宮内省ニ赴ク　爵位寮ニ於テ位記ヲ賜リ直ニ御殿東車寄ニ到リ御礼申述ブ[89]」。大正末年の吉野は名士のフロックコート着用を揶揄するようになるが、この時は自ら威儀を正している[90]。当時の吉野は皇室にも興味津々であった。三箇月後の東大卒業式の描写である。「借衣ノ燕尾服ニ盛装シテ十時学校ニ行ク二階楼下ニテ陛下ニ拝謁ス　大部御年が占［召］シ給フ　式場ニテハ僕等ノ時ト違ヒ椅子ニ掛ケ給フ」「供奉ノ閑院宮殿下初メテ御目ニカヽルガ立派ナ方ナリ[91]」

助教授就任後も吉野は『新人』での言論活動を続けた。吉野が直面したのは、内村鑑三以来の論争点であるキリスト教信仰と日本アイデンティティとの両立問題であった。また吉野は、キリスト教徒も愛国心を示すべきと考えていたが、日本の家族制度については、信仰を枉げてまで守る必要はないとも考えていた。さらに吉野が遭遇した難問が、政教分離問題である。西洋諸国では政教分離の潮流が強まり、日本でもキリスト教が政治に関与するのは問題だという批判があった。これに対し吉野は、西洋諸国の政教分離はキリスト教一般の政治からの排除ではなく、カトリック教会の専制からの政治の解放なのだと応答し、その後カトリック教会、正教会、英国教会の批判的考察を深めていくことになる[92]。

一九一〇年（明治四三年）四月一五日、吉野作造は洋行の途に就いた。追悼誌『古川餘影』の「略歴」には、「政治史及政治學研究ノ爲メ滿三箇年間獨國英國及米國へ留學ヲ命セラル」という記載がある。[93] 独英米という選択に当たって吉野が相談したのは、小野塚喜平次だった。[94] 吉野は実際、この三国に留学する予定で出国したようだが、後世の我々が彼の留学を独英米三国へのものだったと言うことはできない。吉野の滞在先はドイツ語圏が大半で、ドイツ帝国で二年二箇月、ハプスブルク帝国（但しハンガリー王冠の地、ベーメン王国なども含む）で三箇月、ルクセンブルク大公国で一日過ごしているので、吉野の洋行は実質的には（ドイツ語圏への留学という意味で、あるいはドイツ帝国で相当部分の時間を過ごしたという意味で）「ドイツ留学」と呼ぶのが相応しい。吉野のイギリス滞在は二箇月余り、アメリカ滞在は僅か十三日間で、旅行の域を出るものではなく、これで英米に留学したというのは全く不自然である。ドイツ語圏以外での活動を挙げるなら、アングロ゠サクソン圏よりむしろ、フランス語圏での漫遊が半年に及んでいる点を指摘するべきである。

吉野作造は洋行に当たり、海老名彈正、徳富猪一郎の仲介を受けて、後藤新平男爵から留守家族の生活支援を受けることとなった。後藤は古川にも近い陸奥国水沢の出身である。後藤はドイツに留学し（一八九〇―一八九二年）、ミュンヒェン大学で医学博士号を取得した他、引退後のビスマルクとも個人的に交流したという豪傑だった。のち後藤は台湾総督府民政長官に抜擢され、さらに南満洲鉄道株式会社初代総裁を歴任して、当時は第二次桂太郎内閣の逓信大臣、貴族院勅撰議員を務めていた。[95] 吉野は毎年五百圓ずつ、三年間の支援を約束した後藤に、恩義を感じていたという。[96]

吉野の洋行を前に『法學協會雜誌』は送別の辞を掲載した。「我法科大學助教授法學士吉野作造氏は去る一月二十一日文部省より政治史及政治學研究の爲め滿三年間獨英米の三箇國へ留學を命ぜられ近々先づ獨逸に向つて出發せらるる由、我法科大學に政治史の講座を設備せるや既に久しと雖も、從來之か專任教授を缺きしが爲め文科大學の歴史家を煩はして僅に其責を塞ぐに過ぎざりしは予輩の夙に遺憾とせし所なりしが、今や斯學専攻者として篤學の譽れ高き學士其人の如き良候補者を得て益々政治學科の發展期することを得るに至りたるは我法科大學の爲め将た我帝國の爲めに予輩の欣喜に堪へざる所なりとす」。この記事には「U、S、」との署名があるが、これは「上杉愼吉」ではないかと思われる。(97)

（2）ドイツの学問との対決

ところが到着した吉野作造は、留学先の学問とは正面から向き合わなかった。吉野も上杉と同様、ハイデルベルク大学では当初イェリネックを目当てにしていたが、師弟の交流は僅かだった。一九一〇年一一月六日、つまり冬学期開始から一箇月後、南ドイツ漫遊から戻った吉野はイェリネックをブンゼン通の自宅に訪ねたが、予約なしで訪問したらしく、他の来客があったため、イェリネックとはほとんど会話できなかった。(98)吉野は同年六月にはハイデルベルク入りしていたが、イェリネックを見たのはこれが初めてだったらしい。一一月一一日、吉野はイェリネックの講義「近代国家の政治」に登録し出席を始めたが、この日の授業はもう五回目で、四回目までの分は友人フリッツ・ハーネのノートを借りて臨んだ。(99)吉野の日記には、一一月二五日（金）、一一月二六日（土）、一二月二日（金）、一二月三日（土）、一二月一〇日（土）、一二月一七日（土）にイェリネックの講義に出た形跡があり、週二回の授業のうち途中から金曜日を休むようになった。吉野はイェリネックの講義内容にはほとんど触れていないが、イギリス内閣の起源の説明が興味深い、選挙法の説明は分かりきったことで興味が持てないなどと、若干の感想を述べている。(100)年末に吉野はイェリネック夫妻から、翌年一月一一日にホテル・シフで開催される晩餐会・舞踏会に招待されたが、吉野はヴェストファーレン（プロイセン王国北西部）の友人を訪ねるからとしてこれを断った。だが吉野は、実際にはその当日、既にシュヴェルム（友人ハーネの実家）を離れて、フランケン（バイエルン王国北部）

のリーデンハイム（下宿先の女中グレタ（マグダレーナ・コルムシュテッター）の実家）に移っていた。いずれにしてもこの招待を巡る遣り取りが、吉野のイェリネックとの最後の交信となった。一九一一年一月一二日、イェリネックは夕方の授業中に心臓発作で急死してしまう。吉野は二日後に新聞で事態を知ったが、日記に弔問に関する記述はない。ちなみに吉野は、イェリネックの死去を知る以前に下宿先の大家に退去を通告して悶着になっており、イェリネックが存命でもハイデルベルクを去る予定だったようである。[101]

イェリネックに対してすらこの淡白さであるから、他の教授陣に対する吉野の冷淡さは推して知るべしだろう。吉野は歴史学者ヘルマン・オンケン教授の講義「列強とドイツの対外政策」（一一月一一日・一一月二五日）、シュヴァイツ出身の国法学者フリッツ・フライナー教授の講義「現代における国家と教会」（一一月七日）、国民経済学者アルフレート・ヴェーバー教授の講義「資本主義時代の文化問題」（一一月二九日・一二月六日）、バーデン官僚出身の国法学者（枢密顧問官）オイゲン・フォン・ヤーゲマン教授の講義「ビスマルクの国法学」（一一月一一日・一一月二五日）、ユダヤ系の国民経済学者ヘルマン・レヴィ員外教授の講義「イギリスとドイツ」（一一月一一日・一二月一日）に登録して出席しているが、日記に書かれた感想はいずれも論評なしか論外だというもので、出席した形跡も皆二回ほどで早々に途絶えている。[102] 曰く「併し大體に於て大學の講義は頗るツマラヌものである。兼て大學の講義はツマラヌものといふことは聞いて居たが、斯れ程とは思はなかつた。最も内容に富むと云はるゝエリネツク先生のですら、馬鹿々々しくて聞いて居れぬ。是れ學生の智識の程度が低い爲めで致方もない。併し簡單ではあるが、講義の仕振りは一般に中々旨いものだ。日本の大學では、研究の結果を精一杯に講義すると云ふ風が盛で、頗る高尚深遠な立派な講義である代り、無味乾燥に過ぎて學生の頭に這入り難いと云ふ弊があるが、獨乙の先生は極く内輪にたやすくかみ砕いて講義するから、何となく趣味があつて面白く聞かれる。中には下らない所に力こぶを入れて、イヤに人氣取りをやる先生もある」[103]。このように日本の「高尚深遠」な講義を聞いてきたと主張する吉野は、ハイデルベルク大学の講義を見下しており、認めるのは話術の巧みさだけで、これもまた時として下品な「人氣取り」に過ぎないと見たのだった。なお吉野には演習に出た形跡が一切ない。吉野はドイツ人とも交流したが、知識人との対話はなく、密接に交流したのはむしろ佐々木惣一、牧野英一、中田薫、鹿子木員信など在留邦人だった。

吉野のハイデルベルク大学に対する冷淡さは注目に値する。当時のハイデルベルク大学では、多くの世界的学者が教鞭を執り、露米などからも留学生を集めていた。他ならぬ吉野自身も『新人』で誇らしげにこう記している。「凡そ獨逸の學術の發達に關係ある碩學鴻儒にして、當大學と關係のない者は甚だ少いと云つてよい[104]」。だが吉野はその「碩學鴻儒」から刺戟を得ようとはしなかった。マックス・ヴェーバーやエルンスト・トレルチュなどは、吉野日記には名前すら出てこない。「文化的プロテスタンティズム」の総帥ハルナック（ベルリン大学）には言及があるが、筧克彦のように本人に会った形跡はない[105]。

吉野がハイデルベルク大学に興味を懐かなかった理由については、幾つか推測されうる。第一の理由は、吉野の授業選択の問題である。言うまでもなくこれら大学の講義は、二十歳前後のドイツ人学生を想定したものであり、三十代半ばの帝大助教授のためのものではない。しかも吉野が聴講したイェリネックの講義「近代国家の政治」は、理系（自然科学数学部）も含めた全学生向けの一般教養科目であったから[106]、吉野にはそれが本当に物足りなく思えたのかもしれない。ただ概説にも教授者の個性は滲み出るものであり、それを熟読玩味するのも研究能力の内ではある。また有職者が在外研究をするのであれば、上杉のように演習に出て、同じ指導教官の高弟たちと切磋琢磨し、自分もそこで持論を、せめて日本政治論を披露するべきだったのだが、吉野は講義を垣間見ただけで早々に大学を去ったのである。学生の知的水準が低いから講義が詰まらぬという説明も不可思議である。例えばマックス・ヴェーバーのハイデルベルク講義は、『マックス・ヴェーバー全集』で概要を見ることができるが[107]、それらを（予備知識なしには難しいと感じることはあっても）退屈だと評することがあり得るだろうか。明治日本から到着したばかりの留学生に、それらを一笑に付すだけの実力が本当にあったのだろうか。それとも吉野が聴講した同大学の講義が、ヴェーバーのものとは全く別水準の、軽佻浮薄なものだったのだろうか。

第二の理由は、吉野作造のドイツ語能力の不足である。吉野は小気味よくハイデルベルク大学の講義を切り捨てるが、具体的な異論を提起するのではなく、つまらない、浅薄だ、馬鹿馬鹿しいと総花的な否定を繰り返している。これは後年の「軍閥官僚」批判などにも似ている。吉野はドイツ日記の中で、ドイツ語に関しては苦労した経験も書いているが、語学力不足で大学での学習が進まなかった可能性があるだろう。[108] ちなみに実弟の吉野信次は、農商務省からカリフォルニア大学バークレー校に留学したが、「一セメスター一学期だけ通ったが、結局チンプンカンプンで何もわからなかった」と正直に述べている。[109]

吉野本人は落ちこぼれ疑惑を強く否定する。「大體から云ふと、獨乙人は未だ十分に日本を解して居らぬ。我々が自分で思つてゐる程に日本人を買つて呉れぬのみか、實際日本があるよりも以下に價値をつけてゐる。殊に言葉が十分に出來ぬ結果として、我々は往々何も知らぬ者として取扱はれる。僕が或時九冊ものゝ大部な歴史の本を買はうとしたら、宿の息子の大學生は夫は六かしいから之を讀めとて、自分が中學で讀んだ薄ッぺらな歴史教科書を貸して呉れた。又或時大學の講義がありツマラナイので毎日の出校をやめ様としたら、宿の主婦は講義は六かしくて御分りにならんから?と問はれた」[110]。吉野は語学力不足を認めるものの、ドイツ人の日本に対する無理解が悪いのであって、自分が落ちこぼれたわけではないと主張したのである。

なお吉野は留学中に、日本の或る有名政治家から、ヨーロッパの有名政治家の訪問に際して通訳を依頼されたという。「何ぞ圖らん向ふのうちへ云つて見つと、ドアーを押して這入つた時から擧動が何となくそはそはし、日本語で云つた挨拶も動もすればしどろもどろになるのみか向ふから握手の手を出されても又煙草をすゝめられても茶をすゝめられても、しどろもどろして一向に對等の話をすると云ふ様な風が無い。まるで隠れて惡戯をした子供が口やかましい親の前に出たとでも云つた様な有様でありました。そして話も向ふから何時來たかとか、何を見たかとか云ふ様な御座なりの質問に辛うじて答へるのみにて、わざわざ此方から訪問しながら向ふに對しては要領を得た質問も碌にしない、そして秋深き小寒い室であつたのに、額から大汗を流して頻りに手布をいぢつて額を撫で廻すのみであつたのであります。こんな風にしても日本に歸ると、我輩は西洋の誰々を訪問して大いに意見を戰はしたなどと云ふのかと思へば、ひそかに微笑を禁じ得なかつたのであります」。吉野は「日本内地で大言壮語を逞ふする様な人に限って兎角こんな醜態を演ずる」と手厳しいが、留学生吉野はどうだったのだろうか[三]。

第三の理由は、吉野のドイツ人に対する反撥である。「日本には電車はあるかの、滊車があるかの、飛んでもない見縊つた質問をするもの案外に多い。何もかも獨逸に學ぶを要するとでも思つてるのか、或る時小學校の教師が、日本に雇はれて行き度いと人を介して熱心に申し込んで來た。支那とは固より、暹羅とも同一に取扱はれ、時によるとネグロと大差なきものに見做される場合もある。日本が東洋諸國中特別の地位を占め、特別の發達をなして居るといふ事は、餘程の識者でなければ分らぬ。故に吾々は普通の獨乙人と會話して時々此程の不愉快の感を催すことがある。ソコで其反動に、故らに日本を過賞して、何も獨乙に劣りはせぬと云つて見たくなる。日本は昔から文明の國で、二千五百年來道德の國であるの、昔から手紙も書けぬやうな無教育者は極下層の間にもなかつたの、文學美術の方面も非常に發達したのと云つて驚かしてやる。又一歩進めて、二三十年前までは西洋に學んだけれども、今は西洋と同じ程度に發達して、何も君等に學ぶ必要はないとか、僕等の留學は、一つには君等の國の本が達者に讀める様に言葉の練習をするためと、も一つには實地を見聞するために來て居るに過ぎないとか、其證據に日本の大學では殆んど外國人を教師に雇はない、東京で數人雇つてあるけれども、之は只生徒に外國語學を忘れしめぬ爲めで重きを置かれてないとか、日本人教師の講義が立派だから、外國人教師の講義は生徒から浅薄として輕蔑されてゐるとか、威張つて見る。場合に依つては、外國でも近頃我國學術の進歩に氣付き我國に留學生を派してゐる所

図26　1910年，ハイデルベルクにおける吉野作造（後列左端）：女中グレタ（後列右端）・ナップ婆（前列右端）・野地菊司（前列左端）と共に

もある、追々は日本語を學ぶといふことが世界の學者の新なる任務となるであらうなどゝ、少々噓も云つて見る氣になる。實際は矢張り西洋の方は偉いので、到底日本などが自慢されたものではないが、併し此方に來て居て、言葉の不自由や何かの爲めに、思ふ通りに事が運ばぬと、斯んな事が言つて見たくなるのである。之は僕ばかりではない、誰も云ふ事だから、恐らく普通の人情だらう(112)」。

とはいえ吉野は、同胞がドイツあるいは西洋を侮るような姿勢を見せた時には、これに異論を唱えた。前述の通り中島力造が、西洋には大した学者は居ない、日本の学界は欧米に劣らないと嘯いたことについて、吉野は書いている。「日本は未だ斯く迄自惚るゝの資格が無い。又かくまで慢すべき場合でも無い。左らでだに慢心の徴候顕著なる近時の我國に於て、有力なる學者が、右の如き言を吐いて慢心を長ぜしむるは、決して我國の幸福でないと云ふことに一致した(113)」。

いずれにせよハイデルベルク大学での留学生活は、吉野にも心労の募るものだったようである。吉野は上杉のように書籍を焼却するような事件を起こしたわけではなさそうだが、共に下宿した野地菊司（二本松の医師）によると、吉野は「ホームシックにかゝつて寝汗に苦しんだ」ことがあり、野地から肝油の内服や貝類の摂取を勧められ、また野地と共に語学修業に付いていたリーザ・フォン・ピットーニ嬢からは、バルコニーでの日光浴を勧められたという。気分転換のためだろうか、ピットーニは吉野や野地を或る学生組合に連れて行った。この時、野地は「四海兄弟」という言葉を挙げ、ドイツ人の日頃の厚情に謝辞を述べて喝采を浴びたが、吉野の態度は異なっていた。彼は現地の人々の前で、文部省唱歌（海軍軍歌）「元寇」（明治二五年・永井建子作詞作曲）を披露したのである(114)。

1　四百餘洲を擧る　十萬餘騎の敵　國難ここに見る　弘安四年夏の頃　なんぞ怖れん我に　鎌倉男子あり
　正義武斷の名　一喝して世に示す

2　多々良濱邊の戎夷　そは何蒙古勢　傲慢無禮もの　倶に天を戴かず　いでや進みて忠義に　鍛えし我が腕
　ここぞ國のため　日本刀を試しみん

3　こころ筑紫の海に　浪おしわけてゆく　ますら猛夫の身　仇を討ち還らずば　死して護國の鬼と　誓いし
　箱崎の　神ぞ知ろし召す　大和魂いさぎよし

4　天は怒りて海は　逆巻く大浪に　國に仇をなす　十餘萬の蒙古勢は　底の藻屑と消えて　殘るは唯三人
　いつしか雲はれて　玄界灘月清し(115)

吉野はどうしてこの愛国歌を選んだのだろうか。単にこの歌の旋律が好きだっただけかもしれないが、辛いことも多い異国の地で、自分を奮い立たせようとしたのではないだろうか。

到着時の吉野の書簡にも、ドイツ人の日本に対する態度を気にする心情が表現されている。「獨逸の新聞の調子はドーモ日本に対して小憎らしくて堪らんといふ態度を示してゐるやうですが個人々々は我々に対して極めて親切です。又当地の新聞は支那に対して馬鹿に好意を表し（一学生がドクトルになつた事迄も仰々しくほめて書く）てゐるが個人々々は支那人を皆嫌つてゐるやうです。独乙一般の人間の頭には支那も日本もないのでしやうが所謂識者（？）といふ連中は具体的の日本人にはわだかまりは毛頭持たないが抽象的の日本といふ者をヒドク気にしてると思はれます。支那は其反対。我々共は最モ普魯西と近きバーデン国に居てすら非常に居心地がよろしうムいます」[116]。

結局ハイデルベルクは、吉野作造が文字通りの「留学」を試みた唯一の地となった。ハイデルベルクを去った吉野は、一九一一年の夏学期はバイエルンを漫遊し、この間に東京の文部省にヴィーンへの「転学」許可を申請した。ミュンヒェンからザルツブルクなどを経由してヴィーン西駅に到着したのは、六月二三日のことである[117]。ところが吉野は、ヴィーン大学での冬学期が始まる一〇月にはもうヴィーンを離れ、プラーク、ドレスデンを観光してベルリンに入ってしまう。ベルリンで吉野はベルリン大学にも登録せず、講義も覗かなかったが、一九一二年一月三一日にフランスへの「転学」を許可する文部省の辞令を受け取った[118]。フランスへ向かう途中、吉野は同年五月三日にシュトラスブルク大学を訪ね、私講師ロベルト・レーズロープの「米国憲法ニ関スル」講義、そして正教授パウル・ラーバントの講義を覗いているが、これは一回限りの見物であった[119]。六月一九日、ナンシーで吉野は、今度はジュネーヴへの「転学」を文部省に願い出ている[120]。ジュネーヴ大学では夏期講習会に通い、神学部教授による「近世哲学竝ニ神学思潮」、「十六世紀ニ於ケル Contre-Réformation」、「十九世紀ニ於ケル仏国天主教ノ発展」といった講義を聴いている[121]。一九一二年一〇月二六日、吉野はパリで文部省からアメリカへの「転学」旅費を受け取ったが、ベルギー、ルクセンブルク、ドイツ、イギリスを経て漸くアメリカに着き、滞米僅か十二日間で出航した。ちなみにジュネーヴ滞在中、吉野はアイルランド出身の英語教師イートン嬢が、アイルランド自治法が内乱をもたらすと憤激するのを聞いて、文部省にアイルランド行きの追加費用を無心したが、却下されて「焼糞」になっていた[122]。

大学で学ぶ代わりに、吉野は読書に耽った。吉野の読書は、彼の研究課題である政教関係論が中心を占め、これに平和主義論、社会主義論関連のものが加わっていた。当時の欧州政治に関しても各国語の文献を集めた他、イェリネック『一般国家学』も購入している。吉野はドイツの主要新聞雑誌は読まずに、英語高級紙『タイムズ』を愛読し、また『國家學會雜誌』、『法學協會雜誌』、『新人』、『太陽』など、日本の雑誌を取り寄せていた。また政治に限定されず、広く文芸一般に興味を示していた(123)。

吉野は西洋語の習得にも熱心に取り組んだ。吉野の語学稽古は、当初はドイツ語が中心だったが、のちにフランス語、イタリア語に重心が移行し、最後に英語にも取り組んでいる。前述のように吉野はまずハイデルベルクで、友人の野地菊司と共にハンガリー系のピットーニに付いて、毎日のようにドイツ語会話を教わった。日記によれば吉野は、場所を代わる度に新しい女性語学教師に付き、ドイツ語、イタリア語、フランス語、英語の稽古を行っている。こうした語学修行の中で、吉野は「仏語ハ独語ノ如ク勢ガナク聞イテ居テモ甚ダ活気ナシ」との感想を漏らしている(124)。

（3）ヨーロッパの実地検分

吉野作造が留学中に心血を注いだのはむしろ実地検分だった。ここでは、①宗教、②君主制、③社会主義運動、④婦人運動、⑤議会、⑥日本・西洋比較に分けて検討したい。

①吉野は数多くの宗教施設を見学した。吉野はドイツを始め各国のキリスト教会を訪れ、儀式や信仰生活を見学したが、同様にユダヤ教にも関心を払っている。その際彼は、ヴァルトブルクやヴォルムスなどプロテスタンティズムの名所旧蹟、各国の政教関係、説教の内容に強い関心を示した。

吉野はドイツでアメリカ系の「基督教青年會」（YMCA）に好んで参加した。ハイデルベルクを始め各地でそれに参加した吉野は、参会者に請われて日本のYMCAについて一時間半も講演し、「大ニ冷汗ヲ流」したこともあった(125)。「強て話を迫られたことは只一度ある。ウヰーンナ大學の梵語教授シロエーデル先生宅に数名の信徒學生と連れ立つて招かれたが、日本の學生間の信仰狀態を嫌應なしに述べさせられたのであつた。馬鹿にまづいドイツ語であつたことは勿論だが。聞く方の態度は先生のも學生のも少しも僕を気耻かしく思はしめざる程親切なものであった」[126]。やがて吉野は、友人の伝で「日本におけるキリスト教の発展」（Entwicklung des Christentums in Japan）なる文章を *Das Volk* という雑誌に掲載したという[127]。これ以外にも吉野はメソディスト、メノナイトなど英米系の自由教会を好んで訪れたが、英国教会には批判的だった。（ロンドンのセント・ポール大聖堂を見て）「中モ頗ル結構ナリ　但シ礼拝ハ聞キ及ビシ通リ長クシテ儀式一点張リナルコト旧教以上ナリ　説教ハ三十分斗リデ済ミタルモ説教マデガ一時半モカヽレリ　之レデハ心アル信徒ノ間ニ不平ノ声アルモ尤モナリ」[128]。

図 27　シュヴェルムのクリストゥス教会

吉野はドイツ系プロテスタント教会の保守性にも反撥した。ヴュルツブルクで正統派プロテスタンティズムの礼拝を見ての感想である。「説教後祭壇ノ前ニテ声ニ節ヲ付ケテ祈禱ヲ捧グル所丸デ旧教的ナリ　要スルニ独乙ノ **Protestantismus** ハ其教理ニ於テ **Katholizismus** ト異ル所ヲ見ズ　**Rome** 法王ノ教権ヲ認メザルト其儀式ノ左マデ複雑ナラザルトノ外何処ニ両者ノ差異ヲ認ムベキヤ　予ハ深ク **Luther** ノ何ヲ説キシカヲ知ラズ　去レド **Luther** 以後独乙ノ新教ハ旧教ニ跡戻リセシニ非ズヤノ感アリ　新教旧教ノ争ハ必竟名目ニ依リテ障壁ヲ立ツルモノナルヤモ知ル可カラズ」[129]。吉野はシュヴェルムの堅固な教会堂を見て教会税制度の存在に気づいた。そしてヴィーンでは地元当局から、カルヴァン派教会への教会税支払いの督促を受けて憤慨した[130]。吉野曰く「獨乙の國教は獨乙の政治と共に専制暴横を極め早晩一大革命は免る可らざることゝ信じ候」[131]。吉野はドイツの教会制度への反感も込めて、政教分離を断行したフランス共和国が「日本と同じ様な宗教自由の國と爲つた」と喜び、政教分離で信仰が活性化するこ

図 28　リーデンハイムの聖ラウレンティウス教会

とを論証しようとし、またドイツ国内の自由教会にも着目して、フリードリヒ・ナウマンの演説を聞きに行った。[132]

吉野作造の主要標的はカトリック教会だった。吉野はフランケンの一集落であるリーデンハイムを二度訪れ、計四箇月以上も滞在してカトリック教徒の習俗を観察した。吉野は徳富猪一郎に宛て、「目下カソリック研究の目的にて其巣窟なる表記の一寒村に参り居り候」と書いている。[133]「驚いたのは年中缺かさず毎日禮拝があることである。嚴寒の時候でも毎朝八時半から禮拝がある。日曜日の朝には特に說教がある。日曜には此外午後に子供のは一時半位で終るけれども、處によりては三時間も續くさうである。其間禮拝と云つても祈禱書の順序に従つて讃美歌をうたひ、祈禱文を讀む丈けである。局外の見物人には頗る怠屈である。一年三百六十五日も缺かさずやるのに、全村殆んど擧つて出席するのには驚いた。子供でも、苟くも學齢以上は必ず出席せねばならぬ、考へて見れば可愛相である。牧師の讀經から衣物まで、日本の佛僧に其儘だ[。]禮拝の際は獨乙語でモンストランツ（die monstranz）といふ者に向つて祈る。一尺ばかりの金で作つたピカ〱する者で、神の姿に像つた者だと云ふ。一名『聖の聖なるもの』（Aller-Heiligste）とも云ふ。禮拝の終りに、牧師が恭しく白い布で手を包んで之を捧げて信者の方に向ふと、信者は難有さ身に餘つて十字を切る」[134]。吉野のカトリック教会批判には際限がない。「予の考では、舊教は専制一點張りで行く。牧師の言は信者に取つて王侯の言である。子依の時からアレで押し付けて行くのだから能く無理も通るのであらう。牧師は何れも頗る激烈に押して來る。舊教で牧師に妻帯を禁じたのは

図 29　礼拝堂で祈る人々（リーデンハイム）

中々意味があると思ふ。妻帯すると人間は軟かに成る。舊教が若し牧師の妻帯を許したら、牧師は常識的になりて今までのやうに非文明の壓制は能くし得まい[135]」。「又或る時十九になる大學生の舊教徒と話したとき、ウッカリあなたの御國の偉人ルーテルがとやつたら、『彼は決して偉人に非す』（Er ist kein Grosser）と一本やられて閉口した。舊教では歴史を枉げてルーテルを凡人にして仕舞つて居る[136]」。「兎に角舊教は本來今の時勢と逆行するものだから、構はずに置けば衰頽に傾くべき筈のものである。而して法王始め僧侶等は、極力現勢を維持せんとあらゆる手段を盡すだけ、それだけ案外愚民の間に基礎は堅い。新教の方は、時勢後れの無理を主張せぬ代り、狂熱が無いだけ、ねばりが足りぬ[137]」。（教皇ピウス一〇世が制定した「反近代主義者宣誓」について）「旧教ノ伝説ヲ Göttliche Ursprung トシテ其儘之ヲ信ジ此伝説ニ反スルモノヲ一切斥ケ進化論ヲ否定シ聖書ノ科学的研究ヲ否定スルコトヲ誓ハシムルモノニシテ実ニ暴戻ヲ極メタルモノナリ　斯ンナコトガ真面目ニ受ケ取ラル丶トハ旧教ノ惰性モ亦大ナリト云ハネバナラヌ[138]」。

吉野は教皇不可謬論に反撥して独立した「古カトリック教会」に着目した。彼はベルリンでクロスター通の古カトリック教会の日曜日朝のミサを訪れている。「十時四十五分ノ始リナルガ五分斗リ後レシガ丁度説教ノ最中ナリ　相応ニ大ナル会堂ナルガ会衆ハ僅ニ二三十名斗リ　男女相半バシ多クハ老人ナリ　Altar モ至ッテ簡単ナリ　Messe モ本式ノ Katholische Kirche ヨリハ簡単ナレドモ大抵ハ同一ナリ」。さらに吉野は同地のシェーファー通に古カトリック教会の司祭トラウビンガーを訪ね、丁寧な説明を受けている[139]。なお、吉野はキリスト教のみならずユダヤ教にも注目しているが、正統派から改革派まで訪問し、儀式形態や男女の扱われ方の違いに注目しているのは、キリスト教の見学と同じである[140]。

②留学中も吉野は尊皇精神に燃えていた。吉野は一九一〇年一一月三日にヴュルツブルクで邦人仲間と天長節を祝い、二年後には明治天皇崩御の報に肩を落とした。吉野は乃木夫妻の殉死にも興奮した。「其挙動ニハ賛成スベカラズト雖モ大将ノ忠節ニハ深ク感動セザルヲ得ズ　国民ニモ深大ノ印象ヲ与ヘタルコトト察セラル　大将ノ一死ハ必ズヤ国民ノ心裡ニ誠忠ノ大節ヲ復活セシムルモノアルベキヲ疑ハズ　西洋ノ新聞デモ解シ難キコトデハアルガ何セ偉イコトナリト嗟嘆スルニ一致セルモノ、如シ　乃木大将ノ為ニハ桃山ノ麓ニテモ墓ヲ作ツテヤリ度キモノナリ」。吉野は海老名彈正が『新人』に掲載した乃木擁護論にも共感している[141]。彼はロンドン滞在中には大正天皇の病状も気遣った[142]。

吉野はドイツで君主制を注視していた。彼はハイデルベルクのバッハ協会二十五周年演奏会に来臨したバーデン大公フリードリヒ二世夫妻の一行に遭遇した。「Großherzog ナドモ至テ簡単ナモノデ群集ヲ押シ分ケテ帰ルニ群集帽ヲ取リテ御辞儀スレバ之ニ一々対ヒ中ニハ握手ヲ以テ答フルモアリ　護衛ノ侍者モ至テ少数ニテ頗ル愉快ニ感ジタリ　日本ニテハ此通ニハ行ハレ難キモ今少シ之ヲ模シタキモノナリト思フ[143]」。これに対し、吉野はプロイセン王家には批判的だった。一九一一年、吉野は牧野英一や佐々木惣一とベルリンで観兵式を見学したが、皇帝ヴィルヘルム二世の雄姿に感激する牧野に対し、吉野は「これはもうあまり永くないな」と述べたという。同年一一月一〇日、ドイツ皇太子ヴィルヘルムが帝国議会本会議に臨席し、帝国宰相テオバルト・フォン・ベートマン・ホルヴェークのモロッコ政策を弱腰と批判するゲオルク・フォン・ヘルトリング男爵（中央党）、ハイデブラント・ウント・デル・ラーザ（ドイツ保守党）の演説を応援する仕草をしたという新聞報道に触れ、吉野は父の皇帝と同様「御セツカイナ人」だと嘆息している。これは「デイリー・テレグラフ事件」などを念頭に置いての発言だろう。[144]皇帝の住居であるポツダムの「新宮殿」を見学した際にも、吉野は「美ＤＰ美ナリト雖モ装飾俗悪ヲ極メ Wilhelm II ノ性格ヲヨク現ハセルニヤト思ハル」と酷評し、フリードリヒ二世のサン・スーシ宮殿と対比している（両宮殿は同じ敷地にある）。[145]ただ吉野はプロイセン王室にいつも批判的だったわけではない。吉野はベルリンの「家庭と職業における婦人」博覧会に赴いた際、ドイツ皇后アウグステ・ヴィクトリアの行啓に遭遇した。参観を制限された一般客は苦情を言ったりもしたが、本人が姿を現すと忽ち「国歌」（Heil Dir im Siegerkranz か）斉唱となった。これを見た吉野は、王妃への民衆の感激を「亦懐シ」と肯定している。[146]シュトラスブルクでは、皇帝ヴィルヘルム二世の行幸に対する市民の歓迎振りを目にしている。ハインリヒ・マンは民衆の君主への喝采を「臣民根性」の象徴として揶揄したが、同時代の吉野はむしろそれを君民交流の現れとして好意的に見ていたのである。

③吉野作造は留学前からドイツ社会民主党に注目していたが、当初は警戒してもいた。徳富猪一郎宛書簡に以下の文面がある。「一方には旧教的保守思想に対し一方には社会民主的妄進派に対し健全なるリベラリズムを標榜する運動中々盛に候社会党の膨張は今も変らねど昔の如く盛に非ず　且つ中流の市民よりは嫌はれ居り思つた程勢力あるものに非ず……と今まで遇つた多くの人と話した結果感ぜられ候　適確なる材料に依りての判断に無之候間タシカ斯うとは申上げ兼候」。[147]この姿勢が留学を通じて変化してくる。

吉野は社会政策に興味を示した。彼は、留学当初から貧民救済院や盲人養育院に言及し、ヴュルツブルクでは大土地所有制下での奉公人の労働条件について調べ、ヴィーンでは礦山用救命装置の製造会社にも足を伸ばしている。吉野はドレスデンの「国際衛生博覧会」で労働者の保険や統計に関心を示し、ベルリンでは「労働者福祉常設展」を見学した。エッセンでは上杉も言及したクルップ社の労働者居住地を見学している。[148]

吉野はドイツ人労働者の知的水準に驚かされた。彼はプフォルツハイムでは、数千人規模の金銀細工工場が整然としているのに気付いた。一九一一年九月一七日、吉野はヴィーンで食料品価格高騰に抗議する示威運動に遭遇し、警察の寛容さと民衆の秩序立った振舞とに感心した。実際にはこの運動は暴徒化しており、吉野も翌日「死者一名傷者八九名」という情報を得ている。ところが吉野の好印象は暴徒化の事実を知っても訂正されず、九月二一日に死者の葬儀に立ち会い、その静粛さにまた感心したのだった。ベルリンで「社会民主党ノ政談演説会」を訪れた時も、吉野は労働者たちの議論に感激した。「労働者ガ Diskussion ノ際喋舌ルモノ五六名中々彼等ノ間ニモ政治思想ノ普及シテ居ルニハ感心セリ而カモ熱セズ狂セズ終始中正ノ態度ヲ持シテ案レザルニハ感服ノ外ナカリキ」。こうして吉野はドイツ人労働者に好意的な印象を懐いていったのである。[149]

吉野は一九一二年年頭の帝国議会議員選挙で、ドイツ社会民主党が第一党になるという歴史的瞬間に立ち会った。吉野は増大した社会民主党、進歩人民党、国民自由党が連携して、ベートマン・ホルヴェーク政権を支える「黒青ブロック」（ドイツ保守党・帝国党・中央党連合）を倒すことを期待した。この時、社会民主党員が帝国議会議長団に選出される可能性が生じたが、議長団には宮廷に参内するなど君主に敬意を表する習慣があったため、君主制を拒絶する社会民主党員が就任するのは不適当だとの声が上がった。結局議長にはヨハンネス・ケンプフ（進歩人民党）が選出され、当初は副議長になるはずだったフィリップ・シャイデマン（社会民主党）を議長団から外すことで落ち着いたが、この事件の顚末を吉野は小野塚喜平次に報告している。[150]

④吉野はハイデルベルクで婦人運動の観察を始めた。ドイツ婦人団体連合のハイデルベルク大会が開かれた際、吉野は現地人からカミラ・イェリネックの悪評を聞いた。「Frau Jellinek ノ批評ナドモ出テ同夫人ハ Kellnerin［女給］廃止運動ニ熱心ダガ之ヲ廃シタトテ Kellnerin 其自身ハ又姿ヲ代ヘテ出没スルシ男ノ学生ナドモ之ニハマルカラ駄目ダ　夫ヨリモ各夫人連ハモット根本的ノ青年ノ教育開導ニ心ヲ注イダガ宜イ　Jellinek 夫人ナドハ社会的ノ問題ニハ熱心ダガ其代リ家事ヲ放擲スルノデ内ハ相当ニ汚イサウダシ子供達モ能クナイサウダナドノ話モ出ル[151]」。

後日吉野はイェリネック夫婦がユダヤ人であることを知り、世間で彼らが余り話題にならないのはそのためかと推測した。「夫人モ同ジク猶太人デ頗ル出シヤバリノ嫌ナ女ナサウデアル」[152]。これらイェリネック夫人の否定的評価は伝聞の引用で、吉野自身の感想ではないが、「頗ル出シヤバリノ嫌ナ女」という表現には、どこか彼自身の実感が籠っているようでもある。ただ日本の読者に向けた文章では、吉野は彼女を「學識のある熱誠な方なさうだ」と好意的に紹介している[153]。

吉野の婦人運動への違和感は随所に見られる。吉野は「家庭内職業婦人同盟」では弁士の激昂振りに眉を顰め、ロンドンでは婦人運動家の暴力行為でウィンザー城などの見学ができなくなったのを不快とした[154]。女学生論も興味深い。「近頃女の大學生が頗る殖ゑた。十年前には全國通じて百人内外であつたが、現今は數千人に達し、ハイデルベルグの大學にだけでも百五六十人は居る[。]僕の宿の主婦は曾て、五六年前は女大學生といふものは殆んど目に付かなかつたが、近頃は變なイヤな風をした婦人書生が頗る多くなつたと、皮肉を云つた事がある。教育のない老人の言だけれども、要するに此現象にすら同情がない。中には、金持の娘で容色の悪い娘さん達が大學生になるのだと皮肉を云ふ者もある。成程容色の美しい人は少いやうだ。縁の遠い年たけた老嬢が、教師の資格を得るために大學に來るのだと云ふ人もある。之も中ばは本當であるらしい。要するに獨乙では、婦人の社會に出て活動したり、高尚な教育を男子と共に受くると云ふやうなことを以て、喜ぶべきことゝは認めて居ない」。吉野は素性の怪しいロシヤ人女性が学生身分で「醜業」を営んでいるとも述べている[155]。吉野は婦人の深夜外出にも批判的だった。(午前四時まで続いたヴュルツブルクの仮面舞踏会で)「中ニハ壮年老年ノ婦人モ来リ居レルガ見ツトヨカラズ　兎ニ角之ハ慥ニ独乙ノ Schattenseite ナリ　日本ナラ直ニ警察ノ御差止ヲ食フベキ奴ナリ」[156]。

吉野は西洋婦人の観察を続けた。吉野はリーデンハイムの小学校で、男女共学、女生徒の勤勉さに注目した。吉野は避妊には批判的で、ドイツも遠からずフランスと同じ人口減少に苦しむだろうと予想した。ヴィーンの示威運動、ベルリンの選挙集会、婦人選挙権演説会では、吉野は婦人の多さに驚いた。プラークからドレスデンへの車中では、吉野は同乗の「年増ノ婦人」が彼の持参した新聞を無断で読み、「グヂヤ々々」にして尻の下に敷くという不作法に遭って憤激した。ジュネーヴの平和会議で婦人運動家が乱入した際には、吉野はこれを「一寸面白シ」と評した[157]。実に多様な女性像である。

⑤吉野は欧米各国の議会に関心を示した。皮切りはブダペストのハンガリー王国議会で、吉野は首相クエン＝ヘーデルヴァーリ・カーロイ伯爵の演説を傍聴している。ベルリンでは、彼は武者小路公共子爵（三等書記官）の仲介で、帝国議会の議事風景を外交官席から傍聴した。シュトラスブルクでは、新設されたエルザス＝ロートリンゲン領邦議会を傍聴した。ルクセンブルクの一院制議会では、独仏語が飛び交う議事風景を目にした。ロンドンでは、吉野は貴族院・庶民院の議場を見学した。彼は後日議事風景も見学し、「平々凡々ニテ別ニ面白カラザリシモ流石英国丈ニ敵味方行儀正シキニハ感服セリ」と述べている。ジュネーヴでは市立博物館を巡る住民投票を参観し、直接民主制を実地検分した[158]。

図 30　シュパイヤーのプロテスタント教会

⑥吉野はドイツで西洋文明に接して、彼我の差を感じずにはいられなかった。（フランクフルト植物園を見て）「斯ンナモノヲ見ルト日本ノ植物園ナド到底外国人ヲ案内シテ見セラルベキモノニ非ズ」、（シュパイヤーのプロテスタント教会を見て）「欧洲デハ寺ハ一ノ美術品デアル日本ノ教会ハ到底御話ニナラヌ」、（ハイデルベルクの演奏会で）「Piano デモ Violin デモ Organ デモ笛デモ本場ダケニ素敵ナモノナリ　到底日本ニテハ聞カレタモノニア

ラズ　全ク感服セリ」。吉野がドイツで感激したのは物質面のみではない――「独乙ノ人ハ実ニ親切ダ　日本人モ実ニ斯クアリ度キモノトツク々々感ジタリ」、「独乙人ハ倹約ナレドモ金ニ就テハ中々合理的ノ考ヲ持ッテル哩ト感心ス　徒ニ惜ムニ非ズ　真ニ金ノ価ヲ知ッテ合理的ニ之ヲ使フナリ」。リーデンハイムでは、警察なしで秩序が保たれる人口六百人の村に、「日本ノ如キ此点ニ於テ未ダ遥ニ及バズ」と感心した[159]。

尤も吉野は西洋社会でひたすら恐縮していたわけではない。吉野は市井の不衛生さに苦言を呈することが多く[160]、倹約精神も吝嗇、強欲と解釈する場合があった[161]。他にも吉野は、西洋人の好色さ、西洋の治安の悪さを指摘し、ニューヨークの移民官の横柄さ、ドイツの軍人崇拝や反英的愛国心を批判するなど、頻繁に不快感を表明していた[162]。

吉野は西洋社会で日本がどう見られているかを気にしていた。ドレスデン国際衛生博覧会での感想である。「野地馬ト一緒ニ諸方ヲウロツキ先ヅ Abessinisches Dorf ニ入リテ土人ノ生活ヲ見 Ost-Asien ニ入リテ印度人ノ手品踊リニ次デ日本芸者ノ手踊ヲ見ル　総勢五人日英博覧会ノ残物ナラン　幕アクト三味線ニ合セテ君ケ代ヲヤル　振ハザルコト夥シ　三十分斗リニ踊数番ヲヤルガ何レモ感心セズ　只色黒キ野蛮ノ印度人ノ後ニ出デ顔ハ左マデ美ナラザレドモ相応ニ化粧シテ人ノ目ヲ惹クニ足ルヲ以テ西洋人間ノ評判ハ大シタモノナリ　此一廓ノ中ニ日本人生活ノ一班トシテ印判屋彫物師ナド居ル　見ツトモヨキモノニアラズ」。吉野はベルリンの仕立屋から、日本人客は代金を支払わずに帰国することがあるから、ドイツ人客より危険だと言われて慨嘆している。またジュネーヴで万国議員会議を傍聴した際には、吉野は日本議員団が大喪を理由に欠席しているのに失望した。「日本モ世界的地歩ヲ占メタル今日世界的問題ノ討議ニ参加スルノ好機会」なのに、それを自ら捨てるとは、「日本ハ未ダ世界ノ一国タルノ意識徹底シ居ラズ」というのである。この不満は、のちにパリ媾和会議でも表明されることとなる。さらに吉野は西洋社会に日本製品が流通しているのも喜んだが、漆器は粗悪品ばかりだと落胆した[163]。

（4）帰国後の研究発表

吉野作造は独墺仏滞在後、イギリスに二箇月留まり、アメリカ合衆国を横断したのち、太平洋を渡って一九一三年（大正二年）七月三日に帰国した。『東京朝日新聞』は報じている。「政治史研究の爲歐米留學中の帝大法科助教授法學士吉野作造氏は三日横濱入港の讃岐丸にて歸朝の筈我邦にて政治史專攻は氏が嚆矢にて九月より氏が擔任となり帝大法科にて政治史を開講する由[164]」。

帰国すると吉野は俄かに啓蒙家然として振舞うようになる。吉野は洋行帰りの進歩派言論人としての自覚を強め、現地にあって肌で感じた西洋の政治的潮流を、日本にも呼び込もうと大胆に訴えるようになっていく。彼は、かつて慎重だった普通選挙や政党内閣の実現にも積極的になり、社会主義の研究・教育まで始めるようになった。それに対し彼は、西洋滞在中に感じた日本人としての屈辱、不満、劣等感を、帰国後は一切口にしなくなる。吉野は、帝大助教授の自分ですら西洋社会で辛酸を舐めた事実には触れずに、日系移民が排斥されるのは彼らが偏狭で「文明」度が足りないからだと叱咤するようになっていく。吉野が言及する国も、主な滞在地だったドイツよりも、短期滞在だった仏英米が多くなっていった。

図 31　帰国して数年後の吉野作造

一九一三年（大正二年）九月から翌年春にかけて、吉野は東京帝国大学法科大学で初めて政治史講義を実施した。四年制の法科大学で、「政治史」は一年目に配当された科目である。当時学生だった矢内原忠雄によると、吉野はそこで壮大な平等化のグローバル・ヒストリーを展開しようとしたという。吉野は(1)政治──民主主義、(2)経済──社会主義、(3)宗教──文化闘争、(4)人種、(5)性──婦人参政権という五つの領域を設定し、それぞれ「解放」の進展を描こうとした。だが吉野の講義は、かつてのヘーゲル論に似てバランスが悪く、初年度は社会主義論に熱を入れ過ぎて民主主義論や人種論が僅かとなり、宗教と性の部分は割愛された。ドイツ語圏での体験に刺戟されたのか、吉野の社会主義への傾倒は著しく、「民本主義」論を越えて、無産政党を支援した一九二〇年代の吉野が既に姿を現しているかのようである。彼はマルクスを詳解し、剰余価値論など経済学説にも踏み込んでいるが、空想的社会主義、修正主義、サンディカリズムなど様々な潮流にも目を配っている。いずれにせよ吉野は、受講生たちに進歩主義的世界観を伝授していった。こうした教壇預言を察知して、いつしか吉野の講義には警察のスパイが潜り込むようになる[165]。

初期の吉野の講義風景を伝えているのが蠟山政道である。「大正六年、東大の學生として、始めて先生の政治史の講莚に列して、西洋政治史と支那革命史の講義を聴いたとき、最初に感じたことは先生の「善きセンス」であった。[……]当時、まだ四十歳にならなかった元氣一杯の先生であり、論壇の雄として盛名を馳せていたときの先生である。しかし、鶴の如しという形容詞は當らないけれども、ともかく瘦軀で、血色もあまりよくない、身軀の弱そうな先生から受けた印象は、きわめて無雜作で、氣どらない、座談を聴くような氣輕さがあつたことと、その講義の中に流露していた善きセンスであつた」。吉野は蠟山ら学生が研究室を訪れたときも、迷惑がらずに付き合ったという[166]。

一九一三年（大正二年）一一月二七日、吉野は「法理研究會」例会で帰朝報告「羅馬法王に就て」を行った。参加者は矢作榮藏（農業経済学）、美濃部達吉（行政法）、牧野英一（刑法）、立作太郎（国際法）、小野塚喜平次（政治学）、山田三良（国際私法）、三潴信三（民法）、筧克彦（行政法）、末弘嚴太郎（民法）、高柳賢三（英米法）らで、穂積陳重、上杉愼吉は欠席した。午後五時に山上御殿に集まった人々は会食し、講演会に移った。

吉野の講演には次の特徴があった。(1)吉野はカトリック教会を近代に残る前近代の弊害と見た。彼はカトリック教会が各国家（特にイタリア王国）と衝突すること、教皇不可謬論と公会議主義との対立があること、反近代主義を強要し旧弊に固執すること、カトリック教徒が政党を作っていること、カトリック教会が大学人事にまで介入することなどを指摘した。(2)吉野は英語を多用し、教皇不可謬論の説明も長々と英文を引用した。英語系情報源への依存は、戦時評論とも共通する特徴である。(3)当時はまだヴァティカン市国がなかったので、吉野は「羅馬法王」を「君主」ではないとし、外交使節が交換されているのは「惰性」だと批判した。翌年彼は自らの長大なカトリック教会批判を『法學協會雜誌』に連載し、後年『新人』にも転載して、旧教への警戒を呼び掛けた[167]。

カトリック教会研究を終えた吉野は、日本のプロテスタント教会を巡る議論に戻り、その政治的使命を説いた。吉野は、政治には宗教による人格陶冶が必要だと訴え、政教分離が言われる時代にも「政治の根柢には宗教的精神が横はつて居らねばならない」とした。吉野は、日本の立憲政治にも宗教的基礎が必要だと考えたが、そこでの宗教とはキリスト教、特にプロテスタンティズムが念頭に置かれており、日本の宗教は峻拒されていた。「余は斷じて神道や佛教が余の主張する處の能力を政治の上に貢獻するものとは思はない」。吉野は「宗教心の燃えた人が大統領となり大臣宰相となるの傾向が見えて來た」として、米英仏の政治家の清廉さを説き、特に米大統領に当選したトーマス・ウッドロウ・ウィルソンに「無上の尊敬を拂」った。吉野はまた学生時代の「或教授」（穂積八束）が、選挙権拡大で英議会の質が落ちたと論じたことについて、それはフロックコートを着ない議員の登場など、外見だけのことだと反論し、ケア・ハーディ、デイヴィッド・ロイド＝ジョージなどを新しい有力政治家として挙げた。吉野はさらに、アンリ・ドゥ・サン・シモンやレイモン・ポアンカレ仏大統領、サー・エドワード・グレイ英外相を激賞している。これに対し吉野は、ビスマルクやエーレンタール墺外相を権謀術数の政治家として批判し、劣悪な国家の例として日本と共にメキシコを挙げた[168]。

洋行帰りの吉野には寄稿を促そうと雑誌関係者が群がったが、その中には『中央公論』の瀧田哲太郎（瀧田樗陰）（二高出身者）もいた。のち吉野は、元来雑誌に興味がない自分を論壇に導いた「伯樂」は瀧田だと主張しているが、実際の吉野は既に『新人』で豊富な言論人体験を積んでおり、瀧田の勧誘は吉野にとって内心渡りに船だっただろう[169]。

吉野が『中央公論』第一作に選んだ話題が日系米移民問題だった。吉野は十三日間の滞米期間に現地の日本人留学生や日系移民と出会い、また同郷の千葉豊治から献呈された『排日問題梗概』を読んでいた[170]。だが米側の姿勢に激怒する千葉とは違い、吉野は「學術上より見たる日米問題」など一連の論文で、無作法で料簡の狭い日本人と、上品で公明正大な西洋人とを対比した。日本人は「不具の者」にも席を譲らない、朝鮮人や中国人に侮辱を加える、外国人に親愛の情を示さないので、アメリカ人が排日運動をするのも無理はないという。「こんなやうな考へでは世界の舞臺に立つて、仕事をする事は出來ない、少くとも東洋の盟主となつて、支那人や印度人等の先達となる事も覺束ない。これといふも源は教育の方針が惡い、我國の教育はも少し世界的の思想を鼓吹するの必要があると思ふ。こんな根本の問題に入つては際限がないが、要するに外國人に對する考が至つて低く、一切の道德禮儀なんて云ふものが、同胞の間にさへ守ればよいと云ふやうな考のあるのは、誠に殘念な事であると思ふ」。「之れと比較すると何と云つてもアメリカ邊りの人間は偉い」。吉野は米国内に見られる人種偏見には憤慨しつつも、多数でだらしなく群れ、仏教を信奉する日本人が現地で違和感を持たれるのも当然だと考えた。そこで吉野は、アメリカ人には自分の非も認める度量がある、日本人の側が品位を高めよ、アメリカに住むなら日系移民は同化しなくても「米國の大精神」を理解せよ、「世界文明の進步」に貢献せよと叱責した。吉野は同じ日本出身者でも、学者などエリートが多い在独日本人留学者と違い、在米日系移民は貧民が多く「上品」ではないと見ていた。日系移民問題は日米戦争の一因となっていくが、吉野はこの紛争を不可避の人種間闘争ではないとし、偉大な米社会への移民側の

「文明」的歩み寄りによって解決されると信じた。吉野は日系移民が、「東歐及南歐から」の「無智無徳なる下等勞働者」とは違い、「他の高等な歐羅巴移住民」の部類に属すると信じ、彼等が「偏狹なる愛國的精神」を捨てて米「文明」に合わせることを要求した(171)。

同じ頃、吉野は民本主義論も鍛えつつあった。吉野は一九一四年（大正三年）四月の「民衆的示威運動を論ず」で、大正政変や反日露媾和運動である「日比谷焼打事件」を、秘密裡の政権移譲を終わらせ民衆の政治的存在を示した点で、憲政発展にとっては「一つの喜ぶべき現象」だったと評価した。少数者の政治は腐敗の温床である、「明治大帝」も「廣く會議を興し、萬機公論に決すべし」と仰せである、英米の民衆指導者は「世界歴史の華」だ、という具合である。ただ彼は、日本の民衆運動には「野心家」の煽動に乗る傾向があり、主義主張が明確な西洋のものとは違う、最近はレファレンダムやサンディカリズムなど直接民主制の試みもあるが、西洋諸国では議会主義民主制が主流である、「最良の政治と云ふものは、民衆政治を基礎とする貴族政治である」とした。同年三月にシーメンス事件で第一次山本權兵衛内閣が退陣し、四月に第二次大隈重信内閣が登場すると、吉野は超然主義を旨とする元老会議が屈服して「純粋な政黨内閣」が初めて誕生したと喜んだ。吉野は大隈内閣に、国民道徳維持のためとして普通選挙法採用などを要求したのだった(172)。

吉野は英仏にも視野を広げた。一九一四年（大正三年）五月の論文「英國ニ於ケル政治的勞働運動」で、彼はイギリスの労働運動がチャーチスト運動やロバート・オーウェンからフェビアン協会を経て労働党に至る過程を描いた。彼はマルクスの系譜を引く階級闘争志向の「英國社會黨」が小規模に留まっているのを、「實利的國民ノ氣風」に合わないのだと説明した。後年吉野はキリスト教人道主義の観点から階級闘争論を否定するようになるが、彼がドイツ社会民主党よりイギリス労働党に注目したことは、そうした方針に通じる面があった。同じ頃吉野は、フランスで広まるサンディカリズムを繰り返し論じていた。彼はそれを「暴力に訴へて自分の主義を押し通さんとする」主義で、修正派に飽き足らない人々のものだと説明した。[173] こうした研究成果は政治史講義にも反映された。

だが吉野は、二年以上も見学したはずのドイツ政治については、帰国後余り熱心には語らなかった。論文「民衆的示威運動を論ず」では、吉野はドイツでも英米と同じく「民衆政治を基礎とする貴族政治」が立派に行われていると説明しているものの、立ち入った訳はない。[174] 一九一三年（大正二年）年末、吉野は論文「ブラウンシュワイヒ公位繼承問題」を発表した。これはドイツ帝国の分邦ブラウンシュヴァイク公国での公家断絶に伴う相続争いを扱った論文である。吉野は「歴史的興味」からこの事件を追っているが、祖国ハノーファー復活に固執するヴェルフエン家勤王党の衰退を予言している他は、独自の考察をしていない。当時東大法科では、欧州君侯の相続問題が論じられることが多く、吉野も一九〇五年にノルウェイ分離問題を扱ったことがあったので、このときもこの先例に倣っただけではないかと思われる。吉野が留学中にヴェルフェン家に関心を懐いた形跡もなく、この論文の情報源も『東京朝日新聞』に過ぎなかった。要するに吉野のドイツ政治論は、欧州大戦開始まではまだ方向性が定まっていなかったと見るべきだろう。[175]

第四章　欧州大戦の論評　一九一四―一九一八年

序　日独戦争――師弟対決の勃発

一九一四年（大正三年）八月四日の正午過ぎ、ベルリン王宮「白堊の間」には、新旧両宗派の教会で礼拝を済ませた連邦諸国代表やその他の文武百官が、帝国議会の開会式のために、威儀を正して勢揃いしていた。既に八月一日に独露戦が、三日に独仏戦が始まっていた。午後一時、帝国宰相テオバルト・フォン・ベートマン・ホルヴェークが皇帝出御を告げると、前会期の帝国議会議長ヨハンネス・ケンプフの発声で、一同は「皇帝陛下万歳」を三唱した。正装のドイツ皇帝・プロイセン王ヴィルヘルム二世は着座すると、開会の勅語を読み上げた。皇帝はドイツ帝国が開戦を迫られた経緯を説明し、「予はもはや如何なる党派も知らぬ、予が知るのはドイツ人のみ」と述べた。バイエルン王国公使フーゴー・フォン・レルヒェンフェルト＝ケーフェリング伯爵の発声で、一同は再び「皇帝陛下万歳」を三唱し、（慣習上の）国歌「勝利の栄冠に輝ける爾に幸あれ」を斉唱した。「フラー！」の雄叫びが轟く中を皇帝は退出しようとしたが、その前に外交団席に目を向け、或る外交官に会釈した。それは大日本帝国代理大使の船越光之丞男爵であった。彼は八年前、一等書記官として上杉慎吉にイェリネック宛の推薦状を発給した人物である(1)。

開戦に際し味方を求めていたドイツ帝国は、八月一日から数日間日本に期待していた。日本はロシヤの敵だ、ドイツを近代化の師範と仰いだ日本人は情誼に厚いので恩に報いるに違いない、という希望的観測からである。八月二日夕方には、日本がロシヤに宣戦布告したという誤報まで飛び出し、ベルリンの日本大使館前には万歳を唱える群衆が押し寄せた。かつて日本の皇族も勤務したことがあるプロイセンの近衛連隊からは、大使館に祝電が到着した。だが八月四日に独英戦が開始されると、ドイツは日英同盟を結ぶ日本にも半信半疑になった。イギリスの勝利を確信した加藤高明外務大臣が開戦を主導し、東京のドイツ帝国大使アルトゥール・フォン・レックス伯爵に、日本が中立宣言をしないことを通告すると、日本への猜疑心が強まり、船越を銃殺するといった脅迫電話も大使館に来るようになった(2)。

一九一四年八月一七日午前九時、船越光之丞大使はドイツ外務次官アルトゥール・ツィンメルマンに以下の最後通牒を交附した。「帝國政府は、現下の狀勢に於いて、極東の平和を紊亂すべき源泉を除去し、日英同盟協約の豫期せる前半の利益を、防護するの措置を講ずるは、該協約の目的とする東亞の平和を、永遠に確保するが爲めに、極めて緊要の事たるを思ひ、こゝに誠意をもつて、ドイツ帝國政府に勸告するに、同政府に於いて、左記二項を實行せられん事を以てす。第一　日本及び支那海洋方面より、ドイツ國艦艇の即時に退去する事。能はざるものは、直ちに武裝を解除する事。第二　ドイツ帝國政府は、膠洲灣租借地全部を、支那國に還附するの目的をもつて、一千九百十四年九月十五日を限り、無償無條件にて、日本帝國官憲に交附すること。日本帝國政府に於いて、如上の勸告に對し、一千九百十四年八月二十三日正午までに、無條件に應諾の旨、ドイツ帝國政府よりの回答を受領せざるに於いては、帝國政府は、その必要と認むる行動をとるべき事を聲明す」。船越と友好を深めてきたツィンメルマンは、この最後通牒を見て「非常に遺憾」と嘆息した。日本政府の意思表明は徐々にドイツの報道機関に漏れ、街頭の日本人に「此の泥棒野郎」と叫んだり、日本大使館のドイツ人従僕をリンチすると恫喝したりする者が現れ、二二日には大使館前で抗議行動が行われた。二三日、ドイツ外務省極東課長モンジュラ伯爵がモーニング姿で日本大使館を訪れ、ドイツは日本の最後通牒に回答すべき理由を認めない、在東京のドイツ大使レックス伯爵は召還するとの表明があった。外交関係は断絶し、険悪な雰囲気の中で、船越大使を始めとする日本外交団は辛うじてハーグに脱出し、ロンドン、ストックホルム、サンクト・ペテルブルク、哈爾濱、京城を経て、一〇月一七日に東京に帰還した(3)。

ドイツ帝国との突然の断交に在留邦人は当惑した。当時のドイツ帝国には、学術研究の留学生、陸海軍武官、商工業関係の視察者、芸能関係者など、約五百人の日本国籍者が滞在していたが、開戦で国際郵便も送金も困難になり、八月七日には（表向きは大使館ではなく）「日本クラブ」から退去勧告を受けていた。しかし多くの在留邦人は、ドイツで戦時経済を研究したい、医師として野戦病院勤務を志願したい、来たばかりなのでまだ帰国したくないなどと不満を訴えた。最後通牒の件が公表されると、ドイツ官憲は保護の名目で、在留邦人約百人を悉く拘禁して監獄に投じたので、日本大使館の抗議を受けた(4)。

日独開戦は青天の霹靂ではなかった。日独文化交流の活発さとは裏腹に、日独外交関係は初めから紛争続きであった。一八六〇年（万延元年）九月にオイレンブルク使節団が日独国交樹立のため来日したとき、事前にその動きを察知した徳川幕府は、既に国交のある諸外国に対し、日本がドイツ諸国との国交樹立を望まない旨を公言していた。オイレンブルクの粘り強い交渉の結果、日本はプロイセンのみと国交を樹立することになる。しかし日普修好通商条約調印の直前、一八六一年（万延二年）一月一四日に、ドイツ使節団を支援していた米公使館の蘭語通訳ヘンドリク・ヒュースケンが異人狩りに遭うと、使節団は日本に強い不信感を懐いた。その使節団の一員であったマクシミリアン・フォン・ブラントは、一八六三年（文久二年）に初代プロイセン領事として再来日し、のち代理公使に昇格した。戊辰戦争に際し英公使ハリー・パークスが倒幕派の薩摩藩、長州藩と連携する中で、普公使ブラントは更迭された仏公使レオン・ロッシュに代わって佐幕派の庄内藩、会津藩と連携し、その提案で「蝦夷地」あるいは「日本の西海岸にある領地」の購入を検討したが、列強の協調を重視する首相ビスマルクに却下された。[5]

開国後の在日ドイツ人との交流も順調ではなかった。日本の異質な風土や外国人嫌いが西洋人を当惑させ、西洋人の尊大さが日本人を憤慨させた。大学東校に招聘された軍医ミュルレル、ホフマンについては、日本人官吏の言葉に耳を貸さず遣りたい放題だとの悪評が立っていた。それでもミュルレルはまだ職務に忠実なのに対し、ホフマンは講義に遅刻し、早く切り上げる傾向にあった。同僚の長谷川泰が待ち構え、早く引き上げてきたホフマンに鞭を振って教室に追い返したこともあった。[6] 在日二十六年に及んだベルツも当初は慣れないことが多く、先に来ていた西洋人の愚痴に不安を募らせた。ベルツはドイツ海軍士官が日本人を「ヤプス」と呼び、ドイツ外交官が日本を毛嫌いする様子も目撃した。初代ドイツ代理公使ブラントは本国で否定的な日本観を披露し、ドイツ特命全権公使カジミール・フォン・ライデン伯爵も露骨な日本人嫌いだった。その後任のゲオルク・フォン・ヴェーデル伯爵も、日本人には茶の一杯も出さないと言い放った。一九〇〇年の義和団の乱（独 Boxeraufstand ／北清事変）に際し、明治天皇などは被害に遭ったドイツへの見舞の気持ちを示したが、ヴェーデルは一切返答しなかった。[7]

日清戦争に勝利した新興国日本は、欧米列強にとって脅威となった。日本が下関条約で台湾や遼東半島など清国領土を獲得すると、ドイツ帝国はロシヤ帝国、フランス共和国と連帯して一八九五年（明治二八年）四月末に「三国干渉」を行った。三国は、日本が遼東半島を領有すると清国の首都北京を脅かすことになり、朝鮮の独立も有名無実化することになるので、「東洋平和のために」日本は遼東半島を還付するべきだと主張したのである。日本は露仏独の圧力に屈服して遼東半島を還付し、国内輿論は「臥薪嘗胆」を唱えて沸騰した。

世紀転換期の西洋社会では黄禍論が流行した。黄色人種を白色人種の脅威とする議論には、長い前史がある。フン族やモンゴル人の侵攻は、ヨーロッパの人々に後々まで恐怖心を植え付け、「タタールの軛」の下に長く留まったロシヤ人への否定的先入観を生んだ。武力で清国に進出し、日本を開国させた西洋列強は、異なる生活感覚を持ち、白人の進出を好まない東アジア人の閉鎖性に不信感を募らせた。英領インドの繊維工業にイギリスの繊維工業が圧倒される様子を見た人々は、やがて東アジアの産業が世界を経済的に席巻するのではないかと恐れた。黒人奴隷の廃止に伴い南北アメリカに導入された苦力は、白人肉体労働者を失業の危機に晒すこととなり、中国人排斥運動が起きた。中国人に続き、北米西海岸などに移住を始めた日本人も、白人住民たちと衝突するようになった。こうした背景の下で、ドイツ皇帝ヴィルヘルム二世は黄禍論の可視化および普及に一役買った。皇帝は三国干渉があった一八九五年、自らの発案で、画家ヘルマン・クナックフスに「欧州の諸民族よ、汝らの最も神聖な財産を守れ！」と題する絵を描かせた。この絵には、ドイツを表す守護天使ミカエルが崖の上で、ヨーロッパ各国を象徴する乙女たちを率いる様子が表現されている。崖の下ではヨーロッパの都市が炎に包まれており、その上空には龍のようにとぐろを巻く黒雲に乗った仏陀が座禅を組んでいる。ヴィルヘルム二世に対日強硬策を進言したのが、元日本公使・清国公使ブラントだった。ヴィルヘルム二世はこの絵画を、ロシヤ皇帝ニコライ二世を始めとする各国元首、内外の政治家に贈呈した。ヴィルヘルム二世は一九〇〇年七月一二日にも、義和団および清国の征伐に出発するドイツ軍将兵に向かって、「容赦はするな」、「俘虜は獲るな」と命じる「フン族演説」を行った。(8)

清国の弱体を見透かした欧州列強は、日本に止めさせたはずの領土拡張を自ら行い始めた。その口火を切ったのはドイツ帝国だった。一八九七年（光緒二三年・明治三〇年）一一月一日、山東省鋸野県張家庄のカトリック教会で、二人のドイツ人宣教師が乱入した民衆三十名に太刀で殺害される事件が発生すると（曹洲教案）、ドイツ帝国は清国政府に抗議すると同時に艦隊を差し向け、膠洲湾を占拠した。(9)翌年ドイツ帝国は、清国政府から膠洲湾を九十九年間租借する条約を結び、清国中心部での植民地形成に成功した。一八九九年にはフランス共和国が広洲湾の九十九年間租借を宣言し、一九四五年まで保持した。一九〇〇年、ロシヤ帝国は遼東半島全域を占領し、旅順などに要塞を構築した。同年に勃発した義和団の乱も、ドイツが一因となって発生した。義和団は「洋鬼」の政治的・文化的進出に憤激し、ドイツ公使クレメンス・フォン・ケッテラー男爵を射殺し、日本公使館書記官杉山彬を虐殺した。清国政府もこの動きに便乗して、列強に対して挙兵した。諸外国は共同で鎮圧に乗り出したが、連合軍司令官となったのは、ドイツ陸軍元帥アルフレート・フォン・ヴァルダーゼー伯爵であった。日本も欧米列強と連帯し、文明の体現者として中国の残虐行為に立ち向かったのだった。(10)

さて、一九一四年（大正三年）八月二三日午後、最後通牒の回答期限が過ぎた直後に、大正天皇は日独開戦の詔書を渙發した。神尾光臣陸軍中将の率いる第一八師団（久留米）、加藤定吉海軍中将の率いる第二艦隊は、イギリス軍と共に山東半島を襲撃し、同年一〇月三一日にドイツ東洋艦隊が寄港する青島の攻撃を開始した。膠洲湾租借地総督アルフレート・マイヤー＝ヴァルデック海軍少将の率いる中欧列強軍は孤立し、戦闘の末一一月七日に降伏した。同年一二月一八日、神尾中将は開業式当日の東京駅に到着し、宮城に参内した。この他、日本海軍は地中海での掃海作業に従事し、中欧列強の潜水艦と対決した。(11)

突然の日独開戦は国内輿論を当惑させた。ドイツ軍が日本を襲う危険性は少なく、日独戦争は日清戦争、日露戦争のような回避困難な衝突ではなかった。新聞は連日、ドイツ軍がベルギー・フランス方面に怒濤の進撃をする様子を伝えた。三宅雪嶺は開戦二日後の『大阪朝日新聞』に論説「日獨戰の代價は高い」を発表し、日本国民の覚悟が不十分だと警告した。「日露戰爭開戰當時と今日と同じ戰爭でありながら國民の意氣込が違ひはせぬかあの時は國家の危急存亡が眼前に迫つて居ると云ふ考へが誰の胸にもあつたそれが今度は國運の発展上已むを得ざるに出たのではなくて御相伴に戰をすると云ふ風の何處か眞劍にならぬ所がありはせぬか」。三宅は日本人がドイツ軍を侮るのを戒め、その復讐を恐れた。「此の騒亂以來獨逸の電報は更に入らないので英佛の電報ばかり入つて居るから**獨逸を非常に弱さうに思つて居るが大間違**だ獨逸は列強を一手に引受けて未だに由々しき敗を取らぬばかりか白軍の頑強の抵抗をあれだけ郤けたと云ふのは矢張獨逸の強い所である［。］尤も獨逸が勝つても今俄かに日本に押寄せることはないが併し將來何等かの機會に於て何かの口實を設けて**怨を報ずる手段を執るに相違ない**［……］今度は無論**高い代價を拂**ふ事を覺悟せねばならぬ(12)」。

戦闘の傍らで、収容された独墺人俘虜と日本の一般市民との間には新たな日独交流も生まれた。俘虜には文化活動が許され、地元住民との交流が図られたが、特に板東俘虜収容所（徳島県）は有名になった（久留米ではドイツ側の反撥と日本側の管理強化との悪循環で、ドイツの利益代表だった中立国アメリカを巻き込む事件も勃発したが）。ドイツ人俘虜の一部は終戦後も日本に留まって「ユーハイム」、「ローマイヤー」、「敷島製パン」、「フロインドリープ」、「喫茶店ボンボン」などの企業を起こし、バウムクーヘンやソーセージなどを日本に紹介した。「元寇」を合唱し、「露介」や「鬼畜米英」を呪った日本人も、ドイツ人には著しい憎悪を懐かなかった。また日独戦争にも拘らず、ドイツ政治を学ぶ習慣は残り、内務省警保局などはハインリヒ・フォン・トライチュケの『政治学』を、日独戦争中に『トライチュケ氏軍國主義國家論』と銘打って邦訳している(13)。

このような日本に、ドイツ帝国は再三に亙り単独媾和締結を打診してきた。ドイツの対日接触の試みは、一九一五年から北京やストックホルムで、あるいはメキシコを介して断続的に行われた。だがこのドイツ側の試みに日本政府が本気になることはなかった。ドイツはもはや東アジアで、日本に提供できるような権益を有していなかったからである(14)。

このようにドイツに対する態度が定まらない日本社会で、ドイツ打倒の正当性を力説し、それを「民本主義」の鼓吹に繋げたのが吉野作造であった。そして上杉愼吉も、この局面でいよいよ友人吉野との対決を回避できなくなるのである。

一　吉野作造による対独正戦論の鼓吹

（1）日独戦争の道義的正当化

吉野作造はこの一連の戦争を「獨逸膺懲の戰爭」と呼んだ。正戦論の鼓吹は十年前の日露戦争で経験済みだったが、『新人』で日露戦争を論じた吉野はまだ学生で、「翔天生」の筆名を用いていた。これに対し『中央公論』で欧州大戦を論じた彼は、実名に博士号を帯び、政治史の権威として登場した。彼は、ドイツ帝国は専制国家であり、ドイツ人は「カイゼル」の鼻息を窺う隷属民である、ドイツ人の擡頭は「成吉汗」の命令で「蒙古人種」が横行するのに等しく、これを打倒するのは正義なのだと説いた。出版業界は、華々しい広告で言論人吉野を売り出した。「東京帝國大學法科大學教授、法學博士吉野作造先生は、其高雅なる品性と深遠なる學殖とを以て、今や學生間に於ける欽慕崇拜の焦點たり。其一度出てゝ時事を論ずるや、卓抜の識、透徹の論、識者をして驚倒せしむ」。[15]これに対し、瀧田樗陰の速記により自論を次々発表した吉野を、「餘りに冗漫」、「くだらぬ駄文」、「調子に乗り過ぎ」、「出鱈目をやめるべき」だとし、上杉より吉野の方が曲学阿世が多いと批判する声も上がった。[16]いずれにせよ毀誉褒貶に晒された吉野は、全日本の注目を浴び、一躍時代の寵児となった。

一九一四年（大正三年）三月、吉野は米プロテスタンティズム系の『六合雑誌』に掲載した論文「憲政の精神的背景」で、ドイツ政治論を披露していた。「獨逸は歐洲立憲國の中心にありながら、其國民は政治上の主人公ではない。政治上の主人公は何處までも皇帝であつて、皇帝を中心としたる官僚の一派が、政權を壟斷し、政治の局に當つて居る。首相の更迭も民意の如何に依るにあらずして、カイゼルに對して責任を負ふのである。獨逸の政治は國民と官僚と相對峙して居るのであつて、恰も以前の日本の如くである。之を超然内閣といふ。斯くの如く人民と直接交渉ないやうであるが、然も腐敗はない。多少はあるけれども、併し一國の高官が營利會社に關係し、祕密の間に事を決して、之を國民に知らしめざるが如きことはないのである。現首相ビートマンホルイツヒ氏の如きは、ビスマークの面影ありと稱せられて居る。勿論力量才幹に於て、ビスマーク程ではないかも知れぬけれども、其國民を敵として、斷々乎として所信を行つて行くの慨に至つては、佛人も稱讃を惜まぬのである。公明正大にして天下何者も恐るゝ所なきの態度は、官僚政憲とはいへ、實に見上げたものである」[17]。ここには、ドイツ帝国議会の選挙法がイギリス庶民院のものより民主的なことには触れず、議院内閣制の不存在を強調することで君主専制を印象付けようとする「ドイツ特有の道」批判の定石が看取できる。とはいえ吉野のドイツ政治観は、結論的には必ずしも否定的ではない。ベートマン・ホルヴェークをビスマルクに譬える一節も否定的意味ではなく、「斷々乎」としている、「公明正大」だというのも褒め言葉である。吉野は英米仏の政治と並んでドイツの政治を好ましい例として挙げていたのであり、由々しい例であるメキシコ、中国および日本の政治と対置しているのである。

一九一四年（大正三年）六月二八日のサライェヴォ事件を解説した吉野は、当初は事実紹介に徹していた。吉野は『新女界』八月号に「墺地利皇儲殿下の暗殺」を発表し、ほぼ同じものを『六合雜誌』などでも披露したが、まだ大戦争の勃発を見通していなかった。吉野はフランツ・フェルディナント大公を、「今日の獨逸の皇帝陛下と相竝で、帝國主義或は膨張主義のチヤンピオンとされて居る人」、「天主教の固執者で、老帝陛下より一層頑固」、「非常の軍國主義者」と呼び、其の死は盟友の独帝を落胆させるだろうと推測したが、その内容はハプスブルク帝国の概観に留まっていた。世間も吉野のことを「バルカン通」だと看做していた。吉野は大学の政治史講義でもこの話題を扱ったが、事実の羅列という印象を与え、向坂逸郎ら経済学科の学生には、上杉愼吉と違って「哲學がない」

と不評だった。[18]

だが一九一四年(大正三年)八月二三日の日独開戦で、吉野は一気に正戦論へと傾斜した。日本が参戦した直後、吉野は『新人』九月号に「歐洲政局の急轉」を発表したが、これは開戦前の執筆だったのか、事実紹介中心の文章だった。吉野はハプスブルク帝国とセルビアとの対立を描いているが、彼一流の勢いがまだ見られない。彼は中欧列強が不利になることを予想しつつも、英露からのみ寄せられた新聞電報が偏向している可能性にも留意し、ドイツは奮戦するだろうと述べた。[19] ところが論調が激変したのが、『六合雜誌』一〇月号の「歐洲動亂とビスマークの政策」である。吉野はここで、ドイツ帝国を大戦勃発の元兇とする論調を展開し始めた。「獨逸では外交も内政もその根本の政策はビスマークに依りて建てられたのである。しかも今日に至るまで終始一貫してゐるのである。」「さてビスマークの大理想は何であるかといふに、それは從來バラバラになつてゐた獨逸民族を統一して所謂獨逸文明といふものを向ほ一層明白なものにして、その獨逸の文明を以て歐洲の中央に霸を唱へるといふことであつた。」「かくして五十年前までは歐洲第二流の國であつた獨逸は今日隆々たる勢を以て第一流の階級に進むことができた。今日でも獨逸の内治外交の方針は此の大理想の實現完成である。即ち内にはポーランド人やデーン人や或はアルサスローレン人といふが如き異分子を壓迫して盛に獨逸魂を鼓吹して、軍隊と宗教との力を以て國民の精神的物質的統一を計らんとしてゐる。」「斯のやうに考へて見れば、今度の動亂の如きは直接の原因は兎も角もビスマークによりて手を着けられた歐洲の國際關係が、從來のやうな仕組みの上に育つて、それが熟し切つてこゝに先づ一段落を告げて、こゝから更に新しい面目を以て、別種の色彩を取ることになるのには必要な段階であつたと思はれる。[……]何れにしても今日の歐洲の動亂は結局矢張り獨逸が中心であつて、その獨逸を動かしてゐるものはビスマークの精神であると思ふ」等々。[20] ドイツ帝国がビスマルク以来一貫して内政的には抑圧的で、対外的には攻撃的で、この欧州大戦も惹き起こしたという吉野の戦争観は、開戦後一箇月で固まったのである。

吉野が「歐洲動亂とビスマークの政策」を掲載した『六合雜誌』一〇月号の特集「獨逸文化の鑑賞と批判」には、他の論者のドイツ論も掲載された。吉野の刎頸の友たる内ヶ崎作三郎は、日本は「獨逸皇帝及びその周圍の軍閥、外交官、政治家等によつて體現せられたる政策」を敵とするも、日本近代文化にとって恩がある「獨逸文化」、「獨逸文明」を、「大多數の獨逸國民」を敵とするものではないと述べ、坊主が憎ければ袈裟までという発想を戒めた。内ヶ崎はまた、「軍國佛蘭西に苦しめられたる獨逸帝國は自衛の必要上、自ら一軍國とならざるを得なかった」とも述べ、周辺各国による蹂躙がドイツを軍事化したと説いた。敵たるヴィルヘルム二世についても、内ヶ崎は「夜早く寝ね、朝早く起き、酒を飲まず、喫烟を節し、健康に注意して専心大帝國のために盡瘁せんとする英邁の君主である」として、必ずしも否定しなかった。開戦の責任も、内ヶ崎はドイツのみに帰すことを疑問視した[21]。これに対し、コロンビア大学博士号（心理学）を持つ原口鶴子（日本女子大學校）は、ドイツ文化の物質主義的傾向を強調し、ドイツは最早「詩人の國」ではない、シュニッツラーやホフマンスタールなどはエステルライヒ出身で、ハウプトマンはシュレジエンの山育ちだから「獨逸の文明」との関係は疑問だとしつつ、最後に「枯木に花さへ咲くと言へば、吾々は將來に就て豫言は致しません」と付言した。原口はこうも述べる。「獨逸から歸つた人が能く申します。獨逸は遠くから仰いでゐる所で、行つて見る所ではないと[22]」。米独留学経験者の安倍磯雄（早稲田大学教授）は、戦争とは無関係に淡々とドイツ社会民主党の歴史を解説した。ただ安倍は、ヴィルヘルム二世を始め国家権力が社会民主党を弾圧したことを強調しているので、吉野と共鳴する面もあった[23]。

同じく一九一四年（大正三年）一〇月、本郷教会の婦人雑誌『新女界』でも「歐洲の戰亂より受くる教訓」という特集が組まれ、東京帝国大学文科大学教授（西洋史）の村川堅固（一八六五―一九四六年）が「獨逸の根本主義に學べ」を掲載している。村川は、開戦の原因は複雑だとして、単純な善悪論を展開するのを避け、また近時の同盟関係だけでなく、ナポレオン戦争以来百年に亙る形勢の変化を視野に入れるべきだとした。村川はさらに、日露戦争以来「一等國」を自称する日本が、国民としての品位を十分に備えていないと批判し、「所謂獨逸風の根本主義（ドイッチエ・グリュンドリヒカイト）」を学び、学術から産業、軍事まで研鑽を積むべきだと述べた。村川は、日本がドイツと戦っていることに全く触れなかった[24]。これに対し基督教女子青年会（ＹＷＣＡ）の指導者である河井道子（後年の恵泉女学院創立者）は、戦争自体に嫌悪感を示したが、英仏は弱い、独露は強いという通説に触れて、強いとされる国は弱いとされる国より野蛮だ、常識の発達した国民なら真面目には戦えないはずだとして、特に独露への否定的印象を披露した[25]。

一九一五年（大正四年）八月には、吉野が活躍する『中央公論』でも特集「獨逸魂の研究」が組まれた。吉野は「極端なる獨逸讃美論者を警む」と題して、ドイツ精神への警戒を呼び掛け、東京帝国大学文科大学教授（宗教学）の姉崎正治も「前途不安なる獨逸文明」と題して、ドイツ人の杓子定規さや排外主義を批判し、日本の「ドイツかぶれ」を牽制した。ドイツ畑の外交官である武者小路公共は、ドイツ人は堅忍不抜で各々自分を守る気風があるが、自己中心的で杓子定規なため、日本人が彼らと友好関係を育むのが難しいとした。これに対し、ドイツで医学博士号を取得し、後年衆議院議員（立憲民政党）になる中原徳太郎は、「模範とすべき獨逸國民」との表題で、ドイツ皇帝の学者・軍人・実業家への支援、ドイツの学問的水準の高さ、ドイツ人の質素さを称揚した。またドイツ語学者の向軍治は、古代ゲルマン人の強靭な精神、プロテスタンティズムに牽引されたドイツ人の優れた国民性と国民教育、近代ドイツの工業力を称揚し、日本もドイツに学べと訴えた[26]。

ドイツ帝国への賛否両論が展開されるなかで、吉野のドイツ批判はますます煽動的になっていった。青島攻防戦の渦中だった一九一四年（大正三年）一一月、『新女界』に「獨逸の國民性」を掲載した吉野は、「意地の惡い獨逸氣質」、「ずうくしい根性」、「獨逸上下の道德頽敗」、「目的の爲に手段を選ばず」、「俗惡なる獨皇帝の趣味」と銘打って、ドイツ人の国民性を酷評した[27]。吉野は、エドワード七世が兵士に推奨したというハンガリー系英移民エミール・ライヒの著作『獨逸の誇大妄想』（内田魯庵訳）を激賞した。「エミール・ライヒの獨逸觀は予の持說と大に似たるものあるを以て、讀んで頗る痛快を覺へたり。予は從來獨逸人の所謂獨逸文明を以て內容の貧弱なるものとなし、獨逸の膨張發展が一面に於て河豚の腹の如き空虛なる膨張に過ぎざるものなるを思ひ、殊に我國一部の論者が餘に獨逸を讃美し獨逸に倣はんとする者あるに慊らざりし一人なり」。この文脈で吉野はドイツ贔屓の向軍治を、「一から十まであんまりヒドイ」と酷評している。(28) 吉野のドイツ批判は、アメリカの『ニューヨーク・タイムズ』一九一五年九月四日号でも、マサチューセッツ州在住の Kenji Ogomori の投書により紹介され、吉野が同州の自称「公平なる一米人」（吉野は独系移民と推測する）から、協商国の新聞の鸚鵡返しをしているとの抗議を受けた。(29)

欧州大戦について解説する際、吉野はほとんど情報源を明記しなかったが、稀に示した時には、「メーソン君の通信」と英米人らしき記者の名前を挙げており、基本的に協商国側の情報に依拠していたようである。対独開戦を決意した「米國の識者」から「我々の所」に手紙が来たというような逸話が紹介されたこともあり、アメリカ人とも交流があったことが窺える。さらに、ハプスブルク帝国の政治情勢を巡って論争になったときも、「Seaton-Watson」や「Price's The Diplomatic History of the War」など英語文献を典拠として挙げている。これに対し吉野は、「Schultess と Wippermann Geschichtskalender」といったドイツ語圏の歴史年鑑を「極めて淺薄なるもの」として一蹴し、代わりに英仏の歴史年鑑を推奨した。(30) 前述のように、吉野は開戦直後の一九一四年（大正三年）八月には、英露から寄せられた新聞電報にのみ依拠することに懸念を表明していたが、日独戦争の興奮の中で、そうした配慮はやがて口にしなくなった。

吉野は開戦時にドイツ帝国で日本人居留民が受けた不作法にも注意を喚起し、国民に日独対決への覚悟を求めた。「日本の對獨參戰に依り、獨逸人の失望と憤怒とはその骨髓に徹するものゝ如く、爾來忘恩、卑劣、強盜等有ゆる痛罵を加ふるもの多く、近時軍中に於ても總ての敵中、日本人は最も狡猾なる敵なりとの檄文を散布せりとの說あり[31]」。

前述のように吉野は、開戦に至るドイツ帝国の政策を、一貫してビスマルクの精神で説明しようとした。吉野にとって、一八七〇年以前のビスマルクも、一八七〇年以後のビスマルクも、ヴィルヘルム二世も、暴力的な点で大差がないのだった。ドイツで連綿と受け継がれるビスマルクの精神とは、内では「獨逸魂」を鼓吹し、外では平和を攪乱して他者を圧伏する、遣りたい放題の国益追求、自民族中心主義である。吉野はビスマルクの精神を奉じたドイツ帝国の強盛ぶりを、当時の横綱太刀山の戦い振りに擬え、強靭な体力を養うために、「人間として極めて尊重すべき能力の發達を犠牲とした」とまで言い切った[32]。

ドイツ内政に関する吉野の批判も先鋭化していった。基本構想は、日露戦争時にも披露された「内政の優位」論である。「[……]獨逸では所謂帝王神權說を採り、萬機を皇帝が親裁し、帝國宰相は皇帝の命を體して萬般の政治を行ひ、帝國議會の勢力から超然として居るから、政黨の複雜なる關係は直接には政府を動かさない。[……]獨逸は、大體一定の方針を立てて、議會が何と云はふが一切構はず、どん〳〵斷行する[33]」。これは吉野がヴィルヘルム二世の露出癖や議院内閣制の不存在から得た着想だろうが、神より授権された皇帝が全て親裁する、政党分布は直接政府を動かさないなどというドイツ帝国論は、ドイツの実態とも、吉野のドイツ体験とも、彼の戦後のドイツ政治論とも整合しない戯画である。帝国議会の役割を低く見せるために、吉野はドイツにおける君主の役割を強調し、バーデン大公など彼が好意的に評価した例を捨象して、話題をプロイセン王（ドイツ皇帝）に絞った。吉野の批判は、当時の皇帝ヴィルヘルム二世からプロイセンのフリードリヒ大王にまで及んだ。この頃の吉野にとってフリードリヒ大王は、水車小屋アルノルトの擁護者でも、『反マキアヴェッリ論』の著者でもなく、理不尽に墺領シュレジエンを簒奪した「火事場泥棒」でしかなかった。吉野のドイツ批判はさらに貴族へと向かった。ロシヤやドイツの貴族は強引に専制政治を保存しようとし、それだけ人民の不満が募っているという[34]。吉野は宗教論もドイツ批判に活用している。「獨逸の缺陥は此國家の中堅たる中等社會が健全にして自由なる思想を缺く所にある。之れは何故であるか。獨逸の宗教は國教制度であつて、舊教は全國民の三分の一、新教は三分の二である。而かも其新教も我等の信ずる新教とは違ひ、舊教と相去ること遠からざる因襲的勢力の大なる一種の教權主義の宗教である。故に政府は此等の宗教の力を以て人民を束縛し、從て人民は自由獨立の思想を離れ其弊は一種の英雄崇拜主義に陷り、自己の所信によりて進退するといふ堅實なる分子がない[35]」。

吉野は、戦闘でドイツ軍が勝利を収めても、その戦果を努めて認めまいとした。「[……]今日まで多少獨逸の軍隊が優勢であるのは、全く獨逸軍隊の編制の賜である。編制が勝つたので、何も獨逸そのものが勝利を占めたのではない[36]」。協商国の勝利を確信し、且つ希求していた吉野は、ドイツ軍の奮戦ぶりに「敵乍らも感服の外はない」とはしつつも、武力だけでは戦争の帰趨は決しない、大局的には協商国が優勢だと強弁した[37]。

ドイツ帝国とは対照的に、吉野が好意的に描いたのが協商国側である。殊に吉野のイギリス礼讃は著しい。「[「中等社會」が欠如しているドイツに対して]英國はえらい。英國では健正なる輿論が常に大勢を指導していく。之れ日本國民の大に學ぶべき所である[38]」。吉野にとって「えらい」国イギリスは、国際社会に超然と君臨する公正な審判者である。吉野によれば、ドイツはイギリスと同盟するべきだったが、武力に物を言わせるドイツが「我儘な振舞」をしたため、イギリスは必ずしも利害の一致しない露仏と結ぶことになったのだという。イギリスは自国を凌駕しつつある競争相手を「いじめる」傾向にあり、かつては露仏を蹴落とし、今度はドイツを叩いているという説を、吉野は否認する。彼によれば、イギリスの対独戦は飽くまでならず者国家に対する「膺懲」であり、擡頭する新興国から自国の覇権を守るという私利私欲のためのものではない。吉野はその証拠に、イギリスはドイツ帝国の擡頭には警戒しても、アメリカ合衆国の擡頭は容認しているではないかという。吉野はイギリスを「非常にづるい利己的の國民」、「正義人道を看板にして何處までも自國の利益を圖る陰險なる侵畧主義者」とする見方を退け、むしろ「獨逸の様に、眼中自國の利益あるのみでなく、世界人類の利益幸福と云ふ事をも念頭から取り去らない」国、「随分四海同胞、萬國平和の理想の爲めに盡してをる」国なのだと説いた。その対外政策の公共的・道義的意義を疑わない吉野のイギリス観は、醜悪な利己主義ばかりを見るという彼のドイツ観と表裏一体の関係にあった(39)。なお吉野は、ドイツ軍に対するフランス軍やベルギー軍の頑強な抵抗にも注目し、フランス人を「退嬰的」とする通俗的見解を否定している。彼はフランスが対独防衛整備に関して、複雑な政党関係および責任内閣制ゆえにまとまりを欠いたことを認めつつも、小党分立はむしろドイツ帝国やハプスブルク帝国の方が著しい、ドイツ帝国がそれでもまとまるのは皇帝専制だからだと述べている(40)。

吉野は婦人運動論も反独宣伝に援用した。吉野は、婦人は独自の天性を有するので、本来家庭的であるべきとの考えに概ね賛成で、ただその「奴隷的」扱いには反対するとの基本姿勢だった。その吉野によれば、進歩人民党がベルリン第一選挙区で、棄権しそうな有権者の自宅に妙齢の美人を送る戦術を取って社会民主党に辛勝し、婦人団体の抗議を受けたという。これに対し（ドイツ以外の）欧米諸国では、婦人運動は概ね敬意ある扱いを受け、暴力的なエメリン・パンクハースト女史の運動すら多くの識者に尊敬されていると主張した(41)。

吉野は対独戦争を渋る国内勢力を抑えるために、日英同盟に基づく日独戦争の正しさを訴えた。帝国議会で石井菊次郎外務大臣に、日独戦は回避できなかったのか、イギリスから依頼されてもいないのに勝手に参戦し、ドイツのみならずイギリスの不興をも買ったのは外交の失敗だと、野党議員が詰め寄ったのに対し、吉野は大隈内閣擁護論を展開した。吉野の「不偏不黨の判斷」によると、日独戦争は東アジアおよびインドの平和を目的とする日英同盟の義務から生じたものであり、日本は自らに何の利益がなくてもドイツと対決しなければならない、今回の日独戦争はイギリスの要請によって始まったが、仮に要請がなくてもイギリスの不興を買う理由はないという。「我國も亦これを機會として他年の恨に報ひ、惡辣なる競爭者を却け、これに代つて更に海外發展の方面を展げ得るのであるから、日本のためにのみをいうても強ちこれを失態とみるべき理由はない」。「他年の恨」とは三国干渉のことであろう。道義のためにも国益のためにも、日独戦争は正しい戦争だというのが吉野の信念である。さらに吉野は、「對獨大同盟」強化のためなら、日本はインドへの出兵であっても拒めないと説いたのだった[42]。

吉野が『中央公論』、『婦人公論』、『新人』、『新女界』などを舞台に日独戦争を正当化する欧州大戦分析を一般社会に披瀝していた頃、彼の勤務先である東京帝国大学法科大学でも『國家學會雜誌』や『法學協會雜誌』を舞台に欧州大戦を巡る議論が行われていた。上杉愼吉のことは後述するとして、それ以外の人物の議論を見ていこう。

図 32　立作太郎

一九一四年（大正三年）一一月、『國家學會雜誌』に東大法科教授（国際法）の立作太郎が「歐洲戰爭と各國最近外交關係」を発表し、欧州大戦勃発について吉野作造とは異なる所見を発表した[43]。東大法科で「外交史」講義も担当する立は、吉野より四歳上で、吉野以上にこの問題について発言すべき立場にあった。立の欧州大戦論の特徴は、「獨逸人種の東方に押し寄せやうとする運動（Drang nach Osten）」対「「スラブ」人種の運動」という東欧の人種間対立に注目した点にある。立はその対立は、一八七八年のベルリン会議に起因し、一九〇八年のエステルライヒによるボスニア＝ヘルツェゴヴィナ併合で激化したと見た。立は「ビスマーク」について、ドイツ帝国以後のヨーロッパの平和維持に努め、ドイツ帝国の国力涵養に尽力した面と、エステルライヒを先鋒として「獨逸人種」の東進を推進した面とがあると考え、後者がビスマルク後のドイツ帝国指導部にも引き継がれて、独露対決に繋がったと見ていた。そして、ドイツ統一以来のビスマルク的侵略主義がドイツ外交を導いたという類の議論には与しなかった。また立は、三国同盟に属しながら独墺と行動を共にしなかったイタリアの事情には詳しく言及したものの、英仏は周辺的主体と見ており、特にイギリスにはほとんど言及しなかった。これは吉野が西欧諸国の「獨逸膺懲」を強調したのとは大いに異なる。外交史家の立は、内政が民主的か否かで交戦国に善玉・悪玉の色分けをする戦争観を共有していなかった。立は「日耳曼人種」の東進を指摘はしたが、それを道義的に問題視したわけではなかった。

さらに立は一九一五年（大正四年）八月に、ドイツ参謀本部の「陸戰ニ於ケル戰時慣例」（Kriegsgebrauch im Land-kriege）を検討した。これは英新聞『タイムズ』が「恐ルベク賤シムベキノ教旨」、「嫌惡スベキ所論」、「耶蘇教國ノ歴史ニ於テ又世界ノ歴史ニ於テ未曾有ノ事」と非難した法規である。立は個々の項目を欧州諸国の戦時慣例と比較し、是々非々の評価をしている。彼は、一方でドイツ戦時慣例が、仏伊の法学者のように戦争を各国兵力の衝突に限定していないことを、実態に即していると支持したが、他方で同国の戦時慣例が、戦勝に必要なら交戦法規を無視してもいいとする「戰數」（Kriegsraison）説を取っていることは、戦時国際法を空洞化する発想だとして批判したのだった[44]。

一九一五年（大正四年）二月になると、『國家学會雜誌』に小野塚喜平次が「現代獨逸ノ軍國主義トトライチケノ學説」の連載を開始した。これは一九一四年一二月二二日に小野塚が「法理研究會」で報告したものである。吉野もこの「法理研究會」に出席したが、同席していた牧野英一から、穗積八束が講義でトライチュケを紹介していたとの逸話が語られた（この会に上杉愼吉は出席していなかった）。このトライチュケ論は、比較政治の手法（ここでは独英政治思想比較）で吉野のドイツ国民性批判を補強しようとする、小野塚から吉野への援護射撃だった[45]。

冒頭で小野塚は、英独の政治的差異の証拠として、両国首相の開戦演説を引用した。「「人アリ予ニ問フニ我等ハ何ノ爲ニ戰ヒツヽアルカヲ以テセバ予ハ左ノ二句ヲ以テ之ニ答ヘン、第一ニ神聖ナル國際的義務ヲ履行センガ爲ナリ。……第二ニ國際間ノ信義ヲ蔑視スル强國ノ專橫ナル意思ノ下ニ小國民ヲ蹂躙セシム可ラザル爲ナリ。……我等ハ實ニ世界ノ緊要ナル主義ヲ擁護センガ爲ニ戰ヒツツアルナリ」ト。(Great Britain and the European crisis. 1914. P. 101)」(一九一四年八月六日イギリス庶民院におけるハーバート・アスキス首相演説)。「「我等ハ今ヤ正當防衛ノ地位ニ立テリ、而シテ緊急状態ニ際シ我等ハ、何等ノ拘束ヲ蒙ルベキニアラズ。我等ガ敢テ遂行スル不法ニ對シテハ我等ノ軍事的目的ヲ達シタル後直ニ恢復ノ策ヲ講ズベシ。最高ノ目的ノ爲ニ戰フ我等ハ單ニ如何ニシテ我等ノ活路ヲ開クベキカヲ考フベキナリ」ト。(Berliner Tageblatt. 5. Aug. 1914)」(一九一四年八月五日ドイツ帝国議会におけるベートマン・ホルヴェーク帝国宰相演説)。小野塚は、アスキス演説は「正々堂々文明ノ大義ヲ後援ト爲ス」もの、ベートマン・ホルヴェーク演説は「近視的國家本位ヲ脱セズシテ國際公法蹂躙ノ辨ニ究」するものと説明した。世界の海上覇権を掌握し、自国領が全く攻撃を受けていないイギリスと、欧州主要国を敵に回し、自国領内への侵攻も受けているドイツとでは立場が全く異なるとは、小野塚は考えなかった。小野塚はまた、フランスのベルグソンが仏独戦争を文明対野蛮の戦争と見たことには共感したが、ドイツのルドルフ・オイケンやエルンスト・ヘッケルが独露戦争を文明対野蛮の戦争と見たことには冷淡だった。小野塚の反独傾向は明瞭だが、彼自身は「交戰國ノ一員トシテ有シ易キ(或程度ニ於テ當然有スベキ)感情的好悪ノ念ヲ成ルベク抑制シ冷靜ナル政治研究者トシテ虚心平氣ニ、客観的ニ」考察していると主張した。

英米の用語法に倣い、小野塚はドイツ最大の潮流を「軍國主義」(militarism)と呼び、その内容を武力主義、国家万能主義、人民の軽視と兵士の尊重、尚武の気風の重視、自由・民権・個人の軽視に求めた。つまり小野塚も吉野と同じく、内政における保守主義および外政における攻撃性をドイツの特徴と考えていたのである。小野塚は協商国側(例えばロシヤ帝国)を話題にすることなく、ドイツ帝国のみを批判対象にした。小野塚はドイツ「軍國主義」の論客としてトライチュケを取り上げたが、ドイツ語史料も用いてはいるものの、結局は「英人ノ眼ニ映ゼルトライチケ」の紹介に終始した。

さらに小野塚は、吉野作造がオランダの友人から入手したフリードリヒ・ナウマンの話題作『中欧』(*Mitteleuropa*)を借りて、その内容を『國家學會雜誌』で紹介している。小野塚は、ドイツ語の政治論は自国本位で客観性を欠くと非難し、同書に関しては、ナウマンの十八番である「衆民政」への明瞭な言及がないなどと失望を漏らしている。[46]

一九一五年(大正四年)九月の『國家學會雜誌』には、大山郁夫(早稲田大学教授)が「經濟攻究會」での帰朝報告「マキアヴェリズムと獨逸の軍國主義」を掲載した。この報告はニッコロ・マキアヴェッリの人生と思想を概説することに重きを置いたものだが、その思想を導入した人物として、トライチュケ、フリードリヒ大王、クラウゼヴィッツからヴィルヘルム二世、ベートマン・ホルヴェークまでを末尾に挙げ、道徳も法律も無視して勝利のために手段を厭わないという、小野塚らと同系統のドイツ・イメージを披露した。[47]

内政で吉野作造が危惧したのは、「獨逸カブレ」がドイツ軍の英仏軍への優勢を、専制主義の民主主義への勝利だと触れ回ることだった。このため吉野は、英仏の劣勢を最終的敗北とは認めず、またその劣勢を民主主義の弊害の現れだとする見解も峻拒した。そして、むしろ民主化の進んだ方が、目的意識を持った個人が団結して国家が強大化するのだとして、英仏を懸命に弁護したのである。吉野は、国際政策上の「軍国主義」(対概念は「平和主義」)と、内政上の「民本主義」(対概念は「官僚主義」)とは両立するのであり、現に英米がそれを成し遂げつつあると説いたのだった。[48]

この時期に吉野が名指しで批判した「獨逸カブレ」が、例えば官僚政治家の水野錬太郎であった。水野の随筆集『靜感』には、「世界に於ける獨逸魂」と題して、パウル・ロールバッハを引きつつドイツの強勢を紹介し、イギリスの個人主義を(一方的批判ではなく)両義的に評価し、イギリスでも「憂國の識者」はドイツに感嘆していると論じた章があるが、これを吉野は見逃さなかった。「巻頭の數頁、卽ち獨逸の世界的精神の讃美に屬する部分のみを擧げ、更に之に續いて英人の觀たる獨逸觀、卽ち英人が自國民の缺點を指摘し警醒せんがために殊更に獨逸の美點を擧げたる論文を紹介せらるゝ時は、如何にも獨逸は好い事ヅクメ、英吉利は悪い事ヅクメと云ふ感想を讀者に與へ、英吉利獨逸兩國の正當なる比較研究を不可能ならしむるの嫌ありと思はるゝ(49)」。

吉野は「軍閥」も「獨逸カブレ」として名指しした。そもそも吉野は「軍閥」を、民本主義、平和主義の潮流を心得ない勢力として蛇蝎視し、「盲人蛇におぢざるの妄擧」に出ていると嘲笑していた(50)。吉野によると、雑誌『義勇青年』(一九一五年一一月)で、陸軍参謀次長の田中義一陸軍中将が青年団について論じた際、イギリスには中流社会がなく、上流社会は教育も受けて愛国心もあるが、下流社会は自由思想の悪影響で愛国心を欠いていると書いたという。この記事を見た吉野は、それを英仏批判・ドイツ礼讃の類だと解釈した。この頃吉野は、学校での「兵式體操」の必修科目化に反対し、また国民が進んで徴兵に応じるような軍隊教育の「進歩」を求める議論を展開していた。吉野は田中の議論に関連して、ドイツの強靭さの秘訣をその軍事面ではなく、その精神的風土、特に宗教に見るべきだと説いた。吉野曰く、中世カトリック教徒が「聖地回復と云ふ抽象的名義」に動いて十字軍を起こし、「支那人朝鮮人」が「愛國と云ふ空名に驅られて一時熱狂する」ことはあったが、「感情的に敵愾心に熱する」というのは本来「多少開明に進んだ國民」では起こりえないことで、にも拘らず英仏国民に劣らない開明度の「獨逸國民」が挙国一致を成し遂げたのは、「當局者の非凡の才能」のお陰である、ドイツでは日本と違い政治指導者が情実でなく能力で選抜されるため、人民を抑圧せず人民からも反撥を買わないという。さらに吉野は、「一國の主腦たる君主が實に偉らい人物である」とし、「フレデリック一世」、「フレデリック大王」から「フレデリック三世」まで「フオヘンツオレルン家」は名君続きだと絶讃する。そしてその理由として、彼は同家が「新教」の庇護者だという点に注目するのである。また吉野は、「獨逸では將校が實に偉らい」とし、その理由を主な選出母体たる貴族層の有能さに求めている。そして「我國では貴族富豪の子弟と云へば大抵馬鹿ときまってをる」のに、ドイツで逆なのは家庭生活の基盤に宗教があるからだとした。加えて吉野は、学生組合を含めたドイツの教育に、ドイツ貴族子弟の強靭さの一因を見出した。吉野は、「大學などに於ては、學習院出身といへば成績の最も劣等なることの表徵となつてをる」とし、イギリスのパブリック・スクールと並べてプロイセンの貴族学校を模範に挙げ、日本の「貴族教育の刷新」を訴えた。最後に吉野は、ドイツでは貴族のみならず人民も「健全にして常識に富んでをる」として、ここでも宗教、教育を原因に挙げている。結局吉野が言いたかったのは以下のことだった。「獨逸の強きは専制政治なるが故ではない。其原因は他にある。而して専制政治でなかつたならば、猶ほ一層强かつたらう」。専制政治が強さの秘訣なら、ドイツよりロシヤの方が強いはずだというのである。ただ吉野による田中の著作からの引用部には、あるいは田中の著書『社會的國民教育』を見ても、田中がドイツの専制に学べなどと述べた形跡はなく、むしろ吉野以上に教育の重要性を力説し、欧州各国に目を配っている。吉野が自分の叩きやすい田中義一像を構築していた、あるいは田中の著作を先入観を以て読んでいた可能性もある。[51]

このドイツ教育論もその一例だが、吉野は欧州大戦の前半から、ドイツ政治を厳しい口調で批判しつつも、同時にドイツ人の精神性を大仰に称揚するという両義的な論調を取っていた。吉野は、ドイツでは良家の娘でも女中奉公に出る、ドイツ人女優は卒倒するまで舞台で義務を果たす、ドイツ農村の娘は真黒になって畑仕事に精を出す、山間部の村々まで最新の知識が行き渡る、物を大事に使うなど、英仏人に勝るドイツ人の精神性を「見習ふべき」だと説いている。こうした吉野のドイツ称揚は、いつも軍事のみに注目する保守的ドイツ支持者を牽制するという意図で為されていた。また後述の通り、吉野は憲政論文で民本主義を鼓吹する文脈でも、ドイツを西洋の民主的発展の一事例に含めていた。[52]

吉野はドイツ帝国批判に際して、日本の国益も視野に入れていた。当時の日本人にとって欧州大戦は、「日清戰争」、「日露戰争」に続く「日獨戰争[53]」でもあった。十年周期でやってきた三度目の試煉に日本は遭遇したのであり、吉野も知識人としての使命感に燃えて戦時論壇に参戦したのだった。吉野が大正天皇の御大典（一九一五年）を祝して『中央公論』に掲げた巻頭言「瑞氣天地に滿つ」は見逃せない。「軍國の即位式は我邦に取りては最も緣起宜し、我皇祖　神武天皇の大和橿原宮に位に即かせられしも中原平定未だ成らず兵馬倥偬の間に在り、明治天皇亦た國歩艱難の中に踐祚の式を擧させられたり、而して　今上陛下亦た世界兵亂の最中に大禮を行はせられんとするは豈に帝國の世界的大發展を暗示するものにあらずや、吾人は前途を眺め國民的希望の自ら内に洋々たるを禁ずる能はず」。また吉野は、「國家としての獨立の存在及び其對面を維持するには、軍國主義の設備を整へ、之を運用するに軍國主義的精神を以てするといふことは極めて必要である」、「我々は必ずしも今日の如き國際競爭の激甚なる社會に在つては決して軍國主義其の者を排斥するものではない」としつつ、「唯所謂國家の富强を冀ふ一念の餘り進んでは國際的正義公道を無視し、退いては國民個々の自由なる發展努力に不當の拘束を加へ殊に物質力の伸張を圖るの餘り道義力を蔑視するが如き傾向を惡む」と付言した(54)。

吉野は、日独戦争でのドイツ租借地占領を日露戦争でのロシヤ撃退と連続的に捉え、東洋での欧米の軍事的脅威を許さないという方針を提示した。吉野は、仮にドイツ帝国が勝利を収めても、「膠州灣を無條件で獨逸に返すことは出來ぬ」とした。そして、ドイツ帝国が中華民国に手を回して還付要求をさせ、日中関係が悪化することを恐れた。さらに吉野は、日本が膠洲領問題を有利に解決するために、優れた手腕や信望の人物を媾和会議に送るべきだと論じた。開戦翌年になると吉野は、日本の青島占領の意義を「不言にして一種のモンロウ主義を樹立せんとするもの」、つまり「既成事實は論する限りに非ずとして、亞細亞以外より如何なる國にても其軍國主義を極東に樹立すべき方略を執ることに極力反對せんとすること」であると説くようになる（吉野は、英領香港は許容される既成事実、独領青島は許容されない非既成事実と考えたようである）。この吉野の方針は、「東洋の事に關し又東洋人の運命に關する大事に關しもう西洋人の干渉は認めない」という最晩年の「東洋モンロー主義」論にも通じる。吉野は

「血は水よりも濃厚なり」とし、「黄色人種」、「千有餘年の交誼あり且つ輔車唇齒の關係ある同文同種の日支間」の友好を訴えた。とはいえ吉野は、東洋における日本の東洋覇権の要求は「當然の希望」としつつも、日本がドイツ帝国のように傍若無人な国益追求によって孤立することには警戒的で、飽くまで「國際的正義公道」の枠内で行動することを要求した。吉野は、自分たちのみが真の文明を樹立し、有色人種を征服する権利があるという白人の主張に憤慨すると同時に、同じ論理で日本人が朝鮮、台湾、中国の人々を「繼子扱ひ」することを「基督信徒として」間違いだとした（但しそこでは、自分も数年前に中国人の習俗を揶揄していた過去は棚上げされている）。膠洲湾還付を当然の義務と見る吉野は、青島の税関業務を引き継ごうとする日本が、中華民国に過大な要求を突き付けるのを危惧し、加藤高明外相が「對華二十一箇條要求」で英米中を刺戟したのを「外交稚拙」と批判した。[55]

欧州大戦論と並行して、吉野がこの時期に熱心に取り組んだもう一つの話題に、メキシコ論があった。吉野はジョージ・ワシントン、ベンジャミン・フランクリン、トーマス・ジェファーソン、ポール・ハミルトンなどアメリカ合衆国独立の指導者たちを、私心なき有徳の人々として激賞したが、自ら皇帝を称したメキシコ独立の指導者アグスティン・デ・イトゥルビーデ（アグスティン一世）やその周辺の人々のことは、私利私欲に塗れた俗物として描いた。吉野はイギリスから逃れた清教徒が、アメリカで高潔な生活を守り、「土人と血縁上の關係を結ぶ」ことなく「人種の純粋」を守ったのに対し、メキシコに渡ったスペイン人が（カトリック教徒であるために）初めから守るべき道徳がなく、増大した「土人」との「混血兒」が政治に進出したのを問題視した。吉野のメキシコ論は、彼のドイツ論、中国・朝鮮論、カトリック教会論と同傾向の白黒図式である。[56]

さて一九一六年（大正五年）年末、吉野はヴェルダンの戦いでのドイツ軍の被害を強調した。「一時危殆を傳へられたヴェルダンの要塞は、佛蘭西側が全然前面の獨逸軍隊を驅逐して既に抱圍以前の戰線を回復した、之れ一には獨逸が多数の兵力を東方に割いた結果であらう。けれども獨軍がそれだけ多大の犠牲を供したヴェルダンを其儘放棄したといふことは、何といふても聯合軍側の一大成功といはざるを得ない」。実際ドイツ帝国では、ヴェルダン攻防戦後にエーリヒ・フォン・ファルケンハイン参謀総長が引責辞任したが、フランス軍もドイツ軍以上の被害を出していたはずである。だが吉野は、常に協商国側を応援する立場で、西部戦線の英仏軍、東部戦線のロシヤ軍を描き続けたのだった(57)。

ヨーロッパ諸国の愛国的知識人の間で論争が勃発すると、吉野はドイツ側を一方的に非難した。吉野は特に、哲学者オイケン（イェナ大学教授）、神学者ハルナック（ベルリン大学教授）を挙げ、後者がドイツ軍の戦争犯罪疑惑に反論したことをこう評した。「平生識見の超邁を世に知られ頭脳の冷静を特色とする流石の大學者も一たび國難に際して愛國狂熱に驅らるゝや殆んど市井の凡人と擇ぶ所なきを知るべし」。吉野は、英仏人の思慮深さとドイツ人の愚昧さとを印象付け、ドイツの「精神的自給自足主義」、「偏狭なる國家主義」を批判した。さらに吉野は、倫理的権威のはずの教皇ベネディクトゥス一五世も内心親独的で、公には旗幟を鮮明にしていないと批判した(58)。

吉野は、日露戦争に際し批判したロシヤ帝国を、日独戦争では一転して称讃した。吉野はロシヤ皇族のゲオルギイ・ミハイロヴィチ大公が大正天皇の即位礼に参列するのを、ほとんど同盟にも等しい日露友好だと歓迎し、ロシヤ軍の健闘振りにも満足を表明した。大公来日に際してロシヤが日本に軍需品供給を求めたことも、吉野は対独戦意の表れと肯定的に評価した(59)。開戦時にロシヤ帝国がポーランド人に対して布告した自治の約束も、吉野は（その戦略的意図は認識しつつも）割り引かずに紹介した(60)。それでも一九一五年（大正四年）には、吉野は日露接近への英米や中華民国の懸念を意識し、利害衝突の解消としての「協商」はよいが、軍事的協力としての「同盟」には共通の敵が必要だ、ドイツはロシヤにとっては現実の敵だが、日本にとっては敵と言っても影法師程度なので難しい、日英同盟も軽視できないとやや控え目の態度を示した(61)。だが一九一六年四月になると、吉野は日英同盟の存続を前提に日露同盟を支持するようになる。彼は、三国干渉も結局はドイツの陰謀だったのだとし、ロシヤは既に立憲国家になったので、日露間に利害対立はないとしたのだった。同年七月には、吉野は「日露協約」が英仏も諒解して実現したのを喜び、さらに日英仏露「四國同盟」を希望した[62]。ところが一九一七年、二月革命でロシヤ帝制が崩壊すると、吉野は再び立場を変え、ロシヤの「金科玉條」たる「專制主義」、聖宗務院長コンスタンチン・ペトローヴィチ・ポベドノースツェフの西欧文明批判、ピョートル・アルカジェヴィチ・ストルィピン首相の「變裝的專制政治の復活」などを心置きなく批判し始めたのだった[63]。

吉野は、ドイツ帝国の「ポーランド人やデーン人や或はアルサスロレーン人」にも言及した。吉野は開戦前から、ドイツ帝国は三方に少数民族を抱えているため、国力が増大してもいざという時には左顧右眄するのだと分析していた。吉野はポーランド人をドイツ帝国にとっての「獅子身中の蟲」だとしつつも、一八世紀のポーランド分割は貴族官吏の腐敗が原因で、国民全体は腐敗しておらず、「少くとも當時の歐洲に於ては尤も開明の民族で、露西亞、日耳曼の諸民族よりも寧ろ高い文明を有して居つたのは事實である」と好意的に叙述した。吉野は分割されたポーランド人の旺盛な民族意識を、共感を込めて概観した。その際吉野は、ポーランド人の多くが彼の批判するカトリック教徒であることには触れなかった。ただ戦後になると、吉野はカーゾン線を越えてソヴィエト領に侵攻したポーランドの「無謀なる野心」、「民族的利己心」を警戒するようになる[64]。

一九一七年（大正六年）にロシヤ革命が勃発すると、吉野は動揺した。吉野は二月革命を、対独単独媾和を模索する親独的な上層階級が、反独的な人民から遊離して打倒されたものと解釈した。独露単独媾和を警戒した吉野はこう述べる。「露西亞の紛亂は協商國側に取つて非常な損害であり、從つて獨逸側に取つては一大利益であるけれども、併しながら徒らに平和を欲して單獨に和するやうな事は萬々あるまいと思ふ。何故なれば露西亞國民の希望する所は一般的平和の克復にして決して單獨媾和にならないからである[65]」。一〇月革命は吉野にとってより深刻な事態であった。吉野は、愛国心そのものを疑問視し無併合無賠償を掲げるボリシェヴィキ政権が、ドイツへの併合・賠償を当然視してきた反独戦線を動揺させることを憂慮し、英仏とは対立する「實際的立場を離れた抽象的の議論が多い」のを、清新だとしつつも心配した。続くブレスト＝リトフスク媾和交渉は吉野にとって不安材料であり、「露國の軍隊は全く戰鬪力を缺くが爲め、獨逸の威嚇に抗することを得ず、ために露國は將に獨逸の奴隷とならんとしつゝある」と慨嘆した。当初吉野はボリシェヴィキの無併合無賠償要求がドイツ軍国主義と両立できるわけがないとし、ロシヤ人を「思想上の戰勝者」を自負する者、「非常に偉い思想を持」っている者と称讃した。媾和交渉が実際に始まると、吉野は「空論」に動かされたロシヤの行為を「極めて遺憾」としつつも、それは疲弊の末の背信行為、ドイツに資する利敵行為ではなく、飽くまで世界平和という「高尚なる理想の實現」のためのものであり、ドイツに対しても毅然と理想を貫くに違いないと期待した。吉野曰く「如何に國民一般の智識の程度が低しとは云へ、今日の露國民は已に新しき時代の兒である」。これに対し吉野は中欧列強の誠意を疑い、それらが「侵害的野心」を捨てていないと警告した。終戦後に吉野は述べている。「一昨年の暮より世界の人々に手に汗握らした露獨單獨講和は、急轉してブレスト・リトヴスク條約となり、何れ丈け吾人の心膽を寒からしめたか分らない」[66]。

シベリア出兵には吉野はドイツ情勢を見て反対した。当時国内で出兵を唱える者は、独露単独媾和でドイツがロシヤ全土を掌握するのではないかと警戒していた。吉野は、ヴラジーミル・イリイチ・レーニンらが革命前にドイツの支援を受けていたとしても、信念に生きる彼らはドイツの傀儡にはならないとし、独露皇帝間の秘密電報を暴露したことについては「最も露骨に獨逸皇帝の面皮を剝いた處置」だったとして喝采した。西部大攻勢で忙しいドイツが東洋に派兵するはずはないと考えていた吉野は、日本の国力の膨張も喜ばしく、出兵にも絶対反対ではないが、相当の理由がなければできないとした。吉野は、パウル・ロールバッハらの議論を念頭に、ドイツの東洋進出には警戒を訴えたが、そのために日本が出兵して東洋諸民族の反撥を買うことがないよう忠告した[67]。

アメリカ合衆国がドイツ帝国と断交し、対独参戦に踏み切ると、吉野作造はその「文明的意義」を力説した。吉野は、「必要の前には手段を選ぶに遑あらずとする獨逸主義」と、「如何なる必要と雖も正義の要求を無視するを許さずと云ふ米國主義」とを対置した。米独の争点だったドイツの無制限潜水艦作戦について、吉野はドイツ側に非があるとし、先行するイギリス海上封鎖の違法性は問題視しなかった。「〔……〕米國に於ける民間の輿論は獨逸に對して一歩も譲歩の色を示してゐない、否却つて獨逸の横暴は飽く迄これを膺懲せねばならないといふ議論が盛になつてゐるから、輿論に依て動く所の米國の政府としては、結局獨逸に對して斷然たる處置を執る事になるであらう。米國の識者より我々の所に來る手紙の中にも、我々は何れ早晩獨逸に對して君等と同一の態度を執らなければならぬであらう等と云つて來ている」。吉野はアメリカを「大體に於て平和主義の國」とし、大統領ウィルソンを「歐洲戰爭の平和的仲介者たらんとするの高尚なる野心に燃えて居る人」とし、彼のような「立派な人物」が大統領候補になるアメリカの国情を見て、「ピューリタンの血」がアメリカ人民に齎す偉大な作用に感激した。吉野は一九一八年になると、「世界的共同目的の説」、つまり普遍的価値を唱道するようになり、それが主に英米指導者の発想だからといって顔を背ける親独主義者は、ドイツ側に立って戦うがよいと笑うようになる。(68)

一九一七年（大正六年）四月七日にヴィルヘルム二世が「復活祭勅書」を出し、選挙法改正論議に発展すると、吉野はこれを「自由政治勃興の曙光」と呼んで歓迎した。吉野は帝国議会で一票の格差が大きいこと、プロイセン三級選挙法があること、帝国宰相が帝国議会に責任を負わないこと、連邦評議会（Bundesrat）がプロイセンに支配されていることを理由に、ドイツ帝国を「世界に於ける最後の専制的文明國」と呼び、ロシヤ二月革命の衝撃がこれを「漸く多年の迷より覺」まし、「眞個民本主義の國家」にしつつあると見たのだった。また吉野は、「非賠償非併合」を冷笑した帝国宰相ベートマン・ホルヴェークの退陣（同年七月）を、議会多数派による倒閣として歓迎した。さらに吉野はナウマンの祖国党批判演説（同年一〇月九日帝国議会）に賛同し、同党総裁アルフレート・フォン・ティルピッツ前帝国海軍長官ら「軍閥より來る所謂武斷派」の政治的圧力を批判したのだった。(69)

一九一八年（大正七年）春から秋の終戦までの一進一退の情勢を、吉野は国内に向けて実況解説し続けた。三月開始の西部大攻勢で「獨逸が着々敵を壓迫して居る」様子に焦った吉野は、ドイツ帝国の生産力が西欧列強のそれに及ばないこと、ヴィーン宮廷の混乱振りが暴露されたことなどを挙げて、ドイツ優勢論の打ち消しに躍起になった。[70] 当時ドイツ帝国は実際には徐々に戦闘能力を失いつつあったが、ドイツの内情について情報を得られなかった吉野は、中欧列強側が見せ始めた媾和への動きが、西欧列強側の足並みを乱す陰謀なのか、ドイツ帝国崩壊の兆しなのかを慎重に見極めようとした。[71] 秋に至って中欧列強側の敗色は濃厚になり、吉野も一〇月半ばには「甚だ痛快な」ドイツ軍の「見苦しき負け方」がもはや策略ではないことを確信するようになる。吉野は、ハプスブルク帝国のみならず、ブルガリア王国、オスマン帝国、ザクセン王国、バイエルン王国、ヴュルテンベルク王国など、他の同盟国やドイツ帝国内連邦諸国にも厭戦気分が広がっていることに注目しつつも、対戦国双方の媾和条件が折り合うのはなお困難と考えていた。帝国宰相バーデン大公子がウィルソン十四箇条受諾を表明しても、吉野はその誠意にはなお疑念を懐いた。この頃ドイツ革命の兆しを感じていた吉野は、講演でそう説いて聴衆の笑いを買ったが、その直後に革命勃発の報道があり、得意気な顔を見せたという。ただ一一月初頭に吉野が予想したのは、連邦諸国の君主制はそのままで、ドイツ全体国家は共和制となり、プロイセン王がドイツ皇帝を兼ねるのではなく、声望のある分邦君主が終身「大統領」になるという国制変革であって、実際に起きたドイツ革命とは異なっていた。[72]

第一次世界戦争を踏まえて、吉野は「萬國興亡の歴史」を概観し、「國際道徳を無視し、傍若無人に我儘を働いた」国は、軍事力が強大でも滅亡するという公理を引き出した。吉野によると「國際道徳」の核心とは、国益の傍若無人な追求を避けることにあった。「國家主義」や「侵略的帝國主義」への抵抗を訴えるとき、吉野は「基督教の使命」を自覚していた。けれども吉野は、ただ闇雲に「國際道徳」を要求したのではない。「要するに今日は未だ不完全の時代である。道徳のみが物を云ふのでは無論ない。故に國家としては無論第一義として武力を養ふことを怠つてはならぬ。此點に於て予輩は大體に於て軍備擴張論者である。乍併之と同時に吾人はまた國家永遠の大計として國際道徳の尊重をも主張せざるを得ない。二者は本來兩立するものなりや否やの如きは學究的疑問である。大体の國是としては到底養力と道徳尊重とを併せて取ることが最も肝要であると信ずる」。吉野は、「國際道徳」に反して国際的に孤立した例として、第一次バルカン戦争でトルコから得た戦果を独占しようとして、第二次バルカン戦争で敗れたブルガリアを挙げ、それに次いで世界の信望を失いつつあるのがドイツ帝国だとした(73)。

吉野のような勧善懲悪論に反撥したのが、当時二十七歳だった近衛文麿公爵であった。近衛は論文「英米本位の平和主義を排す」で国内の英米「かぶれ」を強く批判した。「要之英米の平和主義は現状維持を便利とするものゝ唱ふる事勿れ主義にして何等正義人道と關係なきものなるに拘らず我國論者が彼等の宣言の美辭に酔うて平和即人道と心得其國際的地位よりすれば寧ろ獨逸と同じく現状の打破を唱ふべき筈の日本に居りながら英米本位の平和主義にかぶれ國際聯盟を天來の福音の如く渇仰するの態度あるは實に卑屈千萬にして正義人道より見て蛇蝎視すべきものなり」。欧州大戦を「民主主義自由主義平和主義國際主義に對する専制主義保守主義軍國主義帝國主義の戰」とし、ドイツの敗北を「正義の勝利」として謳歌する「英米本位の平和主義」を、近衛は問題だと考えた(74)。

吉野は戦後の平和構築に日本が積極的に貢献することを要求した。彼は、日本が「獨り東洋の問題に對する優良なる發言權を獲得すべしといふは極めて適切」として、地中海まで軍艦を派遣した以上、欧米の将来にも発言権があるとした。吉野は、国内輿論がそうした日本の世界的使命に無理解なのを嘆き、来るべき媾和会議には「廣汎なる文化的修養と敬虔なる道徳的品性とを結び付け、而かも世界の思想に透徹したる理解を有し、あらゆる問題に最も高尚なる見解を有す人物」を日本代表として派遣するべきだと意気込んだ。国際連盟構想を支持した吉野は、国内の消極論を「日本は依然封建時代の鎖國主義のもとにあると考へてゐる眼窩豆の如き過去の人間の云ふことである」と断じた(75)。

（2）「政治史」講義のドイツ論への傾斜

吉野作造の「政治史」講義にもドイツ批判の影響は現れた。初年度は社会主義論ばかりが異様に詳しかったが、欧州大戦を反映して徐々にその内容が多様化していった。

一九一五／一六年度に聴講した学生赤松克麿（一八九四―一九五五年）のノートによると、吉野は民族主義に多くの時間を割いていた。そこではヨーロッパ各国の国民国家形成が論じられており、その冒頭にドイツが出てくるが、記述は多くない。自由主義論には「憲政の本義を説いてその有終の美を濟すの途を論ず」との顕著な重複が見られ、ドイツの記述は少なく、エステルライヒの普通選挙制が重視された。社会主義論は初年度に比べて大幅に圧縮され、社会主義者鎮圧法前後の事情が詳解されており、婦人運動論などが新登場した。第四篇の「最近欧州の形成」では、吉野は欧州大戦に至る過去半世紀のドイツ政治を分析している。吉野のドイツ政治史はプロイセン中心で、一七〇一年の王国成立からプロイセンの発展を描いた。吉野はビスマルクの鉄血演説に触れ、統一に際しての議会の状況を「泣寝入り」だったと表現した。また、度量衡、貨幣、軍制、法典などの統一化政策を重視し、連邦制的残滓を小さく評価しており、特に軍制改革を「帝国陸軍の確立」だと誇張している。そして、ビスマルクの強引な統一政策の表現として、文化闘争および社会主義者鎮圧法に注目した。文化闘争論に情熱を傾けた結果、世界政策の部分は時間切れになった。[76]

一九一六／一七年度にも聴講した赤松のノートによると、吉野はこの年度は社会主義には僅かな時間しか割かず、「最近の欧州史」により多くの時間を割いた。吉野はここで、カール大帝の孫の東フランク王ルートヴィヒ（いわゆる「ドイツ人王」）からドイツ史を説き起こし、「Holy Roman Empire」が有名無実であったと説き、軍事力で統一国家を作り上げたドイツ「軍国主義」の問題性を際立たせようとした。[77]

二　上杉愼吉の対独正戦論への懐疑と民本主義論争の勃発

(1) ハンス・デルブリュックの紹介

水を得た魚のような吉野作造とは対照的に、上杉愼吉は日独開戦で困難に直面した。元々上杉は、ドイツ政治から日本政治への示唆を得られるとは考えていたが、日独同盟を要求したことはなく、ドイツの保守的潮流を模範としつつドイツ国家と戦うことは想定内だっただろう。だが日独戦争肯定論の拡大が、結果的に日本における議会主義民主制支持を広めることは座視できなかったのである。

一九一四年（大正三年）六月、ヨーロッパに暗雲が立ち込める直前、上杉愼吉は「獨逸帝國宰相ノ不信任」を発表した。[78]上杉は、「ツァーベルン事件」（一九一三年）を人権蹂躙だとして、帝国宰相ベートマン・ホルヴェークを糾弾した進歩人民党、社会民主党を、悪口雑言を厭わない無頼の徒として描いた。帝国議会の不信任決議後、ベートマン・ホルヴェークが辞任しなかったことについて、英仏の新聞が「獨逸帝国憲法ノ不備」を論ったのに対し、上杉はドイツ国内では不信任決議支持派の議員も必ずしも辞任を求めたわけではないと主張した。英仏とドイツとでは憲法が違う、ドイツでは不信任決議があっても辞任は必要ではない、社会民主党は帝国宰相を任命する皇帝の大権を攻撃するために、この事件を利用したのだと主張するベートマン・ホルヴェークの姿や、軍の行動を肯定する皇太子らの動きを、上杉は詳細に描写した。上杉はさらに、「孛王及皇帝ハ何時ニテモ一少尉ニ對シテ十兵ヲ引率シテ帝國議會ヲ閉鎖セヨト命スルコトヲ得サルヘカラス」と豪語したエラルト・フォン・オルデンブルク＝ヤヌシャウやハインリヒ・ヨルク・フォン・ヴァルテンブルク伯爵ら、プロイセン貴族院の熱烈な君主主義者の動向を紹介した。上杉は、エルザスでの軍隊出動に関して、その法的根拠を疑うアンシュッツやラーバントの見解も紹介したが、その問題には余り興味がないとして深入りしなかった。

上杉が宰相不信任問題を取り上げた理由は、それが帝国議会に対する君主制の勝利のように思えたからだった。「獨逸帝權ノ堅固ナル根柢ハ牢トシテ又拔クヘカラサルナリ思フニ**皇帝ノ親政**ト**軍隊ノ獨立**トハ獨逸帝國ノ政治ニ於テ歐洲諸國ノ間ニ在リテ卓然トシテ他ト異レル著シキ事象ニ屬シ獨逸覇業ノ基礎ヲ成スモノナリ」。上杉は、小野塚喜平次が「デイリー・テレグラフ事件」に際し、これで皇帝親政が終わると即断するべきではないと（皇帝親政を批判する立場から）述べた部分を逆手に取って、小野塚博士の見解通り今回も皇帝親政の不動性は証明されたと（皇帝親政を支持する立場から）述べたのである。上杉はビスマルクを、議会政治を抑えて君主主導の政治を確立した「强烈ナル君主主義者」として称揚し、その遺志がオルデンブルクやヨルクら「熱烈ナル君主主義ノ信奉者」によって引き継がれているのを喜んだ。これに対し、上杉は君主批判を止めない社会民主党を問題視し、その擡頭を齎した「普通選擧制度の罪」を批判した。ちなみに「デイリー・テレグラフ事件」に際し、帝国宰相が帝国議会に責任を負う制度を提案したのはイェリネックだったが、上杉は恩師の試みが「空シク紙屑籠中ニ葬ラレ」たことを幸いとした。イェリネックの別な著作も援用しつつ、上杉はドイツが議会政治の国ではないことを確認した。

開戦前後の一九一四年（大正三年）八月に上杉が取り組んでいたのは、ベルリン大学歴史学教授ハンス・デルブリュック（一八四八―一九二九年）の『政治と民意』（*Regierung und Volkswille*）の邦訳だった。デルブリュックは、ドイツ政界では保守系から左派自由主義系へと移行した言論人だが、上杉は彼の議会批判の部分のみに着目した。『政治と民意』は新刊の講演録で、上杉はすでに同年六月の宰相不信任論でもその書名を挙げていた。同書でデルブリュックは、「人民」の名を語る政党が寡頭支配を行っているとし、最良の提案は多くの場合政府や君主が提出し、それを帝国議会の抵抗を押し切って成立させるのが実態だと述べている。これは政党批判者の上杉には歓迎すべき意見だった。[79] 上杉は早速新しい庇護者の後藤新平男爵に連絡し、後藤が私設秘書の森孝三に命じて、一九一四年七月一四日にデルブリュックから翻訳許可を取らせた。[80] 森は以前にもカール・ヘルフェリヒ『殖民行政組織改革論』(一九〇五年)、ロベルト・ミヒェルス『政黨社會學』(一九一三年)を翻訳しており、後にはアルトゥール・フォン・ブラウアー『ビスマルク公外交機略』(一九二四年)を翻訳している。デルブリュックの翻訳は「後藤新平譯」とされ、(恐らく森の協力で)後藤が作成した訳稿を、上杉が添削する形態で進められた。[81]

上杉はデルブリュックの新著を「君主主義軍國主義官僚主義非議院政治主義を皷吹するの論說」と評価して、「友遠方より來るの感あり」と喜んだ。上杉は欧州大戦についても、「吾人は半は聯合諸國に對する自然の贔負目を以て、半は英人の味方に都合好き報道に依りて、之を觀察するも、利は明に獨逸に在り、强敵四方に迫りて獨逸の寸土尺地も侵入せられさるは少くとも事實なり」、「獨逸か三大國を連ねて隻手之に當り、擧國一致奮鬪努力、我必す勝たんの意氣旺盛なるものあるは、寔に有史以來の壯觀たらすんはあらす」と、敵国ドイツに公然と拍手を送った。[82] 英米への親近感からドイツに批判的姿勢を取った吉野とは逆に、上杉は保守的心情からドイツに同情的姿勢を取っていたのである。

上杉はさらに各国文献を紹介して、議会の権威失墜を論証しようとした。上杉は一九一四年(大正三年)九月連載開始の論文「民意代表」で、議院は本当に民意を代表しているかと問い、イェリネックが各国議会の信望失墜を指摘した部分を援用した。上杉はイェリネックに加え、ノースウェスタン大学教授アルバート・ケイルズ、グラスゴウ大学教授ウィリアム・マケチニー、ベルリン大学教授フリードリヒ・パウルゼン、ロシヤ人政治学者モイセイ・オストロゴルスキイなど、各国文献を多数援用して代議制、政党、多数決制、小選挙区制の危機を強調した。そして、上杉が議会に代わる民意表出手段として注目したのは、シュヴァイツのランズゲマインデのような直接民主制であり、それはルソーへの興味と結び付いていた。彼はまた比例代表制にも興味を示している。さらに上杉は、政党政治は民衆を抑圧する少数者政治だ、国民は自由な議会よりも有力な政府を求めるものだとの見解を示している。欧州大戦後の総力戦体制論の底流が、既に始まっていたのである[83]。

一九一六年（大正五年）六月、上杉は日独戦争に関して重い口を開いた。日本赤十字社の雑誌『博愛』で、上杉は轟々たるドイツ批判への複雑な思いを覗かせた。彼は中立国侵犯のようなドイツの国際法違反を認めつつも、国家生存のためには道徳のみに固執できまいともした。「獨逸民族は今代に於て世界精神を代表するものである、獨逸の文明を他の民族に及ぼす事が天職である、是に反對するものを滅す事が人類の爲めに獨逸が盡す所以であるといつて居るが果して然るや否や、甚だ疑はしい、獨逸文明の貴重なる事は私も認めて居るけれども獨逸は泰然として平和の中に向ほ五年十年を過したならば、獨逸人が理想とする獨逸文明を以て他國を壓倒することが或る程度まで出來たのであらうと思ふ、今に至つて急に戰争を始めたのは獨逸人の大理想なるものが眞の大理想でなかつたものを示すのである、或はカイゼル一人又は獨逸國家の野心の結果といはれても止むを得ない事であると思ふ、併しながら一國には一國の理想があり、其理想を達するが爲に戰争をするのであるから、戰争は最後の道徳たる國家の存立を維持し其の然る所以を益々發現するのである[84]」。

（2）民本主義論争——吉野作造との正面衝突

吉野作造と上杉愼吉との対立が顕在化するまでには数年の経緯があった。最初の兆候は、ナンシー滞在中の吉野が日記で、天皇機関説論争での上杉説を「僻説ニアラズンバ研究ノ未ダ至ラザルモノナリ」と書いたことである。吉野は遅くともこの時点までには、上杉を自分とは相容れない政治観の持ち主だと認識していた。帰国直後の論文「民衆的示威運動を論ず」（一九一四年）で、吉野は上杉の「所謂専制的憲法論」を初めて公然と批判したが、口調は慎重だった。「先頃新聞で傳ふる所によると、帝國大學の上杉博士は帝國議會が不信任案や上奏案を議するのは憲法違反である、日本の憲法は議會に對して斯くの如き問題を議すべき權能を與へて居ないと、學生に向て教へたと云ふ事であるが、上杉博士は果して斯くの如き事を言つたかどうかは私は知らない」。吉野は帝国議会の権能をそう狭く解釈する説を否定したが、民衆や議会の現状に照らせば、そうした発想にも「無限の同情を表する」とした。この間二人は私信も交わしている。一九一五年（大正四年）一二月八日の上杉発吉野宛書簡には、次の一節がある。「御著書拝受毎度難有奉存候御説服し難きもの多きハ遺憾ニ不堪貴兄の賢明にしてかゝる方向の考ヲ抱カル、ハ誠に当代ノ一恨事に存候萬事言ノ如クナラズ可慨可嘆」（ここでの「御著書」は、吉野の論集『現代の政治』だと考えられている）。この文面から、吉野はこれ以前にも上杉に自著を送っており、上杉の苛立ちが吉野にも伝わっていたことが分かる。なお一九二一年になるが、上杉の著書（『日本人の大使命と新機運』か）献呈に対する吉野の返答には、内容への論評がなかった。「謹啓御近著一部御恵贈を辱くし難有拝受仕候旅行罷在御挨拶申遅れ候段不悪御容赦被下度殘暑の砌にも不拘硯益々御多祥の儀大慶ニ奉謝候不取敢御礼中述度如斯ニ御座候草々[85]」。

さて吉野は、一方で日独戦争を道義的に正当化しつつ、他方でドイツも含めた交戦国の状況を、日本政治への教訓にできないかと考えていた。一九一五年（大正四年）一月、吉野は「擧國一致の美談」を称揚し始める。吉野は、交戦国で各国民が自主的に愛国的奉仕をしている有様を描き、自主独立を重んじる英仏では人々が公共心に燃え、愛国的奉仕に邁進している、ドイツも挙国一致に励んでいるが、国民の自立心を抑圧してきた分、英仏には及ばない、日本はドイツにすら及ばないと説いた。吉野はドイツに関して、「餘り細目の報道に接しない」と告白しながらも、こうした図式的国民性比較を開陳しているのである。そして曰く「我國民は上の者の命令を奉じて、即ち服従者として行動する際には、非常に強いけれども、支配者として行動する際にはまるで駄目だ。故に戰爭には非常に強いけれども、イザ戰爭が終つて、例へば滿洲とか朝鮮を自ら主人となって支配する時には國の爲も人の爲も殆んど眼中にない。到る處失敗の歴史を殘して居る」。滿洲や朝鮮で「主人」となれる人材を育てるためにも、吉野は日本政治の近代化を訴えたのである[86]。

翌月の一九一六年（大正五年）一月、『中央公論』に吉野作造の「憲政の本義を説いて其有終の美を済すの途を論ず」[87]が発表された。これこそ吉野の内政論が凝縮された作品だが、その発表で上杉愼吉は吉野作造との直接対決を回避できなくなるのである。

吉野はこの論文で、まず「憲政」の根源に「國民一般の智徳」の発達を見た。国民の智徳が低い段階では「少數特權階級」の貴族政治に甘んじる他はないが、それが発達してくると「立憲政治」（憲政、憲法政治）が行われるのが文明の必然だという。吉野は前者の好例としてメキシコを、後者の好例としてアメリカ合衆国を挙げた。対独正戦論にも見られたように、吉野は後進国の下劣さと先進国の高邁さとを、辛辣な筆致で描き分けた。吉野はさらに「憲法」の意味を説明し、それは単なる「國家統治の根本法則」であるだけではなく、(1)人民の権利の保障、(2)三権分立主義、(3)民選議院制度が備わっていなければならないとし、それらが各国憲法のみならず大日本帝国憲法にも備わっていることを確認した。ただ吉野は、そうした制度設計だけでは「立憲政治」は不完全とした。

吉野は「立憲政治」の精神たる「民本主義」こそ各国憲法に通底するものであり、その実現が「立憲政治」の「有終の美を濟す」ことなのだとした。「民本主義」とは、「國體」が君主制か共和制か、つまり主権がどこにあるかとは別次元で、民衆を重んじるという観念であり、元来西洋で「デモクラシー」と称されたものだという（吉野は上杉と同様、日本で君主が主権を有するのは明瞭だとし、美濃部の国家主権説（天皇機関説）に一定の理解を示しつつも、学界内でしか通用しない発想だとして用いなかった）[88]。この論文で吉野は人民主権を「民主主義」と訳し、「民本主義」とは区別したが、「民主主義」も考え方次第では「一天萬乘の陛下を國權の總攬者として頂く」日本でも受け入れ可能であり、一概に排斥するべきではないとした。吉野は、絶対的・哲学的民主主義と相対的・解釈的民主主義とを区別し、抽象的に国家を観念し共和国こそ唯一正当な国家であるとする前者は、今日ではもはや急進社会主義者などしか信奉していないが、具体的な国家を念頭に解釈上主権が人民にあるとする後者は、ベルギー王国やドイツ帝国が好例だとした。とはいえ吉野がこの論文で主張するのは民主主義ではなく民本主義だが、彼はそれに対する感情的な反撥を戒めた。民本主義の構成要件として吉野は、(1)政権運用の最終目的が「一般民衆のため」であること、(2)政権運用の最終決定を「一般民衆の意嚮」に置くことを挙げた。吉野は日本を含む「開明」諸国の人民が、民本主義に値する「智徳」を備えていることを疑わなかった。

吉野は、民本主義を実現する手段として代議政治が不可避だとした。彼は直接民主制よりも代議政治が好ましいとするイギリスと、代議政治に不信感を懐き直接民主制を試みようとするサンディカリズムや人民投票論とを紹介した上で、民本主義を否認し少数者支配に戻そうとする保守的代議政治批判を論外とした。吉野自身は、人民が議会を監視し、議会が政府を監視することを提唱した。

吉野は、人民と議会、議会と政府という関係を、常に主と客との関係だとした。彼は蔓延する選挙不正を正すためにも、人民が議員を監視するべきだとし、選挙道徳を鼓吹すると同時に、選挙権を拡大して国民一般の政治意識を高め、買収しきれないほど有権者を増やし、思想信条の自由を確保すれば、選挙不正はなくなると考えた。そして、エステルライヒやバイエルンなど、南ドイツ諸国における普通選挙拡大を紹介している。また、超然内閣を、悪政を放置する非立憲のものとして批判し、政府が議会に責任を負う責任内閣制、具体的には政党内閣の確立を訴えた。吉野は、ツァーベルン事件後の帝国議会での宰相不信任決議にも拘わらず、帝国宰相ベートマン・ホルヴェークが辞任しなかったドイツ帝国の超然主義を紹介したが、これは例外的な事例であるとした。

ちなみに、専制国家ドイツとの対決を肯定していた吉野が、この論文ではドイツをしばしば民主主義国扱いしている点は見逃せない。吉野は、日本の読者に民主主義が世界の大勢だと納得させる必要があった。だがそこで、ドイツ帝国ほど重要な国が反民主主義では具合が悪い。従って吉野は、ドイツを極力民主主義の潮流に沿う国として紹介したのだろう。冷静な読者であれば、それが吉野のいつものドイツ批判とは異なることに気付いたはずである。

なお同年、吉野は『國家學會雜誌』で「相當ニ急進的ナ普通選擧論者」を自称し、普通選挙には弊害がないどころか従来の弊風を一掃する効果があると説くことになるが、そこで先例として彼が詳解していたのは、一九〇七年に普通選挙を導入したエステルライヒの先例だった。(89)

これに対し一九一六年（大正五年）『中央公論』二月号には、早速次のような広告が登場した。「憲政の本義を論じて吉野博士の説を駁す　法學博士　上杉愼吉　本誌の五十頁に亘る長大論は次號の本欄に掲げらるべし」。この広告は、第二の天皇機関説論争が、今度は上杉・吉野間で行われることを予感させるものであった。上杉は即位礼・大嘗祭の挙行された前年一一月、『法學協會雜誌』で「登極令謹解」を発表しており、「國體」論に力を入れていた。(90)二人の正面衝突は避け難い状況にあり、またそれを期待する読者もいただろう。

だが実際に『中央公論』三月号に掲載された上杉愼吉の論文は、「我が憲政の根本義――議院中心の憲政論を排す」というトーンダウンした表題になっており、分量も二十八頁に留まった。この論文には、吉野作造との対立を避けたい上杉の心情が垣間見える。上杉は、吉野との共通点を確認しつつ相違点を明示するという慎重な論法を取ったが、本文では吉野の名前を挙げなかった。上杉が吉野との共通点と見るのは、民衆の利益を第一に考えるという「民本主義」の理念であった。上杉が吉野と違うのは、吉野がそれを議会政治（政党政治）を通じて実現しようとするのに対し、上杉が飽くまで君主親政を通じて実現しようとする点であった。上杉にとって「民本主義」とは君主の「善政」を意味する言葉だった。彼は、薩長に反撥し土肥から起きた自由民権運動が、君主親政排斥論に至ったのを筋違いだったとし、大日本帝国憲法の文言からして日本が君主親政の国であることは明らかで、それを済し崩しに議会政治にしようとするのは雷同附和に他ならないと主張した。

上杉は吉野に、「民本主義」なる訳語の最初の使用者は自分だと述べていたという。(91)上杉は吉野が帰国前の一九一三年（大正二年）五月、雑誌『東亞之光』に「民本主義と民主主義」という短文を掲載している。上杉は、井上哲次郎が君主主義と民主主義とを調和しようと、「君以百姓爲本」という意味で「民本主義」という言葉を用いたのを継承し、庶民の生活を第一に考えるのは天皇の伝統であったと述べて、君主制を逸脱し主権在民を意味する民主主義と、君主の善政志向を意味する民本主義とが別物であることを力説していた。上杉は君主制を「モディファイ」して民主制に近付ける議論の危険性を早くから認識しており、吉野によってその危惧が現実化したのを見たのである(92)。

その上で上杉は、「我が憲政の根本義」執筆の経緯を「附記」でこう記している。

吉野博士が本誌の一月號に於て、憲政の本義を論ぜられたのは、私の主張と非常に違って居るから之を批評せよとの中央公論の希望であるが、私は吉野博士より一部の雜誌を送られた時に之を熟讀して、其根本の主義に於て私の主張に反するのみならず、同博士の說を主張さるゝとしても徹底せず、又失禮な申分であるが研究の足らざる點も多々あると考へたから、匿名ならば駁論を出してもよいと答へたのである。然し吉野博士の說は先づ措いてお前の考を述べよと云ふ事であるから、茲に本論を草して江湖に問ふことにした。

何故匿名でなければ吉野博士の說を駁擊しないと云つたかと云ふに、近來どうも新聞雜誌の學者に對する態度が面白くないと思ふからである。新聞雜誌の經營者は新進の學者の論說を揭げて、或は之に對する駁論を他の學者をして爲さしめ、世の中の人氣に投じて喝采を博せんとするのは彼等自身は左程の影響のあることとも思つて居らぬかも知らぬが、私は近來切にかう感ずるのである。我々の先輩は固より例外はあるけれども、多くは發達すべき丈けの發達はしなかつた。其故如何と云ふに、彼の人達は早く秀才として外國に留學し三十歲に達せざるに已に歸朝したのであるが、當時は學問らしき學問をしたものが居らなかつたから、在朝の有力者は極度に此人達を利用したのである。實は三年五年の留學で學問らしき學問もして居らぬのに、斯くして直ぐに大家の列に入つた。私は在朝の有力者が彼等少壮の學者を利用したのが、此等の人達の發達を沮止して早くより老朽の域に入らしめた者と思つて居る。之は當時學者拂底の有様から云へば無理からぬ事であるが我が學者を毒した事は非常である。洋行歸りの學者先生も有力者から重寶がられ、大家扱をせられるから有頂天になつて、なけなしの學問を絞り出して何時の間にか年を取つたのである。今や時勢一轉して新聞雜誌全盛の世の中となつて來るや、新聞雜誌は當時の政治家等に代つて少壯學者を毒するの役目を初め出して來た。四五年來之が實に甚だしい。洋行歸りの少壯の人は意氣旺盛である。新聞雜誌は直ぐに之を捉へて其論説を掲載する。忽ちにして名聲が喧傳する。新聞雜誌は益々之を煽てる。天下に名を成す亦易い哉。少壯の學者は有頂天にならざるを得ぬ。さうなると自分が研究を盡した事許りを發表して居る譯に行かぬ。斯の如き面白き時事問題がある、意見はないかとか、今かゝる事を論じたならば喝采を博するであらう、論説を起草して欲しいと云ふ譯で、研究の結果を發表するのが學者の本分であるのに、發表するが爲めに研究するといふが如き事になつて知らず識らず眞面目なる研究を怠らしむるやうな事にもなる。早くより大家にして了つて、之を毒する事は以前の當路の有力者の場合よりも甚だしい。之は學者自身を咎めるは酷である。人情の弱點自らさうなるのであるが、私は近來特に之を苦々しく思つて居る。我が學界の進歩を妨ぐる由々しき大事である。それであるから、稍々極端かも知れぬが學者が、殊に新進の學者が新聞雜誌に頻りに意見を發表する事は止めた方がよいと思つて居る。自分の主義主張の爲めに止むに止まれぬ場合は別であるが、然らざる以上は事柄さへ世間に知れればよいのであるから匿名位にして置く、新聞雜誌も餘り新進の學者を煽動しない方がよからうと思ふから時弊に激した傾はあるかも知らぬが、名を擧げて新進學者の説を駁擊するが如きことはしたくないと云つたのである。かゝる自分一身の感情論も多少の刺戟を人に與へるかも知れぬと思ふから、餘白あらば付け加へて掲載せらるゝことを中央公論の經營者に依頼するのである。(93)

吉野作造は翌月の『中央公論』で反批判を展開した。吉野は憲法の規定も運用法も東西共通であるべきとし、普遍主義の立場で上杉らの日本特殊論と対峙した。また吉野は、天皇親政は国務多端の今日では不可能であるのみならず、上杉も藩閥など「中間勢力」の意義を認めており、憲法も天皇親政を採用していないと指摘した。さらに吉野は、上杉の尊王精神を多としつつも、天皇を巡る上杉の日本史理解に多角的に批判を加え、上杉を謬説に固執するカトリック神学者に譬えた。最後に吉野は、君主親政では人民の不満が君主に向かいかねないという（留学前の上杉の）論拠を持ち出した。[94] 一九一八年（大正七年）七月の『新人』でも、吉野は上杉の名前を挙げずに批判を展開した。吉野は、日本は世界を支配するべきだが支配されるべきでないとし、「俺れが一番偉らいんだ。外のやつは皆馬鹿だ」とするような「樂天論」は、「一種の子供だまし」でしかなく、世界の「進歩」から「落伍」する「所謂精神的鎖國主義」だ、それほど優れた「國體」なら外来思想を恐れる必要もなかろうとした。吉野はまた、西洋諸国は本来民主国で日本は古来純粋な君主国だという上杉の対置について、一応の理屈はあるが、一九世紀ヨーロッパでは君主主義が隆盛だったと主張した。そして、ヨーロッパで君主国が残存しているのは「人民の服従の合理的説明」があるからだとし、「予は素より我國の國體の萬國に冠絶するを信ずる」が、「非科學的民族傳統」を排除して人民が合理的確信を以て君主を中心に団結する国にするべきだとした。[95] 同年一二月の『中央公論』では、吉野は政治思想を料理に譬え、「西洋料理でも我々日本人の身體は立派に養はれる」、「陳腐な日本料理には時として腹を毀はす事がある」と述べた。[96]

上杉の吉野批判に反撥して、論壇では「象牙の塔」批判が噴出した。『中央公論』四月号は時代の寵児吉野作造について語り合う特集を組んだが、そこで寄稿した鐵拳禪（吉野甫）は、上杉の「附記」を嫉妬に過ぎないとし、帝大教授が知識を帝大に秘蔵するのは望ましくないと述べた。鐵拳禪はまた、東大法科政治学科の卒業時に上杉が第三席、吉野が首席だったことを指摘し、吉野の秀才ぶりを称讃した。[97] この三年後には同じ『中央公論』で、吉野の教え子の井口孝親（のち九州帝国大学教授）が、大学教授の専門領域への閉じ籠りを批判し、吉野については「自ら陣頭に馬を進めて正々堂々の論陣を張り、大學をして單なる死學者の養老院たらしめず、大學と社會との關係交渉を一層密接に且つ眞實ならしむるに努められた」と評価した[98]。ちなみに岩波茂雄がドイツのレクラム文庫に倣って岩波文庫を発刊し、こう挨拶したのは一九二七年（昭和二年）七月のことだった。「眞理は萬人によつて求められることを自ら欲し、藝術は萬人によつて愛されることを自ら望む。嘗ては民を愚昧ならしめるために學藝が最も狹き堂宇に閉鎖されたことがあつた。今や知識と美とを特權階級の獨占より奪い返すことはつねに進取的なる民衆の切實なる要求である[99]」。

これに対し大学内部では、上杉以外にも吉野の言論人化を懸念する声が上がっていた。吉野は、土方寧法科大学長から警告されたという噂を否定しつつも、少なくない先輩友人が吉野の書き過ぎを危惧していることを認めた。だが吉野に反省の色はなく、約束したので筆を執っただけだ、現代政治研究には新聞雑誌の整理は必要だ、自分の名を語る剽窃もあると弁明した[100]。

なお上杉は、こうした吉野との論争の最中にも、彼との交友関係を維持していた。吉野日記にこうした記述がある。「牧野君と相談し上杉兄を誘い雉本君を招待するに決し夜小常磐に行く」（一九一五年四月二八日）、「午後張繼君来る　会議室ニテ上杉穂積小野塚矢作市村佐野諸君集り茶話会ヲ開く　五時頃まで話す」（一九一七年九月二一日[101]）。

一九一八年（大正七年）一一月二三日、吉野は神田の南明倶楽部で「浪人會」との立会演説会に臨んだ。事の発端は、『大阪朝日新聞』がその論説で、「白虹日ヲ貫ク」という荊軻の秦王政襲撃を示唆する一節を用いたことにある。これを革命煽動だと憤った「浪人會」、「黒龍會」は、朝日新聞社膺懲の声を上げ、これに感化された職工らが社長村山龍一を大阪市中之島公園で襲撃し、燈籠に縛り付けて天誅の札を付した。これを契機に『中央公論』で暴力による言論弾圧を批判した吉野に、「浪人會」は面会を申し込み、結局立会演説会開催に至ったのである。吉野と「浪人會」の弁士四名は論戦を交えたが、最後に憂国の至誠において共に譲らないことを確認しつつ、(1)吉野が「浪人會」に言論圧迫の意図がなかったことを認め、(2)吉野および「浪人會」が「尊嚴なる我が國體崇尚の下に益々君民一致の美徳を發揮する」ために努力することで一致し、皆で天皇陛下万歳を三唱して散会した。(102)

この「浪人會」との対決を契機に、福田徳三が義侠心から「孤立無援の」吉野作造の応援に乗り出し、誕生したのが「黎明會」である。この会は会員を公募せず、東京帝国大学教授を中心に縁故者を集めた知識人集団で、毎月一回の講演会を開催した。吉野は、大山郁夫（早稲田大学教授）は入会させたが、長谷川如是閑（元朝日新聞社）には入会を断っている。(103)「黎明會」は、欧州大戦を「専制主義、保守主義、軍國主義に對する、自由主義、進歩主義、平和主義の戰爭」だったとして、英米仏の対独勝利を正当化し、国際連盟に期待する運動を展開した。そして国内で前者の象徴として槍玉に挙がったのが、上杉愼吉や穗積八束であった。(104)「黎明會」の人々は、「日本の國本」の「學理的」な「闡明」を規約第一条に掲げ、天皇を頂く日本の基本的秩序を守る意志を示していたが、規約第三条にあるように、「戰後世界の新趨勢」に「順應」しても「日本の國本」は揺るがないと考えていた。だがこの会も、忽ち内部に綻びが出てくる。福田は戦争中、ドイツ皇帝の野心を強調する解釈に反対し、国内の一致団結にドイツ強勢の原因を見て、ドイツは敗戦しても戦後に勃興するだろうと予測していた。また福田は、ヴェルナー・ゾンバルトの『商人と英雄』を自己流に援用して、この世界戦争を「商人」精神のイギリスと、新たに「商人精神」に囚われたドイツとの利害対立として理解していた。さらに福田は、英米の対独勝利は「デモクラシー」の「オートクラシー」への勝利ではない、英仏はドイツ憎しで「デモクラシー」を持ち出しただけだと主張し、大島正徳（東京帝国大学文科大学助教授（哲学））もこれに同調した。(105)福田は以前から、ウィルソンの「空想的世界観」に熱狂し、ドイツがもたらす「オートクラシー」の害悪を誇張しているとして姉崎正治を批判しており、吉野は福田を「プロ・ジャーマンの傾倒の思想の好個の代表者」として危惧していた。[106] さらに福田は、「第四階級」の独裁に過ぎないとして、戦後独露の「社會民主主義」にも不信感を懐いており、また上杉が曲学阿世と蔑まれても断固自説を貫く勇気に敬服すると述べている。[107] 吉野と福田とが競演したこの「黎明會」は、結局一年余り続いて一九二〇年（大正九年）に解散した。

（3）雑誌『我が國』の主宰

上杉愼吉は東京帝国大学で吉野作造に対抗する言論活動を開始した。一九一七年（大正六年）一月、上杉は『法學協會雜誌』に「大學ヲ讀ム」を発表したが、ここで掲げたのが、「國家ハ最高ノ道徳ナリ」という原則である。上杉はこれを四書の一つ『大學』を用いて解説したが、同時にプラトンやフィヒテにも相通じる面があるとした。人間は国家の一員として初めて道徳的存在になれるのであり、主権者は最高の道徳の体現者でなければならないという理念は、上杉が東西両洋の思想から学んで作り上げた原則であった。[108]

一九一七年（大正六年）五月、上杉は『中央公論』を拠点とする吉野に対抗し、雑誌『我が國』（興國社）を主宰して本格的な言論活動に乗り出した。『我が國』は『世界』の後継誌であり、『世界』は日刊新聞『京華日報』の後継誌であった。上杉は同誌の編集を引き受けるに当たって口上を発表し、吉野や美濃部への対抗意識を剝き出しにした。「惟神の國體を明徵にし帝國憲法の本義を顯發せんは予か畢生の事業とする所なり夙に微力を罄くせりと雖も尚ほ國體を邈視し西洋民主の思想を以て憲政を談し政黨政治に心酔して大權中心主義の帝國憲法を蹂躙せんとするの議論の横行するを見る學者輕燥の說は憂ふるに足らざるか如くなるも政權爭奪に熱中する者引いて巳の利と爲し相率いて民を欺き世を擧りて雷同するに至らは前途眞に惧るへきなり顧みれは職を帝國最高の學府に奉し憲法を專攻講釋する者の責たる重且つ大なりと謂ふへし帝國憲法の解釋運用を一に歸せしめ國民をして遵由する所を誤らしめさるは正に予の使命なり」[109]。東京帝国大学法科大学教授としての使命感が、上杉を研究から遠ざけ、吉野に対抗する言論活動へと走らせたのである。

『我が國』の中心的課題は「國體」思想の闡明にあった。そこでは天皇を「機關」とすることや、立憲政体の「有終の美」を語ることが批判され、美濃部や吉野が意識されていた。上杉は西洋理論による日本「國體」の説明を拒否し、西洋の国王や皇帝と日本の天皇とを「君主」として同類に扱うべきでないと力説した。西洋諸国は本質的に民主共和の国であり、にも拘らず君主は国家権力を家産のように濫用したので、君民が和することなく革命が起こった、だが天皇は国家権力を私物化することがなく、君民が一体なので万世一系のままである、天皇が自分の意志で行動する主体であり、交番巡査のような既定の法規を実施するだけの国家の使用人とは本質的に違うことを、天皇機関説は理解していないという。「自己を顧みることを忘れ、西洋人と共に民主の世界潮流と合唱するに至っては、甚だしい哉其の事の本末を誤るや」。上杉は「卑怯且つ狡猾なる學者論客」が「民本主義」の看板で「民主主義」を説く風潮を警戒する。そして、政党内閣制を大権干犯とし、寺内内閣の成立を歓迎した。政党員を含まず貴族院議員を四人含むこの内閣に、衆議院が一月二五日に内閣不信任決議を出すと、上杉は日本では内閣不信任決議に拘束力はないと主張した。上杉は『我が國』を「桐花學會」の機関誌と位置付け、その宣伝を同誌上で行うことにした[110]。

『我が國』での上杉愼吉は個々の政策にも言及した。上杉は当時にしては珍しく対外政策に言及し、大義を四海に敷き皇威を八紘に輝かすために、シベリアからインド、豪州まで顧慮するよう求め、「支那四百餘州を保全防備」するための軍備拡張を訴えた。上杉は独墺中心の中欧構想や米モンロー主義に示唆を得て、今後は一国単独ではなく中華民国との連携を模索し、日本軍が欧米の浸食から同国を防衛するべきだとしたのである。上杉はまた、社会政策の一環として、戦時好景気に利益を得る資本家に課す「戰時利得税」の創設を提唱した[111]。

雑誌『我が國』は、英米仏に傾倒する吉野作造らに対抗してドイツ関連情報を紹介した。上杉は、貴族の国イギリスが、対独開戦当初はベルギーの中立維持を参戦理由にし、ロシヤ革命後は俄かに民主主義を理由にしたのを嗤った。「獨逸が文化を四海に布かんが爲めといふも倨傲笑ふべく、英吉利が正義の爲めといふも虚飾である、主義とか理論とかの爲めに彼等は生命を捨てぬ、唯だ利益の爲めである」。また同誌は、「獨逸政經」と題してフリードリヒ大王の政治思想を紹介する連載を始めた。その序文曰く「獨逸富彊の基源を察するに、中古以來、英主名臣、世々輩出して國礎を培養したる功に歸せざる可からず。此の意味よりして、現代獨逸帝國を建設したる功は尤もフレデリック大王を推さゞるを得ず。大王成功の原因は抑々安くに在る乎。大王の事は尤も研究に値す」[112]。ここでは明らかにドイツ帝国は日本の模範として扱われている。独露休戦が実現すると、『我が國』一九一八年（大正七年）二月号は戦局がドイツ側有利になったと判断し、「獨逸人の强味」なる記事を掲載した。これは日本軍が対決した青島のドイツ人将兵から強さの秘訣を学ぼうとする試みである。著者「筑紫次郎」は、中国人信徒を斥候にしたドイツ人カトリック宣教師、見事な戦死を遂げたドイツ人予備歩兵中尉、颯爽と飛ぶドイツ軍飛行機、ドイツ軍による降伏前の武器の自発的破壊、降伏を甘受せずに自沈したドイツ艦船、再起を諦めず倹約と健康とに努め、日本語を学び日本を観察しようとするドイツ人俘虜、一丸となって兵士を支えるドイツ国民と、日本が学ぶべきドイツ人の美徳を列記している[113]。『我が國』は一〇月革命後のロシヤについても、統一を保つにしろ分裂するにしろ、ドイツの影響を免れ得ないと評価した。そしてシベリアにドイツの影響が伸びてくると喧伝して、日本を対露協調介入へと勧誘する「大野心家」アメリカ合衆国に警鐘を鳴らし、日本のシベリア出兵には反対した[114]。

（4）ドイツ帝国「瓦解」の分析

一九一八年（大正七年）七月に勃発した米騒動は富山県から全国へ拡大し、上杉愼吉の期待した寺内内閣を崩壊させた。吉野作造はこの事件を、「貴族富豪を偏愛」し下層階級を蔑ろにする政策への抗議とし、「世界普通の現象」だとして肯定した[115]。

一九一八年九月の原内閣成立は、上杉にとっては許容しがたい事態だった。原敬（立憲政友会総裁）は以前、第一次山本内閣の内務大臣として上杉の「桐花學會」に圧力を掛け、その会員のほとんどを占めていた官吏を脱会させた仇敵である。加えて政友会の壮士が上杉邸を襲い、兇器を突き付けて変節を強要し、警察の調査も徹底せず、門前雀羅を張る有様となった。上杉は「平民宰相」原敬が衆議院議員であり続けるためと称して授爵を辞退したのを、大権の蔑視だと攻撃した。なおこの上杉襲撃事件を契機に、天野辰夫ら法科大学生は、敬服する恩師上杉への圧力に憤慨し、一九一六年に「木曜會」を結成して上杉の薫陶を受けるようになっていく。「木曜會」はやがて自然消滅に陥ったが、吉野系学生が「帝大新人會」を形成したことに刺戟され、一九一九年四月に「興國同志會」を旗揚げした。同会は上杉、鹿子木員信を指導者とし、天野、稲葉一世、蓑田胸喜、太田耕造らがこれに続いた。ちなみに鹿子木について吉野は、「鹿兒木君は人格に於て學殖に於て予の最も尊敬する友人」だと述べている[116]。

一九一八年一一月のドイツ革命およびドイツ帝国の敗北を、『我が國』は「時事」欄で伝えた。西部戦線でのドイツ軍の後退、ドイツ国内の窮状、ブルガリア、トルコ、エステルライヒの脱落、バーデン大公子マックスの帝国宰相就任、キール軍港での暴動、ミュンヒェンでの共和国宣言、フリードリヒ・エーベルトの新宰相就任、ハプスブルク帝国の崩壊と経過を辿り、連合国の勝利を「慶祝」しつつも、筆者は一言付け加えた。「五箇年の間暴威を振ひし獨逸竝に是と事を共にしたる同盟諸國の末路を憫まざるを得ず[117]」。

ドイツ敗戦の衝撃を乗り切るべく、上杉は先述のように『我が國』を「桐花學會」の機関誌と位置付け、政治変動を見越した宣伝を展開した。一九一九年（大正八年）一月、上杉は同誌に会則や評議員（上杉愼吉、筧克彦、丸山正彦、加藤房藏、清水澄、入江貫一、井上通泰、江木千之など）、主要会員（寺内正毅伯爵、小笠原長生子爵、平田東助子爵、一木喜徳郎、賀古鶴所、嘉納治五郎、柳田國男、高橋作衞など）の名を連ね、同志を募集しようと試みた。次号は「憲法發布三十年記念號」と銘打たれ、山縣有朋、清水澄、故穂積八束も登場する大特集となった。やや遡るが、前年末には同時に一木喜徳郎も、上杉流に君主の善政としての「民本主義」を唱道する談話を載せている[118]。だが同年末以降は上杉の名前は『我が國』に余り出なくなる。何らかの理由で上杉は編集から遠ざかったのである。

それから二年余り経った一九二一年（大正一〇年）二月一四日、上杉は講演「獨逸瓦解の原因に就て」を行った。講演の会場は「華族會館」で、かつて「鹿鳴館」と呼ばれた建物である（同じ表題の講演を上杉は同月二一日に「偕行社」でも行っている[119]）。この講演は、前年のドイツ滞在を踏まえた上杉のドイツ帝国に関する最終決算であった。仲介者の後藤新平男爵に、上杉は講演の題目を当初「獨逸戦敗ノ原因及新憲法成立ノ事情ト其批判」と連絡していたが、結局前述の題目になったのは、吉野作造の講演「獨逸敗戰の原因に就て」（一九一八年一二月一八日銀行倶楽部晩餐会）を意識したのかもしれない。吉野はこの講演で、ドイツが軍国主義国から殖産興業の文化国家として早期に復興し、正義を旨とする国際社会に復帰するとの見通しを示していたが、これは上杉の見立てとは異なっていた[120]。ただ上杉はこの講演では、国際関係、外交問題、経済財政問題は重要だが自分の専門外だとして除外し、国制問題を中心に話を始めた[121]。

上杉は断定を避けつつも、ドイツは敗戦の結果「瓦解」したというより、「瓦解」の結果敗戦したのだとの見解を示した。上杉は、ドイツの「瓦解」が余りに突然過ぎる、「崩れ方が早過ぎる、合理的でないと云ふ感じ」がすると述べ、当惑を隠さなかった。ドイツ人は戦争の準備は綿密だったのに、戦争を終わらせる革命は準備なしに実行した、他ならぬエーベルトやシャイデマンも「實はどうして宜いか解からなかった」、共和国宣言も何かしなければならないから已むを得ずやったのだと、上杉は革命の偶発性を強調した。革命は上杉にとって、堅実な国ドイツというイメージを揺るがす事件だったのである[122]。

上杉はドイツ革命が苦難の始まりだったとする。一九一八年一一月二・三日に休戦を決めた帝国指導部に、無条件降伏の意図など毛頭なかったが、革命で国家自体が潰れたため、無条件降伏、多額の賠償金、過酷な媾和条件を課されることになったのだとした[123]。

この講演で上杉は、「瓦解」したドイツを日本にとっての他山の石にする必要があると説いた。上杉は、ドイツ「瓦解」の原因を国家の内部不統一――「寄木細工式の組立[124]」――に見出した。そしてドイツ史を振り返り、様々な不統一の要素を挙げている。

①ローマニズム対ゲルマニズムの対立：上杉の解釈では、ローマニズムとは公を重視する発想で、ゲルマニズムとは私を大事にする発想だとされている。上杉はさらに、フランク王国は三つに分裂してイタリア、フランス、ドイツになったが、ドイツが最も後進的でローマの影響を受けず、多くの方言があり、封建制度が長く続いたために国家統一がなされなかったと説き、ローマニズムこそ国家統一の精神、ゲルマニズムは国家分裂の元兇だったとの立場を堅持している。

②神聖ローマ帝国における「統一主義」の欠如：上杉は、「獨逸以外には何處にもない」選挙君主制が九一一年（カロリング家断絶後にコンラート一世がドイツ王に選出された年）から始まり、一三五六年の「黄金文書」で確立したと見るが、諸侯の同意のみならず教皇から帝冠をも受けなければ「神聖ローマ皇帝」になれない脆弱性を抱えていたとする。

③ナポレオンによる「蹂躙」：上杉は、ドイツ諸国が団結できずにナポレオンの軍門に降ったことを問題視するが、シュタイン、ハルデンベルク、シャルンホルスト、フィヒテ、フンボルト、シュライエルマッハーらが国民意識を喚起したことは評価している。上杉はイェナ＝アウエルシュテットの戦いや上記の改革指導者たちに触れるなど、プロイセンの動きには注視しているが、エステルライヒなど南ドイツの動きには触れていない。

④フランクフルト国民議会の「醜態」：上杉は同議会を、学者出身議員が机上の空論を展開した点で、ヴァイマール国民議会に似ていた、ドイツ人自身もそう認めているとする。[125]

上杉はドイツ帝国を高く評価はするものの、それでもドイツの宿痾である不統一性は残ったとする。ドイツ帝国はビスマルクの名作であり、これ以上は出来ないという程のものだが、自然に出来た「一枚板の大理石」ではなく、「人工的の寄木細工」でしかなかったと言うのである。上杉が問題視したのは次の点であった。

①連邦制：上杉は統一主義の不足をドイツ帝国最大の問題だったとした。国家連合ではなく連邦国家だとはいうが、日本の東京府や神奈川県に当たるものまで「國家」だとはどういう理屈なのか、要するに「分離主義」だと上杉は憤っている。連邦諸国が代表を送る連邦評議会がドイツ帝国の主権者だ、従ってドイツ帝国は君主国ではなく共和国だという説もあるドイツ国制に、上杉は苛立ちを隠さない。統一主義的志向が強い上杉は、連邦主義は分離主義でしかないという評価を下しているのである。

上杉は、連邦評議会に対抗する統一主義的要素として「カイザー」（皇帝：Kaiser）や帝国議会を設けたことを、「ビスマルクの苦心の存する所」として評価するが、実際には十分統一ができなかったとする。皇帝が国法上の主権者ではなかったことに加え、南ドイツに反プロイセン感情があり、ヴィルヘルム二世の「人物が宜しきを得ない」という点も問題だったという。また、帝国議会に関して、後進国のドイツが思い切って「普通選擧」を採用したのは「大英斷」だったが、統一性を示すどころか却って不統一を曝け出してしまったという。上杉は、社会民主党の思わぬ擡頭に、ビスマルクがクーデターによる「普通選擧」停止を考えた逸話を紹介している。ただここで上杉が、問題は「普通選擧」そのものではなく、元々内部に不統一があった点だとして、「普通選擧」を擁護している点は見逃せない。

連邦制に関して上杉が強調したのは独仏の違いだった。上杉は、フランスが「あんなに早く統一して、ルイ十四世は國は我とまで云ふに至った」のに、ドイツは分離主義が跋扈していたために、「千年間佛蘭西に好きなやうにされて居る」ことに注目し、フランスのバイエルン工作の歴史を振り返った。上杉が注目したのは、バイエルンをドイツから分離独立させようと、フランスがミュンヒェンへ公使を派遣したり、退位したバイエルン王「ルードウヰヒ第二世」（正しくはルートヴィヒ三世）を復位させようとしたりすることだった。上杉はフランスがライン共和国の分離独立を図っていることも見逃さなかった。

ドイツの連邦制を問題視した上杉は、その問題意識を共有する者として、ドイツ内務大臣・憲法学者フーゴー・プロイスを高く評価した。プロイスが連邦制を批判する際には、領邦の君主制的伝統の打破による「人民国家」の樹立という意図があったのだが、上杉はその点には全く触れていない。上杉はヴァイマール共和国憲法を、「七十一年の憲法に比べれば統一と云ふことには非常に進歩をして居」ると診断した。(126)

②階級対立：上杉は、西洋人は一般に階級意識が強いが、ドイツはそれが極端だとの見方を示した。彼は、プロイセンの貴族が一般人民を同胞兄弟とは見ず、人民も貴族と見ればこれを憎むという気風があるとした。さらに彼は、地主、資本家、官吏の傲岸不遜を指摘した。上杉は官吏を尊ぶ習慣について、領邦が割拠しているのも、各国の「大臣」ポストを維持したいからだという説を紹介し、ヴァイマール共和国でも官吏の数が増え、繁文縟礼の風潮が強まったとしている。ちなみに上杉がこの階級対立批判に関連して、華族會館に集まった日本貴族たちを前に、貴族制度の再検討を進言したことは興味深い。「是等のことを見ましても、我が日本の將來に付ては色々教訓を得るのであります。貴族制度に於きましても將來大いに研究すべき問題があるであらうと思ふのであります(127)」。

③宗派対立：上杉は、新旧二教対立はどこの国にもあるが、ドイツは双方の信徒が半々であるために、それが甚だしいという。彼は特にカトリック教徒が中央党を結成して議会第二党にまでなっていることを問題視し、宗教で一政党を為すなど世界に類がないと批判する。さらに彼は、ドイツのカトリック教徒が他国の同信徒と連合したり、

宗派対立がドイツの南北対立と連動したりすることをドイツの大きな弱点だとした。[128]

④労使対立：上杉は、ドイツの資本家と労働者との対立も「病的にひどかつた」とし、急激な工業化が生んだ歪みだと考えた。上杉はまた、他国と比較して峻厳だった社会主義者鎮圧法も労使対立を激化させたと見た。上杉は急激な経済発展が青年の思想を過激化させるとして、ロシヤの現状もその類であるとし、かつて師ゲオルク・イェリネックもこの点を日本で繰り返さないようにと警告していたと述べた。また上杉は、経済発展により大儲けができるようになると、人々の心が浮足立ち、腐敗も起こると警告した。[129]

⑤多党化：ポーランド、エルザス＝ロートリンゲン、シュレスヴィヒ＝ホルシュタインのような民族的少数派が独自の会派を作り、反ユダヤ主義者が独自の政党を結成し、合計で十五、十六もの政党が割拠していた状況を、上杉は病理的だったと考えた。[130]

⑥国家・社会対立：上杉は、国家と社会との対立、つまり政府と一般民衆との対立が、ドイツでは中国と同様に著しく、大変危険だとした。そしてこれを、ビスマルクを始めとするドイツの政治家たちが、民衆に不信感を懐き、民衆を押しのけてきた帰結だとした。上杉はこの政府と一般民衆との乖離ゆえに、戦争のために民衆が我慢することができなくなったとし、近代の戦争が民衆の担うものであることを考えると、日本もこの点を考慮するべきだとした。彼は、ドイツが開戦時に国民と共に戦争をするための改革をするべきだったとし、ヴィルヘルム二世の「予はもはや如何なる党派も知らぬ、予が知るのはドイツ人のみ」という台詞は口先だけで、プロイセン三級選挙法は過去には意義があったとしても、今日では維持する理由がないとした。上杉は日本に関して、市町村の階級選挙廃止にはなお反対だが、衆議院選挙で階級選挙法を置く理由は「餘程微弱」とした。

上杉はドイツ革命を、社会が国家を倒してしまった事件だったとした。彼は、ビスマルクの帝国議会普通選挙法の導入は尚早だったが、プロイセン三級選挙法の改定は遅すぎで、社会民主党に迫られ敗色濃くなってから腰を上げたのではどうにもならない、政府と民衆との信頼関係が失われたことがドイツ「瓦解」の大きな原因で、日本も注意すべきとした。

上杉は「匕首伝説」を「事實」とした。「匕首伝説」とは参謀総長パウル・フォン・ヒンデンブルクの証言で有名になった敗戦解釈で、前線のドイツ軍はまだ奮闘中だったのに、銃後で社会主義者が革命を起こし、いわば戦闘中の兵士の背中を匕首で突き刺すかのように、国内で裏切り行為を働いたために、ドイツは敗戦してしまったのだという発想である。ドイツ革命を肯定する後世の政治家・歴史家は、ドイツ軍は革命前にすでに勝ち目のない状態だったのであり、革命が敗戦を惹き起こしたという「匕首伝説」は嘘だと主張している。これに対して上杉は、開戦時に戦時公債に賛成した社会民主党がやがて反戦運動に転じたことを裏切り行為に当たると考えたが、元々社会民主党には反戦の動きが強かったことも指摘した。そして、一九一八年秋に限定せず戦争全体を見渡して、社会民主党のような「非國家的」な勢力が「跋扈」していたのでは戦勝は困難だったと考え、「匕首伝説」を支持したのである。上杉は、労働者も資本家も「非國家的」な面があり、日本も注意が必要だとした[131]。

このように上杉は講演の前半で、ドイツ帝国が有していた様々な問題点を指摘したが、講演の後半では特に気になる問題について考察を深めている。

①ユダヤ人：資本家との関連で上杉はユダヤ人に触れ、その「跋扈」をドイツ「瓦解」の一大原因とした。上杉は、人口の百分の一に過ぎないユダヤ人が、ドイツの経済・政治・教育・学問など全領域で擡頭し、革命後は大臣、次官、局長の八割がユダヤ人だという説を紹介している。また上杉は、ヴァイマール共和国の黒赤金の国旗を、中央党（黒）、社会民主党（赤）、ユダヤ人（金）という「非國家的」三勢力の表現だとする説も紹介した。

上杉は、ユダヤ人には元来西洋人への長年の恨みを晴らそうという民族の「精神」があると見ているが、そのユダヤ人がドイツで擡頭する理由を二つ挙げている。第一は、英仏のような「國の固つて居る所」よりもポーランド、ロシヤ、ドイツのようなところの方がユダヤ人にとって食い込みやすいからで、ユダヤ人自らがそう書いているという。第二は、ユダヤ人が勤勉だからだという。上杉は、ビスマルクやヴィルヘルム二世がユダヤ人を利用しようとしたことを失策だったとする。彼はまた、ユダヤ人が戦時中物資流通を牛耳り、戦場に余り出なかったという説も紹介している。

上杉は各方面で擡頭するユダヤ人を列記した。社会主義者では、カール・リープクネヒト、ローザ・ルクセンブルク、カール・マルクス、フェルディナント・ラサール、クルト・アイスナー、クン・ベーラ、ヴラディーミル・レーニン、レオン・トロツキイ、レフ・カーメネフ。知識人では、コーツキー（？）、マクシミリアン・ハルデン、フーゴー・プロイス、ヘルムート・フォン・ゲルラッハ、エーベルハルト・ゴータイン、（パウル？・）レヴィ。新聞界では『ベルリン日報』のテオドル・ヴォルフ、『フランクフルト新聞』、アルフレッド・ハームウォース（ノースクリフ子爵）だという。この中には、ゲルラッハのように「ユダヤ人」とは呼べない人物も含まれている一方、彼の恩師イェリネックが外されていた(132)。

②国民の精神：上杉は、ドイツの精神には欠点があったとし、逆に英米仏など戦勝国のそれを称揚した。「何も私獨逸人を悪く言ふて愉快を感ずると云ふのではない、負けて弱くなつた者をこき下ろしては氣の毒に思ひますけれども、それが目的でなく、唯日本の爲に大いに考ふべきである、他山の石として反省すべしと云ふ心持で申すのであります」。

上杉はドイツの大学教育が知識偏重で、イギリスのような人物育成に不熱心だったとし、このためにドイツで保守主義が弱くなり、ボルシェヴィズムのような「未熟の新思想」に飛びつく若者が増加したと見ていた。上杉はドイツでは身嗜みも整えないのが学者気質であるかのように言われるが、英米の学者は常識ある恰好をしていると述べた。

戦争中の風俗も、ドイツで特に乱れたと上杉は言う。彼が念頭に置くのは、男女の性風俗の紊乱、不正な営利活動の横行、子供の教育の荒廃、賄賂による配給品の不正受給、殺人、窃盗である。上杉は日本においても道徳の純潔化が急務であり、それができなければ日本民族が優秀なものとして発展していくことは到底無理だとする。

上杉は、ドイツの女子教育も英米仏と比較して遅れている、女がドイツを滅ぼしたという考え方すらあるという。ここで上杉が遅れているというのは、女子に愛国心が徹底していないという意味である。スパルタの女たちは、出征する我が子に「楯に乗つて歸れ」と呼びかけ、生還は期さないとの覚悟を伝えた。ところがドイツの女性たちは、兵士に向かって生活苦ばかり訴え、妻や母として弱音を吐いたため、兵士たちが戦闘に専念できなかったのだというのである。上杉はドイツ銃後の生活苦を認めつつも、女たちの愚痴がドイツ「瓦解」の原因だと非難したのである。また上杉は、ヴァイマール共和国で導入された婦人参政権にも懐疑的だった。上杉によれば、アメリカ女性は大統領選挙でも堅実に家の方針通り投票しているのに、ドイツでは母娘で喧嘩して正反対の党に入れるというような出鱈目をやっているという。さらに上杉は、ドイツ女性は貞操観念がひどい、元来ドイツ人は物事に汚く手段を択ばないが、母親が子供に成功すれば何をしてもいいと教えるようでは駄目だ、英国婦人のように人格を重視せよ、体育運動も遅れていると、苦情が絶えなかった。

加えて上杉は、ドイツ人は武士、イギリス人は町人としたトライチュケに異を唱え、実はドイツ人こそ下品下劣で武士的気風に乏しいと主張し始めた。或るホテルで、食堂の窓を開けたいイギリス人が閉めたいドイツ人と対立した際、ナプキンを手に巻いて窓ガラスを叩き壊したという。上杉はこのイギリス人を「勇敢」と称え、ドイツ人を凌駕したと評した。上杉はまた、ヒンデンブルクに嫉妬し革命で逃げ出したヴィルヘルム二世、赤旗を掲げて社会民主党員を自称した王族、ロシヤ人俘虜に迎合した雇用主のユンカー、自分の祖先は仏系だと称して仏進駐軍を歓迎した中学校長の例を挙げ、ドイツ人の弱さを批判した。

そして上杉は、ドイツ人には英仏人のような愛国心が欠けているとした。美術館にあったスダンの戦いの絵画を、フランス人の感情を害さないよう蔽い隠した、ドイツ人が臥薪嘗胆の覚悟を決めず、多くがアメリカへの移住を希望した、休戦協定の日、ベルリンでは普段よりダンス・ホールが賑わった、敗戦後ドイツ軍は散り散りになり、銃後の市民も国旗を掲揚しての歓迎をしなかったなど、上杉の不満は留まるところを知らない。

③軍隊：上杉は、ドイツ軍が後年少年兵や老兵ばかりになったことを指摘し、また英米のように国民の体育、機械についての知識伝授も不足していたとして、総力戦への準備が十分でなかったとした。また上杉は、軍隊で食事や女性を巡る喧嘩が絶えなかったこと、専門知識に重きを置いて全体を動かす術を知らなかったことを問題視した。これらを受け、徴兵制度に頼らず体育、知育、徳育に励み、またイギリスの宣伝技術に学ぶべきだとした(133)。

④指導的人物：上杉によれば、組織運営がうまくいかなかったことが示しているように、ドイツには指導者の気質のある人物が欠けていたという。上杉はビスマルクと比較して、ベートマン・ホルヴェークやヴィルヘルム二世は指導者として問題があり、特に真先に逃げてしまったヴィルヘルム二世への失望は大きなものがあったとした(134)。

これらのドイツ帝国瓦解の分析から、上杉は日本政治革新のための重要な示唆を得た。彼の晩年は、このドイツ分析で得た見識を日本に応用する日々となっていくのである。

第五章 「大正グローバリゼーション」への対応 一九一八―一九二六年

序 アメリカかドイツか日本か――日本社会の欧米化と日本主義の擡頭

第一次世界戦争の終結で、いよいよアメリカ合衆国の世紀が始まった。世界は「大正グローバリゼーション」の時代を迎え、アメリカから押し寄せる大衆文化の波に覆われた。ベルリンでもジャズやスウィングが流行し、大量消費が一世を風靡した。東京でも帝国ホテルでは毎年盛大なクリスマス・パーティーが開催され、ピエロやサンタクロースが客をもてなした。一九二六年（大正一五年）一二月二五日、尾張の徳川義親侯爵がクリスマスのダンス・パーティーを企画したが、同日大正天皇が崩御してしまい、不謹慎だと批判される事件が起きた。チャーリー・チャップリンの活動写真が人気となり、洋装の「モボ」、「モガ」が街に繰り出し、野球が国民的スポーツとなり、宝塚のレヴュー、江戸川亂歩のエロ・グロ・ナンセンス、谷崎潤一郎のマゾヒズムが話題となった。(1)

アメリカ化の波は日本学界にも及んだ。一九一七年（大正六年）六月一一日、「ヘボン式ローマ字」の考案者ジェイムズ・カーティス・ヘップバーン（ヘボン）の遠い親戚に当たる米銀行家A・バートン・ヘップバーンが、澁澤榮一男爵（穂積陳重の岳父）を介して、東京帝国大学に講座を寄附したいと十万圓の提供を申し出た。ヘップバーンは日米対立の激化を憂い、「国際法及び国際親善」のための講座の寄附を申し出たのだが、寄附を受諾した法科大学は、山川健次郎総長を介して、国際法・外交史講座が既に存在することを理由に、講座をアメリカ研究のものにすることを逆に提案した。この時期アメリカからは、他にもリチャード・ウォシュバム・チャイルドが懸賞論文のために二百五十圓の寄附を申し出、東大法科はこの寄附も受け入れることとした。一九一八年一月三日には、新聞各紙がヘボン寄附講座の開設を報道し、同年二月九日に澁澤らを迎えて開講式が行われ、新渡戸稲造が講義を開始した。美濃部達吉に続き、吉野は五月一一日から講義を引き継いだ[2]。この「米國憲法、歴史及外交」講座は、日本では特筆すべきものであった。当時の東大法科にはまだ特定地域を担当する政治学科目はなかったからである。吉野の「政治史」も地域名を冠しておらず、論じる地域を自由に選べるようになっていたので、吉野が自分の「政治史」講義でアメリカ政治を論じることも可能なはずだった。「ヘボン講座」の開設は、日本の中核的大学が、日本、東洋、ヨーロッパを専攻する科目よりも前に、寄附者本人の意図をも越えて、アメリカ合衆国を専攻する科目を設けることを意味した。

図 **33**　牧野英一

　東京帝国大学では以前から牧野英一らの「自由法学」による鳩山秀夫（民法）らの「概念法学」批判が展開されていたが、この頃判例研究を重視する英米法学も擡頭しつつあった。助教授（民法）就任後の一九一八年（大正七年）に留学した末弘嚴太郎が、判例研究の手法をアメリカから持ち帰ってドイツ法学を公然と批判すると、川名兼四郎の系譜を継ぎ石坂音四郎と並ぶドイツ法学派の代表だった鳩山は、大学を去って弁護士、衆議院議員への転身を余儀なくされた。吉野作造はこの「自由法学」の熱心な応援者であり、「法文をひねくり、之から意外な結論を導き出すことに依て頭の冴えを誇示した昔流の秀才は、今日となつては最早、井底の蛙同様、偏狭固陋な學界のひねくれ者とされてしまふの外はない」と鳩山らを揶揄している。(3)

しかし日米関係においても、文化交流と外交関係とは連動しなかった。アメリカ文化が持て囃された一九二〇年代、日本では反米感情が渦巻いていた。昭和天皇は「大東亜戦争の遠因」について、一九四六年(昭和二一年)にこう述べている。「この原因を尋ねれば、遠く第一次世界大戦后の平和条約の内容に伏在してゐる。日本の主張した人種平等案は列国の容認する処とならず、黄白の差別感は依然残存し加州移民拒否の如きは日本国民を憤慨させるに充分なものである。又青島還附を強いられたこと亦然りである。／かゝる国民的憤慨を背景として一度、軍が立ち上つた時に、之を抑へることは容易な業ではない(4)」。パリ媾和会議で日本代表が主張した人種平等決議は、ウィルソンら西洋戦勝国首脳らによって葬られた。カリフォルニア州では、日系移民排斥運動が急進化した。ワシントン会議では日英同盟が破棄され、日本が占領していた旧ドイツ領山東半島の中華民国への還付や、日本の海軍力の対英米六割への限定が決議された。さらに、アメリカの呼び掛けで始まったシベリア出兵に日本が長く関与したことが、かえってアメリカの不信感を買ったり、日本が国際連盟から統治を委任された旧ドイツ領南洋群島に、国際電信基地だったヤップ島は含まれないとアメリカが主張したり、次々と起こる日米対立に輿論は沸騰した。険悪になる日米関係を憂慮して、老子爵澁澤榮一が「青い目の人形」の交換による日米親善を提唱したのもこの頃である。

日本でのアメリカ合衆国の存在感が高まると、これと競合するドイツの文化的重要性は相対的に低下した。「獨逸學」の草分けである「獨逸學協會學校」は、日独開戦で経営危機に陥り、卒業生の有松英義(枢密顧問官)らによって再建が試みられるが、生徒確保のために英語を第一言語とする「英語科」の創設を余儀なくされた(5)。とはいえドイツ敗戦後の日独文化交流は、また新しい形態で進展していくことになる。

第一次世界戦争で国際政治における日独の立場は逆転した。日本は大戦前、アジアの新興国に過ぎなかったが、パリ媾和会議では戦勝国の一角を為し、「一等國」の誇りが芽生え始めた。また大戦中にヨーロッパからアジアへの製品の流入が途絶したことで、日本経済の工業化が進み、「戦争成金」が登場する時代となった。これに対しドイツは、ヨーロッパ新指導国の夢を絶たれた。ドイツの擡頭を阻止したい英仏は、民主主義の伝道師アメリカ合衆国と共に、ドイツは悪辣な後進国だったから敗北したのだという勧善懲悪論を展開し、ドイツに「天文学的」賠償金と大規模な領土割譲とを強いた。戦争による疲弊と戦後の賠償・割譲とは、世界に冠たる国を目指したドイツ人に深い屈辱感を与えた。ドイツ軍は国防が困難な状態にまで縮小され、ドイツ人学者は国際学会で嫌がらせを受ける事態となった。

この新しい状況が日独交流に新たな契機を与えた。ドイツは海外植民地経営の道を絶たれ、日本とは利害対立がなくなった。国交回復後に日本にドイツ大使として赴任したのが、ヴィルヘルム・ゾルフ（一八六二—一九三六年）である。ゾルフは帝国植民長官を経て、最後の帝国外務長官を務め、革命後もしばらくドイツ外交を率いた。元外相を駐日大使にしたところに、ドイツの対日姿勢の変化が見て取れる。ゾルフ着任を日本医学界はこう歓迎した。「戰爭は大なる惡魔である、最も愛する國をも討たねばならぬ、恩師にも鉾を向けねばならぬ、親友をも攻めねばならぬ、大義親をも滅ぼさねばならぬ」「獨逸國は我國にとつて大恩ある國と云はねばならぬではあるまいか、多少の怨みは抛棄せねばならぬ間柄ではあるまいか」「Dr. Solf！日獨親善の鍵は貴下の掌中に在り　我日本帝國が益々發達し、獨逸國が飜然復興するに最も必要なるは日獨親善にして延ては世界平和の基ともなるであらう」(6)。ゾルフは一九二〇年から一九二八年まで駐日大使を務め、その在任中にアルベルト・アインシュタインやフリッツ・ハーバーが来日し、国内各地で喝采を浴びた(7)。

日独交流は多角的に行われた。知識人はマルクス、エンゲルス、ローザ・ルクセンブルクらのドイツ語の社会主義文献を次々と受容していった。また陸軍の近代化を目指す将校たちは、ドイツの戦時経済体制の経験に学ぼうとした。一九二一年（大正一〇年）一〇月二七日、永田鐵山少佐、小畑敏四郎少佐、岡村寧次少佐が保養地バーデン＝バーデンで、陸軍内の長州閥を排除して国家総動員体制を構築するための議論を行い（バーデン＝バーデンの盟約）、さらにライプツィヒ滞在中の東條英機少佐にも呼び掛けた(8)。

アメリカ文化の大波が押し寄せ、ドイツ文化の受容も新たな局面を迎える中で、日本文化の称揚もまた顕著になった。吉野作造が指摘したように、戦勝の度に日本文化への自信は強まったのである。近代西洋の流儀を参考に、伝統を踏まえた近代日本の流儀なるものを確定し、それを内外に顕示しようという気運は、西洋文化の流入と平行して高揚していく。

大正天皇の即位儀礼は、近代日本の宮廷儀礼を内外に披露する場となった。幕末以来、天皇の即位儀礼は、中国色、仏教色が排除され、一部西洋色を取り入れた新形式が模索されてきたが、登極令発布（一九〇九年）、昭憲皇太后崩御による延期（一九一四年）などを経て、遂に一九一五年（大正四年）一一月一〇日、京都御所で大正天皇の即位礼が挙行された。春興殿での神事「賢所大前ノ儀」に続き、「紫宸殿ノ儀」が行われ、新調された「高御座」に天皇が着座した。中心的な参加者は、幕末まで用いられた「禮服」（唐風の最高礼装）ではなく、「国風」化した束帯を着用し、それ以外は西洋風の大礼服を着用した（但し婦人たちは十二単を着用）。「袞衣」「冕冠」ではなく「黄櫨染御袍」「立纓冠」を着用した新帝は、即位の勅語で「不磨ノ大典」に言及したが、憲法遵守の宣誓はなかった。戴冠式もなく、「日月像纛旛」や八咫烏や金鵄をあしらった「大錦旛」が立てられた。束帯姿の内閣総理大臣大隈重信は「壽詞」を奏上し、参列者は一同で万歳を三唱した。この式典には外国使節も参列し、写真撮影が行われ、その光景は世界に発信された。同年一一月一四日夜半から翌日に掛けては、即位時の新嘗祭である「大嘗祭」が仙洞御所で行われた(9)。

この頃、東大法科教授筧克彦は「神ながらの道」を唱道するようになっていた。筧は一九一三年（大正二年）に『國家ノ研究』（第一巻）を、一九二五年に貞明皇后への御進講記録『神ながらの道』を刊行した。筧は漢才や洋才を受容した日本人の柔軟性を誇りつつも、大日本帝国憲法は外国の模倣ではなく肇国以来の原則の継続だという穂積八束以来の説を信奉し、西洋思想を礼讃するのではなく日本精神に立ち返るよう訴えた。筧は国家と一体不可分の天皇を外国君主と同列に論じることを批判し、ザイデルやボルンハークらドイツ保守派国法学の転用も戒めた。筧は、神道とキリスト教、仏教との教義的重複も指摘し、神道が普遍宗教たり得ると考えた。また、神道が男女平等や財産公有の理念を含んでいるとし、時流も意識していた。筧はフリードリヒ・ルートヴィヒ・ヤーンの体操運動を意識したのか、「日本體操《やまとばたらき》」なるものを考案し、これをドイツ語で解説して海外にまで広めていこうとした(10)。

図 34　中田薫

同じ頃、デモクラシーの潮流に順応しつつも、それに日本的文脈で捉え直そうとしたのが、法制史家の中田薫だった。中田は『中央公論』に「デモクラシーと我歴史」を寄稿し、君主が主権を有する「君主國體」でも民意を或る程度尊重することは可能だとし、日本では仁政主義としての民本主義が光仁天皇、文武天皇、元明天皇、そして明治天皇の詔書にも既に見られるとした。だが中田は、日本での「デモクラシー」は制約を帯びると釘を刺し、民本主義（「政治的「民主主義」」）は可能だが、「民主國體」（「法律的「デモクラシー」」、「主権在民」）は不可能だとした。中田は吉野の民本主義論を受容しつつも、友人上杉の危惧にも配慮し、済し崩し的な解釈改憲には歯止めを掛けたのである(11)。

日本主義は建築様式にも現れた。大正から昭和初期にかけて、近代建築に和風の屋根を載せた「帝冠様式」が流行し、西洋列強に対峙するアジアの指導国日本の矜持を表現した。「名古屋市役所」（一九三〇年）、「東京帝室博物館」（一九三二年）、「遊就館」（一九三二年）、「軍人會館」（一九三四年）、「愛知縣廳」（一九三八年）などは今日でも残っている。

日本主義の興隆には在日ドイツ人も貢献していた。大正末年に来日した東北帝国大学哲学・西洋古典語教師オイゲン・ヘリゲル（一八八四―一九五五年）は、五年間の仙台滞在中、阿波研造範士に弓道を習った。ドイツ神秘主義の研究者だったヘリゲルは、阿波の鬼気迫る弓技に驚嘆し、その魅力の虜となった。ヘリゲルの講演「日本の弓術」は、弓道への禅の影響を強調したもので、その記録は今日でも弓道家の愛読書となっている。他にも、日本建築の美を紹介した建築家ブルーノ・タウト（一八八〇―一九三八年）は有名である。だが在日ドイツ人でも、東京帝国大学で社会学を講じたユダヤ系社会民主党員エミール・レーデラー（一八八二―一九三九年）にとっては、近代日本も依然として「魔術の園」のままであった(12)。

一　吉野作造のアメリカ礼讃とヴァイマール共和国擁護

（1）国際民主主義への期待

吉野作造は一九一九年一月に『中央公論』に「世界の大主潮とその順應策及び對應策」を発表し、欧州大戦の終結を喜んだ。吉野によれば、ドイツ帝国は国際社会の正義を表向きは尊重しつつ、裏で蹂躙して国益を伸張するという下劣な国家であった。このままでは世界の多くの「後進国」が正義の権威に疑問を懐きかねないという事態になって、遂にドイツ帝国「膺懲」の戦争が始まったのだという。吉野は、日本にもドイツ流の二枚舌を用いて悦に入っている者がいるが、ドイツの敗北で目を覚ますべきだと警告した。吉野は日本が、生まれつつある新しい国際秩序で中心的役割を果たすことに期待した。[13]

国際秩序の変化を、吉野は「帝國主義より國際民主主義へ」と表現した。「帝國主義」とは「軍國主義」、「侵略主義」のことで、君主制か共和制かとは関係なく国家が追究し得る方針なのだという。これに対し「國際民主主義」とは、共和制を世界に広めようとする思想ではなく、国と国との間に「デモクラシー」、つまり差別なく自由で平等な関係を構築しようとする考え方であるという。吉野によれば、一九世紀に自由平等が提唱されるようになり、国内政治にその影響を拡大したが、国際政治は全く別だった。ドイツの国際法学者などは、国際法など必要があれば無視して構わないと公言していた。この事態を変えた第一の事件が、米大統領ウィルソンの「勝利なき平和」の提唱であり、第二の事件がロシヤ革命政府の「非併合主義」、「非賠償主義」、「民族自決主義」の提唱だったという。ただ吉野は、パリ媾和会議で「國際民主主義」が完成したわけではなく、まだ「新しい世界の第一頁」だとした。[14]民衆は政治家が作った不徹底な媾和条約には不満で、時の経過と共に「民衆の良心に芽生えた道義的要求」はますます高まっていると、吉野は期待を表明した。[15]

吉野は、かつての弱肉強食の世界では国際法は鎮痛剤程度のものだったが、今や「國際平和思想」が「現實の勢力」になってきた、「富國强兵」は旧時代の遺物だと説いた。吉野は「國際平和思想」の擡頭を招いた四つの「歴史的事實」を挙げた。(1)戦争の惨禍が勝者にも敗者にも反省を促したこと。(2)元来領土や金銭を巡って展開された個々の国家間戦争が世界大で連結し、戦争目的が抽象化したこと。(3)ドイツを孤立させるために、ドイツと無関係な国々まで参戦した結果、戦争目的が普遍化したこと。(4)アメリカ合衆国の参戦およびロシヤ革命の勃発により英仏の「不純の野望」が抑制されたこと。パリ媾和会議も吉野の懐く理想が十分に実現されなかった点では失敗だったが、全く実現しなかったわけでもないという。[16]

吉野は日本に、世界の潮流に積極的に「順應」せよと訴えた。その潮流とは、内政における「民本主義」と「社会的正義」との徹底、外政における「國際的平等主義」と「國際的正義」との確立であった。吉野はそれらが英米仏のごく少数の政治家に由来することを認めるが、それは彼らの私見でも彼らの出身国の利害の反映でもなく、世界で反響を得ている潮流なのだと主張した。[17] 吉野はこうした世界的潮流への日本の「順應」が、厭々ながらの屈服ではなく、道義的確信に満ちたものであることを要求する。民本主義は嫌だけれども、世界の大勢だから已むを得ない、革命を起こされても困るから普通選挙でも認めておこうかというような中途半端な態度を、吉野は許さなかった。[18]

パリ媾和会議を歓迎する吉野は、日本代表団の積極的活躍を要求した。日本代表団には、西園寺公望侯爵、牧野伸顕男爵、珍田捨巳子爵（駐英大使）らを中心に、随員として近衛文麿公爵、吉田茂、重光葵、芦田均らが参加していた。だが彼らがパリに到着する頃には、英米仏三国などの間で新秩序構想の骨子が出来ていた。吉野は、日本代表団が欧米案への諾否を言うだけでは情けない、彼らの「見識」が欧米の政治家より低いためだ、怠惰な学生が厳粛な試験官の前に出たような戦々恐々振りだ、公爵だの伯爵だのと大威張りの人物を送っても現地では評価されないと、日本代表団の「見苦しき失態」を散々に非難した。吉野は、南洋群島問題、人種差別問題、山東半島問題に関して、日本代表団の活動の余地が少なかったことを認めはしたが、将来の交渉の地固めもできなかったと批判したのだった。[19]

吉野を感激させたのが、国際連盟による平和強制という構想である。国際組織による戦争抑止は、フリートから出発した吉野にとって長年の関心事だった。だが吉野は、もうこのエステルライヒ人には言及しなかった。吉野は、この領域では従来小国の政治家が雄弁だったが、実行力を持たなかったのに対し、大戦後に米の大統領ウィルソンや元大統領ウィリアム・タフト、英の元外相グレイのような大国の指導者が乗り出したことを大いに歓迎した[20]。アメリカ合衆国が結局国際連盟には参加しなかったことも、吉野はかえって好意的に解釈した。「ウイルソンの國際聯盟に反対し、所謂「米國第一主義」を唱ふるものがあるが、是は日本の論客が極めて淺薄に解して、米國でも此頃は國際主義が廢れて、國家主義が盛んになつたと解して居る。誤解も亦甚しい」。米「國家主義」の指摘は上杉の十八番である。吉野によれば、アメリカの国際連盟非加入は連盟自体への反対ではなく、それが理想通りのものではないからだという。「此點に於て米國の態度は流石に偉いと思ふ[21]」。パリ媾和会議でアメリカがモンロー主義の明文承認を迫った時にも、吉野はこれを利己主義とは考えず、米両大陸外に干渉しないという消極的意味だと、アメリカに好意的な解釈に終始した[22]。

吉野作造は大戦末期、新渡戸稲造、美濃部達吉と「ヘボン講座」の設置を進め、また上杉愼吉と衝突した。上杉によれば、外国資金による帝国大学での講座設立は国家の体面を損なうことであり、必要なら国費で行うべきである、出資国に好意的な者が講座を担当して出資国礼讃の授業をする弊害が予想される、英人独人の出資もあった際には無限に設置せざるを得ない、将来の対米開戦の際に米国講座は扱いに困るというのだった。上杉はこの講座が民主主義鼓吹の日本における拠点となることを恐れていた[23]。上杉主宰の雑誌『我が國』には卒業生の手紙が掲載されている。「先生のおいでの頃木曜會の席上で問題になつた亞米利加講座が中ぶらりんの立場に彷徨して居る事は先日になつて新聞紙上では漸く問題になりました。東京日々新聞かの六號活字欄に亜米利加講座も人氣がさつぱりなく、殆聽衆がない、土曜日の午後三十二番教室を出て來た學生に其感想をきいたら平凡平凡（ヘボン）と駄じやれたと冷笑的に書いて居ました。其様な事をとうからお知りになつて支那の彼方で先生には嘸可笑しくも亦お思ひになつておいでゞせう。／外國人から寄附の申込があつたからといつて、日本の帝國大學へ置くべき筈のない講座を殊更設けるなんて馬鹿らしい事を爲やうとしながら、我國民精神を堅實に作り上げる、我日本には日本の文明あらしめる大本の神道に關する講座が文科大學に一つもないと云ふ事は何と不都合な事でせう。私は神道に關する講座の一日も早く出來るのを希望して居ります」[24]。とはいえこの件では、上杉の親友だった中田薫も「ヘボン講座」設置を支持する側に居た[25]。吉野は『中央公論』で、講座開設を「寄附者の趣意に添ふ」ものだとし、アメリカ政治の研究教育は民主主義の伝播を意味しない、同講座設置に文部省が介入するという噂があるが、そうした焚書坑儒の類があるはずがないと反論し、思想界の「反動的分子」を牽制した[26]（尤も他ならぬ同誌同号で、吉野本人がアメリカ主導の国際秩序を称揚していたのだが）。一九一八年（大正七年）二月に始まった同講座の講義は、当初美濃部、新渡戸、吉野によって分担されたが、同年一一月に初代専任担当者として、三年前に卒業し大蔵省に勤務していた内村鑑三の弟子、無教会派の高木八尺が講師に任命された。高木は翌一九一九年アメリカに留学し（同年五月助教授昇任）、一九二四年一月から講義を継承した（同年一〇月に教授昇任[27]）。

吉野はイギリスに対する信頼も保持し続けた。吉野は新聞王アルフレッド・ノースクリフ子爵の言葉だとして「自分の方では他の國の事を故意に悪くは書かない」という文句を引いた（出典は不明）。吉野は、ノースクリフ自身がどうかはさて置き、「一般に英國邊の新聞は、濫りに他の惡口を書かないやうだ。否、進んで、時としては正々堂々、道理の爲めには自國の利益を犧牲にしても、顧みないと云ふ風がある」とした。吉野は福澤諭吉も援用してイギリス人の公平さを力説し、自分の非を認めたがらない日本人の至らなさと対置した。英マスメディアの対独戦意高揚宣伝、特にノースクリフ卿の好戦性は有名なだけに、吉野の発言には目を惹くものがある[28]。吉野は日英同盟の継続を支持し、それが打算を越えて東アジアの平和維持の礎となることを祈念すると共に、同盟継続反対を主張する中華民国の動きに警戒を促した。吉野はイギリス国民を、自己批判も厭わない高潔な人々として称揚し、議事運営に関しても労働運動に関しても、日本人の模範として仰ぎ続けた[29]。

吉野は悲惨な欧州大戦を平和主義提唱の好機と考えた。満腹の人間は食事の話に耳を貸さないが、空腹の人間なら乗ってくる。大戦前は弱肉強食の風潮が強かったが、悲惨な戦争を経て平和主義推進の好機が訪れた。日本は戦禍が甚大ではなかったため、平和主義の機が熟しておらず、古い発想に固執する年長者もいるが、平和主義こそ理想主義的人生観に立脚したもので、その哲学的研究と情操涵養とが必要だという。一九二二年（大正一一年）一月、ワシントン会議で「日英米佛の四國協商」が話題になると、吉野はその成立が未発表のうちから、既にそれを、太平洋・極東問題に関する率直な議論の継続および単独行動の禁止だ、「世界人心一變の結果」だとして歓迎した。彼は中華民国問題でも、日本が欧米の干渉に過敏となり、自国だけで解決しようとすることのないよう戒めた。[30]

吉野はワシントン会議でも欧米諸国の善意を疑わなかった。吉野は、「米國は我々を無視し、我物顔に振舞つて、専横を極めて居る」、「米國が其利巳的野心から割出した、各種の不公平な提案を押付けた」との（上杉らの）見解を挙げ、それなら証明してみよ、証明できなくても反対というなら「最も笑ふべき僻見」、「淺ましい見議」だと述べた。[31]吉野は欧米諸国が「從來の侵略的態度を後悔」し、中国の利益を図るべく日本を抑制したが、欧米が中国を指導する方式に中国が反撥していると説いた。ここで吉野は、中国にはまだ問題解決能力がないという欧米諸国の診断を共有し、「隣邦の友人」たる中国に、名を捨て実を取ること、つまり欧米の指導を受けることを求めたのだった。吉野は日本にも、対中政策で欧米諸国と歩調を合わせることを求め、日本中心の方針を貫けず欧米諸国に多くの譲歩を強いられたことを嘆く議論を、「國際協調の精神と相容れない」と批判したのだった。[32]

新国際政治の本質的転換を信じる吉野は、中華民国や日本で見られたワシントン条約反対の大衆的示威行為を、新時代に合わない無用の長物だとした。国際政治が駆け引きだった時代には、そうした場外行為にも効果があり得たが、今や道理や正義でしか国際問題が動かない時代であり、理に適わないことを強訴しても「輕擧妄動」、「物笑ひの種」でしかないという。[33]

吉野は、アメリカ合衆国主導の国際秩序に日本が順応するのが理にも適っていると、日本輿論に説明しようとした。一九一九年（大正八年）夏、アメリカが中華民国への借款を一手に引き受ける新銀行団の結成を訴え、独自の中国進出を考える日本で不満が渦巻いたとき、吉野は日本が独力でこの案を阻止できない以上、その是非を論じること自体が無意味だと述べている。紆余曲折する議論を経て、吉野はアメリカ案の受諾が不可避であるだけでなく、「對支借款團」が中華民国の需要に相応していると結論付けた。彼は日本も新銀行団成立を歓迎して、堂々と日本の利権を現地で拡張する方策を講ずるべきだと訴えたのだった。同様に吉野は、日本政府が「對支借款團」の投資対象からの満蒙の除外を主張したことについて、中国輿論に逆行し、侵略主義との非難を免れないと批判している。山東問題でアメリカが中華民国に肩入れして日本の進出を阻止した件に関しても、吉野は「排日的感情」の発露ではない、世界平和のためであって理性に適っていると述べたのだった[34]。

協調時代の流儀として、吉野は国際政治でも国内政治でも妥協の必要性を強調した。吉野はアイルランド問題が、アイルランド大統領エイモン・デ・ヴァレラの退陣により、イギリス首相ロイド・ジョージとアイルランド新政権との間で妥結したことを称讃した。さらに吉野は、同様の妥協がロイド・ジョージと仏首相ポアンカレとの間にも行われたと考えた。この意味で吉野は、レーニンのような非妥協的態度を、一般に「最も男らしい立派な行動」と考えることを戒めた（ただ吉野は、極度の圧政があったロシヤに関しては妥協を無用だとし、レーニンの非妥協性を肯定していた[35]）。

吉野は新しい国際政治におけるキリスト教の役割を重視した。吉野は、留学中にはキリスト教徒だけが真実の道を知っているという態度に反撥を感じたというが、欧州大戦後の日本社会では彼自身がそれを再演している嫌いがあった[36]。吉野は、米「有識階級」が「建國以來のピューリタン的人道主義」に満たされ、ワシントン、エイブラハム・リンカーンからウィリアム・マッキンレー、セオドア・ルーズベルト、タフト、ウィルソン、ウォレン・ハーディングまで、「大理想」が「横溢」していると見ていた[37]。吉野は国際紛争の除去には「人道主義の徹底」が重要だとし、「ＹＭＣＡ萬國大會」（一九二二年北京）をその絶好の機会と見て、自ら出席して講演している。戦争がキリスト教と両立するかについては、吉野はこれを否とし、自衛戦争も「概念的に」これを評価するべきではない、目的は手段を正当化しない、「吾々は基督教徒として戰爭に絶對に反對する」とした。だが吉野は、国家から出征を命じられた場合に、これに服従せずに反戦を煽動するべきかについては、仏教徒にも共通の問いだなどと述べ、明答を避けた(38)。

プロテスタント教徒の吉野は正教に冷淡だった。ソヴィエト政権の宗教政策（宗教式典の許可制、反革命運動への不参加の誓約義務化、鐘の音による集合の禁止、葬式における貧富の格差の廃止、神学校廃止、教会財産没収、免税特権廃止、戸籍管理廃止）の情報が日本にも伝わると、吉野は反動的なロシヤ正教会への圧迫は「大體至當な處置」だと述べた。また吉野は、教会は宗教と同一ではなく、「宗教とボルシエヴイズムとは本質上兩立すべからざる寇讎だと觀るならば、大なる謬りだ」と力説した(39)。

ソヴィエト・ロシヤをアメリカ合衆国と並ぶ「國際民主主義」の担い手と見た吉野は、マルクス主義を「人道主義」に引き寄せて解釈し、ソヴィエト脅威論の火消しに躍起になった。吉野は革命指導者の薄給や、「大臣」、「官吏」の「委員」への改称を称讃した。彼のシベリア出兵批判の背景にも、「軍閥の盲目的侵略主義」、「官僚軍閥としての、又は實業家閥としての階級的利害の打算」への嫌悪と共に、ロシヤの「貴族官僚」支配を打破した「過激派」への共感があった。彼は、「過激派」が本当に「世界の公敵」なのかを冷静に見極めよと訴え、欧米各国の「民衆」は「ブールジョア」に対抗しソヴィエトと連帯してストライキを起こしていると説いた。「露西亞の勞農政府」の世界革命構想、反日運動、「猶太人の世界轉覆の陰謀」説についても、彼は「我國の官僚竝に其系統に屬する一部の論客」の誇張だとした。彼は、ソヴィエトは思想的宣伝のために各国内での内乱を呼び掛ける場合はあるが、その後の武力征服などないと擁護した。ここまで容共的な吉野だったが、それでも彼は憲兵が自分に「危險思

想」煽動の嫌疑を掛けるのは的外れだと冷笑した。(40)

一九二〇年（大正九年）春に「尼港事件」が勃発しても、吉野はソヴィエト脅威論を否定し続けた。この事件は、赤軍パルティザンがアムール川河口のニコライエフスクを占領し、日本軍守備隊に武装解除を要求したが、住民虐殺が始まったために日本軍守備隊が蹶起し、赤軍パルティザンおよび中華民国海軍との戦闘で、日本領事や日本軍守備隊を含む老若男女数千人の日本人住民が殺害された、若しくは戦死したという衝突事件である。この事件で吉野は、「婦人幼童」まで惨殺されたことを「暴虐」とはしつつも、真の責任者は日本の政府や軍部だ、パルチザンは「露國民中の極めて小なる一部に過ぎない」として、日本側がソヴィエト・ロシヤに対して激昂したり、日本の在野政客が党争に利用したりすることを戒めた。吉野は白軍への不信感を露わにし、現地「土民」はボリシェヴィキ支持だとして、欧米軍撤退後の日本軍駐留の非を訴えた。吉野は、ハイド・パークで「下層階級の」エジプト人が反英集会をしているのを悠然と見ていた英国紳士の姿を想起し、そうした「大國民の雅量」を以て事実を「精密に研究」するよう求めたのだった。吉野は、この事件の記念碑（慰霊碑）建立に向けた募金活動すら冷笑し、「政府當局の失策の犠牲」であり「全く無益の死」だ、記念碑など外国から誤解され軽侮されると反対したのだった。(41)

一九二三年（大正一二年）に来日したアドリフ・アブラモヴィチ・ヨッフェと後藤新平子爵との間で日ソ対話が始まると、吉野は東洋平和のためとしてソヴィエトの国家承認を支持した。吉野は、日本側が「古い國際法理に拘泥」して、ロシヤ帝国時代の旧条約および旧債務の履行、私有財産制の承認などをソヴィエト側に要求することを戒め、「尼港事件」の責任を事前に認めるのを前提とすることも暴論だと批判した。(42)

新時代の到来を信じる吉野は、日本と教皇庁との使節交換問題についても柔軟な態度を示した。もちろん欧州大戦後も、吉野のカトリック教会批判には何ら変化がない。彼は執拗に洗礼を勧める西洋人修道女を笑いの種にし、カトリック教会の独善性を揶揄し、内務省（原内閣）のソヴィエト情勢に関する報道統制を、地動説を唱えるガリレオを「殺した」(?)カトリック教会の言論弾圧に準えた。ボルシェヴィズムへの警戒から、仏伊両国が教皇庁と接近し始めたことも、吉野は現代版「神聖同盟」だとして警戒し、また教皇庁とイタリア王国との交渉の難航を予測した。それでも吉野は、教皇庁への使節派遣構想に批判が出た時には、そこに年来のキリスト教排斥の臭いを嗅ぎつけて、これに反論したのである。(43)

事の発端は小野清一郎(東京帝国大学法学部教授(刑法))の問題提起であった。一九二一年(大正一一年)一二月一二日、『東京朝日新聞』に小野は「羅馬使節を否認せよ」と題する意見文を出した。小野は、外務省が「軍閥的外交」から「平和の外交」への転換を印象付けるべく、教皇庁へ外交使節を派遣常置する費用を予算に計上したと聞いて反撥した。小野は、貧乏世帯からの税金で平和外交の「表看板」など作る必要ない、教皇は「中世的、時代錯誤的な基督教會の長」でしかない、国家を喪失した教皇庁は国際法の主体ではないと批判した。熱心な仏教徒だった小野は、教皇は「平和」を象徴する人物ではない、他宗教を攻撃する「基督教はイントレランスの宗教」だ、「徒らに歐米諸國に追随したとて平和に貢献し得るものではない」と主張した。(44)数日後、外務省欧米局勤務の横山正幸が同紙夕刊で反論に立った。横山は、自分は政府の提燈持ちではないと断りつつ、苟も帝国政府が小野の挙げるような皮相的理由だけで決断するはずがない、いずれ裏事情を話す機会もあるだろうと述べた。(45)小野はこれに反撥し、外交案件に口を出すのは「オセッカイ」だとする横山の傲慢さに驚いた、立憲政治下では政治は政府だけのものではないと述べ、カトリック教会脅威論を繰り返した。小野は、使節派遣は教皇庁に日本国と対等の地位を与え、日本人カトリック教徒への教皇の統治権を認めることになると警告した。(46)

この論争に、当初高みの見物だった吉野が、周囲から請われて参戦した。吉野は、自分も使節派遣を不要と説いたことがあるし、(47)確かにカトリック教会は全人類を傘下に入れたがる傾向にあるのだが、その実力を過大評価するべきではない、日本のカトリック教会に国家への抵抗力などないと説いた。また外交使節を交わしても、日本人カトリック教徒への教皇の「排外的支配権」など生じない、使節派遣で排日運動が和らぐかは分からないが、南洋群島や朝鮮の統治に関してもカトリック教会との相談が必要になると述べた。さらに吉野は、信仰に固執したピウス一〇世と違い、外交に長けたベネディクトゥス一五世以降、教皇は近代主義に向かって軟化してきたとした(48)。この吉野のたしなめに小野は反撥する。小野は、吉野はカトリック教会の脅威を見落としている、使節派遣の利益が見出せない、排日の機運は経済的・人種的理由によるので、日本人が挙ってカトリシズムに改宗したとしても緩和につながらない、カトリシズムを信仰しているわけでもないのに徒らにキリスト教国に追随する「輕佻にして信念なき國民」は問題だと主張した(49)。

小野清一郎との論争とは別に、一九二三年（大正一二年）二月に吉野は『新人』でもこの問題を取り上げているが、キリスト教勢力による内政干渉は心配無用である、特殊な法的性格を有するカトリック教会といえども警戒する必要はない、使節交換も問題ないとする論旨は不変だった。ちなみに吉野は、カトリック教会が「歴史的惰性」によりヴァティカンで国家的立場を有することは、宗教として問題があるとも言い添えている。吉野はこの案件が衆議院で否決された後も、「天主教會」の「唯我獨尊」、「服従の美徳」、「保守退嬰の隠健なる態度」は指摘しつつも、使節派遣自体は問題なしとの見解を繰り返した(50)。

新時代到来を歓迎する吉野にとって、伊ファシスト党の「反動的革命運動」の成功は不可解であった。吉野はその成功の理由を、「宗教的狂熱と常識的修養の欠缺と」によるものと推測し、「イグナシウス・ロヨラの運動」の現代版と呼んだ。彼はファシズムを南欧に限定された現象と見て、フランス以北には及び得ないだろうとした(51)。

（2）ヴァイマール共和国への同情と日本の親独派批判

第一次世界戦争が終結すると、吉野作造のドイツ観はたちまち一変し、「軍國主義の本家本元」の変容を強調し始めた。[52] 一九一四年には敵国ドイツを恐れたが、戦後にはそれを軽蔑するようになった三宅雪嶺と対照的に、[53] ドイツ帝国の批判者だった吉野はヴァイマール共和国の擁護者となり、遂にはドイツ帝国まで遡って好意的に紹介するようになる。

一九一八年（大正七年）秋のドイツ革命勃発に至る緊迫した時期、吉野はドイツ情勢を注視していた。吉野はバーデン大公子の帝国宰相辞任の報に接して、早速社会民主党が新体制の担い手となることを予測した。[54] 革命の報に接すると、吉野は「馬具製造の小僧」から身を起こした社会民主党指導者フリードリヒ・エーベルトがバーデン大公子から権力を継承したことを、「布衣宰相」（平民宰相のこと）の誕生だとして歓迎した。[55]

吉野は欧州大戦以来、ドイツが敗戦で軍国主義の迷夢より醒め、平和主義に傾斜するだろうとの見通しを説いていた。自国の領土が戦禍を被ったことがない日本は、戦争の悲惨さを痛感していないが、欧州人、特にドイツは今回の戦争で大いに反省するだろうというのである。[56] 吉野は、軍国主義・帝国主義の象徴だったドイツが、戦後は社会民主党政権下で改心し、ウィルソンの十四箇条の精神に帰依したと認識し、戦中までビスマルクやモルトケを誇っていたドイツが、今ではルター、ゲーテ、カントを掲げていると喜んだ。このため吉野は、パリ媾和会議でフランス首相のジョルジュ・クレマンソーが国益追求に邁進していることを批判し、英米の政治家や知識人がドイツに適切な妥協をしようとしていることを評価した。[57] ドイツ側は戦争末期からウィルソン十四箇条受諾により敗戦による損失を最小限にする方策だったが、吉野はそれを戦略だとは見ず、ドイツ代表ウルリヒ・フォン・ブロックドルフ＝ランツァウ伯爵の演説を「堂々たる宣言」だと称讃した。[58] また吉野は前皇帝ヴィルヘルム二世や旧帝国指導部の戦争裁判を、正義の貫徹の観点から支持していたが、ドイツに不利な勝者の裁きになることを恐れ、君主制復活は不可能なので前皇帝が母国で晩年を送っても問題ないとした。[59] さらに吉野は、帝制派プロイセン軍人だという友人の弁に依拠しつつ、ウィルソンに帰依した新ドイツに日本政府が軍事視察団を派遣しようとするのを時代錯誤だと批判した[60]。国際連盟の熱狂的支持者だった吉野は、ウィルソン米大統領やグレイ英外相と並んで、カント『永久平和論』を思想的先駆として引用した。「僕の今の思想の基底となつて居るものを今古の聖賢に求むるなら、嗚呼［烏滸］がましいがカントと云ひたい[61]」。平和主義者アインシュタインの来日に際しても、吉野はその「相對性原律」を引きつつ、立場は相対だが真理は絶対だ、朝鮮政策は日本人の観点を絶対視せず、朝鮮人からの見方も考慮するべきだと述べている。さらに、留学中からフリーメイソンに関心があった吉野は、世界平和を愛する人道主義勢力としてこれを盛んに紹介し、特にユダヤ系ドイツ人ゴットホルト・エフライム・レッシングの『賢者ナータン』を人種や宗教を超える愛の物語として紹介した[62]。一九二二年（大正一一年）一〇月一三日、吉野は滞独中の初代助手河村又介から、反戦デモを報じた現地新聞を入手している。「河村君山内君の手紙にも此運動に現れたる独乙国民多数の非戦気分の真摯なるに驚かれた様也　左もあるべし[63]」。

吉野はドイツ革命を肯定した。彼はそれがロシヤ革命と異なり、「極めて穏健なる進行を見た」ことに注目し、「治者階級の誠實と民衆の訓練が革命的混亂の時期を斯くも短縮するものであると云ふ事は我々の大いに注意を要する」とした。そして、「ブルジョワ民主主義」を擁護し、ドイツ革命を失敗ではなくそれなりの成功だったと総括した[64]。吉野は、フランス第三共和制の先例を参考にしてドイツでの共和制定着に期待し、「反動」勢力の蜂起たるカップ＝リュトヴィッツ一揆（一九二〇年）が失敗したことを喜んだ[65]。井口孝親が『ローザ・ルクセンブルグの手紙』を翻訳したとき、この「男も及ばぬ極端社會黨の闘士」を「一私人としては相當荒々しい謂はゞ女らしくない人」だと想像していた吉野は、その意外な「美しい情緒」、「纎細なる情操」に好意を隠さなかった[66]。

ヴァイマール共和国になると、吉野はドイツの知的風土も肯定的に見るようになった。彼は、ドイツのヨーゼフ・ヴィルト新内閣の国務大臣が学者揃いであることや、ベルリン政治大学でドイツやプロイセンの大臣たちが講義する様に感心する、ベルリン滞在中の友人の書簡を引用している。また彼は、ヴィルヘルム二世を酷評したビスマルク回顧録『思索と記憶』第三巻が刊行されたという友人の書簡も引用している。[67]

革命後の吉野は、革命前ドイツに関する認識まで一部改めるようになる。「列國の義憤が合一してこゝに獨逸膺懲の制裁力が發現した」、「米國の參戰は人類幸福の根本なる崇高なる原則の爲め」といった勧善懲悪論も残っているが、逆の評価をするようになった項目もあった。「英佛は自由、正義を呼號して獨逸と戰爭したのであるが、英佛の自由正義も幾分割引せねばならぬ。と云ふのは英佛は獨逸とは經濟上、政治上其他の方面に利害が相反對してゐるのであるから、獨逸を倒さねば自國の存立さへも危いのである。」「帝政時代の獨逸は其形式を專制にして實際可なり民主的なものであつた。」「事實上政府並に行政の當局者は惡い事をして居ない。形は保守專制のやうになつて居るけれども、實際獨逸の官吏は手腕に於て品性に於て概して甚だ優秀である。であるから國民は豫ねぐ彼等に對して不平を有つて居ないのである」等々。[68]そして遂にはフリードリヒ大王やヴィルヘルム一世、フリードリヒ三世まで、フリーメイソンの庇護者として称揚するに至った。[69]

欧州大戦の本質を巡る見解も、吉野はいつの間にか変更した。吉野は戦争中には、それをドイツに対する膺懲として説明し、日本が参戦する意義も説いていた。ところがパリ媾和会議後の一九二〇年（大正九年）一二月には、吉野はこう説明している。「勿論表面は英吉利等は小國の權利の爲に戰つたと云ふ、佛蘭西も之に撥を合せ、白耳義も小國の權利を擁護せざるべからずと言つて、各國それぐ共同の名義を見付けて、所謂斯の如き言葉を戰爭の上に掲げることは、從來の例で言ふ表面の理由に留まつて、實際は何かと云へば、總ての國が各々此戰爭に依つて是だけのものを得よう、あれだけのものを得ようと云ふ目標がある。［……］佛蘭西はアルサス、ロレーンを得たい、英吉利は獨逸の植民地を得たい、日本は青島を得たい、即ち戰爭に依つて達せんとする具體的の目標が皆違ふ。是が戰爭の初期に於ける狀態で、個々の戰爭の集合である、單一の戰爭ではありませぬ」[70]。一九二二年三月には次のような発言もある。「佛人は多年自分達を窘めた獨逸人などに、今や逆まに横暴を振舞ふ様になつたのだが、我々日本人は、西洋に於いて虐げられたる鬱憤を東洋隣邦の諸國に対して晴らした形になつて居る。是れ亦考へて観れば一種の強者の悲哀に外ならない」[71]。当時の吉野が、ドイツはフランスに虐待され、日本は西洋諸国に虐待され、「東洋隣邦」は日本に虐待されていると考えていたことが分かる。

吉野は、かつてドイツは強烈な国家観念の下で統一された稀有の民族だとされていたが、ドイツ帝国はプロイセンの軍事力で束ねられた無理な国家だったことが判明したと述べた。彼は特に、ヴァルター・ラーテナウ外務大臣暗殺事件に伴う「共和国擁護法」の制定に、バイエルン自由国（邦）が連邦主義の観点から反撥したとの報に驚き、「分離的傾向」（Partikularismus）の強固さを実感した。また、ドイツの統一を揺るがす他の要因として、カトリシズム、社会主義、「被壓迫諸民族」（Regionalismus）を挙げた（尤もドイツ国内の少数民族問題は、パリ媾和会議での領土縮小によってほぼ解消していたはずだが）[72]。

吉野のドイツ観の軟化は、彼の政治史講義にも反映された。一九二四年度（大正一三年度）に聴講した岡義武のノートによると、吉野は講義の重心を日本に移し、欧米は憲政の模範を学ぶという文脈でのみ扱われたため、ドイツへの言及も削減した。それでもその枠内で、ビスマルクからヴィルヘルム二世まで一貫して帝国主義的だったとするのではなく、前者の消極性と後者の積極性とを区別するようになった[73]。

とはいえ吉野のドイツ観は何もかも一変したわけではない。彼の明治文化研究では、藩閥政府の御用学問として「獨逸學」が批判されている。「［日本は］皇室を中心とし本來纏つた國であるから、獨逸を眞似る必要はさう強くなかつたのに、其當時の政治家は獨逸を眞似過ぎたのである。眞似過ぎると共に、獨逸の所謂國家思想と云ふものをも輸入した［。］國家を偶像としてそうして國家が有難い權力が大事だと云ふ思想を受け入れたのが即ち今日の政治家の頭にも先入主となって居るから、その考へは根本的に間違つたものだと云つても一寸響かないやうになつたのであります」[74]。「大體においてルスレルの立場は可なり頑固な反動主義である。英國の議院政治は大嫌ひ、ドイツ、プロシヤをまねよと理路をつくして教えて居る。藩閥諸公の氣に入つたのも怪しむに足らない」[75]。また吉野は、入手した大学東校（のちの東京帝国大学医学部）の学生の日記に、独仏戦争でのプロイセンの強勢には驚いた、仏英も征服されるだろう、日本は安全かと自問する記述があるのを見つけ、「果して然らば我々の先輩の頭が當時如何に深く弱肉强食的國際觀で刻まれたりしかを想像することが出來る」と感想を述べている[76]。さらに吉野は、「獨逸の多數學者の國際法の著書」には、戦時法規など必要なら遵守に及ばずと書いてあると批判している[77]。

内政上の論争でも、吉野はドイツに否定的文脈で触れている。一九二二年（大正一一年）年頭、普通選挙を帝国議会で実施する前に、まず地方議会の選挙で経験を積むべきだという議論が政友会から提起された。帝国議会での普通選挙の早期実施を信条とする吉野はこれを不快として、「日本では自治制創立の當初から地方自治體を以て立憲政治の根柢たらしむると云ふプロシア流の考へを元にして居る者が多いから今日尙ほ此謬見を金科玉條として居る者があるけれども、我國憲政の實際の發達は此考を裏書きして居ない」とした。吉野はここで「プロシア流」という表現を、日本に合わないものという意味で用いたのである[78]。

ドイツへの否定的言及は一九二〇年代にさらに繰り返された。吉野は、「アメリカ第一」を唱えて国際連盟加入に反対するハーディング（共和党）が米大統領に当選した際、ドイツ系移民が彼を支持していたと主張した[79]。かつてのドイツ帝国の傍若無人な自己中心主義を強調する議論も、吉野は引き続き口にしていた[80]。

「獨逸學」の祖加藤弘之も吉野は再三にわたり批判した。吉野は加藤の『鄰草』を日本最初の立憲政体論と認定したが、加藤の天賦人権論からの離反を批判して、「政治研究の學者ではない」と断じた。また吉野は明治維新当時の国際協調論者として、福澤諭吉や中村正直と並んで加藤を取り上げ、その『交易問答』（一八六九年）が都鄙の青年たちの盲を開いたと評価したが、そこにキリスト教への憎悪が含まれていることを指摘し、「斯うなつて來ると、加藤先生の開國論も餘りアテにはならなくなる」と締め括っている[81]。

晩年の吉野は自分のドイツ体験への言及を避けるようになる。これは吉野が、自分の中国研究は第三革命以降のものだと主張したのに似て、事後的な記憶の「整理」である。よく引用される一九二八年（昭和三年）の回顧談を見てみよう。

留學三年にあまる幾多の見聞が後年の私の立場の確立に至大の關係あるは勿論だが、中に就き特に茲に語つておきたいのは、（一）英國に於て親しく上院權限縮少問題の成行を見たこと、（二）墺都維納に於て生活必需品暴騰に激して起つた勞働黨の一大示威運動の行列に加はり、その秩序整然一絲みだれざるを見て、之でこそ國民大衆の信頼を得るに足るなれと大に感服したこと、（三）一九一二年の白耳義の大同盟罷業を準備時代から目のあたり見聞し、秩序ある民衆運動の如何に正しく且力あるものなるかを痛感せしこと等である。［……］猶右の外私は佛蘭西に於て屢々サンヂカリストのストライキをも見た。(82)

この発言は不可解である。そもそも自分の留学時代の回想であるのに、二年以上を過ごしたドイツ帝国での体験を一つも挙げず、旅行したに過ぎない英墺白仏四箇国の事柄を強調している。事実認識にも不可解な点がある。英貴族院の庶民院への劣位を確定した「議会法」制定（一九一一年）は吉野の（留学中ではあるが）滞英中（一九一三年）の出来事ではなく、またヴィーンの示威運動（一九一一年九月一七日）は実際には暴徒化して死者を出しており、他ならぬ吉野自身がその葬儀に参加していたはずである。仏白で労働運動を目撃したという事実は、少なくとも彼の日記には記述がなく、これに対しドイツ帝国では労働運動を何度も目撃したのに、その話は一切しないのである。要するに吉野は、昭和初年の進歩派日本人読者の共感を得られるように記憶を「整理」して、ドイツとは距離を置いた親西欧派知識人として振舞っていたのだろうと思われる。

吉野が稀にドイツ留学に言及する際には、ドイツ体験を否定的意味で取り上げ、英米への肯定的評価と対置した。

吉野は、ヨーロッパのキリスト教が日本とは異なり精神的活気に乏しく、日本の仏教のように形式主義に陥っているという診断を披露する際には、ドイツでの体験談を盛んに用いている。これに対して、ヨーロッパにもキリスト教精神の輝きがあると称える際には、アメリカ起源のＹＭＣＡや、ロンドンで目にした非国教派牧師ジョージ・キャンベル・モーガンの事例を挙げたのだった(83)。

（3）日本の将来像

①親西洋（西欧）派の知的権威主義

吉野作造の言論活動は、知的「高み」から日本社会の無知蒙昧を叱責するという姿勢に貫かれていた。「私は豫ねく日本の政治家の頭は餘程變なものだと考へて居るのであります。格好が變だと云ふ譯ではありません。――格好も寺内さんのやうな變なのもあるが、――容器よりも中身が變だと云ふのであります(84)」。「我々政治の學問を研究して居る者から云ふと、今の日本の政治家の考へて居る様な思想は、封建時代から立憲時代に移る過渡期の産物であつて、眞正の立憲政體時代には存在を許すべからざるものであるのであります(85)」。日本国内での吉野の優越感は、「學問」のみならずキリスト教信仰にも由来していた。「何處迄も基督教徒の高い立場から冷静なる批判を下すことを忘れてはならない(86)」。吉野は或る時、官吏として思想問題の取締をしている、学生時代「随分成績が劣等」だった教え子のことを皮肉を込めて紹介し、検閲を批判してこう述べている。「或有名な西洋の學者は、若し此の世の中に間違のない事がありとすれば、それは自分の考へが唯一の眞理なりと信ずる事が大間違だと云ふ事であると云つた(87)」。こう検閲当局の独善を批判する吉野だが、自分も「高い立場から」他者を診断していることには気付いていなかった。

吉野は西洋を日本の模範と明示して憚らなかった。曰く「能く世間には、西洋と日本とは國情を異にするから、彼に發達した處の理論を、我に應用するのは間違つて居るなどと云ふ議論をするものが多いが、今日此の説ほど愚なものはない。勿論國情の差に基く個々の傳統は、消さうたつて容易に消されるものではない。吾々は只だ社會事情、殊に經濟事情が、段々彼我同一になりつゝあると云ふ事實に基きて此の新らしい形勢を支配すべき、共通の新原則を、又吾々の内に養はんと努むるのみである。國情に差あることは言ふを俟たないが、差別を云々するよりも、國情の段々相同じからんとする方面に、着眼するのが主で、此點に於いて吾々は、もつと、大に西洋に學ぶ處あるを必要とする」[88]。そして、「西洋は怖い」、「此の怖い西洋を如何にして討か」という発想を打破したのが、「福澤先生」だったという[89]。西洋諸国はみな民主制だという上杉の持論をかつて否定した吉野だったが、実は自分も同類のことを述べていた。「歐羅巴諸國の政治に於ては、何れも民主的思想の根底があるから、例へば英國の憲法政治にしても、スラ〳〵と何の故障もなくやれるのである」[90]。日本は駄目だ、西洋（英米仏）に学べという吉野は、「外人」の日本批判に目を配り、「外客」を「掛値のない」「健全な常識を有する公平な第三者」と仰ぐよう訴えた[91]。

教会関係でアメリカ人と交流の機会があった吉野は、彼らの日本批判に日本側が口答えするのを戒めた。吉野は朝鮮統治やシベリア出兵に関する米側の日本批判に触れ、欠点を隠蔽するのは「東洋流の考」であって、自分たちの欠点は認め、善いところを主張しようと訴えた。吉野は、日本人は侵略主義的だという西洋の批判を受け止めた上で、日本人全てがそうなのではなく、古い富国強兵論に固執する元老軍閥の問題だと弁明したのだった。また吉野は、在留外人婦人矯風會が「藝者とは何か」という批判的小冊子を配布しようとしたとき、自国の恥を広めるものとして抗議した人々を、偏狭だと批判した[92]。

とはいえ吉野は、西洋起源でも不都合だと思う発想は排除した。例えばキリスト教人道主義者の吉野は、非妥協的な階級闘争論を排斥し、修正主義に肩入れした。また彼は、社会主義者なら宗教を否認して当然だという発想も、西洋流行の説明にかぶれた浅見短慮だとした。社会主義と宗教とが両立しないというのは、宗教の「儀式典禮の八釜しい國」（独露）の話で、仏英では事情が違うという。さらに吉野は代議政治否定論にも反対した。吉野は（ソヴィエトでも）「自分でやるとは云つて見たものゝ、智識經驗の浅い勞農者流に大政の料理の出來る道理はなく、やがてまた自然に政治家といふ階級は生まれるにきまつている」と予想し、「英國の如きすべての改革が割合にスラ〳〵と行く國柄では此種の議論は起らない」とした。そして吉野は、革命を契機に西洋で流布した反ユダヤ主義やフリーメイソン陰謀説も、取るに足らぬ「天主教」国の迷信、保守派の陰謀だと切り捨てた。(93)

欧州大戦後も吉野は西洋社会の「指導的原理」はキリスト教だと喝破した。既に戦前から西洋人は教会を離れつつあったが、欧州大戦でキリスト教の権威は地に堕ち、戦後にはもはやキリスト教が人心を支配することはなかろうという懐疑論を、吉野は否定した。キリスト教は日本にとって害悪だ、朝鮮や中国の反日運動も「基督教青年會」が煽動し、外国人宣教師が共感を寄せているという、日本の「一部の官僚軍部」の説も、吉野は不当な嫌疑だとした。「新井白石とヨワン・シローテ」（一九二二年）から晩年まで続く日本開国史研究も、キリスト教こそが日本の文明化の導き手であり、日本は西洋＝普遍世界とキリスト教を介して繋がってきたという発想が背景にある。(94)キリスト教を進歩的なものと看做したい吉野にとって、マリア処女懐胎やイエス復活などの神話は不都合であり、それを真に受けない海老名彈正の合理的解釈は推奨すべきものだった。(95)キリスト教界は政治に関与しない方がいいという政教分離論に抗して、吉野は政治こそキリスト教主義が指導すべき領域だ、キリスト教を欠くから人間を信用せず、個人の創意を抑圧するのだと反論した。(96)

吉野にとって前近代までの日本宗教は愚の骨頂だった。吉野は神道を、宗教か否かすら曖昧なものだとし、「反動的に之を擔ぎ廻る者」が居るのを問題視した。神道は宗教であってもよく、学術調査や祖先顕彰の意味で国家が保護を加えるのも構わないが、帝国憲法で信教の自由を謳った以上、神社参拝強制による思想統制は不適切だという。また靖國神社について、確かに国家に一命を擲った軍人たちは「感謝に値する」が、「何んなやくざ者でも戰争で死にさへすれば以前の罪は全部帳消しになつて神様になれる」というのは子供の教育に悪いとし、その「道徳的意義」を疑った。仏教に関しては、かなり民心を支配しているものの、国民の精神的基盤になり得るかは疑問だとした。吉野は欧州大戦中、軽佻浮薄の世相を慨嘆し、軍国主義、亜細亜主義を唱えた大谷光瑞伯爵（浄土眞宗本願寺派（西本願寺）前法主鏡如上人）の論文「帝國之危機」を偏狭だと一笑に付していた。眞宗大谷派（東本願寺）の内訌（一九二五年）に際しても、吉野は「宗教家」として当事者の「徳操」を疑い、「殉教などとは笑はせるにも程がある」とした。吉野はまた神前結婚や仏式葬儀、神職や僧侶の実態を疑問視した。当時軍人などの間で流行していた教派神道「大本教」についても、「識者階級は依然として輕蔑の眼を以て視て居る」とし、「所謂上流階級でそれを信奉するのは「姉崎博士のいはるゝ如く思想上の低能兒が多い」とした。ただ大本教取締事件（一九二〇年）に際しては、「思想は思想を以て對抗せしむべきもの」とし、自然消滅するはずのものに官憲が介入するのを無用とした。吉野は民間信仰も一笑に付している。「鰯の頭も信心からと云ふ事があるが、あんなものを飾つてゐては、我々は傳染病が恐ろしくなるのである」。通夜、読経、「支那の芝居の様な」葬式、墓石などの葬儀慣行にも、吉野は疑問を呈した。[97]

吉野は自分が信奉するキリスト教と新たに擡頭した社会主義とを、極力両立させようとした。吉野によれば、社会主義の宗教批判とは「本質としての宗教の非認ではなくして、些末の信條、儀式、迷信等の非認である」という。中国のキリスト教徒も、キリスト教の本質を儀式と誤認しており、そこに反宗教運動が起きる原因があるが、宗教を外面的にではなく内面的に理解すれば、人道という共通基盤において、宗教と社会主義とは折り合えるはずと彼は考えた。青年期からキリスト教をキリストやマリア抜き、礼拝や祝祭抜きで、普遍的人道主義として受容していた吉野は、マルクス主義の宗教批判も文化的プロテスタンティズムのカトリック教会・プロテスタント領邦教会批判も大差ないと信じたのだった。[98]

吉野は進歩派同僚の著作を絶讃した。一九二二年（大正一一年）年頭、吉野は美濃部達吉『日本憲法』の刊行を喜び、同時期に刊行された佐々木惣一の『日本行政法論』と並べて、公法学界の「オーソリタチーヴ」と称えた。同時に穂積重遠『民法總論』上下二巻、末弘嚴太郎『物權法』のことも、吉野は「オーソリテー」と呼んだ。吉野はこうした著作が、法学を一般民衆の知識にしたと喜んだのだった。学生の著作では、佐野學『露西亜經濟史研究』などを話題にしている。さらに吉野は、北一輝の『支那革命外史』を絶讃し、その刺戟で自分は「支那革命史」研究を志した、著者を訪問して親しく教えを請うたと述べている。その一方で吉野は、上杉愼吉ら保守派の著作には一切触れなくなっていった。また大正末年、「政界と學界とに兩股をかけてゐる云はゞ元老格の老先生」（加藤弘之か水野錬太郎か阪谷芳郎か）が、吉野の文章をいつも読んでいると言いつつ、名前を繰り返し「吉本君」と呼び、美濃部のような「一方の權威たる學者」を知らず、「憲法學では日本では穂積八策《ママ》西洋ではブルンチリーに限る」などと喝破するのにも呆れた[99]。

吉野は高潔な学界と醜悪な政界とを対置した。政治評論に邁進した吉野だが、自分では政治活動から距離を置く学者だと思っており、「學術」、「學理」の名において語るのを好んだ。このため吉野は学者の議員兼職には懐疑的だった。吉野は、被選挙権は国民の公権であり、官吏身分であれ勤務時間が短く教育研究の自由がある大学教授からそれを剝奪する理由はない、西洋諸国では兼職を認めているとはしたが、兼職を推奨することはなく、イギリスの大学選挙区制度も民本主義に合わないと否定した。また、「治安警察法」第五条に教授（正確には第四項「官立公立私立學校ノ教員學生生徒」）が政治結社に参加できないとの規定があることを強調し、仮にこの規定がなかったとしても、教授は教育研究に専念するべきだとした。吉野は真剣な政治活動は教育活動と両立しないとし、無産政党を自ら指導する早稲田大学の大山郁夫を皮肉った。「大山君のやうな精力家は別だが、僕などは本を讀むこと、物を考へることに追はれて、手紙を書いたり、食事をする暇も無い位ゐだ。社會民衆黨の産婆をしながら、それに入らなかつたのも、自分はあくまで一學究でありたいと思つたからのことである」[100]。だが東京市会議員選挙（一九二七年）で東京帝国大学や慶應義塾大学の教授三名が立候補すると、吉野が彼らを「理想候補者」と呼び、その全員落選に落胆したという事実が示すように、学者による政界刷新に期待する面もあった[101]。

大学人吉野作造は大衆には両義的態度を取った。戦争中に吉野は「ユニヴァーシティ・エクステンション」を呼号して「大學普及會」を設立し、雑誌『國民講座』（一九一五年）を発刊するなど、公民教育の試みを佐々木惣一と始めていた。これは吉野がハイデルベルク留学中、ヘルマン・オンケンの歴史学講義に多くの一般市民が参加し、また家内の使用人も勉学に励んでいる様子を見て、思い付いたものだと思われる[102]。だが同時に吉野は、大学自体の大衆化は警戒していた。吉野らが「法學博士」を授与されたとき、「學士」は称号、「博士」は学位とされ、前者は各大学が、後者は文部省が授与していた。だが欧州大戦の最中、平等主義的な新「大學令」制定が構想された（一九一八年に勅令として制定）。これによると、官立大学に加えて公私立大学が認可され、同時に「學士」も「博士」も同じく称号として各大学に授与権を与えられるとされた。吉野は、これでは「程度の低い學校の出身者も、程度の高い學校の出身者も、同じ稱號を冠するといふ事になる」と述べ、新設大学への不信感を滲ませた。学位としての「博士」は、吉野や上杉のように博士論文もないまま、「博士會ニ於テ學位ヲ授クルヘキ學力アリト認メタ」者に栄典として授与されることも多かった。新「大學令」は、博士号を欧米大学に倣い最高位の学習修了資格にしようとしたものだが、吉野は学士博士を「程度の高い大學」で独占できないなら、むしろ廃止せよという。同じ頃吉野は、福田徳三が官立大学教授でないために軽視されるのを批判してもいるが、吉野自身もそうした感覚を共有していたようである。この他にも吉野は大学の年限短縮案に関して、「世間の輿論であつても、我々は漫然之に賛成する譯けには行かぬ」と声を荒げ、従来の大学卒業生は使い物にならないと批判する早川千吉郎には、大学卒業生が直ぐ役に立つべきという発想自体が誤りだと反論した。吉野は大学を職業準備の場でなく人格形成の場だとし、この点ではドイツの大学を模範と仰いでいた。但し吉野は、帝国大学法科大学生が無試験で法曹になれる特権については、大学教育の負担軽減のためにも廃止し、私立大学と同権化して、政府が司法試験を実施することを主張していた。[103]

吉野は法科大学教授として、文科大学教授（国文学）芳賀矢一の「法科萬能主義」批判にも対峙した。芳賀は一九一七年（大正六年）一〇月の『帝國文學』に「法科萬能主義を排す」を掲載し、無教養な法科出身者が大臣から下吏まで、政界から実業界まで各方面で地位を占めるので、秀才が法科・医科に集中すると不満を表明した。吉野は、一方で現代社会が「實質的運營」を軽視し、「形式的整頓」に傾斜していることが文科軽視の弊を生んでいると芳賀に理解を示したが、他方で法科出身者の擡頭は「止むを得ない現象」とし、文科出身者に「形式的榮達」を与えても問題は解決しないと芳賀に反論した。[104]

ただその吉野も、法科大学内では政治学科教授としての傍流意識に苛まれていた。政治学科卒業だと頭が大雑把になって社会で役に立たないので、法律学科で綿密にやろうと思うがどうかと、吉野に尋ねてくる無遠慮な新入生も多かった。経済学科の学生も増えていく中で、吉野は政治学科の教室で「客が少い。寂れたな」と「哀愁」に浸り、法律家こそ条文に拘泥し、融通が利かなくて問題だと愚痴を言ったのだった。[105]

②「デモクラシイ」の意味内容

「他人を見たら泥棒と思へ」も一理あるが、「渡る世間に鬼は無い」も頷くべきものがある――吉野作造は、自分の唱道する「デモクラシイ」の背景には、人間の徳性が無限に発展するのを信じる「樂天的の人生觀」があるとし、その意味で自分は「熱心なる自由主義者」であると主張した。「デモクラシイのさう云ふ考の出て來る根本には特別の人生觀が根抵をなして居るのである、と云ふは詰り總ての人間は人間としての能力の無限に發達する可能性を信ずると云ふ立場です」。確かに現実には「一向に悧巧にならぬ人間」も居るが、それは「境遇」、「外界」が悪いためで、本人の問題ではないという。吉野は自説に沿う先人の政治思想として、性善説、アリストテレスの命題「人間は社交的の動物である」を挙げ、対極のものとして性悪説、ホッブズを挙げた。吉野はバートランド・ラッセルを援用して、人間には「創造の衝動」（「精神的自由」とも）と「所有の衝動」（「間違った慾望」とも）とがあり、前者のみを強調し、相互扶助を人間の本性と見るクロポトキンも、後者のみを強調し、殺伐たる生存競争を人間の自然状態と見るホッブズ、ダーウィンも、共に一面的だとして退けたが、明らかに前者に共感を示していた。吉野は、「勞働者を信ぜよ、人民を信ぜよ、朝鮮人を信ぜよ」、「自由なる活動を許すことに依つて人格價値が發現する」ことを信ぜよと訴えた(106)。

吉野作造は闘争の意義を認めつつ、それに道義上の制限を課した。曰く「闘爭は進歩の母である。政黨は政黨と戰ひ、民族は民族と戰ふ。戰ふ事其自身には何も惡い事はない。又一旦闘う以上は、勝つ事は差當り第一の目的である。勝つ事のためにあらゆる手段を廻らす事其自身に亦何のわるい事もない。／けれども今日文明の世の中に闘爭は一つの肝要な條件がある。そは一切の闘爭は最高善の發現のためでなければならぬこと是である(107)」。

吉野は二つの「國家」概念を区別するようになる。第一に、「日本民族の造つて居る共同團體」としての「國家」である。「我々が皇室を中心として、大和民族が其周圍に集つて居る、此民族の團體生活、民族の一種の團集を國家と意味するのであります、さう云ふ意味ならば國家或は日本社會と云つても同じことです、詰り斯う云ふ一つの團體生活の上に我々が文化を開發する、此團體の名譽を次第に輝かす、團體生活の威光を海外に發揚すると云ふやうな意味であります(108)」。第二に、権力で統制された団体としての「國家」である。吉野によれば「政治學上で言ふ國家」、無政府主義者が否認しようとする「國家」、ドイツ語の Staat は後者だという。二つの「國家」が文中に混在しては面倒なので、吉野は第一の「國家」を「社會」と呼ぶこともある。吉野はこの二つの「國家」概念を同時に使用しており、一方で「國利民福」のような「國」と「民」とを一体視する表現を青年期から用いつつも、他方で「社會卽ち國家」とするのは「獨逸流の謬見」だとも述べていた[109]。

欧州大戦後の吉野は、「社會」を重視し（第二の意味での）「國家」の役割を限定する方針を示すことがあった。先述のように、彼は「國家」が思想問題に干渉するのを批判し、「思想は思想に依つて取り締まるの外ない」とした。思想が相互に争うところに、実は一定の理想的統一があるのだという。「國家」が文化や芸術を作り得ると思うのも「舊思想」であって、「文展」や「院展」なども「發達するのは僞善と迎合のみ」だ、西洋でも最も道徳的で高尚な文化は「精神の無政府的狀態」から生まれるとした。吉野は都市大衆文化にも寛容で、猥褻本の収集で「エロ物專門家」として知られた齋藤昌三も研究者として遇した。但し吉野は、「社會」による「國家」の打倒を目指したわけではなく、両者の対立を自明視したわけでもない。彼はデモクラシーが「國家」の強制権を弱めるという考えは誤りだとした。「私は政府當局者に向つて『人民に自由を能へよ』と叫ぶと同時に國民に向つては『國民各自國家の一員として國家に對して責任を分擔せねばならぬといふ考へを平素念頭に置いて貫いたい』と叫びたい」[110]。この発想は、吉野が普通選挙と共に兵役を重視したこととも連関している。

吉野は「物質的自由」を「精神的生活の自由」の前提だとして、「生存權の保障」を訴えた。これは一九一六年（大正五年）の「民本主義」論にはなかった要素で、ロシヤ・ドイツ革命の影響だろう。吉野は河上肇『貧乏物語』などを援用し、社会問題の重要性を指摘した。そして、ただ貧困を指摘するだけの研究を第一期のものと呼び、貧困の発生理由を探究する第二期のものと区別し、特に「カールマルクス」により「社會主義が學問的に說かれるやうになつた」とした。「科學的社會主義」の意義を認める吉野だったが、彼はそれを「人情がないちよつと氣の荒いやうな感がする」とも考えた。「階級鬪爭論」は「極めて殺伐なもの」であり、「哲學の唯物主義と伴つて科學的社會主義と云ふのは人生を荒莫たらしむる」ものだという。従って吉野は、マルクス主義よりも「理想主義的人道主義的の社會改造論」の方が擡頭してきたとする。人道主義者の吉野は、マルクス主義の「掠奪観の國家起源論」について、現状批判として敬意を表しつつも、その歴史学的正確さを疑問視し、国家の本質の説明としても否定して憚らなかった。吉野は国家の改善を求めたが、人間には統制は不可欠との立場から、国家の廃止は否定し、流行する「ギルド社会主義」の類も謬見含みだとした。ただそれにも拘らず、日本政府が社会主義者の国際的連帯を警戒し、一九二二年にこれを治安立法で防圧しようとすると、吉野は司法次官が「過激派」を過大評価している、そのような法制度は不要だと述べたのだった。(111)

吉野は、無政府主義や社会主義には三つの発展段階があると述べた。即ち「空想的」、「科學的」、「人道的」段階である。「政府」に対する素朴な憎悪から政府の破壊を目指す「空想的」段階、経済学や生物学など学問的根拠を備えた変革論を唱える「科學的」段階の後に、全ての人間に「生存權」を認めつつ、人間の良い面、悪い面の存在をも認め、道徳に立脚する限り社会制度・政治制度は必要だとする「人道的」段階が来ると吉野は考えており、「人道主義的無政府主義」の代表的論者としてのラッセルに共感するのである。これに対しマルクスへの吉野の態度は両義的で、その全集が一九一九年（大正八年）に刊行された時には、「マルクス一點張り」は賛成しないが、思想の疑義を正すために全集は歓迎すると、僅か四行の祝辞を述べている。(112)

吉野は「人道的」段階を「科學的」段階よりも進歩したものと考えたが、ロシヤ革命に感化された学生たちは、吉野を「いささか輕く見る」ようになっていく。吉野系学生団体「帝大新人會」は、創設当初の一九二〇年（大正九年）こそ紀元節に府下大学生を糾合して、宮城前広場で「天皇陛下萬歳」を三唱するような振舞を見せたが、急速にマルクス主義化して、フェビアン社会主義者の鈴木義男が脱会した。同年二月創刊の同会雑誌『先驅』には、翌月赤松克麿が「人道主義的政治思想の難點」を発表する。赤松は、生物学的進化論から一歩も出ない小野塚政治学より、人間味のある吉野政治学に好感を持つが、吉野がフランス革命を善意に解釈する余り、それが労働者や農民の利益を代表しないブルジョワ革命だった点を閑却していると批判した。これに対し吉野は、下層階級や婦人を閑却したのは現代の感覚からすれば問題だが、当時の社会状況は異なっていたのであり、それのみを理由に革命の根本精神まで不純、醜悪とするのは誤りだなどと反論した(113)。

吉野は学生たちがマルクス主義に傾倒し、国際連盟をもブルジョワ的だと拒否するのを懸念していた。新人会の盟主とはいえ、吉野が学生たちを急進化させていたわけではない。一九二五年（大正一四年）年末、早稲田大学学生が軍事教育反対演説会を開催しようとして大学当局から禁止された件で、吉野は大学当局の高圧的態度を批判したものの、学生への違和感も滲ませた。「制度としてきまつたものを示威運動的に執拗に學生から反對されるのでは、當局者も嘸困ることであらう。斯うした問題に付て反對の氣勢を擧げやうとなら、殊に學校内の運動としてやるのなら、學生諸君の側に於て亦格別愼重な態度を取るを賢明とすべく、此點に於て學生諸君に反省を求むべき點も多々あつただらうとは思ふ」。森戸事件でもそうだったように、彼は学生が教師の掌中に留まることを望んだ。一九二八年（昭和三年）にも、吉野は田中内閣の「左傾教授」弾圧を批判する文脈で、急進化する学生を抑えているのは「左傾教授」であり、彼らを弾圧するのは早計だと述べている(114)。

階級闘争史観への違和感は、吉野を比例代表制批判へと向かわせた。吉野は、階級を越えた「市民的立場」による政治を求め、生産者か消費者か、労働者か資本家かという二者択一を否定した。彼は、比例代表制はハプスブルク帝国のように、「先天的に融合しない」多民族が混在し致し方ない場合に用いるべき制度で、日本で導入すれば「市民的立場」を忘れた各「職業」間の対立を助長すると考え、導入に反対した。吉野は一九一七年（大正六年）、衆議院の「大選擧區單記と云ふ世界に類のない奇怪至極の方法」を批判し、原内閣が施行した小選挙区制を、与党に有利という問題を認めつつも、基本的には支持した。代議士は一旦選出されたら出身階級を離れて行動するべきだというのが、彼の信念であった。実は吉野は青年期から、大選挙区制は選挙費用が嵩み、解散を恐れる政党が政府に迎合的になるとして、小選挙区制採用を求めていた。小選挙区制では死票が多くなるが、吉野は一票でも多い方が議席を得るので、多数派形成への努力が促進されると考えた[115]。

マルクス主義への違和感にも通じるのが、肉体労働への吉野の視線である。吉野は「ブルジョア階級」が肉体労働を蔑視してきたことを批判したが、「働く」とは即ち肉体労働であるという論調には違和感を表明し、「働く」とは「文化價値の創造」だと定義した。「我々は筋肉の力の表現たる物的價値と相並んで精神力の表現たる心的價値の創造をも迎えたい。否、物的被造物そのものをして實は精神力たる個性の表現であらしめたい[116]」。

このように吉野は、実際の労働者には距離を置きつつ、労働者階級の代弁者を自負していた。吉野は、政治家たちが現在の社会組織、つまり「資本家階級と勞働者階級との關係」の無批判な肯定から出発するのに対し、「我々」はそれが「正義の要求に合しない」という批判から出発するのだと述べ、金持ちの慈善事業ではなく、公共的義務の遂行としての社会政策を要求した。吉野は「勞働者階級」と「其の代辨者たる一部の有識階級」との関係を、「病人」と「醫者」とのそれに譬え、両者が協調し合えると信じていた[117]。

吉野の唱える「平民主義」は金持ちの道楽ではないかとの批判もあった。一九二一年（大正一〇年）六月、上杉愼吉の元弟子たちの雑誌『國本』で、吉野ら政治家を除く各界の名士たちが韮山に別荘村を作るとの情報を得た望月茂が、吉野の「道樂半分の平民主義」を批判した。これに対し吉野は、自分の「平民主義」とは全ての人々の生活を最低水準まで押し下げるものではない、「温泉場に別莊を持つて気持よく一日を過さうと云ふことは、少なくも吾々の理想する將來の社會に於て、凡ての人に許さるべき最低の生活だらう」と反論した[118]。

吉野は、現状維持への反撥が暴力に繋がることを警戒し、頑迷な保守主義への単純な反抗として闇雲な暴力に走る虚無主義者、社会組織さえ換えればあらゆる問題が解決すると考える唯物論者を批判した。吉野は労働運動の方針が、普通選挙施行が進まない中で直接行動へと移行しつつあるのを危惧し、普通選挙に反対する保守派には憤懣を懐いていたのだった[119]。

吉野は、「精神的自由」および「物質的自由」を効果的に保障するためにも、国家が警察、監獄、軍隊を以て、自由を妨げる「悪い奴」を排除する必要があるとしたが、国家が人民のためと僭称して権力を濫用するかもしれないので、「貴族とか、少數の階級的の考で判斷して自分の都合の好いやうに運用する」のではなく、「矢張り國民が皆一人々々國家の利害休戚を擔つて國家を強くして此國家の文化を高いものにすると云ふことに我々銘々責任が有る」という。吉野は、多数による統治の現実的手法として多数決を肯定し、五十一票の意見が四十九票の意見を圧倒するのは不当だという反論に対しては、その逆に四十九票が五十一票を圧倒する方が尚更不都合であり、他に手法がないと言明した。吉野は、人間は発達するので、一時的には間違った意見が多数になっても、やがて正しい意見が多数になるのだとし、多数派を目指しての政権争奪を「道德的」だとした[120]。

彼の推奨する「普通選擧」（選挙権付与に際して納税額による制限を完全撤廃し、新たな制限も設けない選挙）により「デモクラシイ」が愚民政治に転化しないかという危惧を、吉野は退けた。というのも、吉野の考える「デモクラシイ」とは、欧州大戦前と同じく、一般民衆自身による統治ではなく、一般民衆に立脚した「哲人」支配だったからである。「一人一人の意見を皆聞いてそれを平均した意見」は「極めて平凡」であり、それに基づいた「デモクラシイ」を行えば「愚民政治」になる。吉野は、「民衆が其の儘動くなら佛蘭西革命等にやつたやうな愚民政治、所謂モッブ政治」だとした。普通選挙の実現を前に、吉野が激増した新有権者に自重と良識とを求めたのも、彼の民衆への距離感の現れだろう。彼は「民衆自ら直接政治に與るのが民主々義の本領だ」と考えるのは「誤解」だとした。この点は人民投票論に興味を示した上杉との相違点である。民衆の直接参加を志向したのは、旧体制の「貴族主義」に反撥した「十八世紀から十九世紀にかけての民主々義」で、その後専門家に政治を委ねるしかないという結論に達したという。吉野は、実際に大臣や国会議員として政治を行うのが「我々の先輩で有識階級、知識道徳に於ける貴族階級」であることは当然とした上で、彼ら「哲人」と「一般の民衆と此間に皆精神的の聯絡を取ると云ふことが大事」だとした。民衆に監視されることにより、「哲人」は「弊害」を免れ、「哲人」であり続けられるのだという。吉野は「哲人」支配を、プラトン、マルクス・アウレリウス・アントニヌス帝の例を引いて説明した(121)。「哲人」は監視されるべきという発想の背景には、吉野がクロポトキンから学んだ、「専門家」への不信感があった。共同体の習慣や儀礼に通じた「専門家」が登場してくるが、彼らはその知識を悪用して「相當……相當ではない随分暴利を貪つて贅澤が出來る」ようになり、やがて地位を世襲して権力を握るのだと吉野は述べており、「専門家」は放置すると害を為すという否定的先入観があったことが分かる。吉野は具体例として、結婚式で祝詞を挙げるのに「五十圓も三十圓も」料金を取る「神主」の例を挙げ、神道への不信感も垣間見せた(122)。

吉野の「デモクラシイ」観は多数派による少数者の監視を中核としていたが、それは二重のものだった。第一は議員による政府の監視であり、第二は人民による議員の監視である。前者に関しては、彼は帝国憲法にない「責任内閣の制度」に要求した。後者に関しては、彼は民衆を「我々が」信頼すると同時に、民衆が教育されるという二面を重視し、また民衆にそれほど高度な能力が求められるわけではないことを強調した。「能力と云つても高い能力ではない、人の云ふことを聞いて分れば能い」。民衆は議員を監視するが、細部は議員に任せるというので、そこから人民投票という発想は生まれ得ない。なお、最低限とはいえ民衆に判断力を要求する彼は、人間なら誰でも投票する（従って子供にも権利があり、これは親が代行する）というのは「天賦人権論」の誤った発想だとした。彼は財産による選挙権制限を峻拒したが、教育によるそれについては、理解を示しつつ結論的には否定した(123)。

吉野は秘密・無記名投票を支持した。彼が秘密投票を重視したのは、投票の自由を確保するためであった。自分が誰に投票したかを堂々と公表するのが理想だが、「一般の民衆はそれほど志操堅確でないから」、圧力に屈しないように已むを得ず無記名にするのだという。ただ吉野は英庶民院の大学選挙区で記名投票が行われていることについては、候補者が大学卒業者で社会的地位が高いことを理由に問題視しなかった。吉野は若松で旧会津藩士の代議士候補に「柴四朗殿閣下」と敬称付きで投票した用紙が発見され、これが大審院でも有効と認められた事件を批判し、無効とするべきだとした[124]。

吉野は、現実の日本で人民による議員監視が機能しないのを嘆いた。「不幸にして我國ではこの民衆的監督の實がちつとも擧つて居ない」。ここで吉野は、問題を少数の専制支配者に帰した。「憲政逆轉なる言葉が示す通り、民衆が政客を監督するに非ず、政客が民衆を左右すると言ふ變態に在るのだから、所謂民衆の參政權はほんの形式に止まり、政界の實權は例に依つて例の如く、上下兩院に各若干の分野を占むる政客と所謂元老官僚軍閥の一團との間に潜在して居る。されば内組組織［内閣組織か］の如きも、之等の政客の多數の容認を得さへすれば成立するので、民間の輿望の如きは頭から問ふ所ではない」。民意を体現しない「元老官僚軍閥」が問題なのはもちろん、「民衆の良心を反映すべきもの」である「政黨」にも、実際には単なる「政客」の集団にとどまり民意を反映していないものがあると、吉野は嘆いたのだった。吉野はまた、波瀾のある英米の選挙光景に感激し、日本では「政府なり政黨なり」が選挙を支配するので、総選挙の結果は初めから決まっていると言い切った[125]。

吉野は政党政治の鼓吹者でありながら、「市民」の政党加入を戒めた。「凡そ市民は、單純なる市民としてある限り、其本來の義務として、有らゆる政黨に對して絶對に超然的態度を維持すべき義務がある。夫の有象無象が自ら政友會員たり憲政會員たるを誇るが如きは、言語道斷の沙汰だと思ふ。況んや之に依つて無用の争に耽るが如きをや。斯は正に道徳的罪悪として責むるに値するものである。若し夫れ政黨の幹部が都鄙の良民を驅りて自黨に入らしむるが如きは、群羊を欺いて豺狼の餌たらしむるに等しく、自ら侮り人を謬る之より甚しきはない。況んや之を欺き導くに各種の利權を以てするに於てをや。此點に於て僕は今日の政黨に向つて骨髄に徹する底の怨恨を懐くものである[126]」。政党政治の旗振役がかくも政党政治家を否定的に描くのは興味深い。吉野は無産政党結成に尽力した際も、無産政党は急いで作るべきではなく、民衆は無闇に入党するべきではない、自分も将来とも参加しないだろう、民衆に自動的に支持されるのではなく、一定の距離を置いて監視されていればこそ、政党に緊張感が生まれるのだと述べたのである[127]。

政党に不信感を懐く吉野は、特に立憲政友会には否定的評価を繰り返した。彼の挙げる政友会の問題点とは、理想がなく、「國利民福」と相容れない「階級的偏見」を有する「官僚軍閥等」に阿り過ぎることだという。また、自党議員が衆議院議長に就任したとき、中立性保持のために党籍を離れるというイギリス流の習慣を同会が阻止した事件も、吉野を憤慨させた。吉野は原敬内閣成立に際し、一応「熱心に之を歡迎するに躊躇せず」としたが、当初から自重せよ、官僚軍閥に過大な配慮をするな、民衆に基礎を置けと説教し、早々に苦言を呈するようになっていく[128]。吉野は政友会の立党趣旨が政府党の形成による民党の圧倒という伊藤博文の戦略にあったとし、政党を侮蔑するものだと考えていた。また彼は、同会の総裁専制が他党にも悪影響を及ぼしていると考えた[129]。一九二〇年（大正九年）四月、普通選挙実施に消極的な原内閣が衆議院を解散したことに憤慨した吉野は、原を「政治を哲學と科學とから離し、全く行き當りバツタリで行くべき筈のものとする、他に類型のない、世界無比の畸形的政治家」だと酷評した[130]。一九二一年一一月四日、原首相が東京駅で暗殺されると、吉野は政党政治の危機であるにも拘らず、原や政友会の悪政への憤激に理解を示し、蘇我入鹿暗殺の先例を引きつつ、一般論として「政治的暗殺の、時として非常に稱賛すべき行爲であることがある」と述べた（ただ立憲政治では政治は倫理化され暴力は不要になるのであり、原暗殺自体を肯定はしないと言い添えた）[131]。田中義一についても、吉野は前述のように参謀次長時代から批判していたが、彼が政友会総裁となってからも軍閥出身だと論った[132]。

政党の酷評は議員の酷評にも繋がる。「今日の政治家に通有する最大の謬見は、欒に政治をしやうとすることである」。吉野は、暴力など議員の不作法を嫌い、検察の捜査も憲法の精神に反しないと述べた。「西洋では國會に行つて見ると矢張り喧嘩もあれば毆り合ひもある所があります。傍聴席からピストルを打つたと云ふことを匈牙利で見た事もあります。斯様に行儀の悪い者は何處の國にもあるけれども、未だ曾て馬鹿野郎糞野郎と云ふやうな汚ない言葉を交した者あることは餘り聞いたことは無い。お互の間には必らず相當の禮儀を有つて居ります。そうすると一番汚ないのはどう考へても日本だけの様です。之は啻に議院ばかりでなく選擧も随分汚ない。西洋の國會を見るに議員も選擧人も相當によくやつて居る」。吉野はこの醜態の原因を、学校での「公民」教育の不備に見た。彼によれば、日本の「公民」教育は議員を「謀叛人」扱いし、議院を共同便所や遊廓並みに汚いものと見ていると嘆いた。だが他ならぬ吉野の政党批判も、その議員描写を通じてそうした政治家への不信の増大に貢献していたのではないだろうか。吉野は、政党政治家が政治論争である「公争」と個人の確執である「私闘」とを混同していると述べ、政界の腐敗を嘆いたが、かつて英仏独もそれを克服してきたのだから、日本も克服できるはずだとした。[133]

吉野は府県知事（地方長官）の公選を「愚劣取るに足らぬ」と却下した。彼は一方で、知事公選は大権干犯だという（上杉愼吉らの）「舊式固陋の憲法論」を否定したが、他方で知事公選を実行するとその結果は好ましくないものになるという。民衆は国政と同じく地方政治でも府県会議員の操縦に甘んじているが、知事公選は府県会議員の「専恣横暴」を甚だしくするというのである。また吉野は、今日でも府県知事は「民衆の福利の増進」よりも「議員との空疎煩瑣な折衝」に忙殺されているが、公選制でその傾向が増すという。彼は、もし知事公選を実施するなら、国家の委任事務の大幅軽減、知事権限の大幅拡張が必要だとした。吉野は府県会議員への不信が強く、これに毅然と対処できる官選知事の必要性を感じていたようである。吉野は、政党は中央政治で活動すべきもので地方政治に干渉するべきではないとし、「何處の國でも中央の政黨が地方の自治政に干與するといふ馬鹿の例はない」という説を唱えていた。とはいえ吉野は地方分権には大いに賛成で、中央集権、東京への一極集中こそ明治以降の傾向だと批判した。吉野は地方振興の第一歩として、旧大名の東京在住義務を解消し旧領国へ帰住させるべきだとした。[134]

吉野は選挙による民衆の政治参加を求めたが、同時に兵役による国民の軍事参加をも求めた。吉野は、高等教育享受者の徴兵忌避傾向を危惧し、健常者が徴兵検査に不合格となると、不謹慎にもこれを本人も周囲も祝っていると憤慨した。吉野は、教育が徴兵忌避を助長しているとの批判を退け、軍隊内に非常識が罷り通り、肉体的・精神的苦痛が大きく、学業・職業への配慮がないことが問題だとした。西洋諸国では青年たちが喜んで兵役に就くと説く吉野は、「兵役の義務をして最も愉快なる義務たらしめ、軍隊をして最も有効なる國民精神の訓練場たらしめん」として、一年志願兵制度など「獨逸の軍國主義」を模範とする改革を要求した。「良心的兵役拒否」問題については、吉野は武器を取る宣誓を拒否したキリスト教徒の若者を訓戒する軍隊を非難したが、同時に「自己の社會的地位を無視せる獨善高踏的態度」をも批判し、道義的良心と社会的責任との調和を求めた。[135]

③「非立憲」機関への攻撃

政党にすら懐疑を向けた吉野作造は、「非立憲」機関に対しては、比較にならない強さの不信感を向けた。吉野は現状維持を目論む勢力を「右」派勢力と呼び、自分たち「進歩」、「改造」を目指す「左」派勢力と対置した。彼は「右」派勢力には三つの範疇があるとし、第一に、「貴族・官僚・富豪・寵商」のような「現狀の過分の保護に浴し、其の變革に依て喪ふべき恩惠に戀々たる所より自ら保守的立場を取る利己主義者」、第二に「今なほ封建時代の傳統的陋習より脱し切らず過去の經驗の踏襲を處世の第一義と心得る連中」、第三に「改善更革の必要を多少認めつゝも其の實際の效果に對して甚だ自信のない連中」だとした。[136]

吉野は「軍閥」の外交への介入を非難し、その「陰謀と恣意」、「淺慮」を糾弾し、その行為を「泥棒」、「詐欺」に譬えた。そして、「軍閥」が張作霖を後援して彼の北京一帯までの支配を支援したこと、シベリアで「所謂白派と称する保守的反動的勢力」を援助し「赤派」を徹底的に討伐したこと、国益の前では「國際信義や世界の道義的批判の如き」など無意味だという横柄な態度を取ったことを非難した。吉野は、そうした「軍閥」の目標が日本の国益に適うことを認めないでもなかったが、実際にはうまくいくはずがない、結果的に目的合理的ではない、国の体面に泥を塗ると考えていた。吉野の「軍閥」批判は、「西伯利座の軍閥劇」（水野廣德）、「軍閥の専恣」（堀江歸一）、「箔の剝げた參謀本部」（三宅雪嶺）など、シベリア撤兵に際して軍部に向けられた嘲笑や罵声の一端を為していた。[137]

吉野の「軍閥」論は概して総花的だったが、具体性を帯びたこともある。田中義一への批判は前述したが、参謀次長福田雅太郎陸軍中将（のち大将）も名指しされた。福田が奉公の精神を体現する徴兵制の維持を主張したのを、吉野は「暴論」と呼んだ（なお、福田は関東大震災で関東戒厳司令長官となるが、その司令部には上杉愼吉が出入りすることになる）。これに対し吉野は、陸軍大臣楠瀬幸彦中将については「高級軍人中比較的最も進歩した思想を有つて居る人」として密かに尊敬しているとし、その著作『戰後の國防觀』を評価した。[138]

吉野は軍縮で予備役・後備役になった軍人が選挙に立候補するのにも「眉に唾して」警戒するよう訴えた。政治に不向きだと断言はしないが、やはり軍人は教養が偏り「つぶしが利かぬ」という。[139]吉野はさらに、陸海軍大臣が直接天皇に奏上できる「帷幄上奏」の制度について、立憲政治を逸脱し、「二重政府」を形成するものだと批判した。加えて吉野は、天皇直隷だった朝鮮総督が内閣総理大臣の監督下に入ったことを喜び、参謀本部や軍令部も、輔弼に関して国務大臣と衝突する元帥府や軍事参議院も不要だとした。[140]

吉野は軍部が学校に軍事教練を導入しようとしたとき、軍事教育自体は必要としつつ、所詮は軍縮による冗員処理のために教育を犠牲にするものだ、兵舎の気風を学舎に持ち込むべきでないと言い添えた。彼は「國民に軍事思想を注入する」ことを主張したが、現役将校の派遣は高等師範学校に留め、同時に「國民的常識を軍隊内部に注入する」ことも求めた[141]。

このとおり、吉野の「軍閥」批判は軍事軽視を意味するものではなかった。吉野は『中央公論』で、「友人」大河内正敏子爵（東京帝国大学工学部教授）の小冊子『國防計畫の根本義』を推奨している。大河内は国防の主要件を挙国一致、兵力、国家総動員とし、殊に国家総動員の準備不足が危険だとして、重油などの確保を求めたという。吉野曰く「我々は國防計畫に於ける當局の怠慢を大河内子によつてマザ〳〵と見せつけられたを機とし、さらに各般の政務に亘つて國民的監督の鋒鋩を鋭敏ならしめたい[142]」。物理学者だった大河内は、やがて理化学研究所長、内閣顧問として、日米戦争を技術面から支援することとなる。

吉野はまた元老を批判した。山縣有朋公爵の薨去（一九二二年）に際し、彼の徴兵制確立を、士族の専門だった軍事を国民一般の課題にした事業として称えたが、自治制度への貢献は評価が分かれている、近代日本は山縣が指導者でなくても困らなかったと突き放した。また吉野は、西園寺公望公爵の政党内閣成立への貢献に敬意を表しつつも、彼が隠然たる勢力を持ってきたとして警戒した。逆に吉野は西園寺自身が元老無用論に傾き始めたとも言い、帝都から遠い興津に在住するのもその意思の表れではないかと説いた[143]。

吉野は枢密院も攻撃した。彼によれば、枢密顧問官の受けた大学教育など小学校高学年、中学校低学年程度のもので、「幼稚な頭で西洋人から新しい學問の講義を聞いた」に過ぎないという。吉野は一方で、全大臣を統率する天皇を支援するために枢密院が必要だと考え、その審議内容を合憲性など技術的問題に限定する方針には同意しなかった。だが他方で、枢密院が内閣の命運を左右するのは問題だとし、それは飽くまで顧問として天皇に判断材料を提供するに留まるべきだとした。君主親裁は建前であり、それを枢密院の専制政治家が政党内閣潰しに利用するのは不適切だ、政府を牽制するのは帝国議会の任務であって、貴族院に加えて枢密院まであるのは「屋上架屋の愚に等しい」とした[144]。ところが大正末に恩師の穂積陳重男爵が枢密院議長に就任すると、吉野の論調は一変する。吉野は、政治党派色のない穂積の枢相起用が「馬鹿に評判がいゝ」と持ち上げ、穂積の人柄も謙抑温厚と称え、さらには前枢相の濱尾新子爵（元東京帝国大学総長兼法科大学長）まで称揚し始めた。吉野は枢密院攻撃を止め、それを「君主の諮詢に奉答すべき最高學徳の團體」と呼ぶようになったほか、官歴に拘らず、澁澤榮一子爵や三宅雪嶺などの登用も勧めた[145]。だが穂積が歿すると、吉野は遠慮なく枢密院批判を再開したのだった[146]。

官吏に対する吉野の態度も徹底して否定的である。「役人などの中には、三日で出來る仕事を十日も二十日も引張ると云ふやうな例が少くない。一つには斯くして私の利益を圖ると云ふものもないでは無からうが、主としては繁文縟禮の結果であらう」。「多額の日當を貰ひたいからだと云ふのは皮肉であらうが、詳しい報告さへ出せば十分働いたやうに見られるといふ、下らない弊風が我官海に濃厚である事丈けは疑を容れない[147]」。森戸事件の際は、吉野は検事が「保守頑迷」で思想問題を冷静に扱う屈伸性を持たないと酷評した。また吉野は、帝国大学の中で京城のみ総長が「文部省の役人の天降り」で補充されているのを「甚だ面白くない」とし、「俗吏」の進出を嫌悪した[148]。官僚批判者の吉野が、現職官吏の議員就任に懐疑的だったのは当然である。「徹頭徹尾政府の傀儡たるに過ぎざる屈従的人物は、政府監督を本務とする選良たるに始めから適しないと信ずる[149]」。

こうした吉野の官僚批判には官僚側の反論も寄せられた。吉野は一九二〇年（大正九年）二・三月、『新人』で朝鮮統治批判を披露した。吉野は、朝鮮総督府が東京の「朝鮮青年會」を陰謀の震源地と見て弾圧したと非難し、もっと朝鮮人の「心」を捉える統治をせよと説教した。これに対し同年三月、朝鮮総督府の丸山鶴吉（のち警視総監、宮城県知事）が同誌に反論を寄せた。丸山は、のちに上杉愼吉と「建國會」で同席する人物でもある。丸山は、自分の知る限り朝鮮総督府が東京の「朝鮮青年會」に直接手を下したことはないと言明した。そして彼は、朝鮮総督府が「東洋の大局」と「世界の公道」とを見据え、「兩民族」の「堅い握手と抱合と」を目標として真摯に難局と向き合っていると主張した。さらに、「［吉野］博士は「朝鮮統治策の改善を促す」と題しながら、日本人の無見識を嘲り、朝鮮人の達見を賞揚する外は只「心」を得ることの大切なる點を教へられた丈」だとし、吉野が法律的には朝鮮放棄に与しないままで、道徳的には朝鮮人青年の独立運動を肯定し、彼らの崇敬を集めていることに首を傾げた。丸山は、「朝鮮人が日本人となった」以上、日本国法の遵守が法律的にも道徳的にも求められるとし、独立運動を道徳的に肯定してどういう朝鮮統治をするのかと問うた。これに吉野は翌月同誌で再反論する。吉野は「朝鮮青年會」問題では丸山の反論をほぼ受け入れつつ、同会に自由な発展を許すよう訴えた。朝鮮独立運動については吉野は、道徳的にも是認していないが、その「根本的動機には道徳的なものが有る」との返答をした。さらに、法律と道徳との同一は理想だが現実ではないとし、朝鮮人に日本人と同一の態度を求めるのは「到達點」であって「出發點」ではないとした。最後に吉野は、丸山が自分を朝鮮放棄論者だと疑っているが、丸山のいう意味なら自分は放棄論者かもしれない、なぜなら現在の統治は同化を志向しており、それは「學術的」に無理だからだと述べた。丸山の反論で慎重になったのか、吉野は自分が辛辣に官憲を批判しても、それは「決して鮮民叛徒の立場を些にても援助した事にはならぬ」と弁明し、また「朝鮮人の眞實の幸福と眞實の要求とを充たしてやる爲めには、彼等の一時の滿足は犧牲にせねばならぬ事もある」とも主張するようになる[150]。

吉野は司法官も批判した。吉野は自由法学の立場に立って、「社會一般の常識」から乖離し「法律的價値決定」に「絶對の權威」を認める「法律萬能主義者」の「專制的態度」を問題視した。そして、その解決案として陪審制度導入が「取敢へず出て來た」ときには、吉野はその適否の判断を留保しつつも、擁護的な立場を採った。軍部と同じく、民意に直接依拠しない司法界にも、吉野は国民的常識を注入することを考えたのである[151]。

吉野は貴族院を反政党勢力として警戒していた。吉野曰く、貴族院は元来、民間勢力の代表たる衆議院への防波堤、政府の傀儡たるべく設置されたが、政府が多数派政党の掌握するところとなると、一転して貴族院は旧官僚系の牙城となり、その操縦が（政党）政府の重要な仕事になったという。吉野は貴族院を、（政党）政府を威嚇するだけで、自ら内閣に代わる意志もその実力もない勢力だと批判した[152]。吉野は貴族院を去った西村茂樹の証言も引用した。「五爵議員及び多額納税議員は無學無智の徒、多く唯政府に屈從するを以て務めとし、獨立の志操を有する者少なく、勅撰議員の中には、學識經驗に富む者もあれども、是亦卑屈の議員多く、然らざれば輕浮なる洋說を信ずる者多し」[153]。吉野は反貴族感情を徹底して煽った。「今の貴族の子孫は、多く馬鹿ものである。謠曲や骨董でもいぢつてゐれば、偉いことの如くに思つてゐる。忠君愛國の思想は、かうした意義なき生活を營む人々の間に於てよりも、もつと低い社會で結ぶ意味で養はれてゐる」[154]。従って吉野は、貴族院自身が提示した改革案には懐疑的であった[155]。彼はまた、衆議院の政党政治家は政党本位で国家本位ではない、貴族院改革に衆議院は介入するべきではないという意見も却下した[156]。

ただ吉野は、貴族院にも衆議院の「誤」りを「警戒牽制」する機関としての存在意義は認めていた。近衛文麿公爵が『東京日日新聞』に論文「わが貴族院の採るべき態度」を載せたとき、吉野は近衛が貴衆両院の衝突を前提視していることに「政治學理」の立場から異議を唱え、両院の衝突は当然ではない、一般に立憲制度では異なる独立機関が対峙するものなのだと説いた。彼は貴衆両院が対峙しつつ国家にとってよりよい道を模索することを希望し、近衛が政党内閣への協力に前向きなことを歓迎した[157]。吉野はイギリスで行われたような貴族院の権限縮小を日本でも行うことには反対し、貴族院が衆議院を制肘するのは民主主義の本旨に反するという見解を否定した。彼によれば、衆議院で普通選挙も行われず、官僚と政党幹部とが恣意的に指導している現状では、貴族院には「道徳的権威」を示す責務があるので、両院の権限はどうしても対等であるべきだ、貴族院は原則として衆議院の決定に譲るべきだが、それは「制度上の規定」ではなく、飽くまで「政治運用上の慣行」に留めるべきだとした。ちなみに彼は、文字通り貴族からなる固定的な集団であるイギリス貴族院と、勅撰議員による新陳代謝のある日本貴族院とを区別する立場を示した。彼は貴族院における有爵議員数の削減と民選議員の増大とを目指し、政党化も当然視していた。[158]

労働者の味方を自負する吉野は「富豪・寵商」にも声を荒げた。吉野は、銀行や大会社などの企業破綻は人々に多大な迷惑を掛ける「野卑悪辣狡猾」な行為だとし、放火罪の本刑が死刑なら、より被害の大きい企業の重役の背任にも「極刑」を以て当たるべきだと述べた。階級闘争を抑制したいはずの吉野が、同時にそれを喚起するような発言もしていたのである。彼の「実業家」批判は、それと結託した政党内閣への批判とも連動していた。[159]

④天皇と国民との一体性

こうして「非立憲」機関には批判を厭わなかった吉野作造だが、彼は「非立憲」機関の奥に控える天皇には対決姿勢を取らなかった。吉野の枢密院批判や、「五箇條の御誓文」を「當時の政治家の窮餘の悲鳴」としたことを、[160]天皇批判と混同するのは誤りである。吉野は天皇の尊厳とデモクラシーの実現とが問題なく両立すると考えていたのであり、主権論を脱問題化した上での民本主義鼓吹は検閲回避の方便だったわけではない。

吉野の天皇崇拝は上杉愼吉のものよりも人間志向である。日記にも吉野の天皇個人あるいは君主制への思いが表れている。大正天皇即位への吉野の賀詞も実に流麗である。

萬世一系坤輿に比類なき芽出度皇統を受けさせ給へる我が聰明仁孝なる　今上陛下は人皇第百二十二代の帝として近く將に即位の大禮を擧させられんとす、恭しく惟みるに神武大和橿原に於て帝位に卽き給ひてより茲に二千五百七十三年、此間大古一千年は漠として多く知る可らざるも神功皇后の三韓を征伐せらるゝあり、仁徳帝の民の疾苦を察し三年の御調を止められ高き屋の御歌をよみて仁政の範を垂れ給へるあり、下りて奈良、平安朝に至れは大に大陸の文物を輸入せられ彼が僧侶、學者、工作者の歸化人を採用せられ、而して聖徳太子の憲法制定、桓武帝の遷都、天智帝の大化新政等動業最も顯著なり、此より以降政權多くは閥族に歸し、藤原氏の專横時代を經て、鎌倉時代に入りて更に室町時代を過ぎて天正年間に至れば信長勤王を以て起り秀吉亦た朝廷を尊奉して天下の亂を鎭定せり、德川氏に至り儒學大に興り、殊に其中葉以後國學開けてより大義名分の說益々明なりしが明治天皇に至り維新の大業成り外、開國の國是を立て内、立憲政體の基を定められ、日清日露の戰役に由り皇威を世界に輝かせ給へり、今帝陛下今この大統を繼ぎ世界歡呼の裡に大典を擧げさせられ［ん］とす、吾等同人六千萬の同胞と共に謹んで寶祚の萬歲を祝し奉る。[161]

「天壤無窮の神勅」にこそ触れないが、「萬世一系」の歴代天皇の御稜威を称揚し、開国や憲法、民本主義や国際化など近代的課題も織り込んだ内容となっている。吉野は翌年、皇儲裕仁親王の立太子礼の際も筆を執った。「金甌無缺の我皇室は我大和民族の世界に對する最大の榮譽たる耳ならず、亦た國家統一の中樞にして禮儀政刑の本源なり[162]」。先述の浪人会との討論でも吉野は、国民に制裁を下す権限は天皇陛下にあり、暴力を以て個人的な制裁を行う「浪人會」は乱臣賊子だと述べている[163]。パリ媾和会議に際しても吉野はこう宣言している。「我日本の國體には實に萬國に誇るべきものがある。吾々は其根本義を合理的に宣明して、國體の本義に關する不動の確信を國民に与へたい。所謂舊式の國學者などの唱ふるやうに神話的說明では到底今日の青年を動かす事は出來ない。更に進んで吾々は、今日の世界の大勢に於ける日本の地位を明かにし、何を以て世界人文の進步に貢献すべきかの日本の所謂世界的使命を發揮したい[164]」。

バーデンやプロイセンでの君民交流に刺戟されたと見えて、吉野は天皇を国民から隔絶した権威にしようとする「頑迷者流」を否定し、天皇と国民との「情誼的關係」を重視した。吉野は、日本では前近代から天皇崇拝が徹底していたという説を否定し、「封建時代」の「惰眠」から覚めて「勤王の意義」を国民が認識するのには二十年を要したと説明したが、彼にはエリック・ホブズボーム流の「創られた伝統」の暴露をする気はなかった。吉野は明治天皇の人間味溢れる姿を描き、自ら君民一致の理想のために奔走した。吉野は、共同生活の統括原理には一元説(権力のみが共同生活を統括しているという説)と多元説(権力に加えて習慣や道徳など多様なものが共同生活を統括しているという説)とがあるとし、彼は後者の立場から天皇の役割を把握した。「主權者だけでなく、主權者と云ふと我々を權力で以て望むが故に始めて我々の團體生活があると云ふ風に考へるならば狹いと思ふ、權力のみと云ふ意味でない、權力も用ゆるけれども權力以外に道德關係があると云ふのが國民の信念である、詰り義は君臣にして情は父子の如しと云ふ風に皇室と國民との關係を權力と服從と云ふ風に鬪爭的の關係で以て結ばれていない」。父子の如き情を「權力」のみで説明するのは、「みづくさいと云ふ感に打たれざるを得ない」という。吉野はロシヤ皇室が権力のみに依拠して滅びたのに対し、多元的に統括される「日本の國體などは誇るべき」だとした。吉野は憲法解釈論争には参加せず、昭和に入っても天皇と国民との間の情緒的紐帯という観念を説き続けた。そして、君主が国民に政治を委ねつつ、時として国民に好ましい影響を与えることを否定せず、その理想をヴィクトリア女王などに見出そうとした[165]。

吉野は、議会が君主と対峙し、その権力を制限するという近代政治の常識を認めなかった。吉野は議会が政府と対峙することには関心があったが、君主とも対峙しているとは考えたがらないのである。「明治初年國會が開けると之は皇室に弓を引くやうなものと考えて居たものもあつたさうだ。明治二十四年の選擧干渉と云へば品川孫二郎氏がやつたのですが、あの人の手紙が先頃郷里で發見されたと云ふことであるが、あの人が明治三十年頃政黨内閣が初めて出來た時慨嘆しまして「錦旗を撤して蓆旗を立てるものだ」と書いてあつたそうです。そう云ふ考へで國會議員なるものは陛下の政府に反對する謀叛人であると云ふ風に考へて居るものもある」[166]。また吉野は、天皇の大権を断固肯定しつつ、「デモクラシイ」を実現することは可能だと信じていた。「かくて結論は當然に議會中心主義を一層徹底して君民一體の大理想を實現するの外はないことになる。議會中心主義の名を聞いて直に皇室中心主義を之に對立させるのは不明も亦甚しい。議會中心主義の對手は唯一つの官僚主義の外にはないのである」。第二次護憲運動による清浦内閣の打倒が大臣任命の大権の干犯に当たるという批判に対しては、吉野は五箇條の御誓文や教育勅語を援用しつつ、天皇に大臣候補を進言する権利は誰にも存在すると述べ、君民協働の理想を説いた。(167)

吉野は日本型君主制モデルを海外に宣布しようとさえした。彼は、ポルトガル、ロシヤ、ドイツで君主制が崩壊したのは、それが民本主義に障害となったからで、民本主義を妨げないイギリスやベルギーの王室は安泰だとした。そして、日本の君主制のよさは、民本主義を推進するのに都合がいい点だという。媾和会議の全権大使に代表的国学者を随行させて、「日本の國體の萬國に冠絶せる所以」について教示するという構想について、論壇はこれを一笑に付したが、吉野はこれを真面目に考えるべきだと述べた。ただ各国に誇れるようにするためにも、自国内での民本主義徹底が必要だと、吉野は釘を刺していた。(168)

吉野は皇太子裕仁親王の欧米見聞旅行および摂政就任（一九二一年）を歓迎し、「封建的島國根性」、「閥族特權の悪夢」の打破に期待した。吉野は既に一九一六年（大正五年）には、東宮教育が英独の帝王教育に倣い、親王として国民から遠ざけて権威を高めるのではなく、国民の中心にあって国家を統一するものとなることを期待していた。吉野は、「浪人會」などの外遊慎重論を一蹴し、裕仁親王が欧米の風土に触れただけでなく、帰国後はその人間としての生き生きした姿が国民の敬慕の念を掻き立てたと評価した。吉野にとって裕仁親王こそ、君民調和、国際協調の体現者であった。「我が攝政殿下の如く、新しい理想新しい傾向其物の權化の如き方を戴くに於て、國民の安神は測るべからざるものがある。是れ吾人が攝政殿下を迎へるを機として、日本の進展は茲に更に一大飛躍を爲すべきを疑はざる所以である(169)」。

⑤多民族の共生

吉野作造の「弱者」イメージはいつも両義的である。吉野は労働者に対して、人間としての尊厳を尊重すべきだと説いたが、その現状には批判的見方もしていた[170]。吉野の女性観も複雑だった。一方で彼は女工や遊女の窮状に着目し、女性の知的自立を応援し、日本的家族制度なるものを疑い、世界で導入が進む婦人参政権にも徐々に理解を示した。他方で彼は、汚辱に満ちた政界から婦人を保護すると称して、婦人参政権の即時導入には「道徳的」に反対で、婦人政治家の登場にも懐疑的だったほか、職業婦人も十年以内にはさほど拡大しないだろうと予想した。女性描写にも時には皮肉を籠め、良妻賢母の理想を説いていた[171]。類似の問題として、ここでは吉野の後半生の朝鮮・中国論を見ていきたい。

吉野が東アジア諸国民の善隣関係を望んだ背景には、欧米諸国との対峙という問題意識があった。吉野は一九一七年（大正六年）一月、欧州大戦終結後に欧米諸国が東アジアに一層進出することを予想して、その脅威に対抗する日中協力の必要を説いている。吉野は日本の政策的誤謬から、中国が「却つて吾々に背を向けて、寧ろ彼等白人と親しまんとするの傾向がないでもない」とし、「支那が非常に發達した外國勢力と結託すれば、全然自奮の機會を失ひ、彼等外人の經濟的奴隷となり終るの惧れ」があると危惧した。こうした事態は日本の商工業にとっても致命的だと考えた吉野は、日本の「東洋諸國殊に支那」との「提攜」を訴えた。これは最晩年の「東洋モンロー主義」論の伏線だが、一九一七年の吉野は、この「東洋モンロー主義」という語を、徒らに黄白人種間対立を煽る誤った日中提携論の表現として用いていた[172]。

吉野は一九一六年（大正五年）三月に朝鮮、満洲で大陸植民の現状を視察した。一方で彼は、朝鮮総督府の政策が強圧的だ、日本人入植者が地元の朝鮮人、満洲人と没交渉で良好な関係にないと批判した。「土民を壓迫し輕蔑し、表面に土民を恤はるが如くにして、内實土民を全然官憲の威力に盲從せしめやうとする態度には、上部は何と云つても、内心には必ずや鬱勃たる不平を抱くに定つてゐる」。吉野は朝鮮人の「智徳の劣等」が顕著なことを指摘しつつ、それは民族の境遇の差によるもので、近代化と共に解消される問題だと説いた。吉野はまた、現地官吏に採用された朝鮮人が、朝鮮人仲間から裏切者扱いを受ける一方、内地人とは待遇差別があって、苦境に陥っていると指摘した。吉野は植民地政策に対しても、日本人は「英米人」の「宗教家」の献身振りを見習えと訴えた。他方で彼は、「吾吾日本人の殖民的能力の甚だ幼稚なこと」を「遺憾に思ふ」という表現にも見えるように、日本人の大陸進出自体は当然のことと考えていた。「國運益々隆々たる今日、我國に取りては如何なる事があつても、満鮮再び失ふ様な恐れはない。けれども萬一之れを失つたと假定して、若しも日本人の殖民的經營が牢として抜くべからざるものがあれば、後より満鮮に權力を握るものは、吾々日本人を如何ともする事は出來ぬ。此處まで行かなければ殖民地の經營は其理想的狀態に達せしものとは云へぬ」。吉野は米露の唱える民族自決原則が道義的影響力を増す中で、朝鮮・台湾が問題化しないよう統治方針を改めよと説いた。(173)

吉野は人種対立の必然を説く議論を退けた。彼は人種という観念自体を否定はしないが、それが世界の人々の結合を不可能にするという発想は拒否した。人種間の「世界的結合」を妨害するのは偏見であり、これを打破するためには教育あるのみで、キリスト教の発達もその効力を高めるとした。吉野は、個人にも天分に差異があるように、人種にも政治にとりわけ長じた特定のものがあるかもしれないが、その特定の人種に政治を一任することの可否については、「容易に速斷は出來ない」と言葉を濁した。吉野は、政治への向き不向きに拘わらず、一民族が他の民族に圧服されないようにするべきとし、「民族自決主義」を基本的に肯定した。関東大震災に際しての朝鮮人虐殺は、吉野にとって「茫然自失」するような、「聞くだに身の毛のよだつ様な暴行」であり、彼は自警団の心理を、いわば日本社会の「抑圧の移譲による精神的均衡の保持」（丸山真男）の問題として理解した。(174)

吉野は、人道主義の時代にあって日本民族には他民族を征服する権利はないが、教導する使命はあると考えていた。「此將軍の功名の爲に萬骨枯ると云ふことは決して許すことは出來ない、此考へは又國と國との關係にも及ぶ、其民族の大を成す爲に他の民族を犧牲に供すると云ふことは許さない、是等が朝鮮の問題、支那問題、臺灣の問題にも及ぶ」。自己のために他者を犠牲にすることは封建時代なら許されただろうし、「戰爭前の獨逸の一部の思想界を支配した思想」だが、人道主義の時代には許されないという。ただ人道主義には、「どんな人間でも苟も人間には人に相當な機會を與ふれば立派な人格を何時か造り得ると云ふ、其希望があります」とも言う。「マア臺灣の生蕃人のやうなものを見ると何時の時代に立派になるか分からぬけれども、兎に角人道主義の根據に立つ所の確信は、彼等も文明の數に這入らない、色々從來の境遇に依つて飛んでもない野蠻の狀態にある人間である以上、之に適當なる機會を與へ、假すに年月を以てするならば、結局我々と同等な、或はより段々進んで詰り人間として結局發達するだけのものを有つて居ると云ふ、其確信に立つ」。「さう云ふ信念に立つならば優等の民族が劣等の民族に對する時に征服の權利を主張することは出來ない、征服の權利を主張すべきでなくして、劣等の民族を世話して之に發達の機會を提供すると云ふ義務が生ずる、道德的義務が代りに出て來る」[175]。吉野は李氏朝鮮時代の状況の劣悪さを強調し、朝鮮の日本人官吏の努力を基本的には信じていたが、それでも朝鮮人の生活が十分改善されていないことを嘆き、日本人にも不正があると主張した[176]。

朝鮮人の自立性に関する吉野の態度は玉虫色である。一方で吉野は、朝鮮服着用者を迫害する日本人を非難し、朝鮮在勤の日本人官吏にも朝鮮語の使用を求めた。また吉野は、朝鮮人にも内地並みの言論の自由を与えよと主張し、日本人の詐欺や抑圧を告発し、朝鮮人の心情を無視した統治を無益とした。吉野は日本人も朝鮮語を研究するべきとし、東京外国語学校の朝鮮語科廃止に抗議した。在上海朝鮮人独立政府の代表者呂運亨を古賀廉造拓殖局長官が内密に招いて、政府首脳および吉野らと懇談した件が問題化したときには、吉野は朝鮮独立計画を「日本の國法に對する叛逆の行爲」としつつも、その根底には「尊敬すべき眞理」があるとし、富樫左衞門が義經辨慶の君臣の義に感動して見逃した故事に倣い、「國家を超越せる道徳的理想」を認めるのが「日本古來の思想」、「大和魂」だとした。他方で吉野は、朝鮮人の日本化に期待する面もあった。「之を本當の日本人にするには、我々日本人の長いく努力の結果に待たなければなりません。日本人として待遇する事の前に、日本人となる様に待遇してやらなければならないのであります」。「今日の朝鮮統治のやり方は全く出發點と到着點とをとり違へて居ると思ふ。彼等が心から日本人になり切ると云ふことは我々の朝鮮統治策の到着點である。出發點は彼等は法律上は日本人になつたけれども未だ心は日本人でない、ないばかりでなく却つて反對であつて排日黨である、と云ふ所に在る。此出發點からして我々は親切に可愛がつてやつて、そして結局本當の日本人としなければならんのである」。朝鮮人の日本語能力が向上して朝鮮語学習の必要が減ることは、吉野にとっては「喜ぶべき現象」だった。吉野は同化政策を否定する発言もしているが、それは実行が不可能だからというものであった。「若し我々が朝鮮を同化するのが朝鮮統治の方針だと云ふならば、希望としては宜い、民族同化と云ふことは之れ程結構なことはないけれども、事實出來るかどうかと考へれば、出來ないことと考へる」[177]。

パリ媾和会議の日本代表団は「人種的差別撤廃」を掲げて欧米諸国、とりわけ日系移民排斥を行う米濠と対決したが、吉野はこの戦法に消極的だった。吉野は日系移民への差別的待遇には「憤慨」しつつも、日本の主張が通るなら「我々が又支那の下等勞働者のどんどん無制限に移入し來るを拒む事も出來ません」と述べ、相互主義の視角から米濠側の立場に理解を示した。彼によれば、日本の「人種的差別撤廃」運動は「眞に理義に徹底しての結果たるよりも、自分が被害者であるといふ地位に附着する利已的動機から發することが稀ではなかつたから」問題だという。彼は朝鮮における朝鮮人の差別的待遇を指摘し、これを糺して初めて日本は外部にも同じことを主張し得ると考えた[178]。

移民権の自由平等は両刃の剣だというのは吉野の持論となっていく。成程それで日本人の濠洲移住は可能になるだろうが、南洋群島への「排日的感情に昂奮して居る支那人の大學移住」も発生し得る。移民権の自由平等が理に適っているなら正々堂々と主張するべきだが、それによる不利益も甘受するべきである。中国人の移住も認めた上で、反日的行動があれば中華民国に苦情を言い、濠洲への移民も送り出す代わりに、先方からの日系移民への苦情をも聞くというように、相互主義的な対応を覚悟した上でなければ、移民権の自由平等など主張できないというのだった。[179]戦争前から吉野はアメリカ文化の高邁さを説き、渡米するなら移民側が文明化するべきだと説いていたが、一九一九年（大正八年）にハワイで日本語学校が禁止されたときも、彼は過去の経緯からしてこの同化要求を正当だとし、排日運動ではないと火消しに奔走した。吉野は、国土の狭い日本での人口増加が「海外發展」を必要とするという宇垣一成陸軍大臣の見解が、「侵略的帝國主義」の肯定に繋がることも警戒し、「科學的智織」を応用すれば十倍の人口でも現在の領土で養えることを「確實に保證」した。しかし、募る一方の日米対立には吉野の苦悩も深まっていく。「餘りに米國に同情し過ぎるとの非難を受けた」吉野ですら、既に在住する日系移民への差別などには、「常軌を逸した不當な說」だと憤慨することもあった。[180]

日中関係では、吉野は第三革命以降、中国革命派に感情移入し、中国自体にも同情的になる。吉野は、「昔は學問といへば、皆な支那に學んだので、少くとも支那の古代の文明、支那の過去の歴史等に就いては、相當に深き造詣を有つて居る人が少く無かつた」のに、「最近に至つては、支那文物の研究といふことは殆んど棄てゝ顧みられず、學問といへば皆な歐羅巴の學問の研究であつて、形而上並びに形而下の知識として、今日我々は何物をも支那から學ばんとしない」と嘆いた。[181]ここで吉野は、かつて彼自身も好んだ辛辣な中国描写が、そうした中国軽視の風潮を助長しかねないものだったことには気付いていない。なお第三革命後の吉野の中国観の変容は、ドイツ革命後の彼のドイツ観の激変と類似した現象だと言える。

吉野は日中進歩派の連携を模索し、「新時代の警鐘を亂打して東洋全體を改造するは我等の責任である」と喝破した。彼は、中国の革命家が革命を求めるのは愛国心からのことで、彼らは排外的で利権回収に邁進しており、彼らが強力になれば「日本の所謂元氣のいゝ政治家や軍人」のように侵略的になるだろうと考えた。彼は、五・四運動で「國賊」として暴行された親日派の曹汝霖や章宗祥には「心より同情を寄せ」、「支那の排日運動によつて我々の蒙る損害の大なるは云ふを俟たざる處」だと心配した。ただ彼は、パリ媾和会議、五・四運動の頃より「支那の青年の考もまた變らんとしつゝある」とし、「世界の思潮と歩調を取りつゝ人道的協調的になりつつある」、むしろ日本人の方が遅れを取るかもしれないと考えた。吉野は北京大学が陳獨秀らを中心に「歐米の新空氣」を導入し、「孔孟の教」を攻撃し、エスペラントを学んでいることを歓迎して、両国進歩派の連帯を訴え、「支那の官僚を操縱籠絡した官僚軍閥の日本」に諸悪の根源を見た(182)。

ただ山東還付問題は吉野を悩ませた。吉野は、パリ媾和会議で中華民国が日本への多年の鬱憤を晴らそうと、中国参戦により従来の対独条約が無効になったと宣言したり、対日条約も全て圧迫の結果だったと主張したりするのに対して、利己的だ、巧妙でないと眉を顰めつつ、同時に日本国内の「狂亂せる支那膺懲論」をも戒めて、普遍主義のアメリカ合衆国に公平な審判を期待した。媾和会議後も日本政府は、この問題で中華民国政府と交渉を続けることになる。吉野は山東半島の還付自体には積極的で、中華民国側の反撥を招いた日本「當局者」を批判し、概ね米中の意向に沿った解決を勧めたものの、日本政府の主張にも一定の理解を示し、中華民国側（人民、特に青年学生）の反撥も理に適わないと感じていた(183)。

南洋群島の獲得に関して、吉野は微妙な態度を示した。旧ドイツ領を戦勝諸国が挙って分割するというのであれば、日本にも南洋群島の領有を主張する根拠があるが、もしそうでないのであれば、「何を苦しんで少しばかりの離れ島の領有を争つて此大方針［今日の大勢たる非併合の原則］の進行を紛更するが如き事があらうか」と述べた。つまり彼が提唱するのは、欧米諸国との共同歩調であった。吉野は、欧米諸国に絶対服従せよとは言わないが、異論があるなら相応の論拠を示すべきだとした。[184]

民族問題を民族自決主義で解決するのが原則だとする吉野だったが、ポーランドやチェコスロヴァキア人のような「文明」を有する民族と、「文明」がなく政治的自己決定の能力がないアフリカ・南洋の「土民」とは区別するべきだという考えに立っていた。これは、「智徳」こそ政治発展の原動力だとする吉野思想の論理的帰結だろう。吉野は後者の場合は、戦勝国が管理して「文明」度を高めてから自決に委ねるという道筋を想定し、旧独領植民地を国際連盟管理下に置くべしという米元大統領タフトの構想にも同意していた。吉野はこの方針に従って、日本の植民地政策も改められるべきだと考えていた。[185]

二　上杉愼吉のヴァイマール共和国批判と日本主義の強化

（1）敗戦国ドイツへの同情と冷淡

上杉愼吉はヴァイマール共和国の成立を慨嘆した。奮戦するドイツ帝国を見詰めていた上杉は、憲法学者としてドイツの体制変革を解説し、フーゴー・プロイスやマックス・ヴェーバーが新憲法起草に参画したことも紹介している。上杉にとって、ドイツ革命とは所詮法秩序を蹂躙した出鱈目、乱暴狼藉に過ぎなかった。[186]上杉の描く共和国憲法誕生の光景は、ドイツ帝国の葬式そのものである。「斯の日初めて黒赤金の三色を有する新共和國の國旗、國民議會の會場の屋上に掲げらる。群集街頭に集りて之を仰ぐも蕭然として聲なく、其の狀斯の芽出度き祝日を慶するに適せず、新聞紙は報じて誰れか斯の危急多難の秋に於ける我が運命の悲劇を感ぜざらんと云へり。吾人遠く日東に在りて獨逸興亡の跡を見て一掬の涙を濺がずんばあらざるなり」。上杉は、国民投票をすれば革命は否決されたに違いないとし、また旧来の官僚制を保全したまま社会民主党員が権力を握り、共和制になっても Reich を名乗り続けるという穏和な「革命」形態にも首を傾げた[187]。

世界各国の君主制がドミノのように倒れていくなか、上杉はそれを他山の石とし、日本君主制が共倒れになるのを防ごうとした。上杉は西洋君主の素性の卑賤さと統治の暴虐さ、にも拘らず併存した西洋諸国の民主制的基礎を強調し、日本皇室の「萬國無比」の性格をより一層説くようになった[188]。

一九二〇年（大正九年）に上杉は欧米旅行を実施した。外務大臣から発給された旅券には、「官命ニ依リ米國、英國及佛國へ赴ク」とあるが、実態は一部異なっていた。四月二日に出港した上杉は、実際にはハワイ、米本土、ロンドン、パリを回り、さらにイタリア、シュヴァイツを通り、七月七日にバーゼルからドイツ領バーデン共和国に入った。上杉は車中に「シンケンブロート、ウルスト、葡萄酒」を持ち込み、久しぶりにドイツ式の食事を楽しんだ。上杉の目指したのは思い出の地ハイデルベルク、アーデルスハイムである。そして七月一〇日、上杉は遂に敬愛する恩師イェリネックの墓前に立った[189]。現地から上杉は中田薫に思いを書き送っている。「昨晩瑞西より當地に着申候、ハイデルベルグは舊の如きハイデルベルグにて、Schloss や Necker《ママ》 も變なし、Hauptstrasse を歩いて見れハ時の間隔も忘れて昔の我なる心地こそすれ Luxhof ハ最早存在せす、主人夫妻ハ河向ふに隠居し居り、昨晩早速訪問せるに貴兄の名も覺え居り色々噂し居たり、今日種々の人に會ひたるが、皆々戰争の愚痴泣き言を云ふにハ我も悲しくなりたり、目に見たる處にてハ戰後の如き心地もせず」（七月八日ハイデルベルク）。「伯林ニ赴ク途中此ノ地ニ一泊セリ、此地尚ホ貴兄ノ記臆ニ在リヤ、當年ノ娘達ハ皆結婚シテ子持トナリ、當年ノ子供今娘盛リトナレリ、ア、我老ヒタリ」（七月一二日アーデルスハイム[190]）。

上杉は現地人から戦争や革命についての意見を聴取して回った。汽車の乗客たちは、我々は善き指導者を欠いた、戦争を切り上げる潮時を逃したと嘆いた。或る中産階級の男は革命を嘆いたが、上杉が Kaiser を追い出したのは君らだろうと問うと、皇帝が自ら逃げたのだ、彼が男だったら踏み留まっただろうと答えた。或る者は、自分たちを助けてくれる外国はないのかと上杉に問うた。ハイデルベルクの恩師アンシュッツは上杉に、革命は已むを得ない事実だとし、君主制復活は絶対にないだろうと述べた。上杉が「中々ノ論客」だと評する歴史学者オンケンは、革命は国民の大多数の意志によって起こったのではない、ボリシェヴィキは一種の宗教だ、Kaiser の弱点は意志が弱かったことだ、日本にはビスマルクやナポレオンは居ないのかと述べた。結局上杉は、「こんな原因の薄弱な、即ち試みなくても好い戰爭に何故世界中が熱中したのか分らない」と嘆息した。[191]

上杉はバーデンからプロイセンに入るにつれ、重苦しい雰囲気に衝撃を受けた。「伯林ニ來テ既ニ一ヶ月、尙ホ一ヵ月滯在ノ考ナルモ、研究スヘキ事ノミ多クシテ時ト力足ラス、當惑致居候、伯林ハ外觀舊ノ如ク往時ヲ追懷スルニ足レトモ、市街寂寥人心萎微氣ノ毒ニ候」（中田薫宛八月一二日ベルリン）。[192]「歐羅巴は今尙ほ劍戟の巷なり。佛蘭西の荒凉たる平沙限りなき古戰場を過ぎて獨境に入れば、ライン河に至るまで、到る處英佛の鐵騎縱横馳騁するを見る、戰爭は尙未だ終了せざるなり、佛軍の占領地に於ては殺人掠奪强姦の風評絕ゆることなく、殊にモロッコ兵兇暴を極むと稱せらる、ザアル流域は何時までも民心安堵せず、獨佛人の衝突日夜止むなく、常に腥風吹き荒めり」。「獨の首都伯林に入るも、尙ほ彈丸硝雨の戰場に在るの思ひあらしむ、昨年二月反革命軍突如伯林を侵し、市街は機關銃を以て武裝せられたり、內亂數日にして平定せるも過激派は此の機に乘じて蜂起し、遂にルウル地方に據り、政府の之を征討するあり、佛も亦兵を進めてライン河を越え、遂に獨佛軍隊の衝突を見るに至れり、昨夏予の滯在中に在りても、七月獨人佛の獨立祭に方り大使館の國旗を曳き下したる騷動あり、一時人心恟恟を極めたり、保守派も過激派も共に兵器彈藥を貯へ、處在に蜂起せんとするの風評は絕ゆることなく、八月上部シレシア騷擾し、獨人憤激してブレスラウに於ける佛の領事館を破壞し、多數の死傷を出だせり、露の勞農軍深く波蘭に入り八月ワルシヨウ將に陷らんとせるも、波蘭佛の援助に依りて頽勢を挽回し露軍を國境に逐へるとき、敗兵獨境に竄入し伯林警を傳ふ、國境より伯林まで僅かに數十里、人をして耳に砲聲を聞くを疑はしめたり」[193]。

上杉はジョン・メイナード・ケインズを援用して、ヴェルサイユ条約の過酷な内容が世界の攪乱要因になると予測した。「講和條約に依りて、獨逸は地を割かるゝ三萬七千方哩、其人口七百萬に達せり。植民地は悉く之を奪はれ、商業交通は殆んど不能なる程度まで制限せられ、軍備は極度に縮小せられ、全國の富を擧ぐるも尙ほ足らざるの賠償を課せられんとす。要するに、獨逸をして再び起ちて、恢復すること全然不可能ならしめんとするは、講和條約の目的としたる所なりしなり。若し此の條件にして、悉く實行せられたらんには、獨逸は如何に努力するも、再興の望み全然存するなし。之れ既に頻繁に論じ盡されたる所、今之を詳述せずと雖も、此の如き獨逸全滅策が、歐洲從つて世界の安定の爲めに、策の宜しきを得たるものに非ざるは、有名なるキインスの「講和の經濟上の結果」の說く所に見るも明かなり。賠償金額の決定と、其の實行如何とは、將來歐洲に多大の紛爭を生じ來らんとす。此の點に於ても、講和條約は當然以上に、世界を攪亂せりと云ふべし[194]」。

上杉はドイツからの領土割譲を向後に憂いを残すものと見た。上杉は、ウィルソンが将来の戦争の原因を除去しようと無割譲を提唱したのに、パリ媾和会議はそれを実行せず、「頗る非論理にグロテスクに、歐洲の地圖を書き換えた」と批判した。「長く歐洲の禍根」だった「アルサス、ロレン」については、ドイツから割譲されたことで「又新らしき禍根を貽すもの」になったとした。西方の「ザアル流域」、東方の「ポオセン及西プロイセン」の割譲も、上杉は「永く禍根たるべし」とした。彼が最も批判したのは、ポーランド回廊の設定だった。「殊に波蘭をして海に出づるの「通路」を有せしむるが爲め、獨逸領土を中斷したるの不自然なるのみならず、ダンチヒを波蘭に與へず自由港として其の管下に置き、更に北方メメルの小港及其の一帶の地を割きたるは、其の多年の野心を滿足するの他に意議なしと爲さゞるべからず」。オーバーシュレジエンの住民投票実施に関しても、上杉は「甚だ合理的ならず、徒に紛爭の種子を播けると爲すべきのみ」とした[195]。

戦勝国のドイツ虐めに憤慨した上杉だったが、日本の国益のためには、彼はこの旧友を切り捨てることも厭わなかった。上杉は確かにドイツへの共感を禁じ得ないという。「予は先年獨逸に留學し、彼の地に知人多く、私情として其の苦痛に同情するの念に堪へず、佛人の態度の如き、少しく度を越えたりと爲す」。だが上杉は、ドイツは開戦責任の全てではないにしろ、やはり大部分を負うのであり、日本はドイツから距離を置くべきだとする。「予は日本人として、之［英仏の被害や反独感情］を無視して、今日獨人と手を握り、之を慰むべき所以を知らざるなり。之れ聯合國民として、殊に人間として、當然なるのみならず、切實に我が國際的地位を考ふる識者の、大に注意すべき所ならんと信ず」。上杉は日本の多数の人士（後藤新平らか）がドイツ大使を招待して慰労し、ドイツ人に好意を示すのを遺憾とし、英米仏がどう思うかと案じている。さらに上杉は、日本が他の戦勝諸国と歩調を合わせ、ドイツの学問を排除する決議をしたとき、これに抗議した日本人が居たことも、「日本の正義と利益」にならない、「時務を知らざる迂儒の陋見」だと非難した。国益を前にしては、日独学者の連帯など無益だというのである。[196]「瓦解」したドイツに否定的評価を下した上杉は、もはやドイツに日本の友を見ることはなかったのである。

（2）「暴風來」——日米戦争の予感

帰国した上杉愼吉は言論人としての使命感に燃えた。彼は学問の客観性という発想を否定する。「學問に國境なしと云ふも、我が心を他の心と爲すことは出來ぬ、世界何れの處に到るも二に二を加ふれば四となるは普通の眞理であらう、然れども如何に國家を見るか、日本人が日本人としての生れ得たる信念感情を以て之を考察して理論を發展して行くは當然なるのみならず、他に方法無きのである」。「頑冥なり偏狭なり」と呼ばれても、「耳學問」に毒された日本を嘆きつつ、自分の信じる「眞理」を説くと、上杉は宣言した。[197]

上杉は一九一九年（大正八年）に『暴風來』を刊行後、帰国翌年の一九二一年に『日本人の大使命と新機運』、

『國家新論』、『憂國の叫び』を続けて刊行し、大戦後日本の役割を説いた。上杉の主張は五点に整理できる。①大戦後の世界は際限ない紛争に突入した。②大戦を経て米英の支配は世界の隅々に及び、未曾有の覇権を打ち立てた。③世界各国は着々と国力充実に努め、帝国主義の競争に備えている。④日本は米英に次ぐ第三の大国、有色人種で唯一の独立国として、全有色人種を代表する使命を有している。⑤日本はその使命を担うために、国力の充実を目指す必要がある。以下でその内容を検討してみよう。

①「国際民主主義」を寿いだ吉野作造とは正反対に、上杉は戦後世界の状況を「バルカニゼエション」と表現した。これはバルカン半島のように攪乱され際限のない紛争に脅かされた状態を指す言葉である。上杉はこの「バルカニゼエション」が全ヨーロッパ、全世界に拡大したと見ていた。上杉は日米でも資源保有にかくも不平等があるのに、「國際的デモクラシイと云ふが如きは寝言の如き話である」、英米が資源豊かで広大な国土を有するのに、日本その他がかくも狭い国土に押し込められているのは「不公平」であり、豊かなアメリカと対峙する日本が国費の五割を軍事に費やしても不思議はないとした(198)。

上杉は「バルカニゼエション」の根源に秩序理念の欠如を見た。上杉によれば、大戦前の国際関係を規定していたのは「権力均衡主義」であった。上杉は、大戦前にはドイツを中心とする三国同盟と、英仏露の三国協商とが均衡し、平和を維持していたと評価した。大戦中の上杉は、大戦後にはドイツを中心とする中欧帝国、欧亜を束ねるロシヤ、日の没せざる大国イギリス、南北アメリカ大陸を支配するアメリカ合衆国の四大国による勢力均衡になると予想し、日本は中華民国と共にこれに対処すべきと見ていたという。実際には、勢力均衡の理念に代わって、ウィルソンの「國際正義の新原則」が擡頭し、国際連盟を生んだが、この新原則は機能していないという。禁止されているはずの軍事同盟を英仏が対ドイツで結び、敗戦国のドイツ、エステルライヒ、ハンガリー、ブルガリア、トルコは排除され、提案国のアメリカが不参加で、ソヴィエト・ロシヤがいつ参加するかも分からないような国際連盟は無価値だというのである。悪玉ドイツが退治され、善玉アメリカが指導する正しい秩序が成立したという国際政治観は、上杉からすれば噴飯物であった。

上杉は世界の「バルカニゼエシヨン」が、敗戦国からの領土剝奪による不必要な新国家建設で加速したと見ていた。彼は、勢力均衡の担い手であったハプスブルク帝国が解体され、エステルライヒやハンガリーの経済的基盤を弱体化させる形で、チェコスロヴァキア共和国が形成されたことを疑問視した。また彼は、旧セルビア、モンテネグロを中心に、ハプスブルク帝国からクロアティア、ダルマティア、ボスニア、ヘルツェゴヴィナを奪取して形成されたユーゴスラヴィア王国が、イタリアとの間にフィウメ問題を抱え、国の基盤を整えるには前途遼遠だと考えた。トルコに関しても、その周縁部が独立国家とされたことで、中近東が不安定化したと見た。さらに領土割譲だけでなく、ロシヤ帝国崩壊も上杉は「バルカニゼエシヨン」の原因と見た。フィンランド、エストニア、ラトヴィア、リトアニア、ウクライナ、グルジア、アルメニア、トルキスタンが独立の動きを見せ、シベリアでは日本などが出兵し、流動化が止まらないと危惧した。

上杉は「バルカニゼエシヨン」を進める要因として、英伊も眉を顰めるフランスの不器用さを挙げた。「佛は講和條約以來殆んど歐洲の攪亂の爲めに、其の力を盡くしつつあるものゝ如し。ライン沿岸の英軍占領地と、佛軍占領地とは、著しき相違なり。英人は流石に悧巧にして、他國民を取扱ふに馴れたり。然れども、佛人の獨人に對する、傲慢にして假借する所なく、常に紛議絶えざるなり。佛人が戰時中獨人より受けたる慘害を思へば、其の復仇心の旺盛なるも亦當然ならんと同情せらると雖も、此の如くにして底止する所なくんば、佛獨人の互に怨恨すること骨髓に徹し、人と人と相憎み、不幸の慘禍を呈するに至らんことを恐る」。エルザス＝ロートリンゲン併合、ザール地方併合計画、ライン川左岸併合・ライン共和国樹立計画、民族自決原則に反した独墺合邦否定、エステルライヒやバイエルンでの君主制復活によるドイツ分断計画、モロッコ保護国化、ベルギーとの同盟締結、ポーランドへの肩入れと、上杉はフランスの問題行動を次々と指摘したのだった。[199]

②欧州大戦後の上杉は、英米への愛憎半ばする思いで頭が一杯になった。上杉の英米評価は、かつてのドイツ評価を凌ぐ水準に達したが、英米礼讃者の吉野作造が英米覇権への順応を志向したのとは異なり、上杉の場合は英米評価が反英米感情の高揚に繋がった。

上杉は欧州大戦の結果を、まずはイギリスの世界制覇の完成であるとした。上杉はイギリス帝国主義の権化としてセシル・ローズを挙げ、その言葉である「自巳生涯の信條は、ブリテン人の世界支配と云ふことの他に無し」が今回完全に実現したと見た。上杉はイギリス帝国主義の軌跡をエリザベス一世時代にまで遡り、スペイン、オランダ、フランスに続きドイツを降したイギリスには、もはや抵抗する国がなくなったと説明した。そして、愛国歌「支配せよ、ブリタニア、海を支配せよ」(Rule Britannia ! Britannia, rule the waves !) が一八世紀の作品であるように、イギリス人の世界支配への信念は歴史が長いもので、「上天の選民」なりという自信は宗教的背景を有していると説いた。上杉はイギリス人の国民性を、「健全なる愛國心」、「武士的氣風」、「獨立自尊」、「克巳抑制」、「企業の精神」、「冒險敢爲」、「義務の自覺」、「質素堅實」など、言葉を尽して褒めちぎった。

ところが上杉はそのイギリスを日本の政治的模範とはしなかった。かつて上杉はヴィルヘルム二世に政治指導の在り方を学び、デルブリュックを援用して政党政治に警鐘を鳴らすなど、ドイツを日本の政治的模範として描こうとした。だが上杉は、大戦後に注目し始めたイギリスを、専ら強敵として認識した。これほど優秀で、世界支配への使命感の強いイギリスを相手にするのだから、日本は覚悟が必要だというのである。[200]

アメリカ合衆国に関しても、上杉は訪問してその国家意識の強さに舌を巻いた。コスモポリタンな自由の天地、「物質萬能の商人國」、「利巳の個人の群衆」だから、アメリカ人は国家など眼中にないだろうと思いがちだが、実際は「世界中最も極端なる國家主義の國家」であり、上杉も辟易するほどだという。アメリカに上陸すると誰しも

「アメリカ・ファースト」の巨雷に打たれるのであり、国旗国歌が目立つのもアメリカの特徴だとした。上杉は、大統領ウィルソン（民主党）の後任ハーディング（共和党）が、国際連盟など超国家機関を警戒し、アメリカの権利を断固主張すると宣言したことにも注目した。

上杉はアメリカ合衆国に鬱陶しさを感じていた。「米人は我が日本を見て、デモクラシイに非ざるが故に、不幸なりとして同情するなり。日本人之を聞いて、失笑せんも、米人は何處までも眞面目なり。予の如き、米人と語りて之を承認せざれば、彼等は余を目して心中の秘を隱して、僞りに日本を誇る者なりとし、氣の毒なりと却つて同情するなり。曰く、日本人の開明せる者は、米人の宣傳を歡び迎へ、デモクラシイに共鳴するに非ずやと。彼の輕薄者流の、新聞雑誌上の、無思慮なるデモクラシイ論を、日本人の眞意を語るものと爲すなり。之一に、米のデモクラシイを世界第一なる最善の理想なりと信ずるに依る、其の自信の篤き、近寄り難し[201]」。

③上杉は新時代の精神を「新帝國主義」と呼んだ。上杉は「帝國主義」を、「世界到る處に、領土植民地を獲得し、益々之を擴張し、而して之を權力を以て統一し、世界帝國を建立せんとするの主義」、つまり「自國膨張主義」、「侵略主義」と定義し、これはイギリス発祥だが、ドイツでも「世界政策」、アメリカでも「パンアメリカニズム」、ロシヤでも「パンスラビズム」と呼ばれ信奉されていたとする。上杉はウィルソンが「帝國主義」を絶滅しようとパリ媾和会議に臨んだことを多とするが、その結果却って大戦前より「一層旺盛に、徹底的に」「帝國主義」が行われるようになったとし、これを上杉は「新帝國主義」と呼ぶのである。「歐羅巴人がウイルソン氏の提言を歡迎せるは、主として方便なりしが故に、今に至りて之を顧みる者なきは當然なりと雖も、我が耳食者流、隨喜渇仰して、ウイルソン氏を正義人道の神と崇め奉りたる者も、黍未だ蒸せざるに、盧生一睡の夢寤めたる思ひをなして、現下列强の帝國主義の活潑なるに驚かざるを得ざるに至れり」。上杉からすれば、吉野作造の「國際民主主義」もまた邯鄲の夢に過ぎないのだった。

上杉は「新帝國主義」概念の意義をこう説明する。「蓋し、今の帝國主義は、舊時に於けるより一層の深みを有し、根本的徹底的にして、精神的の基礎を有すればなり。故に舊帝國主義の、徒に領土の獲得を圖り、經濟上の富財を目的とするに比し、彼を物質的帝國主義と云ふべくんば、此れを精神的帝國主義と云ふも可なり。諸國皆我が民族の優秀にして、他を率ゐるの能力と使命とを有することを自信し、侵略膨張を企圖するも、濫に物慾を逞しくせんとするに非ず、世界人類の幸福を增進せんとするものなることを主張す」。つまり「新帝國主義」とは、単に度合の強い「帝國主義」なのではなく、美辞麗句によるイデオロギー攻勢に始まり、結局は侵略膨張するという偽善的な侵略主義なのだった。この「新帝國主義」の典型が、上杉によればアメリカ合衆国である。上杉は、アメリカ人が自分たちの「帝國主義」を自覚していないことに着目した。「米人は米國第一主義を以て、利己主義なりとはせざるなり、先づ第一に米國を考へよ、米國の爲めには他を顧みざるも可なりとするは、自由と正義の命なりと、確信して疑はざるなり。今や世界を擧げて、米國の帝國主義を非難するの聲盛なり。然れども、米人は自ら其の帝國主義者たることを知らざるなり。物慾の爲めに、他を侵略せんとするに非ず、自由と正義を世界に布かんとするなり、デモクラシイを以て人類を救はんとするなり。米人は新帝國主義の最も徹底したる信仰者にして、且つ其の最も有力なる實行者なり」。尤も、「我國第一主義」の気風はアメリカ人のみではなく、イギリス人も「ライト・オア・ロング・マイ・カントリイ」を呼号している、フランス人に至っては飾り気のない愛国者で、「天下無敵の戰士」を自負し、自分たちだけが「シビリザシヨン」を心得ていると信じて疑わないと説く。

上杉はこの「新帝國主義」を世界各国で見られる時代精神だとし、ドイツ、ロシヤ、ベルギー、ギリシア、スウエーデン、中東諸国の事例を検討している。ドイツ人は、国家こそ滅亡したものの、民族の文化は優秀だ、ドイツに発する新国家理論はその新憲法に表現されたとし、世界をドイツ化しようと息巻いているという。社会民主党などを念頭に置いて、上杉はドイツ人が「最もデモクラチックなるデモクラシイ」の実現、「新文明の基礎原則たるべき社會主義」の憲法への率先した採用を誇っていると紹介した。またロシヤ人は、上杉の理解では、「ボルセビズム」を「スラビズム」だと信じ、それを世界に宣布することでモスクワを現代のローマにし、「パンスラビズム多年の宿望を達するもの」と見ているという。上杉はニコライ・ヤコヴレヴィチ・ダニレフスキイやトマーシュ・マサリクにも言及しつつ、西欧の堕落を排そうという汎スラヴ主義の伝統の根深さを説いた。ギリシアに関しては、上杉は自国を強大にしたエレフテリオス・ヴェニゼロスに注目し、彼をウィルソン、クレマンソー、ロイド＝ジョージと並び称している。

上杉はこうした愛国的諸国民の抗争を警戒しつつ、同時に微笑ましくも思っていた。「吾人は今我國第一主義の世界を擧りて、諸國に旺盛なるを見て、人類文明の將來の爲めに喜悦の情に禁へざるなり。凡そ何れの國か其の特有の國粹無き。各優秀なる國粹を以て相對立し、十分に之を發揮し、協調互助して、以て人類全體の文明の進歩發展を期すべきなり(202)」。

ちなみに上杉が日米衝突の不可避を説く中で、これを暗に批判したのが同僚の吉野作造だった。「亞米利加の對世界的態度については我國に二種の誤解がある。一つは傍若無人に我儘を押通さうとするのが米國流だとする考で、他は米國は今尚ほワシントン、リンカーン以來の正義公道を以つて立つ國だとする考、是れである。基督教會の先生方などは、其接する宣教師などを通してのみ米國を觀、其最近の社會的經濟的發展の狀態に餘り注意しない所から、動もすれば極端な樂天觀に陷り易い。然るに他の一方には米國の最近の態度を皮相的に觀、殊に日本に對する彼等の反感を氣に病み、且又吾々同胞をして常に緊張した氣分に在らしめようとする考なども加はつて、此次ぎは米國と衝突するのだなどと說き廻るものもある。常に假想敵を有たなければ國民の元氣は作興し得ないなどと考へて居る連中は、得たり賢しと米國の脅威を宣傳し廻る」。名前こそ挙げていないが、吉野の描く「連中」は上杉の姿にぴたりと一致する。吉野の見立ては以下の通りである――世界の虐げられた人々に自由の天地を提供しようと建国されたアメリカ合衆国には民族の観念がないので、日系移民排斥は民族主義や人種主義の発露ではなく、理想を守ろうというだけの運動だ、アメリカ人は視野がいつも世界的で、今日の世界的運動は大半がアメリカに由来している、モンロー主義は神聖同盟を結んでいたヨーロッパ諸国の干渉を排除しようとするもので、自由を守るための原則だった、アメリカのナショナリズムは、ドイツのそれのように個々人に自己犠牲を強要せず、世界主義の真の実現を図ろうとするものだ、等々。(203)

上杉はアメリカ脅威論を強調する一方で、ソヴィエト脅威論には与しなかった。それどころか上杉は、後藤新平の日ソ国交交渉を支持していた。(204)後述のように、上杉は日本官憲が社会主義者の取締を強化すると、彼らの脅威を誇大視していると批判した。

④上杉は、第一次世界戦争後の日本が有色人種の指導国になり、地球上の九割の土地を支配する四億の白人と対峙しているとの状況認識から出発する。

有色人種としての日本人の使命を、上杉は一九二〇年の欧米旅行で実感した。上杉はベルリンでトルコ人の青年たちを見かけ、ハイデルベルクで友人だったトルコ人貴族某の消息を聞いてみた。彼らは、某はトルコ政府で要職に就いたが、大戦後は消息を知らない、某の弟は滞米中だと答えた。上杉は帰国前、ニューヨークで某の弟と会い、兄某がメソポタミアで祖国のために活動中との情報も得た。弟某が初対面の上杉に、祖国の状況を熱く語って数時間に及んだので、上杉はその後に予定された会食にも加わるよう勧めた。この会食は、上杉が何度か会って黒人運動の状況を聴取していた或る黒人紳士とのものだった。この会食で弟某が夢中で話しているところへ、さらに一人の朝鮮人が上杉を訪ねてきた。彼は上杉の東京での教え子で、「特殊の計畫」を携えて滞米中であり、在米朝鮮人の朝鮮独立運動には批判的な人物だった。四人は食卓を囲み、喫煙室に移って語り合った。(205)

トルコ人弟某は祖国の凋落を慨嘆し、西洋列強、特にイギリスの仕打ちに憤慨した。「嗚呼、土耳其は既に亡びたり。回顧すれば、第十五世紀オスマンリ、トルコ歐羅巴に入りて、半月旗の光り西洋人をして仰ぎ見る能はざらしめ、コンスタンチノプルを陥れ、羅馬帝國の正統を亡ぼして、亞細亞人の爲めに氣を吐き、歐羅巴人をして縮み上らしめたるの盛時は、すでに夢と消え失せたり。爾來六百年、歐羅巴に居る唯一の亞細亞人たりし土耳其の人の、歐羅巴を去らざるべからざるに至れるは、實に歴史上の一大變にして、土耳其人の痛恨措かざる所なり。西洋人の他人種を壓迫し其の骨肉を啖て、口腹を充たさんとする、今や其の極に達せり。憎むべきは西洋人なり、此の恨遂に報ずるの時なきか」。トルコ人は落涙して上杉に呼び掛けた。「日本人は今や亞細亞人の盟主に非ずや、亞細亞人の先頭に立ちて、西洋人と相對せる土耳其の、斯の如き悲況を見て、如何の感を爲すや。傳へ聞く日本人は義侠の念に富むと、而も未だ一人の土耳其の爲めに一掬同情の涙を濺げる者あるを聞かず、日本人の西洋人を恐れて萎縮せるは、最も憤慨に堪へざる所なり[206]」。

トルコ人に相槌を打ったのが黒人紳士だった。彼は「米國某大學を卒業し、學殖頗る深く、黒人解放運動の指導者として重きを成」し、「雑誌を刊行して、黒人の志氣を鼓舞し畫策怠るなく、寢食を忘れて黒人獨立の爲めに盡瘁するの士」だという。「土耳其氏の言を聞きて、又激昂して曰く、日本人は亞細亞の盟主たるのみならず、實に世界十二億の有色人の盟主たり。日本人の出處進退は、實に世界人類の死活の運命を決するの關鍵たらんとす。而して日本人の意氣地なきは、黒人と雖も亦慊焉たるものあり。近時米人に排斥せられて、毫も反撥の氣力なく、俯首屈從、迎合阿附して、米人の歡心を求めんとするが如きは、眞に有色人種全體の耻辱なりと、拳を握りて一撃を予に加へんとするに似たり[207]」。

だが朝鮮人紳士は醒めていた。有色人の運命を嘆く点では自分も同じだが、我々に西洋人に勝るものがあるだろうか、有色人の凋落は自業自得ではないか、トルコを滅ぼしたのは英仏ではなく、腐敗したトルコ自身であり、黒人も解放を主張するが、それを遂行する実力を黒人自身が持っているのかというのである。彼の言及は朝鮮にも及んだ。「予は朝鮮人として、朝鮮人の爲すべき所を知れり。徒に獨立するも、何の補ふ所かある。支那人の徒に日本と相惡むも、愚の極なりと云ふべし。朝鮮人は東洋文明の中心たる支那と新進有爲の日本とを中介するの橋梁となり、相和合して、遂に亞細亞人の力を合し、其の固有の文明を開拓せしめ、遂に有色人も白色人も、共に文明の慶澤に頼らしむるを期せんとす。人各能あり不能あり、國も亦各能あり不能あり、予是を朝鮮人の使命なりと信ず[208]」。

こうした逸話には多少脚色もありそうだが、ともかく上杉はこの欧米旅行で、「征服人種」による「被征服人種」の抑圧という印象を強めたようである。「西洋人の有色人種の國土を奪へるは、其の物産を取りて、自己の衣食住を豐富ならしめんとするに出でざるはなし。其の富を壟斷し、有色人種を使役して、白色人種獨り奢侈を行ひ、物質的慾望を充たさんと欲するのみ」。「大戰爭の結果は、白色人種の世界征服を益々擴大し、益々確實ならしめたり。知らず、有色人種は遂に白色人種の奴隷たるの境遇を脱すべからざるか[209]」。

上杉は、日本の識者が「西洋人に對して氣遲れする」という「痼疾」を抱えていると見た。「我が開國の初めより、日本人は西洋人に對して氣敗けし居れり、西洋人を以て到底及ぶべからざる優等人種なりとし、自己の制度文物風俗習慣悉く皆劣等なりとし、甚だしきは我が尙ぶべき國粹と雖も、之を恥づべしと爲せり。斯の如くにして終始一貫、今日に及べり、自恃獨立の精神の喪はれたる、寔に當然なりと云ふべし」。上杉は、日本人は国際的に評判が悪いと心配する者がいるが、評判の悪さはアメリカ人の方が遙かに上であり、評判を気にして日本人が元気潑溂さを失うことの方が心配だと警告した[210]。

上杉はアメリカ合衆国の「百年不斷の慾望」たる「日本征服」は既に始まっているとし、日本の抵抗が絶望的なものであることを認めた。アメリカはペリーの艦隊を派遣して日本に開国を強要し、戦略上必要だといってハワイ王国を、次いでグアム島を征服し、さらにフィリピンを奪って日本の南進を阻止し、権謀術数を駆使してパナマ運河を掌握し、中国南部に影響を及ぼし、日本の山東半島の権益を否定し、朝鮮や満蒙シベリアにおける日本の勢力を圧迫し、台湾南部を租借し、小笠原諸島に電信を引き、今や日本が委任統治する南洋群島のヤップ島を奪おうと涎を垂らしている。ここで上杉は再び吉野を想起する。「一昨年の平和の神米國が、一轉して惡魔となれるは、當時我が國のアメリカ人に隨喜渇仰して感涙に咽びたる輕薄者流たらずと雖も、世界の人皆呆氣に取られざるを得ざるも、之れ驚く者の愚直なるのみ、正義人道も亦私慾を遂ぐるの方便にして、強力を以て目的を達し得る場合には、固より其の必要なきのみ。況んや道徳の標準を同一なりとせず、人間として劣等なりと見るの、有色人種に對するに於いてをや」。上杉は目前に迫ったワシントン会議を「日本壓迫會議」に他ならないとし、日本は清水の舞台から飛び降りる覚悟でアメリカと対峙するべきだとした。「若し米にして飽くまで暴慢にして改めずんば、國を賭して爭ふも亦已むを得ざるなり、三千年金甌無缺の國家は、大正國民の手に滅ぶることあるも、吾人の祖先及子孫は、寧ろ日本人の精神意氣の枉屈汚濁せられざるに滿足せん。此の覺悟あらば窮處に一路を見、國運を一轉するも亦望みなきに非ざるなり」[211]。上杉は、一国の軍備を他国の何割と定めること自体が、一国独立の侵犯だとしたのだった[212]。

日米対立が激化する中で、上杉は日英同盟破棄を慨嘆し、新同盟国として中華民国を考えた。これは有色人種の中核は黄色人種だとの発想からで、中国の巨大さを考慮してのことでもあった。上杉は日中が「脣齒輔車」の関係にあるという。「日支共に滅べば、亞細亞人は永久に西洋人の犬豚たり、世界の有色人は永久に頭を擡ぐるの機なからんとす」。一九一八年（大正七年）春、上杉は中国へ憲法調査旅行をした。上杉は、中国の混乱は共和制のためであり、君主制再建や教育充実のために日本が軍事的・知的に援助することを構想していた。だが同時に上杉は、「先帝偉業の結晶」たる満洲の利権を日本が保持するのは当然だとも述べており、日中対立についても、最終的には武力による解決しかないとした。ただ、中国を屈服させるほどの軍事力など日本にはなく、実力がないのに兵を動かすと、一時的制圧はできても支配の維持は困難なので、日本が白人に見劣りしない「文明」、「品位價値」を築いて中国を信服させ、アジアの先頭に立つべきだとしたのだった。[213]

一九二〇年（大正九年）、日米国交六十周年記念として「日星協會」が設立された。同会は和英文月刊誌『オリエンタル・レヴュー』刊行、講演会開催、和英書籍刊行を計画し、アメリカに対して卑屈にならない、公平な立場での日米親善を目指した。「近年米國ノ感情動モスレバ險惡ニ陥リ、排日ノ氣勢日ヲ逐フテ熾烈ヲ加フ、獨リ兩國ノ不幸ノミナラズ、世界文化ノ爲メニ痛嘆措ク能ハザル所ニ屬ス」「日米兩國ハ飽マデモ正義人道ノ上ニ親善ナラザルベカラズ」。同会は上杉を会長、桑島嶺南（オリエンタル・レヴュー社長）を理事長、田邊喜一（國魂會会長）を会計監督とし、『都新聞』、『東京日日新聞』、『東京朝日新聞』、『國民新聞』、『報知新聞』、『萬朝報』などの幹部を理事に迎えたほか、主旨賛助者には徳川家達公爵、伊藤博邦公爵、大隈重信侯爵、金子堅太郎子爵、上原勇作参謀総長、島村速雄海軍軍令部長、牧野伸顯子爵、後藤新平男爵、徳富猪一郎、床波竹二郎、一木喜德郎、清水澄、若槻禮次郎などと並んで、吉野作造、尾崎行雄、江原素六も名を連ねた。[214]

だがこの日米親善運動は長続きしなかった。大正末年にアメリカで「排日移民法」が成立し日本輿論を興奮させると、上杉愼吉は日米対決の覚悟を国民に問うた。「私は正直に云へば、正義人道の上から人種的僻見感情を有つて居ると云ふことを米國人に對して攻撃しますけれども、矢張り私は一種の人種的感情を有つていると云ふことを白状しなければならぬ。どうしても米國人は嫌ひであります［。］何としても嫌いである。（拍手起る）」「人種學の書籍を多少研究して見たのでありますが、其結論は人種の差別は、全然根據の無きことで［……］人種が學理上差別なき以上、我々は何の恐れる所も無いのである。堂々として人種の平等を叫ぶことが出來ると云ふ確信を得たのであります。（拍手起る）」[215]

上杉は米社会主義者スコット・ニヤリングの著書『アメリカ帝国』を、『世界を征服せんとする米大帝國』なる煽動的表題で邦訳した。この翻訳本に寄せた序に、上杉は以下のように記している。「本書初に米國獨立の立派なる看板が全部虚偽であつて、自由も民主も皆實現せられて居らぬことを説き、今や如何なる點より見るも、嚴然たる完全なる大帝國となり了したことを説き、米國人は本來の征服者の子孫であつて、其の世界征服の動機たる古くして、其の根柢の固きことを明にして居るのは、事実を穩さずに告白して居るものであつて、我が國の米國崇拜者の頭上に一大鐵槌を下すの感がある」。そして、アメリカ人の「殘虐非道」や「飽くなき我慾」を強調してこう締め括った。「日本人之を欲するも欲せざるも、米國人は日本を叩き潰さねば止まぬ。米國人に取りては之れ程當然なことはないのである。此の恐るべき米國と相對立して、有色人種の先頭に立ちたる日本人は幸か不幸か、明かに之れ振古未曾有の大國難である。日本人は非常なる覺悟をせねばならぬ。敗るゝとも戰はなければならぬ。かくて日本人の力に依りて惡魔の手より世界を救ひ、永久平和の基礎を確立し、眞に文明なる人道ある世界を建設せんは日本人の大使命である」。尤もニヤリングはこの著書で、アメリカの精神に照らして同国の実態を批判したのであり、それを上杉が自分のアメリカ批判の論拠として転用したという面は否めない(216)。

⑤上杉は、有色人の「花形役者」たる日本が責任を果たすために、大胆な国内変革が必要だと説いた。上杉の問題関心はまず人作りにあった。彼は「人は城人は石垣人は濠」という武田信玄の信条を、「百世朽ちす、當に新文明を指導すべき最新思想」だとした。上杉は天皇の指導下で、全国民が一致団結する秩序を夢見た。彼は当時の社会を掌握している中間のエリートたちを排除し、君主と臣民とを直結しようとした(217)。

上杉が真先に排除しようとしたのが政党勢力である。上杉によれば、政党とは権力奪取のためなら主義主張も曲げ、腐敗も厭わず、独裁者たる党首が陣笠議員を「鞭」(院内総務)で束ね、国民不在の闘争を繰り広げるという忌まわしい集団である。上杉はミヒェルスを援用し、自由平等を旨とするドイツ社会民主党さえ党首独裁の官僚組織になっていると指摘した。一九世紀末に議会の信望が失墜したのも、上杉は政党の所為だという。彼は、十数年前に、自分は時流に抗して政党政治を批判し、「頑迷不靈」と罵倒されたが、今や政党批判は一般的になったと喜んだ。彼によれば、個々の議員は会ってみると立派な紳士だが、政党を形成すると途端に堕落するといい、もはや人を入れ換えるべきだとした。上杉は政党政治家が理念を離れて離合集散する弊害の例として、英米日の二大政党が理念的には差異が小さいにも拘らず、手段を選ばず争っていることを挙げた。上杉はまた「健全」な「イギリス憲政」の例を挙げつつ、中央政界の政党が「地方自治」にも影響を及ぼすのを峻拒した。そして、普通選挙で政党を牽制する対抗勢力として、在郷軍人に期待したりもした(218)。

上杉は政党批判者だったが、政友本党を指導する床次竹二郎（一八六七―一九三五年）とは昵懇であった。上杉は一九二六年（大正一五年）に床次の出身地鹿児島で講演した際、「自分は別に床次氏と深い關係にないが政友本黨は既成政黨としては最も潔白で純眞な政黨だから此點に於て同情者の一人である、故に自分は大に宣傳もやつて居る」、「次ぎの内閣組織の大命は床次氏に降下されるものと信ず」などと述べている。一九二七年（昭和二年）一月、大正天皇崩御後の諒闇中、床次が若槻禮次郎首相（憲政会）、田中義一（政友会）との三党首会談で政争中止を決めたことを、上杉はエドワード七世崩御時のイギリスを想起して高く評価した。だが同年六月に憲政会と政友本党とが合併して立憲民政党が設立されたときには、上杉は家族の前で名前がよくないと苦言を呈し、床次が立憲民政党を脱党して新党倶楽部を結成した時は、これを歓迎した。なお、床次は阿部信行と共に、上杉を会長とする愛国青年会の雑誌『愛國』の顧問も務めていた(219)。

貴族院も上杉が批判した勢力の一つである。上杉はモンテスキューを援用して両院制度の効用を説き、貴族院が衆議院を牽制し、政府と衆議院との関係を調整することを期待していたので、貴族院不要論・権限縮小論は退けた。上杉は貴族院に、衆議院から独立していること、消極的な調整役、公平な審判者に徹することを求め、貴族院が衆議院を凌駕したり、貴族院議員が政党の合従連衡に参加して自ら大臣になったりすることを批判した。上杉は、当時の貴族院が政党の影響下に入り、衆議院と共に堕落して、帝国議会の信望を失わせていると嘆いた。一九二四年

（大正一三年）二月には、貴族院を背景に成立した清浦奎吾内閣について、院内の内紛を内閣自体が暴露し、解散を以て衆議院を脅したとして、上杉はその倒閣運動（「第二次護憲運動」！）の先頭に立った。上杉はまた、貴族院内の華族勢力に不信感を懐いていた。上杉によれば、華族は生来の貴族であるが故に「肯定的靜止的消極的保守的」である点が買われているのであって、能力を買われているのではないという。一九二一年、上杉は貴族院が中橋徳五郎文部大臣（原敬・高橋是清内閣）を弾劾したことに憤り、伯・子・男爵議員は中学生の作文のような内容なき弁論を並べて恥ずかしくないのか、一年中寝て暮らす愛国心なき閑人が暇つぶしに議員をしていると言われても弁解できまいと述べている（中橋が金沢出身だった点も上杉を怒らせたのかもしれない）。上杉は、能力でなく門地が選出理由である華族議員の内、公・侯爵のみが全員議員になり、伯・子・男爵が数の多さゆえに互選で議員になるのは不適当だと考えた。そこで上杉は、差し当たり四十歳以上の有爵者を全員議員にして自覚を促し、議場に出席する者を毎年三分の一または五分の一ずつ交代させるという制度を提案した。天皇に近侍する宮廷貴族に対する彼の口調も厳しい。「元老も重臣も今や行き詰りて、右するも左するも如何ともすること能はず、平素口を開けば尊皇を云ふの老人等も避けて一言を云はず、皇室の藩屏と誇稱する上流貴族は、固より神經鈍にして、自巳の責任を知らざるものの如し」。さらに上杉は、天皇の前での臣民の平等を実現するために、「歐洲封建の遺物」の模倣に過ぎない華族制度を廃止するよう求めたこともある。そこで彼は、特に維新の功績で貴族になった者の子孫が何の功績もなく爵位を継ぐのを問題視したが、公卿諸侯の子孫が一定の称号を維持することには理解を示した。これは恩義のある前田侯爵家への配慮だったのかもしれない。また実際には、上杉は華族批判の傍らで華族との関係を維持していた可能性もある。上杉が死去した際、彼の「愛國青年會」会長職を引き継いだのは、海軍軍人の一條實孝公爵であった[220]。

上杉は貴族院（三百議席）に公選議員（九十議席）を設けることも考慮しており、各府県から五人乃至一人の議員を選出する（人口百万で一人が標準、任期六年）と同時に、植民地からも（当座は総督の推薦で）四人乃至一人の議員を選出するとの構想を打ち出している。加えて上杉は、勅選議員（九十議席）を職業代表（任期八年乃至九年）に変更することも提案している。その場合の範疇は、(1)学者、教育者、宗教家、(2)行政官、司法官、陸海軍人、(3)商工業者、(4)農林水産鉱業者、(5)自由職業者等であった。[221]

上杉が攻撃した第三の勢力が資本家である。上杉は、彼らが納税を渋る余り軍備縮小を唱えていると考えた。他方で上杉は、「我々國民の大多数を占むる貧乏人」を愛国者として理想化した。「我が擧國の貧乏人は、日清日露の戰役に、敵丸に中りて雙手を擧げ萬歳を高唱し喜びて冥目せる貧乏人なり、我々は金を持たず唯祖先より傳へたる筋骨と、天の賦與せる能力とを以て、義勇公に報じ、以て殉國の志を遂げんとするのみ」。上杉は、財産の私有および相続は認めつつも、国家公共を重視する民法改正を求めた。資本家を攻撃しつつ、上杉は労働者への感情移入を強めた。彼は雇用契約の自由には適切な制限を求め、労働者の企業経営への参加も推奨した。ただ労働者にも国家公共への奉仕を求めた上杉は、同盟罷業などの手段で労働者が私欲を達しようとするのは問題だとした。[222]

官僚への上杉の評価も低かった。「行政官吏の方面に居るの少壮人物も亦甚だ頼むに足らず、多くは皆朝八時より夕四時まで出勤して月給を貰うのみ」。上杉は官吏には国民の選良として期待していたが、その分彼らの意気銷沈振りへの失望も大きかったという。[223]

人材育成のために上杉は多角的な教育改革を提唱した。「相互教育」を重視する上杉は、イギリス流「クラブ」こそ、交流談論によって堅実な輿論を育み、有為な人物を発掘する恰好の場だとし、日本でも料理屋や自宅での宴席がその機能を果たせないかと考えた。日本でも「クラブ」を実現するべく、上杉は芸者を紳士の宴席から遠ざけようとした。上杉は芸者を「淫賣婦」と呼び、道徳の紊乱者、花柳病の伝播者と看做した。同時に上杉はアウグスト・ベーベルを引きつつ、娼婦制度を人道の観点から糾弾し、女性を物のように扱って性欲を満たそうとする男性たちを批判した。そこにはカミラ・イエリネックの女給廃止論の影響も垣間見えるが、吉野らの婦人解放論とも共鳴するものがある。上杉は、遊郭の各部屋で御籤を一個十銭で販売し、うち五銭をそこの娼妓に渡すという救済運動まで始めた。上杉は、教育が出世主義・物質主義で毒されているとし、小学校・中学校の充実、八年制義務教育の導入を訴えた。ちなみに彼が重視したのは一般国民の教育だったが、高等教育に関しては官立、私立、各種専門学校を同じ「大學」とし、これを最上級教育機関と位置付け、研究は分離して「學術研究所」で行うという構想を披露した。(224)

上杉は国民の物質的困窮も問題視した。彼は、日本を旅行する西洋人が日本国民の貧乏さに驚いており、侮られ戦争を仕掛けられる虞すらあると危惧している。上杉は、西洋では社会主義政治家も日本の勅任官並みの収入があり、高級ホテルのレストランで高価なワインの盃を傾けながら、貧民、プロレタリアを自称しているとし、本物の貧民が大多数を占める日本と西洋との差異を強調している。上杉曰く「國民皆一人も殘す所なく、貴族も野人も官吏も商人も、學生も小僧も、番頭も女中も皆完全なる日本人たらしむるを以て目的とす」。上杉は、横文字の文章を縦にしたり、西洋視察で見たままを日本で実施しようとしたりする「御座敷社會主義者」、「机上社會政策家」を笑い、労働時間制限、労働組合結成、住宅供給、公設市場設置も結構だが、我が国の貧困は西洋のそれより数段深刻であり、まずそれを救済するべきだとした。この文脈で上杉は、避妊や嬰児殺害による口減らし、売春、飲酒も問題だとし、ドイツの実態を批判してアメリカに範を求めた。(225)

上杉は国民の肉体改造の必要も唱えた。上杉によれば、ドイツの敗戦は国民体育が盛んでなかったからだという。「國民體育の奬勵は全民衆に及ばざるべからず、酒屋の小僧も呉服屋の番頭も會社の事務員も工場勞働者も、皆蹴球を遊び柔道を練るに至らざれば不可なり」。上杉は国民体育のために、日曜休日化や八時間労働を実施するべきだとした。(226)

婦人解放運動については、上杉は両義的な態度を示している。上杉曰く「若し婦人も男子の利用享樂の道具に供せらるゝの實情あらば、力めて之を改むべきは當然なり、之を婦人の解放と爲すべし」。そして、文明における男女の意義を平等とし、ドイツを反面教師として女子教育に力を注ぐよう訴えた。だが上杉は婦人参政権には反対する。「自ら投票せざれば安心せずと云ふは、餘りに人生を機械的に見たりと爲すべし、婦人の感化は夫に對し兒に對して極めて微妙偉大なり、夫に反抗し兒を信用せず、自ら一票を投ぜざるべからずと爲すは、婦人自ら信ぜず、自ら其の天職を侮辱するものに非ずして何ぞや」。男女は平等だが天命が異なるので、夫婦、親子を対立させるような婦人参政権は不可というのが彼の立場であった。(227)

上杉は脱西洋主義を国家改造の思想的前提とした。彼は「信念に於ても感情に於ても保守主義なる者」を自称し、日本主義的な保守主義者であることを隠さない。「予は國家の最高の道徳たるを信じ、天皇の下に日本國家が眞に最高の道徳たるを信じ、天皇の御威徳を發揚するを以て、一切の根本と爲し、守愚十年一日の如く思潮の波瀾幾層なる間に、頑冥改めず保守移らず、孤立寂寥なる半生を送りて今日に至り頓に世上の思想の停滞鬱積して、正に一轉の機運に在ることを、深く心に感覺す」。上杉は幕末維新期の西洋礼讃を批判し、先行世代への不信感を露わにする。「明治の初、官民開國進取に急なるの甚だしきや、凡て我が在來の事物は皆之を野蠻未開なりとし、悉く之を捨て去れり、仁義忠孝も野蠻未開なり故にこれを改めざるべからす、敬神宗祖も野蠻未開なり、故に之を改めざるべからずと爲せり。人の進歩発達とは、西洋人の如くなることにして、西洋人は物質金錢の外何物をも知らず、之れを文明開化となせり」。上杉は若者の個人主義・物質主義を批判する年長世代を笑い、それを率先して西洋から輸入したのは彼らではないかと批判した。(228)

美濃部達吉および吉野作造との論争を回顧して、上杉は西洋由来の国家論を批判した。「國家を說き憲法を論ずるも、我が民族固有の信念感情に出發せず、西洋形式の國家說を無理に日本人に推しつけ、益人心の國家を去るを覺らず」。「顧みれば先師穂積八束博士の、頻に大權中心の政治を主張し、議會中心の政治の我が國體に反するを説き、又予の頑鈍にして政黨政治を斷じて排斥すべしと爲せるや、一世皆之を非とし、孤立無援の觀ありしも、何時か政黨も皆先づ國體を擁護するの旗幟を高揚するに至り、國體に關する異説は皆之を指摘非難して、頑冥不靈の名を得たるも、天皇機關説は其の後甚だ振はざるなり。最近大戰爭の勃發と共に、デモクラシイの論大に流行するに方りても、予は例の如く非難攻撃せられ、愈以て時勢後れとして取り殘さるゝの觀を呈し、社會主義者も予を以て正面の敵なりとし、無政府主義者の之を宣傳して國法の問ふ所となる、又予を舊思想を以て學問の自由を壓迫するを當局に勸むる者なりとして攻撃す」[229]。上杉はさらに、「何でも悪い事は日本に引き受けたがる人がある」と述べ、行儀作法から選挙の公正さまで「西洋人」に逐一恐縮する論調に呆れたが、これも吉野の揶揄だろう[230]。上杉は「國體」とは顔のようなもので、善いも悪いもなく国に固有のものなので、取り換えができないとも述べている[231]。

とはいえ上杉は、吉野作造らとは別種の西洋的手法で国家を見ていた。学部生時代の「社会學」への興味を晩年まで失っていなかった上杉は、コントやスペンサーが提唱した「實證科學」を肯定し、また革命後の精神的無政府状態を収拾しようとしたコントの「救世濟民の大志」を称揚した。加藤弘之にとっての生物学もそうだったが、上杉はそうした「科學」的手法に吉野らへの反撃の基盤を求めたのである。「思ふに眞に人道的なるは科學的なるに至らざるべからず、學者の事業は人道の實現完成に存せざるべからず」。「社会学ハ公平無私ナル客観的ナル理論的ナル政治学ナリ(プラトー、アリストートル)」。ただ上杉の社会学研究は、法学、特にラーバント流の狭義の法学からの脱却という、別箇の個人的動機にも支えられていた。「専門ハ衣冠束帯厳然タル学界ノ貴族ナリ予ハ社会学ニ於ケル漂白流浪ノバガボンドナリ馬賊ナリ」。一九二二年(大正一一年)には、上杉は東京帝国大学で「社會學」講義を始めている(嘉治隆一によると、この時上杉は「来年は俺がやる」と自ら担当を志願したが、吉野は「上杉が出来るなら、再来年は俺がやる」と言い返したという[232])。

上杉は社会学を「希臘の国家哲学の復興」だと述べている。上杉はライプニッツやニーチェの哲学（『ツァラトゥストラはかく語りき』）に心酔したといい、特に一九〇七年にハイデルベルクでニーチェを読んで、「駭然トシテ半世ヲ全然無意義ナリシモノト考エ」るに至ったという。晩年には、かのアーデルスハイムでの焚書事件も、ニーチェを読んだ末の行為だったとして、合理的に説明しようとするようになるのである。[233]

同じ頃上杉は、「國家の價値」を領土、民族、「國體」、「國史」の観点から分析しているが、これはイェリネックの「国家の三要素」を連想させる。上杉は領土（特に自然条件）と国家との関係を、ヘンリー・トーマス・バックルの文明史やフリードリヒ・ラッツェルの地政学などを踏まえて分析し、また民族が「一個の精神的又は心理的現象」であることを、当時の「社会學者の論」（マックス・ヴェーバー『経済と社会』か）を参考に指摘している。なお東京高等商船学校での講演（大正末年）では、上杉は「人種學」への取り組みを披露し、「國家の價値と云ふものは一民族一國家と云ふことが本當に實現せられて居れば居る程高いと云ふことは言を俟たぬこと」として、「眞に一民族一國家と云ふことが日本程實現せられて居る國は古今に其例が無い、東西は其比を見」ないとしている。「國體」については、君主国か共和国かの区別のみならず、「聯邦」か「單一國家」かの区別に言及し、ドイツ革命という中央集権化の好機を逃した「獨逸國民の政治的才能」を疑っているが、「國史」については各国の固有性を強調している。こうした議論でも分かるように、上杉は自分の憲法学を、法解釈学を越えた総合的な国家学にしていたのであり、それは彼の教科書『新稿憲法述義』などにも現れている。[234]

上杉は回帰すべき日本を天皇と同一視したが、そうでありながら、あるいはそうだからこそ、天皇を見る目が厳格だった。「抑我が皇室は國民の皇室なり、天皇卽ち國家たり、純正無垢之を子孫に傳ふるは固より國民全體の後世に對する至重の責任なり」。「天皇御一人の私益の爲めに、人民を支配したまふに非ず、天皇に私益なし、人民の幸福の爲めに宵衣旰食したまふのである」。上杉は、全国民が嘉仁という一私人の、あるいは皇室という一家族の奴婢となり、その恣意に盲従することを求めた家産制国家論者ではない。彼はむしろ天皇に、「最高道徳の具現者」であり国家国民と一体であることを求めた。上杉の描く天皇は人間臭がしない抽象物であり、彼の潔癖さは皇位にある個人を国家への奉仕者に変えていた。一九二〇年（大正九年）、山縣有朋が久邇宮家の色盲遺伝子を懸念し、皇太子裕仁親王と久邇宮良子女王との婚約破棄が噂されたが、翌年に宮内省から変更なしとの発表が為されるという「宮中某重大事件」が起きた。上杉は、自らも医学部佐藤三吉教授らの鑑定書を検討していながら、皇室の権威を揺るがせたと「元老重臣」への不信感も口にした。上杉はまた、天皇には民刑事法が適応されないとの観点から、皇室令が皇室財産制度を設けたことを批判した。さらに上杉は、日本皇族が外遊し、外国の流儀に染まったその言動で国民の体面を傷付けること――帰国した皇太子の言動や北白川宮成久王のフランスでの自動車事故（一九二三年）が念頭にあるか――を懸念した徳富猪一郎の諫言に、感激と謝意とを表明している(235)。

上杉は大戦後、天皇は西洋君主とは異なるという主張を強めた。上杉は、古代ギリシア、古代ローマ、ユダヤ＝キリスト教、古代ゲルマン人というヨーロッパ文明の四つの起源を挙げ、どれも民主共和の精神から出発していたと説いた。上杉によると、西洋は古代民主制から出発し、中近世に「封建國家」となった。そこでは専制君主が私利私欲から人民を牛馬のように使い、「官房學」で支配の技術を磨き、フィルマーの「帝王神權說」で支配を正当化した。ホーエンツォレルン家、ハプスブルク家、ロマノフ家などは、徳川や島津のように土豪が強大化したもので、日本の皇室とは起源が異なる。これら西洋君主の支配下でも民主共和の精神は生き続け、中世末期には「暴君放伐論」が、近世には「自由放任の國家說」が生まれ、これは「無政府主義の先驅」ともなった。革命で「封建國家」が打倒されると、反動で「立憲國家」が作られ、国会が開設されたが、「全國民を一にして相關連續せしめ、不斷に最高道德を創造する」には程遠いものだった。産業革命でプロレタリアが生まれると、以前の革命はブルジョワ革命に過ぎないと見られるようになり、階級対立が激化して社会主義が登場した。こうして西洋は過激に流れたが、日本は天皇を中心とする安定状態が続いているというのだった。上杉は天皇主権説には固執していたが、主権という「西洋の法律家の定義」では表現しきれない絆で君民が結ばれているとも考えるようになる。権力により強制するのではなく、現人神として道徳的に牽引するのが天皇なのだという。君民の精神的紐帯を強調する点は、吉野にも通じるところがある。[236]

上杉は帝国議会での普通選挙の施行を訴えるに至った。大戦前には明確に反対していたこの選挙法に、大戦後は強く左袒するようになったのであり、この転換には吉野作造も仰天した（但し吉野も普通選挙慎重論からいつの間にか推進論に転向したのだが）。その意図は、「一に擧國一致の感情精神を養ひ、國民の渾然一體たるの實を擧げしめんとするに在り」という。但し上杉は、帝国議会の決定を裁可するか否かも、大臣の任免も天皇の一存だとして、首相任命も天皇の義務ではないと考えていた。つまり上杉は、民主化の二つの課題の内、普通選挙には賛成に転じ、政党内閣（議院内閣制）には反対を続けたのである。上杉は「普通選擧」が議員の人物改良にもつながるとの説を疑い、比例代表制を日本議会の本質と相容れないと却下し、議員の人材改善のために、全国の識者を糾合した「人物本位選擧同盟」の結成を呼び掛けた。上杉はまた貴族院の衆議院との対峙、枢密院による政府議会の抑制も重視した。内閣制度については、上杉は国務大臣がそれぞれ独立して天皇を輔弼する原則を確認し、また専門知識のない政党政治家が行政に対処できない点も指摘した。このため彼は、国務大臣は総理大臣のみ（必要に応じ若干の無任所大臣を追加）とし、行政官が各官庁「長官」に就任するという、ドイツ帝国型の政府形態を提案している。また上杉は、首相公選による政府の議会からの独立も考慮したが、首相の民主的正統性が天皇の権威と競合しないのかという点には触れなかった。[237]

上杉の普通選挙論の内容を検討しよう。(1)上杉は普通選挙を通じた「國民參政」が「臣民翼賛」であることを強調し、「國體の精華を發揮」すべきだとした。「天壌無窮の皇運を扶翼し奉」る、「國民總動員」、「愛國殉公」、「擧國參政」などの表現もある。他方で、普通選挙を「デモクラシイ」や「階級鬪爭」に結び付けることを嫌った。(2)上杉は普通選挙が西洋起源であることを認めつつ、「出來るだけ純日本的ならしめん」とした。(3)西洋では普通選挙が階級対立を激化させたが、上杉は日本では、普通選挙で初めて政治参加する無産階級が「熱烈純眞なる愛國者」であることを強調し、彼らの関心を階級対立から引き離そうとした。また上杉は、「私擅偏倚を勦絕」するという表現があるように、普通選挙で政党の権力闘争を抑えようとした。(4)上杉は、自分が普通選挙支持に転じたのは「大正六年の春」だと主張した。これはロシヤ二月革命が勃発した時期である。前述のドイツ帝国瓦解論もあったが、上杉の転換は欧州政治の変化が原因だったらしい[238]。

普通選挙を挙国一致の好機とする上杉の議論が、政治化する民衆に迎合した曲学阿世なのか、「無産の愛國者」への衷心からの期待なのかは判然としない。一方で、津久井龍雄によると、上杉は普選支持への転向を詰問された際、自分の普選論は普選論の愚かさを悟らせるためのものだと答えて、相手を唖然とさせたという。彼は後半生も心中に、穂積八束のような民衆不信を秘めていたのかもしれない。他方で上杉は大正末年、国家債務が国民一人当たり八圓に上ることを知って家計を切り詰め一家四人分三十二圓を帝国在郷軍人会本部に献納した愛知県渥美郡高師村の一婦人を、感激の余り訪問している。これは多分にパフォーマンスだろうが、美濃部や吉野ら学界貴族への対抗意識から、上杉は庶民を愛国者として理想化するようになっていったのではないだろうか[239]。

先にも述べたように上杉は、学問の中立性・無国籍性を否定した。そして、自分は「日本人」である以上、自分の学問は「離るべからざる日本國家に對する信念感情」から出発する以外にあり得ないとした。「學問に國境なしと云ふも、他の心を我が心と爲すことは出來ぬ、世界何れの處に到るも二に二を加ふれば四なるは普通の眞理であらう、然れども如何に國家を見るか、日本人が日本人としての生まれ得たる信念感情を以て之を考察して理論を發展し行くは當然なるのみならず、他に方法無きのである」。むしろ上杉は、学問は自己の「信念感情」に基づかなければ「無價値」だとまで考えた。上杉はまた二、三の欧文新聞が自分を「ショウビニスト」、「日本軍國主義の鼓吹者」と批判するのをいささか心外とし、「江湖人士の多数が予に與へられたる書面と幾多の新しき訪問と」によって、自説が好評を得たことを知って喜んだ(240)。

上杉愼吉の大原則は、「國家は最高の道徳なり」である。人間が文明的な存在であるのは「相關と連續と」の中でのみであり、国家は道徳が最高段階に達する場であって、日本国家も一大家族のようなものだという。個人が同時代の分業の一齣であり、祖先から子孫へと続く系譜の一齣であることを強調する議論は、「個人主義」に抗する上杉なりの「社會學」だった。穂積兄弟の祖先教論を意識してか、上杉はいま生きている人だけでなく、既にこの世にない祖先にも敬意を払うのが東洋道徳の特徴だと述べている。こうして上杉は、億兆一心、祖孫連続を説いた神武天皇の「詔」や、孔子の『大學』を援用したのだが、それと並行して西洋政治思想にも依拠した。彼は「國家は最高の道徳なり」はプラトンの観念だとし、「予の如きも唯だ僅かにプラトオンを祖述するのみである」という。上杉はまたアリストテレスを引いて「人は國家的動物」と言い、カントの定言命令、フィヒテの「所謂る人の良心の義務」、アウグスティヌスの『神国論』、ダンテの『君主論』、ヘーゲルの『歴史哲学講義』、『法哲学』も論拠とした。また原始より人間の霊魂が永遠に続くことを示したものとして、上杉はダンテの『神曲』を挙げている。さらに上杉は「平等」にも触れ、老若男女あらゆる人の機械的な同一化ではなく、各人の「本性」の「充實發展」を期するのが重要だと主張した(241)。

国家を「相互協同」の共同体と見る上杉は、これと相容れない様々な国家観と対決した。上杉は、「國家は個人の利益の爲めの結合なり」とする「社會契約説」を、国家を「商事の株式會社」扱いするもので、「最も奇異」とした。また上杉は、強者が弱者を支配する現象は残念ながら見られるが、それを国家の本質と見る「權力支配説」

は、西洋では有力だが諒解できないとした。さらに上杉は、人間の本性は生存競争ではなく「相互協同」だとして、国家を人類の生存競争の武器と見る説を否定し、その主張者たる「加藤弘之先生」、「先師穂積八束先生」を批判している。上杉の判断が玉虫色になるのが無政府主義に対してで、マックス・シュティルナー（ヨハン・カスパル・シュミット）、バクーニン、プルードン、クロポトキンの名前を挙げて検討している。上杉は無政府主義が人間の本性を「相互協同」に見ている点を肯定的に評価しつつも、それが感情的な暴力礼讃である点を危険視し、これを「理論」としては扱えないと考えた。また上杉は、人間の本性たる「相互協同」は国家の下で発揮されるものであり、国家を破壊しても「相互協同」が存続するという見方を疑問視した。それでも上杉は、どことなく無政府主義に親近感を示している。彼は「我が日本人は古來日本國家は結合して生存しつゝ、未だ嘗て權力の下に在ることを感覺したることはなかつた」とし、徳川幕府の「極端なる壓迫」と対置している。天皇は「權力者」ではなく、日本人は「服從者」ではなく、日本国家は「相互協同」の共同体だとする上杉は、日本人には無政府主義を生み出す動機がないとしつつ、実は類似した理想の共同体イメージを懐いていたのではないかと思われる。上杉の社会主義評価もまた曖昧だった。上杉は主にマルクス主義を念頭に置きつつ、社会主義が一方で個人主義に反撥し国家の指導による計画経済を実現しようとし、他方で究極的には無政府状態を志向する点で極端な個人主義でもあるという点に着目した。上杉は社会主義が唯物主義に固執したこと、国家を資本家専制の機関と決めつけたことを批判するが、国家主導による社会政策の実行は「誤に非ざる」ものだとした(242)。

上杉は日本国家を「民族國家」とも呼ぶ。国家とは、「縁もゆかりもなき人間」が結合するのではなく、「自然的倫理的原因」がある、つまり「民族」を基礎として成立する。これは「古代より今に至り東西皆同じ」原則で、「民族國家の語近代に起りしも、事實は獨り近代の特有ではない」という。民族の成立には、特定の要因の共有だけでは十分ではない。「何を民族と云ふか、人種の同一に非ず、言語の同一に非ず、宗教の同一に非ず、皆民族と離れざる關係あるも、民族の民族たるは所謂る民族確信又は民族感情の存在するに依る、各人相互に同胞兄弟なり同一民族なりとするの信念感情に基づくのである」。大抵の国家は一民族一国家と述べても概略でしかないが、「現今世界の諸國に於て民族國家の最も純粋なる」のが日本であり、「日本國家は日本民族の結合」だという。上杉は日本国家の背景に血統の繋がりを意識する。「日本國家を建て金甌無缺に之を無窮に傳へたるは我が血統の祖先である、我々は之を擁護して之を我が血統の子孫に傳へんとする」。即ちここで上杉は、事実上内地先住民のみを念頭に置いているのである。ちなみに上杉の見立てでは、「國家と社會は本來一なるべきもの」であるという。これらを区別したのが社会主義、無政府主義の誤りであって、日本では国家、社会、民族が「三者一致」していると上杉は見ていた[243]。

明らかにルソーの「一般意思」論に影響されて、上杉は「體制意志」という概念を導入した。「體制意志」とは「各我を一體に規律組織するの意志」だという。「體制意志」は「各我」つまり個人の外部にあるわけではないが、個人の意思そのものではなく、一人一人の意志の単なる総和でもなく、個人を従わせる強制力を有するものでなければならない。「主權」とは「體制意志の認識決定實現の本分を有する意志」であり、「主權卽ち體制意志」と言って本質を違わないという。西洋史でいうと、「封建君主」、「專制君主」は私利私欲に走り、「體制意志」など認識しようともしなかった。これに反撥して起こった「暴君放伐論」は、「偏して純正ならざる」ものだが「國家創造の努力」の現れでもあった。「立憲國家」における「國會」が「體制意志」の認識について「封建君主」より遙かにましであることは上杉も認めるが、「選擧投票」のような「機械的方法」による「體制意志」の認識には限界があり、「普通選擧」や「比例代表」の導入でも根本的解決にはならないという。上杉は欧州大戦後、「私などは從來一度も投票をした事がありませぬ」と述べている。それは知っている候補者が皆不適任で、知らない者には投票したくないからだという。「國會」でさらに問題なのは「政黨」で、党利党略に走る点で「封建君主」より有害だという。[244]

上杉は「體制意志」論を「デモクラシー」と区別する。「デモクラシー」とは、「人民全體」を「主權者」とし、「人民團體」が「皆意志を發表して之を決定する」という統治形態である。「人民全體」といっても全員一致はあり得ず、多数決にならざるを得ないが、多数派の意志が全体の意志であるというのは「合理的説明がどうしても出來ぬ」、多数は飽くまで全体の一部でしかない、多数を獲得する過程でも腐敗や出鱈目があり、棄權者も居るので、勝利した多数派も全体の過半数には達していないことがあるとした。上杉はザイデルなどを引きつつ「デモクラシー」の虚妄を説き、そもそも「デモクラシー」とはアリストテレスやアリストファネスにとって悪しき多数支配を指す言葉だった、ドイツの学者は多数決をドイツ精神に合わないと言っている、日本固有の制度でもないと述べた。[245]

結局上杉は、「體制意志」は然るべき指導者によって体現されると考えた。例えば上杉家では、「子供數人の意志を聽くよりも父たる私一人の考の方が一家の體制意志に當ることが多い」とし、婦人も「良妻賢母」として「立派に體制意志に參與して居る」という。親と子とは、夫と妻とは違う、自分で出ていかなければ気が済まないというのは、常に「人々相疑ふ」気風のある「西洋政治」の発想であり、「同胞兄弟」としての「有機的」一体感を欠いているので、争いが絶えない。これに対し「東洋思想」には「人の連續に道德の重點を置く」という「一特長」があるという。上杉の結論はこうである。「天皇が主權者にましまして、相關し連續する日本人の體制意志を、誤りなく認識決定實現したまふを、我が國體の精華とする」。だがそれは「外國人には感得するを得ぬ」ことだという。[246]

上杉は、最高の道徳たる国家とは有機体としてただ存在しているのではなく、不断の努力により日々創造されなければならないと考えた。上杉は理想の国家を追い求めた模範的先人たちをほとんど西洋に見出している。つまり「衆愚暴民の跋扈」に抵抗したソクラテス、「孔子の道德的政治說」と符合する思想を唱えたプラトン、現実のデモクラシーを批判して国家の本質を論じたアリストテレスに敬意を表し、特に「予の如きは何處までもプラトオの學徒である」と述べている。上杉はキリスト教が国家の権威を軽視し、ローマ帝国を衰退させたことを批判するが、「アウグスチヌスの神國論」は国家の意義を説いたものとして評価した。また、「ルウテル」の宗教改革をキリスト教の国家回帰を進めたと評価し、「帝王神權説」も「國家創造の進歩」に寄与したとする。上杉はダンテの『神曲』や『君主論』を道徳と国家の価値とを論じたものとして重視し、マキアヴェッリの『君主論』を「最も强烈なる國家に對する愛慕の告白」と評し、トーマス・モアの『ユートピア』を「理想國家論の模範」とした。啓蒙思想に関しては、キリスト教に続く第二の非国家主義としつつも、新しい国家創造への努力でもあるとして、啓蒙専制君主フリードリヒ大王を挙げ、社会契約論も「理論は謬れりと雖も、現代西洋國家を生み出すに至った大思想」と称えた。フランス革命についても国民国家思想を生んだ点では肯定し、ヘーゲルも国家創造思想の確立者として挙げている。上杉の考察はマルクス主義に及ぶが、ソヴィエトに関しては「國家の墮落」とし、専制君主の暴政と異ならないと否定している。(247)

(3)「七生報國」——信奉者の糾合

東京帝国大学法学部では、「帝大新人會」の学生たちが上杉愼吉攻撃を強めていた。『解放』で筆を執る赤松克麿は、知的遊戯に耽る一部の教授連よりも上杉のような情誼に厚い熱血漢の方が好感を持てるとしつつも、「莊重な風貌と恭々しく勿體振つた講義振り」で「單純な學生を威壓し魅殺する」上杉を危険視し、彼の学説が「官僚軍閥」に持て囃されている、彼を信奉する学生には不純な動機の者がいるなどとした。赤松は上杉の思想を「マキヤベリ式の權謀」、「自然主義以前の浪漫哲學」、「ブルボン王朝の權力を理窟づけた學者ジャンボーダン丸出しの代物」だとし、「最高學府」の学生を毒していると非難した。のちに「白蓮事件」を起こす宮崎龍介は、一九一八年(大正七年)の夏、上杉が憲法講義の最後に、「何をくよく〱川端柳川の流を見て暮らす」という悲しげな一節(東雲節の替歌）を餞別の辞としたことを紹介し、寺内内閣が危機に陥って「博士の風姿も聊か憐れ氣味に見えてゐた」と評した。宮崎は、本来旧体制に殉じるべき上杉が、今や普通選挙、華族廃止を唱え始めたことを、曲学阿世だと非難した。村上堯は、上杉を専制家で独断的だとし、個人が社会を離れて生きられないのは正しいとしても、社会とは国家でなければならないのか、人類が統一体を結成することがどうして出来ないのかと問い、上杉に国民的感情の合理的説明は期待できない、国民を指導して世界文化の完成へと進ませることは無理だと断じた。[248]

吉野作造は上杉に、赤松らよりは気を遣っていた。一九二〇年（大正九年）五月、「外來思潮の鎭壓」のため上杉を中心に「日の會」が出来たという（誤）報が流れたとき、吉野は「こんな馬鹿な事は出來るものではない」と憤慨しつつも、「全然無用とも思はない」と一定の理解を示した。「と云ふ意味は、當今のやうに世間が餘りに新奇を好んで突飛に進み過ぐる時には多少反動的思想を以て之を牽制するの必要があるからである。前に進む筈の電車にもブレーキの設備が要る。併しブレーキの作用位の事なら建部博士や上杉博士を煩はすまでもなく、世間には好んで此任に當るもの相當に多い」[249]。一九二一年三月、上杉は『中央公論』で論文「國家結合の原力」を発表したが、これは上杉の希望を容れて吉野が仲介したものであった。同誌編集部は、帝国新文化への貢献のために「穩健なる進歩思想の味方」を自負してきたが、別種の国家思想を公表するのも「讀者の研究の爲めに資するであらう」という吉野の勧告を容れたという。一九二六年にも、吉野は上杉を当代の「錚々たる學者政治家」の一人に数えている。[250]

一九二〇年（大正九年）一月、上杉系学生団体「興國同志會」の運動で森戸事件が勃発する。経済学部の森戸辰男助教授は、東京帝国大学経済学会の雑誌『經濟學研究』創刊号で、「クロポトキンの社會思想の研究」を発表した。この論文は、英語・仏語翻訳によりクロポトキンを紹介しているが、「無政府共產の社會理想」を支持して私有財産制を疑問視し、時には暴力も肯定するという論旨になっていた。[251]この件で「興國同志會」は森戸を「無政府共產主義の宣傳者」だと非難し始め、留学出発前日の一月一三日に森戸の休職処分が発表され、留学も中止になったのである。森戸は「黎明會」の会員で、森戸攻撃は吉野への警告とも解釈できた。「興國同志會」は一月一五日に、法学部六角堂三十五番教室で森戸事件の討論会を企画した。二日後同じ教室で法学部学生大会が開催され、議論は森戸擁護派が支配した。だがこの場で「興國同志會」への抗議、経済学部教授会への責任追及の議案が可決されると、同教授会で森戸批判を主導した渡邊銕藏教授（元法科大学教授）は、これを無礼として退けた。この事件について、吉野は学生大会決議への賛同を求められてこう述べている。「君等は僕の態度に賛成し僕の行動を眞似て來給へ[。]宣言の「學の獨立自由」も僕の主張する範圍に於ける獨立自由なら贊成する、經濟學部教授會の態度も實は學生が事情に通じない爲め誤解の點があるかも知れぬ、たゞ同部教授の道徳的責任に就ては議論の餘地がある」[252]。学生には距離を置いた吉野だったが、彼は法廷での森戸弁護を引き受け、自分は無政府主義には与しないが、無政府主義だから即暴力的な危険思想だとするのは誤りだ、クロポトキン思想の擡頭は大戦後の社会「改造」の気運に相応するものだ、東洋でも孔子を批判した荘子は無政府主義の系譜だったと主張した。吉野はこの件を契機に、無政府主義に熱心に取り組むようになっていく[253]。

森戸事件に「興國同志會」盟主の上杉愼吉が関与したのかは明らかではない。張本人は上杉だという噂は早速出回ったが、本人はこれを否定した。上杉の社会学研究メモには、クロポトキンを典拠として捉えていた形跡もある[254]。上杉は一九二〇年（大正九年）二月から六月まで洋行を予定していたが、張本人が逃げようとしたと言われるのに憤慨し、また普選運動の都合もあるとして延期した。ただ上杉は、世間の人々がどの程度森戸論文を読んだのかを疑問としつつも、読めば処分を是とするのは当然だとし、森戸・大内への大学の措置も妥当だったと述べた。上杉は、この件は司法判断を待つ段階なのに、大学や学生が外野から意見するのは穏当ではなく、事の成り行きを静観するべきだとした。「興國同志會」も同年二月一八日に公開演説会を開催し、この件に上杉は関係なく、彼の「國家社會主義」にも何等価値を認めていないとした。ただこのような上杉無関係説が、偽装なのか真実なのかは分からない。ちなみに法学部では、他にも鳩山秀夫が森戸論文の危険性を指摘していた[255]。

この騒動のあと、一九二〇年（大正九年）四月に、上杉は「歐米社會制度の視察」に出発し、同年一一月一三日に帰国した。上杉は、未曾有の戦禍にあって欧米では真の平和を維持しようという意欲が高まっている、日本は世界改造の一端を担っているとし、またボルシェヴィズムに近い「過激主義」が広まっているとも指摘して、国家主義の高揚による国威発揚を訴えた[256]。この旅行での上杉の体験については、すでに紹介した通りである。

ところが、上杉が留守にしている間、本郷では重大な変化が起こっていた。憲法講義は美濃部達吉が代行したが、それを聴講した学生の中から、後述の宮澤俊義（一八九九―一九七六年）が育っていたのである。「このときに、たまたま美濃部先生の憲法の講義を聞くまわり合わせになったことが、わたしの一生の運命をきめる上に、決定的な意味をもったようである。このときにもし上杉先生の憲法の講義を聞いていたら、わたしが後で憲法を専攻する気になったかどうか、うたがわしい[257]」。上杉は一九二一年（大正一〇年）春から再び本郷の教壇に立ったが、このとき上杉の憲法第一講座と、美濃部の憲法第二講座とが並立するという前代未聞の状況が生じた（尤も開設学期は異なっていた模様だが）。本来の憲法担当者が在職中にも拘らず、その外遊中を見計らってもう一つの憲法講座を新設するという措置は、上杉からすれば美濃部・吉野派による露骨な不信任表明であり、いわばアカデミック・ハラスメントだった。「競争講座」だと持て囃す新聞を前に、上杉は売られた喧嘩は買うと啖呵を切った。「私は御承知の通りのヤンチヤ者で喧嘩なら何時でも持つて來いと云ふ性質だから競争をやれと云ふなら何時でもやる」。上杉は、学生が就職と無関係に授業を選べるように、自分は高等文官試験委員を辞任すると息巻いたのだった[258]。

上杉は東大法学部に自分の学問的後継者を残そうとしたが、そこで目を付けたのが岸信介（一八九六―一九八七年）だった。第一高等学校（独法）を経て一九一七年（大正六年）に入学した岸は、我妻榮（のち東京帝国大学法学部教授）と並ぶ優等生となったが、保守的・国粋的志向から吉野作造には同調せず、上杉系学生団体「木曜會」に加わった。山口中学校の先輩たちに誘われた岸は、同会で福森利房、天野辰夫に出会い、鈴木豊、石井康、大川周明、鹿子木員信の話を聞き、北一輝を猶存社に訪ね、その著書『日本改造法案』を読んだ。のち岸は上杉の国粋主義、保守主義の極端さに辟易し、後継団体の「興國同志會」には参加しなかった。岸は「國體変革」は拒否したが、天皇が国民から遊離してはならないと考え、華族制度廃止や宮内省改革を考えていた。また所有権絶対というローマ法の観念も疑問視し、私有財産制の変革を考えていた。このため岸は「興國同志會」の森戸批判に同調せず、平泉澄の懇願を振り切って訣別した。だが農商務省に内定した岸に、一九二〇年四月、上杉から憲法講座の後継者になるよう懇願があった。上杉は「どうせ長州の者で大学に来る奴なんかくずだよ」などと言っていたが、岸のことは高く買っていたらしい。岸は上杉憲法学への不満もあり、学者になる自信もないとして断ったが、上杉は「学者としての素質があるかないか、学者でもない君に判る筈はない。私は学者として君にその素質があることを認めて居るのだ」と食い下がり、親が反対していると岸が嘘をつくと、郷里を訪ねて両親や養母を説得すると言い始めた。岸に強引に去られた上杉は、翌年二月二五日に「大學憲法講座擔當ノ後継者ハ不徳ナル自分ヨリ一切推薦セサルコトヲ決心セリ」と胸中を記している。上杉の落胆の表情が気になった岸は、恩師の死から数年後、命日にその墓前で詫びた。商工官僚となった岸は、ヴァイマール共和国で「国家統制」(Nationalisierung) を学び、総力戦体制の企画者となっていく。[259]

もう一人、上杉の講座後継者候補だったのが、山之内一郎（一八九六―一九五九年）である。山之内は東京帝国大学を卒業後、父の希望する文官高等試験を逃れるためもあって、京都で経済学を学ぼうとしたが、当てにした河上肇が病気となったので帰京した。吉野作造の勧めで東京帝国大学法学部の副手、助手になった山之内は、上杉の指導下で憲法学を専攻したが、上杉説との不一致に悩み、吉野の手引きで美濃部達吉の指導も受けた。山之内は一九二一年（大正一〇年）に『國家學會雜誌』に「攝政の概念及びその開始」を発表しているが、ここで山之内はイェリネックや上杉、清水、穂積八束を援用しつつ、世界および日本の先例に照らして摂政制度を多角的に検討しており、また「世襲君主」を慎重に「機關」と呼んでいる。山之内は美濃部の推薦で新設の九州帝国大学法文学部に内定し、留学を経て助教授、教授（憲法）を務めた。一九二七年（昭和二年）に山之内は「九大内訌事件」に関係して休職になり、やがて外務省嘱託に転じたが、戦後は東京大学社会科学研究所教授、熊本大学法文学部教授となっている。山之内は休職中に東京外国語学校専修科で聴講生としてロシヤ語を学び、ソヴィエト法研究に邁進した。上杉の山之内への態度は明らかでないが、山之内が「はじめ上杉先生からその後がまの候補者と遇された」のに、「心がけが悪いので、破門されてしまった」という見方がある。[260]

結局上杉の憲法講座を継承したのは、例の宮澤俊義であった。宮澤は親美濃部・反上杉を公言する人物である。「わたしは、［美濃部］先生の講義では、何よりも、当時支配的だった神権主義的な考え方に対する科学的な批判精神を教えられ、それに引きつけられた。憲法学が神学の侍女だったり、国家の下男だったりした時代に、その憲法学の授業を一生の仕事にしようという気になったのは、先生の講義をきいてからのことである」。上杉は宮澤や蠟山政道（小野塚喜平次提案）の助教授採用には反対であった。上杉は若手の宮澤に自分の憲法講義の試験監督を依頼するとき、出題を「各自問題を出し作文を作るべし」としたというが、これは上杉が宮澤との意見の不一致を意識した結果だったのかもしれない。[261]

この宮澤俊義が東京帝国大学法学部を卒業し、同研究室の助手になって半年後の一九二三年（大正一二年）九月一日、関東大震災が発生した。偶々この日、上杉愼吉は研究室で吉野作造に昼食を共にしようと声を掛けた。執筆中だった吉野がこれに応じて、中田薫も合流し、三人が二十七号館、二十八号館の前を（恐らく山上御殿の）食堂に向かって歩いている時に、激しい揺れが三人を襲った。そこに先に食堂に行っていた筧克彦が戻ってきた。この緊迫の瞬間を、個性的な四人が共に過ごしたというのは奇妙な偶然である。[262]

上杉は関東大震災に際して日本国民の団結を称揚した。摂政宮の身を案じて宮城に集まる人々、火災を前に助け合う老若男女、関東に物資を送った全国の人々、協力し合う民衆・官憲・軍隊を見て、日本国民の利己主義を嘆いていた上杉は一旦再考した。上杉はまた、日本市民の冷静沈着振りに西洋人が驚嘆していると喜んだ。「偉大なるかな、我が國民性の發露や」。とはいえ吉野作造が論じた朝鮮人虐殺の話題は、ここでは出てこなかった。[263]

宮澤俊義はこの頃上杉が「戒嚴司令部」の腕章をして、憲兵の運転する自動車で颯爽と移動するのを目撃したという。実際上杉は、頻繁に司令部に出入りしていたらしく、或る日司令部から米一俵が届いて、上杉家では水団を主食にせずに済んだとの逸話もある。[264] ただ上杉が「戒嚴司令部」と結託し、危機感を煽って国民統制を試みたというわけではない。上杉は『法學協會雜誌』で「戒嚴」の意味を解説し、「戒嚴」とは軍事権力が司法行政権力に置き換わる状態を意味するので、勅令による今回の「戒嚴司令部」設置は本来の「戒嚴」ではなく、軍隊の警備行動でしかないと説いている。平安な秩序を求めてか、震災後一箇月余りが経った一〇月一一日、上杉は宮内大臣牧野伸顕子爵に書簡を送った。上杉は宮中での秋季皇霊祭（秋分の日）が簡略化されたことについて、「民情」を察する「聖意」に感激しつつも、「祭祀ノ完全ニ行ハレサリシハ國体ノ汚点トシテ千古ノ下國民ノ皆悲シム所」だとし、神嘗祭（一〇月一七日）は完全実施するよう要求したのだった。[265]

ドイツ「瓦解」の背景に国民体育の不足を見ていた上杉は、日本青年の身体育成を考え始める。既に一九一四年（大正三年）、上杉は東京帝国大学で射撃部の創立に尽力しており、[266] 翌年には帝大馬術部創設も提唱し、陸軍大学校馬場でそれを実現していた。一九二一年（大正一〇年）九月一一日、帝大学生らが同馬場で競技会を開催した際には、朝香宮鳩彦王、澁谷在明宮内省主馬頭、上原勇作参謀総長、菊池愼之助参謀次長らと共に、陸軍大学校教授の上杉も参観している。自ら乗馬を楽しむ上杉の写真も残されている。[267]

一九二五年（大正一四年）一月、上杉派学生が「帝國大學七生社」を結成した。前にも述べたように、上杉系学生団体としては初めに「木曜會」があり、これが「興國同志會」へと発展して、四、五百人の会員を擁するに至った。だがその機関誌『戰士日本』第一号が、鹿子木員信の掲載論文が災いして発売禁止になり、経済的に打撃を受けたために、「興國同志會」の分裂を招いた。このとき、天野辰夫ら実践派が学外に出て、平沼騏一郎を顧問とする「國本社」を結成し、雑誌『國本』を発刊した。そして上杉の下に残った理論派が、吉野系「帝大新人會」を中核とする「全日本學生社會科學聯合會」の結成に刺戟されて、「七生社」を結成したのである。ちなみに上杉は、穂積八束に倣い「至軒學堂」と称する学生寮も経営していた(268)。

上杉は、大教室での講義や試験ばかりの法学部砂漠において、オアシスとしての「七生社」が必要になると説いた。「一週一度七生社で學生諸君と談笑する、大抵は四方山の馬鹿話であるが、それでも私は學生諸君の爲めに、學生生活の趣味を少しなりとも享受せしむることを得せしめば足りると思つて居る、時々遠足して辨當を喰ひ、野原で相撲を取る、正月や學年初に陋宅に集つて、打ちくつろぐ、此の裡に、我が盟友諸君の進境を見出すとき、私の愉快は如何ばかりであらうか(269)」。「七生社」は、一九二四年（大正一三年）一一月一五日上杉邸に、彼を慕う学生がおでん、燗酒を囲んで集まったのを起源とする(270)。小石川区大塚坂下町五四番地の上杉邸は、豊島岡墓地や護國寺の裏にあり、木造二階建の家には洋式部分が増築され、一階が上杉の書斎、二階が大広間になっていた(271)。

一九二五年（大正一四年）一月一七日、新年会で上杉邸に再結集した学生たちは、「七生社」の名前を決めて「七生社暦」を制定した。同会の記念日は、一月五日「小楠公戰死」（正平七年）、二月二五日「菅公薨去」（延喜三年）、三月一四日「五箇條御誓文」（明治元年）、四月二九日「東宮御誕辰靖國神社祭」（明治三四年）、五月一〇日「關東還附」（明治二五年）、六月一二日「蘇我入鹿誅殺」（大化元年）、七月四日「米國獨立宣言」（一七七六年）、九月二四日「西郷翁屠腹」（明治一〇年）、一〇月二七日「吉田松陰死刑」（安政六年）、一一月一〇日「國民精神作興詔書」（大正一二年）、一二月九日「皇國大鵜會」（明治元年）であった。特筆すべきは、「天長節」（八月三一日）を入れずに「東宮御誕辰」を入れ、「大楠公戰死」の日（五月二五日）を挙げずに「米國獨立宣言」の日を挙げたことである。「七生社」の学生たちは毎月第三土曜日に上杉邸に集まったが、吉野系の「帝大新人會」に対抗意識を懐き、その学内講演会が大学「赤化」を進めていると憤慨した。「新人會」との抗争で「七生社」員の処分が検討されたとき、憤慨した上杉は古在由直総長に勧告状を提出したが、そこで回答書を書いたのが、中田薫の推薦で総長の思想問題顧問になっていた吉野だった。[272]

信奉学生との交流は、上杉愼吉を勇気付けた面もあっただろうが、彼の家族には災難も齎した。長男正一郎曰く「父は、家もなく、土地もなかったけれども、その弟がいくらか裕福になって、その弟のおかげで小石川の土地と家とがあって、それが弟子である右翼の人にだまされたようなかっこうで、取り上げられちゃって、父が死んだとき何もない」。この発言との関係は明らかでないが、上杉は最期に、天野辰夫の政治資金徴収のために保証人となる判を押し、それを取り返せないのを気にしていたという。[273] 天野は日本楽器（のちヤマハ）の社長令息だったが、一九二六年（大正一五年）の同社大争議の際にも、浜松では警官まで革命歌を歌っているなどと報告して、上杉家を騒然とさせた。[274]

「國家社會主義」の旗振り役だった上杉愼吉も、直接行動には及び腰であった。津久井龍雄曰く「彼は非常な情熱家であったから感憤すると矢も楯も堪らなくなるのだが、大学教授という地位と半面の学者的冷静さがややもすれば之を牽制して、乗り出した仕事も多くは竜頭蛇尾におわるきらいがあった」。[275] 上杉はマルクス主義から「國家社會主義」に転じた高畠素之と、『やまと新聞』社長岩田富美夫の「大化會」を通じて親密になった。上杉は高畠訳のマルクス『資本論』を推奨し、二十年前ドイツで読んで理解できなかった同書を、今回は理解できたと述べた。上杉派と高畠派とは合流して一九二二年（大正一一年）一月に「經綸學盟」を結成する。同会は日本のファッショだと噂されたが、上杉は伊ファシズムを拒否し、気長な人材育成を行う学校組織を目指した。同会は、同年五月にヨッフェ来日に伴う日露交歓会に中止勧告をしたり、翌年に河合徳三郎が主宰し労働者の無料診療・教育活動を行う「大和民勞會」に出講したりしたが、上杉派・高畠派の対立も起きて、一年余りで自然消滅した。上杉が「起てよ無産の愛國者」と唱えて蜷川新（駒澤大学教授（国際法））にマルクス主義者だと非難されたこともあったが、国家を最高の道徳とする上杉と、国家の死滅を説く高畠とは、人間的信頼以外の絆がなかったといわれる。他にも上杉は、赤尾敏が一九二六年に設立した「建國會」の会長になっている。同会では顧問に頭山滿、山川健次郎、平沼騏一郎、丸山鶴吉らを迎え、赤尾が理事長、津久井が書記長兼『建國新聞』編集長を務めた。上杉起草の綱領は、普通選挙による挙国一致、有色人種の代表たる日本民族による世界文明の実現、天皇の赤子としての国民の平等、個人の財産や能力の国家社会への従属を謳った。同会は高畠、上杉の死後、兒玉誉士夫が昭和天皇に直訴を図ったり、河野康雄らがイギリス大使館でガンジー釈放を訴えたり、国防費捻出のために上原勇作元帥らに恩給返還を求めたりするようになる。[276] また、一九二五年七月、上杉は「大成會」に参画した。これは普通選挙を挙国一致の好機とし、「天壤無窮ノ皇運ヲ扶翼」することを目指す団体で、憲政会との近接性があり、神職向けの講演会も行った。同会会長は「獨逸學協會學校」でミヒャエリスの薫陶を受けた有松英義で、上杉は幹事長、雑誌委員であった。同会幹部には、芳賀矢一、小川郷太郎（京都帝国大学教授（財政学））、蜷川新、紀平正美（学習院教授（哲学））などが名を連ねていた。[277]

上杉は直接行動の代わりに講演活動に精を出した。例えば一九二六年（大正一五年）四月一三日午後四時半より、鹿児島県市教育会主催の上杉博士講演会が、同市西本願寺鹿児島別院（西別院）本堂で行われた。鹿児島県知事、鹿児島市長、警察部長、実業家など多数の名士を前に、「鶴の如き痩軀」の上杉が登壇した。一時間半の講演に、市長は「博士の心血を絞るような講演によつて吾々の國家意識は今日新らしい洗禮を受けた」と感激した。[278] 上杉はこの他にも近衛師団、「偕行社」など陸海軍関係施設、中央大学、成蹊学園など各種学校、三越などデパート、寺

社、各地市町村などでも多数講演をしている。(279)

第六章　崩壊前の最期　一九二六―一九三三年

序　大正デモクラシーから総力戦体制へ

一九二六年（大正一五年）一二月二五日午前一時二五分、大正天皇は療養先の葉山御用邸で崩御し、即日午前三時頃同邸内謁見所にて「劍璽等渡御ノ儀」が行われ、皇太子裕仁親王が踐祚して昭和天皇として登場した(1)。

昭和に入った日本は次々と困難に見舞われた。西洋諸国に続き中国大陸に進出した日本は、抗日運動の激化や張學良の「易幟」などの情勢変化を受けて、中華民国内の権益の維持も難しくなり、張作霖爆殺事件、山東出兵などの手段に訴えた。日本は長期的には中国大陸から撤退するか、そこでの権益を死守するかの選択に迫られていた。しかもこの局面で一九二七年（昭和二年）に金融恐慌が、二年後に世界大恐慌が勃発し、西欧列強が「ブロック経済」を形成する中で、日本も満洲事変によって日本ブロックの形成を図った。だが西欧列強は、自分たちの植民地支配は維持しつつも、日本の模倣を容易には許容しなかった。アメリカの日系移民問題で興奮していた日本国内では、自分たちは白人諸国から差別されているという不満が渦巻いた。一九三三年三月に日本代表松岡洋右は、満洲国を認めない国際連盟の議場から退出した。やがて日本は中華民国との本格的な戦争に突入し、日本の東アジア覇権を許容しないアメリカ合衆国との衝突を回避できなくなる。

昭和初期の内外における激しい政治変動で、それに対拠できない政党政治への批判が高まった。経済的混乱や格差拡大の中で、財界と結び付いた政党勢力への不信感が強まったのである。また「優諚問題」（一九二八年）、「統帥権干犯問題」（一九三〇年）、「瀧川事件」（一九三三年）に見られるように、野党が与党攻撃に天皇の権威を利用して、自ら議会主義民主制の墓穴を掘るという現象も見られた。対案がないのは親英米派知識人たちも同じである。彼らは当初、西洋の議会主義民主制を時代の潮流だとし、それに日本も順応すべきと説いたが、一九三〇年代になるとその肝心の西洋で議会主義民主制の危機、国家総動員によるデモクラシーの深化が叫ばれるようになった。また当時は政党や親英米派知識人にとっても、日本が大陸から自発的に撤退するという「小日本主義」（石橋湛山）は想定しにくい選択だった。美濃部門下の清宮四郎なども、「わが帝國の新領土統治の本旨」は「帝國主義的搾取」ではないと念を押し、「支那事變および大東亞戰爭による多數の廣大な占領地の發生」を踏まえ、ドイツ法を参考にした「外地」概念樹立の必要を訴えていた[2]。日米対決を控え、ソヴィエト連邦の脅威も抱えた日本は、日中戦争が泥沼化する中で、ドイツ国民社会主義政権と接近していくことになる。

一　上杉愼吉の叶わぬ「大化の改新」の夢

（1）時流への不満

大正天皇の病状が悪化すると、東京帝国大学教授たちは次々に葉山御用邸へと見舞に赴いた。上杉愼吉は、美濃部達吉が「おれは医者じゃないから、行ったってしようがない」と述べたのに不満を募らせていた。[3] こういった美濃部の発言は、尊皇家美濃部という自称への疑いを誘うには十分な材料だっただろう。

一九二七年（昭和二年）一二月一八日、上杉愼吉は『東京朝日新聞』に「クリスマス」と題する怒りの投書をした。上杉は、キリスト教信仰もないのにクリスマスに浮かれる日本人を、「こんな國民はどこにもあるまい」と叱責し、最近の西洋では原初回帰してお祭り騒ぎを控えるようになったのに、キリスト教徒の少ない日本で祭りが盛んになるのは不可解だとした。「西洋人が日本人を信念も操守もなき民族と思ふのも無理はない」。上杉は、子供の祭りと思って大目に見てもいいかもしれない、仏教もキリスト教も混ぜこぜなのが日本人の屈託のなさだとも述べたが、一年前の先帝崩御を日本人が忘却しているのは問題だとし、今年に関しては子供の遊びも控え、厳粛に過ごすべきだと説いた。この発言に、民俗学者の柳田國男が論評している。柳田は、「クリスマス」とは要するに「單なる西洋かぶれの名前」であり、西洋でもクリスマスは元来キリスト教とは無関係で、東洋にもある冬至の祭りである、今年に関して控えるのには賛成だが、既に学校その他でクリスマス関係行事を見合わせているところも多いからと、上杉を宥めた。[4]

上杉の日本社会への苛立ちは募っていた。彼は小学校教員を前に華族の享楽振りを糾弾した。「至尊大喪にまします、擧國諒闇、腕に黑布を卷いて居るのに、皇室の藩屛である、尊敬すべき人々であると教へて居る華族が、相率ゐて物見遊山に出かける、芝居見物などは平氣である、全く公然である、待合で醜業婦を侍らし、酒を呑んで居る寫眞が新聞に出て居る、かゝる輩を、國家の上流に置いて、社會の公論これを見のがして居るといふならば、學校の先生は世間知らずの馬鹿である、子供を欺くウソつきである」。[5] ここで上杉は、故郷で祝宴に興じた首相田中義一男爵を「亂賊」と呼んだ（清浦内閣発足時、前内閣陸相だった田中は貴族院研究会を動かし、次期陸相候補は陸軍三長官の協議で決めると主張して宇垣一成中将を推した。福田雅太郎大将の就任に期待していた上杉はこれを三長官の政治介入だと批判しており、その対立が四年後に再燃したのかもしれない[6]。上杉はまた「懐疑の風潮」が人心を動揺させるのも危惧し、「所謂哲學哲學の聲に惶惑せられ、輕佻にして確信なき實際教育が施さるるに至る」のを恐れ、「術學の弊」を告発した[7]。「晩年先生發奮して曰く「今に見ろ、今に見ろ」蘇我入鹿の斬倒必ずや起るであらうと」。この上杉の発言は、教え子に政府首脳の暗殺を促しているかのようでもある[8]。

だが君主の仁政としての「民本主義」を説く上杉は、独裁や暴力は日本には不要だとも考えていた。これは「天下無敵」、つまり日本人はみな一体で相互に敵対しないという発想とも通じる。上杉は一九二八年（昭和三年）二月、「道理と正義の敵ムッソリニ論」を発表し、自分がムッソリーニの「ローマ進軍」を歓迎しているかのように語られるのを心外だと述べた。上杉は「憲法を専攻する者として、法の支配の下に、國民の自由と正義との伸暢せられんことを希望し、これが爲めに、我が國現下の腐敗墮落上下交々私利を征するの朋黨政治を攻擊し來つた」のであり、日本のような「國體」の国では、ムッソリーニのような暴挙はあり得ないと断じたのである。上杉は「ファシスト政治」の形態を詳しく分析し、「道理と、法律とを無視せる兇暴政治のみ」、「國立暴力團」だとして退けた。上杉はまた、イタリア、スペイン、ルーマニア、ハンガリー、ポルトガルのように選挙干渉が常態化している国々を「劣等國」と断じた（だが日本にも選挙干渉があったことには触れなかった[9]）。類似の発想は、同年夏の「憂ふべき緊急勅令」にも現れている。上杉は、治安維持法を緊急勅令で改正し、最高刑を死刑に引き上げるという田中義一内閣の決定を攻撃した。上杉は、「余は「思想には思想をもつて」などいふ如き寢言の如きことはいはぬ」、共産党が脅威ならロシヤと断交せよと述べつつも、現在の日本国家はまだそれほどの危機に陥っておらず、ソヴィエトに感化され世界革命を呼号する「耳學問の一知半解の徒輩」に狼狽する政府こそ、「萬邦無比の國體」を侮辱しているとした。上杉はまた、この緊急勅令に国民の理解が得られていないことも懸念し、緊急勅令が開会後の帝国議会で不承認になった際、死刑にされた者はどうなるのか、法治国家として乱暴だと述べ、刑法学者が死刑廃止を呼号する時代に、勅令で死刑を定めることも憂慮した。なおこの緊急勅令については美濃部達吉も、枢密院の役割強化を懸念する立場から批判し、結果的に上杉と共闘した。(10) 天皇暗殺を企てた朴烈が愛人と共に逮捕され、恩赦を受けた朴烈事件（一九二六年）に際しても、上杉がまず恐れたのは、議会や法廷での議論を通じて輿論が沸騰することだった。(11) 君民調和の理想は家庭内の会話にも反映された。或る日愛犬マルといる次男重二郎を見た父愼吉は、若し天皇がマルを斬れと言ったらどうするかと問うた。重二郎が命令に従うと応えると、父愼吉は「そういう無慈悲なことを天皇陛下は言われない」と答えたという。(12)

上杉、美濃部、吉野は、同年の「優諚問題」でも共闘を見せた。これは、田中首相による久原房之助の逓信大臣任命に反撥した水野錬太郎文部大臣が辞表を提出した際、田中首相がこれを宥めるべく新帝に慰留の言葉を出させたことが、天皇の政治利用だとして野党（民政党）や貴族院の非難を浴びた事件である。水野は吉野が批判した親独派で、上杉が何度も書簡を送って政治的連帯を訴えていた官僚政治家だった。上杉は貴族院や民政党が政友会批判に天皇を利用することには距離を置きつつも、皇室に軽々しい態度を取ったとして田中首相を糾弾する文章を次々と発表した。吉野も天皇の政治利用を懸念しつつ、畏友上杉愼吉博士も聖慮を煩わせることには反対だろうと「想像」している。(13)

この上杉・美濃部・吉野の共闘を過大評価はできないが、彼らの間にはまだ同僚としての一定の親近感が残っていたようである。一九二六年（大正一五年）、『帝國大學新聞』のインタヴューで、美濃部は若き上杉の恋愛話を披露して、上杉の男振りに男性として嫉妬していたことを告白している。「今でも奇麗な人を見ると、幸福だな！と思います。實際その頃の上杉君が羨ましくて仕様がありませんでした。全くの所僕のこの變な面つきが歯がゆくて……」(14)。

（2）突然の死

上杉愼吉にとっては、美濃部達吉ではなく吉野作造こそ気になって仕方のない相手だった。一九二三年（大正一二年）三月、東京帝国大学法学部の卒業証書授与式後の茶話会で、上杉は卒業生を前に零している。「諸君は大學に入る前にいろいろ先生達の評判を耳にしてその先生達に接することに少なからず興味を抱いてゐたことだらう。何へば中央公論誌上でデモクラシイを高唱し侃諤の筆を振ふ吉野博士を知ると同時に又一方には曲學阿世の保守的憲法學者上杉愼吉なるものゝゐることも耳にしてゐたことであらう」。この自虐的対比からは、上杉が競争講座の美濃部達吉よりも、『中央公論』の吉野をライバルとして意識し、劣等感に悩んでいたことが窺い知れる。上杉が、毎年卒業していく学生を川の流れに、彼らを見詰めつつ大学に留まる自分を岸辺の柳に譬えて、寂しげに「何をくよ〳〵川端柳」の一節を口にしたことは、前にも触れたとおりである。[15]

一九二八年（昭和三年）三月四日夕刻、上杉はこう自分の人生を嘆いた。「我ハ今戰場ヨリヒトリ離レ行ク落武者ノ如キ心地ス、花々シクモ戰ヒタルカナ、然レトモ、ソノ記憶モ夢ノ如クトリトメモナシ／百花繚乱ノ花園ヨリ出テ来レル孤獨ノ人ノ如キ心地ス、花花ノ色彩ハ目ニ残レト、何レヲソレト名ツケンコト能ハス／書架ヲ探レハ二十年間能クモ讀ミ又賢クモ考ヘタルカナ／而シテ一ノ業績モナシ、凡テノモノハ予ノ血トナリ肉トナリ居ルカ、／今相關連屬論ヲ書カントシテ、新シキ勇気ハ起ラス、今マデノ悲シキ追憶ヲ哀悼スル文章ヲ書クカ如キ心地シテ、寂シトモ寂シ〔……〕」。[16]

その五箇月後、八月に上杉は岐阜県教育会での講演中に卒倒した。上杉は『中央公論』アンケートで、多忙の余り読書研究の時間が取れず、毎朝午前三時、四時に起きて朝食まで仕事をしていると述べているが、こうした生活を経て、彼は数年前から体調不良を訴えるようになっていた。発病後の上杉は、東京帝国大学附属病院に入院して療養に努め、一旦退院したが、病名は判然とせず、別な病気も併発した。[17]一九二八年（昭和三年）一一月一〇日、京都御所での昭和天皇の即位礼に合わせ、同じ時刻に東京帝国大学でも大講堂（安田講堂）に御真影を掲げ、参列者が「君が代」を斉唱し、小野塚喜平次総長代理が教育勅語を奉読し、その先導で「天皇陛下萬歳」を三唱する式典が行われた。上杉もこの行事には関心があっただろうが、彼がそれに言及した形跡はない。その後上杉は一旦小康状態になって、一九二九年の二月末か三月、津久井龍雄、矢部周、平野力三（全国大衆党書記長）を小石川の自宅で迎え、新党結成への協力を快諾している。だが同年三月末、上杉は結核性脳膜炎を患って同じ病院に再入院した。上杉は激しい頭痛を訴え、ベッドからころげ落ちるように苦しんだ(18)。

病院での上杉の様子を伝えるものに、大政翼賛会石川県支部の『郷土の烈士先覚に續かん』に掲載された描写がある。それによると上杉は病室で故郷の大聖寺に思いを馳せていたという。「「それは靜かな町だよ。よく父から建武の忠臣畑時能公の奮戰談を聞いていたものだ〔新田義貞側近の畑時能が越前国で討死している〕。なつかしい。一度歸りたい。」大聖寺川の靜かな流れ、はるかに聳える靈峯白山、落ちついた町の軒並、素朴な人々、これらが走馬燈のやうに心の中をかけ廻つて、幼年時代のなつかしさにひたつてゐられるのだらう」。しかし上杉の帰郷の夢は叶わなかった。上杉は重篤になると、「皇居を拝ませてくれ」と言い、門下生の介添えで床の上に起き直って、恭しく頭を垂れたという(19)。

一九二九年（昭和四年）四月七日午前一時四五分、上杉愼吉は世を去った。死期を悟った上杉は、子供一人ひとり、そして妻信子と別れの接吻をした。次男重二郎は初めて見る両親の行為に驚き、母は照れていたという(20)。同月一〇日午後一時に始まった青山斎場での告別式には勅使が差し遣わされ、閑院宮載仁親王（のち参謀総長）、朝香宮鳩彦王（陸軍大佐）などの会葬があった。閑院宮については、以前からその扁額が家内に飾ってあったといい、親交があったことが窺える。上杉には死に際して従三位勲二等瑞寶章が授与された(21)。

現役教授の死去を受け東京帝国大学法学部も弔意を表した。告別式の日は臨時休講となった。『法學協會雜誌』

第四七巻第五号には、上杉のドイツ留学時代および晩年の肖像写真が掲載された。その裏面には編輯主任の末弘嚴太郎が弔辞を掲載した。こうした丁寧な対応は、法学部長中田薫の方針だったのかもしれない。上杉の和洋蔵書および目録は、法学部図書館に寄贈された。一九三一年（昭和六年）一〇月一日には、原田慶吉（羅馬法）、美濃部達吉、小野塚喜平次を始め二十三人の同僚が上杉の肖像額を作成、寄贈した。[22]

故法學博士　上杉愼吉氏肖像

ドイツ留學當時

晩年

図 35　『法學協會雜誌』に掲載された上杉の遺影

吉野作造は上杉愼吉の死を冷静に受け止めた。吉野は一九二九年（昭和四年）四月七日の日記にこう記している。「朝大学より電話かゝる　上杉君本朝二時永眠せられたりと　乃ち吊問に行く」。上杉の告別式には、吉野も高柳賢三、矢内原忠雄らと参列している。[23] とはいえ吉野は晩年の上杉には冷淡だった。「国家学会雑誌の上杉君の論文を読む「国家の価値」と題するものなるがあの程度の論文を公表する同君の大胆に驚く」（一九二七年一月二日日記）。上杉死後の著書『日本無産政黨論』で吉野は、下級生を華族（前田家か）の奨学金に誘い、吉原から試験場にやってくる優等生の「先輩」に触れているが、これも上杉のことだと考えられている。[24] 吉野は死去の前年、平凡社『大百科事典』（一九三二年）に上杉愼吉の項目を掲載した。「ウエスギシンキチ　上杉愼吉（一八七八―一九二九年）憲法學者。明治十一年福井に生れ、三十六年東京帝大法科卒業。同年助教授に任ぜられ、四十三年穗積八束の後を承けて憲法講座を擔當したが、最も力を注いだのは國民の思想善導であつた。極端な反動思想家と目され、一般進歩的階級には頗る容れられなかつた。所説の是非はともあれ、彼は確に一種の國士の風格を備へた、近代の學界には珍しい變り種の傑物であつた。けれども、遠く穗積八束に説をひく彼一流の憲法論は、彼の他界と共に全く影を潛めるに至つた事實は否めない。昭和四年四月七日病を以て逝く。享年五十二。（吉野）」[25]。これが吉野の上杉に関する最終評価であった。

二　吉野作造の「東洋モンロー主義」への帰着

（1）悪化する内外情勢

吉野作造と上杉愼吉との対抗関係は、上杉の死で吉野の勝利に終わったかのように見えた。しかし吉野もその後は順風満帆ではなかった。上杉の晩年から吉野の人生も暗転していく。

吉野が頭を抱えたのは、彼が世界新秩序の導き手と仰いだアメリカ合衆国と日本との対立激化である。吉野は親米派とはいっても、愛国的日本人としてアメリカの攻勢には苦悩していた。一九二〇年（大正九年）秋に米カリフォルニア州で日系移民への排斥政策が強まると、吉野はいつも通り日本の「軍閥官僚」の失態を論い、その朝鮮・中国政策やシベリア出兵での失策が米国内の反日感情を煽ったと批判しつつも、加州側の対応には日本が甘受し得ない面もあると指摘しないでは居られなかった。「何れにしても已に在住するものに露骨な差別的待遇を與へるのは明白に不當である。此不當に對して我々は厭くまでも米國に抗議する。我々の要求に面を背けて何處までも改むる所なくんば、我も亦遂に假借する所なく報復の手段を取るの外はあるまい」。ただそれでも吉野は、事態を冷静に見直し、双方の言い分を整理して、日米が折り合う可能性を模索していた[26]。一九二一年春のヤップ島問題に関しても、吉野は法理上日本が正しいとしつつも、「世界の人々の道徳的後援」がアメリカ側にあり、またアメリカで排日熱が高まっている現実を指摘し、国際通信手段を日本に委ねることを恐れる国際輿論には服従するべきだと説いた。同年秋に吉野は、日本がヤップ島統治権を確保すると同時に、アメリカの諸要求を受諾したことについて、譲歩するならどうして日本の「道徳的聲望」を損なう前に譲らなかったのか、どうして多国間会議であるワシントン会議の議題とせずに、日米で内密に捌いたのかと、日本の外務当局を批判した[27]。同年後半の山東還付問題でも、吉野は日本がドイツの利権を一旦引き継ぎ、のちに自由意思で中華民国に返還するという日本側の主張を、かつての日独・日中条約に基づく正当なものとし、米中から批判を受ける背景には排日思想もあると考えたが、日本の行動が猜疑心を招いたとも述べ、二国間の直接利害調整より「道義」という抽象的原理に委ねるのが新潮流だとして、再審議を妨げるべきではないと説いた。吉野は日本が「多大の人と金とを犠牲にして東洋に於ける獨逸の根據を覆した。努力と功勞とは何等かの形に於て酬ひられねばならぬ」とし、パリ媾和会議の際は日本の旧ドイツ権益の継承が承認されたのを喜んでいたが、中華民国も参戦して欧州戦線に大軍を送ったので、山東半島を取り戻したいという要求を提起することにも一定の理解を示した[28]。

一九二一年（大正一〇年）一一月から三箇月に亙るワシントン会議を世界平和の祭典と歓迎した吉野は、これを集団での日本叩きだとする（上杉らの）非難を退け、日本が「まるで了解の無い」原敬首相を代表に送っては世界の物笑いになる、「各種の思想家」（吉野自身のことか）を随員に加えるべきだと意気込んだ。吉野は民生の充実のためにも、ワシントン会議で日英仏米の軍備が縮小されることに期待した[29]。しかし同じ時期にＹＭＣＡを中心に企画された知識人集会である「太平洋會議」では、対米盲従ではなく抽象的原理に従って議論するべきだとも吉野は説いている。終了後、吉野は「遺憾の點甚だ多いことは申すまでもない」、「西歐諸國の侵掠を幾分喰ひとめたといふ功勞がないでもない」とも言いつつ、結論的にはこの会議を高く評価し、日本に世界の要求への順応を説いた[30]。

一九二三年（大正一二年）九月一日、関東大震災に際して起きた朝鮮人虐殺事件は、吉野にとって不都合な事態だった。吉野は従来から日本の朝鮮統治には苦言を呈してきたが、そこで責任を追及したのは「官僚軍閥」であった。だが自警団による「下からの」ナショナリズムの爆発は、これから民衆の時代を謳歌しようとする吉野には具合の悪い現象であった。吉野は、朝鮮人暴動の噂には「下級官憲の裏書」があった、自警団は「教養なき階級」の出身だなどと述べ、また自警団についても公事への自発的奉仕に関しては多とするなど、この事件を従来の思考枠組に引き寄せて理解しようと努めた[31]。

関東大震災の際、甘粕正彦憲兵大尉らが無政府主義者の大杉榮、その愛人伊藤野枝を殺害する事件が起きると、吉野は憲兵隊との対立に巻き込まれた。吉野は国家のためを思った甘粕に「頗る同情する」としつつも、「軍事官憲の社會的思想戰への干入」を非難し、目的は手段を正当化するという擁護論を否定した。甘粕の裁判が始まると、吉野は被告人が自分の行動を恥じていないこと、弁護士の多数が非常時における殺人を道徳的に肯定していることを慨嘆した。吉野は、上官の命令には兵卒が絶対服従するべきだという軍隊精神にも反対し、服従は良心に基づくべきだとした[32]。そうした頃、吉野に一旦講義を依頼してきた私立大学の学生が、「危険人物」の登壇を懸念する大学の反対で、断りを入れてくるという出来事があった。同じ頃吉野は『軍事警察雑誌』で次のような記事を読んだ。大過境を殺害した甘粕大尉が切腹して罪科を詫びようと宮城を遙拝した時、盛曹長から「早まり給うな大尉殿、大過夫妻のみにては、主義者の根絶思ひもよらず、博士阿久森始めとし、殘黨どもの根を絶やし、其後死なんも遲からじ、しばしのいのちながらへて、後圖を計り給はんや」と忠告され、恥を忍んで逃走したというのである。「博士阿久森」とは吉野のことである。「斯程までに惡者にされて居るのだから、私立大學に嫌がらるゝ位は當然の話だ。寧ろ今日怪我もせずに無事に活きてゐる丈を僥倖とすべきであらう[33]」。

関東大震災は吉野の転職、失職にも繋がった。一九二四年（大正一三年）二月、吉野は東京帝国大学法学部を退官し、朝日新聞社に入社した。この転職は、浪人会との討論以来吉野に注目していた村山龍平社長の懇請による。加えて従来吉野の要請で中国人、朝鮮人留学生の学資を支援していた左右田喜一郎が大震災で被害を受けたので、自分で学資を調達するべく高給の新聞社に移籍したという説もある[34]。元来吉野には原稿料や講演料など、教授の俸給を超える副収入があったが、留学生支援のためにより多くの収入が必要になったのだという。ただ吉野自身にも新聞社に移る利益がなかったわけではない。吉野はこの転職に当たり、「新聞記者は私の素志」だったと述べている。今日から見ると、年来の政治的学者が専業言論人になったという感も否めない（尤も彼自身は、転職後も研究および評論の生活には変わりないと述べているが）。だが朝日新聞社での日々は長くは続かなかった。入社二箇月後のこと、前述のように吉野の論文「枢府と内閣」や「五箇條の御誓文」への評価が官憲の危惧するところとなり、事態悪化を恐れた朝日新聞社が吉野に退職を促したのである。東大退官時も吉野は講師に留まり、中田薫や上杉愼吉の配慮で例外的に法学部内に研究室（一階の一番隅）保持を許されていたが、もはや教授時代の収入は得られず、体調不良にも悩むようになっていく。[35]

一九二五年（大正一四年）、内地在住の日本国籍男性を対象とする普通選挙法が成立し、三年後に初めて普通選挙が実施されたが、これも吉野の期待を裏切る面があった。吉野は普通選挙で有権者が一気に拡大すれば、買収や拝み倒しなど不正行為が不可能になり、人格や言論だけの戦いになると主張していた。しかし、普通選挙実施後にも腐敗はなくならず、吉野はより一層政党不信が強まる有様を認めざるを得ず、種々の言い訳を試みた。[36]

吉野は「統帥権干犯問題」（一九三〇年）以来、「軍閥の過度なる政治的進出」が目立ってきたことを危惧した。[37]五・一五事件に際して、彼の日記には事態が詳細に綴られている。ただ看過できないのは「心事憐れむべしといへどもその愚や度すべからず」と述べ、吉野が蹶起側に（結論的には否定しつつも）同情を示したことである。犬養毅首相殺害で政党内閣の慣例が終わったことは吉野にとって意外だったが、彼は齋藤實内閣を、できるだけ以前と連続したものとして捉えようとした。[38]やがて無産勢力も軍部との接近を始めるが、それを危惧した吉野もまた、東京隣接町村の腐敗を廓清する役割を在郷軍人会に認めるなど、日露戦争時の武官称揚を想起させるような軍人への期待を口にするようになる。[39]

吉野は政党が「國體」を党争の道具にするのを嘆いた。彼は「虎ノ門事件」（一九二三年一二月二七日）で山本内閣が倒壊した件について、二度のヴィルヘルム一世暗殺未遂事件にも拘らず辞任せず、逆に社会主義者鎮圧法を制定した帝国宰相ビスマルクの例を挙げ、責任論が濫用されていると批判した。吉野はまた「優諚問題」の政治化はもちろん、地租委譲が「國體」観念を傷付けるというような、「無智の大衆」を不必要に興奮させる物言いは問題だと戒めた。ただ「優諚問題」では吉野自身も、「空文に屬すべき辭表を天覧に供したるは無用に聖慮を煩したものので、輔弼の臣として最も愼戒すべき點に極めて輕卒なる行動を取つた」などと述べており、「國體」を掲げた党争に自らも参加していた面があった。[40]

東アジア情勢が緊迫の度を増していく中で、吉野は当初従来の論法を貫こうとした。吉野は日本軍の出兵にも、日本人の大陸進出にも一律に反対ではなかったが、現地人の事情に配慮すべきとの立場から「軍閥官僚」批判を繰り返した。吉野は「東方會議」（一九二七年夏）を開催し、北伐に伴う混乱に対して日本権益の断固保護を掲げた田中義一内閣を批判し、「依然として帝國主義の甘夢に惑溺し加ふるに保守反動の特權階級の支持に立つ政友會」を、「支那の立場に多分の同情を寄せ」る「我が國民の多數」と対置した（田中首相は政友会総裁）。日本人居留民が残忍な方法で殺害され、これに日本軍が応戦して中国人に多数の死者が出た「濟南事件」（一九二八年五月六日）に際しても、吉野は「帝國主義者」の「偏狹」を嗤い、当初強硬だった日本外務省が中華民国に譲歩したのを了とした。「張作霖爆殺事件」（一九二八年六月四日）でも、吉野は共存共栄・公明正大を旨とする外交関係では暴露されて困ることはないはずで、何かあるなら公開するのが得策だとし、この件で田中内閣が崩壊したのを欣快とした。台湾先住民の一部が蜂起して内地人殺傷に及んだ「霧社事件」（一九三〇年一〇月）でも、「可憐なる半開人」への苛烈な弾圧を問題視した。日本軍人が張学良配下の兵士に殺害された「中村大尉事件」（一九三一年六月）や、日本国籍の朝鮮人入植者と現地農民とが衝突した「萬寶山事件」（一九三一年七月）でも、吉野は「軍閥者流」を非難し、「外交問題の處理に最大の禁物は昂奮と偏見である」と警告した[41]。

だが満洲事変を機に吉野も変容していく。吉野は当時既に、柳条湖事件が日本軍の「芝居」ではないかと推測していた。吉野は国際法上の権益を主張する日本に対し、それを決めた不平等条約自体を否認する中華民国側の言い分にも同情した。ただ吉野は、日本の満蒙経営自体を罪悪だと考えていたわけではなく、日本が満洲はおろか朝鮮や台湾まで失う事態になると恐れていた。一九三二年（昭和七年）年頭の論文「民族と階級と戰爭」で、吉野は柳条湖事件への軍部の過剰反応が、自衛権を掲げても侵略と看做される危険について警告しているが、その論旨はきわめて分かりにくいものになっている。彼は、「滿蒙が國防上また經濟上我國に如何なる關係を有するやは今更努説するだけが野暮だ」とし、また、日本権益に対する「彼國官憲」の妨害に苛立ち、既得権維持のための最低限の行動が「遠い外國」から「侵略的なりと誤解される」現状に苛立った。吉野は、満蒙が日本の特殊地域であることは国際的に認知されてきたはずであり、「極めて天恵に乏しい國」日本にとってその経済的利益は生存に不可欠との考えに傾き始めていた。吉野は同時に、諸国間の土地や資源の均分を唱える赤松克麿らの国民社会主義にも一定の理解を示した。(42)

一九三二年（昭和七年）一〇月二日発表の「リットン報告書」を見て、吉野作造は西洋諸国から一歩距離を置くようになる。当初吉野は、満洲国（同年三月一日建国）の承認を遅らせるなどの妥協策を考えたが、同時に大陸情勢の複雑さを指摘し、「どうしても斯うせでは治らぬことを誠實に實行したに過ぎ」ない日本と、「萬事秩序ある國際社會の慣行に習熟しそこに發達した原則を金科玉條とする」欧米諸国との齟齬を嘆いた。親西洋的立場で日本側の不始末を叱責してきた吉野は、このときも第三者的な冷静さの必要性を説き、報告書に敬意を表して、なおも国際協調への希望をにじませたが、同時に「日本人として」、西洋諸国の無理解に抗い、九月一五日に満洲国を承認した日本政府に従う意思を示すようになる。その結果同年末に打ち出された方針が、「日支滿三國の緊密なる協同」を前提とした「東洋モンロー主義」である。もはや吉野は国際連盟脱退を已む無しとし、日本があらゆる犠牲を払ってもそこに残留するべきとは考えなくなっていた。「東洋の事に關し又東洋人の運命に關する大事に關しもう西洋人の干渉は認めない」。この要求は、吉野が日清日露戦争時から胸中に秘め、折に触れて口にしてきたものだった。「我々は過去に於て如何に甚しく西力東漸の勢に脅かされて常に不安な生活を送つたか。一たび歩をあやまれば奴隷的慘狀につき落とされる、僥に對立の地位を維持し得ても彼等の弛まない壓迫の手は我々を無用の努力に狂奔せしめてその精魂を枯渇せしめずんばやまなかつた。東洋の平和と東洋人の幸福とは西力の不當壓迫の排撃よりはじまるとは近代史の明證するところ、永く翹望して而も容易に期し得なかつたものだ。それが極東に關する限り滿洲國問題を機縁として確立の端緒がひらいたのだから嬉しい」。吉野は、西洋諸国の横暴に対抗して日本を盟主とする非西洋諸国が団結するという亡き上杉の構想に、結果的に近付いていたのかもしれない。ただこの小文が、吉野の欧米協調路線との最終的訣別を意味したのかどうかは分からない。なお同じ頃蠟山政道も、日本の満蒙政策をアメリカのモンロー主義と同類と見る日本側の主張を否定する米人ウォルター・ヤングを紹介し、その反駁に取り組みつつあった(43)。

西洋（西欧）志向の進歩派知識人として日本社会の未成熟を叱責し、民衆の奮起に期待するという吉野作造の人道主義的政治論では対応できない時代が来つつあった。そして、吉野の「明治文化史」研究も、古き良き英雄時代に憧憬する懐古趣味の様相を呈しつつあった(44)。

（2）時流の変化を見届けて

一九二五年（大正一四年）一月一〇日、吉野作造は東京帝国大学附属病院に入院した。風邪から肋膜炎に発展したという。長じてから健康だった吉野にとって、これは「生れて始めての病氣」だった。吉野は父の訃報を受けて古川に帰る車中でも執筆するほど多忙だったが、やがて過労気味だと感じるようになっていく。つまり上杉と同じ頃から、吉野も体調不良に苦しんでいたことになる。六月の退院時に「まづ全快といつて可いのですが健康の完全なる快復にはまだ數ヶ月の轉地療養を要する」と述べていた吉野だが、その後も体調不良に悩み、衰弱が見て取れるようになっていった。一九三一年（昭和六年）三月、同病院の島薗順次郎教授は、「上杉の例」を引いて吉野に自重営養を求めた(45)。昭和期の吉野は、体調不良になるのと同時に明治文化研究に没頭したため、『中央公論』の巻頭言などは続けたものの、政治的発言は減少していった。

一九三一年（昭和六年）五月、吉野は『婦人之友』のアンケートで十年後の日本について語り、婦人参政権導入

図 36　『國家學會雜誌』に掲載された吉野の遺影

や洋服の普及、日本髪の衰退などを予想したが、「第二次世界大戦が起るであらうか」という問いには、「起りますまい」と返答した。そして十年後の自分については、吉野は「其時まで活きて居たい望みですが恐らく死んで居ませう」と答えた[46]。吉野は戦争に関する予言は外したが、自分に関する予言は外さなかった。

吉野作造は一九三三年（昭和八年）三月一八日、逗子で死去した。同年一月一一日、吉野は避寒のつもりで本所太平町の賛育会病院（東大YMCA傘下の医療団体）に入院したが、症状悪化に伴い赤松克麿の強い要請で三月五日から気候の良い湘南サナトリウムへ転院した。転院前に見舞に来た鈴木安藏に、吉野は「肺病なんだよ」と言って笑い、半永久的に逗子に移住するが時々上京すると語っていた。だが転院の疲れが残る三月六日早暁、吉野は湘南サナトリウムの火事に遭い、毛布一枚で屋外に避難したことで病状を急変させた。三月一八日、赤松から言い遺すことを聞かれ、「いひたいことは澤山あるが、疲れているからすべて成行きにまかせる」と述べた。家族、吉野信次ら親族、内ヶ崎作三郎、牧野英一、神川彦松、尾佐竹猛、米田實らに見守られて、吉野は午後九時半に息を引き取った[47]。

一九三三年（昭和八年）三月二一日午後二時、吉野作造の葬儀が青山学院大講堂でプロテスタント様式により行われた。海老名彈正と安倍磯雄が告別の辞を、牧野英一が履歴を読み上げ、親族代表で吉野信次が挨拶した。遺影の周囲には「國家學會」、「商工省有志」、「日本評論社」、「社會大衆黨」、「九州帝國大學法科教官一同」、「明治文化研究會」などの花が溢れた。葬儀が終わると、家族には人のいい吉野が築いた債務の山が遺された[48]。

東京帝国大学法学部は、一九三三年（昭和八年）四月の『國家學會雜誌』で、巻頭に「故評議員法學博士吉野作造先生照影」を掲げ、その裏面に南原繁が追悼の辞を、会報欄に宮澤俊義が「評議員法學博士吉野作造氏の逝去」を掲載した。南原は吉野を誠実熱心、温雅宏量と称え、「今や先生亡しと雖も、眞に自由の人格として考へ、論じ且つ生きた先生の事行は、永く人類社會の光として殘るであらう」とした。宮澤は吉野について、「先生はいかなる場合にも、學問の象牙の塔に閉ぢこもつて社會の實際に眼を閉ぢるやうなことをせられず、すすんで實際に對して指導者の地位に立たれた。しかも、かやうに實踐的興味をもたれながら、先生はその際その學問的見解を實際的便宜の犧牲とせられるやうなことは決してなかつた」とした。宮澤は、吉野への非難攻撃が時には言論の枠内に留まらなかったのに、吉野が信念を枉げなかったことを称え、「ここ一・二年のわが國」で右へ左へと正当な理由なき転向が相次いでいると嘆いた。さらに宮澤は憲法学者として吉野の「明治政治史」を高く評価し、その完結前の他界を遺憾とした。なお『國家學會雜誌』は、同年第三号まで「發行者兼編輯人兼印刷者」に吉野作造の名を掲げていたが、この第四号から蠟山政道に代わった[49]。吉野の蔵書は法学部図書館に寄贈されることになり、後年さらに小野塚喜平次の蔵書も寄贈されることになる。

第七章　終わりなき闘争　一九三三—二〇一八年

序　二つの権威から一つの権威へ

一九四一年（昭和一六年）一二月八日（日本時間）、真珠湾攻撃で始まった日米戦争では、東京帝国大学法学部もその知的司令塔の一つとなった。名誉教授の立作太郎は、都合のいい時だけ抽象的原理を掲げるアメリカの「原則癖」、不断に膨張して新興国を圧迫するその帝国主義を非難し、日本の東亜安定化策を米英に妨害され開戦を迫られた経緯を説いた。吉野作造から「後を継ぎ得る人」と嘱望されていた外交史教授の神川彦松は、大東亜共栄圏や日独伊三国同盟を支持し、アメリカの圧力を非難した。国際法教授の安井郁は、カール・シュミットの広域秩序論やハンス・ヨアヒム・モルゲンタウの機能主義的国際法論を受容しつつ、東亜新秩序を理論付けた。小野塚喜平次の「政治学」講義を継いだ矢部貞治は、「東京帝國大學法學部の命により」、「世界新秩序」について講義し、「學徒報國の一責務」と称して出版した。平賀粛学で京都・九州帝国大学に移っていた行政学教授の蠟山政道も、西欧文化の崩壊を予言し、世界一元化への抵抗、東亜文化の形成を論じていた(1)。

乾坤一擲の大勝負は予想通りの結果となった。一九四五年（昭和二〇年）九月二日、重光葵外務大臣、梅津美治郎参謀総長ら日本代表は礼服、丸腰で米空母ミズーリ号に出向き、降伏文書に署名した。米軍将兵は平服で、甲板上の将官たちは腕を組み、艦砲上に座る兵卒たちは足を投げ出し、多数のカメラを向け、「水師営の会見」とは対照的な光景となった。

米占領下での憲法改正と社会主義圏の拡大とによって、西洋起源の近代的政治理念の受容か、日本の歴史的個性の尊重かという論争は中止された。並び立つ二つの権威のうち、敗戦後に許容されるのは一つだけになったからである。「民主主義そのものの意義と價値［……］それは人間の價値と尊嚴に對する深い認識を基礎とし、それに基く平等を根本觀念とするもので、實に絶對の眞理の上に立つ政治と社會の普遍的原理である。それだけに、人間が発達するにつれて、民主主義も必然的に発達し、全世界に普及し、確立していく[2]」。

だが東京帝国大学法学部にとって一九四五年は「零時」（独 Stunde Null）とはならなかった。外国軍政下での憲法改正に違和感を表明したのは、同学部の吉野作造・上杉愼吉世代の教授たちであった。大日本帝国憲法体制下の知的エリート集団だった同学部こそ、日本国憲法に抵抗する最後の砦となったのである。

東京帝国大学法学部「ヘボン講座」教授の高木八尺は、公私の人脈を駆使して天皇擁護に奔走した。アメリカに心服する高木は、同国が終戦後も「國體」に配慮してくれると信じて、ソヴィエト連邦の仲介による和平交渉には反対した。天衣無縫な高木は、天皇がマッカーサー元帥を訪問したのだから、次は元帥が天皇を訪問すべきだと主張して、ボナー・フェラーズ准将を驚かせた。高木は、学習院の後輩たる近衛文麿公爵を中心とする内大臣府の憲法改正作業にも、佐々木惣一と共に参加した。改憲を飽くまで勅命によるべきとする高木は、ＧＨＱが新首相の幣原喜重郎男爵に改憲を指示するのを好まなかった[3]。

上杉・吉野より一歳年長で、東京帝国大学法学部教授（商法）だった松本烝治は、幣原内閣の国務大臣として

図 37　松本烝治

「憲法問題調査委員會」（通称「松本委員会」とも）を主宰した。松本は議会主義的改正に努めたが、天皇については「至尊」と表現してその尊厳を維持しようとした。結局 GHQ は提出された松本案を却下し、鈴木安藏ら「憲法研究会」の構想を参考に、独自案を作成して日本政府に受け入れさせた。松本は成立した日本国憲法に嫌悪感を隠さなかった。「実は、私は今の憲法に何と書いてあるか見たことがないのです。それほど私は憲法が嫌いになったのです」（自由党憲法調査会総会での発言）。彼の女婿田中耕太郎（元東京帝国大学法学部長）は、「これらの率直な言葉からして、我々は総司令部との交渉が如何に不快なものであったかを、推測できる」と述べた。松本はこの発言の三箇月後、脳出血で苦しみながら死んだ(4)。

敗戦後復権した美濃部達吉は、天皇の地位を変更するような大日本帝国憲法の改正は不可能とし、現行憲法の枠内で十分議会主義民主制が可能であると主張した。「憲法問題調査委員會」第一回総会（一九四五年一〇月二七日）で、顧問の野村淳治が「ポツダム宣言」遵守に伴う天皇の地位改変を主張したのに対し、同じく顧問の美濃部は松本委員長と共に、「國體護持」を絶対条件とした。また野村が陸海軍廃止を主張したのに対し、美濃部は恒久的な陸海軍廃止には疑問を呈した。一二月二二日には、河村又介委員（九州帝国大学教授）が「臣民」の「国民」への変更を提案したところ、美濃部は「國體」変革になると拒否した。美濃部は枢密顧問官としても反対を通し、公布後間もなく世を去った(5)。

枢密院議長の清水澄は憲法審議を耐え抜いた。穂積八束に学び、東京帝国大学法科大学講師、学習院教授を歴任した清水は、『國家學會雜誌』や『法學協會雜誌』の常連執筆者で、大正天皇、昭和天皇に大日本帝国憲法を教授した人物である。松本委員会顧問を経て、最後の枢密院議長として新憲法案審議を終えた後、清水は「國體護持」を念じて、生前好んだ熱海の海岸からモーニング・コート姿で身投げした。これは上杉も親しんだ浅見絅斎『靖獻遺言』に登場する屈原を意識した手法である。清水は憲法改正に加え、公職追放で学士院会員、芸術院総裁なども辞任させられたことに衝撃を受けており、自決は追放令の二日後だった。彼の出身地金沢の石川護國神社には、今日では清水の顕彰碑が立っている。穂積重遠は弔問の席で息子の清水虎雄に、「先生は明治憲法に殉じられたのでしょうね」と声を掛けた。[6]

図 38　清水澄博士顕彰之碑

その穂積重遠も東宮大夫兼東宮侍従長として、皇太子明仁親王の家庭教師エリザベス・ヴァイニング夫人との緊張関係を抱えていた。クウェイカー教徒のヴァイニングは、穂積の頭越しに昭和天皇の決定で赴任し、自分が授業で日本語名を読み間違えては教師としての体面を失うからとして、皇太子にジミーという英語名を付けた。ヴァイニングは滞在中に日本への共感も懐くようになるが、未熟な日本を世界に開く「窓」となるという使命には終始燃えていた。マッカーサーも皇太子のアメリカ留学を考えていた。穂積は元来親米派で、留学で垣間見たハーヴァード大学を称讃し、教授の熱意や学生の独立自由の気風に感心していたが、占領下でのアメリカ化傾向には反撥し、皇太子教育では日本や東洋の要素を重視した。そうした穂積を、ヴァイニングは肝心な話になるとはぐらかす人物だと評した。一九四九年（昭和二四年）、穂積は最高裁判所判事に就任する形で退任し、二年後に世を去った。[7]

図39　穂積重遠

帝国議会でも東京帝国大学法学部の人々が新憲法案を疑問視していた。貴族院議員（勅撰）の南原繁は、一九四六年（昭和二一年）二月一一日に東京帝国大学総長として本郷で紀元節式典を挙行し、人間天皇と国民との紐帯を語り、民族の名誉恢復を訴えた。新憲法審議に加わった南原は、同年八月二七日の貴族院本会議で吉田茂首相や幣原国務大臣に質問し、日本側の如何なる案とも乖離した新憲法案が唐突に示されたこと、英語の原案を邦訳したような不自然な日本語であること、天皇を「象徴」という法理論的に実態のない詩的・芸術的概念で規定していることなどを批判した(8)。貴族院などで新憲法審議に参加した山田三良、高柳賢三、牧野英一らは、数年後に「萍憲法研究会」を結成し、天皇の「元首」的性格を明確にするなどの憲法改正ができないかと試行錯誤した(9)。

筧克彦は仙人のように田舎に籠った。筧は疎開先の葉山で、日本人は今後キリスト教世界か、万国共産主義世界かに服従させられ、同胞同士が血で血を洗う内乱に陥るのではないかと危惧した。敗戦の数年後、自説への自信を取り戻した筧は、尊皇家・神道家として「皇学研究会」を開催し、東京大学にも姿を現すようになる。一九五四年（昭和二九年）に助教授になった坂本義和は、初めて出席した名誉教授との懇親会で、山田三良、田中耕太郎、中田薫と並んで着席し、弥栄と叫んで挨拶を終える筧の姿を見ている。丸山真男は「筧さんは、思想はおかしいけれど、人柄は立派だ」と述べたという。筧は晩年も葉山で「日本体操」や水泳を続け、一九六一年に八十八歳で他界した(10)。

だが東京大学法学部は新憲法体制への順応を迫られていった。小野清一郎、神川彦松、末弘厳太郎、安井郁は、既に辞任していた蠟山政道、矢部貞治と共に公職追放となった。戦後粛学を生き延びた人々は、体制移行の衝撃を緩和する理屈を案出した。法哲学教授尾高朝雄（一八九九―一九五六年）が唱えた「ノモス主権論」（一九四七年）がそれである。京城帝国大学から転任した尾高は、両憲法とも「正しい統治の理念」、「理の政治」としての「ノモス」に「主権」がある点では変わりない、ただ「主體」が天皇から国民になったのだと主張し、連続性を強調したのだった。また中田薫を継いだ日本法制史教授石井良助（一九〇七―一九九三年）は、天皇には元来不親政の伝統があったのであり、日本国憲法をその正しい継承とし、むしろ大日本帝国憲法の「プロシア的立憲君主」を例外扱いした。(11)

やがて東大法学部にも日本国憲法を肯定する人々が増えていく。国際法教授の横田喜三郎（一八九六―一九九三年）は著書『天皇制』で、日本国民が「普遍的原理」に服従した現実を受け入れよと訴えた。横田は佐々木惣一や日本政府が、新憲法になっても「國體」変革があったわけではないと主張するのを論外とした。さらに横田は、新憲法でもまだ不十分だとし、天皇の権威削減、そしてその廃止も視野に入れるよう訴えた。宮澤俊義は、松本委員会の委員だったが、憲法改正後はポツダム宣言受諾で大日本帝国憲法が部分的に失効していたと説き初め（八月革命説）、新憲法を肯定した。「そりゃあ、ポツダム宣言を受諾した以上は、明治憲法みたいに勇ましいのは、ダメでしょう。しかし、ダメだとわかっていても、人間のアタマというものは一足とびに進むものじゃない。せいぜい、吉野作造的デモクラシー、美濃部達吉的リベラリズムといったところでしてね」。この率直な口調には、戦後体制側に立った宮澤の、先行世代への優越感が滲み出ている。同学部の法学協会は、「深い學問的基礎に立」った「詳密且つ良心的な」研究が必要だとして、新憲法制定の意義を解説する二巻本の『詳解日本國憲法』を発行した。内閣の憲法調査会でも、神川彦松や矢部貞治は自主憲法制定を主張したが、高柳賢三や蠟山政道はそれを不要とした。(12)

日本社会がアメリカ合衆国中心の知的世界に編入されたことで、日本の「獨逸學」も窮地に陥った。「獨逸學」は既に日独戦争で最初の危機を迎えていたが、今度の危機は逃げ場のないものだった。「獨逸學協會中學校」は、米軍に教練用武器を没収され、アメリカ一辺倒の時流に順応し、一九四六年（昭和二一年）年末に「独協学園」、「独協中学校」と改称した。「獨協」という略称は予てからあったが、同校は「独立協和」という新しい校訓を案出し、「独協」をその略称だと主張することで、同校を「獨逸學協會」と分離したのである。京都帝国大学教授、第一高等学校校長を経て就任した卒業生の天野貞祐校長は、カントを称揚して「独協学園」の戦後化を断行した。だが名称変更には卒業生から不満の声が上がり、「独協学園」はのちに「獨協学園」と書かれるようになる。(13)

とはいえ近代国家建設時に導入したドイツ的基盤は、アメリカ化の流れにも抵抗力を示した。日本国憲法は制定されたが、帝国憲法下で制定された民法、刑法、民事訴訟法、刑事訴訟法、商法は、一部を修正しつつも引き継がれた。それらの制定時に参照されたドイツ法学は、日本法学にとって戦後も参考材料であり続け、法学部には「ドイツ法」という科目も残った。政治学では丸山真男がドイツ「国家学」への否定的先入観を広めたが、当の本人はドイツ的訓練を積んだ思想史家だったために、アメリカ政治「科学」を自家薬籠中のものにはできなかった。ヴェーバーやマルクス、カントやヘーゲルは重要文献であり続け、大塚久雄、安藤英治、折原浩のヴェーバー礼讃も始まった。ドイツ政治も日本政治の参考例の一つであり続け、ドイツ政治史研究は戦後になってより精緻になった。

一　吉野作造——ブルジョワ言論人か戦後民主主義の先駆者か

（1）非難と忘却との中で

一九三三年（昭和八年）に死去したことは、吉野作造にとって不幸中の幸いだった。論壇で活躍できる時代を生きて、手に負えない時代をその端緒しか見ずに済んだからである。

吉野の死後、赤松克麿編の追悼文集『故吉野博士を語る』が刊行された。悲憤慷慨する上杉追悼論集の執筆者とは違い、吉野追悼論集の執筆者は穏やかに故人を回顧した。彼らは口々に人格者吉野を称えているが、とりわけ「自由主義らしい禮服に端然たる容儀をとゝのへた純東洋式の大親分」（白柳秀湖）という表現は目を惹く。[14] ただ東京帝国大学法学部の同僚では牧野英一しか投稿しておらず、全体として吉野に愛顧を受けた若手、友人が多いという印象を受ける。追悼文集とは別に、政治学の同僚たちは『政治及政治史研究――吉野作造先生追悼記念』（蠟山政道編）を刊行した。

追悼事業を指導した赤松克麿は数奇な人生を辿った。山口県の住職の子に生まれた赤松は、校長排斥による徳山中学校退学、中学検定試験を経て、第三高等学校、東京帝国大学法科大学と進んだ。緑会弁論部に属した赤松は、ロシヤ革命の影響を受け、吉野の協力で一九一八年（大正七年）一二月上旬に「帝大新人會」を結成する。赤松は「日本勞働總同盟」、「日本共產黨」に参加し、一九二六年には吉野が後援した「社會民衆黨」の結成に加わり、吉野の身代わりで総選挙（一九二八年）に出て落選した。一九三二年（昭和七年）四月、社会民衆党内で赤松ら「國民社会主義」派と正統派とが対立した際、吉野は自ら正統派を支援して「社會大衆黨」結成を後押しした。吉野は赤松の思想に関しても、議会制度への批判や現役軍人との結託を危惧したが、赤松とは共通項を模索し、「社会大衆党」結党大会に先立って赤松の「國民社會黨」（「日本國家社會黨」）の結党大会に出席し、彼の「書いていることは正しい」と一定の理解を示すこともあった。赤松は大政翼賛会企画部長となり、敗戦後に追放処分を受けた。なお婦人運動家の妻赤松明子（吉野の次女）も、社会民衆党から分離した「國家社會主義婦人同盟」を指導している。[15]

吉野が目を掛けた若手には総力戦体制の論客も多かった。例えば大川周明は、東京帝国大学法科大学に論文「特許植民会社制度研究」を提出して法学博士号を取得しようとしたが、「官僚主義的學閥意識の強い」帝国大学は、「浪人學者」への学位授与に難色を示した（堀眞琴によると松波仁一郎が一、二年放置したのだという）。これを見た吉野は自ら審査委員を引き受け、大川の学位取得を実現させた。吉野は一九二〇年（大正九年）に大川について、「未見の人ながら平素欽慕して措かざる所」と述べている。また一九二七年（昭和二年）には、吉野は「社會改造の第一線に起つ勇敢なる闘士」、「友人としては洵に頼もしい篤實の人物」が「思想犯」、「反逆者」として監獄に居るのは「合點がゆかない」と零しているが、これも大川のことではないだろうか。大川は一九三七年の獄中日記で、出獄後墓参をするべき人物として北一輝ら八人を挙げたが、吉野にだけは「先生」を付したという。[16] また吉野は、軽々と紹介状を出さない方針だと言いつつも、「大阪の國粋會幹事」笹川良一を後藤新平子爵に、「あんな類の青年には是非御面會を願ひたいと思ふのです」と推薦している。笹川はかつて吉野に、「怪しからぬ非國民」だとして暴力も辞さない見幕で詰問したことがあったが、話しているうちに「自らの誤りを詫び」吉野を慕うようになったのだという。[17] こうした逸話は、吉野の度量を示すものだとはいえ、やはり一定の共通土壌がなければ、交友関係も芽生えなかったのではないかとも思われる。

吉野死去後、彼の同志たちの進む道は分かれた。小野塚喜平次は、「鬼畜米英」を叫ぶ風潮に憤慨しつつ、一九四四年（昭和一九年）に世を去った。憲法学史研究で吉野の薫陶を受けたマルクス主義者鈴木安藏は、大東亜共栄圏、総力戦を唱道する側に回り、「八紘一宇の大理想を以て、皇道を全世界全人類に宣布・確立する」ことを訴えたが、敗戦後は新憲法制定の牽引者の一人となった。[18]

吉野家で擡頭が著しかったのが、長男作造の実弟で三男の信次だった（次男は早世）。吉野信次は一九一三年（大正二年）に東京帝国大学法科大学法律学科独法兼修を首席で卒業して、伏見若宮博恭王の前で「恩賜の銀時計」を拝領し、農商務省に入省して商工省に転じた。「新官僚」（革新官僚）の代表格だった吉野信次は、商工事務次官を経て、第一次近衛文麿内閣の商工大臣になる。その腹心の部下だった岸信介は語る。「私は吉野という人は、本当に日本の商工行政、産業行政を初めて系統立てて、それに理論的な根拠を与えた人だと思う。産業組合は別にして、それまでの産業行政は、その場その場の思いつきみたいなもので、統一した考えはなかったわけです。商工省の役人だけの考えということではなく、われわれの作った原案を審議してもらうために学者や実務家や役人を入れた商工審議会を作ったのですが、それを実際にリードしたのは幹事役の吉野さんでした。私はその下の書記みたいな立場だったけれど、商工審議会の結論が、日本のその後における商工行政の基本を成していて、恐らく今日まで大部分の問題は続いていると思う。この間、吉野さんは私を信頼してくれて、起案から何から全て任せられたものです。私ももう若くもなかったけれど、吉野さんの期待に応えるべく、ほんとうによく勉強したものだった」。吉野信次は貴族院議員（勅撰）、満洲国経済顧問、愛知県知事となり、総力戦体制の一端を担った。「要するに帝國としては支那に対して徹底的膺懲を加へ、彼の猛省を促し、以て東洋永遠の平和を確保すると云ふことに盡きるのであります」。戦後の吉野信次は、公職追放を経て、運輸大臣（第三次鳩山一郎内閣）、参議院議員、武蔵大学学長などを歴任した。[19]

（2）復権と懐疑

日本国憲法下では吉野作造をその先駆と仰ぐ運動が起こった。実際のところ、松本烝治や穂積重遠と同世代の吉野が、もし対米敗戦後も存命であったなら、新憲法を歓迎したかどうかは分からない。なるほど吉野は、ヴァイニングの称揚する人間天皇には共感したかもしれないが、外国占領下での改憲作業を見て「東洋モンロー主義」を再燃させ、美濃部達吉のように「晩節を穢した」可能性もある。だが吉野に縁のある人々は、すでに鬼籍にあった彼を、新憲法の思考枠組に当てはめて再評価しようとした。一九四八年（昭和二三年）、一人息子の吉野俊造（一九一五—二〇〇一年：東京帝国大学工学部卒業・小松製作所などに勤務）は、義兄の赤松克麿と協力して『吉野作造博士民主主義論集』全八巻を刊行した。発刊の辞で俊造は述べている。「終戰の大詔が下つて暫くして、民主主義といふ言葉が各方面に現はれるやうになり、今日ではこれが新日本建設のスローガンとなるに至つた。かういふ時勢になつてくると、亡父が生きてゐたらと思はぬでもないが、近頃、先輩や友人に會ふと、よく亡父の回顧談を持ち出される。民主主義と切つても切れない因縁を持つ亡父の思い出が、軍國主義から民主主義へ急展開をした今日の時勢に、亡父と縁故のある人々の頭に生ま生ましく蘇つてきたのであらう。さうしてその人々は話の出る毎に、吉野博士の著書を再出版したらいゝだらうと云つて吳れる」。「彼の遺著が再び世に現はれて、彼が全生命を賭したといつてもいゝ日本民主主義のために、聊かたりとも寄與することになれば、彼の本懐とするところであらうし、また私としても父に對する義務の一端を果す喜びを感じるものである」。この『論集』は「民主主義史の金字塔」、「自由主義史上の血の學論」、「封建官僚政治の徹底排撃」、「國際平和主義思潮の確立」といった謳い文句と共に頒布された。また河村又介（最高裁判所判事）を中心に、友人、後輩、学生、吉野家の人々などが思い出を語り合う「吉野博士記念会」が、一九五〇年一一月二七日から計十五回、十三年に亙って開催された。この第一回例会で大内兵衛が、東京大学法学部には上杉の肖像があるのに吉野のがないと苦言を呈したのが契機となり、同会は堀豊彦や岡義武を通じて、荒井陸男の筆による油絵の肖像画を作製した（その際「上杉さんより小さくては困る」と大きさが調整された）。この吉野の肖像は、二十五番教室の穂積八束像の隣に掲げられた。他にも同会は中央公論社からの「伝記」刊行を計画し、郵政大臣寺尾豊（第二次岸信介内閣）に記念切手発行を上申したが、これらはいずれも実現しなかった。[20]

一九五三年（昭和二八年）には、講座派マルクス主義者の田中惣五郎が初の伝記『吉野作造』を刊行した。吉野とも交流のあった田中は、「天皇制絶対主義」から「ファシズム」への移行期に活躍した吉野を、「日本的デモクラシーの使徒」、アジア青年の嚮導者、毅然たる闘士として称讃した。田中は、吉野家所蔵の未公刊日記など多様な史料を用い、学生吉野のブルンチュリへの傾倒、吉野と上杉との関係などにも言及した。[21]

だが戦後に一世を風靡したマルクス主義者など急進左派は、進歩派としての吉野の先駆的意義を認めつつも、彼の不徹底さに付言するのも忘れなかった。田中惣五郎も、吉野の「中産階級的帝大出身者的な限界」、皇室や単一民族性の過大評価、帝国主義の本質の看過などを批判していた。岡義武の愛弟子で東独歴史学に傾斜していた篠原一（東京大学法学部教授）は、若い頃未公表の吉野論を書いたというが、「戦後のマルキシズムの盛んなときだったので、吉野作造はそう高く評価されてはいなかった」と回顧している。信夫清三郎（名古屋大学法学部教授）は、「大正デモクラシー」という言葉を案出しつつも、それは「民主主義の正当な嫡子ではなくて實は日本帝國主義の鬼子」だったとした。向坂逸郎編『近代日本の思想家』で吉野を担当した磯野誠一（東京教育大学文学部教授）は、吉野の同時代的意義を認めつつも、社会主義に批判的で、「天皇制」を受け入れ、主権の所在を曖昧にしたなどと批判し、理論的不十分さは言論の不自由だけの問題ではないとした。宮川透（東京大学東洋文化研究所助手、のち東京外国語大学教授）は、大正デモクラシーをブルジョアジーによる労働者・農民の革命的エネルギーの利用だとし、吉野の民本主義を「絶対主義天皇制」やブルジョアジーとの対決の放棄、人道主義による社会主義の拒否だとした。[22]なおこうした敗戦直後の吉野批判は、狭義のマルクス主義者に限定された現象では全くなかった。戦後民主主義の寵児となった丸山真男などは、吉野を含めた戦前日本の政治学を腸内の寄生虫に譬え、「下剋」による「蟲下し」をせよと息巻いた。丸山は、「ポリティカル・カレント」としての大正デモクラシーの存在は認知しつつも、それが日本政治学の「體系化」には何も貢献しなかったと酷評したのだった。[23]

だが、やがて自由主義者による吉野擁護が始まる。彼らは、吉野を取り巻く困難な時代状況を説明し、彼の反体制姿勢を強調し、概念構成を工夫し、新史料により彼の温かい人間性を描き出して、彼の印象を変えようとした。松本三之介（一九二六年―：大阪市立大学助教授、のち東京教育大学、東京大学法学部教授）は、吉野が大正デモクラシーの機運を逸早く摑み、「天皇親政説」と対決したと力説した。松本は民本主義による主権論棚上げへの批判について、吉野は「理論の思想家」というより「実践の政治家」だった、法律論から自由な政治論を展開したと弁明した。ただ丸山門下生の松本は、天皇「翼賛型」デモクラシーが自由や人権の原理的基礎付けを欠いていたとするなど、一定の批判も試みている。また松本は吉野が民衆について無批判ではなかったことも認めた上で、それは当時の一般的傾向だったと擁護した。同じ頃、松尾尊兊（一九二九—二〇一四年：京都大学文学部教授）は、なお存命だった佐々木惣一との対話を経て、占領軍の移植ではない日本内発的な「民主主義の伝統」を析出しようと志し、美濃部達吉、吉野作造、瀧川幸辰ら自由主義知識人に着目した。松尾は吉野の朝鮮・中国論に取り組み、彼の留学生への献身的援助を強調し、彼が満洲事変後も「非転向」のままで世を去ったと主張した。太田雅夫（一九三一年—：桃山学院短期大学教授）は、「民衆運動に理論的武器を与えた」吉野が、民本主義を発表した経緯を分析した。[24]

東京大学法学部で岡義武を継いだ日本政治外交史教授の三谷太一郎（一九三六年—）も、吉野作造再評価の推進者となった。三谷は日本国憲法体制の源流を辿る歴史研究に取り組み、大正デモクラシーを国家に対する社会の自立、戦後民主主義の内発的起源とみなし、原敬再評価から出発して吉野作造再評価に行き着いた。三谷は、吉野は民本主義論において主権の「運用」と「所在」とを「分離」したのではなく「区別」したのだとし、条文から自由な「憲政の理論の発展」を肯定した。三谷はまた吉野のような知識人や青年による非職業的政治活動を、「アマチュアリズム」として肯定的に論じた。なお三谷は、戸水寛人の教授辞任が「大学における学問の自由」の「ナショナリズム（ないし帝国主義）」との訣別を象徴すると説明し、小野塚喜平次、吉野作造、高木八尺から南原繁、岡義武、丸山真男に至る系譜を、東京帝国大学法学部の自由主義的・親英米的本流として称揚したが、同学部内の日本主義の系譜、「獨逸學」の世界には踏み込まなかった。[25]

（3）顕彰運動の展開

冷戦終焉でマルクス主義が失墜すると、松尾尊兊、三谷太一郎らの研究を出発点として吉野作造顕彰運動が本格化し、以下の方針を採った。(1)西洋（西欧）＝普遍主義の立場で、吉野を戦後民主主義の源流として称揚する。(2)吉野の限界と批判される「ヘーゲル的」国家観、日本愛国心、帝国主義、天皇崇拝、民衆・女性・アジア人の揶揄などには立ち入らないか、一部認めつつ後半生に克服されたなどと主張する。(3)吉野の天皇、元老、枢密院、軍部、官僚、既成政党、右翼、共産党などとの対決を強調する。(4)吉野は理論化・体系化が苦手で海外学説にも疎いという蠟山政道の批判[26]に対し、輸入学問ではない独自の思考を展開した、「象牙の塔」を打破し民衆に訴えたなどと反論する。この運動の発信源は、東京大学法学部および宮城県古川市であった。

東京大学法学部では徐々に吉野作造への関心が高まっていった。岡義武は、吉野死去の直後にもその著作集刊行を試みて頓挫していたが、一九七〇年代に『吉野作造評論集』（岩波文庫）を刊行した[27]。一九九〇年代半ばには、遂に『吉野作造選集』（岩波書店）の刊行が実現する。そこには土川信男らによる著作総目録も付され、日記も飯田泰三らが一部を削除し再編したものが公開された。編集は東大法学部系の日本政治研究者（今井清一、松本三之介、松沢弘陽、三谷太一郎、坂野潤治、飯田泰三、北岡伸一、酒井哲哉、清水靖久）および京大の松尾尊兊が担い、巻末解説は清水以外、どれも熱烈な讃辞になっている。とりわけ飯田は、吉野のドイツ留学を大正デモクラシーの準備たる「社会の発見」の場だったとし、吉野の君主制への関心、明治天皇や乃木希典への傾倒、婦人運動への皮肉などには触れず、ドイツ学界への無関心についても帝大教授の「特権的な保護膜」を打破した快挙だとして却って喝采した。この『選集』は、中国・朝鮮論に多大な紙面を割く一方で、天皇論、宗教論、婦人論には関心が薄く、上杉愼吉、赤松克麿夫妻、吉野信次との関係も掘り下げられなかった。吉野のドイツ政治論についても、北岡や酒井が略述するに留まった。彼らは、丸山真男の吉野批判には立ち入らず、マルクス主義を主要敵とした[28]。

図 40　吉野作造記念館

二〇〇三年（平成一五年）に国立大学が法人化されると、吉野作造は東京大学の顔に抜擢された。企業の経営感覚を学ぶよう求められた大学は、国公私立を問わず自己アピールに邁進し、挙って建学・中興の功労者を発掘した。東京大学法学部でも法文一号館に、学生運動で破壊された教授の肖像が一部復活し、民法典起草者としての穂積陳重、梅謙次郎、富井政章、大正デモクラシーを象徴する小野塚喜平次、美濃部達吉、吉野作造が選ばれ、東大土産の絵葉書にも彼らの肖像を採用した。だが穂積八束、上杉愼吉、筧克彦、立作太郎、小野清一郎、中田薫、山田三良、神川彦松などが顧みられることはなかった。

吉野作造の故郷である宮城県古川市も、「町おこし」の一環としてその顕彰事業を開始した。一九五九年（昭和三四年）、地元の大学・高等学校の教員たちに日本共産党員を中心とする「平和を守る会」が加わって、吉野生誕八十周年記念の講演会が開催された。このため、一方で吉野は「天皇陛下に弓を引いた」「アカ」だという印象も芽生えたが、他方で古川市は一九六二年一〇月に、三浦篤市長を会長とする「吉野先生を記念する会」を発足させ、一九六六年には古川市民会館前広場に記念碑を設立し、一九六九年には古川市図書館に「吉野作造文庫」を設けた。古川中学校を卒業し、古川市在住だった東北大学名誉教授（ヴェーバー研究）の祇園寺信彦（一九一一―一九九八年）、小山工業専門高等学校教授の祇園寺則夫（一九四六年―）も、地元の名士として吉野顕彰に参加した。古川市は市制四〇周年記念事業として、「吉野作造記念館」設立を企画した。一九九五年（平成七年）一月二九日、吉野の誕生日に行われた開館式典には、一人息子の吉野俊造、孫弟子の三谷太一郎が参列した（三谷は当時東京大学法学部長で同館学術顧問も務めていた）。同日には三谷の講演「吉野作造と現代」が行われ、同年三月三一日には松尾尊兊が講演「吉野作造と東アジア」を行った。同館は二〇〇一年以降、「NPO法人古川学人」の経営下に移行している。一九九八年には、千葉真弓の漫画『吉野作造——蒼穹色のまなざし』も刊行された[29]。吉野作造記念館は様々な啓蒙行事を企画しつつ、吉野の遺品を整理し、学術研究に供している。この他古川市（二〇〇六年に市町村合併で「大崎市」へと拡大）では、JR古川駅前に「大正デモクラシーの旗手　吉野作造生誕の地」という記念塔が建てられ、洋菓子「民本主義」が販売され（菓子工房栄堂）、「作造ハンバーグ」（竹乃や）や「デモクラ料理」（炉ばたかっぽうきたはま）が供されるなど、吉野作造は地域振興に一役買った（二〇〇四年段階）。

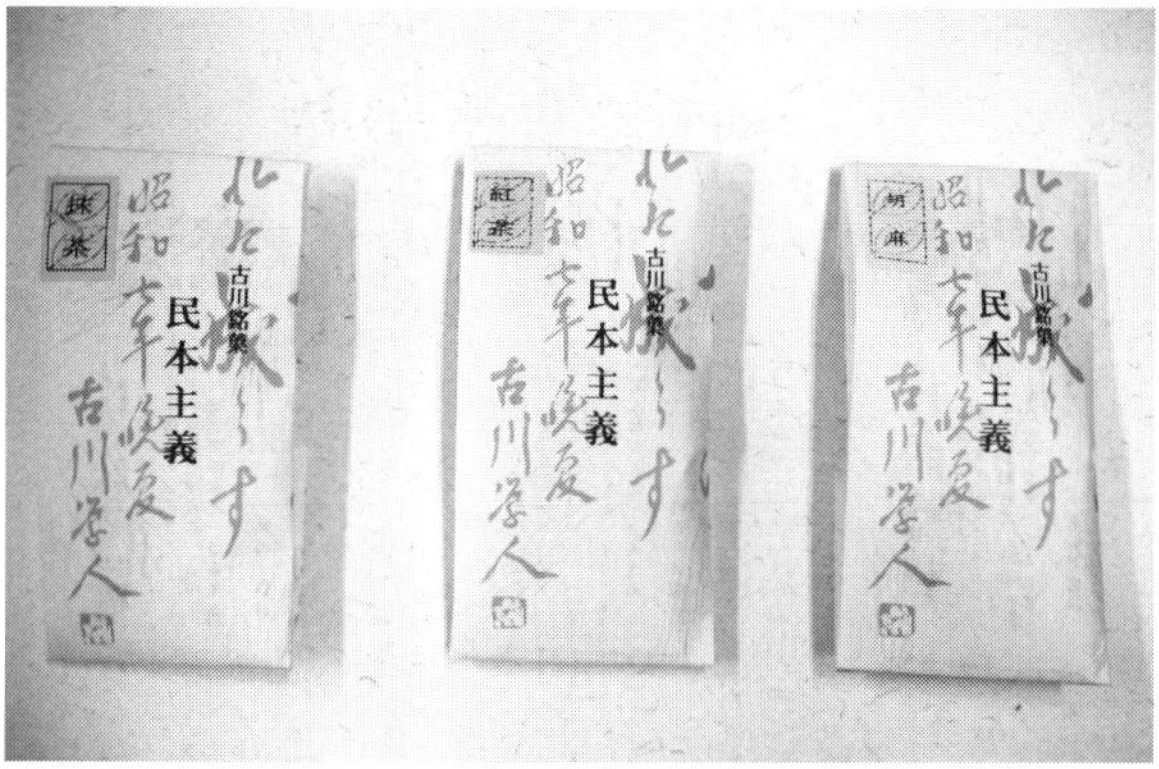

図 41　「古川銘菓　民本主義」

　宮城県では吉野作造は郷土の偉人として定着した。記念館開館から二〇〇六年（平成一八年）まで同館研究員を務めた田澤晴子（一九六六年―　：岐阜大学教育学部准教授）は、早稲田大学出身で、吉野家とも交流して各種史料を発掘し、吉野研究を郷土史的・社会史的・文化史的に発展させた。田澤は吉野のキリスト教論や天皇論にも逸早くメスを入れ、吉野宛上杉書簡の存在にも気付いた。田澤は、現代知識人の感覚に合わせた吉野紹介に努め、彼を民主主義者、大衆啓蒙者、婦人運動支援者、弱者保護者として描いた。田澤も信夫清三郎が吉野の君主制容認、衆愚観支持を指摘したことに憤るなど、マルクス主義者との対決姿勢を顕示している。また気仙沼では、郷土史家西田耕三（一九三三年―）が「大正デモクラシー研究会」を主宰した。さらに、加美郡小野田町出身のトロツキスト佐々木力（一九四七年―：東京大学教養学部教授〔科学史〕）も、一部留保しつつも「吉野復権に心からの声援を送る」とし、吉野を「ミスター・デモクラシー」、「天皇制国家」への抵抗者、「平和憲法」の先駆者、中国革命支持者、マルクス主義の理解者と評価した。近年では古川市出身の千葉眞（一九四九年―：国際基督教大学教授〔西洋政治理論〕）も、吉野への讃辞を惜しまない。これ以外にも県内教育関係者が吉野顕彰論を多数発表している(30)。

二〇一六年（平成二八年）は吉野作造顕彰運動にとって節目の年だった。一月、『中央公論』は発表から百年を迎えた論文「憲政の本義を説いて其有終の美を濟すの途を論ず」を別冊附録にした。その解題で東京大学法学部教授（日本政治思想史）苅部直（一九六五年―）は、高校日本史教科書や「政治思想の専門家でない歴史家の著作」が吉野をまだ「不十分なデモクラット」として扱っていると批判し、当時の憲法下では国民主権を表明しないのは「当然」だったと主張した。苅部はまたポピュリズムを真のデモクラシーではないとし、吉野が直接民主主義に距離を置いたことを多とした。また同月末、『吉野作造政治史講義』（岩波書店）が刊行された。主宰者の東大法学部教授（日本政治外交史）五百籏頭薫（一九七四年―）は、吉野が各国の「進歩」の「個性」を認めたと主張し、また吉野の辛辣な清国論・メキシコ論を「好奇心が偏見を圧倒したことで、史観を多様化させる助けとなった」と説明し、ドイツ論やカトリック教会論には深入りしなかった。協力者の伏見岳人（一九七九年―：東北大学法学部准教授）は、吉野を「戦前日本の良心」「戦後日本の平和主義の源流」と絶讃している。同年六月復刊の佐々木惣一『立憲非立憲』を解説した東大法学部教授（憲法）石川健治（一九六二年―）は、共にイェリネックに学んだ吉野作造、佐々木惣一、そして哲学者朝永三十郎の「ハイデルベルクの契り」を描いたが、上杉愼吉には触れていない（石川には講演「夕映えの上杉愼吉」があるというが、文面は公表されていない）。吉野作造記念館は戦後七十年企画展「日本国憲法の誕生と吉野作造」を開催し、金子勝らが日本国憲法の構想を準備した鈴木安藏と吉野との師弟関係を強調した[31]。最近の吉野作造研究ではアジア論が盛んである。藤村一郎はポストモダン的吉野批判に抗して松尾の吉野擁護の現代化を試み、吉野が権益放棄論に近接したと説いている。佐藤太久磨は、「東洋モンロー主義」は「国際民主主義」からの「転向」（時局への迎合）ではなく「転回」（論理的帰結）だとし、道徳主義的一貫性を強調する。だがそうした日本国内の弁護論とは異なり、昨今の中華人民共和国では、吉野は帝国主義への抵抗者というより追随者として読まれつつあるという[32]。これに対し吉野のヨーロッパ論には未だ見るべき総括がない。吉野のヨーロッパ論を踏まえずに、彼のアジア論だけを見ようとしても無理があるだろう。

二　上杉愼吉——保守反動かマルクス主義者か

（1）死せる憲法学者の擡頭

「遠く穂積八束に説をひく彼一流の憲法論は、彼の他界と共に全く影を潜めるに至つた事實は否めない。」——この吉野作造の上杉愼吉評は早計だった。確かに東京帝国大学法学部教授に上杉憲法学の継承者は居なかったが、上杉の精神に共鳴した同僚や学生は残った。軍部や官界には、言論界で大手を振ってきた進歩派への反感が燻っていた。政治情勢の急変により、上杉は他界した直後から俄かにその影響を強めていくのである。

七生社編纂の追悼文集『上杉先生を憶ふ』には軍人や官僚の寄稿が目立つが、東京帝国大学法学部の関係者も寄稿し、故人への世間の無理解を概嘆した。そのことは、小野塚、美濃部、吉野ら進歩派だけが学部の雰囲気を規定していたわけではないことを示している。

親友だった中田薫は上杉慮めの風潮に業を煮やした。「上杉君は元老を咀ひ官僚に反感を持つ一派の人々からは、權門の奔狗だの曲學の腐儒だのと色々な惡罵を浴びせかけらるゝに至つた。併しこれは甚しき誤解である。上杉君は自己の顯達を求めんが爲めに節を權門に屈し、媚を元老に呈するには餘りに自矜自尊の人であつた。君は學を曲げて元老に阿ねったのではない。政界の權力者に說いて——君の本領から云へば寧ろ教えて——自分の經綸を國家天下に實現せしめんと欲したのである」。「其後上杉君は屢々山縣公の許に出入した。しかし常に學者たる自尊の態度を失はなかつた。無論山縣公に對しては多大の尊敬を拂つて居た。公の純忠至誠の志や謹直端嚴の人となりには心底から感服して居た。それが何で學者の屈辱であらう、上杉君は屢々僕の爲めに、世間で山縣公の直系と目せられて居る貴顯大官の人々が公の面前に出づる時、常に唯々諾々公の意を迎へ旨を承くるに、如何に腐心して居るかと云ふ色々な事例を話して呉れた。又さる學界の元老が或事件に就て徒らに公に迎合せんとして、却て公の御機嫌を損した滑稽話をも聞かして呉れた。實際山縣公は學者にして權勢に阿ねる樣な人を大に惡むで居たそうだ。それで上杉君を遇するにも平生恩顧の大官連に對するとは、自から別な態度を以てして居られたらしい」。中田は、上杉は成功を焦る面はあったが、權謀術数を弄する策士ではなかったとした[33]。

中田は吉野作造らの政治姿勢には批判的視線を向けていた。「爾後に於ける我社會の大きな潮流は、上杉君とは益々逆の方向へ押進んだかの如くに見える。殊に世界大戰の終末頃からデモクラシーだの反帝國主義だの非國家主義だの過激思想だのゝいろいろな主義や思想が相尋で擡頭して、我思想界は亂れた麻の如く紛糾し、其間に元老は凋落し官僚は影を潜めてしまつた」[34]。中田は吉野が仲介した宮武外骨と交流し、これを帝大の嘱託に推挙するなど、吉野との共同作業も多く、（平野義太郎の免官事件に関する？）政治学科教授連の態度を、既に退官していた吉野の前で非難することもあった。とはいえ中田は、「國防研究會」なる二十人程の学生団体を指導していた。これは一九三二年（昭和七年）設立の団体で、東京帝国大学学生課は「七生社」と並ぶ「國家主義運動」に分類している。同会の目標は、「正義に立脚せる對外國策遂行の大計と祖國永遠の安固を圖る國防對策の概要とを將來に期し帝國内外の情勢を外交、軍事、政治、經濟、思想その他の諸方面より綜合的に攻究する」ことであり、陸軍省や国際連盟の関係者、神川彦松などを講師に呼んでいる(35)。

山田三良（元法学部長、のち京城帝国大学総長）は、パリの日本大使館で上杉の訃報に接し、悲痛な思いで小野塚喜平次総長に弔電を打った。山田は『法學協會雜誌』編輯に際して学生上杉を知り、渡欧前にも彼を見舞っていた。「公法學の研究上東西の二大碩學［穂積八束およびG・イェリネック］から殊遇を得たる君の如きは誠に學界の幸運兒であると言はねばならぬ。君は素より泰西の學説を容るゝに吝かならざるも、徒らに歐米の學説に心醉するが如き事なく、我が憲法の根本原理は我が國體と我が歴史とより由來することを確信した［。］従つて君の憲法論は單純なる法律論にあらずして、終始一貫忠君愛國の典範であり國民道德の大本たる所以を闡明するにあつた」。「大正二年頃憲政擁護運動が燎原の火の如き勢を以て勃興するに當り。君は桐花會を起して敢然之に反抗したので、世上君の心事を誤解し曲學阿世の徒と嘲笑する者さへも少くなかつた様であるが、其後政黨政治の墮落が暴露するに及んで君は眞に天下に先んじて憂ふる國士であることが反證せらるゝに至つた」。「君は常に楠公を尊崇し松陰先生を敬慕しつゝあつたので、君の門下に集まる學生等と共に七生社を組織して新人會等の左傾思想の宣傳を彈壓せんことを努力し、時に職を賭しても此等學生の爲に依處となり被護者となつた」。「其の先師穂積八束先生が夙に君を拔擢せられたるが如く、憲法講座擔任の後繼者を自ら選出せらるゝ

図 **42**　山田三良

に至らずして永眠せられたる一事は眞に君が爲に千秋の恨事である」。山田はこう締めくくる。「君が英靈今何處にか在る。七生報國の赤誠護國の神となつて永久に此國を守つて居らるゝ事であらう。嗚呼」。[36]

筧克彥は上杉憲法学の価値を肯定した。筧は上杉が「熱烈に權力主義、天皇主權主義を鼓吹」し、「美濃部達吉教授の國家法人説、國体政体無差別説、天皇機關説に對して熱烈に勇戰」し、軍部や官界に弟子を残し、「七生社」で「七生報國」を誓ったことを称讃した。「教授の憲法説を奉ずる者は皆教授の分身たり。延長たり。一身朽つと雖も教授上杉愼吉爰ぞ朽ちむ」。筧は上杉を想って和歌も詠んでいる。「うつそ身は脱ぎ棄ちぬれど幾千《いくち》千の人に生きたり君がこころは」「七度も生れかはりて國の爲いそしむ君と思ふも泣かゆ」。[37]

一木喜德郎は上杉を公法学者として評価した。「故上杉博士が東京帝國大學の政治科を卒業せられたのは明治卅六年であつた。當時私は法科大學教授として國法學及行政法の講座を擔任して居たので早くから博士の學才を認め學者として博士の將來に囑望し卒業後に於ては未來の同僚として最も熱心に博士を歡迎した一人であつた。又博士が教授として就任して後にも博士の學識を以て實務に關係するの機會を得らるゝのは國家の爲にも又博士の研究上にも希望すべき所であると考へたのであつたが其後博士は囑託として樞密院に關係を持たるゝ樣になつた事もあつた。然し多少の曲折はあるにもせよ結局博士は終始學者として一貫し我邦の公法學に大なる貢獻をせられたのである」。一木は上杉を「最も幸福なる學者の一人」と呼び、それは「公法學に貢獻すると同時に其學説は直に國民の思想を善導し社會の風教に少からざる裨益をなした」ため、「今尙ほ學生の少くとも一部に對し特別の薫化を及ぼし昔の師弟關係に均しき關係を生」じたからだとした。上杉は一木主宰の「中央報德會」とは予てから関係があり、同会から『億兆一心の普通選擧』など多くの著作を刊行しており、両者の間には最後まで密接な関係があったことが窺える。[38]

小野清一郎はこう述べている。「上杉先生の講義は、其の形式に於て洗錬されてゐたばかりでなく、其の内容に於て實に精神にみちたものであつた。いきいきとしてゐた。「國家は最高の道徳である」といふことを力説されたとき、其のするどい實証的な理論の裡に愛國的感激がおのづからあふれてゐた。私はここに告白しなければならぬが、先生の國家至上主義的な情理的見解は私にはどうしても納得の出來かねる點があつた。從つてまた先生の講義全体に亘って私はたえず或る疑をもつて聽講してゐたのであつた。それにも拘らず、私は他の何れの講義よりも先生の憲法に一ばんつよくひきつけられたことも事實であつた。其の國家の超個人的價値を力説されながらも、個人の自由に重きをおかれたことは私の忘るる能はざるところである」。[39]

政党政治の動揺を見た上杉の弟子たちは直接行動に踏み切った。一九三二年（昭和七年）二・三月に起こった血盟団事件では、七生社員であった田中邦雄、四元義隆、久木田祐弘、池袋鉦八郎が、團琢磨男爵の暗殺計画に加わっていた。[40]実力行使に及び腰の上杉が、存命していた場合に彼らと行動を共にしたかどうかは分からないが、上杉は晩年に「大化の改新」を待望していたのだから、暗殺者たちは上杉先生の教えを実行に移したというつもりでいただろう。同年に五・一五事件が起き、上杉が大権干犯と見ていた政党内閣の慣習に終止符が打たれると、上杉門下生たちは上杉先生の予言が的中したと凱歌を挙げた。一九三三年七月には、国家転覆計画を立てていた上杉門下生の天野辰夫（弁護士・中央大学）らが、決行前に検挙されるという神兵隊事件も起きた。[41]

官界では上杉の薫陶を受けた岸信介が擡頭していた。前に引いたとおり、商工省入省後の岸を引き立てたのは、他ならぬ吉野作造の実弟、吉野信次だった。吉野の腹心として活躍した岸は、満洲国での勤務を経て、一九四一年（昭和一六年）には東條英機内閣の商工大臣となった。

言論界では「興國同志會」出身の蓑田胸喜（國士舘専門学校教授）が、美濃部達吉に攻勢を掛けていた。蓑田や三井甲之（国文学者・歌人）らは、ドイツ哲学、特に西欧文明批判を展開したヴィルヘルム・ヴントから国民精神の「自覺的表現」を学び、「シキシマノミチ」という「日本辨證法」、「日本論理學」を編み出した。彼らの雑誌

『原理日本』が糾弾する「帝國大學法學部赤化教授」には、美濃部や一木喜徳郎だけではなく、マルクス主義を容認しているとされた末弘嚴太郎や牧野英一、非「國民」的なカトリック的普遍主義の信奉者とされた田中耕太郎、京都帝国大学の西田幾多郎や瀧川幸辰も含まれていた。さらに同誌は、吉野作造の「穂積老先生の思ひ出」を援用しつつ、これら「赤化教授」を生んだ元兇は穂積陳重だったと指摘した。(42) 蓑田の美濃部攻撃は、西洋文明と日本国家という二つの権威を笠に着て学界を支配し、帝国学士院から貴族院や宮中にまで進出する「東京帝國大學内の羅馬法皇達(43)」に対する反権威主義運動であり、長年の上杉虐めへの報復でもあった。

一九三五年（昭和一〇年）には「天皇機関説事件」が勃発する。二月一九日の貴族院本会議で、陸軍中将菊池武夫男爵は上杉愼吉の論法で国家法人説を「謀叛」とし、末弘嚴太郎、美濃部達吉ら「學匪」を批判した。六日後に同本会議で弁明に立った美濃部は、菊池の心情を全く理解していなかった。美濃部は、いつも通り法学者として部外者を見下すような権威主義的な発言を繰り返し、自ら虎の尾を踏んだのである。「私ハ菊池男爵ガ憲法ノ學問ニ付テ、ドレ程ノ御造詣ガアルノカハ更ニ存ジナイ者デアリマスガ、菊池男爵ノ私ノ著書ニ付テ論ゼラレテ居リマスル所ヲ速記録ニ依ッテ拝見イタシマスルト、同男爵ガ果タシテ私ノ著書ヲ御通讀ニナッタノデアルカ、假ニ御讀ミニナッタト致シマシテモ、ソレヲ御理解ナサレテ居ルノデアルカト云フコトヲ深ク疑フ者デアリマス」「是ハ法律學ノ初歩ヲ學ンダ者ノ熟知スル所デアリマスルガ」「法律學ノ知識ノナイ者ハ、或ハ不隱ノ言ヲ吐クモノト感ジル者ガアルカモ知レマセヌガ」「以上述ベマシタコトハ憲法學ニ於テ極メテ平凡ナ眞理デアリマシテ、學者ノ普通ニ認メテ居ル所デアリ、又近頃ニ至ッテ初メテ私ノ唱へ出シタモノデハナク、三十年來既ニ主張シ來ッタモノデアリマス」等々。(44) だが菊池が美濃部を攻撃したのは、法学的「造詣」が足りないからではあるまい。どれほど美濃部が尊皇家を自負したところで、彼の憲法学には、天皇を一機関と位置付けることでその権威を相対的に下げる作用が、実際に備わっている。美濃部憲法学には、確かに矛盾あるいはジレンマが内在しているのである。にも拘らず美濃部はそれを指摘されると、「法律學」、「憲法學」の権威を掲げて、専ら批判者側の理解不足に帰したのだった。

東京帝国大学大学院では、法学部（英法）を卒業した大串兎代夫（一九〇三―一九六七年）が、美濃部達吉に学問的圧力を掛けつつあった。「七生社派遣の洋行」として、オットー・ケルロイター（イェナ大学教授）の下で学んでいた大串は、上杉を「単なる國粋主義の頭梁」とする世間に憤慨し、『上杉先生を憶ふ』に国法学の処女論文を寄稿した。その冒頭で大串はシュミット『政治神学』の一句を掲げた――「主權者とは例外事態を決定する者を言ふ」。大串曰く「この小稿の目的は、一には先生追悼號であると言ふこの社誌に、先生の御恩によつて勉強してゐる私が、未だ何事をも爲すを得ずして早くも先生の訃にあつた無念さのせめてもの心遣りに、先生の御靈前にひれ伏して、僅かなりとも御言葉申し上げ、又一つには國家主義の立場に立つて行詰れる國法學に新生面を與へんとしてゐるカール、シユミツトの主權論を通じて國法學の現狀への一管見を述べ、盟友諸兄への獨逸だよりに代へやうとするのである」。五年のドイツ留学から戻った大串は、国家法人説の成立事情を詳解してその安易な輸入を戒め、シュミット、ケルロイターの「國民國家學」を紹介し、「新規範主義」に基づく「日本國法學」を提唱した。また大串は英語一辺倒の風潮に反撥し、ドイツ語論文「社会存在に於ける国家権威」を執筆してドイツ学士院賞を受けた。やがて文部省教学錬成所指導部長となった大串は、「大東亞戰争の世界史的意義」を説くことになる。[45]

東京帝国大学法学部の教官では、小野清一郎が輸入学問を批判していた。「日本における法は西洋の法そのままでよいものであらうか。勿論法といふものそれ自體が普遍的・超時間的な觀念的體系たる性質を有するものであることを否定しない。しかし現實具體の法は歷史的であり、民族的である。歷史性と民族性とを無視した抽象的な法學は、それが概念法學であらうと、社會法學であらうと、將又自然法學であらうと、法の如實性に徹することは出來ない。歷史的・民族的な法の特殊差別の實相を通して其の普遍性と平等性とを認識すべきである」[46]。最後の一節はドイツ歴史法学を想起させるが、小野は英仏法学の継受だけでなく、ドイツ法学のそれにも疑問を突き付け、日本独自の法学の構築を呼び掛けた。小野が「日本法學」の法源としたのは、「國體」はもちろんのこと、さらに「憲法十七條」のような日本古来の（仏教系）文献であった。小野は、近代日本の法典編纂も、西洋の直輸入ではなかったが、日本精神が十分加味されてこなかったと批判した(47)。

こうして日本主義を鼓吹する小野が、その先達と仰いだのが上杉愼吉だった。「この國體憲法學の惱みを一身に引きうけて惡戰苦闘されたのは實に上杉愼吉博士であつた。上杉博士は穗積博士の國體概念を繼承されながらもこれを歷史哲學的に深めることを以て其の生涯の仕事とされたのであつた。其の根柢には博士の燃ゆるが如き愛國の熱情があり、實踐的意思があつた。その愛國的體驗によつて我が國體の歷史的淵源をたづね、又我が國體の道德的精華を論じたのである」。「上杉博士の憲法學は、當時我が法學界に氾濫せる民主主義思想を背景とする概念法學的憲法學に壓倒された觀があつたのであるが、しかし其の歷史哲學的・實踐哲學的な基礎理論は燐として今に輝いてゐるのである。正しく日本法理學の偉大なる先蹤である(48)」。

小野の「日本法學」論は「大東亞共榮圈」の理論的基盤ともなった。小野は日本のみならず東洋全体が、西洋の知的覇権から解放されることを望んだ。一九四一年（昭和一六年）、中華民国（汪兆銘政権）の学生を前に、小野は東洋の偉大な文化的伝統に目覚めるよう訴え、西洋の文化的覇権、特にキリスト教の影響に対して毅然と対応するように促した。「私は此處で遠慮のないことを申しますが、日本と貴國とは大變な違ひがあると思ふ。現在それは貴國の指導者達はまだ〳〵西洋の文明、極端に申せば奴隸的にそれを崇拜して居ると思ふ。獨り科學と技術だけでなくして、精神文明、例へばキリスト教に付てもさうである(49)」。

前に触れた大政翼賛会石川県支部編『鄕土の烈士先覺に續かん』下巻（一九四四年）では、鄕土の英雄として上杉愼吉が扱われている。「誠に博士の言の通り、進むだけ進んで頂上に達し、行き詰つた日本は、一轉更新の機運が隨時隨處にきざし、やがて澎湃たる國家革新ののろしが上り、遂に大東亞戰爭の今日を迎へたのである。地下の博士も新日本の逞しい建設の姿に快心の笑を浮べてゐることであらう」[50]。だが日米戦争は、上杉自身も漠然と予感していたような、大日本帝国の崩壊をもたらしたのだった。

（2）批判と継承

対米決戦を主張した上杉愼吉の声望が、対米敗北で失墜したのは言うまでもない。一九二五年（大正一四年）八月に上杉が本籍地の大聖寺で憲法講演をした際には、県下の人々が集まって「吾町の上杉博士」の話に感激し、上杉を満足させた。近隣の山中温泉で揮毫をした際には、上杉は「法學博士上杉愼吉と御署名下さい」と懇願された[51]。だが今日の大聖寺（石川県加賀市）で郷土の偉人と顕彰されているのは、憲法学者の上杉ではなく、『日本百名山』を著した登山家・作家の深田久弥（一九〇三―一九七一年）である。

総力戦体制の知的司令塔から西欧＝普遍主義の先兵へと変貌した東京大学法学部は、記憶を「整理」した。法学部図書館に寄贈されたはずの「上杉愼吉文庫」は、文庫としては解体されて、邦語文献のみ総合図書館に個別に配架されており、今日では法学部地下書庫および総合図書館に蔵書目録が残っている。これに対し「吉野作造文庫」、「小野塚喜平次文庫」は一体で扱われ、学部の誇る所蔵物として公表され、現物も目録も大切に保存されている。なお二〇〇九年（平成二一年）以降、上杉家は膨大な「上杉愼吉関係文書」を東京大学法学部に断続的に寄贈した。同学部はこれを受け入れたが、「岡義武関係文書」、「我妻栄関係文書」など他の個人文書とは違って、その所蔵の事実を公表していない（二〇一七年段階）。

だが皮肉にも、大日本帝国憲法の解釈に関しては、敗戦後は上杉説が美濃部説を凌駕していく。大日本帝国の因循姑息を力説するためには、それを議会主義民主制に引き寄せる学説よりも、それを天皇絶対の国家だとする学説の方が、目的に適うからである。

とはいえ上杉愼吉研究は難航した。多くの論者は、美濃部憲法学の上杉憲法学への勝利という筋書きの踏襲で満足し、また上杉＝法学者という固定観念も非法学著作の等閑視を招いた。この流れの中で画期的だったのが、法哲学者の長尾龍一（東京大学教養学部教授：一九三八年―）である。長尾は上杉家文書を一部活用して鮮烈な「上杉愼吉伝」を描き、さらに穂積八束、筧克彦なども発掘した。だがその長尾ですら、「戦後民主主義の擁護」を掲げ、米進駐軍の善意を確信しつつ、上杉を奇人として描く傾向にあった。長尾は宮澤俊義の「神権学派」論の延長線上で、絶対的安心を求めて已まぬ homo religiosus として上杉を描き、非合理的天皇信仰を上杉思想の中心に据えた。また長尾は上杉が酒色に溺れ、法学界から落伍したことを強調した。これに続く井田輝敏も、日本国憲法に感激しつつ、上杉の戯画を描いている。前川理子（一九六九年―）も、穂積とは異なる上杉の「絶対」的性格を強調する。これに対し吉田博司（一九四八年―）は、上杉を非合理的としつつも、それを外部から糾弾するのではなく、それが生まれる「心理的基底」を論じた。吉田はカール・ポパーやエーリヒ・フロムなどを援用して、西洋的な「開かれた社会」の重圧に晒され非合理的領域に逃避する近代日本の論理を説いた。浅野和生（一九五九年―）は、天皇機関説論争を上杉の敗北と断定する通説を疑い、彼の陸軍への影響を論じた。小山常実（一九四九年―）や住友陽文（一九六三年―）は、代議制民主主義の危機への対応として上杉思想に注目した[52]。他にも穂積、上杉らの法理論を素描した松本三之介、同時期のドイツ留学者たる上杉と市村光恵とを比較した宮本盛太郎がいる。近年ではフロリアン・ノイマンが上杉や大串兎代夫を「侵略戦争」の前史に位置付ける、自作の似顔絵付きの批判的上杉伝を上梓し、原田武夫が民主主義の崩壊や上杉の復活を予言している[53]。ただいずれの先行研究も「國體」論に集中し、ドイツ語史料を用いておらず、西洋滞在など上杉の西洋との関係の分析が不十分だと思われる。

上杉への批判的見方がほとんどの敗戦後社会で、彼の息子たちは挙って知識人となり、誰一人「國體」論を継がなかったが、基本的に父と同じく自由民主主義と対決する人生を歩んだ。

長男の上杉正一郎（一九一二―一九九〇年）は経済学者となった。父愼吉の一周忌にその論文集『日の本』の序文を書いたのが彼である。「七言古詩の低吟を今生の名殘りに先考の神去りましてより既に一期年を閲するも春秋猶兀々として幽夢を成すものあり、噫」[54]。正一郎は東京帝国大学経済学部時代に日本共産青年同盟に入って二度検挙され、中田薫から処分前の依願退学を勧められて従い、京都帝国大学経済学部に再入学して卒業した。正一郎は大連勤務を経て、大阪市立大学、東京経済大学の統計学教授となる。正一郎は父について、家では天皇の話などしなかった、子煩悩だったと懐かしみ、昭和四〇年代になっても『上杉愼吉博士全集』刊行を目指していた。正一郎は、「起てよ無産の愛國者」との言葉の通り、父が労働者に共感していたと主張し、上杉がマルクス『資本論』を読むべきと書いたという河上肇の証言を引いて、父は本当に同書を勧めたがっていたはずだと主張した（実際先述のように上杉は高畠素之訳『資本論』を勧めていたが、内容への賛否は明示しなかった）[55]。

次男の上杉重二郎（一九一四―二〇〇〇年）は歴史学者となった。東京帝国大学文学部国史学科を卒業した彼は、北海道大学教育学部教授として日独の近現代史を研究した。重二郎も「お父さん子」を自称し、父の家族愛を強調するが、癇癪持ち、我儘、傍若無人、自信過剰だという同時代人の父への批判にも触れている。また重二郎は、父が「本質的には権力の側に立っていた」とし、父が家に招待した大塚警察署の面々や、剣舞を披露しピストルを放つ「暴力団」、「右翼」にも眉を顰めた[56]。ただ重二郎は、価値観の違いを超えて、大日本帝国が天皇の統治する国だったという認識を父と共有した。曰く「「大正デモクラシー」などというふやけた表現は、ブルジョア的絶対主義的天皇制下のいかなる時期に当てようと言うのであろうか」[57]。重二郎は、鈴木安藏と「革命」研究を行い、ドイツ民主共和国を旅行し、「ベルリンの壁」構築による社会主義体制の安定化を評価すると同時に、西ドイツやアメリカ合衆国の「帝国主義」への批判、近代主義者への攻勢を強めた[58]。

三男の上杉彌三郎（一九一七年―？）は僧侶「藤田泰軒」となった。彌三郎は東京帝国大学法学部で学び、恵比寿にある臨済宗妙心寺派東北寺の住職となる。東北寺は島津公爵家の菩提寺で、兄正一郎の葬儀もこの寺で実弟を導師として行われた。

四男の上杉捨彦（一九一八―一九九八年）は経済学者となった。捨彦は東京帝国大学経済学部で学んで、戦後は大原社会問題研究所に入り、同所の法政大学への編入に伴い経済学部教授に転じた。捨彦は『日本労働年鑑』など労働政策関係の資料編集に従事した[59]。

五男の上杉聰彦（一九二二―二〇〇一年）は翻訳家となった。聰彦は暁星中学校を卒業して第一高等学校の筆記試験を通過後、体格検査で不合格となり、肺結核で十七年間の療養生活を送った。聰彦は捨彦や正一郎の援助を受け、仏伊語圏のマルクス主義系著作の翻訳に勤しんだ。彼は牧野純夫教授（国際金融論・英一の子）の下で東京経済大学副手となり、フランス語教師を務めながら父の社会学研究を考察し、その遺稿を刊行した[60]。

上杉正一郎の子供で唯一文系の道へ進んだ次男上杉忍（一九四五年―）はアメリカ史研究者になった。上杉忍はアメリカ社会の暗部、特に黒人問題を研究し、息子の上杉健志と史料の共訳もした。このテーマ設定は、本人の自覚の有無に拘らず、上杉愼吉の足跡を辿るものである。上杉忍は東京都立大学人文学部、一橋大学大学院に学び、静岡大学、横浜市立大学、北海学園大学で奉職し、横浜市立大学時代には教員組合委員長も務めている。

上杉愼吉の系譜は学界では見えなくなったが、政界で生き続けた。岸信介は公職追放を経て衆議院議員となり、遂に内閣総理大臣になった。岸は保守派の巨頭として政界で重きを為し、一九八七年（昭和六二年）に死去した。岸の外孫である安倍晋三（一九五四年―）は、二〇〇六年（平成一八年）に内閣総理大臣となり、二〇一二年年末に政権に返り咲いた。

西洋（西欧）＝普遍か固有か――吉野作造・上杉愼吉時代の対立構図は、今も本質的には解消されていない。西洋（西欧）の影響力が退潮していく二一世紀、その対立は再燃していくことであろう。

終章　二つの権威主義の相克

一　世界の知的階層における日本の位置

近代世界は階層化された秩序である。そこでは如何なる国も団体も個人も、等しく近代的政治理念に準拠することを求められる。だが歴史的背景の違いから、その近代的政治理念に全ての主体が、同時に同じ程度に服することは難しい。このため世界には、その受容をめぐって「進歩的」な主体と「保守的」な主体との序列が生まれる。この序列は二項対立ではなく段階的であり、大抵の国や人々は中間者である。近代的政治理念は、それを歴史的に育んだ西洋、特に西欧（英米仏）の重要な権力資源となっている。例えば英仏の場合、宗派対立、絶対王政、軍国主義、植民地支配の歴史があっても、「市民革命の母国」として敬意を持たれることが多い。清教徒革命、名誉革命、フランス革命の強い記憶が、英仏が抱える他の多様な過去を覆い隠すのである。二〇世紀以来、近代的政治理念はアメリカ合衆国を中心に不断にヴァージョン・アップされており、非西欧諸国の「進歩派」知識人は、それを逸早く自国にインストールしようとする。一旦「保守的」だという先入観で見られた国は、「進歩的」だと見られた国に対する恭順を求められ、侮蔑的扱いに対しても抗弁は難しい。

比較的「保守的」として劣位に置かれた国や団体の内部では、近代の潮流に順応しようとする「進歩派」と、これに抵抗する「保守派」とが、いつも抗争を繰り広げてきた。例えば近代ドイツでは、或る時は西欧主義者が、或る時は反西欧主義者が擡頭し、両者の対立は容易に決着が付かなかった。またマックス・ヴェーバーのように、西欧主義者であっても西欧人から軽侮の視線を感じると、「ドイツ文化」の自立性を訴えたい衝動に駆られてきた。イランやトルコなどイスラム諸国でも、時には西欧主義者が、時にはイスラム主義者が擡頭し、政治方針は動揺を繰り返してきた。これらは近代的政治理念に完全には合わせ切れず、かといって徹底して拒否することもできない劣位者の宿命なのだった。日本は一九世紀半ばに「西洋の衝撃」を受けて開国を余儀なくされ、西洋主義と日本主義とに国論が二分されることになった。薩摩や長州の日本主義者は尊皇攘夷を唱えて幕府の開国政策を攻撃したが、やがて攘夷を不可能と悟って西洋主義に転向し、明治維新を指導した。一時は国際結婚による人種混合やキリスト教への改宗まで求める急進的西洋主義も語られたが、日清戦争、日露戦争の勝利により日本主義が擡頭していく。近代の日本主義者が日本精神の拠りどころとしたのが、「萬世一系」、つまり有史以来支配家系の転換がないという稀有な特徴を有する天皇である。

東京帝国大学法科大学の二大勢力は、天皇に象徴される日本的伝統を前提とし、西洋（特に西欧）の政治的潮流を普遍的傾向として受け入れていく穏健西洋主義と、西洋の政治的潮流を参考にしつつ、日本的伝統の在り方を明確にし、それを堅持していこうとする穏健日本主義とであった。前者に属したのが小野塚喜平次、美濃部達吉、吉野作造らであり、後者に属したのは穂積八束、上杉愼吉、筧克彥、清水澄らである。前者は西欧に端を発する議会主義民主制の潮流を受容し、ドイツの自由主義的（一部社会主義的）潮流からも学んでいた。後者は天皇に日本国の永遠の基盤を求めつつ、ドイツおよび西欧諸国の保守主義的な潮流にも学んでいた。この両派は対立しつつも、どちらも日本と西洋という二つの権威を奉じている点では共通しており、当初は類似した文献を読み、組織の中でそれなりに共存していた。大日本帝国憲法も玉虫色の構成で、両派にそれなりの論拠を提供していた。だが両派の共存は、一九一二年（明治四五年／大正元年）の「天皇機関説論争」で困難になる。折から勃発した日独戦争を好機と見た吉野作造は、日本の西欧主義的改革を大々的に唱道した。吉野や美濃部によれば、彼らの政治方針は天皇の権威をいささかも損なわないのだった。だがこれを危惧する上杉愼吉、筧克彦、小野清一郎は日本主義を急進化させ、西洋思想の導入は日本の思想的基盤を脅かすという議論を展開するようになる。

日米戦争に敗れた日本は否応なしに西洋（西欧）の大波に飲み込まれていった。大日本帝国憲法の擁護者だった東京大学法学部は、僅かな期間に日本国憲法の擁護者へと変貌した。小野塚喜平次、美濃部達吉、吉野作造は、日本国憲法の先駆者としての面のみが強調されるようになり、上杉愼吉、筧克彦、小野清一郎は頑迷な日本主義者として否定され、話題にすらされなくなっていった。

二　西洋（西欧）派日本ナショナリズム

吉野作造の言論姿勢には、知的「高み」から大衆に教示するというエリート主義の傾向がある。地方名望家の長男に生まれ、学校で特別待遇を受けた優等生吉野は、キリスト教にも帰依し、東京帝国大学にも就職して、日本社会の知的指導者としての使命感を懐くに至った。吉野は自分のことを学究肌の人間だと思っていたが、実際には専門的研究に没頭するような性分というよりは、一般社会を啓蒙する言論人の役柄が肌に合っていた。政治的啓蒙活動こそ吉野のライフワークであった。

吉野作造においては二つの西洋観が二つ巴のように対峙していた。第一の西洋観は、西洋の衝撃を受けた近代日本の人間として、西洋が日本を対等に扱わないことに憤慨し、同時に西洋の文明への抑えがたい劣等感から、居直って日本人の矜持を示すというものであり、第二の西洋観は、同胞の反西洋感情を戒め、進んだ西洋の、特に西欧の文明に謙虚に教えを請い、以て日本が西洋主導の国際社会で名誉ある地位を占められるよう努力するというものである。吉野の思想的生涯は、概ね第二の西洋観が前面に出て第一の西洋観を抑制する形態で進行したが、日清日露戦争期、留学中、日独戦争期、満洲事変後のように、第一の西洋観が第二のそれを圧倒して顕在化したこともあった。

いずれにしても吉野は熱烈な愛国者だった。マックス・ヴェーバーは西欧派ドイツ・ナショナリストだったが、吉野は西洋（西欧）派日本ナショナリストである。日本史全体に懐疑の目を向け、「日本人」や「国益」という観念を疑問視するような精神構造は、吉野には縁遠いものだった。確かに吉野は我武者羅な国益追求を批判し、日本主義の独善を非難したが、それはポストモダン的な国民国家脱構築とは無関係で、そうすることが祖国の発展のためになるとの思いからだった。吉野の厳しい日本批判は、厳密には藩閥、官僚、軍閥、枢密院、貴族院といった特定の保守的諸勢力に矛を向けたものであり、日本国家そのものを否定することはなかった。

第二の西洋観を建前とする吉野の基本姿勢は、留学からの帰国時までに確立していた。仙台の吉野は日清戦争に熱狂していたが、当時から日本の発展は普遍的＝西洋（西欧）的潮流と調和した形態で行われるべきだと考えていた。仙台で吉野が師事した米人ブゼルは、プロテスタント教徒ながら日本文化にも敬意を示す人物であり、吉野は西洋に学んでも日本の根幹は揺るがないとの発想を懐いた。それでも日露戦争後の黄禍論は吉野を憤らせ、また留学中に遭遇した現地人の無礼な態度は吉野を苛立たせた。にも拘らず吉野は、やはり日本は西洋に謙虚に学ぶ必要があると確信し、帰国後はそのような方針で言論活動を展開した。そうした吉野を一躍有名にしたのが日独戦争だった。

吉野が唱道した人道主義の政治思想によれば、人間は智徳が発達するにつれて、封建的遺風を打破して、専制政治から民主政治への移行が不可避になるとされた。これは西洋諸国が先んじて示した「普遍的」道筋であり、異なる文化的素地を有する日本にも回避できないし、回避するべきでもないというのだった。吉野は人間の知的成長を信じ、「人格」を重視していたため、藩閥政治に代表される専制政治は勿論のこと、暴力革命によるプロレタリア独裁も退けた。ただ無産政党を支援した頃の吉野は、過渡的強硬手段としての社会主義体制には同情的で、明らかに保守派より急進進歩派への親近感が強かった。

吉野は知性主義的観点から観察対象に白黒を付ける傾向にあった。つまり英米仏対ドイツ、日本対ロシヤ、アメリカ対メキシコ、新教対旧教、武官（乃木・東郷）対文官（元老・大臣）、議会対藩閥・官僚・軍閥・枢密院・貴族院、無産政党対既成政党、国民大衆対特権階級という二項対立論である。一旦「黒い」と見た勢力を一方的に黒く描き、その「膺懲」を正当化するという煽動的論法は、オリエンタリズムと呼ぶに相応しい。ただ吉野は「白い」勢力にも一定の距離は保った。例えば吉野は日本の政党政治の支援者であったが、政党の腐敗堕落を批判し続けるとともに、有権者が政党に入ることを戒め、外部からその成果を審判するよう勧めた。ただ愛の鞭でも鞭は鞭であって、吉野の政党批判は政党不信を招きかねないものである。尤もそうした吉野の冷徹な態度は天皇には適用されず、彼は天皇への熱心な敬愛者であり続けた。吉野は、彼の民主化要求が皇室の権威と衝突しかねないという上杉ら保守派の懸念には耳を貸さなかった。

大正期の十五年間、吉野作造の政治観は時宜を得たものだった。小野塚が描いた通り、西洋諸国で徐々に進展していく民主化の波は、吉野には日本の模範を提供しているように思われた。吉野は日露戦争を、文明のための戦争として道義的に正当化した。この論法を吉野は第一次世界戦争にも適用する。吉野はドイツ帝国を政治的後進国とし、世界の害悪として描き、これに対して政治的先進国である英仏と共に闘うのは日本の正しい選択だとしたのである。ドイツ革命とヴァイマール共和国の成立、国際連盟の発足は、吉野には強い自信を与えるものだった。

だが昭和に入ると、吉野の見通しにそぐわない事態が起き始める。日本でも普通選挙が成立するが、政党政治は課題山積であった。また、吉野が好意を寄せるアメリカ合衆国と、日本は対立を深めていった。吉野は国際関係において、西洋諸国との協調を重視し、中華民国の立場も尊重するが、日本の権益拡大を一律に罪悪だと考えていたわけではなかった。リットン報告書を読んで、満洲国建国という既成事実を踏まえて国際連盟脱退も辞さず、かつて危険視した「東洋モンロー主義」を掲げたのは、彼の最晩年の転換を示したものである。ただそれが彼にとって最終的・決定的な転換だったかどうかは分からない。類似の発想を彼はそれ以前にもしばしば示していたからである。

三　対西洋（西欧）自立のための日本回帰

上杉愼吉には天邪鬼とでもいうべき性格がある。通学を拒んだ小学校時代、英語学習を拒否した中学時代、穂積八束を財閥の犬と嫌った大学時代、私法学からの公法学の独立を主張し、先輩美濃部達吉の憲法学に挑戦した若手学者時代、恩師たちの世代の学問的浅薄を笑った欧州大戦期、米帝国主義を警戒し「起てよ無産の愛國者」と息巻いた晩年と、上杉の人生は常に、眼前の権威を撥ね退け、主体性を確保しようとする行動の繰り返しだった。但しそれはもちろん、上杉の主観的状況認識においてのことである。上杉は権威に対抗するために、別な権威に依拠し、自ら権威主義的に振舞うこともあった。上杉は吉野と同じ「最高學府」東京帝国大学法科大学の教授であり、吉野と同じく知的指導者としてのエリート意識を懐いていた。教壇から「天皇卽國家」を説く上杉もやはり、宮澤俊義のように意見の異なる学生には、威圧的に見えただろう。留学以降の上杉が闘いを挑んだ権威とは、吉野のような日本言論界を牛耳る西洋派知識人であり、彼らの知的源泉である西洋（西欧）諸国である。この闘争を戦い抜くために、上杉は反対側の原点、つまり天皇という日本的権威に依拠し、藩閥や軍部にも接近した。

上杉愼吉の思想的発展は、大きく三つの時期に区分できる。第一期は、就職からドイツ留学までの期間、第二期は、ドイツ留学からドイツ革命までの期間、第三期は、ロシヤ・ドイツ革命および二度目のドイツ旅行から死去までの期間である。

第一期に、上杉はドイツ国法学から学んだ国家主権説を信奉した。上杉は西洋政治思想史やドイツ近代史を学び、君主と民衆とが対立する近代政治において、国家に主権を預ける国家主権論の意義を認めていた。彼は立憲政治が国民の活力を引き出し、政治的混乱の累が君主に及ぶことを防ぐ点で好ましいとし、専制政治を否定していた。また上杉は「戸水事件」に際して、美濃部達吉ら同僚たちと連帯し、政治に対して学問の自由を守ろうとした。そして吉野作造とも盟友関係にあり、お互いに相手を公然と称讃していた。

第二期に入ると、上杉はドイツ留学の成果を日本国制論に反映した。上杉はヴィルヘルム二世の「親政」に注目し、久しぶりに男性国王が誕生したイギリスでも同じく君主権強化の傾向があると見た。また上杉は西洋諸国と日本との政治的風土の違いを実感し、前者は君主制、共和制を問わず、民主政的基本前提があるが、日本はそうした前提のない純粋な君主制だという信念を強めた。さらに上杉は、ハイデルベルクで青年トルコ党員の留学生と知り合い、トルコのミドハト憲法に興味を懐くと同時に、トルコが憲法を備えていないといって介入し、憲法を復活させたらまた介入する西洋列強の容赦ない帝国主義に目を見張った。上杉は、君主権を強化し帝国主義の暴風に備える必要性を確信して帰国したものと思われる。イェリネックの「憲法変遷」論と批判的に対峙した上杉は、かつて自らも信奉した国家主権説によって、日本国制が議会中心・政党中心の政治に済し崩し的に変更される危険性に気付き、これが美濃部達吉との天皇機関説論争に繋がった。この事件で上杉は学界の同僚たちに違和感を懐くに至り、学界外の山縣有朋系の官僚、貴族院、軍部の保守派勢力に接近していった。さらに吉野作造の民本主義論と対決し、その『中央公論』での言論活動に危惧を懐いた上杉は、自ら『我が國』を主宰して対抗運動に乗り出した。

第三期に至って、上杉愼吉はロシヤ革命、ドイツ革命および二度目のドイツ旅行の結果、総力戦体制の構築に突き進んでいく。戦争中ドイツの奮戦に注目していた上杉は、敗戦でドイツへの態度を変えた。皇帝を中心とするドイツ国家の一致団結に注目していた上杉は、一転してドイツ国家の団結の不十分を論うようになる。同時に上杉はアメリカ合衆国への警戒を始め、同時にアメリカ国民の団結力に驚嘆した。日米対立の激化に憤慨した上杉は、日米戦争の到来を予言する。上杉の構想は、アメリカに代表される白色人種の横暴に対して、アメリカ黒人を含む有色人種が、日本を指導国として立ち向かうというものだった。だが上杉は、東京帝国大学法学部に「ヘボン講座」が設立され、美濃部達吉の憲法第二講座が設立されるに従い、寂寥感を深めていく。上杉系の学生と吉野系の学生とが対立し、上杉は弟子たちに「大化の改新」への期待を述べて世を去った。

上杉は、天皇を重視する点では生涯一貫していたが、その論調には注意を要する。第一期に立憲政治の枠内で天皇を重視した上杉も、第二期以降は「天皇卽國家」として天皇の絶対性を強調するようになった。上杉は、貞明皇后と近かった筧克彦とは違い、皇室や宮内省と深い関係を有したわけではなく、上杉の天皇論は一言論人の私見でしかなかった。上杉は天皇を国民と一体の公平無私な存在として扱ったが、そこで描かれた天皇とは生活臭のしない抽象物のような存在で、彼は皇室に国家への滅私奉公を要求していたとも捉えられる。こう見ていくと、上杉の天皇論は、天皇を華々しく礼讃しているようで、実は国家の名の下に、天皇や皇族になった個々の人間を著しく拘束するものだったともいえる。

注

序　章　大正デモクラシーとドイツ政治論の競演

（1）穂積重遠「諸先生の肖像額を仰いで」、六頁。
（2）斎藤勇『思い出の人々』、一四八頁；片山哲『回顧と展望』、七一頁；吉野博士記念会第八回例会記録（複製：東大法原資料部）。
（3）『吉野作造政治史講義』、一九九、二一〇頁；上杉愼吉「地方自治の冒瀆を愼め」（昭和二年）。
（4）蠟山政道ほか「日本における政治學の過去と將來」、三七、三八頁など；丸山眞男「科学としての政治学」、一三七頁；同『日本の思想』、一二九—一四〇頁。
（5）有馬学／伊藤隆「書評」；伊藤隆『大正期「革新」派の成立』、一〇—九七頁；松本健一「大正デモクラシーから昭和ファシズム革命へ」、二一—三頁。

第一章　明治日本のドイツ的近代化

（1）大塚三七雄『新版　明治維新と獨逸思想』、一五頁。
（2）清水伸『明治憲法制定史（中）』、四二八—四二九頁。
（3）原平三『市川兼恭』；同『幕末洋学史の研究』、三一—九七、一八七—二六六、二九〇—三〇五頁；森川潤『ドイツ文化の移植基盤』、三—一七頁。
（4）小川鼎三監修『ターヘル・アナトミアと解體新書』、三、七四〇頁；大塚三七雄『新版　明治維新と獨逸思想』、一一九—一二四頁；加藤弘之先生八十歳祝賀會編『加藤弘之自敍傳』、一—七、一九—三二頁。
（5）原平三『幕末洋学史の研究』、二三四—二三五頁。
（6）東京帝國大學『東京帝國大學五十年史』上巻、三七三—三八三頁；神谷昭典『日本近代医学のあけぼの』、五三—六一、一〇六—一一〇、一九五—二〇七頁；森川潤『ドイツ文化の移植基盤』、六〇—六九頁；石黒忠悳『懷舊九十年』、一三一—一三五頁；ミュルレル『東京—医学』、一〇—八二頁；酒井シズ「エルウィン・ベルツのこと」、トク・ベルツ編『ベルツの日記（上）』、七頁。
（7）田中英夫『御雇外国人ローレッツと医学教育』；神谷昭典『日本近代医学のあけぼの』、六三頁。
（8）大塚三七雄『新版　明治維新と獨逸思想』、二二一—二二五、九九—一〇〇頁。

（9）荒木康彦『近代日独交渉史研究序説』、八九―一二二頁：山田千秋『日本軍制の起源とドイツ』、八八―一二〇頁。尤も陸軍省の史料によれば、一八七〇年（明治三年）の明治天皇による各藩兵観兵の際、ドイツ式のものは一つもなく、「和歌山藩」の藩兵も「英式」に分類されている（陸軍省編『明治天皇御伝記史料　明治軍事史』（上）、五二頁）。

（10）大塚三七雄『新版　明治維新と獨逸思想』、二二―二五、九一―一一七頁：宿利重一『日本陸軍史研究　メッケル少佐』、一、七、一五―一七、六八―七一頁。

（11）青木周蔵『青木周蔵自伝』、三―三三、三八―四四、三六〇頁。

（12）江村栄一編『憲法構想』、一三頁。

（13）青木周蔵『青木周蔵自伝』、四五―五一頁。

（14）勝田銀次郎『服部一三翁景傳』、二五―五〇、一〇九―一一八頁：井上哲次郎『懐舊録』、二〇一頁：野﨑敏郎「カール・ラートゲンの日本社会論と日独の近代化構造に関する研究」、五五―六〇頁。

（15）野﨑敏郎「カール・ラートゲンの日本社会論と日独の近代化構造に関する研究」、一二一―一六、四九―七一、一一三―一二五頁。

（16）『獨逸學協會學校五十年史』、四―一六、二三―二八頁：奥谷松治『品川弥二郎伝』、九七―一一〇頁。

（17）美濃部達吉「穂積先生の追憶」、八〇頁。

（18）「故男爵穂積陳重略歴」、學士會編『故穂積男爵追悼録』、一頁：穂積重遠「穂積陳重の祖父と祖母」、同一四―一五頁：櫻井錠二「故穂積男爵の思出」、同一九―二〇頁：志賀泰山「穂積男爵の青年時代」、同二七―二九頁：山田三良「穂積陳重先生の不朽の功績」、同七七頁：穂積重行『明治一法学者の出発』、三八四頁。

（19）穂積陳重「獨逸法學の日本に及ぼせる影響」、同『穂積陳重遺文集』第三巻、六一八―六一九頁。

（20）土方寧「故穂積先生の追懐」、三四頁：石渡敏一「穂積先生を憶ふ」、三九―四一頁：平沼騏一郎「穂積男爵を悼む」、四三頁：山田三良「穂積陳重先生の不朽の功績」、七五頁。

（21）野﨑敏郎「カール・ラートゲンの日本社会論と日独の近代化構造に関する研究」、七二―一〇七頁：瀧井一博『ドイツ国家学と明治国制』。

（22）潮木守一『京都帝國大學の挑戦』、二二―二四頁：同『ドイツの大学』、二〇九―二一九頁：古川安『科学の社会史』、一一一―一二六、一八〇―一九四頁：佐々木毅『政治学講義』、七頁。

第二章　「獨逸學」との格闘　一八九八―一九〇六年

（1）東京帝國大學『東京帝國大學五十年史』上巻、五―二四、五六六―六一五、一一〇六―一一五五頁：東京大学百年史委員会編『東京大學百年史　部局史一』、三、一六―二六三頁。

（2）坂本義和『人間と国家（上）』、一〇八頁。
（3）潮木守一「解説」、斬馬剣禅『東西両京の大学』、二九二―二九三頁。
（4）斬馬剣禅『東西両京の大学』、二三頁。
（5）「卒業證書授與式」、『法學協會雜誌』第二二巻第九号（明治三七年）、一一六二―一一六四頁。山川健次郎はX線の研究が災いして、夏になると顔面の皮膚病に悩み、白粉を塗って人に会うのを避けていたという（斬馬剣禅『東西両京の大学』、四三―四四頁）。
（6）『東京朝日新聞』明治三七年七月一二日朝刊、一頁。
（7）『法學協會雜誌』第二四巻第六号（明治三九年）、口絵および八六二―八六五頁；同第二四巻第一二号（明治三九年）、口絵および一七九一―一七九三頁；同第二六巻第一〇号（明治四一年）、口絵および二七九―二八六頁；同第二七巻第五号（明治四二年）、口絵および七九一―八一〇頁。
（8）斬馬剣禅『東西両京の大学』、五二―八四頁。
（9）吉野作造「青年思想の最近の傾向」（大正九年）、三四頁。
（10）『東京朝日新聞』明治四一年六月一五日朝刊、六頁。
（11）實業之日本社編『優等學生勉强法』；太田雅夫編『吉野作造「試験成功法」』；『東京朝日新聞』大正元年一一月五日朝刊、五頁。
（12）斬馬剣禅『東西両京の大学』、二四―二八頁。
（13）「明治三十三年七月十日　東京帝國大學各分科大學卒業證書授與人名」、松本烝治文書（国会図書館）。
（14）大村敦志『穗積重遠』、xxii―xxiii、一―一四頁；吉野信次『商工行政の思い出』、二七六頁；山田三良『回顧録』、一―一三、四三頁。
（15）斬馬剣禅『東西両京の大学』、二〇―二一頁。
（16）潮木守一『京都帝國大學の挑戦』、一七―一八頁。
（17）南原繁ほか『小野塚喜平次』、二九頁；吉野作造「穗積老先生の思ひ出」（大正一五年）、八三、八六―八八頁。
（18）山田三良『回顧録』、四四頁。
（19）「綠會の創立」、『法學協會雜誌』第一九巻（明治三四年）、八二三―八二四頁；「法科大學學歌の作製」、『法學協會雜誌』第二〇巻（明治三五年）、四〇〇―四〇九頁。
（20）例えば『國家學會雜誌』第一四巻第一五五号（明治三三年）、表紙裏。
（21）穗積重遠「法學部總説」、一二一―一六頁。
（22）曾根虎之助（法科大學々生）「緊急勅令ニ關スル疑義及ヒ私見」、『法學協會雜誌』第一九巻（明治三四年）、三六―五九頁；長岡春一（大學院學生・法學士）「個人ハ國際法ノ主格タルコトヲ得ルカ」、『法學協會雜誌』第一九巻（明治三四年）、一三二―一四〇頁など。

(23) Studien- und Sittenzeugniß von Kiheiji Onozuka (Universitätsarchiv Heidelberg).
(24) 石渡敏一「穗積先生を憶ふ」、四一頁；松波仁一郎「故穗積先生」、六七頁；鳩山秀夫「穗積老先生　不朽の功績を憶ふ」、九四頁。
(25) 例えば『法學協會雜誌』第一九巻第一・二・三・四・五・六・七・八・九号（明治三四年）の「討論　狂者刀ヲ振ヒ人ヲ追フ父兄其傍ニ在リ被難者己ニ恨アル者ナルヲ見テ其儘棄テ置キタル爲メ遂ニ之ヲ殺セリ父兄ハ刑法上罰スヘキモノナルヤ」など。
(26) 上杉正一郎追悼文集刊行会編『追想』、二三三頁；「風雪の碑――「憲法論争」の立て役者　上杉慎吉」、『北国新聞』昭和四一年一〇月二九日夕刊、三頁。
(27)『法學協會雜誌』第二四巻第七号（明治三九年）、口絵；同第二六巻第二号（明治四一年）、口絵；美濃部達吉「私の大學學生時代」、一一頁。
(28) 瀧井一博『文明史のなかの明治憲法』、一八九―一九五頁。
(29) 渡邊洪基「國家學會開設ノ主旨」（明治二〇年）、三頁；末松謙澄「國家學ノ説」（明治二〇年）、三一〇―三一一頁。
(30) 筧泰彦「父筧克彦のことども」、四五頁。
(31)［上杉聰彦?］「稲葉さんからの聞き書（一九七〇年一二月二四日）」（東大法上杉文書）。
(32)「学籍簿自ヨ至マ」（金沢大学資料館）；上杉慎吉「外國旅券下附願」（東大法上杉文書）。
(33)「故上杉先生略歴」、七生社編『上杉先生を憶ふ』（昭和五年）、三頁。だが吉田博司の問題提起以来、上杉慎吉の家系については疑問が付されている。現存する大聖寺藩士の名簿（牧野隆信編『大聖寺藩士由緒帳』）には「上杉」（上枚）という名前がなく、上杉家が同藩士であったことが確認できない（但しこの名簿は網羅的なものではない）。『第四高等中學校一覽』（明治二〇／二一―二六／二七年）、『第四高等學校一覽』（明治二七／二八―三五／三六年まで閲覧）を見ると、明治二六／二七年、明治二七／二八年には「石川士族」と記載があるが、明治二八／二九年から明治三〇／三一年までは「石川平民」とあり、その後は卒業生欄に再び「石川士族」とある（金沢大学附属図書館）。
　野田寛（のち上枚寛二）が作成した由緒書（金沢市立玉川図書館近世資料館）によると、野田寛は野田元達を祖とする医師野田家の八代目である。野田家は藩主正室の治療にも当たった医家だが、代々越前福井と深い縁があり、しばしば養子を迎えている。野田寛は、この由緒書を明治五年に作成した時にはまだ野田姓だったが、作成後に「上枚寛二」になったようで、朱筆で訂正されている。上枚への改姓の経緯、上枚家の素性は記されていない。安政二年の「大聖寺御藩中分限帳」（金沢市立玉川図書館近世資料館）によると、野田順道は五人扶持の「御醫師並」とされている。二本差の上枚寛二の写真も残されている（金沢大学医学部百年史編『金沢大学医学部百年史』、一二八頁および挿図三九）。上枚寛二は明治三二年には金沢市参事会員選挙に立候補して落選しており、金沢の名士の一人であった様子が伺える（石川県編『石川縣史』第四編、五三一頁）。

　母方の馬嶋家に関しては、同名簿に御待医となった馬嶋全庵の名があり（第三巻、一八九―一九〇頁）、大聖寺藩史編纂會『大聖寺藩史』にも「五人扶持　馬嶋禮造」という名がある（四三五頁）。「大聖寺御藩中分限帳」（金沢市立玉川図書館近世資料館）にも野田順道の隣に五人扶持御医師並の馬嶋全庵の名が記されている。

(34) 大治町史編集委員会編『大治町史』、六四一―七二〇頁。

(35)『大聖寺藩史』、二四二、二八二―二八六、三四三、三四九―三五五頁；上杉愼吉「我が憲政の根本義」（大正五年）、四三頁；三俣俊二『金沢・大聖寺・富山に流された浦上キリシタン』、九九―一五二頁。

(36)「故上杉先生略歴」、七生社編『上杉先生を憶ふ』、三頁。

(37) 従来上杉愼吉は、私立中学校を半年も経ずに退学し、明治二四年に第四高等中学校補充科に再入学し、補充科二年、予科三年、本科二年と進み、明治三一年に第四高等学校を卒業したとされてきた（「故上杉先生略歴」、『上杉先生を憶ふ』、三―四頁）。しかし第四高等中学校の「點評」を見ると、明治二六／二七年より前には上杉の名前がなく、「学籍簿」にも明治二六年に「豫科第一年級」に入学したと記載がある（金沢大学資料館）。

(38)「第七學年點評」、「第八學年點評」、「第九學年點評」、「自明治二九年九月至明治三〇年七月大學豫科點評」、「自明治三〇年九月至明治三一年七月大學豫科點評」、「学籍簿自ヨ至マ」（金沢大学資料館）；『北辰會雜誌』第二〇号（明治三一年）、五七頁。

(39) 上杉正一郎ほか編『上杉愼吉著作目録』、一頁；作道好男ほか編『北の都に秋たけて』、二二―五六頁。

(40)「故上杉先生略歴」、『上杉先生を憶ふ』、三頁。上杉在学中の『北辰會雜誌』（金沢大学附属図書館）を見ると、野村淳治や阿部信行（のち内閣総理大臣）がそれぞれ「ベースボール」と「ロンテンニス」で代表を務め（『北辰會雜誌』第二号（明治二八年）、六七頁；同第四号（明治二八年）、六二頁；同第一一号（明治二九年）、八六頁）、剣道やボートでも活躍振りが見られるのに対し、上杉の活動は見えてこない。上杉は国語が終始好成績だったのに対し、漢文の成績は当初それほどではなかったが、徐々に好転している（「第七學年點評」、「第八學年點評」、「第九學年點評」、「自明治二九年九月至明治三〇年七月大學豫科點評」、「自明治三〇年九月至明治三一年七月大學豫科點評」（金沢大学資料館））。

(41) 上杉愼吉「小引」（大正六年）、五頁；『加能越郷友會雜誌』第九二号（明治三〇年）、四二頁；井上好人「郷友会ネットワークからみた学歴エリートのアイデンティティ」。

(42) 上杉愼吉「ねむけさまし」（明治二六年）。

(43) 馬場鍈一「畏友上杉博士を偲ふ」、一〇―一一頁；穂積重威「上杉先生を憶ふ」、一七頁；結城豊太郎「畏友上杉」、八六頁。

(44) 上杉愼吉「小引」（大正六年）、二―六頁。

(45) 長尾龍一「八束の髄から明治史覗く」、二九七頁など；前川理子『近代日本の宗教論と国家』、六一―六二頁。

(46) 山田三良「亡友上杉愼吉君を追悼す」、七七頁。

(47) 上杉愼吉「河上法學士ノ憲法論ニ付キテ」（明治三五年）。

（48）上杉愼吉「自殺」（明治三五年）。
（49）吉野作造「牧野助教授著『刑事學の新思潮と新刑法』を讀む」（明治四二年）。
（50）富井政章「穂積先生の業績」、一七頁；穂積陳重『法窓夜話』、一〇四頁（長尾龍一教授の教示による）。
（51）「法理學演習科の開設及其近狀」、『法學協會雜誌』第二〇巻第一二号（明治三五年）、一〇一五―一〇一九頁；上杉愼吉「社會主義ト法律トノ關係汎論」巻（明治三六年）。
（52）穂積八束「法ノ社會的作用」（明治三六年）。
（53）美濃部達吉「美貌もまた堂々たる天才」；南木摩天樓「上杉博士と美濃部博士」、三九頁；「東京帝國大學の卒業證書授與式」、『法學協會雜誌』第二一巻第九号（明治三六年）、一二二五―一二二八頁。馬場鍈一は、上杉が過度の飲酒などで卒業試験第四席になり、自分は第三席だったとするが（「畏友上杉博士を偲ふ」、一一頁）、『法學協會雜誌』によると政治学科では首席の小野、次席の小川、第三席の上杉が銀時計組で、馬場は第四席になっている。
（54）『上杉愼吉著作目錄』、一頁；「故上杉先生略歴」、七生社編『上杉先生を憶ふ』、四頁。
（55）上杉愼吉「小引」（大正六年）、四―五頁。当時の東京帝國大学では、学生は東京在住の「保證人」を必要とした（吉野作造「管原傳氏と私」（大正一三年）、四五頁）。
（56）尾崎士郎『天皇機關說』、二〇頁。逸話によれば、穂積八束が早暁池之端の待合から出ると、不忍池畔を大学へ歩く上杉に遭った。穂積は上杉が早朝の勉強後に散歩をしていると人に語ったが、実は「北廓」からの帰りだったという（堀川鷺陽「上杉愼吉氏」、五四頁）。
（57）「本會名譽職員」、『國家學會雜誌』第二九巻第七号（大正四年）、末尾など。
（58）一木喜德郎「上杉博士を憶ふ」、一頁；上杉愼吉宛一木喜德郎書簡（大正一五年六月二二日東京）（東大法上杉文書）。
（59）一木喜德郎『一木先生回顧録』、七頁；松浦鎭次郎編『岡田良平先生小傳』、七―一七頁。
（60）野村淳治「上杉さんの思出」、六〇―六二頁。
（61）上杉愼吉「公法學ノ獨立」（明治三六年）；海老原明夫「ドイツ国法学の「国家学的」手法について」、三六〇―三六一頁。
（62）上杉愼吉「國家學史上に於けるヘーゲルの地位」（明治三七年）、一〇〇七頁。
（63）上杉愼吉「國家家產說」（明治三八年）、一四二三頁。
（64）野﨑敏郎「カール・ラートゲンの日本社会論と日独の近代化構造に関する研究」、一一四頁。
（65）戸水寬人「社會契約の起源」（明治三四年）。
（66）上杉愼吉「ジァン、ボダーンノ主權論」（明治三六年）。
（67）上杉愼吉「近世ノ帝王神權說」（明治三六年）。

(68) 上杉愼吉「多數決」（明治三七年）；同「所謂少數代表又ハ比例代表ノ選擧」（明治三八年）；Jellinek, *Das Recht der Minorität.*
(69) Treumann, *Die Monarchomachen.*
(70) 上杉愼吉「民約說の先驅」（明治三七年）、一三一一―一三二一頁。
(71) 上杉愼吉「カントの國家論」（明治三七年）；同「國家學史上に於けるヘーゲルの地位」（明治三七年）、一〇〇二―一〇〇五頁。
(72) 上杉愼吉「國家學史上に於けるヘーゲルの地位」、一〇〇五、一〇一二頁など。
(73) 上杉愼吉「國家家產說」（明治三八年）、一四二八頁。
(74) 上杉愼吉「國家主權說の發達」（明治三八年）、七九―八〇頁。
(75) 上杉愼吉「立憲政治の妙用」（明治三八年）；同「非立憲」（明治三九年）；同「自由權」（明治三八年）；同「便宜の原則」（明治三八年）；同「緊急命令ノ承諾」（明治三八年）；同「大臣責任論」（明治三九年）。
(76) 上杉愼吉「兵役と自治」（明治三九年）。
(77) 上杉愼吉「碩學スペンサア先生を弔ふ」（明治三七年）、二八八―二九一頁。
(78) 上杉愼吉「社會ノ指導者」（明治三七年）。
(79) 上杉愼吉「多數決」（明治三七年）。
(80) 上杉愼吉「天皇ノ國法上ノ地位ヲ論ス」（明治三八年）。
(81) 上杉愼吉「帝國議會ノ議員ハ其歲費ヲ差押ヘラレアルニ拘ラス之ヲ受クルノ權ヲ拋棄スルコトヲ得ルヤ」（明治三七年）；同「現行衆議院議員選擧法第十三條第二項ニ規定シタル政府ノ爲メニスル請負云々ナル請負ノ意義如何」（明治三七年）など。
(82) 上杉愼吉「法律裁可ノ性質ニ就テ」（明治三七年）。
(83) 「公法演習」、『法學協會雜誌』第二二巻第二号（明治三七年）、三〇五―三〇六頁；堀川鷺陽「上杉愼吉氏」、五三頁。
(84) 上杉愼吉『帝國憲法』（明治三八年）、一九頁。
(85) 上杉愼吉『帝國憲法』、二二頁。
(86) 上杉愼吉『帝國憲法』、三、六、一七、一九、三一、三五―三六、五三、五六、五八、六二、一一八、一一九頁。
(87) 上杉愼吉『帝國憲法』、四―五、三九、四八―五〇、五六、一二〇―一二二、一五九頁。
(88) 上杉愼吉『帝國憲法』、一四九頁。
(89) 北国新聞編集局編『風雪の碑』、二四六―二四七頁。
(90) 戸水寛人「穗積八束君ト「ロバート、フ井ルマー」」、三三九―三四五頁。これに対し法学士島田俊雄（のち衆議院議長）から、真面目な学術雑誌で戸水が穗積を誹謗したという激烈な抗議の声が上がった（「戸水博士の所説に就きて」）。
(91) 上杉愼吉「循吏傳」（明治三八年）、五六―五九頁。

(92)［京大滝川事件を扱った原稿（「この分本人の強ての希望に依り掲載中止之事」）］（東大法上杉文書）。瀧川事件は上杉歿後の出来事であり、文面も澤柳事件を扱ったものである。

(93)「故吉野作造博士略歴」、吉野作造『古川餘影』（昭和八年）；吉野作造「少年時代の追憶」、一一二頁；「吉野作造学籍簿」（複製：東大法原資料部）。

(94)吉野作造「明治維新の解釋」（昭和二年）、三六―三七頁。

(95)森田敏彦「ハリストス正教と民権運動」；同「「大正デモクラシー」と杜の都」。

(96)「同教會は奇蹟を承認し、基督の神秘的降誕と肉體の復活とを主張し、洗禮、聖餐等の機密を確信すと稱す、然も生命と活力とに滿てる大説教なきは何ぞや、所謂三萬の信徒も或は單にメトリカ上の數に止まるなき乎」（翺天生「ニコライ大主教敍聖二十五年記念會」（明治三九年）、六一頁（メトリカは信徒台帳））。土川信男・大内俊介は「翺天生」を吉野の筆名「翔天生」と同一人物だと考えた（『吉野作造選集　別巻』、吉野作造著作年表二一頁）。ただ「翺天生」は三年後、「皓天生」の名で再び正教会を批判しており（「希臘正教會の獨立問題に就て」）、「皓天生」は鈴木文治の筆名とされているので（松田義男「鈴木文治著作目録」）、筆者は「翺天生」を鈴木だと考える。吉野は同年一月二二日に清国に出発しているため、この式典について論評するのは困難だっただろう。

(97)吉野作造「日清戰爭前後」（昭和八年）、三二三―三二五頁；同「林子平の逸事」（明治二八年）；同「戰國三傑の概論」（明治二七年）；同「漢高祖雍齒を封ずること」（明治二七年）；同「松風琴」（明治二八年）、三六―三七頁；田澤晴子『吉野作造』、一九―二〇頁。

(98)吉野作造「初めて讀んだ書物」、同『古川餘影』、二三―二四頁；『仙台一高六十周史』、四三頁；吉野作造「「和歌四首」」（明治二八年）、一四頁；同「松風錄」（明治二八年）、三五―三六頁；田澤晴子『吉野作造』、二一、二五頁。

(99)吉野作造「日清戰爭前後」（昭和八年）、三二〇―三二三頁；能勢三郎／吉野作造「行軍日誌」（明治二八年）、三三頁；田澤晴子『吉野作造』、二五頁。

(100)吉野作造「松風錄」（明治二八年）、三八―三九頁

(101)西田耕三「若き日の吉野作造と仙台」、一六―一七頁。

(102)吉野作造「「自分の教授時代は終世忘れ難い記憶」」（大正一三年）。明治三一年のドイツ語教授陣には、山田郁治、安田登、内藤昌英、藤井信吉、杉谷泰山、三谷金米三といった名前が見られる。「法学通論」担当講師は横村米太郎判事であった（第二高等学校史編集委員会『第二高等學校史』、一三五―一三七頁）。

(103)眞山青果「青年時代の吉野君」、一二六―一二七頁。

(104)吉野作造「教會に對する昔の青年と今の青年の態度」（大正一五年）、一五―一六頁；栗原基『ブゼル先生伝』、三三〇、三四三頁；尚絅女学院一〇〇年史編纂委員会編『尚絅女学院１００年史』、七七―八九頁。

(105) 吉野作造「初めて讀んだ書物」、同『古川餘影』、二六頁；栗原基『ブゼル先生伝』、はしがき六―七、二二四、二四三頁。
(106) 栗原基『ブゼル先生伝』、四一五頁。
(107) 栗原基『ブゼル先生伝』、四四二、六七四―六七五頁。
(108) ブゼル「バイブル・クラス物語」、一六頁。
(109) 内ヶ崎作三郎「吉野作造君と私」、一〇三頁；吉野作造「新人運動の回顧」（大正一二年）、九―一〇頁；同「賢者ナータン」（大正一〇年）、七頁。
(110) 吉野作造「何故に傳道するか」（大正五年）、五八頁。
(111) Uchimura, *How I became a Christian*, pp. 3-9；吉野作造「夏の夕」（明治二七年）；同「緒北堂漫談」（明治三一年）；同「秀吉を想ふ」（明治三一年）；同「方丈記に現はれたる長明の厭世觀を評す」（明治三二年）。
(112) 田中昌亮「吉野作造と文学者」、三三―三四頁；吉野作造「初めて讀んだ書物」（大正一五年）。吉野が見たのは磯田良編『世界歴史』だと思われるが、こちらは「チュートン」種族」、「チャーレス、マルテル」」、「フレデリック」大王」、「カペット」家」、「グレゴリー」七世法王」など、独仏羅語の固有名詞まで英語風に表記している。吉野が『獨逸學』批判の立場から少年期の記憶を「整理」した可能性もあるだろう（但し「あてん」」、「カール」大王」、「マルク、グラーフ」などドイツ語表記もなくはない）。
(113) 「卒業證書授與式」、『尚志會雑誌』第四一号（明治三三年一〇月）、五一―五五頁。
(114) 吉野作造「民本主義鼓吹時代の回顧」（昭和三年）、一三〇―一三一頁。
(115) 一木喜徳郎『一木先生回顧録』、一四―一七頁。
(116) 『獨逸學協會學校五十年史』、五九頁；一木喜徳郎「序」、マイエル『獨逸國法論』、三頁。
(117) 吉野作造「滞徳日記」（明治四四年）、七〇―七一頁。
(118) 東京大学百年史法学部編集委員会「東京大学法学部百年史稿（三）」、三〇〇、三〇一頁；同「東京大学法学部百年史稿（四）」、四四三頁；同「東京大学法学部百年史稿（五）」、八五一頁；吉野作造「現代に珍しき人物」（大正三年）、説苑五一頁。
(119) 木場貞長「孛國官衙ノ實況」（明治二一年）、一二三頁；東京大学百年史法学部編集委員会「東京大学法学部百年史稿（二）」、八〇二頁。
(120) 蠟山政道『日本における近代政治學の發達』、八四頁。
(121) 小野塚喜平次「何故に政治科を選んだか」；同「獨乙社會黨ノ穩和化的傾向」、一頁；同「學問に對する忠實なる態度」；同『政治學大綱』。
(122) 高橋作衞「七博士意見書起草顚末」、四、八、二二、二九頁；南原繁ほか『小野塚喜平次』、一二六―一二九頁；廣瀬武夫宛小野塚喜平次書簡（明治三七年三月一八日東京）（長岡市郷土史料館）。
(123) 吉野作造「穂積老先生の思ひ出」、八三―九二頁。
(124) 小野塚喜平次「學問に對する忠實なる態度」；『吉野作造選集13』、一一九、一二五―一二七頁。
(125) 吉野作造「民本主義鼓吹時代の回顧」（昭和三年）、一三一頁；同「小題小言三則」（大正一二年七月）、一四二頁；同「僕の觀た河上君」（大正八年）。
(126) 上杉慎吉「國家學史に於けるヘーゲルの地位」（明治三七年）、九九九頁；吉野作造「ヘーゲルの法律哲學の基礎」（明治三七年）、一二九一頁。
(127) 上杉慎吉「國家學史に於けるヘーゲルの地位」（明治三七年）、一〇〇〇頁。
(128) 吉野作造「ヘーゲルの法律哲學の基礎」（明治三七年）；同『ヘーゲルの法律哲學の基礎』（明治三八年）。
(129) 上杉生「法學士吉野作造君著ヘーゲルの法律哲學の基礎」、四四四―四四六頁。
(130) 吉野作造「獨逸見聞録」（明治四四年）、一八頁。
(131) 『吉野作造選集13』、一二五、一二七、三〇七頁。
(132) 吉野信次追悼録刊行会『吉野信次』、五二―五四頁。
(133) 吉野作造「管原傳氏と私」（大正一三年）、四七―四八頁；太田雅夫編『吉野作造「試験成功法」』、vi―vii頁。
(134) 弓町本郷教會百年史委員会『弓町本郷教會百年史』、五九、一〇四、二八七、三一一、三二八頁；吉野作造「宗教と科學」（明治三三年）。
(135) 弓町本郷教會百年史委員会『弓町本郷教會百年史』、一九、二九―三二、三六―三七、六四―六八、二三二、二八五―二九五、二九八―三〇〇、三五〇―三五四頁。
(136) ハーマー『明治キリスト教の一断面』。
(137) 『吉野作造選集13』、二八四頁。
(138) 弓町本郷教會百年史委員会『弓町本郷教會百年史』、三二、四七―四九、二七一、七九三頁；Japanisch-Deutsches Zentrum et al. (Hrsg.), *Brückenbauer*, S. 370-377.
(139) 弓町本郷教會百年史委員会『弓町本郷教會百年史』、六三―六四頁。
(140) 「發刊の辭」、『新人』第一巻第一号（明治三三年）、一―二頁。
(141) 吉野作造「露國の滿州占領の眞相」（明治三七年）；同「露國の滿州閉鎖主義」（明治三七年）；同「征露の目的」（明治三七年）；同「露國の敗北は世界平和の基也」（明治三七年）。
(142) 内ヶ崎作三郎「吉野作造君に就いて」（大正五年）、七三頁。

(143) 吉野作造「露國に於ける主民的勢力の近狀」（明治三八年）；同「露國貴族の運命」（明治三八年）；同「露國革命と憲法」（明治三八年）。
(144) 吉野作造「政界時感」（明治三六年）；同「普通選擧請願運動の檄を讀む」（明治三七年）；同「選擧權擴張の議」（明治三七年）。
(145) 吉野作造「世界普通語エスペラントー」（明治三六年）。
(146) 吉野作造「濠洲人の日露戰爭觀を讀みて」（明治三七年）；同「大に黃禍論の起れかし」（明治三七年）；同「日露戰爭と世界政治」（明治三七年）。
(147) 吉野作造「「佛領印度に對する日本の野心」に付いて」（明治三八年）。
(148) 吉野作造「國家魂とは何ぞや」（明治三八年）；同「木下尙江君に答ふ」（明治三八年）；同「平民社の國家觀」（明治三八年）；同「社會主義と基督教」（明治三八年）；同「社會主義と警視廳」（明治三八年）。
(149) 吉野作造「日本民族の精神的自覺」（明治三八年）（引用は五四頁）。
(150) 吉野作造「文武兩官の氣風」（明治三八年）；同「所謂官廳の威信とは何ぞ」（明治三八年）。
(151) 吉野作造「本邦立憲政治の現狀」（明治三八年二月）、一九―二〇頁。
(152) 『國家學會雜誌』第一九巻第七号（明治三八年）、一五九頁。
(153) 吉野作造「河上學士著『經濟學上之根本觀念』を讀む」（明治三八年）；同「河上學士譯述『歷史之經濟的說明新史觀』を讀む」（明治三八年）。
(154) 吉野作造「「國家威力」と「主權」との觀念に就て」（明治三八年）。
(155) 吉野作造「有賀博士著『滿洲委任統治論』を讀む」（明治三八年）。
(156) 吉野作造「日本文明の硏究」（明治三八年）。
(157) 吉野作造「農業保護政策ト獨逸勞働者」（明治三九年）。
(158) 「翔天吉野君を送る」、『新人』第七巻第二号（明治三九年）、六二頁。
(159) 吉野作造「淸國に於ける日本人教師の現在及び將來（其一）」（明治四二年）、二八頁；同「內外近時評論」（大正七年一月）、九一―九二頁；同「支那帝政問題の批判」（大正四年）、一二、一八頁；今井嘉幸「支那時代の吉野君」、一―四頁。
(160) 吉野作造「支那人の形式主義」（明治三九年）。
(161) 吉野作造「支那人の形式主義（再び）」（明治三九年）、一四頁。
(162) 吉野作造「淸國婦人雜話」（明治四二年）；大內兵衞「ある距離に於ける吉野先生」、三六頁。
(163) 丸山眞男『日本政治思想史硏究』、三頁。
(164) 吉野作造「支那人の形式主義（再び）」（明治三九年）、一八頁。

(165) 吉野作造「清國在勤の日本人教師」（明治四二年）、一二三―一四一頁；今井嘉幸「支那時代の吉野君」、二―三頁。
(166) 吉野作造「清國に於ける日本人教師の現在及び未來（其三完）」（明治四二年）。
(167) 吉野作造「天津に於ける自治制施行の現況」（明治四〇年）、三二―三五頁；同「袁世凱ヲ中心トシテ觀タル清國近時ノ政變」（明治四二年）、三五九頁など。
(168) 吉野作造「近世平和運動論」（明治四二／四三年）；『吉野作造選集13』、九二頁；Fried, *Die moderne Friedensbewegung*.
(169) Wehberg, *Alfred H. Fried*；吉野作造「近世平和運動論」、『國家學會雜誌』第二四巻第二号（明治四三年）、一一〇頁；『吉野作造選集13』、三三五頁。
(170) 美濃部達吉「「ハイデルベルヒ」大學百年間の國法學教授」（明治三八年）；同「「エリネツク」教授ノ國體論」（明治四二／四三年）。
(171) 吉野作造「日本行政法　第一巻」（明治四二年）。

第三章　洋行　一九〇六―一九一四年

(1) 中島力造「外遊所感」、二三頁。
(2) 「法理學演習科の近狀」、『法學協會雜誌』第二一巻第一号（明治三六年）、一四七頁。
(3) 土方寧「故穗積先生の追懷」、三四頁。
(4) Gotoh, *Vergleichende Darstellung*; Fukuda, *Die gesellschaftliche und wirtschaftliche Entwickelung in Japan*.
(5) Hozumi, *Ancestor-Worship and Japanese Law*, Third & Revised Edition；學士會編『故穗積男爵追悼錄』、九頁。
(6) 筧泰彦「父筧克彦のことども」、三七―五七頁；『法學協會雜誌』第二六巻第二号（明治四一年）、口絵；美濃部達吉「新刊紹介」（大正二年）、一四七―一四八頁；西田彰一「一九〇〇年代における筧克彦の思想」。
(7) 『上杉愼吉著作目錄』、一頁；野村淳治「上杉さんの思出」、六三頁；中田薫「上杉君を想ひて」、三四頁；上杉愼吉「[前田侯爵への誓約書]（下書き）」（東大法上杉文書）；前田利爲発上杉愼吉宛書簡（明治四〇年一〇月二一日横須賀）（東大法上杉文書）。
(8) http://www.uni-heidelberg.de/universitaet/geschichte/geschichte.html（二〇一五年二月一六日閲覧）
(9) Kempter, *Die Jellineks*, S. 137–381.
(10) 『外務省年鑑』（自明治四十一年至明治四十二年）、四三頁；Brief von Botschaftssekretär Mitsunojo Funakoshi an Georg Jellinek, Berlin 15. November 1906, in: BArch [Bundesarchiv Koblenz] N 1136/8. 但し推薦状を発給した大使館側は上杉愼吉のことを十分に把握していなかったと見えて、翌一九〇七年には彼を上杉という名の大使館員と混同するという事件が起きている（Brief von Botschaftssekretär Sasano an Georg Jellinek, Berlin 10. Oktober 1907, in: BArch N 1136/25）。

（11）Studien- und Sittenzeugnis von Shinkitsi Uyesugi（Universitaätsarchiv Heidelberg）; 上杉慎吉宛上杉悌三書簡（明治四一年年六月七日東京）（東大法上杉文書）。
（12）Brief von Shinkichi Uyesugi an Georg Jellinek, Tokio 23. Juli 1909, in : BArch N 1136/30 ;「故上杉先生略歴」、『上杉先生を憶ふ』。
（13）Studien- und Sittenzeugnis von Shinkitsi Uyesugi（Universitaätsarchiv Heidelberg）.
（14）Brief von Shinkichi Uyesugi an Georg Jellinek, Heidelberg 24. Dezember 1906, in : BArch N 1136/30.
（15）Brief von Shinkichi Uyesugi an Georg Jellinek, Dalian 11. Juni 1909, in : BArch N 1136/30 ; Brief von Uyesugi an Jellinek, Dalian 18. Juni 1909, in : Ebenda ; Brief von Uyesugi an Jellinek, Tokio 27. Juni 1909, in : Ebenda.
（16）Brief von Shinkichi Uyesugi an Georg Jellinek, Tokio 23. Juli 1909, in : BArch N 1136/30.
（17）Brief von Shinkichi Uyesugi an Camilla Jellinek, Tokio 2. März 1911, in : BArch N 1136/30 ; 上杉慎吉「ヱリネック教授を弔す」（明治四四年）。
（18）中田薫「上杉君を想ひて」、四五頁；上杉慎吉「立法、司法及行政」（明治四三年）、七一頁；同『億兆一心の普通選擧』（大正一五年）、一頁；西川正雄『第一次世界大戦と社会主義者たち』、二一―三八頁。
（19）中田薫「上杉君を想ひて」、三六、五六―五八頁。Luxhof を Luxushof の意味で解釈した「贅澤屋」という訳語は、恐らく正しくないだろう。
（20）上杉重二郎「おやじ（9）」、九三頁。
（21）Brief von Shinkichi Uyesugi an Georg Jellinek, Adelsheim 10. Juni 1908, in : BArch N 1136/30 ; 中田薫発上杉慎吉宛書簡（明治四一年五月一五日ハイデルベルク）（東大法上杉文書）。
（22）上杉慎吉「獨逸農村の實況」（出版年不明）、二―四頁；中田薫「上杉君を想ひて」、四一頁。
（23）上杉慎吉「獨逸農村の實況」（出版年不明）、二―八頁。
（24）中田薫「上杉君を想ひて」、三七―四二頁。
（25）上杉慎吉「獨逸農村の實況」（出版年不明）、九―一三頁。
（26）上杉慎吉『カールスルーエ市の公共施設』。
（27）中田薫「上杉君を想ひて」、四四―四五頁；『東京朝日新聞』明治四二年七月七日朝刊、二頁；「上杉助教授の歸朝」、『法學協會雜誌』第二七巻第七号（明治四二年）、一一八五―一一八六頁；『官報』明治四二年七月七日、一四三頁。
（28）『法學協會雜誌』第二八巻第一〇号（明治四三年）、口絵；林政武『緑地帯』、一八頁；『官報』明治四三年一一月二八日、五八七―五八八頁。
（29）「風雪の碑」、『北国新聞』昭和四一年一〇月二九日夕刊、三頁；北国新聞編集局編『風雪の碑』、二三六―二四一頁；上杉正一郎

追悼文集刊行会編『追想』、二三五頁；上杉重二郎「おやじ（9）」。

(30) 小野清一郎「最初の印象と最後の印象」、六七頁。

(31) 乙羽二郎「法理研究會記事」、『國家學會雑誌』第二三巻第一二号（明治四二年）、一八五八—一八五九頁；上杉慎吉「獨逸ニ於ケル憲法ニ關スル近事」。

(32) 上杉慎吉『日本人の大使命と新機運』、一四六頁；「[慎吉他9名写真]」（東大法上杉文書）。

(33) 上杉慎吉「土耳其帝國憲法」（明治四三年）。

(34) 小野塚喜平次「獨逸帝國ニ於ケル宰相責任問題ノ政治的觀察」、一〇三〇、一〇四四、一〇四九頁。

(35) 乙羽二郎「法理研究會記事」、『國家學會雑誌』第二三巻第一二号（明治四二年）、一八五九頁；「穗積八束博士と米國新聞紙」、『法學協會雑誌』第二九巻第二号（明治四四年）、一八五二頁。

(36) 上杉慎吉『婦人問題』。同「新らしい良妻賢母主義」（大正二年）はその要約である。

(37) 上杉慎吉「官僚政治」、特に一三七三—一三八五頁。

(38) 上杉慎吉「孛漏士衆議院議員選擧法改正問題」（明治四三年）。

(39) 上杉慎吉「憲法ノ欠缺」（明治四三年）；同「自由法說非ナリ」（大正二年）。

(40) 上杉慎吉「公設住家制度」（明治四四年）；同「立法、司法及行政」（明治四三年）、六八—七〇頁。

(41) 上杉慎吉「豫算先議」（明治四四年）；同「貴族院ノ職分ト構成」（大正二年）；同「英國上院ノ豫算拒否權」（明治四三年）。

(42) Brief von Shinkichi Uyesugi an Georg Jellinek, Tokio 23. Juli 1909, in: BArch N 1136/30.

(43) Shin Uyesugi, Die öffentlich-rechtliche Gesetzgebung in Japan (1910).

(44) Shin Uyesugi, Die Gesetzgebung in Japan im Jahre 1909 (1911); Shinkitsi Uyesugi, Die Gesetzgebung in Japan in den Jahren 1910–12 (1913); Shinkitsi Uyesugi, Das Verfassungsrecht in Japan in den Jahren 1912–22 (1923/24).

(45)『吉野作造選集13』、二五一頁。

(46) 美濃部達吉『議會政治の檢討』、五八一—五八四頁；一木喜德郎『一木先生回顧録』、四五頁。

(47) 美濃部達吉『議會政治の檢討』、五八四頁；同『日本國法學上巻 上 總論』、五頁。

(48) 美濃部達吉『議會政治の檢討』、五八四—五八八頁。

(49) 美濃部達吉『議會政治の檢討』、五八八—五八九頁；家永三郎『美濃部達吉の思想史的研究』、三—二四頁。

(50) 美濃部達吉『議會政治の檢討』、五八九頁。

(51) 宮沢俊義『天皇機関説事件（上）』、一〇頁。

(52) 上杉慎吉「小引」（大正六年）、七頁。

（53）上杉愼吉「美濃部博士著日本行政法第一巻」：美濃部達吉「近代國家ノ特質」、特に三七七頁。
（54）上杉愼吉「國體及政體」（明治四四年）：同「ヱリネック教授を弔す」（明治四四年）。
（55）上杉愼吉「「レフエレンダム」ニ就テ」（明治四四年）：「法理研究會記事」、『法學協會雜誌』第二九巻第二号（明治四四年）、三三四―三三九頁：上杉愼吉「國會政治の趨勢」（明治四四年）：同『選擧及普通選擧』（昭和二年）、五〇―五三頁。
（56）美濃部達吉『憲法講話』、二四頁。
（57）加藤弘之宛穂積八束書簡（明治四五年三月一一日東京）（東京大学史史料室）：美濃部達吉『憲法講話』、二四頁。
（58）上杉愼吉宛穂積八束書簡（明治四五年五月一九日東京）（東大法上杉文書）。
（59）美濃部達吉「國民教育帝國憲法講義を評す」。
（60）上杉愼吉「國體に關する異説」（明治四五年）：同「國體ニ關スル『憲法講話』ノ所説」（明治四五年）：同『帝國憲法綱領』（大正元年）。
（61）上杉愼吉宛穂積八束書簡（明治四五年六月一日東京）（東大法上杉文書）。
（62）美濃部達吉「上杉博士の『國體に關する異説』を讀む」（明治四五年）：上杉愼吉「再び國體に關する異説に就て」（大正元年）。
（63）『東京朝日新聞』大正元年八月一三日朝刊、二頁。
（64）加藤弘之「君主國體とは何ぞ」。
（65）井上密「統治權の主體」：筧克彦「上下一心同體」（大正五年）：清水虎雄「明治憲法に殉死した憲法学者」（昭和三九年）。
（66）浮田和民「時代を取違へたる國體擁護」、二―三、八頁：市村光恵「帝國憲政の前途」：織田萬「國體と民政」：上杉愼吉「予の國體論と世論」（大正二年）、八五頁：市村光恵「上杉博士を難ず」：上杉愼吉宛市村光恵書簡（明治四五年六月二一日京都）（東大法上杉文書）。
（67）上杉愼吉宛穂積八束書簡（明治四五年七月二日東京）（東大法上杉文書）。
（68）穂積八束「國體の異説と人心の傾向」（大正元年）。
（69）『東京朝日新聞』大正二年一月二七日朝刊、三頁。
（70）『大正ニュース事典』第一巻、五五七頁：「〔穂積八束博士記念関係〕」（東大法上杉文書）：上杉愼吉宛奥田義人書簡（明治四五年六月二〇日東京）（東大法上杉文書）：平沼騏一郎回顧録編纂委員会編『平沼騏一郎回顧録』、三四頁。
（71）『大正ニュース事典』第一巻、五四四―五五八頁：「新聞記事切抜」（東大法上杉文書）。同じ頃戸水は当時「加納越育英社」の件で上杉と相談しており、本当に交流がなかったのかはきわめて怪しい（上杉愼吉宛戸水寛人書簡（大正二年一月一九日東京？）（東大法上杉文書））。
（72）星島二郎「序」、同編『最近憲法論』、四頁。

（73）上杉愼吉「小引」（大正六年）、一―二頁。
（74）上杉愼吉宛穂積八束書簡（明治四三年八月八日東京）（東大法上杉文書）。
（75）『東京朝日新聞』大正元年一〇月七日朝刊、五頁；廣「故穂積八束先生追悼會」、『法學協會雑誌』第三〇巻第一二号（大正元年）、二二一四―二二一六頁；［穂積八束葬列写真］（東大法上杉文書）。
（76）上杉重二郎「おやじ（9）」、九四―九五頁。
（77）上杉愼吉「皇道概説」（大正二年）、特に四六、六六頁。同趣旨のものとして同「教育勅語の權威」（大正二年）がある。
（78）『新聞集成大正編年史　元年度版』、七二七―八五八頁；上杉愼吉「民意代表」（大正三年）；同「我憲法と政局」（大正二年）。
（79）『東京朝日新聞』大正二年五月一五日朝刊、二頁；同大正二年五月一六日朝刊、三頁；同大正二年五月一七日朝刊、四頁；同大正二年五月二四日朝刊、三頁；同大正二年五月二八日朝刊、三頁。
（80）『東京朝日新聞』大正二年五月一九日朝刊、三頁。
（81）『東京朝日新聞』大正二年五月二一日朝刊、四頁。
（82）「巻末語」、上杉愼吉『改訂版　日本の運命』、一九九頁；南木摩天樓「上杉博士と美濃部博士」（大正二年）、三八頁。
（83）上杉愼吉「私の觀たる山縣公」（大正一一年）、一六―一七頁；上杉愼吉宛山縣有朋書簡（大正三年一二月一九日小田原、大正五年七月八日小田原）（東大法上杉文書）；上杉愼吉宛一木喜德郎書簡（大正二年三月九日小田原、大正二年四月一四日小田原）（東大法上杉文書）；上杉愼吉宛中田薫書簡（大正元年八月一四日逗子）（東大法上杉文書）。
（84）「故上杉先生略歴」、七生社編『上杉先生を憶ふ』（昭和五年）、六―七頁；上杉愼吉「近時ノ憲法問題」（大正三年）、八六五―八六七頁；同「近時ノ憲法問題」（大正四年）、八三七―八四一頁。上杉の任命書は東京大学法学部に原本の所蔵がある。
（85）上杉愼吉「閥族政治末路に近く」（大正二年）；同「區々たる宮内省問題」（大正二年）。
（86）上杉愼吉「現行法令ノ形式及形式的效力」（大正三年）、三〇―三一頁；同「近時ノ憲法問題」（大正三年）、八五七―八六一頁。
（87）穂積重遠「法學部總説」、二〇―二二頁；吉野作造「自分の教授時代は終世忘れ難い記憶」（大正一三年）；田澤晴子『吉野作造』、六一頁。
（88）吉野作造「内外近時評論」（大正七年一月）、九二頁。
（89）『吉野作造選集13』、七九、八〇頁。
（90）吉野作造「小題雜感」（大正一五年七月）、時評一四一頁。
（91）『吉野作造選集13』、八八、八九頁。「供奉」は閑院宮載仁親王（のち元帥・参謀総長）。
（92）吉野生［吉野作造］「教育界に於ける基督教の壓迫を難ず」（明治四二年）；同「書齊漫錄」（明治四二年）、六八―七〇頁；吉野作造「近代政治と基督教」（大正四年）。

(93)『古川餘影』（昭和八年）、二頁。
(94)『吉野作造選集13』、八二頁；田澤晴子『吉野作造』、七八頁。
(95)鶴見祐輔『後藤新平』第一巻、四二四—四四〇頁；北岡伸一『後藤新平』、三、二〇—二五、三五、七五、一一九頁。
(96)『吉野作造選集13』、九七頁；田澤晴子『吉野作造』、七九頁。
(97)「吉野助教授の留學」、『法學協會雜誌』第二八巻第二号（明治四三年）、三四八頁。
(98)『吉野作造選集13』、一四三—一四四頁。
(99) Zahlungsliste der Zuhörer des Herrn Geh. Hofraths Dr. Jellinek pro Wintersemester 1910/11, in: Akademische Quästur, Rep. 27/653 (Universitätsarchiv Heidelberg);『吉野作造選集13』、一四四—一四五頁。
(100)『吉野作造選集13』、一四九、一五三頁。
(101)『吉野作造選集13』、一七二頁。
(102)『吉野作造選集13』、一四四、一四五、一四九—一五二頁；Zahlungsliste der Zuhörer des Herrn Professors Dr. Oncken pro Wintersemester 1910/11, in: Akademische Quästur, Rep. 27/943 (Universitätsarchiv Heidelberg); Zahlungsliste der Zuhörer des Herrn Professors Dr. Fleiner pro Wintersemester 1910/11, in: Akademische Quästur, Rep. 27/328 (Ebenda); Zahlungsliste der Zuhörer des Herrn Professors Dr. Alfred Weber pro Wintersemester 1910/11, in: Akademische Quästur, Rep. 27/1412 (Ebenda); Zahlungsliste der Zuhörer des Herrn Geh. Rat Dr. Jagemann pro Wintersemester 1910/11, in: Akademische Quästur, Rep. 27/644 (Ebenda); Zahlungsliste der Zuhörer des Herrn Professors Dr. Levi pro Wintersemester 1910/11, in: Akademische Quästur, Rep. 27/771 (Ebenda).
(103)吉野作造「滞徳日記」（明治四四年）、七二頁。
(104)吉野作造「滞徳日記」（明治四四年）、六九頁。
(105)吉野作造「滞徳日記」（明治四四年）、七八頁。
(106) Anzeige, Winter-Halbjahr 1910/11, S. 10.
(107) Max Weber-Gesamtausgabe III/1; Max Weber-Gesamtausgabe III/5.
(108)『吉野作造選集13』、一一七、一三一頁など。
(109)吉野信次『商工行政の思い出』、三〇頁。
(110)吉野作造「滞徳日記　其二」（明治四四年）、七六頁。
(111)吉野作造「外交政策の世界的基礎」（大正八年）、二—三頁。
(112)吉野作造「滞徳日記　其二」（明治四四年）、七六—七七頁。
(113)吉野作造「滞徳日記　其二」（明治四四年）、七七頁。

(114) 丹羽修輔編『野地菊司自敍傳』、二六九—二七〇頁（田澤晴子氏の教示による）。
(115) 丘灯至夫編『明治・大正・昭和歌謡集』、二五頁（一部表記変更）。
(116)『吉野作造選集　別巻』、一三頁（明治四三年六月二八日徳富猪一郎宛書簡）。
(117)『吉野作造選集13』、二〇八、二一六頁。
(118)『吉野作造選集13』、二六九頁。
(119)『吉野作造選集13』、二九四、二九五頁。同書二九四頁にはRodshofと印刷されているが、これは解読ミスで、吉野家所蔵の原本にはRedslobと記載されている。
(120)『吉野作造選集13』、三〇五頁。
(121)『吉野作造選集13』、三三一頁。
(122)『吉野作造選集13』、三三三、三四〇、三九七頁。
(123) 今野元「吉野作造のドイツ留学（三）」。吉野のイェリネック『一般国家学』（留学中の購入かは不明）は、吉野作造記念館に保存されている。冒頭の学問分類論（「一般国家学」の定義）には多く下線があり、国家論にも若干痕跡があるが、その後はほとんど痕跡がない。
(124) 南原繁ほか『小野塚喜平次』、四〇頁；『吉野作造選集13』、三〇四頁。
(125)『吉野作造選集13』、一九八—一九九、二二二頁。
(126) 吉野作造「教授學生の親密なる接近をはかるには」。「シロエーデル先生」とは、印度学教授レオポルト・フォン・シュレーダー（一八五一—一九二〇年）のことだろう。
(127)『吉野作造選集13』、一三一、二二八頁。
(128)『吉野作造選集13』、一三五、一三七、一七九、一八九、三九二、三九〇頁。
(129)『吉野作造選集13』、二九二頁。
(130)『吉野作造選集13』、一五七、二二八頁。
(131) 吉野作造「伯林より巴里へ」（大正元年）、八五頁。
(132) 吉野作造「佛國教界の近時」（大正二年）；『吉野作造選集13』、二七七—二七八頁。
(133)『吉野作造選集　別巻』（明治四四年二月二五日徳富猪一郎宛書簡）、一六頁。
(134) 吉野作造「滞徳日記」（明治四四年）、七五頁。モンストランツ（聖体顕示台）はdie Monstranzが正しく、またDas Aller-HeiligsteかAller-Heiligstesと書くべきだった。
(135) 吉野作造「滞徳日記」（明治四四年）、七五頁。

(136) 吉野作造「滞徳日記」（明治四四年）、七八頁。
(137) 吉野作造「滞徳日記」（明治四四年）、七七頁（「せ」は原文では右九十度回転）。
(138) 『吉野作造選集13』、一七三頁。正しい綴りは göttlicher Ursprung。
(139) 『吉野作造選集13』、二七五、二七六頁。
(140) 『吉野作造選集13』、二四二、二四三、二七四、二七六、二七七、二八一、二九三、二九四頁。
(141) 『吉野作造選集13』、二二三、三三一、三四二頁；「海老名彈正」「乃木大将の死を論ず」、一一―一六頁。
(142) 『吉野作造選集13』、三九七頁。
(143) 『吉野作造選集13』、一三七頁。
(144) 吉野博士記念会第八回例会記録；『吉野作造選集13』、二五四頁。
(145) 『吉野作造選集13』、三六七頁。
(146) 『吉野作造選集13』、二七九、二九六―二九七頁。
(147) 『吉野作造選集　別巻』（明治四四年一月一日徳富猪一郎宛書簡）、一四―一五頁。
(148) 『吉野作造選集13』、一三〇、一五三、二〇四―二〇五、二三八、二四五、二五一、三七一頁。
(149) 『吉野作造選集13』、一三四―一三五、二三九―二四二、二八〇頁；Schulthess 1911, Bd. 1, S. 309.
(150) Schulthess 1912, Bd. 1, S. 72 f.;『吉野作造選集13』、二六六―二六九、二七六頁。小野塚はこの事件に詳しく言及している（『現代欧洲之憲政』、一八三―一九二頁）。
(151) 『吉野作造選集13』、一三二―一三三頁。この記述の直後イェリネック夫人は、女給としての酒場での労働を倫理的に問題視する議論を発表している（Camilla Jellinek, Die Kellnerinnen, in: BArch N 1137/19）。
(152) 『吉野作造選集13』、一三四頁。
(153) 吉野作造「滞徳日記」（明治四四年）、七一―七二頁。
(154) 『吉野作造選集13』、三八六、三八八―三八九、三九三頁。
(155) 吉野作造「獨逸見聞録」（明治四四年）、一八―一九頁。
(156) 『吉野作造選集13』、一七八頁。
(157) 吉野作造「獨逸見聞録」（明治四四年）、二一、二七―二八頁；『吉野作造選集13』、一六八、二四〇、二四一、二四四、二七一―二七二、二七八、三三四頁。
(158) 『吉野作造選集13』、二一九、二七五、二九六、三二九、三六四―三六五、三八四、三九〇頁；『外務省年鑑』（自明治四十三年至明治四十四年）、六八頁。

（159）『吉野作造選集13』、一二一、一二二、一三五、一三七、一四六、一五五、一五七、一六七、一八三、三〇八―三〇九頁；同「滞徳日記　其二」（明治四四年）、七一―七三頁。
（160）『吉野作造選集13』、一六一、二四四、三一三、四〇〇頁。
（161）『吉野作造選集13』、一二五―一二七、一三三、一七二、二四六、三二五頁。
（162）『吉野作造選集13』、一八六、一九二、二六〇、三〇五、三四五、三六八、三七〇、三八五、三八六、三八七、四〇〇頁など。
（163）『吉野作造選集13』、二四五、二七五、三三一―三三二頁；「獨逸見聞録」（明治四四年）、二八―二九頁。
（164）『東京朝日新聞』大正二年七月三日朝刊、三頁。
（165）『吉野作造政治史講義』、三―一六一頁；「吉野さんの講義にスパイがちらほら（下）」、『帝國大學新聞』昭和二年一〇月三一日、四頁。
（166）蠟山政道「わが師吉野作造先生」、一五一―一五二、一六五頁。
（167）高柳賢三「法理研究會十一月例會記事」；吉野作造「羅馬法皇」（大正三年）；同「羅馬法皇論」（大正五年）。
（168）吉野作造「政治に對する宗教の使命」（大正三年）；同「人格中心主義」（大正二年）。開戦後の吉野作造「我國政治に對する基督教の貢献」（大正六年）なども同趣旨である。
（169）吉野作造「瀧田君と私」（大正一四年）、説苑七八―七九頁。
（170）『吉野作造選集13』、四〇八頁；千葉豊治編『排日問題梗概』。
（171）吉野作造「學術上より見たる日米問題」（大正三年）；同「島國根性の打破」（大正三年）、五五―五九頁；同「排日問題と基督教徒」（大正二年）；同「滞徳日記　其二」（明治四四年）、七二頁；同「國民の對外思想を改めよ」（大正四年）。
（172）吉野作造「民衆的示威運動を論ず」（大正三年）；同「我國近時の政變」（大正三年）；同「新内閣に對する希望」（大正三年）；社会問題資料研究会編『所謂日比谷焼打事件の研究』、四一―八五頁。
（173）吉野作造「英國ニ於ケル政治的勞働運動」（大正三年）；同「サンヂカリズム」（大正三年）；同「サンヂカリズム（二）」（大正三年）。
（174）吉野作造「民衆的示威運動を論ず」（大正三年）、一〇三―一〇四頁。
（175）吉野作造「ブラウンシュワイヒ公位繼承問題」（大正二年）；アンシュッツ（美濃部達吉訳）「巴威倫國の王位問題」；吉野作造「瑞典諾威分離問題」（明治三八年）；同「瑞諾分離問題の其後」（明治三八年）。

第四章　欧州大戦の論評　一九一四―一九一八年

（1）船越光之丞『日獨國交斷絶秘史』、四六―四八頁；*Verhandlungen des Reichstags*, Bd. 306, S. 1 f.

（2）船越光之丞『日獨國交斷絕秘史』、五三―六八頁；奈良岡聰智『対華二十一ヵ条要求とは何だったのか』、七七―一〇二頁。
（3）船越光之丞『日獨國交斷絕秘史』、六八―七九、一〇二―一〇三、一一〇―一一一、二二四、二二六―二三四頁。
（4）船越光之丞『日獨國交斷絕秘史』、七九―九八、一三〇―一三七頁；奈良岡聰智『「八月の砲声」を聞いた日本人』。
（5）Brandt, *Freunddreissig Jahre*, S. 90-135；箱石大「戊辰戦争とプロイセン」、日独交流史編纂委員会編『日独交流１５０年の軌跡』、三九―四五頁；箱石大編『戊辰戦争の史料学』、四九―五六頁。
（6）神谷昭典『日本近代医学のあけぼの』、一〇六―一〇七頁；ミュルレル『東京―医学』、一〇―八二頁。
（7）ベルツ『ベルツの日記（上）』、三七―四二、二〇六―二〇七、二一一、二一八―二一九、二八二、三二九―三三〇頁。
（8）ゴルヴィッツァー『黄禍論とは何か』；橋川文三『黄禍物語』、七―二五頁。
（9）森紀子「コロニアル空間・青島における文化摩擦と時代相」、五九―六一頁。
（10）佐藤公彦『義和団の起源とその運動』。
（11）參謀本部編纂『大正三年日獨戰史』上巻、五三―六〇、六六九、一〇〇一―一〇一七頁など、同下巻、一一二―一一五頁など。
（12）『大阪朝日新聞』大正三年八月二五日朝刊、三頁。
（13）冨田久『板東俘虜収容所』；久留米市教育委員会『久留米俘虜収容所』、六―九頁；トライチュケ『トライチュケ氏軍國主義國家論』（大正七年）。
（14）Hayashima, *Die Illusion des Sonderfriedens*.
（15）吉野作造「日米共同宣言の解説及び批判」（大正六年）、四一頁；同「精神界の大正維新」（大正五年）、二―五頁；『中央公論』大正五年六月号、前付一の七。
（16）無名隱士「吉野作造」。
（17）吉野作造「憲政の精神的背景」（大正三年）、三一―三二頁。
（18）吉野作造「墺地利皇儲殿下の暗殺」（大正三年）；同「現代政治問題概論」（大正三年）；同「歐洲戰亂の原因」（大正三年）、八頁；向坂逸郎「吉野博士とデモクラシー」、一五一頁。
（19）吉野作造「歐洲政局の急轉」（大正三年）。
（20）吉野作造「歐洲動亂とビスマークの政策」（大正三年）、一五、一九、二二頁。
（21）内ヶ崎作三郎「カイゼルの政策と獨逸の文化」（大正三年）。
（22）原口鶴子「獨逸國民生活の一面」（大正三年）。
（23）安倍磯雄「獨逸の社會黨」（大正三年）。
（24）村川堅固「獨逸の根本主義に學べ」（大正三年）。

(25) 河井道子「私は戰は嫌ひ」（大正三年）。
(26) 吉野作造「極端なる獨逸讃美論者を警む」（大正四年）；姉崎正治「前途不安なる獨逸文明」（大正四年）；武者小路公共「獨逸國民性の長所と短所」（大正四年）；中原德太郎「模範とすべき獨逸國民」（大正四年）；向軍治「獨逸の國民性を論ず」（大正四年）。
(27) 吉野作造「獨逸の國民性」（大正三年）。
(28) 吉野作造「旅の空より」（大正四年）、九〇、九二頁；Reich, *Germany's Swelled Head*.
(29) 吉野作造「日記の中より」（『新人』大正四年一一月）；Ogomori, A Japanese.
(30) 吉野作造「内外昨今の形勢」（大正六年）、一五頁；同『歐洲戰局の現在及將來』（大正五年）、一―二頁。吉野はヴィッパーマンの貧弱さを論う際、「獨逸自身の部分は別として」と言い添えているので、同書の非ドイツ諸国の記述に不満があったものと思われる（吉野作造「一九一五年世界年史を讀む」（大正五年）、一〇四一頁）。だがシュルトヘスの歴史年鑑が欧州各国（一部欧州外も含む）を扱った Europäischer Geschichtskalender なのに対し、ヴィッパーマンのそれは Deutscher Geschichtskaleneder といい、初めからドイツ情勢に重きを置いたものなので、そこに非ドイツ諸国の情報が少ないのは自然なことである。
(31) 吉野作造編輯『歐洲大戰』（大正五年）、二八六頁。
(32) 吉野作造「極端なる獨逸讃美論者を警む」（大正四年）；同「獨逸強盛の原因を説いて我國の識者に訴ふ」（大正四年）、三一―三二頁。
(33) 吉野作造「白耳義と佛蘭西の政黨」（大正三年）、二三、二四頁。
(34) 吉野作造「戰後に於ける歐洲の新形勢」（大正四年）、四三―四五頁；同「歐洲大戰と平民政治」（大正六年四月一二日）。
(35) 吉野作造「國際競爭場裡に於ける最後の勝利」（大正三年）、二九頁。
(36) 吉野作造「白耳義と佛蘭西の政黨」（大正三年）、二二頁。
(37) 吉野作造「戰後に於ける歐洲の新形勢」（大正四年）、四一―四二頁；同「歐洲戰局の豫想」（大正三年）、七四頁；同「國際競爭場裡に於ける最後の勝利」（大正三年）、二一頁。
(38) 吉野作造「國際競爭場裡に於ける最後の勝利」（大正三年）、二九頁。
(39) 吉野作造「國際競爭場裡に於ける最後の勝利」（大正三年）、二一―二七頁；同「戰後歐洲の趨勢と日本の態度」（大正四年）、三二―三三頁。
(40) 吉野作造「白耳義と佛蘭西の政黨」（大正三年）。
(41) 吉野作造「婦人の政治運動」（大正四年）。
(42) 吉野作造「今度の議會に於ける外交問題」（大正五年）。
(43) 立作太郎「歐洲戰爭と各國最近外交關係」（大正三年）。

(44) 立作太郎「獨逸思想ト陸戰條規（三）」（大正四年）、七一—七六頁。
(45) 高柳賢三「法理研究會十二月例會記事」、『國家學會雜誌』第二九巻第二号（大正四年）、一七三—一七七頁：武田「法理研究會十二月例會記事」、『法学協會雜誌』第三三巻第二号（大正四年）、三五八—三六四頁：小野塚喜平次「現代獨逸ノ軍國主義トトライチケノ學說」。
(46) 小野塚喜平次「ナウマンノ中歐論ヲ讀ム」。
(47) 大山郁夫「マキアヴェリと獨逸の軍國主義」（大正一五年）。
(48) 吉野作造「歐洲大戰と平民政治」（大正六年四月九日）：同「日米共同宣言の解說及び批判」（大正六年）、公論五八頁：同「民本主義と軍國主義の兩立」（大正七年）。
(49) 吉野作造「水野博士「靜感」を讀む」（大正五年）、七二二—七二三頁：水野錬太郎『靜感』、一〇三—一三六、二四一—二六六頁。
(50) 吉野作造「時事慨言四則」（大正七年八月）、九八頁。
(51) 吉野作造「獨逸强盛の原因を說いて我國の識者に訴ふ」（大正四年）、三二一—四四頁：同「內外時事評論」（大正五年三月）、六五—七〇頁：同「近時評論三則」（大正六年一二月）、四三—五三頁：同「歐洲大戰と平民政治」（大正六年四月一一日）：田中義一『社會的國民教育』。
(52) 吉野作造「日本の娘が見習ふべき獨逸の娘」（大正五年）：同「戰勝の社會背景」（大正五年）：同「戰勝の社會的背景」（大正五年）：同「新時代の要求」（大正五年）。
(53) 吉野作造「山東問題解決の世界的背景」（大正八年）、時論八七頁など。
(54) 吉野作造「瑞氣天地に滿つ」（大正四年）：同「戰後に對する日本の準備」（大正五年）、一八—一九頁。
(55) 吉野作造「歐洲戰局の豫想」（大正三年）、八〇—八五頁：同「歐洲戰局と我日本」（大正四年）、公論一一—一三頁：同「國際競爭場裡に於ける最後の勝利」（大正三年）、二七—二八頁：同「青島稅關問題」（大正四年）、九八—九九頁：同「今代の支那氣質に就て」（大正四年）、公論二頁：同「外交の失敗と善後策」（大正四年）、公論一—八頁：同「東洋モンロー主義の確立」（昭和七年）。
(56) 吉野作造「墨西哥紛亂の今昔」（大正一五年）。
(57) 吉野作造「東西最近の形勢」（大正五年）、五二頁。
(58) 吉野作造「歐洲戰爭と世界の宗教問題」（大正五年）、公論五—一〇頁：同「精神的自給自足主義を排す」（大正六年）。
(59) 吉野作造「日露益々親和」（大正五年）：同「歐洲戰局の近狀」（大正五年）、七五頁。
(60) 吉野作造「歐洲戰局と波蘭民族の將來」（大正三年）、七頁。
(61) 吉野作造「協商は可、同盟は不要」（大正四年）、公論七五頁。
(62) 吉野作造「日露同盟論」（大正五年）：同「日露協約の成立」（大正五年『中央公論』）：同「日露協約の成立」（大正五年『新人』）

など。

(63) 吉野作造「露國革命の眞相と新政府の將來」（大正六年）、五三頁。

(64) 吉野作造「歐洲動亂とビスマークの政策」（大正三年）、一九頁；同「學術上より見たる日米問題」、公論一四九頁；同「歐洲戰局と波蘭民族の將來」（大正三年）、七頁；同「歐洲大戰と平民政治」（大正六年四月一二日）；同「波蘭問題の教訓」（大正九年）、時論一一二頁。

(65) 吉野作造「露國革命の眞相と新政府の將來」（大正六年）、五三—六一頁；同「最近の戰局に就て」（大正六年）、五三頁；同「露國革命の戰爭に及ぼす影響」（大正六年）。

(66) 吉野作造「露西亞の政變」（大正六年）、公論一二四頁；同「露國の前途を樂觀す」（大正六年）、公論四七—四八頁；同「米國大統領及び英國首相の宣言を讀む」（大正七年）、公論三頁；同「露獨單獨媾和の眞相」（大正七年）、六三頁；同「單獨和議の開始によりて露國は何物を獲んとする」（大正七年）；同「露獨單獨講和始末及び其批判」（大正七年）、一一五頁；同「大正八年を迎ふ」（大正八年）など。

(67) 吉野作造「對露政策の刷新」（大正七年）、説苑九八頁；同「出兵論と現代青年の世界的傾向」（大正七年）；同「所謂出兵論に何の合理的根據ありや」（大正七年）。

(68) 吉野作造「米國參戰の文明的意義」（大正六年）；同「内外昨今の形勢」（大正七年）、一五頁；同「歐洲戰局の現狀及戰後の形勢を論じて日本將來の覺悟に及ぶ」（大正六年）、三三—三四、四〇頁；同「東西最近の形勢」（大正五年）、五四頁；同「世界的共同目的に對する日本の態度」（大正七年）、二、八頁。

(69) 吉野作造「獨逸政變に對する觀察」（大正六年）；同「獨逸に於ける自由政治勃興の曙光」（大正六年）、時論一〇三頁；同「軍閥の外交容喙を難ず」（大正七年）、五七—五八頁；*Verhandlungen des Reichstages*, S. 3795–3799.

(70) 吉野作造「今日の戰局は如何に落ち着くか」（大正七年）。

(71) 吉野作造「敵國の情勢と講和問題」（大正七年）、一〇二—一〇六頁。

(72) 吉野作造「獨逸の内情に關する觀察」（大正七年）；同「和機果して熟せりや否や」（大正七年）；同「講和問題に伴う獨逸の政變」（大正七年）、公論四六頁；牧野英一「親切と樂天」、一四六頁。

(73) 吉野作造「國際競爭場裡に於ける最後の勝利」（大正三年）、二一—二二頁；同「恆久平和の實現と基督教の使命」（大正七年）、一六頁。

(74) 近衛篤麿［文麿］「英米本位の平和主義を排す」、二五頁；吉野作造「戰爭の基督教に及ぼせる影響」（大正八年）、三頁；同「戰勝の道徳的意義」（大正七年）、三頁。

(75) 吉野作造「講和會議に提言すべき我國の南洋群島處分案」（大正八年）、時論一四三頁；同「人種的差別撤廢運動者に與ふ」（大正八年）、時論七一—七二頁；同「グレー卿の『國際同盟論』を讀む」（大正七年）；同「時評三項」（大正七年）、六七—六八頁；同「國際聯盟は可能なり」（大正八年）、一三五頁。

（76）『吉野作造政治史講義』、一六三—一九二頁。

（77）『吉野作造政治史講義』、三二四—三四五頁。

（78）上杉愼吉「獨逸帝國宰相ノ不信任」（大正三年）。

（79）Delbrück, *Regierung und Volkswille*, S. 184, 186 f.

（80）デルブリュック『政治と民意』；後藤新平宛上杉愼吉書簡（大正三年七月二一日東京）、後藤新平文書（国会図書館）；Brief von Kozo Mori an Hans Delbrück, Tokio, 22. Juni 1914, Staatsbibliothek zu Berlin Preußischer Kulturbesitz, Nachlaß Hans Delbrück；Brief (Konzept) von Hans Delbrück an Kozo Mori, [Berlin ?] 13. Juli 1914, ebenda.

（81）後藤新平宛上杉愼吉書簡（[大正四年] 二月九日東京）、後藤新平文書（国会図書館）。

（82）上杉愼吉「解題」（大正三年）、二—三、八—九頁。

（83）上杉愼吉「民意代表」（大正三年）。

（84）上杉愼吉「國家と道徳」（大正五年）、二五—二六頁。

（85）『吉野作造選集13』、三〇七頁；吉野作造「民衆的示威運動を論ず」（一九一四年）、公論一〇四頁；高野淳一ほか（解説）「新史料紹介」、六四—六五頁；上杉愼吉宛吉野作造書簡（大正一〇年九月二日東京）（東大法上杉文書）。

（86）吉野作造「擧國一致の美談」（大正四年）。

（87）吉野作造「憲政の本義を説いて其有終の美を濟すの途を論ず」（大正五年）。

（88）吉野作造「予の民本主義論に對する北氏の批評に答ふ」（大正七年）、公論七六頁。

（89）吉野作造「墺太利國選擧法改正ノ政治的考察」（大正五年）。

（90）『中央公論』大正五年第二号、公論七九頁；上杉愼吉「登極令謹解」（大正四年）。

（91）吉野作造「デモクラシーと基督教」（大正八年）、三頁。また茅原崋山は、黒岩涙光が「民本主義」の語を作り、自分が広めたと主張していたという（同前）。

（92）上杉愼吉「民本主義と民主主義」（大正二年）。

（93）上杉愼吉「我が憲政の根本義」（大正五年）（引用は公論四五—四六頁）。

（94）吉野作造「予の憲政論の批評を讀む」（大正五年）。

（95）吉野作造「如何にして國體の萬全を期すべき」（大正七年）。

（96）吉野作造「時論三項」（大正七年一二月）、六四—六五頁。

(97) 鐵拳禪（吉野甫）「法博吉野作造論」（大正五年）、六四、六六頁。
(98) 井口孝親「新政論家批判」（大正八年）、説苑一二六頁。
(99) 岩波茂雄「讀書子に寄す」、ゲーテ（林久男訳）『ギルヘルム・マイスター』上巻末尾。
(100) 吉野作造「内外近時評論」（大正七年一月）、九〇―九一頁。
(101) 『吉野作造選集14』、二七、九四頁。
(102) 馬場義續『我國に於ける最近の國家主義乃至國家社會主義運動に就て』、二一六―二一九頁；佃速記事務所「浪人會對吉野博士國體問題立會演説會速記録」；今野元「吉野作造対浪人会の立会演説会」。
(103) 福田徳三「如何に改造するか」、九九頁；吉野作造「外骨翁と私」（大正一四年）、二〇八頁；長谷川如是閑「吉野博士と私」、一一頁。
(104) 木村久一「新國民心理の創造」、四四―四五頁；今井嘉幸「頑冥者流より見たる普通選擧」、五四―五五頁；福田徳三「世界を欺く者は誰ぞ」、一二二頁。
(105) 福田徳三「戰爭と獨逸の將來」（大正四年）；同『黎明録』、一―三七五頁；福田徳三「國本は動かず」、七九―八〇頁；同「虚僞のデモクラシーより眞正のデモクラシーへ」、一一〇頁；大島正徳「輿論の人格的基礎」、四九頁。
(106) 吉野作造「姉崎博士に對する福田博士の批評について」（大正七年）；同「非資本主義に就て」（大正八年）；同「戰爭の目的に關する我國論の二種」（大正七年）、時論一二八頁。
(107) 福田徳三「如何に改造するか」、七八―七九、九九頁。
(108) 上杉愼吉「大學ヲ讀ム」（大正六年）。
(109) 上杉愼吉「『我が國』発刊の口上」（大正六年五月）、六頁。
(110) 上杉愼吉「我が國體に就て」（大正六年）；同「寺内伯の決心覺悟すべき所」（大正六年）；同「民主の世界潮流の何たるかを明かにして國民の自覺を促す」（大正六年）、九頁；同「民本主義」（大正六年）、一頁；同「第三十九回帝國議會通觀」（大正六年）；同「桐花學會の志成るの秋」（大正八年）；「桐花學會記事」、『我が國』第一六九号（大正七年一〇月）、九―一〇頁；上杉愼吉『解散明辨』（大正六年）など。
(111) 上杉愼吉「寺内伯の決心覺悟すべき所」（大正六年）；同「諸大臣の訓示を讀む」（大正六年）、一四―一六頁；同「憲法と國民の覺悟」（大正六年）。
(112) 上杉愼吉「民主の世界潮流の何たるかを明かにして國民の自覺を促す」（大正六年）、三―四頁；「獨逸政經」、『我が國』第一五九号（大正六年一一月）、一九頁。
(113) 筑紫次郎「獨逸人の强味」、『我が國』第一六一号（大正七年二月）、六〇―六五頁。

(114)「社説──國民の寺内内閣に對する希望」、『我が國』第一六二号（大正七年一一月）、一九頁。
(115) 吉野作造「米騒動に對する一考察」（大正七年）。
(116) 馬場義續『我國に於ける最近の國家主義乃至國家社會主義運動に就て』、一一一─一一二頁；上杉愼吉「大權に關する非違二項」（大正一〇年）、四四─四五頁；吉野作造「小題小言五則」（大正九年六月）、時論五一頁。
(117)「時事」、『我が國』第一七一号（大正七年）、七二─七四頁。
(118) 平田東助宛上杉愼吉書簡（大正八年三日発信地不明）、平田東助文書（国会図書館）；上杉愼吉「桐花會記事」（大正八年）；『我が國』第一七三号（大正八年）；一木喜德郎「民本主義に就て」。
(119) 上杉愼吉「偕行社将校団講演」（東大法上杉文書）。
(120) 吉野作造「獨逸敗戰の原因に就て」（大正七年）。
(121) 後藤新平宛上杉愼吉書簡（[大正九年]一二月三日東京）；上杉愼吉『獨逸瓦解の原因に就て』（大正一〇年）、二頁。
(122) 上杉愼吉『獨逸瓦解の原因に就て』、二─四頁。
(123) 上杉愼吉『獨逸瓦解の原因に就て』、四頁。
(124) 上杉愼吉『暴風來』（大正八年）、三六頁。
(125) 上杉愼吉『獨逸瓦解の原因に就て』、四─一〇頁。
(126) 上杉愼吉『獨逸瓦解の原因に就て』、一〇─一八頁。
(127) 上杉愼吉『獨逸瓦解の原因に就て』、一八─二〇頁。
(128) 上杉愼吉『獨逸瓦解の原因に就て』、二〇─二一頁。
(129) 上杉愼吉『獨逸瓦解の原因に就て』、二一─二三頁。
(130) 上杉愼吉『獨逸瓦解の原因に就て』、二三─二四頁。
(131) 上杉愼吉『獨逸瓦解の原因に就て』、二四─三一頁。
(132) 上杉愼吉『獨逸瓦解の原因に就て』、三一─三六頁。
(133) 上杉愼吉『獨逸瓦解の原因に就て』、三六─五六頁。
(134) 上杉愼吉『獨逸瓦解の原因に就て』、五六─六〇頁。

第五章　「大正グローバリゼーション」への対応　一九一八─一九二六年

(1) 苅部直『歴史という皮膚』、一七頁；クラハト『クリスマス』、一二五─一四一頁。
(2) 東京大学百年史委員会編『東京大學百年史　部局史一』、一五八、一五九頁；斎藤眞「もう一人のヘボン」；『吉野作造選集14』、

一一八、一三四、一三五頁。
（3）我妻栄『民法と五十年』、一三九―一四二頁；我妻榮「民法に於ける「信義則」理念の進展」、一三二―一三三頁；六本佳平ほか編『末弘厳太郎と日本の法社会学』、二三七―二三八頁；高柳賢三「學生時代の想出」、一七頁；吉野作造「新設さるべき思想課の使命」（大正一五年）、一六〇―一六一頁。
（4）昭和天皇『昭和天皇独白録』、二〇―二一頁。
（5）『獨逸學協會學校五十年史』、三〇―三二頁；獨協学園百年史編纂委員会編『獨協學園史』、七二九―七三〇頁。
（6）『日本醫事週報』大正九年八月一四日、二頁。
（7）『東京朝日新聞』一九二一年五月二三日朝刊、二頁；鶴見祐輔『後藤新平』第四巻、七九三―七九五頁。
（8）スミス『新人会の研究』；森靖夫『永田鉄山』、七一―八七頁。
（9）「本日の即位大禮」、『東京朝日新聞』大正四年一一月二〇日朝刊、二頁。この時の「賢所大前ノ儀」では、大礼使事務官の岡實が庭上参役者として奉仕していた（「賢所大前ノ儀庭上參役者及衣紋方」、岡實文書［国会図書館］）。
（10）筧克彦『國家の研究』、三、一八、三一、三六、八〇―八一頁；同『神ながらの道』、一八六、二〇一、二二九、二六六―二六七、三三六―三三七、三四六、五〇二頁；同『日本體操』；西田彰一「筧克彦「やまとばたらき（皇国運動／日本体操）」の分析」。
（11）中田薫「デモクラシーと我歴史」（大川真准教授の教示による）。
（12）ヘリゲル『日本の弓術』；唐木順三編『外国人の見た日本４』、三―八五、八九―一〇八、二〇一―二六七頁。
（13）吉野作造「世界の大主潮とその順應策及び對應策」（大正八年）。
（14）吉野作造「帝國主義より國際民主主義へ」（上下）（大正八年）。
（15）吉野作造「愛蘭問題の世界的重要意義」（大正一〇年）、時論一二八頁。
（16）吉野作造「國家生活の一新」（大正九年）、公論一一九頁；同「國際平和思想（上）」（大正一〇年）；同「國際平和思想（下）」（大正一〇年）。
（17）吉野作造「世界の大主潮とその順應策及び對應策」（大正八年）。
（18）吉野作造「大正十年の諸問題」（大正一〇年）、九―一〇頁。
（19）吉野作造「講和会議に提言すべき我國の南洋群島處分案」（大正八年）、時論一四三頁；同「講和會議に對する國民の態度」（大正八年）；同「外交政策の世界的基礎」（大正八年）、三頁；同「何の點に講和特使の成敗を論ずべき」（大正八年）。
（20）吉野作造「国際聯盟は可能なり」（大正八年）、一二八―一二九頁。
（21）吉野作造「大正十年の諸問題」（大正一〇年）、一〇―一一頁。
（22）吉野作造「國際問題に對する米國の態度の矛盾」（大正九年）。

(23) 上杉慎吉「米國講坐意見書」（東大法上杉文書）。
(24) 澤田五郎「桐花下に立ちて」、『我が國』第一六五号（大正七年六月）、六七頁。
(25) 中田薫「上杉君を想ひて」、五四頁。
(26) 吉野作造「小題小言」（大正七年六月）一〇八―一〇九頁。
(27)『東京朝日新聞』大正八年五月二二日朝刊、四頁；アメリカ学会『高木八尺先生を悼む』、三四頁；『高木八尺先生に聞く（Ⅱ）』、七四、七五頁。
(28) 吉野作造「信仰を通して」（大正一一年一月）；伊藤慎一「砲弾騒動再説」；吉川宏「ロイド・ジョージとヨーロッパ再建（一）」。
(29) 吉野作造「我國現下の三大外交問題」（大正九年）、二―七頁；同「國民的反省」（大正九年）；同「總辭職と憲政常道」（昭和四年）；同「英國最近の勞働争議により教訓」（大正一五年）など。
(30) 吉野作造「平和思想徹底の機正に熟せり」（大正一一年）；同「四國協商の成立」（大正一一年）、時論三〇二―三〇三頁；同「平和思想の普及と徹底」（大正一一年）。
(31) 吉野作造「信仰を通して」（大正一一年二月）、六―七頁。
(32) 吉野作造「支那問題概観」（大正一一年）；同「華府會議成績批判の標準」（大正一一年）。
(33) 吉野作造「外交に於ける國民的示威運動の價値」（大正一一年）。
(34) 吉野作造「小題小言九則」（大正八年）、説苑一〇五―一〇六頁；同「小題小言十則」（大正八年九月）、二二四―二二五頁；同「山東問題に對する外交精神」（大正八年）；同「國際問題に對する米國の態度の矛盾」（大正九年）。
(35) 吉野作造「愛蘭問題解決の側面觀」（大正一一年）；同「信仰を通して」（大正一一年四月）。
(36) 吉野作造「賢者ナータン」（大正一〇年）、七頁。
(37) 吉野作造「米國の世界政策構成の主要素」（大正一〇年）、公論九一頁。
(38) 吉野作造「ＹＭＣＡ萬國大會に於ける話題」（大正一一年）、七―八頁；「同人消息」、『新人』第二三巻第五号（大正一一年五月）、八一頁。
(39) 吉野作造「或る讀者の問に答ふ」（大正一二年）。
(40) 吉野作造「帝國主義より國際民主主義へ（上）」（大正八年）、二七頁；同「駐兵論の先決問題」（大正九年）；同「國際聯盟と民衆の輿論」（大正九年）；同「過激派の世界的宣傳の説について」（大正一〇年）；同「新人の一群より」（大正九年一〇月）。
(41) 吉野作造「我國現下の三大外交問題」（大正九年）、七―一一頁；同「小題小言六則」（大正九年一一月）、八七―八八頁；同「興奮と反省」（大正九年）、一六頁。
(42) 吉野作造「何を承認するのか」（大正一二年）；同「毛嫌ひと行き懸り」（大正一二年）。

(43) 吉野作造「新人運動の回顧」（大正一二年）、一三頁；同「時事雑感」（大正一四年）、時論一三一―一三二頁；同「單一無産政黨の前途」（大正一四年）、時論二〇五頁；同「言論の取締に關する當局の無謀」（大正九年）；同「佛國と羅馬法王廳との接近」（大正一〇年）；同「法王廳と伊太利政府との接近」（大正一〇年）など。
(44)『東京朝日新聞』大正一一年一二月一二日朝刊、二頁。
(45)『東京朝日新聞』大正一一年一二月一六日夕刊、一頁、同一七日夕刊、一頁。
(46)『東京朝日新聞』大正一一年一二月二一日朝刊、五頁。
(47) 吉野作造「書齋より」（大正七年八月）、六八―六九頁。吉野は日本と教皇庁との国交樹立の風評を、噂に過ぎない、教皇はもはや国家の君主ではないと否定している。
(48)『東京朝日新聞』大正一一年一二月三〇日朝刊、二頁；同大正一一年一二月三一日朝刊、二頁；同大正一二年一月三日朝刊、二頁。
(49)『東京朝日新聞』大正一二年一月八日朝刊、二頁；同大正一二年一月九日朝刊、二頁；同大正一二年一月一〇日朝刊、二頁。
(50) 吉野作造「羅馬法王使節交換問題」（大正一二年）；同「書齋より讀者へ」（大正一二年三月）。
(51) 吉野作造「小題小言數則」（大正一一年一二月）、時論一四八頁。
(52) 吉野作造「国際聯盟は可能なり」（大正八年）、一二七頁。
(53) 三宅雪嶺「成り下つて蓋を明けた新獨逸」。
(54) 吉野作造「講和問題に伴ふ獨逸の政變」（大正七年）、公論四一―四二頁。
(55) 吉野作造「時論三項」（大正七年）、評論六九―七〇頁。
(56) 吉野作造「戰後の於ける歐洲の新形勢」（大正四年）、四五―四七頁。
(57) 吉野作造「帝國主義より國際民主主義へ（上）」（大正八年）、二四頁；同「帝國主義より國際民主主義へ（下）」（大正八年）、二七―三二頁；同「獨逸の將來と講和の前途」（大正八年）、時論七九―八〇頁；同「小題小言」（大正八年一月）、時論一五二―一五四頁。
(58) 吉野作造「小題小言錄」（大正八年六月）、時論九八頁。
(59) 吉野作造「獨逸前皇帝の裁判」（大正八年）。
(60) 吉野作造「獨逸反動革命の觀察」（大正九年）、時論八七頁。
(61) 吉野作造「帝國主義より國際民主主義へ（上）」（大正八年）、二四頁；同「帝國主義より國際民主主義へ（下）」（大正八年）、二七―三二頁；同「予の一生を支配する程の大いなる影響を與へし人・事件及び思想」（大正一二年）、説苑一〇八頁。
(62) 吉野作造「疲れたる歐洲と肥えたる日本と」（大正九年）；同「予の一生を支配する程の大いなる影響を與へし人・事件及び思想」（大正一二年）、説苑一〇八頁；同「新人運動の回顧」、一一頁；同「書齋より讀者へ」（大正一二年一月）、一七頁；同「賢者ナータン」（大正一〇年）；同「フリー・メーソンリーの話」（大正一〇年）。
(63) 吉野作造記念会第一回例会記録；『吉野作造選集14』、二七八頁；河村力『ある憲法学者の足跡』、二一、九一―一〇〇頁。
(64) 吉野作造「獨逸の將來と講和の前途」（大正八年）、時論七七―七九頁；同「獨逸の政局」（大正九年）。
(65) 吉野作造「獨逸反動革命の觀察」（大正九年）、時論八四、八七頁。
(66) 吉野作造「「ローザ・ルクセンブルグの手紙」序」（大正一四年）、二二九、二三〇、二三二頁。
(67) 吉野作造「苦熱に呻きつゝ」（大正一一年）、一一―一二頁。
(68) 吉野作造「國際聯盟は可能なり」（大正八年）、一三一、一三四、一三五頁；同「獨逸反動革命の觀察」（大正九年）、時論八七頁；同「獨逸の將來を判すべき二つの觀點」（大正九年）、公論八二頁。
(69) 吉野作造「石工の技術から人類愛の訓育に」（大正一〇年）；同「フリー・メーソンリーと獨逸皇室」（大正一〇年）。
(70) 吉野作造「改造とは何ぞや」、二一五―二一六頁。
(71) 吉野作造「クルランボオ」（大正一一年）。
(72) 吉野作造「主觀的眞理の强説か客觀的眞理の尊重か」（大正一一年）、時論二五九―二六〇頁。
(73) 『吉野作造政治史講義』、四二五―四二六頁。
(74) 吉野作造「政治家のあたま」、二三四―二三五頁。
(75) 吉野作造「古書珍重（五）　ルスレル氏答議第一」（昭和七年）。
(76) 吉野作造「明治初年の大學東校」（大正一三年）、説苑一七九頁。
(77) 吉野作造「国際平和思想（上）」（大正一〇年）、四―五頁。
(78) 吉野作造「履き違ひの普選論」（大正一一年）、時論二一四頁。
(79) 吉野作造「ハーディング成功の要因」（大正一〇年）、八六一頁。
(80) 吉野作造「米國の世界政策構成の主要素」（大正一〇年）、公論八九―九〇頁。
(81) 吉野作造「維新當時に於ける國際協調主義者」（大正一一年）、一三六―一四〇頁；同「我國最初の立憲政體論」（大正一三年）。
(82) 吉野作造『閑談の閑談』、二二一―二二二頁。
(83) 吉野作造「西洋の基督教」（大正一〇年）、四―六頁。
(84) 吉野作造「政治家のあたま」（大正一〇年）、一九五頁。
(85) 吉野作造「政治家のあたま」（大正一〇年）、二〇〇頁。
(86) 吉野作造「大正十年の諸問題」（大正一〇年）、一三頁。
(87) 吉野作造「言論の壓迫と暴力の使用を難ず」（大正一〇年）、公論一三九頁。この「或有名な西洋の學者」とは、教皇不可謬性を批判したジョン・アクトン卿ではないだろうか。

(88) 吉野作造「大正十年の諸問題」（大正一〇年）、四頁。

(89) 吉野作造「新理想主義」（大正一一年）、二三—二四頁。

(90) 吉野作造「我國憲政の由來と青年の思想」（大正一〇年）、七頁。

(91) 吉野作造「朝鮮問題に關し當局に望む」（大正一〇年）、時論七九—八〇頁：同「二重政府より二重日本へ」（大正一〇年）：同「小題小言六則」（大正一〇年一一月）、時論一七六—一七七頁：同「雜感」（昭和二年二月）、七三—七四頁：同「西洋の役人と日本の役人」（大正一一年）：同「節するには餘りがない」（大正一三年）、公論一二八頁など。

(92) 吉野作造「國家［國際］問題に關する質義に答ふ」（大正九年）：同「道徳的改善と民族的偏見」（大正九年）。

(93) 吉野作造「大正十年の諸問題」（大正一〇年）、四頁：同「公問題の取扱に於ける原理竝に其の適用」（大正一四年）、時論一二七—一二九頁：同「所謂世界的祕密結社の正體」（大正一〇年）：同「レヴジオーニズム」（大正九年）など。

(94) 吉野作造「西洋の基督教」（大正一〇年）：同「書齋より讀者へ——切支丹の殉教者と鮮血遺書」（大正一一年）：同「書齋より讀者へ——グリッフヰスのこと」（大正一一年）：同「原敬と天主教」（大正一五年）など。

(95) 吉野作造「新人運動の回顧」（大正一二年）、一三—一四頁。

(96) 吉野作造「ＹＭＣＡ萬國大會に於ける話題」（大正一一年）、二頁：同「個人的創意の抑壓」（大正九年）、七頁。

(97) 吉野作造「戰爭の基督教に及ぼせる影響」（大正八年）、九—一〇頁：同「小題雜感」（大正一五年一〇月）、時評一二二—一二三頁：同「小題小言三則」（大正九年一二月）、時論九五—九六頁：同「大谷光瑞師の「帝國之危機」を讀む」（大正六年）：同「小題雜感」（大正一五年三月）、時評一一八—一一九頁：同「改良か破壞か」（大正一〇年）、時論一三九頁：同「小題小言八則」（大正九年九月）、時論一一八—一一九頁：同「國際關係の調和力としての宗教」（大正五年）、四一—四二頁：同「通夜、讀經、香奠返し等」（大正一二年）。

(98) 吉野作造「社會運動と基督教」（大正一一年）。

(99) 吉野作造「小題小言六則」（大正一一年一月）、時論三一一—三一二頁：同「小題小言四則」（大正一一年四月）、時論一九九頁：同「四十を超えた「年」の惱み」（大正一四年）、説苑一五四頁。

(100) 吉野作造「大学教授の議員兼職問題」（大正六年）：同「大學教授と政治活動」（昭和二年）：同「教授と政黨員との兩立不兩立」（昭和二年）。

(101) 吉野作造「政界の近時」（大正一一年）、一三頁。

(102) 嘉治隆一「吉野作造」、一一〇—一一一頁：『吉野作造選集13』、一四五—一四六頁（田澤晴子氏の教示による）。

(103) 吉野作造「新大學令案を論ず」（大正四年）：同「公共的犧牲の公平なる分配」（大正五年）、三二頁：同「就職問題の解決」（大正

三年）：同「青年思想の最近傾向」（大正九年）、二四頁：「學位記」、松本烝治文書（国会図書館）。

(104) 古川學人［吉野作造］「所謂排法科萬能主義によつて暗示せられたる三大時弊」（大正六年）。

(105) 吉野作造「青年思想の最近の傾向」（大正九年）、三一頁：同「青年思想の最近傾向」（大正九年）、二四―二五頁。

(106) 吉野作造「デモクラシイに關する問題」（大正九年）、二三七―二四五、二五六頁：同「社會評論雜談」（大正一一年）、時論一八〇頁：同「所謂國家思想の動搖に就て」（大正九年）、三一六―三二八頁：同「猜疑的態度より信頼的態度に」（大正八年）、一三〇頁。

(107) 吉野作造「鬪爭の道義的觀察の必要」（大正九年）。

(108) 吉野作造「デモクラシイに關する問題」（大正九年）、二四九頁。

(109) 吉野作造「所謂國家思想の動搖に就て」（大正九年）、三〇九―三一二、三三〇頁：同「現代通有の誤れる國家觀を正す」（大正一〇年）、公論一一四頁：同「我國政界の好ましからざる特徴」（大正一五年）、二一三頁：同「本邦立憲政治の現狀」（明治三八年一月）、一四頁など。

(110) 吉野作造「デモクラシイに關する問題」（大正九年）、二五八―二五九頁：同「所謂國家思想の動搖に就て」（大正九年）、二九五、三二九頁：同「政治學の革新」（大正九年）：同「思想は思想を以て戰ふべしといふ意味」（大正一五年）：同「新設さるべき思想課の使命」（大正一五年）：同「公共的犧牲の公平なる分配」（大正五年）：同「齋藤昌三觀」（昭和七年）：同「普通選擧論」（大正九年）、五三頁など。

(111) 吉野作造「政治上のデモクラシー」（大正八年）、六頁：同「デモクラシイに關する問題」（大正九年）、二五九―二六五頁：同「社會問題と其思想的背景」（大正九年）：同「國家思想に關する近時の論調について」（大正一一年）、時論一一三―一一六頁：同「マルクス全集邦譯所感――社會主義疑義闡明のために」（大正八年）：同「過激社會運動取締法案を難ず」（大正一一年）、時論一九二頁など。

(112) 吉野作造「所謂國家思想の動搖に就て」（大正九年）、三二〇―三二七、三四四頁。

(113) 石堂清倫「吉野先生の思い出」、二頁：田中惣五郎『吉野作造』、二三七頁：仁昌寺正一「鈴木義男と吉野作造」：赤松克麿「人道主義的政治思想の難點」、一五―一七頁：吉野作造「デモクラシイの史的發展の觀方について」（大正九年）：同「小題小言四則」（大正九年四月）、時論九一―九二頁。

(114) 吉野作造「現代思潮の底流は國際協調主義」（大正一〇年）、公論六六頁：同「學生間に於ける社會科學研究の問題」（大正一四年）：同「青年學生の實際運動」（大正一五年）、一三九―一四二頁：同「大學に對する思想彈壓」（昭和三年）、公論六二頁。

(115) 吉野作造「立憲政治の意義」（大正六年）、時論七頁：同「國家思想に關する近時の論調について」（大正一一年）、時論一一六―一一七頁：同「小題小言十則」（大正九年五月）、時論九七―九八頁：同「普通選擧制度の根本理想」（大正一二年）、時論一二一―

一二二頁；同「選擧方法改正の議」（明治三七年）。
(116) 吉野作造「社會評論雜談」（大正一一年）、時論一七八―一七九頁。
(117) 吉野作造「政治家の勞働問題觀」（大正一一年）、時論一五〇―一五一頁；同「兩者の正しい關係と間違った關係」（大正一二年）、公論一八三頁；［吉野作造］「勞働運動に對する有識階級の任務」（大正八年）。
(118) 望月茂「畑毛理想鄕の眞相」；吉野作造「所謂「私共の理想鄕」」（大正一〇年）、五、八頁。
(119) 吉野作造「「極左」「極右」共に謬想」（大正一二年）、二二五―二二六頁；同「新運動の惱み」（大正一〇年）。
(120) 吉野作造「デモクラシイに關する問題」（大正九年）、二六五―二七〇頁。
(121) 吉野作造「普通選擧主張の理論的根據に關する一考察」（大正九年）、一二九三―一三〇二、一三〇六―一三〇九頁；同「新有權者に對する切實なる吾人の期待」（大正一三年）；同「地方長官公選論」（大正一四年）；同「デモクラシイに關する問題」（大正九年）、二七三―二七五頁。
(122) 吉野作造「所謂國家思想の動搖に就て」（大正九年）、三一九―三二〇頁。
(123) 吉野作造「デモクラシイに關する問題」（大正九年）、二七五―二八四頁。
(124) 吉野作造「デモクラシイに關する問題」（大正九年）、二八六―二八七頁；同「小題小言五則」（大正九年六月）、時論五〇―五一頁。
(125) 吉野作造「最近政變批判」（大正一一年）、時論一一〇―一一二頁；同「我國政界の實相に目覺めよ」（大正一一年）、時論一四三―一四六頁。
(126) 吉野作造「新政黨に對する吾人の態度」（大正一一年）、時論二六四頁。
(127) 吉野作造「無産政黨問題に對する吾人の態度」（大正一四年）。
(128) 吉野作造「政友會の絕對多數を政界の進歩に利用するには」（大正九年）、公論四四頁；同「奧議長政友會脫黨の說」（大正一〇年）；同「原内閣を迎ふ」（大正七年）；同「原内閣に對する要望」（大正七年）；同「何ぞ速かに其政綱を發表せざる」（大正七年）；同「原首相に呈する書」（大正七年）。
(129) 吉野作造「所謂伊藤公立黨の精神に就て」（大正一五年）。
(130) 吉野作造「原首相の訓示を讀む」（大正九年）、時論七七頁。
(131) 吉野作造「信仰を通して」（大正一一年二月）、二一―五頁。
(132) 吉野作造「滿洲動亂の對策」（大正一五年）、時評一五五頁。
(133) 吉野作造「私共から觀た今日の政界」（大正一二年）、七頁；同「議員の院内に於ける行動の責任」（昭和二年）；同「政治家のあたま」（大正一〇年）、二二〇―二二一頁；［吉野作造］「公爭と私鬪」（大正一三年）；同「議會の醜狀」（昭和六年）；同「政界の腐敗と其の革新」（大正一〇年）；同「政黨は公共財物の常習的盗取者」（昭和三年）など。
(134) 吉野作造「地方長官公選論」（大正一四年）；同「所謂地方分權論に就て」（大正一四年）；同「私共の立場から」（大正八年）、二一三頁；上杉愼吉「最近の憲法問題」（昭和二年）、一二三一－一二三二頁。
(135) 吉野作造「徴兵制度に就き軍事當局者に望む」（大正六年）；同「兵卒保健問題」（大正一二年）；同「再び兵卒保健問題に就て」（大正一二年）；同「兵卒に代りて」（大正一二年）；同「血税負擔者の優遇」（昭和六年）；同「軍隊宣誓拒絶問題に關連して」（大正一二年）など。
(136) 吉野作造「「極左」「極右」共に謬想」（大正一二年）、二二三－二二五頁。
(137) 吉野作造「二重政府より二重日本へ」（大正一〇年）；同「武器問題に依て惹起せられたる我が東亞對策の疑問」（大正一一年）、時論一四一－一四五頁；同「軍閥を葬らざれば軍界の肅清期し難し」（大正一一年）、公論九一－九四頁；「全然失敗に畢りたる西伯利出兵の全部撤退を機とし軍閥を葬るの辭」、『中央公論』第三七年第一三号（大正一一年）、七五－一〇〇頁。
(138) 吉野作造「我國の軍事評論家について」（大正八年）、説苑一〇六－一〇七頁。
(139) 吉野作造「軍人の立候補」（大正一三年）。
(140) 吉野作造「所謂帷幄上奏に就て」（大正一一年）；同「新總督及び新政務總監を迎ふ」（大正八年）。
(141) 〔吉野作造〕「軍事教育案の爲に悲しむ」（大正一三年）；同「我國の軍事評論家について」（大正八年）、説苑一〇七頁；同「軍事思想の國民的普及」（大正八年）、時論一二四頁。
(142) 吉野作造「國防計畫の根本義」（大正九年）。
(143) 吉野作造「歴史眼に映ずる山縣公」（大正一一年）；同「山縣老公の死」（大正一一年）；同「西園寺公の元老無用論」（大正一五年）；同「加藤首相の死から若槻内閣の成立まで」（大正一五年）、二三二－二三三頁。
(144) 吉野作造「大學に對する思想彈壓」（昭和三年）、公論五七頁；同「樞府と内閣」（大正一三年・五回連載）。
(145) 吉野作造「樞密院に對する期待と希望」（大正一四年）；手嶋泰伸「吉野作造の体制改革論の特徴」。
(146) 吉野作造「樞密院と内閣」（昭和二年）；同「樞密院と政府」（昭和三年）など。
(147) 吉野作造「小題小言六則」（大正一一年一月）、時論三〇九－三一〇頁。
(148) 吉野作造「或る検事との話」（大正九年）、公論四六頁；同「京城大學總長の更迭」（昭和二年）。
(149) 〔吉野作造〕「現職官吏の立候補」（大正一三年）。
(150) 吉野作造「朝鮮青年會問題」（大正九年）；同「朝鮮青年會問題（二）」（大正九年）；丸山鶴吉「朝鮮統治策に關し吉野博士に質す」（大正九年）；吉野作造「朝鮮統治策に關して丸山君に答ふ」（大正九年）；同「評論界に於ける本誌の立場」（大正一〇年）；同「朝鮮問題」（大正一〇年）、時論一八九頁。

(151) 吉野作造「陪審制度採用の議」（大正八年）。
(152) 吉野作造「高橋内閣瓦解のあと」（大正一一年）、公論一六二―一六五頁。
(153) 吉野作造「泊翁先生を中心として」（大正一一年）、説苑九五頁。
(154) 吉野作造「國民思想統一の根本義」（大正八年）、六頁。
(155) 吉野作造「貴族院改革問題」（大正一三年）。
(156) 吉野作造「最近の問題」（大正一三年）。
(157) 吉野作造「擴大せられたる研究會に望む」（大正八年）；同「近衞公の貴族院論を讀む」（大正一五年）。
(158) 吉野作造「貴族院改正問題」（大正一三年）；野古川生［吉野作造］「貴族院政黨化の可否」（大正一四年）。
(159) 吉野作造「實業家の背任行爲に對する處罰」（昭和二年）；同「銀行會社の破綻に關する政府當局の責任」（昭和二年）。
(160) 吉野作造「輕兆なる批議」（大正一三年）、三頁。
(161) ［吉野作造］「寶祚萬歳」（大正四年）。
(162) ［吉野作造］「奉祝立太子式」（大正五年）。
(163) 田中惣五郎『吉野作造』、二二七頁。
(164) 吉野作造「倒壞せんとする官僚主義の惱み」（大正八年）、公論一三頁。
(165) 吉野作造「明治維新の解釋」（昭和二年）；同「民本主義と國體問題」（大正六年）；同「デモクラシイに關する問題」（大正九年）、二五〇―二五二頁；同「所謂國家思想の動搖に就て」（大正九年）、三一一―三一四頁。
(166) 吉野作造「政治家のあたま」（大正一〇年）、二二二―二二三頁。「品川孫二郎」は品川彌二郎子爵（第一次松方正義内閣の内務大臣）のこと。
(167) 吉野作造「憲法と憲政の矛盾」（昭和四年）、本欄九八頁；同「大權干犯論」（大正一三年）。
(168) 吉野作造「世界の大主潮とその順應策及び對應策」（大正八年）、一四五―一四六頁。
(169) ［吉野作造］「東宮殿下の御外遊を祝す」（大正一〇年）；同「東宮殿下を迎ふ」（大正一〇年）；同「東宮殿下御教導の任に膺れる人々に對する希望」（大正五年）；同「所謂世界的祕密結社の正體」（大正一〇年）、公論二頁；同「帝國進運一飛躍の機」（大正一一年）、公論二二九頁。
(170) 吉野作造「所謂國家思想の動搖に就て」（大正九年）、三〇八―三〇九頁；同「社會運動と基督教的信念」（大正一一年）、一〇頁など。
(171) 吉野作造「所謂國家思想の動搖に就て」（大正九年）、三三七―三三九頁；同「普通選擧主張の理論的根據に關する一考察」（大正九年）、一二九九頁；同「米國に於ける婦人參政權の確立」（大正九年）；同「普通選擧と婦人參政權」（大正一二年）；同「今後十年

の豫言」（昭和六年）；同「本邦立憲政治の現狀」（明治三八年一月）、一六頁；同「四國協商の成立」（大正一一年）、時論三〇四頁；同「現代政治の分析」（昭和七年）、一八六頁など。

(172) 吉野作造「大戰講和の時期と戰後世界の形勢を論じて東洋モンロー主義に及ぶ（六）」（大正六年）。

(173) 吉野作造「滿鮮殖民的經營の批判」（大正五年）、五七―六〇頁；同「講和條件の一基本として唱へらるゝ民族主義」（大正七年）；同「滿韓を視察して」（大正五年）、公論二二頁；同「滿韓旅行の感想」（大正五年）。

(174) 吉野作造「異人種爭鬪の將來」（大正八年）；同「ＹＭＣＡ萬國大會に於ける話題」（大正一一年）、五頁；同「朝鮮人虐殺事件に就いて」（大正一二年）；同「自警團暴行の心理」（大正一二年）；丸山眞男『超国家主義の論理と心理』、三二頁など。

(175) 吉野作造「所謂國家思想の動搖に就て」（大正九年）、三〇二―三〇六頁。

(176) 吉野作造「勞働運動と國家精力の涵養」（大正八年）；同「東學及び天道教」（大正一〇年）；［吉野作造］「朝鮮の問題」（大正一三年）。

(177) 吉野作造「小題小言録」（大正八年六月）、九六―九七頁；同「朝鮮に於ける言論自由」（大正八年）；同「所謂國家思想の動搖に就て」（大正九年）、三三四頁；同「所謂呂運亨事件について」（大正九年）；同「對外問題に對する私共の態度」（大正一〇年）；同「小言三則」（大正六年）；同「政治家のあたま」（大正一〇年）、二一二―二一三頁；同「所謂國家思想の動搖に就て」（大正九年）、三〇六頁。

(178) 吉野作造「外交の世界的基礎」（大正八年）、五―六頁；同「人種的差別撤廢運動者に與ふ」（大正八年）。

(179) 吉野作造「小題小言五則」（大正九年二月）、時論七八―七九頁。同じ頃、尾崎行雄なども相互主義的な移民論を唱え、移民自由化の末に日本に「黒人の移住民」でも来たら「一大問題」になると警告している（尾崎愕堂「實際論から觀た軍備制限問題」、一五頁）。

(180) 吉野作造「小題小言録」（大正八年六月）、時論九七頁；同「小題小言六則」（大正九年一〇月）、時論九二頁；同「加州排日立法への對策」（大正九年）、時論八九頁；同「人口問題の合理的解決」（大正一五年）、二一六頁など。

(181) 吉野作造「支那の革命運動に就いて」（大正五年）、三頁。

(182) 吉野作造「覺醒の眞義に徹せよ」（大正一二年）；同「北京大學學生騷擾事件に就て」（大正八年）；同「北京大學に於ける新思潮の勃興」（大正八年）；同「政治家のあたま」（大正一〇年）、二一七頁；同「支那雜感の二三」（大正一一年）；同「小題小言七則」（大正八年七月）、時論八七頁など。

(183) 吉野作造「山東問題解決の世界的背景」（大正八年）、時論八八―八九頁；同「狂亂せる支那膺懲論」（大正八年）；同「我國現下の三大外交問題」（大正九年）、公論一一―一五頁；同「山東還付の聲明と直接交渉の拒絶」（大正一〇年）。

(184) 吉野作造「講和会議に提言すべき我國の南洋群島處分案」（大正八年）、時論一四四頁。

(185) 吉野作造「講和会議に提言すべき我國の南洋群島處分案」（大正八年）、時論一四四—一四六頁。
(186) 上杉愼吉「新ドイツ共和國憲法に就いて」（大正一〇年）、一七三—一七四、一七八頁。
(187) 上杉愼吉「獨逸新憲法の成立」（大正九年）、三七三、三七六、三八四頁など。
(188) 上杉愼吉『暴風來』（大正八年）、三三—四九、五二—七一、一一七—一八二頁など。
(189) 「故上杉先生略歴」、七生社編『上杉先生を憶ふ』、八頁；上杉愼吉「[ヨーロッパ旅行日記]」（東大法上杉文書）；上杉愼吉海外旅券（大正九年二月二五日発行）（同前）。
(190) 中田薫「上杉君を想ひて」、四六—四七頁。
(191) 上杉愼吉「[ヨーロッパ旅行日記]」（東大法上杉文書）；同「復舊すべき現代文明」（大正一〇年）、二四頁。アンシュッツは回顧録でドイツ君主制への郷愁を示しつつ、それが革命で過去のものになったことを記している（Anschütz, *Aus meinem Leben*, S. 88-93, 231 f.）。
(192) 中田薫「上杉君を想ひて」、四七頁。
(193) 上杉愼吉『日本人の大使命と新機運』（大正一〇年）、五〇—五二頁。
(194) 上杉愼吉『日本人の大使命と新機運』、四九—五〇頁。
(195) 上杉愼吉『日本人の大使命と新機運』、五二—五三頁。
(196) 上杉愼吉『日本人の大使命と新機運』、一二三—一二六頁；同「地方自治の冒瀆を愼め」（昭和二年）。
(197) 上杉愼吉「國家結合の原力」（大正一〇年）、一五—一六頁。
(198) 上杉愼吉「國土と國民」（大正一〇年）。
(199) 上杉愼吉『日本人の大使命と新機運』、四三—六四、六六—六七頁。
(200) 上杉愼吉『日本人の大使命と新機運』、七一—九二頁。
(201) 上杉愼吉『日本人の大使命と新機運』、九三—九九、一〇三—一一六頁。
(202) 上杉愼吉『日本人の大使命と新機運』、六四—七一、九八—一〇五、一一〇—一三三頁。
(203) 吉野作造「米國の世界政策構成の主要素」（大正一〇年）、公論八七頁など。
(204) 後藤新平宛上杉愼吉書簡（大正一二年八月二一日東京）、後藤新平文書（国会図書館）。
(205) 上杉愼吉『日本人の大使命と新機運』、一四六—一四八頁。ちなみにこのトルコ人某は、エンヴェル・パシャだった可能性もある。というのも彼は、青年トルコ革命後にドイツに滞在し、一九二〇年頃は中央アジアで活動していたからである。欧米日記（八月二四日）で列記された時事にも彼の名前が見える（「[ヨーロッパ旅行日記]」（東大法上杉文書））。
(206) 上杉愼吉『日本人の大使命と新機運』、一四八—一五一頁。

(207) 上杉愼吉『日本人の大使命と新機運』、一五一―一五二頁。
(208) 上杉愼吉『日本人の大使命と新機運』、一五二―一五三頁。
(209) 上杉愼吉『日本人の大使命と新機運』、一五四―一六一頁。
(210) 上杉愼吉『日本人の大使命と新機運』、一―一四頁。
(211) 上杉愼吉『日本人の大使命と新機運』、二七三―二八二頁。
(212) 上杉愼吉「軍備制限と國民の覺悟」（大正一一年）、二一頁。
(213) 上杉愼吉『日本人の大使命と新機運』、三〇〇―三〇七頁；「支那ニ於ケル憲法問題ノ現狀」（東大法上杉文書）；同「全國軍人諸君に告ぐ」（大正一二年）、一八三頁；「故上杉先生略歷」、七生社編『上杉先生を憶ふ』、八頁。
(214) 「日星協會関係書類」（東大法上杉文書）；上杉愼吉「根柢ある日米親善」（大正一〇年）。
(215) 上杉愼吉「日本國民の覺悟」（大正一三年）、九六、一〇一―一〇三頁。
(216) 上杉愼吉「序」、ニヤリング『世界を征服せんとする米大帝國』；吉田博司『近代日本の政治精神』、一九六頁。
(217) 上杉愼吉『日本人の大使命と新機運』、四、二〇、一六六頁；同「『人』の充實發展」（大正一〇年）。
(218) 上杉愼吉「普通選擧と其實際」（昭和四年）、四頁；同「議會の實情と其解散」（昭和四年）、三頁；同「政黨政治と青年の自覺」（大正一〇年）、五―六頁；同『日本人の大使命と新機運』、一六八―一七〇頁；同「地方自治の冒瀆を愼め」（昭和二年）；同『デモクラシーと我が國體』、四九頁；同「全國軍人諸君に告ぐ」（大正一二年）、一九二―一九六頁。
(219) 上杉愼吉「普選の實施と國民の共同一致」（大正一五年）；同「解散は不當」（昭和二年）；同「三黨首の申合」（昭和二年）；上杉重二郎「おやじ（9）」、九五頁；床次竹二郎「上杉博士を追悼す」、二二頁；同「青年に自由の天地を與へよ」（昭和四年）、二頁；上杉愼吉「政治の新原理」（昭和三年）。
(220) 上杉愼吉『日本人の大使命と新機運』、一七一―一七二、一七五、二〇五、二五九―二六一頁；同「貴族院ノ職分ト構成」（大正二年）、八九九頁；同「貴族院改革の一提案」（大正一三年）；同「二院制度を誤る」（大正一三年）；同「有爵議員選出方法に就て貴族院改革の一提案」（大正一三年）、九四―九五頁；同「貴族院改革ノ限度」（大正一四年）；同「今期議會に於ける二三の憲法問題」（大正一五年）、五四九―五五二頁；同『暴風來』（大正八年）、四五頁；主幹「一條公を迎ふ」。
(221) 上杉愼吉「貴族院改革案」（昭和二年）。
(222) 上杉愼吉『日本人の大使命と新機運』、一七二―一七三、二六一―二六四頁。
(223) 上杉愼吉『日本人の大使命と新機運』、一八一頁。
(224) 上杉愼吉『日本人の大使命と新機運』、一八二―二〇九、二三五頁；同「娼婦公認制度の誤謬」（大正四年）；「藝妓廢止論」（大正一〇年）；同「生活改善の根帶」（大正一〇年）、二〇頁；同「普選と貴族院改革」（大正一三年）；「上杉博士等が黒幕で娼妓救濟の珍會社」、『國民新聞』大正一三年七月九日朝刊、六頁；吉野作造「娼妓の自由解放」（大正一五年）；同「公娼制度廢止案の提出」（昭和二年）など。
(225) 上杉愼吉『日本人の大使命と新機運』、二〇九―二二七頁。
(226) 上杉愼吉『日本人の大使命と新機運』、二二七―二二八頁。
(227) 上杉愼吉『日本人の大使命と新機運』、二六四―二六六頁。
(228) 上杉愼吉『日本人の大使命と新機運』、一七七、二三六―二三八頁。
(229) 上杉愼吉『日本人の大使命と新機運』、二四〇―二四二頁。
(230) 上杉愼吉『億兆一心の普通選擧』（大正一五年）、一八頁。
(231) 上杉愼吉『デモクラシーと我が國體』（大正八年）、一八頁。
(232) 上杉愼吉「社會學の動機」（大正一二年）；上杉聰彦編「上杉愼吉社会学遺稿（抜粋）」、二三七、二三八、二五三頁；吉野博士記念会第一五回例会記録。
(233) 上杉聰彦編「上杉愼吉社会学遺稿（抜粋）」、二四六頁。
(234) 上杉愼吉「國家の價値」（昭和二年）；同「民族の運命（講演）」（大正一五年）；同『新稿憲法述義』（昭和二年）。
(235) 上杉愼吉『日本人の大使命と新機運』、一七四―一七六、二五二―二五四頁；同「大日本帝國憲法講義」第一巻（昭和三年）、二六、三一頁；同『國家新論』、四三頁；「色盲ノ遺伝ニ就テ調査報告」（東大法上杉文書）；同「皇族の外國御遊學」（昭和二年）。なお上杉は、一九二一年九月八日の皇太子帰国「東京市奉祝會」の際は、前夜の暴風雨が止んだことを喜んでいる（「皇太子帰朝時の天候回復を喜ぶ歌」」（東大法上杉文書）；宮内庁『昭和天皇実録　三』、四六二頁）。
(236) 上杉愼吉『デモクラシーと我が國體』（大正八年）、一五―三五頁；同『日本人の大使命と新機運』、二四七―二四八頁；同『國家新論』、四八―五四、六六―六七頁；同「拜詔所感」（大正一三年）、一四―一五頁。
(237) 上杉愼吉「大日本帝國憲法講義」第三巻（昭和三年）、二四―三四頁；吉野作造「上杉博士に」（大正八年）、一〇八頁；上杉愼吉『日本人の大使命と新機運』、二六九―二七三頁；同「解散」（大正六年）。
(238) 上杉愼吉「普通選擧の大精神を國民に徹底せよ」（大正一四年）。
(239) 津久井龍雄『右翼』、一三二頁；上杉愼吉「貧しき妻の愛國的美擧」（大正一五年）；同『斯の心國を救はん』（大正一五年）。
(240) 上杉愼吉『國家新論』、一―五頁；同『日本人の大使命と新機運』、一六五頁。
(241) 上杉愼吉『國家新論』、一一、一五、一八頁；同「國家及國家主義の理論」（大正一〇年）；同「國家の創造」（大正一〇年）、七八四、七九二頁；同『新稿帝國憲法』（大正一一年）、四九―五三、七八、八二―八五頁；同「國家の不斷なる創造」（大正一〇年）。
(242) 上杉愼吉『國家新論』、一九―三五、四五頁。

(243) 上杉愼吉『國家新論』、四〇―四三、五七―六二頁。
(244) 上杉愼吉『國家新論』、六二―七一頁；同『暴風來』（大正八年）、二一五頁。
(245) 上杉愼吉『國家新論』、七一―七二頁；同『新稿憲法述義』、三六―四〇頁；同『デモクラシーと我が國體』（大正八年）、一一五、四四―四六頁。
(246) 上杉愼吉『國家新論』、七三―八二頁。
(247) 上杉愼吉『國家新論』、一〇四―一五一頁。
(248) 赤松克麿「祖國禮拜黨の重鎮上杉博士」（大正八年）；宮崎龍介「時代と上杉先生」（大正八年）；村上堯「上杉先生の印象」（大正八年）；『明治・大正・昭和歌謡集』、一六頁。
(249) 吉野作造「小題小言十則」（大正九年五月）、時論一〇〇頁。
(250) 『中央公論』大正一〇年第三号、三七頁；吉野作造「穂積老先生の思ひ出」、九一頁。
(251) 森戸辰男「クロポトキンの社會思想の研究」。
(252) 『東京朝日新聞』大正九年一月一四日朝刊、五頁；同一九二〇年一月一八日朝刊、五頁。
(253) 吉野作造「責任の歸着を明かにせよ」（大正九年）；同「クロポトキンの思想の研究」（大正九年）；同「東洋に於けるアナーキズム」（大正九年）。
(254) 上杉聰彦「上杉愼吉社会学遺稿（抜粋）」、二四七頁。
(255) 『東京朝日新聞』大正九年一月二〇日朝刊、九頁；同大正九年二月一九日朝刊、五頁；住谷一彦「吉野作造と住谷悦治」、七頁。美濃部亮吉は、上杉がベルリンで「森戸事件をやったのは俺だ」と言ったと述べているが、美濃部は当時十六歳で、それを誰から聞いたのかを明言しておらず、また美濃部の森戸への傾倒も著しいため、信憑性は低い（『苦悶するデモクラシー』、二二頁）。
(256) 『東京朝日新聞』大正九年一一月一四日朝刊、四頁；同大正九年一一月一五日朝刊、四頁。
(257) 宮沢俊義「憲法学の先達③」；同「憲法学の先達⑤」。
(258) 『東京朝日新聞』大正一〇年五月二三日朝刊、二頁；來間恭「筧博士と上杉博士」。
(259) 岸信介『我が青春』、一一六、一二五、一八三―一八八頁；同ほか『私の履歴書』、一三四―一三五頁；同『岸信介の回想』、一〇一―一二頁；上杉愼吉「所懷」（東大法上杉文書）。
(260) 宮沢俊義「憲法学の先達③」；福島正夫ほか『山之内先生還曆記念』、四四四―四四七頁；山之内一郎「攝政の概念及びその開始」；同『鬼之亟随想録』、二六六―二六七頁。山之内と吉野との交流は『吉野作造選集14』、三八四―三八五頁などにも見える。
(261) 宮沢俊義「憲法学の先達③」；同「憲法学の先達⑤」；『吉野作造選集14』、二六五頁。
(262) 『吉野作造選集14』、三二〇頁。

(263) 上杉愼吉「國民性の發露」（大正一二年）。
(264) 宮沢俊義「憲法学の先達③」；上杉重二郎「おやじ（9）」、九五頁。
(265) 上杉愼吉「戒嚴に就て」（大正一二年）；牧野伸顕宛上杉愼吉書簡（大正一二年一〇月一一日発信地不明）、牧野伸顕文書（国会図書館）。
(266) 「故上杉先生略歴」、七生社編『上杉先生を憶ふ』、七頁。
(267) 『帝國大學新聞』大正一二年四月一二日、二頁；『東京朝日新聞』一九二一年九月一二日夕刊、二頁；七生社編『上杉先生を憶ふ』、口絵。
(268) 「國家主義運動の概況」、東京帝國大學學生課『昭和七年中に於ける本學内の學生思想運動の概況』、二一九頁；馬場義續『我國に於ける最近の國家主義乃至國家社會主義運動に就て』、六〇九―六一〇頁。
(269) 上杉愼吉「七生社と學生々活」、七生社編『上杉先生を憶ふ』。
(270) 「社史」、『七生社誌』創刊号（大正一四年）、八頁。
(271) 上杉捨彦「兄といる情景」、上杉正一郎追悼文集刊行会『追想』、二〇五頁；『古地図・現代図で歩く　明治大正東京散歩』、七四頁。
(272) 七生社『七生社誌』創刊号（大正一四年）、四頁；同『我等如何にして大學の危機を救ふべき乎』；『吉野作造選集15』、六三―六四頁；田中惣五郎『吉野作造』、三六〇頁。
(273) 上杉正一郎追悼文集刊行会編『追想』、二三五、四七五頁。
(274) 上杉重二郎「おやじ（9）」、九五頁。
(275) 津久井龍雄『右翼』、一九八―一九九頁。
(276) 上杉愼吉「日本思想界への一大貢献」（昭和二年）；馬場義續『我國に於ける最近の國家主義乃至國家社會主義運動に就て』、一一三―一一六、七三五―七四七頁；喜入虎太郎『國家主義運動の理論と現況』、五四―五九頁；上杉愼吉「高畠素之君著「社會問題辭典」紹介」（大正一四年）；同「民勞會と學盟の握手ではない―と上杉博士談」（大正一二年）；津久井龍雄『右翼』、一三五、二〇〇頁。
(277) 『大成會々報』第一号、五、七、一六、二二頁。
(278) 上杉愼吉「國家は最高の道德」（大正一五年）、二頁。
(279) 『上杉愼吉関係文書目録』（東大法上杉文書）より概要を看取できる。

第六章　崩壊前の最期　一九二六—一九三三年

(1) 宮内庁『昭和天皇実録　第四』、五九八—六〇〇頁。
(2) 清宮四郎『外地法序説』（美濃部達吉古稀記念公法叢書第三巻）、二—五頁。
(3) 上杉重二郎「おやじ（9）」、九四頁。
(4) 上杉慎吉「クリスマス」（昭和二年）（および柳田國男「右に就て」）。
(5) 上杉慎吉「全國小學教員の名に於て一大警告を宣言すべし」（昭和三年）、二一頁。
(6) 「［石光中将秘密文書］」（東大法上杉文書）。
(7) 上杉慎吉「哲學流行と教育者」（大正一二年）。
(8) 「序」、上杉慎吉『改訂版　日本の運命』（昭和八年）、一頁：大政翼賛會石川縣支部『鄕土の烈士先覺に續かん』下巻、一一三頁。
(9) 上杉慎吉「天下無敵」（大正一二年）：同「道理と正義の敵ムツソリニ論」（昭和三年）：同「多數代表を妨ぐる諸事情」（昭和三年）、三九五—三九七頁。
(10) 上杉慎吉「憂ふべき緊急勅令」（昭和三年）：同「先づ樞府の改革を叫ばむ」（昭和三年）：同「恐怖時代の製造」（昭和三年）：美濃部達吉「治安維持法改正の緊急勅令」（昭和三年）：同「樞府無用論の生ずる所以」（昭和三年）。
(11) 上杉慎吉「朴烈問題解決の唯一方策」（大正一五年）。
(12) 上杉重二郎「おやじ（9）」、九四頁。
(13) 上杉慎吉「内閣改造奏請問題」（昭和三年）：同「憲政の基礎動搖す」（昭和三年）：同「優諚問題の取扱方」（昭和三年）：山田三良「亡友上杉慎吉君を追悼す」、七九—八〇頁：吉野作造「優諚問題」（昭和三年）、七四頁：水野錬太郎宛上杉慎吉書簡（大正一一年七月八日発信地不明、大正一二年一月六日東京小石川、大正一四年一月一二日発信地不明）、水野錬太郎文書（国会図書館）。
(14) 美濃部達吉「美貌もまた堂々たる天才」。
(15) 「教授は柳で學生は水だと輕妙な上杉博士の話で賑った法科卒業生茶話會」、『帝國大學新聞』大正一二年四月一二日、三頁。
(16) 上杉聰彦「公法学者上杉慎吉における社会学＝相関連続の研究」、二三二頁（東大法上杉文書の原本複写も参考にした）。
(17) 「略歴譜」、『上杉慎吉著作目錄』、二頁：「故上杉先生略歴」、七生社編『上杉先生を憶ふ』：上杉慎吉「日曜と郵便」（昭和二年）。
(18) 「全學一堂に會して寶祚無窮を壽ぎ奉る」、『帝國大學新聞』昭和三年一一月一二日、二頁：上杉正一郎追悼文集刊行会編『追想』、二三四頁：津久井龍雄『右翼』、一九七—一九八頁。
(19) 大政翼賛會石川縣支部『鄕土の烈士先覺に續かん』下巻、一一一—一二〇頁。
(20) 上杉重二郎「おやじ（9）」：「略歴譜」、『上杉慎吉著作目錄』、二頁：大政翼賛會石川縣支部『鄕土の烈士先覺に續かん』下巻、一一九頁。

(21)「故上杉先生略歴」、七生社編『上杉先生を憶ふ』（昭和五年）、一〇頁；「昨夏來の病癒えず上杉教授逝く」、『帝國大學新聞』昭和四年四月一五日、二頁；宮内庁『昭和天皇実録　第五』、三三二頁。
(22)『法學協會雜誌』第四七巻第五号（昭和四年）、口絵；『法學協會雜誌』第二八巻第九号（明治四三年）、口絵；「昨夏來の病癒えず上杉教授逝く」；原田慶吉ほか「[上杉愼吉肖像額贈呈状]」（東大法上杉文書）。末弘は、筧克彦から二年間学んだ公法の流儀で上杉愼吉の憲法の試験を受けたので、六十点しか取れなかった、自分は上杉先生とは教育上は縁がないと述べている（六本佳平ほか編『末弘厳太郎と日本の法社会学』、七―八頁）。
(23)『吉野作造選集15』、一二八、一二九頁。
(24)『吉野作造選集15』、六、六四頁；田中惣五郎『吉野作造』、五四頁；吉野作造『日本無產政黨論』、二八五―二八六頁。
(25)吉野作造「上杉愼吉」（昭和七年）。
(26)吉野作造「加州排日立法の對策」（大正九年）、八〇頁；同「日米兩國間の懸案」（大正九年）。
(27)吉野作造「ヤップ島問題」（大正一〇年）；同「再びヤップ島問題について」（大正一〇年）；同「重ねてヤップ島問題に就いて」（大正一〇年）、時論一七二頁。
(28)吉野作造「日米交渉の一問題としての山東問題」（大正一〇年）；同「講和會議の精神を論じて山東問題に及ぶ」（大正八年）；同「山東問題の直接交涉の拒絶」（大正一〇年）。
(29)吉野作造「軍備縮小會議に就いて」（大正一〇年）；同「軍備縮小の徹底的主張」（大正一〇年）。
(30)吉野作造「太平洋會議に對する米國の正式招待」（大正一〇年）；同「華府會議協定の側面觀」（大正一一年）、時論一八九、一九〇頁。
(31)吉野作造「朝鮮人虐殺事件に就いて」（大正一二年）；同「小題小言」（大正一二年一一月）、時論一七七―一七八頁；[吉野作造]「自警團暴行の心理」（大正一二年）。
(32)田中惣五郎『吉野作造』、二七〇頁；吉野作造「軍事官憲の社會的思想戰への干入」（大正一二年）、公論七九―八〇頁；同「甘粕公判廷に現れたる驚くべき謬論」（大正一三年）；同「國家擁護の美名に穩るゝ私刑」（大正一二年）；同「每日の新聞から」（大正一五年）、時評一七七頁。
(33)吉野作造「公人の常識」（大正一三年一一月）、五三―五四頁。
(34)米田實「吉野博士のことゞも」、一二三頁；松尾尊兊『民本主義と帝国主義』、二二一―二二二頁。
(35)松尾尊兊「民本主義鼓吹時代の日常生活」、『吉野作造選集14』、四一〇―四一五頁；吉野作造「新聞記者は私の素志」；吉野博士記念会第八回例会記録。
(36)吉野作造「普通選擧論」（大正九年）、五六―六〇頁；同「選擧と金と政黨」（昭和七年）、本欄九七―九八頁。

（37）吉野作造「統帥權問題を中心として」（昭和五年）；同「統帥權問題の正體」（昭和五年）；同「政海暗礁の一掃」（昭和五年）；同「統帥權の獨立と帷幄上奏」（昭和五年）。
（38）『吉野作造選集15』、三八六頁；吉野作造「國民主義運動の近況」（昭和七年）、七八―八一頁。
（39）吉野作造「在郷軍人會に對する期待」（昭和七年）。
（40）吉野作造「最近政局の概觀」（大正一三年三月）、公論七四―七六頁；同「山本宣治君の慘死」（昭和四年）、本欄三〇二頁；同「憲法と憲政の矛盾」（昭和四年）、本欄八七―八九頁；同「優諚問題」（昭和三年）、本欄七二―七三頁。
（41）吉野作造「對支出兵」（昭和三年）；『吉野作造選集15』、三二五―三二六、三三五頁；同「對支關係の前途と床次氏の立場」（昭和四年）；同「暴露戰術是非」（昭和四年）；同「對支外交の好轉」（昭和四年）；同「田中内閣の窮死」（昭和四年）；同「兇蠻暴虐の教訓」（昭和五年）；同「滿蒙問題に關する反省」（昭和六年）。
（42）吉野作造「滿蒙問題に關する反省」（昭和六年）；同「民族と階級と戰爭」（昭和七年）、本欄二七、二九頁；藤田逸男「吉野作造博士を憶ふ」、一九頁。
（43）吉野作造「滿洲國承認の時期」（昭和七年）；同「リツトン報告書」（昭和七年）；同「リツトン報告書を讀んで」（昭和七年）；同「東洋モンロー主義の確立」（昭和七年）；蠟山政道「アジア・モンロー主義の一批判」。
（44）吉野作造「民權運動彈壓側面史」（昭和四年）。
（45）田中惣五郎『吉野作造』、二四四頁；吉野作造「轉地先から」（大正一四年）、七二頁；同「健康法について」（昭和五年）、五〇頁；下村宏宛吉野作造書簡（大正一四年六月三〇日東京）、下村宏文書（国会図書館）；大内兵衛「ある距離に於ける吉野先生」、三八―三九頁；『吉野作造選集15』、二六七頁。
（46）吉野作造「今後十年の豫言」（昭和六年）。
（47）鈴木安蔵『憲法学三十年』、四八頁；長谷川如是閑「吉野博士と私」、一三頁；内ヶ崎作太郎「吉野作造君と私」、九六―九七頁；米田實「吉野博士のことゞも」、一一二頁；赤松克麿「人道の戰士、吉野作造」、一七九―一八一頁；赤松明子「亡き父を語る」、一八七―一九〇頁；橋本章「吉野作造博士と贊育会」。
（48）『吉野作造記念館だより』第八号（平成一五年四月一日）、四頁（田中昌亮）；赤松克麿「人道の戰士、吉野作造」、一八四頁。
（49）『國家學會雜誌』第四七巻第四号、口絵写真、一五〇―一五一頁、奥付；『國家學會雜誌』第四七巻第三号、奥付。

第七章　終わりなき闘争　一九三三―二〇一六年

（1）立作太郎『米國外交上の諸主義』、三五九―三七八頁；安井郁『歐洲廣域國際法の基礎理論』；吉野博士記念会第六回例会記録；『東京朝日新聞』昭和一六年一二月一日朝刊、二頁；『東京朝日新聞』昭和一六年一二月一日朝刊、二頁；神川彦松「世界新秩序論」；矢部貞治『新秩序の研究』、一頁；蠟山政道「東亜新秩序と新文化の創造」、一四五頁。
（2）横田喜三郎『天皇制』、二五三頁。
（3）児島襄『史録日本国憲法』、四〇—四七、五三、九九—一〇三頁；『高木八尺先生に聞く（II）』、三〇、五三—六六頁。
（4）児島襄『史録日本国憲法』、三七四—三七六頁。
（5）児島襄『史録日本国憲法』、一〇三—一一二、一八四頁。
（6）清水澄「自決シタル理由」、清水澄文書（国会図書館）；清水虎雄「明治憲法に殉死した憲法学者」、二七五頁。
（7）穂積重遠「大學に現はれたる米國々民性」；ヴァイニング『皇太子の窓』、六三、七三—七六、四六七—四六八頁；大村敦志『穂積重遠』、二四九—二五六頁。
（8）南原繁「新日本文化の創造」、同『祖國を興すもの』、一—一三頁；『帝国議会誌』第一期第四九巻、三七一—三七三頁。
（9）赤坂幸一編集・校正『初期日本国憲法改正論議資料』。
（10）筧泰彦「父筧克彦のことども」、五〇、五一、七七頁；坂本義和『人間と国家（上）』、一二〇—一二一頁。
（11）尾高朝雄『國民主權と天皇制』、二〇二—二〇六頁；石井良助『天皇』。
（12）横田喜三郎『天皇制』；児島襄『史録日本国憲法』、一二八頁；法學協會『詳解日本國憲法』上巻、序一頁；『憲法調査会における各委員の意見』。
（13）天野貞祐編『独協七十年』、一七、二一、六二—六七頁；獨協学園百年史編纂委員会編『獨協學園史』、八〇五頁。
（14）白柳秀湖「學者、思想家のガウンを著けた大親分」、二五二頁。
（15）神田文人「赤松克麿」、『國史大辭典』第一巻（吉川弘文館、昭和五四年）、六九—七〇頁；『吉野作造選集15』、三一九、三六九、三七七、三九二、四〇六頁；馬場義續『我國に於ける最近の國家主義乃至國家社會主義運動に就て』、四五六—四五七頁；吉野作造「國民社會主義運動の史的檢討」（昭和七年）。
（16）赤松克麿「人道の戰士、吉野作造」、一八五—一八六頁；吉野博士記念会第五回例会記録；宮本盛太郎「吉野作造と大川周明」；松本健一「大正デモクラシーから昭和ファシズム革命へ」；吉野作造「小題小言五則」（大正九年六月）、五一頁；同「獄中の知人から」（昭和二年）。
（17）後藤新平宛吉野作造書簡（大正一三年一二月二三日発信地不明）、後藤新平文書（国会図書館）（『吉野作造選集　別巻』、四一頁で採録）；吉野作造「紹介狀濫發阻止同盟の提唱」（大正一一年）。
（18）南原繁ほか『小野塚喜平次』、二九四、三一一頁；鈴木安藏『日本政治の規準』、三五三—三五四頁。
（19）「東京帝國大學卒業式」、『法學協會雜誌』第三一巻第八号（大正二年）、一四一一頁；岸信介ほか『岸信介の回想』、一五—一六頁；小嶋翔「吉野信次の思想形成」；石澤理如「吉野信次の商工政策」；吉野信次『日本國民に愬ふ』、一二頁；吉野信次追悼録刊行会『吉野信次』、三七九頁。
(20) 吉野俊造「上版小序」、吉野作造『吉野作造博士民主主義論集　第一巻　民本主義論』、一、四頁、奥付裏頁：吉野博士記念会第一・二・四・五・六・九回記録・例会控ノート・上申書。
(21) 田中惣五郎『吉野作造』：吉野博士記念会第一三回例会記録。
(22) 田中惣五郎『吉野作造』、九四、一六五―一六六、一八〇頁：篠原一「吉野作造と原敬」：信夫清三郎『大正政治史』第一巻、一頁：磯野誠一「吉野作造」、一六六、一六八、一七〇―一七三頁：宮川透『近代日本思想の研究』、一七七―一九八頁。
(23) 蠟山政道など「日本における政治學の過去と將來」、三七、三八頁など。
(24) 松本三之介「『民本主義』の歴史的形成」：同『吉野作造』：松尾尊兊『大正デモクラシーの研究』：同『民本主義と帝国主義』：祇園寺則夫「田澤晴子『吉野作造』・松本三之介『吉野作造』を読む」：太田雅夫「吉野作造の民本主義論」。
(25) 三谷太一郎「吉野作造の明治文化研究」、一〇一頁：同『新版大正デモクラシー論』、五七頁。
(26) 蠟山政道「わが師吉野作造先生」、一五三、一六〇―一六四頁。
(27) 三谷太一郎「六〇年来の懸案」、三〇六―三〇七頁。
(28) 飯田泰三『批判精神の航跡』：同「吉野作造の留学時代」：北岡伸一「吉野作造の国際政治思想」、三八七―四〇五頁：酒井哲哉「吉野作造の国際民主主義論」、三二一頁。
(29) 田澤晴子『吉野作造』、二五七―二五九頁：同「吉野作造における「国体」と「神社問題」」：同「デモクラシー発信機関・吉野作造記念館」：祇園寺信彦「東北のこころ「吉野作造の民本主義」」：千葉真弓『吉野作造』。
(30) 田澤晴子『吉野作造』、二五四頁：同「吉野作造における「国体」と「神社問題」」：佐々木力「古川学人吉野作造」：佐々木力『二一世紀のマルクス主義』、二三七―二四五頁：千葉眞「新しい公共と熟議デモクラシー」。
(31) 苅部直「解釈改憲としてのデモクラシーとポピュリズムへの警鐘」：五百簱頭薫「吉野作造政治史の射程」、四五三、四五七頁：五百簱頭薫／宇野重規／伏見岳人「見えてきた新しい吉野作造」：伏見岳人「現代によみがえる吉野作造」、一二一、一三二頁：石川健治「解説」：『朝日新聞』平成二八年二月一日朝刊、二九頁：吉野作造記念館『戦後七〇周年記念日本国憲法の誕生と吉野作造展示目録』：『朝日新聞』平成二八年二月一日夕刊、九頁：金子勝「日本国憲法の間接的起草者・鈴木安蔵氏」など。
(32) 藤村一郎『吉野作造の国際政治論』：佐藤太久磨「「国際民主主義」から「東洋モンロー主義」へ」：銭昕怡「中国における大正期国際協調主義の研究に関する一考察」。
(33) 中田薫「上杉君を想ひて」、四九―五一頁。
(34) 中田薫「上杉君を想ひて」、五一頁。
(35) 吉野作造「外骨翁と私」（大正一四年）、一八頁：木本至『評傳宮武外骨』、五四五頁：宮武外骨「吉野作造先生の遠逝」：『吉野作

造選集15』、三〇〇頁；「國家主義運動の概況」、東京帝國大學學生課『昭和七年中に於ける本學内の學生思想運動の概況』、一三―一四頁。
(36) 山田三良「亡友上杉愼吉君を追悼す」、七八―八一頁。
(37) 筧克彦「東京帝國大學教授上杉愼吉」。
(38) 一木喜德郎「上杉博士を憶ふ」；上杉愼吉「諸大臣の訓示を讀む」（大正六年）、一六頁。
(39) 小野清一郎「最初の印象と最後の印象」（昭和八年）、六七―六八頁。
(40) 「國家主義運動の概況」、東京帝國大學學生課『昭和七年中に於ける本學内の學生思想運動の概況』、一―二頁。
(41) 「序」、上杉愼吉『改訂版　日本の運命』、一頁；社会問題資料研究会編『最近に於ける右翼学生運動に付て』、三八―四四頁。
(42) 蓑田胸喜『蓑田胸喜全集　第三巻』、一四―一五、六〇六―六〇七頁など。
(43) 千葉龜雄「新聞記者として見たる三博士」、一五一頁。
(44) 『帝国議会誌』第一期第二一巻、四七〇―四七九、四八三―四八七頁。
(45) 日記（大串兎代夫文書六六一・六六二（国会図書館））；大串兎代夫「ガール、シュミットの主權論」；「大串兎代夫先生の略歴・主要業績」；大串兎代夫『日本の勃興と政治の転換』、四五―五一頁；同『現代國家學説』、一―一五二頁；同「日本國法學」、一四二頁；同『國家權威の研究』；同『大東亞戰爭の世界史的意義』。
(46) 小野清一郎『日本法理の自覺的展開』、一頁。
(47) 小野清一郎『日本法理の自覺的展開』、二、六―九、二九三―三〇七頁。
(48) 小野清一郎『日本法理の自覺的展開』、八七―八八頁。
(49) 小野清一郎『東亞の新なる法律理念』、一〇頁。
(50) 大政翼賛會石川縣支部『鄕土の烈士先覺に續かん』下巻、一一九―一二〇頁。
(51) 吉村武生「先生にお伴したる思出の中より」、九五頁。
(52) 長尾龍一『日本国家思想史研究』；同『日本憲法思想史』；井田輝敏『上杉慎吉』；前川理子『近代日本の宗教論と国家』、三一三―三四八頁；吉田博司『近代日本の政治精神』；浅野和生「上杉慎吉の国体論の陸軍将校への影響」；小山常実『天皇機関説と国民教育』；住友陽文「代議制危機の時代の「民本主義」概念」。
(53) 松本三之助『天皇制国家と政治思想』、二五四―三〇八頁；宮本盛太郎『天皇機関説の周辺』；Neumann, *Politisches Denken*；原田武夫『甦る上杉愼吉』。
(54) 上杉正一郎「小序」、上杉愼吉『日の本』。
(55) 「風雪の碑」、三頁；上杉正一郎追悼文集刊行会編『追想』、二三三、二三五、二三七、二四一―二四六、四七六―四八一頁；上杉

慎吉「日本思想界への一大貢献」（昭和二年）。

(56) 上杉重二郎「おやじ（9）」、九三―九五頁；上杉慎吉「少壯憂國の同志に示す」（大正一三年）、一九七頁。

(57) 上杉重二郎『ドイツ革命運動史』上巻、二頁。

(58) 鈴木安藏『革命』；上杉重二郎『東ドイツの建設』；同『統一戦線と労働者政府』。

(59) 早川征一郎「上杉捨彦先生のご逝去を悼む」。

(60) 上杉聰彦『私の翻訳記録』；同「上杉慎吉社会学遺稿（抜粋）」。

後　記　大崎平野から駒込、そしてハイデルベルクへ

吉野作造は筆者にとって半ば同郷人である。曾祖父の今野良作が宮城県加美郡中新田町長を務め、祖父の今野望が宮城県立古川中学校、第一高等学校、東京帝国大学文学部と進学したので、実家では祖父を吉野作造（宮城県志田郡古川町出身）に準える習慣があった。祖母の実家も宮城県志田郡松山町にあった。筆者が東京大学教養学部文科一類を志した際にも、吉野のことは多少念頭にあった。後年のこと、日本学術振興会特別研究員（ＰＤ）になった筆者は、東京都文京区本駒込五丁目三七番六号に住んだが、これは偶然にもかつての吉野宅（東京府東京市本郷区駒込神明町三二七番地）とほぼ同地点で、後日知って不思議な縁を感じた。

だが筆者が進学した頃の東京大学法学部では、戦後民主主義の偉人たちが崇敬される一方で、戦前の政治学・法学への関心は薄かった。戸水寛人と聞いて「民法出テ……」を語る教官も居り、吉野直系の「ヨーロッパ政治史」でも、篠原一名誉教授より前のことは議論不要という有様だった（この点は作内由子博士も『図書』で示唆している）。筆者は、三谷太一郎教授の「日本政治外交史」講義には興味を懐いたが、筆者の出席した学期の三谷ゼミの内容は、折悪しく戦後史であった。竹中英俊氏（宮城県玉造郡岩出山町出身）によると、実は筆者の指導教官の高橋進教授（宮城県遠田郡涌谷町出身）が、吉野研究を志していたらしい（Ｔ「高橋進先生」）。実弟の高橋亘教授（大阪経済大学）によると、吉野研究の遺稿が多く発見されたという（平成二七年一二月七日談）。確かに高橋教授が宮城県や涌谷への思いを、同じ宮城系の筆者に語ったことは一度あったが、吉野研究をしているということは知らなかった。

そうした中で筆者が吉野作造研究に踏み込んだのは、平成八年度冬学期の或る出来事が切掛だった。欧米研究文献の品評会ばかりだった本郷の演習には珍しく、坂野潤治教授（社会科学研究所所長）の大学院演習（日本政治外交史）は、『改造』など一次史料に基づく歴史叙述の訓練を行っており、この学期の課題は「戦前日本の自由民主主義」だった。坂野教授は民政党や無産政党、さらに後者の支援者だった吉野に共感していたが、筆者は昭和一一年末から昭和一二年初頭までの同時代人の見解を分析し、また吉野の満韓論なども引用して、反軍部勢力にも日本「正義」論、「支那誤謬」論が多いことを指摘し、政党内閣が存続・発展しても、日本の大陸進出は不可避だったのではないかという問題提起を、さしたる覚悟もなしにした。当時筆者は修士論文を執筆中で、ナショナリストとしてのヴェーバーに吉野を重ねていた面もある。すると坂野教授は大いに立腹し、「私は同じ史料から、今野氏とは正反対の結論が導き出せると思いますが、皆さんはどう思いますか？」と参加者に問い掛け、筆者との押し問答になった。このとき実感したが、坂野教授は信夫清三郎らマルクス主義者の吉野批判に敏感になっており、筆者をその残党だと誤解したようだった。この事件を機に、吉野研究のただならぬ雰囲気を知った筆者は、徐々に『選集』や先行研究を読むようになったが、そこで目にしたのは、概ねヴォルフガング・J・モムゼン登場以前のヴェーバー研究のような論調であった。そこでは「現代」の篩で丁寧に裏漉しした吉野像が提示されていて、吉野独特の辛辣な表現が余り引用されず、つぶあんではなくこしあんになっているという印象を受けた。

もう一つの契機は「吉野日記」との出会いである。これは公刊物の背後にある吉野の行動や心情を記録した重要な史料だった。筆者は平成一一年一〇月に偶々お会いした三谷教授から、そこに（A・）「ヴェーバー」への言及があることを教えて頂いた。ヴェーバー研究者としてドイツ帝国の政治や学問を調べていた筆者は、吉野のドイツ滞在記に飛び付いたが、読んでみて早速その行動様式を意外に思った。また吉野のドイツ大学批判を、日本の吉野研究者が疑いもせず、却って学問権威主義への抵抗、「社会の発見」などとして称揚している様にも首を傾げた。

こうした経験を経て、筆者は一つの決意をした。それは、高橋教授に代わり、半ば同郷人の筆者が、吉野作造研究を刷新するということである。

上杉愼吉研究は吉野作造研究から派生したものだった。樋口陽一教授の「憲法第一部」（平成四年度）でその名前を耳にした際、上杉は「神権学派」穂積八束の祖述者、天皇機関説論争における美濃部達吉の引立役でしかなかった。フランスに傾倒する樋口憲法学は、ドイツや日本を政治的後進国とする否定的先入観を孕んでいる。護憲派言論界の重鎮である樋口教授が、政治における西洋＝普遍主義と文化における日本主義とを両立させようと、好んで和装で登場し、日本文化に親しんでいることは当時も有名だったが、そこで許容される「日本文化」とは、要するに憲法と衝突しない非政治的なものに限定されていた。吉野研究を進めた筆者は、憲法学で日本主義者として一笑に付される上杉が、西洋＝普遍主義の体現者として称揚される吉野の日記に友人として登場することに気付き、全ドイツ連盟の冊子にヴェーバーの名前を見付けた時と同様の驚きを感じた。また長尾龍一教授の「上杉慎吉伝」との出会いも、筆者には目から鱗が落ちるような体験となった。イェリネック関係文書（コブレンツ連邦文書館）の上杉書簡や、上杉のドイツ語論文の発見も、筆者の研究意欲を掻き立てた。大学での最初の授業であった（文一）「法学」（平成三年度・村上淳一教授）が、加藤弘之『國法汎論』の講釈だったこと、筆者の現住所から近い愛知学院大学に、同法学部を創設した小野清一郎の蔵書が残っていたことも、顧みれば運命的だった。

本研究に力を与えたのはドイツ滞在である。ヴェーバー研究の過程で幾度もハイデルベルクを歩く中で、筆者は吉野と上杉、あるいは穂積八束、小野塚喜平次、美濃部達吉、中田薫らの息遣いも感じた。ドイツの建物や住居表記はほぼ百年前のままである。彼らが見た景色を、筆者も見ることができたのである。上杉が傷心の日々を過ごしたアーデルスハイム、吉野がカトリック世界に触れたリーデンハイムも、往時の風情を残していた。筆者にとっては、現地訪問がいつでも研究の刺戟になっている。筆者の研究成果も、まずはドイツで日の目を見た。ドイツ政治史専攻だった筆者だが、留学先では日独関係史の需要の大きさを実感し、ベルリン大学での博士論文口頭試験（平成一四年二月六日）で三つの命題を提示した際は、指導教官ハインリヒ・アウグスト・ヴィンクラー教授の勧めもあって、第三命題にこの論題を選んだ。平成二四年のミュンヒェン滞在の際も、筆者は教員宿舎で講演を行い（七月二三日）、その文面を加筆修正して『現代史四季報』で公刊した。ところが日本国内での論文・図書の刊行は、その都度不可解な理由により、これまで八回に亙って頓座してきた。本書も吉野・上杉対決百周年の出版を目指して平成二八年四月に一旦入稿したが、その刊行に至らぬ間に、憲政論文百周年を祝した熱烈な賀詞が数多く世に出ていった。関係者諸氏には、今後はお互い名乗りを上げた上でお手合わせを願えれば幸いである。

本書は、筆者が構想する研究「日本のドイツ研究史」の第一部となることを期したものである。この研究企画は、筆者の日本政治学会研究大会（中京大学）での報告「東京大学法学部のドイツ政治史研究――批判的回顧と建設的提言」（平成二二年度一〇月九日）を出発点として、これを時代毎に分割して深める形式で進められている。本書はその最初の成果であるが、第二部では昭和前期を、第三部では昭和後期以降を扱う予定である。

本書の刊行に際しては多くの方々から御支援を頂いた。愛知県立大学長久手キャンパス図書館、国立国会図書館、東京大学附属図書館、愛知学院大学宗教法制研究所、同図書館情報センター、ハイデルベルク大学文書館、コブレンツ連邦文書館など、各機関の関係者各位には、史料収集に際してお世話になった。三谷太一郎名誉教授（日本学士院会員）には、前述のように初期段階から御助言を頂いた。文化勲章受章に際して三谷教授が下さった格言「必要に応ずる学問よりも、目的に応ずる学問を貫くように」は、筆者にとっていまでも座右の銘となっている。西川洋一教授（東京大学法学部）には、『教授會決議錄』の情報公開請求、『法學協會雜誌』、『國家學會雜誌』の写真転載に関して、御理解および御助言を頂いた。吉野作造記念館の田中昌亮元館長、大川真前館長、小嶋翔研究員、その他職員各位には、史料収集に御協力頂いた。吉野恆子氏、吉野雪子氏、上杉陽氏、伊藤隆名誉教授（東京大学）、佐賀香織博士（法政大学）、中澤俊輔准教授（秋田大学）、国分航士助教（東京大学）、佐藤悠子助教（同上）には、吉野作造、上杉愼吉に関する史料閲覧に際し御支援を頂いた。国際日本文化研究センターでは、瀧井一博教授（同）、長尾龍一名誉教授（東京大学）、植村和秀教授（京都産業大学）、清水唯一朗教授（慶應義塾大学）、大久保健晴准教授（同）、奈良岡聰智教授（京都大学）などの先生方から御意見および御助言を頂くことができた。本書は、瀧井教授を代表とする科学研究費補助金（基盤B「明治日本の比較文明史的考察——その遺産の再考」〔研究番号 16H03469〕）の研究成果の一部でもある。さらに田澤晴子准教授（岐阜大学）は、本書の草稿に目を通し、詳細な検討を加えて下さった。竹中英俊氏（竹中編集企画室）（吉野作造研究）、長井利浩氏（名古屋市）（ロエスレル・井上毅研究）には、ライフワークに賭ける意気込みを学ばせて頂いた。最後に名古屋大学出版会の三木信吾氏には、前著『多民族国家プロイセンの夢』に続き、出版助成がなかなか取れない本書にも叮嚀な御支援を頂いた。お世話になった全ての皆様に、この場を借りて厚く御礼申し上げたい。

平成三〇年三月三日　　愛知県北設楽郡東栄町布川

今野元識

付記：なお、本書の出版に当たっては、平成三〇年度科学研究費補助金研究成果公開促進費（学術図書〔18HP5149〕）の助成を得た。また校正に際しては、名古屋大学出版会の山口真幸氏、印刷所の方々に大変ご尽力を頂いた。この点も感謝申し上げる（平成三〇年一〇月四日）。

《著者略歴》

今野《こんの》　元《はじめ》

1973年　東京都に生まれる
1995年　東京大学法学部卒業
2002年　ベルリン大学第一哲学部歴史学科修了（Dr. phil.）
2005年　東京大学大学院法学政治学研究科修了（博士（法学））
現　在　愛知県立大学外国語学部・大学院国際文化研究科教授
主　著　『マックス・ヴェーバーとポーランド問題——ヴィルヘルム期ドイツ・ナショナリズム研究序説』（東京大学出版会，2003年）
『マックス・ヴェーバー——ある西欧派ドイツ・ナショナリストの生涯』（東京大学出版会，2007年）
『多民族国家プロイセンの夢——「青の国際派」とヨーロッパ秩序』（名古屋大学出版会，2009年）
『教皇ベネディクトゥス一六世——「キリスト教的ヨーロッパ」の逆襲』（東京大学出版会，2015年）

吉野作造と上杉愼吉

2018年11月15日　初版第1刷発行

定価はカバーに
表示しています

著　者　今　野　　元
発行者　金　山　弥　平

発行所　一般財団法人　名古屋大学出版会
〒464-0814　名古屋市千種区不老町1名古屋大学構内
電話(052)781-5027/FAX(052)781-0697

印刷・製本 ㈱太洋社　　ISBN978-4-8158-0926-3

索　引

ア　行

カ　行

サ　行

タ　行

ナ 行

ハ 行

マ　行

ヤ　行

ラ・ワ行

引用図版一覧

図 1　幕臣加藤弘之の陣笠（東京大学文書館（旧：東京大学史史料室）蔵　F0001/19/03（旧：加藤 IX-69a）　陣笠 C：平成 24 年 2 月 22 日著者撮影）……8
図 2　加藤弘之が授与されたプロイセン勲一等王冠勲章（東京大学文書館（旧：東京大学史史料室）蔵　F0001/08/69/02（旧：加藤 XX-3-2-1）〈勲章〉プロシア国，王冠第一等勲章：平成 24 年 2 月 22 日著者撮影）……9
図 3　穂積陳重（『法學協會雜誌』第 24 巻第 1 号（明治 39 年）冒頭（東京大学法学部研究室図書館蔵））……17
図 4　勅任官大礼服を着用した梅謙二郎（『法學協會雜誌』第 28 巻第 9 号（明治 43 年）冒頭（東京大学法学部研究室図書館蔵））……21
図 5　穂積陳重教授就職満二十五年祝賀宴会（『法學協會雜誌』第 24 巻第 12 号（明治 39 年）冒頭（東京大学法学部研究室図書館蔵））……23
図 6　大聖寺の風景（奥は旧藩主の茶室「長流亭」）（平成 24 年 1 月 15 日著者撮影）……32
図 7　第四高等学校（第四高等中学校）（平成 24 年 1 月 14 日著者撮影）……33
図 8　穂積八束（『法學協會雜誌』第 24 巻第 4 号（明治 39 年）冒頭（東京大学法学部研究室図書館蔵））……35
図 9　一木喜徳郎（『法學協會雜誌』第 24 巻第 7 号（明治 39 年）冒頭（東京大学法学部研究室図書館蔵））……39
図 10　野村淳治（『法學協會雜誌』第 27 巻第 9 号（明治 42 年）冒頭（東京大学法学部研究室図書館蔵））……40
図 11　清水澄（『法學協會雜誌』第 27 巻第 8 号（明治 42 年）冒頭（東京大学法学部研究室図書館蔵））……49
図 12　戸水寛人（『法學協會雜誌』第 24 巻第 8 号（明治 39 年）冒頭（東京大学法学部研究室図書館蔵））……51
図 13　古川の風景（緒絶橋）（平成 16 年 5 月 27 日著者撮影）……53
図 14　第二高等学校（現：東北大学）（平成 24 年 3 月 6 日著者撮影）……55
図 15　和装のブゼル（右）（尚絅学院蔵：平成 24 年 3 月 6 日著者撮影）……56
図 16　小野塚喜平次（『法學協會雜誌』第 25 巻第 7 号（明治 40 年）冒頭（東京大学法学部研究室図書館蔵））……60
図 17　筧克彦（『法學協會雜誌』第 26 巻第 2 号（明治 41 年）冒頭（東京大学法学部研究室図書館蔵））……82
図 18　『法學協會雜誌』に掲載されたゲオルク・イェリネック像（『法學協會雜誌』第 29 巻第 3 号（明治 44 年）冒頭（東京大学法学部研究室図書館蔵））……84
図 19　Luxhof の宣伝（Stadtarchiv Heidelberg 蔵）……87
図 20　アーデルスハイムの街並（平成 24 年 4 月 22 日著者撮影）……88
図 21　帰国した頃の上杉慎吉（『法學協會雜誌』第 28 巻第 10 号（明治 43 年）冒頭（東京大学法学部研究室図書館蔵））……91

図 22　留学時代の写真と思われるもの（上杉は後列中央・前列右端にトルコ帽の男性が 2 人いる）（東京大学大学院法学政治学研究科附属近代日本法政史料センター原資料部蔵　上杉愼吉関係文書（追加分）89-6）……92
図 23　美濃部達吉（『法學協會雜誌』第 25 巻第 8 号（明治 40 年）冒頭（東京大学法学部研究室図書館蔵））……102
図 24　加藤弘之（『法學協會雜誌』第 26 巻第 1 号（明治 41 年）冒頭（東京大学法学部研究室図書館蔵））……109
図 25　穂積八束の葬儀（東京大学大学院法学政治学研究科附属近代日本法政史料センター原資料部蔵　上杉愼吉関係文書 III-6-1-1.7）……111
図 26　1910 年，ハイデルベルクにおける吉野作造（後列左端）：女中グレタ（後列右端）・ナップ婆（前列右端）・野地菊司（前列左端）と共に（桑原春晃編『野地菊司自敍傳』（昭和 17 年），271 頁（国立国会図書館蔵））……124
図 27　シュヴェルムのクリストゥス教会（平成 24 年 7 月 29 日著者撮影）……128
図 28　リーデンハイムの聖ラウレンティウス教会（平成 25 年 1 月 6 日著者撮影）……129
図 29　礼拝堂で祈る人々（リーデンハイム）（平成 25 年 1 月 6 日著者撮影）……130
図 30　シュパイヤーのプロテスタント教会（平成 25 年 9 月 12 日著者撮影）……135
図 31　帰国して数年後の吉野作造（「月報 12」『吉野作造選集』第 14 巻，岩波書店，1996 年，1 頁）……137
図 32　立作太郎（『法學協會雜誌』第 26 巻第 3 号（明治 41 年）冒頭（東京大学法学部研究室図書館蔵））……159
図 33　牧野英一（『綠會雜誌』第 9 号（昭和 12 年）（東京大学法学部研究室図書館蔵））……201
図 34　中田薫（『綠會雜誌』第 4 号（昭和 5 年）（東京大学法学部研究室図書館蔵））……205
図 35　『法學協會雜誌』に掲載された上杉の遺影（『法學協會雜誌』第 47 巻第 5 号（昭和 4 年）冒頭（東京大学法学部研究室図書館蔵））……305
図 36　『國家學會雜誌』に掲載された吉野の遺影（『國家學會雜誌』第 47 巻第 4 号（昭和 8 年）冒頭（東京大学法学部研究室図書館蔵））……314
図 37　松本烝治（『法學協會雜誌』第 28 巻第 3 号（明治 43 年）冒頭（東京大学法学部研究室図書館蔵））……318
図 38　清水澄博士顕彰之碑（平成 27 年 5 月 10 日著者撮影）……319
図 39　穂積重遠（『綠會雜誌』第 4 号（昭和 5 年）冒頭（東京大学法学部研究室図書館蔵））……320
図 40　吉野作造記念館（平成 16 年 5 月 27 日著者撮影）……330
図 41　「古川銘菓　民本主義」（平成 16 年 6 月 3 日著者撮影）……331
図 42　山田三良（『綠會雜誌』第 3 号（昭和 4 年）冒頭（東京大学法学部研究室図書館蔵））……335

参考文献

I　未公刊史料

1）国立国会図書館憲政資料室

上杉愼吉宛書簡集（上杉正一郎（長尾龍一）収集・伊藤隆管理・複写）
阿部充家文書
荒川五郎文書
有松英義文書
伊澤多喜男文書
大串兎代夫文書
大山郁夫文書
岡實文書
小川平吉文書
木戸家文書：木戸幸一関係（歴史民俗博物館蔵）
後藤新平文書
齋藤實文書
清水澄文書
下村宏文書
關屋貞三郎文書
田中義一文書
寺内正毅文書
永田秀次郎・亮一文書
平田東平文書
牧野伸顯文書
松下芳男文書
松本烝治文書
水野錬太郎文書
山岡萬之助文書

2）コブレンツ連邦文書館（Bundesarchiv Koblenz）

Nachlaß Camilla Jellinek
Nachlaß Georg Jellinek
Nachlaß Walter Jellinek
Nachlaß Wilhelm Solf

3）プロイセン文化財ベルリン国立図書館（Staatsbibliothek zu Berlin Preußischer Kulturbesitz）

Nachlaß Hans Delbrück

4）ハイデルベルク大学文書館（Universitätsarchiv Heidelberg）

Akademische Quästur : Georg Jellinek, Eugen von Jagemann, Alfred Weber, Hermann Oncken, Fritz Fleiner, Hermann Levy, Max Weber

Studien- und Sittenzeugnis : Max Weber, Leo Wegener, Kiheiji Onozuka, Martin Offenbacher, Soichi Sasaki, Shinkitsi Uyesugi（Sakuzo Yoshino はなし）

5）ハイデルベルク市文書館（Stadtarchiv Heidelberg）

Fotosammluug

6）東京大学史史料室（現：東京大学文書館）

加藤弘之関係文書

東京帝國大學學生課『昭和七年中に於ける本學内の學生思想運動の概況』

7）東京大学法学部

東京帝國大學法科大學『教授會決議録』（情報公開請求に基づく法人文書開示）

上杉愼吉著作目録（東京大学法学部図書館蔵）

吉野作造文庫目録（東京大学法学部図書館蔵）

小野塚喜平次文庫目録（東京大学法学部図書館蔵）

岡［義武］文庫（東京大学法学部明治新聞雑誌文庫蔵）

吉野博士記念会資料（複製：東京大学大学院法学政治学研究科附属近代日本法政史料センター原資料部蔵）

上杉愼吉関係文書（東京大学大学院法学政治学研究科附属近代日本法政史料センター原資料部蔵）

岡義武関係文書（東京大学大学院法学政治学研究科附属近代日本法政史料センター原資料部蔵）

8）吉野作造記念館

吉野作造関係文書

9）東北大学史料館

『尚志會雜誌』

『第二高等學校一覧』

『忠愛之友倶樂部十年小歴史』

『忠愛之友倶樂部廿年史』

10）金沢大学資料館（金沢大学附属図書館中央図書館内）

『第四高等中學校一覧』（明治 20/21-26/27 年）

『第四高等學校一覧』（明治 27/28-35/36 年）

『第四學年點表』（第四高等中學校）
『第五學年點表』（第四高等中學校）
『第六學年點表』（第四高等中學校）
『第七學年點表』（第四高等學校）
『第八學年點表』（第四高等學校）
『第九學年點表』（第四高等學校）
『大學豫科學年點表』（明治 29-30 年）
『大學豫科學年點表』（明治 30-31 年）
『本部學籍簿』
『北辰會雜誌』

11）金沢市立玉川図書館近世史料館
『大聖寺藩中分限帳』

12）長岡市郷土史料館
小野塚喜平次・廣瀬武夫往復書簡

13）愛知学院大学図書館情報センター
小野清一郎文庫

14）尚絅学院大学（仙台市）
ブゼル関係史料

15）吉野家
吉野作造日記（必要箇所のみ）

II　吉野作造著作

順番は発表年月日順とし，土川信男・大内俊介編「吉野作造著作年表」（『吉野作造選集 別巻』）を参考にした。本欄に挙げるのは基本的に本文で言及したもののみに限定した。

吉野作藏「戰國三傑の概論」，『學生筆戰場』第 4 巻第 19 号（明治 27 年），30-31 頁.
吉野作藏「夏の夕」，『學生筆戰場』第 4 巻第 18 号（明治 27 年），40-41 頁.
松風琴［吉野作藏］「漢高祖雍歯を封ずること」，『學生筆戰場』第 4 巻第 20 号（明治 27 年），62 頁.
松風琴坊「林子平の逸事」，『青年文』第 1 巻第 1 号（明治 28 年），57-58 頁.
能勢三郎／吉野作藏「行軍日誌」，『如蘭會雜誌』第 1 号（明治 28 年），27-33 頁.
翔天生［吉野作造］「松風錄」，『如蘭會雜誌』第 1 号（明治 28 年），35-39 頁.
吉野作藏「［和歌四首］」，『如蘭會雜誌』第 2 号（明治 28 年），14 頁.
翔天坊［吉野作造］「緒北堂漫談」，『尚志會雜誌』第 32 号（明治 31 年，第二高等學校尚志會），9-17 頁.
翔天坊［吉野作造］「秀吉を想ふ」，『尚志會雜誌』第 34 号（明治 32 年，第二高等學校尚志

會)，35-39 頁.
吉野作造「方丈記に現はれたる長明の厭世観を評す」(明治 32 年)，西田耕三編『吉野作造と仙台』(宮城地域史学協議会，平成 5 年)，68-80 頁.
吉野作造「宗教と科學」，『尚志會雜誌』第 40 号（明治 33 年，第二高等學校尚志會)，92-93 頁.
吉野作造「政界時感」，『新人』第 4 巻第 2 号（明治 36 年)，31-36 頁.
吉野作造「世界普通語エスペラントー」，『新人』第 4 巻第 5 号（明治 36 年)，36-37 頁.
翔天生［吉野作造］「露國の滿州占領の眞相」，『新人』第 5 巻第 3 号（明治 37 年)，22-24 頁.
翔天生［吉野作造］「露國の滿州閉鎖主義」，『新人』第 5 巻第 3 号（明治 37 年)，24-25 頁.
翔天生［吉野作造］「征露の目的」，『新人』第 5 巻第 3 号（明治 37 年)，25 頁.
翔天生［吉野作造］「露國の敗北は世界平和の基也」，『新人』第 5 巻第 3 号（明治 37 年)，25-26 頁.
翔天生［吉野作造］「日露戰争と世界政治」，『新人』第 5 巻第 8 号（明治 37 年)，31-32 頁.
吉野作造「ヘーゲルの法律哲學の基礎（三月，法理學演習報告)」，『法學協會雜誌』第 22 巻第 9 号（明治 37 年)，1291-1310 頁.
翔天生［吉野作造］「濠洲人の日露戰争觀を讀みて」，『新人』第 5 巻第 10 号（明治 37 年)，33-34 頁.
翔天生［吉野作造］「大に黄禍論の起れかし」，『新人』第 5 巻第 11 号（明治 37 年)，38-39 頁.
翔天生［吉野作造］「普通選擧請願運動の檄を讀む」，『新人』第 5 巻第 12 号（明治 37 年)，31-33 頁.
翔天生［吉野作造］「選擧權擴張の議」，『新人』第 5 巻第 12 号（明治 37 年)，33-34 頁.
翔天生［吉野作造］「選擧方法改正の議」，『新人』第 5 巻第 12 号（明治 37 年)，34-35 頁.
吉野作造「本邦立憲政治の現狀」，『新人』第 6 巻第 1 号（明治 38 年)，13-18 頁.
吉野作造『ヘーゲルの法律哲學の基礎』(法理研究會，明治 38 年).
［吉野作造］「國家魂とは何ぞや」，『新人』第 6 巻第 2 号（明治 38 年)，4-6 頁.
吉野作造「本邦立憲政治の現狀」，『新人』第 6 巻第 2 号（明治 38 年)，17-21 頁.
翔天生［吉野作造］「「佛領印度に對する日本の野心」に付いて」，『新人』第 6 巻第 2 号（明治 38 年)，53-54 頁.
吉野作造「河上學士著「經濟學上之根本觀念」を讀む」，『國家學會雜誌』第 19 巻第 3 号（明治 38 年)，107-114 頁.
［吉野作造］「木下尚江君に答ふ」，『新人』第 6 巻第 3 号（明治 38 年)，4-10 頁.
吉野作造「「國家威力」と「主權」との觀念に就て」，『國家學會雜誌』第 19 巻第 4 号（明治 38 年)，134-139 頁.
翔天生［吉野作造］「平民社の國家觀」，『新人』第 6 巻第 4 号（明治 38 年)，50-51 頁.
吉野作造「有賀博士著「滿洲委任統治論」を讀む」，『國家學會雜誌』第 19 巻第 5 号（明治 38 年)，107-112 頁.
翔天生［吉野作造］「露國に於ける主民的勢力の近狀」，『新人』第 6 巻第 5 号（明治 38 年)，51-53 頁.
翔天生［吉野作造］「露國貴族の運命」，『新人』第 6 巻第 5 号（明治 38 年)，53-54 頁.
［吉野作造］「露國革命と憲法」，『新人』第 6 巻第 5 号（明治 38 年)，54-55 頁.

吉野作造「日本文明の研究」,『國家學會雜誌』第 19 巻第 7 号（明治 38 年），130–133 頁.
翔天生［吉野作造］「日本民族の精神的自覺」,『新人』第 6 巻第 7 号（明治 38 年），52–54 頁.
翔天生［吉野作造］「社會主義と警視廳」,『新人』第 6 巻第 7 号（明治 38 年），54–55 頁.
吉野作造「河上學士譯述『歴史之經濟的說明新史觀』を讀む」,『國家學會雜誌』第 19 巻第 8 号（明治 38 年），116–127 頁.
吉野作造「瑞典諾威分離問題」,『國家學會雜誌』第 19 巻第 9 号（明治 38 年），102–111 頁.
［吉野作造］「社會主義と基督教」,『新人』第 6 巻第 9 号（明治 38 年），6–11 頁.
吉野作造「瑞諾分離問題の其後」,『國家學會雜誌』第 19 巻第 10 号（明治 38 年），105–108 頁.
翔天生［吉野作造］「文武兩官の氣風」,『新人』第 6 巻第 11 号（明治 38 年），50–51 頁.
吉野作造「農業保護政策ト獨逸勞働者」,『國家學會雜誌』第 20 巻第 1 号（明治 39 年），103–114 頁.
翔天生［吉野作造］「所謂官廳の威信とは何ぞ」,『新人』第 7 巻第 1 号（明治 39 年），55–56 頁.
吉野作造「支那人の形式主義」,『新人』第 7 巻第 7 号（明治 39 年），28–32 頁.
吉野作造「支那人の形式主義（再び）」,『新人』第 7 巻第 9 号（明治 39 年），14–18 頁.
吉野作造「天津に於ける自治制施行の現況」,『國家學會雜誌』第 21 巻第 6 号（明治 40 年），31–49（735–811[753]）頁.
吉野作造「袁世凱ヲ中心トシテ觀タル淸國近時ノ政變」,『國家學會雜誌』第 23 巻第 3 号（明治 42 年），25–42（359–376）頁.
吉野作造「淸國に於ける日本人教師の現在及び將來（其一）」,『新人』第 10 巻第 3 号（明治 42 年），28–34 頁.
吉野作造「袁世凱ヲ中心トシテ觀タル淸國近時ノ政變（承前）」,『國家學會雜誌』第 23 巻第 4 号（明治 42 年），9–41（503–535）頁.
吉野作造「淸國婦人雜話」,『新女界』第 1 巻第 1 号（明治 42 年），7–9 頁.
吉野作造「淸國に於ける日本人教師の現在及び將來（其二）」,『新人』第 10 巻第 4 号（明治 42 年），19–22 頁.
吉野作造「淸國在勤の日本人教師」,『國家學會雜誌』第 23 巻第 5 号（明治 42 年），123–148（769–794）頁.
吉野作造「家庭に於ける修養」,『新女界』第 1 巻第 2 号（明治 42 年），6–11 頁.
吉野作造「淸國に於ける日本人教師の現在及び將來（其三完）」,『新人』第 10 巻第 5 号（明治 42 年），24–29 頁.
吉野生［吉野作造］「教育界に於ける基督教の壓迫を難ず」,『新人』第 10 巻第 5 号（明治 42 年），63–66 頁.
吉野作造「牧野助教授著『刑事學の新思潮と新刑法』を讀む」,『國家學會雜誌』第 23 巻第 8 号（明治 42 年），118–134（1142[1242]–1258）頁.
吉野作造「近世平和運動論」,『國家學會雜誌』第 23 巻第 9 号（明治 42 年），121–133（1307[1407]–1319[1419]）頁.
吉野作造「近世平和運動論」,『國家學會雜誌』第 23 巻第 10 号（明治 42 年），91–121（1453[1553]–1483[1583]）頁.
吉野作造「物を遣る心得」,『新女界』第 1 巻第 7 号（明治 42 年），9–13 頁.

吉野生［吉野作造］「書齊漫録」，『新人』第10巻第10号（明治42年），66-70頁.
吉野作造「近世平和運動論」，『國家學會雜誌』第23巻第11号（明治42年），113-135（1617[1717]-1639[1739]）頁.
吉野作造「近世平和運動論」，『國家學會雜誌』第23巻第12号（明治42年），47-83（1703[1803]-1739[1839]）頁.
吉野作造「日本行政法　第一巻」，『國家學會雜誌』第23巻第12号（明治42年），132-135（1888-1891）頁.
吉野作造「近世平和運動論」，『國家學會雜誌』第24巻第1号（明治43年），109-126（109-126）頁.
吉野作造「近世平和運動論」，『國家學會雜誌』第24巻第2号（明治43年），92-110（246-264）頁.
吉野作造「獨逸見聞錄」，『新女界』第3巻第3号（明治44年），10-19頁.
吉野作造「滯德日記」，『新人』第12巻第3号（明治44年），69-78頁.
吉野作造「獨逸見聞錄」，『新女界』第3巻第4号（明治44年），21-29頁.
吉野作造「滯德日記　其二」，『新人』第12巻第4号（明治44年），69-77頁.
吉野作造「伯林より巴里へ」，『新人』第13巻第8号（大正元年），83-87頁.
吉野作造「佛國教界の近時」，『新人』第14巻第4号（大正2年），87-91頁.
吉野作造「ブラウンシュワイヒ公位繼承問題」，『國家學會雜誌』第27巻第11号（大正2年），1-12（1601-1612）頁.
吉野作造「ブラウンシュワイヒ公位繼承問題（下）」，『國家學會雜誌』第27巻第12号（大正2年），55-85（1791-1822）頁.
吉野作造「排日問題と基督教徒」，『新人』第14巻第12号（大正2年），28-33頁.
吉野作造「人格中心主義」，『基督教世界』第1577号（大正2年），3-4頁.
吉野作造「サンヂカリズム」，『新人』第15巻第1号（大正3年），49-53頁.
吉野作造「學術上より見たる日米問題（大正二年十二月五日稿）」，『中央公論』第29年第1号（大正3年），公論137-162頁.
吉野作造「羅馬法皇」，『法學協會雜誌』第32巻第1号（大正3年），70-108頁.
吉野作造「サンヂカリズム（二）」，『新人』第15巻第2号（大正3年），64-67頁.
吉野作造「羅馬法皇（承前）」，『法學協會雜誌』第32巻第2号（大正3年），70-83（254-267）頁.
吉野作造「憲政の精神的背景」，『六合雜誌』第34年第3号（大正3年），29-35頁.
吉野作造「レヴジオーニズム」，『新人』第15巻第4号（大正3年），65-69頁.
吉野作造「民衆的示威運動を論ず」，『中央公論』第29年第4号（大正3年），公論87-114頁.
吉野作造「英國ニ於ケル政治的勞働運動」，『國家學會雜誌』第28巻第5号（大正3年），1-35（635-669）頁.
吉野作造「我國近時の政變」，『新女界』第6巻第5号（大正3年），74頁.
吉野作造「新内閣に對する希望」，『新人』第15巻第5号（大正3年），3-5頁.
吉野作造「政治に對する宗教の使命」，『新人』第15巻第5号（大正3年），47-59頁.
吉野作造「羅馬法皇（承前）」，『法學協會雜誌』第32巻第5号（大正3年），100-112（844-856）頁.
吉野作造「島國根性の打破」，『新女界』第6巻第6号（大正3年），55-59頁.

吉野作造「墺地利皇儲殿下の暗殺」,『新女界』第 6 巻第 8 号（大正 3 年）, 61-66 頁.
吉野作造「現代政治問題概論」,『六合雜誌』第 34 年第 8 号（大正 3 年）, 112-116 頁.
吉野作造「歐洲政局の急轉」,『新人』第 15 巻第 9 号（大正 3 年）, 23-32 頁.
吉野作造「歐洲動亂とビスマークの政策」,『六合雜誌』第 34 年第 10 号（大正 3 年）, 29-35 頁.
吉野作造「歐洲戰局と波蘭民族の將來」,『基督教世界』第 1622 号（大正 3 年）, 7-8 頁.
吉野作造「獨逸の國民性」,『新女界』第 6 巻第 11 号（大正 3 年）, 57-64 頁.
吉野作造「歐洲戰局の豫想」,『新人』第 15 巻第 11 号（大正 3 年）, 74-84 頁.
吉野作造「白耳義と佛蘭西の政黨」,『六合雜誌』第 34 年第 11 号（大正 3 年）, 22-30 頁.
吉野作造「國際競爭場裡に於ける最後の勝利」,『新人』第 15 巻第 12 号（大正 3 年）, 21-29 頁.
吉野作造「羅馬法皇（承前）」,『法學協會雜誌』第 32 巻第 12 号（大正 3 年）, 107-140（2111-2144）頁.
吉野作造「歐洲戰亂の原因」,『藝備教育』第 128 号（廣島縣教育會，大正 3 年）, 8-11 頁.
吉野作造「墨西哥紛亂の今昔」,『國家學會雜誌』第 29 巻第 1 号（大正 4 年）, 53-78（53-78）頁.
吉野作造「擧國一致の美談」,『新女界』第 7 巻第 1 号（大正 4 年）, 21-27 頁.
吉野作造「墨西哥紛亂の今昔」,『國家學會雜誌』第 29 巻第 2 号（大正 4 年）, 71-92（227-246）頁.
吉野作造「青島稅關問題」,『新人』第 16 巻第 2 号（大正 4 年）, 93-99 頁.
[吉野作造]「歐洲戰局と我日本」,『中央公論』第 30 年第 2 号（大正 4 年）, 公論 1-15 頁.
[吉野作造]「今代の支那氣質に就て」,『中央公論』第 30 年第 3 号（大正 4 年）, 公論 1-14 頁.
吉野作造「墨西哥紛亂の今昔（三）」,『國家學會雜誌』第 29 巻第 4 号（大正 4 年）, 131-143（657-669）頁.
吉野作造「戰後に於ける歐洲の新形勢」,『新人』第 16 巻第 4 号（大正 4 年）, 41-47 頁.
[某法學博士]「現代に珍しき人物」,『中央公論』第 30 年第 4 号（大正 4 年）, 說苑 50-52 頁.
吉野作造「國民の對外思想を改めよ」,『六合雜誌』第 35 年第 4 号（大正 4 年）, 476-483 頁.
吉野作造「婦人の政治運動」,『新女界』第 7 巻第 5 号（大正 4 年）, 36-43 頁.
[吉野作造]「瑞氣天地に滿つ」,『中央公論』第 30 年第 5 号（大正 4 年）, 公論 1 頁.
吉野作造「戰後歐洲の趨勢と日本の態度」,『新人』第 16 巻第 6 号（大正 4 年）, 29-36 頁.
[吉野作造]「外交の失敗と善後策」,『中央公論』第 30 年第 6 号（大正 4 年）, 公論 1-17 頁.
吉野作造「墨西哥紛亂の今昔（四）」,『國家學會雜誌』第 29 巻第 7 号（大正 4 年）, 31-43（1109-1121）頁.
吉野作造「近代政治と基督教」,『新人』第 16 巻第 7 号（大正 4 年）, 149-162 頁.
吉野作造「墨西哥紛亂の今昔（五）」,『國家學會雜誌』第 29 巻第 8 号（大正 4 年）, 39-60（1289-1310）頁.
吉野作造「極端なる獨逸讃美論者を警む」,『中央公論』第 30 年第 9 号（大正 4 年）, 73-76 頁.
吉野作造「支那帝政問題の批判」,『新人』第 16 巻第 10 号（大正 4 年）, 11-18 頁.
吉野作造「旅の空より」,『新人』第 16 巻第 10 号（大正 4 年）, 83-93 頁.
吉野作造「協商は可，同盟は不要」,『中央公論』第 30 年第 11 号（大正 4 年）, 公論 73-76

頁.
吉野作造「日記の中より」,『新女界』第 7 巻第 11 号（大正 4 年）, 67 頁.
吉野作造「日記の中より」,『新人』第 16 巻第 11 号（大正 4 年）, 121-122 頁.
[吉野作造]「寶祚萬歲」,『中央公論』第 30 年第 12 号（大正 4 年）, 公論 1 頁.
吉野作造「新大學令案を論ず」,『中央公論』第 30 年第 12 号（大正 4 年）, 公論 55-68 頁.
吉野作造「墨西哥紛亂の今昔（六, 完）」,『國家學會雜誌』第 29 巻第 12 号（大正 4 年）, 37-55（2027-2045）頁.
吉野作造「獨逸強盛の原因を說いて我國の識者に訴ふ」,『新人』第 16 巻第 12 号（大正 4 年）, 31-44 頁.
吉野作造編輯『歐洲大戰』(民友社, 大正 5 年).
吉野作造「今度の議會に於ける外交問題」,『新女界』第 8 巻第 1 号（大正 5 年）, 8-15 頁.
[吉野作造]「精神界の大正維新」,『中央公論』第 31 年第 1 号（大正 5 年）, 公論 2-14 頁.
吉野作造「憲政の本義を說いて其有終の美を濟すの途を論ず」,『中央公論』第 31 年第 1 号（大正 5 年）, 公論 17-111 頁.
吉野作造「國際關係の調和力としての宗教」,『六合雜誌』第 36 年第 1 号（大正 5 年）, 38-43 頁.
[吉野作造]「日露益々親和」,『中央公論』第 31 年第 2 号（大正 5 年）, 公論 16 頁.
吉野作造「戰勝の社會背景」,『基督教世界』第 1687 号（大正 5 年）, 4 頁.
吉野作造「戰勝の社會的背景」,『基督教世界』第 1688 号（大正 5 年）, 3 頁.
吉野作造「歐洲戰局の近狀」,『新人』第 17 巻第 3 号（大正 5 年）, 67-76 頁.
古川學人 [吉野作造]「內外時事評論」,『中央公論』第 31 年第 3 号（大正 5 年）, 說苑 65-78 頁.
吉野作造「水野博士「靜感」を讀む」,『國家學會雜誌』第 30 巻第 4 号（大正 5 年）, 159-170（713-724）頁.
吉野作造「羅馬法皇論」,『新人』第 17 巻第 4 号（大正 5 年）, 23-32 頁.
[吉野作造]「日露同盟論」,『中央公論』第 31 年第 4 号（大正 5 年）, 公論 1-16 頁.
吉野作造「予の憲政論の批評を讀む」,『中央公論』第 31 年第 4 号（大正 5 年）, 公論 103-123 頁.
吉野作造「日本の娘の見習ふべき獨逸の娘」,『婦人公論』第 1 年第 4 号（大正 5 年）, 說苑 1-6 頁.
吉野作造「羅馬法皇論」,『新人』第 17 巻第 5 号（大正 5 年）23-45 頁.
吉野作造『歐洲戰局の現在及將來』(實業之日本社, 大正 5 年).
吉野作造「滿韓旅行の感想（日本宗教家の奮起を望む）」,『基督教世界』第 1704 号（大正 5 年）, 3-4 頁.
吉野作造「一九一五年世界年史を讀む」,『國家學會雜誌』第 30 巻第 6 号（大正 5 年）, 145-147（1041-1043）頁.
吉野作造「羅馬法皇論」,『新人』第 17 巻第 6 号（大正 5 年）, 25-33 頁.
古川學人 [吉野作造]「滿鮮殖民的經營の批判」,『新人』第 17 巻第 6 号（大正 5 年）, 57-61 頁.
吉野作造「滿韓を視察して」,『中央公論』第 31 年第 6 号（大正 5 年）, 公論 17-64 頁.
吉野作造「羅馬法皇論」,『新人』第 17 巻第 7 号（大正 5 年）, 57-66 頁.
吉野作造「新時代の要求」,『基督教世界』第 1709 号（大正 5 年）, 3 頁.

吉野作造「戰後に對する日本の準備」,『新女界』第 8 巻第 8 号（大正 5 年）, 18-22 頁.
吉野作造「日露協約の成立」,『新人』第 17 巻第 8 号（大正 5 年）, 時評 1-3 頁.
吉野作造「羅馬法皇論」,『新人』第 17 巻第 8 号（大正 5 年）, 29-40 頁.
［吉野作造］「日露協約の成立」,『中央公論』第 31 年第 9 号（大正 5 年）, 公論 1 頁.
［吉野作造］「歐洲戰争と世界の宗教問題」,『中央公論』第 31 年第 9 号（大正 5 年）, 公論 2-15 頁.
吉野作造「墺太利國選擧法改正ノ政治的考察（一）」,『國家學會雑誌』第 30 巻第 9 号（大正 5 年）, 1-24（1377-1400）頁.
吉野作造「墺太利國選擧法改正ノ政治的考察（二, 完）」,『國家學會雑誌』第 30 巻第 10 号（大正 5 年）, 63-87（1607-1631）頁.
吉野作造「何故に傳道するか」,『新女界』第 8 巻第 11 号（大正 5 年）, 57-63 頁.
［吉野作造］「奉祝立太子式」,『中央公論』第 31 年第 12 号（大正 5 年）, 公論 1 頁.
吉野作造「支那の革命運動に就いて」,『東方時論』第 1 巻第 3 号（大正 5 年）, 2-18 頁.
吉野作造「東西最近の形勢」,『新女界』第 8 巻第 12 号（大正 5 年）, 49-55 頁.
吉野作造「東宮殿下御教導の任に膺れる人々に對する希望」,『中央公論』第 31 年第 13 号（大正 5 年）, 說苑 84-86 頁.
吉野作造「我國政治に對する基督教の貢献」,『基督教世界』第 1734 号（大正 5 年）, 3-4 頁.
吉野作造「公共的犠牲の公平なる分配」,『大學評論』第 1 巻第 1 号（大正 5 年）, 22-35 頁.
吉野作造「大戰講和の時期と戰後世界の形勢を論じて東洋モンロー主義に及ぶ」,『横濱貿易新報』大正 6 年 1 月 8/9/10/11/12/13 日, 2/2/2/2/2/2 頁.
吉野作造「歐洲戰局の現狀及戰後の形勢を論じて日本將來の覺悟に及ぶ」,『新人』第 18 巻第 3 号（大正 6 年）, 33-52 頁.
古川學人［吉野作造］「小言三則」,『中央公論』第 32 年第 3 号（大正 6 年）, 時論 112-116 頁.
吉野作造「内外昨今の形勢」,『新女界』第 9 巻第 4 号（大正 6 年）, 15-20 頁.
吉野作造「大谷光瑞師の「帝國之危機」を讀む」,『中央公論』第 32 年第 4 号（大正 6 年）, 公論 82-101 頁.
古川學人［吉野作造］「露西亞の政變」,『中央公論』第 32 年第 4 号（大正 6 年）, 時論 121-124 頁.
古川學人［吉野作造］「大学教授の議員兼職問題」,『中央公論』第 32 年第 4 号（大正 6 年）, 時論 130-134 頁.
吉野作造「立憲政治の意義」,『婦人公論』第 2 年第 4 号（大正 6 年 4 月）, 時論 1-10 頁.
吉野作造「歐洲大戰と平民政治」,『横濱貿易新報』大正 6 年 4 月 9/11/12/13 日, 2/2/2/2 頁.
吉野作造「露國革命の眞相と新政府の將來」,『新人』第 18 巻第 5 号（大正 6 年）, 51-61 頁.
古川學人［吉野作造］「米國參戰の文明的意義」,『中央公論』第 32 年第 5 号（大正 6 年）, 時論 92-95 頁.
古川學人［吉野作造］「露國革命の戰爭に及ぼす影響」,『中央公論』第 32 年第 5 号（大正 6 年）, 時論 95-101 頁.
古川學人［吉野作造］「獨逸に於ける自由政治勃興の曙光（選擧法改正の議）」,『中央公論』第 32 年第 5 号（大正 6 年）, 時論 102-112 頁.
吉野作造「徴兵制度に就き軍事當局者に望む」,『中央公論』第 32 年第 6 号（大正 6 年）, 公

論 51–61 頁.
吉野作造「精神的自給自足主義を排す」,『新人』第 18 巻第 7 号（大正 6 年), 17–23 頁.
吉野作造「獨逸政變に對する觀察」,『新人』第 18 巻第 8 号（大正 6 年), 33–36 頁.
吉野作造「民本主義と國體問題」,『大學評論』第 1 巻第 10 号（大正 6 年), 22–35 頁.
吉野作造「露國の前途を樂觀す」,『中央公論』第 32 年第 11 号（大正 6 年), 公論 33–48 頁.
吉野作造「近時評論三則」,『新人』第 18 巻第 12 号（大正 6 年), 43–56 頁.
吉野作造「日米共同宣言の解説及び批判」,『中央公論』第 32 年第 13 号（大正 6 年), 公論 40–60 頁.
古川學人［吉野作造］「所謂排法科萬能主義によつて暗示せられたる三大時弊」,『中央公論』第 32 年第 13 号（大正 6 年), 評論 86–92 頁.
吉野作造「内外近時評論」,『新人』第 19 巻第 1 号（大正 7 年), 82–92 頁.
吉野作造「單獨和議の開始によりて露國は何物を獲んとする（單獨講和は果して獨逸の爲めに有利なりや)」,『中央公論』第 33 年第 1 号（大正 7 年), 時論 95–105 頁.
吉野作造「露獨單獨媾和の眞相」,『新女界』第 10 巻第 2 号（大正 7 年), 61–67 頁.
吉野作造「米國大統領及び英國首相の宣言を讀む」,『中央公論』第 33 年第 2 号（大正 7 年), 公論 1–20 頁.
吉野作造「露獨單獨講和始末及び其批判」,『中央公論』第 33 年第 2 号（大正 7 年), 時論 110–122 頁.
吉野作造「講和條件の一基本として唱へらるゝ民族主義」,『中央公論』第 33 年第 3 号（大正 7 年), 評論 92–96 頁.
吉野作造「戰勝の社會的背景」,『廓淸』第 8 巻第 4 号（大正 7 年), 15–17 頁.
吉野作造「出兵論と現代青年の世界的傾向」,『新人』第 19 巻第 4 号（大正 7 年), 8–13 頁.
吉野作造「所謂出兵論に何の合理的根據ありや」,『中央公論』第 33 年第 4 号（大正 7 年), 公論 1–30 頁.
吉野作造「予の民本主義論に對する北氏の批評に答ふ」,『中央公論』第 33 年第 4 号（大正 7 年), 公論 74–96 頁.
吉野作造「姉崎博士に對する福田博士の批評について」,『中央公論』第 33 年第 4 号（大正 7 年), 時論 108–120 頁.
吉野作造「戰爭の目的に關する我國論の二種」,『中央公論』第 33 年第 4 号（大正 7 年), 時論 122–128 頁.
吉野作造「世界的共同目的に對する日本の態度」,『新人』第 19 巻第 5 号（大正 7 年), 2–8 頁.
吉野作造「軍閥の外交容喙を難ず」,『中央公論』第 33 年第 5 号（大正 7 年), 時論 57–60 頁.
吉野作造「今日の戰局は如何に落ち着くか」,『中央公論』第 33 年第 5 号（大正 7 年), 時論 60–62 頁.
吉野作造「書齊漫錄」,『新人』第 19 巻第 6 号（大正 7 年), 87–92 頁.
吉野作造「對露政策の刷新」,『中央公論』第 33 年第 6 号（大正 7 年), 說苑 97–102 頁.
吉野作造「敵國の情勢と講和問題」,『中央公論』第 33 年第 6 号（大正 7 年), 說苑 102–106 頁.
吉野作造「小題小言」,『中央公論』第 33 年第 6 号（大正 7 年), 說苑 107–109 頁.
吉野作造「如何にして國體の萬全を期すべき」,『新人』第 19 巻第 7 号（大正 7 年), 2–12 頁.

吉野作造「グレー卿の「國際同盟論」を讀む」,『中央公論』第33年第7号（大正7年），公論56–62頁.
吉野作造「民本主義と軍國主義の兩立」,『中央公論』第33年第7号（大正7年），公論73–76頁.
吉野作造「書齋より」,『新人』第19巻第8号（大正7年），65–69頁.
吉野作造「時事慨言四則」,『中央公論』第33年第9号（大正7年），時論91–99頁.
吉野作造「米騒動に對する一考察」,『中央公論』第33年第10号（大正7年），公論94–98頁.
吉野作造「恆久平和の實現と基督教の使命」,『新人』第19巻第10号（大正7年），9–16頁.
社同人［吉野作造］「原内閣を迎ふ」,『中央公論』第33年第11号（大正7年），公論1頁.
吉野作造「原内閣に對する要望」,『中央公論』第33年第11号（大正7年），公論80–84頁.
吉野作造「和機果して熟せりや否や」,『中央公論』第33年第11号（大正7年），時論83–87頁.
吉野作造「獨逸の内情に關する觀察」,『新女界』第10巻第11号（大正7年），10–17頁.
吉野作造「何ぞ速かに其政綱を發表せざる」,『中央公論』第33年第12号（大正7年），公論1頁.
吉野作造「講和問題に伴ふ獨逸の政變」,『中央公論』第33年第12号（大正7年），公論41–47頁.
古川學人［吉野作造］「原首相に呈する書」,『中央公論』第33年第12号（大正7年），公論49–51頁.
吉野作造「戰勝の道徳的意義」,『新人』第19巻第12号（大正7年），2–9頁.
吉野作造「時論三項」,『中央公論』第33年第13号（大正7年），評論63–70頁.
［吉野作造］「大正八年を迎ふ」,『中央公論』第34年第1号（大正8年），1頁.
吉野作造「世界の大主潮とその順應策及び對應策」,『中央公論』第34年第1号（大正8年），142–146頁.
吉野作造「講和會議に提言すべき我國の南洋群島處分案」,『中央公論』第34年第1号（大正8年），時論143–147頁.
吉野作造「倒壞せんとする官僚主義の惱み」,『婦人公論』第4年第1号（大正8年1月），公論9–13頁.
吉野作造「國際聯盟は可能なり」,『六合雜誌』第39年第1号（大正8年），126–135頁.
吉野作造「獨逸敗戰の原因に就て」,『銀行通信錄』第67巻第399号（大正8年），103–117頁.
吉野作造「非資本主義に就て」,『中央公論』第34年第2号（大正8年），時論101–104頁.
吉野作造「上杉博士に」,『中央公論』第34年第2号（大正8年），時論106–108頁.
吉野作造「國民思想統一の根本義」,『廓淸』第9巻第2号（大正8年），5–6頁.
吉野作造「デモクラシーと基督教」,『新人』第20巻第3号（大正8年），2–8頁.
吉野作造「僕の觀た河上君」,『中央公論』第34年第3号（大正8年），說苑67–69頁.
吉野作造「人種的差別撤廢運動者に與ふ」,『中央公論』第34年第3号（大正8年），時論70–74頁.
吉野作造「講和會議に對する國民の態度」,『中央公論』第34年第3号（大正8年），時論74–75頁.
吉野作造「政治上のデモクラシー」,『新人』第20巻第4号（大正8年），2–8頁.

吉野作造「我國の軍事評論家について」,『中央公論』第 34 年第 4 号（大正 8 年）, 説苑 105-108 頁.
吉野作造「軍事思想の國民的普及」,『中央公論』第 34 年第 4 号（大正 8 年）, 時論 123-124 頁.
吉野作造「外交政策の世界的基礎」,『新人』第 20 巻第 5 号（大正 8 年）, 2-8 頁.
吉野作造「人種的差別撤廢問題について」,『中央公論』第 34 年第 5 号（大正 8 年）, 時論 95-97 頁.
吉野作造「山東問題に對する外交精神」,『解放』第 1 巻第 1 号（大正 8 年 6 月）, 109-110 頁.
吉野作造「山東問題解決の世界的背景」,『中央公論』第 34 年第 6 号（大正 8 年）, 時論 87-92 頁.
吉野作造「北京大學に於ける新思潮の勃興」,『中央公論』第 34 年第 6 号（大正 8 年）, 時論 94-96 頁.
吉野作造「小題小言錄」,『中央公論』第 34 年第 6 号（大正 8 年）, 時論 96-98 頁.
吉野作造「北京大學學生騷擾事件に就て」,『新人』第 20 巻第 6 号（大正 8 年）, 2-8 頁.
吉野作造「帝國主義より國際民主主義へ（上）」,『六合雜誌』第 39 年第 6 号（大正 8 年）, 11-29 頁.
吉野作造「講和會議の精神を論じて山東問題に及ぶ」,『開拓者』第 14 巻第 7 号（大正 8 年）, 5-11 頁.
吉野作造「戰爭の基督教に及ぼせる影響――米國教會同盟の質問に答ふ」,『新人』第 20 巻第 7 号（大正 8 年）, 2-13 頁.
[吉野作造]「狂亂せる支那膺懲論」,『中央公論』第 34 年第 7 号（大正 8 年）, 1 頁.
吉野作造「獨逸の將來と講和の前途」,『中央公論』第 34 年第 7 号（大正 8 年）, 時論 77-80 頁.
吉野作造「小題小言七則」,『中央公論』第 34 年第 7 号（大正 8 年）, 時論 87-90 頁.
吉野作造「帝國主義より國際民主主義へ（下）」,『六合雜誌』第 39 年第 7 号（大正 8 年）, 19-35 頁.
吉野作造「猜疑的態度より信頼的態度に」,『解放』第 1 巻第 3 号（大正 8 年 8 月）, 130-133 頁.
吉野作造「獨逸前皇帝の裁判」,『中央公論』第 34 年第 9 号（大正 8 年）, 公論 69-71 頁.
吉野作造「小題小言九則」,『中央公論』第 34 年第 9 号（大正 8 年）, 説苑 103-106 頁.
吉野作造「新總督及び新政務總監を迎ふ」,『中央公論』第 34 年第 10 号（大正 8 年）, 時論と思潮 213-215 頁.
吉野作造「擴大せられたる研究會に望む」,『中央公論』第 34 年第 10 号（大正 8 年）, 時論と思潮 215-217 頁.
吉野作造「陪審制度採用の議」,『中央公論』第 34 年第 10 号（大正 8 年）, 時論と思潮 217-219 頁.
吉野作造「小題小言十則」,『中央公論』第 34 年第 10 号（大正 8 年）, 時論と思潮 222-225 頁.
吉野作造「再び勞働問題に就いて」,『新人』第 20 巻第 10 号（大正 8 年）, 2-8 頁.
[吉野作造]「勞働運動と國家精力の涵養」,『中央公論』第 34 年第 11 号（大正 8 年）, 公論 1 頁.

吉野作造「異人種争闘の將來」,『婦人公論』第4年第10号（大正8年），公論46–52頁.
吉野作造「私共の立場から」,『新人』第20巻第11号（大正8年），2–8頁.
［吉野作造］「勞働運動に對する有識階級の任務」,『中央公論』第34年第12号（大正8年），公論1頁.
吉野作造「マルクス全集邦譯所感——社會主義疑義闡明のために」,『解放』第1巻第7号（大正8年12月），100頁.
吉野作造「政治學の革新」,『中央公論』第35年第1号（大正9年），170–173頁.
吉野作造「所謂呂運亨事件について」,『中央公論』第35年第1号（大正9年），說苑177–179頁.
吉野作造「普通選擧論」,『六合雜誌』第40年第1号（大正9年），52–60頁.
吉野作造「クロポトキンの思想の研究（一）（二）」,『東京朝日新聞』大正9年1月16日朝刊，3頁.
吉野作造「クロポトキンの思想の研究（三）」,『東京朝日新聞』大正9年1月17日朝刊，3頁.
吉野作造「クロポトキンの思想の研究（四）（五）」,『東京朝日新聞』大正9年1月18日朝刊，3頁.
吉野作造「クロポトキンの思想の研究（六）（七）」,『東京朝日新聞』大正9年1月19日朝刊，3頁.
吉野作造「駐兵論の先決問題」,『中央公論』第35年第2号（大正9年），公論69–71頁.
吉野作造「國際問題に對する米國の態度の矛盾」,『中央公論』第35年第2号（大正9年），時論68–71頁.
吉野作造「國際聯盟と民衆の輿論」,『中央公論』第35年第2号（大正9年），時論71–73頁.
吉野作造「小題小言五則」,『中央公論』第35年第2号（大正9年），時論75–81頁.
吉野作造「東洋に於けるアナーキズム」,『國家學會雜誌』第34巻第3号（大正9年），1–26（257–282）頁.
［吉野作造］「闘争の道義的觀察の必要」,『中央公論』第35年第3号（大正9年），公論1頁.
吉野作造「或る検事との話」,『中央公論』第35年第3号（大正9年），公論45–48頁.
吉野作造「朝鮮統治策に關して丸山君に答ふ」,『新人』第21巻第4号（大正9年），2–10頁.
吉野作造「原首相の訓示を讀む」,『中央公論』第35年第4号（大正9年），時論77–84頁.
吉野作造「獨逸反動革命の觀察」,『中央公論』第35年第4号（大正9年），時論84–87頁.
吉野作造「デモクラシイの史的發展の觀方について」,『中央公論』第35年第4号（大正9年），時論88–91頁.
吉野作造「小題小言四則」,『中央公論』第35年第4号（大正9年），時論91–102頁.
吉野作造「政友會の絕對多數を政界の進步に利用するには」,『中央公論』第35年第5号（大正9年），公論43–45頁.
吉野作造「言論の取締に關する當局の無謀」,『中央公論』第35年第5号（大正9年），時論94–96頁.
吉野作造「小題小言十則」,『中央公論』第35年第5号（大正9年），時論96–102頁.
吉野作造「國家［國際］問題に關する質義に答ふ」,『新人』第21巻第6号（大正9年），2–12頁.
［吉野作造］「總選擧後の政局」,『中央公論』第35年第6号（大正9年），公論1頁.

吉野作造「小題小言五則」,『中央公論』第 35 年第 6 号（大正 9 年），時論 50–52 頁.
吉野作造「デモクラシイに關する問題　特に國體との関係」，帝國教育會編『思想問題講演集』（隆文館，大正 9 年），235–292 頁.
吉野作造「所謂國家思想の動搖に就て」，帝國教育會編『思想問題講演集』（隆文館，大正 9 年），293–345 頁.
吉野作造「青年思想の最近傾向」,『廓清』第 10 巻第 5 号（大正 9 年），24–26 頁.
［吉野作造］「疲れたる歐洲と肥えたる日本と」,『中央公論』第 35 年第 7 号（大正 9 年），公論 1 頁.
吉野作造「我國現下の三大外交問題」,『中央公論』第 35 年第 7 号（大正 9 年），公論 2–15 頁.
吉野作造「獨逸の政局」,『中央公論』第 35 年第 7 号（大正 9 年），時論 71–73 頁.
吉野作造「責任の歸着を明かにせよ」,『中央公論』第 35 年第 7 号（大正 9 年），時論 77–79 頁.
吉野作造「社會問題と其思想的背景」,『中央公論』第 35 年第 8 号（大正 9 年），時論 76–95 頁.
吉野作造「個人的創意の抑壓」,『新人』第 21 巻第 8 号（大正 9 年），2–7 頁.
［吉野作造］「國民的反省」,『中央公論』第 35 年第 9 号（大正 9 年），公論 1 頁.
吉野作造「青年思想の最近の傾向」,『新人』第 21 巻第 9 号（大正 9 年），29–41 頁.
吉野作造「波蘭問題の教訓」,『中央公論』第 35 年第 10 号（大正 9 年），時論 111–115 頁.
吉野作造「小題小言八則」,『中央公論』第 35 年第 10 号（大正 9 年），時論 117–122 頁.
吉野生［吉野作造］「新人の一群より」,『新人』第 21 巻第 10 号（大正 9 年），88–89 頁.
吉野作造「國防計畫の根本義」,『中央公論』第 35 年第 11 号（大正 9 年），時論 83–86 頁.
吉野作造「加州排日立法の對策」,『中央公論』第 35 年第 11 号（大正 9 年），時論 86–89 頁.
吉野作造「小題小言六則」,『中央公論』第 35 年第 11 号（大正 9 年），時論 91–95 頁.
吉野作造「米國に於ける婦人參政權の確立」,『婦人之友』第 14 巻第 10 号（大正 9 年），14–20 頁.
吉野作造「普通選擧主張の理論的根據に關する一考察」,『國家學會雜誌』第 34 巻第 11 号（大正 9 年），1–17（1293–1309）頁，同第 34 巻第 12 号（大正 9 年），38–51（1466–1479）頁.
吉野作造「道德的改善と民族的偏見（婦人矯風會の所謂藝者問題について）」,『新人』第 21 巻第 11 号（大正 9 年），2–6 頁.
吉野作造「日米兩國間の懸案」,『中央公論』第 35 年第 12 号（大正 9 年），時論 79–83 頁.
吉野作造「小題小言六則」,『中央公論』第 35 年第 12 号（大正 9 年），時論 85–88 頁.
吉野作造「小題小言三則」,『中央公論』第 35 年第 13 号（大正 9 年），時論 94–96 頁.
吉野作造「改造とは何ぞや」，新人會編『民衆文化の基調』（聚英閣，大正 9 年），161–236 頁.
吉野作造「大正十年の諸問題——教會覺醒の必要」,『新人』第 22 巻第 1 号（大正 10 年），2–13 頁.
［吉野作造］「評論界に於ける本誌の態度」,『中央公論』第 36 年第 1 号（大正 10 年），公論 1 頁.
吉野作造「現代通有の誤れる國家觀を正す」,『中央公論』第 36 年第 1 号（大正 10 年），公論 111–136 頁.

吉野作造「朝鮮問題」,『中央公論』第36年第1号（大正10年），時論189-193頁.
吉野作造「西洋の基督教」,『新人』第22巻第2号（大正10年），2-10頁.
吉野作造「現代思潮の底流は國際協調主義」,『中央公論』第36年第2号（大正10年），公論64-69頁.
吉野作造「朝鮮問題に關し當局に望む」,『中央公論』第36年第2号（大正10年），時論79-82頁.
吉野作造「過激派の世界的宣傳の說について」,『中央公論』第36年第2号（大正10年），時論82-85頁.
吉野作造「奧議長政友會脱黨の說」,『中央公論』第36年第2号（大正10年），時論89-90頁.
[吉野作造]「東宮殿下の御外遊を祝す」,『中央公論』第36年第3号（大正10年），公論1頁.
吉野作造「二重政府より二重日本へ」,『中央公論』第36年第3号（大正10年），時論91-95頁.
吉野作造「小題小言四則」,『中央公論』第36年第3号（大正10年），時論105-106頁.
吉野作造「言論の壓迫と暴力の使用を難ず」,『中央公論』第36年第4号（大正10年），公論137-141頁.
吉野作造「ヤップ島問題」,『中央公論』第36年第5号（大正10年），時論65-71頁.
吉野作造「政治家のあたま」，吉野作造／有島武郎／森本厚吉『私どもの主張』（文化生活研究會，大正10年），195-243頁.
吉野作造「我國憲政の由來と青年の思想」,『開拓者』第16巻第6号（大正10年），6-13頁.
吉野作造「ハーディング成功の要因」,『國家學會雜誌』第35巻第6号（大正10年），127-132（857-862）頁.
吉野作造「政界の腐敗と其の革新」,『新人』第22巻第6号（大正10年），2-10頁.
[吉野作造]「新運動の悩み」,『中央公論』第36年第6号（大正10年），公論1頁.
吉野作造「所謂世界的祕密結社の正體」,『中央公論』第36年第6号（大正10年），公論2-42頁.
吉野作造「米國の世界政策構成の主要素」,『中央公論』第36年第6号（大正10年），公論87-92頁.
吉野作造「改良か破壞か」,『中央公論』第36年第6号（大正10年），時論139-161頁.
吉野作造「勞働運動の二傾向の分立」,『中央公論』第36年第6号（大正10年），時論161-162頁.
吉野作造「國際平和思想（上）」,『新人』第22巻第7号（大正10年），2-8頁.
吉野作造「日米交渉の一問題としての山東問題」,『中央公論』第36年第7号（大正10年），時論117-122頁.
吉野作造「佛國と羅馬法王廳との接近」,『中央公論』第36年第7号（大正10年），時論124-126頁.
吉野作造「對外問題に對する私共の態度」,『婦人之友』第15巻第7号（大正10年），28-39頁.
吉野作造「東學及び天道教——日本と朝鮮との交涉に關する研究の二」,『文化生活』第1巻第2号（大正10年），8-13頁.
吉野作造「所謂「私共の理想郷」」,『改造』第3巻第8号（大正10年），4-10頁.

吉野作造「軍備縮小會議に就いて」,『中央公論』第36年第9号（大正10年），時論127-132頁.
吉野作造「國際平和思想（下）」,『新人』第22巻第9号（大正10年），2-8頁.
[吉野作造]「東宮殿下を迎ふ」,『中央公論』第36年第10号（大正10年），公論2-3頁.
吉野作造「法王廳と伊太利政府との接近」,『中央公論』第36年第10号（大正10年），時論311-313頁.
吉野作造「賢者ナータン」,『文化生活』第1巻第4号（大正10年），3-11頁.
[吉野作造]「軍備縮小の徹底的主張」,『中央公論』第36年第11号（大正10年），公論2-3頁.
吉野作造「再びヤップ島問題について」,『中央公論』第36年第11号（大正10年），時論133-137頁.
吉野作造「山東問題の直接交渉の拒絶」,『中央公論』第36年第11号（大正10年），時論137-140頁.
吉野作造「フリー・メーソンリーの話」,『文化生活』第1巻第5号（大正10年），16-20頁.
吉野作造「山東還付の聲明と直接交渉の拒絶（一）」,『東京朝日新聞』大正10年10月12日朝刊，2頁.
吉野作造「山東還付の聲明と直接交渉の拒絶（二）」,『東京朝日新聞』大正10年10月16日朝刊，2頁.
吉野作造「山東還付の聲明と直接交渉の拒絶（三）」,『東京朝日新聞』大正10年10月19日朝刊，3頁.
吉野作造「山東還付の聲明と直接交渉の拒絶（四）」,『東京朝日新聞』大正10年10月20日朝刊，3頁.
吉野作造「山東還付の聲明と直接交渉の拒絶（五）」,『東京朝日新聞』大正10年10月22日朝刊，3頁.
吉野作造「山東還付の聲明と直接交渉の拒絶（六）」,『東京朝日新聞』大正10年10月26日朝刊，3頁.
吉野作造「山東還付の聲明と直接交渉の拒絶（七）」,『東京朝日新聞』大正10年10月27日朝刊，3頁.
吉野作造「山東還付の聲明と直接交渉の拒絶（八）」,『東京朝日新聞』大正10年10月28日朝刊，3頁.
吉野作造「山東還付の聲明と直接交渉の拒絶（九）」,『東京朝日新聞』大正10年10月29日朝刊，3頁.
吉野作造「重ねてヤップ島問題に就いて」,『中央公論』第36年第12号（大正10年），時論169-172頁.
吉野作造「小題小言六則」,『中央公論』第36年第12号（大正10年），時論176-181頁.
吉野作造「石工の技術から人類愛の訓育に――フリー・メーソンリーの話の續き」,『文化生活』第1巻第6号（大正10年），7-12頁.
吉野作造「信仰を通して」,『新人』第23巻第1号（大正11年），2-6頁.
吉野作造「フリー・メーソンリーと獨逸皇室（フリー・メーソンリーの話の續き）」,『文化生活』第1巻第7号（大正10年），19-22頁.
吉野作造「平和思想徹底の機正に熟せり」,『中央公論』第37年第1号（大正11年），公論187-190頁.

吉野作造「帝國進運一飛躍の機」,『中央公論』第 37 年第 1 号（大正 11 年）, 公論 227-229 頁.
吉野作造「四國協商の成立」,『中央公論』第 37 年第 1 号（大正 11 年）, 時論 302-304 頁.
吉野作造「支那問題概観」,『中央公論』第 37 年第 1 号（大正 11 年）, 時論 304-306 頁.
吉野作造「外交に於ける國民的示威運動の價値」,『中央公論』第 37 年第 1 号（大正 11 年）, 時論 306-307 頁.
吉野作造「小題小言六則」,『中央公論』第 37 年第 1 号（大正 11 年）, 時論 307-312 頁.
吉野作造「新理想主義」,『忠孝之日本』第 2 巻第 1 号（大正 11 年）, 22-25 頁.
吉野作造「信仰を通して」,『新人』第 23 巻第 2 号（大正 11 年 2 月）, 2-7 頁.
吉野作造「華府會議成績批判の標準」,『中央公論』第 37 年第 2 号（大正 11 年）, 公論 101-104 頁.
吉野作造「新井白石とヨワン・シローテ」,『中央公論』第 37 年第 2 号（大正 11 年）, 説苑 137-158 頁.
吉野作造「愛蘭問題解決の側面觀」,『中央公論』第 37 年第 2 号（大正 11 年）, 時論 211-213 頁.
吉野作造「履き違ひの普選論」,『中央公論』第 37 年第 2 号（大正 11 年）, 時論 213-215 頁.
吉野作造「YMCA 萬國大會に於ける話題（來る四月北京に開かるべき）」,『新人』第 23 巻第 3 号（大正 11 年 3 月）, 2-10 頁.
吉野作造「歴史眼に映ずる山縣公——公の唯一の功績は徴兵制度の確立」,『中央公論』第 37 年第 3 号（大正 11 年）, 説苑 70-76 頁.
吉野作造「華府會議協定の側面觀」,『中央公論』第 37 年第 3 号（大正 11 年）, 時論 187-191 頁.
吉野作造「山縣老公の死」,『婦人公論』第 7 年第 3 号（大正 11 年）, 時論 1-4 頁.
吉野作造「クルランボオ」,『文化生活』第 2 巻第 3 号（大正 11 年）, 2 頁.
吉野作造「信仰を通して」,『新人』第 23 巻第 4 号（大正 11 年 4 月）, 2-4 頁.
吉野作造「高橋内閣瓦解のあと」,『中央公論』第 37 年第 4 号（大正 11 年）, 公論 161-165 頁.
吉野作造「過激社會運動取締法案を難ず」,『中央公論』第 37 年第 4 号（大正 11 年）, 時論 190-196 頁.
吉野作造「小題小言四則」,『中央公論』第 37 年第 4 号（大正 11 年）, 時論 196-199 頁.
吉野作造「社會運動と基督教（支那に於ける反宗教的運動に付て）」,『新人』第 23 巻第 5 号（大正 11 年 5 月）, 2-8 頁.
吉野作造「泊翁先生を中心として」,『中央公論』第 37 年第 5 号（大正 11 年）, 説苑 81-95 頁.
吉野作造「政治家の勞働問題觀」,『中央公論』第 37 年第 5 号（大正 11 年）, 時論 149-154 頁.
吉野作造「支那雜感の二三」,『新人』第 23 巻第 6 号（大正 11 年）, 2-5 頁.
吉野作造「政界の近時」,『新人』第 23 巻第 7 号（大正 11 年）, 9-13 頁.
吉野作造「最近政變批判」,『中央公論』第 37 年第 7 号（大正 11 年）, 時論 103-113 頁.
吉野作造「國家思想に關する近時の論調について」,『中央公論』第 37 年第 7 号（大正 11 年）, 時論 113-117 頁.
吉野作造「苦熱に呻めきつゝ」,『新人』第 23 巻第 8 号（大正 11 年）, 10-12 頁.

吉野作造「社會評論雑談」，『中央公論』第 37 年第 9 号（大正 11 年），時論 178–181 頁.
吉野作造「西洋の役人と日本の役人」，『文化生活』第 2 巻第 8 号（大正 11 年），2 頁.
吉野作造「社會運動と基督教的信念」，『新人』第 23 巻第 9 号（大正 11 年），8–10 頁.
吉野作造「維新當時に於ける國際協調主義者」，『中央公論』第 37 年第 10 号（大正 11 年），132–142 頁.
吉野作造「主觀的眞理の強說か客觀的眞理の尊重か」，『中央公論』第 37 年第 10 号（大正 11 年），時論 259–262 頁.
吉野作造「新政黨に對する吾人の態度」，『中央公論』第 37 年第 10 号（大正 11 年），時論 262–266 頁.
吉野作造「書齋より讀者へ——切支丹の殉教者と鮮血遺書」，『新人』第 23 巻第 11 号（大正 11 年），10–13 頁.
吉野作造「書齋より讀者へ——グリツフヰスのこと」，『新人』第 23 巻第 12 号（大正 11 年），12–16 頁.
吉野作造「軍閥を葬らざれば軍界の粛清期し難し」，『中央公論』第 37 年第 13 号（大正 11 年），公論 91–94 頁.
吉野作造「我國政界の實相に目覺めよ」，『中央公論』第 37 年第 13 号（大正 11 年），時論 143–146 頁.
吉野作造「小題小言數則」，『中央公論』第 37 年第 13 号（大正 11 年），時論 146–148 頁.
吉野作造「紹介狀濫發阻止同盟の提唱」，『文化生活』第 2 巻第 12 号（大正 11 年），2 頁.
吉野作造「書齋より讀者へ」，『新人』第 24 巻第 1 号（大正 12 年），12–17 頁.
［吉野作造］「覺醒の眞義に徹せよ」，『中央公論』第 38 年第 1 号（大正 12 年），公論 2–3 頁.
吉野作造「予の一生を支配する程の大いなる影響を與へし人・事件及び思想」，『中央公論』第 38 年第 2 号（大正 12 年），說苑 107–108 頁.
吉野作造「通夜，讀經，香奠返し等」，『文化生活』第 3 巻第 2 号（大正 12 年），2–3 頁.
吉野作造「軍隊宣誓拒絕問題に關連して」，『文化生活』第 3 巻第 2 号（大正 12 年），48–52 頁.
吉野作造「羅馬法王使節交換問題」，『新人』第 24 巻第 2 号（大正 12 年），12–21 頁.
吉野作造「書齋より讀者へ」，『新人』第 24 巻第 3 号（大正 12 年），10–13 頁.
吉野作造「兵卒保健問題」，『中央公論』第 38 年第 3 号（大正 12 年），時論 125–133 頁.
吉野作造「新人運動の回顧」，『新人』第 24 巻第 4 号（大正 12 年），9–15 頁.
吉野作造「「極左」「極右」共に謬想」，『中央公論』第 38 年第 4 号（大正 12 年），223–226 頁.
吉野作造「或る讀者の問に答ふ」，『新人』第 24 巻第 6 号（大正 12 年），41–45 頁.
［吉野作造］「毛嫌ひと行き懸り」，『中央公論』第 38 年第 6 号（大正 12 年），公論 2–3 頁.
吉野作造「何を承認するのか」，『中央公論』第 38 年第 6 号（大正 12 年），公論 113–120 頁.
吉野作造「再び兵卒保健問題に就て」，『中央公論』第 38 年第 6 号（大正 12 年），時論 134–136 頁.
吉野作造「私共から觀た今日の政界」，『文化生活の基礎』第 3 巻第 6 号（大正 12 年），2–11 頁.
吉野作造「兩者の正しい關係と間違つた關係」，『中央公論』第 38 年第 7 号（大正 12 年），公論 180–184 頁.
吉野作造「小題小言三則」，『中央公論』第 38 年第 8 号（大正 12 年），時論 141–142 頁.

吉野作造「兵卒に代りて——軍隊改善問題の一端」，『中央公論』第 38 年第 9 号（大正 12 年），時論 150–152 頁.
吉野作造「小題小言」，『中央公論』第 38 年第 11 号（大正 12 年），時論 163–165 頁.
［吉野作造］「自警團暴行の心理」，『中央公論』第 38 年第 12 号（大正 12 年），公論 2–3 頁.
吉野作造「軍事官憲の社會的思想戰への干入」，『中央公論』第 38 年第 12 号（大正 12 年），公論 78–83 頁.
吉野作造「朝鮮人虐殺事件に就いて」，『中央公論』第 38 年第 12 号（大正 12 年），時論 172–176 頁.
吉野作造「小題小言」，『中央公論』第 38 年第 12 号（大正 12 年），時論 176–178 頁.
吉野作造「國家擁護の美名に穩るゝ私刑」，『婦人之友』第 17 巻第 11 号（大正 12 年），45 頁.
吉野作造「教授學生の親密なる接近をはかるには」，『帝國大學新聞』第 58 号（大正 12 年 11 月 16 日），1 頁.
吉野作造「普通選擧制度の根本理想」，『中央公論』第 38 年第 13 号（大正 12 年），時論 120–124 頁.
吉野作造「普通選擧と婦人參政權」，『婦人之友』第 18 巻第 1 号（大正 13 年），15–21 頁.
吉野作造「新有權者に對する切實なる吾人の期待」，『中央公論』第 39 年第 1 号（大正 13 年），公論 284–286 頁.
千虎俚人［吉野作造］「甘粕公判廷に現れたる驚くべき謬論」，『中央公論』第 39 年第 1 号（大正 13 年），時論 233–235 頁.
［吉野作造］「清浦內閣を迎へて」，『中央公論』第 39 年第 2 号（大正 13 年），公論 2–3 頁.
古川學人［吉野作造］「山本內閣の倒壞から清浦內閣の出現まで」，『中央公論』第 39 年第 2 号（大正 13 年），時論 151–154 頁.
吉野作造「新聞記者は私の素志——吉野博士談」，『帝國大學新聞』第 66 号（大正 13 年 2 月 12 日），3 頁.
吉野作造「「自分の教授時代は終世忘れ難い記憶」——本社主催の送別會に打解けられた吉野博士」，『帝國大學新聞』第 67 号（大正 13 年 2 月 22 日），2 頁.
［吉野作造］「公爭と私鬪」，『中央公論』第 39 年第 3 号（大正 13 年），公論 2–3 頁.
吉野作造「最近政局の概觀」，『婦人公論』第 9 年第 3 号（大正 13 年 3 月），公論 74–81 頁.
吉野作造「輕兆なる批議」，『文化生活の基礎』第 4 巻第 4 号（大正 13 年），2–4 頁.
吉野作造「樞府と內閣（一）」，『東京朝日新聞』大正 13 年 4 月 1 日朝刊，3 頁.
吉野作造「樞府と內閣（二）」，『東京朝日新聞』大正 13 年 4 月 2 日朝刊，3 頁.
吉野作造「樞府と內閣（三）」，『東京朝日新聞』大正 13 年 4 月 3 日朝刊，3 頁.
吉野作造「樞府と內閣（四）」，『東京朝日新聞』大正 13 年 4 月 5 日朝刊，3 頁.
吉野作造「樞府と內閣（五）」，『東京朝日新聞』大正 13 年 4 月 6 日朝刊，3 頁.
［吉野作造］「軍人の立候補」，『東京朝日新聞』大正 13 年 4 月 16 日朝刊（社説），3 頁.
［吉野作造］「國際勞働會議代表を送る」，『中央公論』第 39 年第 5 号（大正 13 年），公論 2–3 頁.
［吉野作造］「現職官吏の立候補」，『東京朝日新聞』大正 13 年 5 月 6 日朝刊（社説），3 頁.
［吉野作造］「大權干犯論」，『東京朝日新聞』大正 13 年 5 月 29 日朝刊（社説），3 頁.
［吉野作造］「最近の問題」，『中央公論』第 39 年第 9 号（大正 13 年），公論 2–3 頁.
吉野作造「我國最初の立憲政體論」，『文化生活の基礎』第 4 巻第 8 号（大正 13 年），54–64

頁.
吉野作造「管原傳氏と私」,『新人』第 25 巻第 8 号（大正 13 年), 44–49 頁.
吉野作造「貴族院改正問題」,『中央公論』第 39 年第 10 号（大正 13 年), 公論 98–105 頁.
吉野作造「明治初年の大學東校」,『中央公論』第 39 年第 10 号（大正 13 年), 説苑 178–188 頁.
吉野作造「節するには餘りがない　働くには仕事がない」,『中央公論』第 39 年第 11 号（大正 13 年), 公論 124–128 頁.
[吉野作造]「朝鮮の問題」,『中央公論』第 39 年第 12 号（大正 13 年), 公論 2–3 頁.
吉野作造「公人の常識――私の日記から」,『文化生活の基礎』第 4 巻第 11 号（大正 13 年), 52–55 頁.
[吉野作造]「軍事教育案の爲に悲しむ」,『中央公論』第 39 年第 13 号（大正 13 年), 公論 2–3 頁.
吉野作造「四十を超えた「年」の悩み」,『中央公論』第 40 年第 1 号（大正 14 年), 説苑 152–154 頁.
吉野作造「外骨翁と私」,『文化の基礎』第 5 巻第 1 号（大正 14 年), 21–29 頁.
吉野作造「「ローザ・ルクセムブルグの手紙」序――此書をはじめて讀んだときの感想」, 同『公人の常識』(文化生活研究會, 大正 14 年), 228–232 頁.
吉野作造「轉地先から」,『文化の基礎』第 5 巻第 9 号（大正 14 年), 72–79 頁.
野古川生［吉野作造]「無産政黨問題に對する吾人の態度」,『中央公論』第 40 年第 11 号（大正 14 年), 時論 122–127 頁.
野古川生［吉野作造]「貴族院政黨化の可否」,『中央公論』第 40 年第 11 号（大正 14 年), 時論 128–130 頁.
野古川生［吉野作造]「時事雜感」,『中央公論』第 40 年第 11 号（大正 14 年), 時論 130–132 頁.
[吉野作造]「樞密院に對する期待と希望」,『中央公論』第 40 年第 12 号（大正 14 年), 公論 2–3 頁.
野古川生［吉野作造]「公問題の取扱に於ける原理竝に其の適用」,『中央公論』第 40 年第 12 号（大正 14 年), 時論 125–130 頁.
[吉野作造]「學生間に於ける社會科學研究の問題」,『中央公論』第 40 年第 13 号（大正 14 年), 公論 2–3 頁.
吉野作造「瀧田君と私」,『中央公論』第 40 年第 13 号（大正 14 年), 説苑 78–84 頁.
野古川生［吉野作造]「單一無産政黨の前途」,『中央公論』第 40 年第 13 号（大正 14 年), 時論 199–205 頁.
野古川生［吉野作造]「地方長官公選論」,『中央公論』第 40 年第 13 号（大正 14 年), 時論 205–208 頁.
野古川生［吉野作造]「所謂地方分權論に就て」,『中央公論』第 40 年第 13 号（大正 14 年), 時論 208–209 頁.
吉野作造『公人の常識』(文化生活研究會, 大正 14 年).
吉野作造「惡者扱さるゝ私」, 同『公人の常識』(文化生活研究會, 大正 14 年), 82–85 頁.
吉野作造「滿洲動亂對策」,『中央公論』第 41 年第 1 号（大正 15 年), 時評 155–160 頁.
吉野作造「近衛公の貴族院論を讀む」,『中央公論』第 41 年第 1 号（大正 15 年), 時評 164–169 頁.

吉野作造「我國政界の好ましからざる特徴」,『婦人公論』第 11 年第 1 号（大正 15 年）, 270–274 頁.
[吉野作造]「隣邦の友に與ふ」,『中央公論』第 41 年第 2 号（大正 15 年）, 公論 2–3 頁.
吉野作造「人口問題の合理的解決」,『婦人公論』第 11 年第 2 号（大正 15 年）, 214–217 頁.
吉野作造「所謂伊藤公立黨の精神に就て」,『中央公論』第 41 年第 3 号（大正 15 年）, 時評 106–108 頁.
吉野作造「加藤首相の死から若槻内閣の成立まで」,『婦人公論』第 11 年第 3 号（大正 15 年）, 228–235 頁.
吉野作造「政治教育と政治道徳」,『中央公論』第 41 年第 4 号（大正 15 年）, 時評 168–171 頁.
吉野作造「思想は思想を以て戰ふべしといふ意味」,『中央公論』第 41 年第 5 号（大正 15 年）, 時評 113–116 頁.
吉野作造「中橋氏の二大政黨論」,『中央公論』第 41 年第 5 号（大正 15 年）, 時評 120–122 頁.
吉野作造「教會に對する昔の青年と今の青年の態度」,『開拓者』第 21 巻第 7 号（大正 15 年）, 15–20 頁.
吉野作造「毎日の新聞から」,『中央公論』第 41 年第 7 号（大正 15 年）, 時評 134–139 頁.
吉野作造「小題雜感數則」,『中央公論』第 41 年第 7 号（大正 15 年）, 時評 139–150 頁.
吉野作造「英國最近の勞働爭議によりの教訓」,『婦人公論』第 11 年第 7 号（大正 15 年）, 74–83 頁.
吉野作造「娼妓の自由解放」,『婦人公論』第 11 年第 7 号（大正 15 年）, 83–88 頁.
吉野作造「新設さるべき思想課の使命」,『中央公論』第 41 年第 9 号（大正 15 年）, 時評 159–163 頁.
吉野作造「西園寺公の元老無用論」,『中央公論』第 41 年第 9 号（大正 15 年）, 時評 166–172 頁.
吉野作造「原敬と天主教」,『中央公論』第 41 年第 9 号（大正 15 年）, 說苑 123–130 頁.
吉野作造「毎日の新聞から」,『婦人公論』第 11 年第 9 号（大正 15 年）, 72–77 頁.
吉野作造「小題雜感」,『中央公論』第 41 年第 10 号（大正 15 年）, 時評 122–124 頁.
吉野作造「初めて讀んだ書物」,『東京朝日新聞』大正 15 年 11 月 17 日朝刊, 5 頁.
吉野作造「青年學生の實際運動」,『中央公論』第 41 年第 12 号（大正 15 年）, 時評 136–142 頁.
吉野作造「既成政黨の關心事」,『中央公論』第 41 年第 12 号（大正 15 年）, 時評 142–148 頁.
吉野作造「穗積老先生の思ひ出」, 學士會編『故穗積男爵追悼録』（大正 15 年）, 82–92 頁.
吉野作造「少年時代の追憶」（大正 15 年）, 同『閑談の閑談』（書物展望社, 昭和 8 年）, 301–319 頁.
[吉野作造]「無産政黨運動に依て指示された二つの途」,『中央公論』第 42 年第 1 号（昭和 2 年）, 公論 2–3 頁.
吉野作造「雜感」,『婦人公論』第 12 年第 2 号（昭和 2 年）, 72–74 頁.
吉野作造「大學教授と政治活動」,『東京朝日新聞』昭和 2 年 2 月 10 日朝刊, 8 頁.
吉野作造「教授と政黨員との兩立不兩立」,『中央公論』第 42 年第 3 号（昭和 2 年）, 時評 119–126 頁.
吉野作造「議員の院内に於ける行動の責任」,『婦人公論』第 12 年第 5 号（昭和 2 年）,

36–39 頁.
吉野作造「樞密院と内閣」,『中央公論』第 42 年第 6 号（昭和 2 年）, 公論 103–117 頁.
吉野作造「獄中の知人から」,『婦人公論』第 12 年第 7 号（昭和 2 年）, 54–60 頁.
吉野作造「實業家の背任行爲に對する處罰」,『婦人公論』第 12 年第 9 号（昭和 2 年）, 42–43 頁.
吉野作造「銀行會社の破綻に關する政府當局の責任」,『婦人公論』第 12 年第 9 号（昭和 2 年）, 43–45 頁.
吉野作造「京城大學總長の更迭」,『婦人公論』第 12 年第 9 号（昭和 2 年）, 46–48 頁.
吉野作造「明治維新の解釋」,『婦人公論』第 12 年第 11 号（昭和 2 年）, 33–38 頁.
吉野作造『政治史――昭和二年度東京帝國大學講義』（成蹊大学岡義武文庫）.
吉野作造「大學に對する思想彈壓」,『中央公論』第 43 年第 6 号（昭和 3 年）, 公論 57–62 頁.
吉野作造「對支出兵」,『中央公論』第 43 年第 6 号（昭和 3 年）, 公論 62–66 頁.
吉野作造「優諚問題」,『中央公論』第 43 年第 7 号（昭和 3 年）, 本欄 71–76 頁.
[吉野作造]「樞密院と政府」,『中央公論』第 43 年第 8 号（昭和 3 年）, 本欄 1 頁.
吉野作造「樞密院改革問題」,『中央公論』第 43 年第 8 号（昭和 3 年）, 本欄 49–55 頁.
吉野作造「政黨は公共財物の常習的盜取者」,『中央公論』第 43 年第 10 号（昭和 3 年）, 本欄 53–57 頁.
吉野作造「民本主義鼓吹時代の回顧」,『日本社会主義運動史』（改造社, 昭和 3 年）, 125–135 頁.
古在由直［吉野作造］「親愛なる學生諸君に告ぐ」,『帝國大學新聞』第 279 号（昭和 4 年 1 月 9 日）, 2 頁.
[吉野作造]「對支關係の前途と床次氏の立場」,『中央公論』第 44 年第 2 号（昭和 4 年）, 本欄 1 頁.
[吉野作造]「暴露戰術是非」,『中央公論』第 44 年第 3 号（昭和 4 年）, 本欄 1 頁.
吉野作造「山本宣治君の慘死」,『中央公論』第 44 年第 4 号（昭和 4 年）, 本欄 291–302 頁.
[吉野作造]「對支外交の好轉」,『中央公論』第 44 年第 5 号（昭和 4 年）, 本欄 1 頁.
[吉野作造]「總辭職と憲政常道」,『中央公論』第 44 年第 7 号（昭和 4 年）, 本欄 1 頁.
[吉野作造]「田中内閣の窮死」,『中央公論』第 44 年第 8 号（昭和 4 年）, 本欄 1 頁.
吉野作造「民權運動彈壓側面史」,『中央公論』第 44 年第 10 号（昭和 4 年）, 本欄 165–186 頁.
吉野作造「憲法と憲政の矛盾」,『中央公論』第 44 年第 12 号（昭和 4 年）, 本欄 83–98 頁.
[吉野作造]「統帥權問題を中心として」,『中央公論』第 45 年第 6 号（昭和 5 年）, 本欄 1 頁.
吉野作造「統帥權問題の正體」,『中央公論』第 45 年第 6 号（昭和 5 年）, 本欄 159–168 頁.
吉野作造「統帥權の獨立と帷幄上奏」,『中央公論』第 45 年第 7 号（昭和 5 年）, 本欄 129–140 頁.
吉野作造「健康法について」,『婦人之友』第 24 巻第 8 号（昭和 5 年）, 50–55 頁.
[吉野作造]「兇蠻暴虐の教訓」,『中央公論』第 45 年第 12 号（昭和 5 年）, 本欄 1 頁.
[吉野作造]「血稅負擔者の優遇」,『中央公論』第 46 年第 2 号（昭和 6 年）, 本欄 1 頁.
[吉野作造]「議會の醜狀」,『中央公論』第 46 年第 3 号（昭和 6 年）, 本欄 1 頁.
吉野作造「今後十年の豫言」,『婦人之友』第 25 巻第 6 号（昭和 6 年）, 31 頁.
[吉野作造]「滿蒙問題に關する反省」,『中央公論』第 46 年第 10 号（昭和 6 年）, 本欄 1 頁.
吉野作造「民族と階級と戰爭」,『中央公論』第 47 年第 1 号（昭和 7 年）, 本欄 27–38 頁.

吉野作造「上杉愼吉」,『大百科事典』第 2 巻（平凡社，昭和 7 年），534 頁.
吉野作造「國民社會主義運動の史的檢討」,『國家學會雜誌』第 46 巻第 2 号（昭和 7 年），130-144（276-290）頁.
吉野作造「現代政治の分析」,『婦人公論』第 17 年第 2 号（昭和 7 年），182-190 頁.
吉野作造「選擧と金と政黨」,『中央公論』第 47 年第 6 号（昭和 7 年），本欄 97-102 頁.
吉野作造「國民主義運動の近況」,『國家學會雜誌』第 46 巻第 7 号（昭和 7 年），78-87（984-993）頁.
［吉野作造］「滿洲國承認の時期」,『中央公論』第 47 年第 9 号（昭和 7 年），本欄 1 頁.
［吉野作造］「在鄕軍人會に對する期待」,『中央公論』第 47 年第 10 号（昭和 7 年），本欄 1 頁.
［吉野作造］「リツトン報告書」,『中央公論』第 47 年第 11 号（昭和 7 年），本欄 1 頁.
吉野作造「リツトン報告書を讀んで」,『改造』第 14 巻第 11 号（昭和 7 年），中盤 225-232 頁.
吉野作造「齋藤昌三觀」，齋藤昌三『書痴の散歩』（書物展望社，昭和 7 年），327-329 頁.
［吉野作造］「東洋モンロー主義の確立」,『中央公論』第 47 年第 12 号（昭和 7 年），本欄 1 頁.
吉野作造「古書珍重（五）　ルスレル氏答議第一」,『東京朝日新聞』昭和 7 年 12 月 12 日朝刊，9 頁.
吉野作造「日清戰爭前後」，同『閑談の閑談』（書物展望社，昭和 8 年），320-329 頁.
吉野作造『閑談の閑談』（書物展望社，昭和 8 年）.
吉野作造『吉野作造博士民主主義論集　第一巻　民本主義論』（新紀元社，昭和 23 年）.
吉野作造『吉野作造博士民主主義論集　第二巻　民主主義政治講話』（新紀元社，昭和 23 年）.
吉野作造『吉野作造博士民主主義論集　第三巻　日本政治の民主的改革』（新紀元社，昭和 23 年）.
吉野作造『吉野作造博士民主主義論集　第四巻　世界平和主義論』（新紀元社，昭和 23 年）.
吉野作造『吉野作造博士民主主義論集　第五巻　社會問題及び社會運動』（新紀元社，昭和 23 年）.
吉野作造『吉野作造博士民主主義論集　第六巻　日華國交論』（新紀元社，昭和 23 年）.
吉野作造『吉野作造博士民主主義論集　第七巻　中國革命史論』（新紀元社，昭和 23 年）.
吉野作造『吉野作造博士民主主義論集　第八巻　明治文化研究』（新紀元社，昭和 23 年）.
吉野作造（岡義武編）『吉野作造評論集』第 3 刷（岩波書店，平成 5 年）.
吉野作造（川原次吉郎編）『古川餘影』（昭和 8 年（吉野作造記念館復刻，平成 7 年））.
吉野作造『吉野作造選集 1　政治と国家』（岩波書店，平成 7 年）.
吉野作造『吉野作造選集 2　デモクラシーと政治改革』（岩波書店，平成 8 年）.
吉野作造『吉野作造選集 3　大戦から戦後への国内政治』（岩波書店，平成 7 年）.
吉野作造『吉野作造選集 4　大戦後の国内政治』（岩波書店，平成 8 年）.
吉野作造『吉野作造選集 5　大戦期の国際政治』（岩波書店，平成 7 年）.
吉野作造『吉野作造選集 6　大戦後の国際政治』（岩波書店，平成 8 年）.
吉野作造『吉野作造選集 7　中国論一』（岩波書店，平成 7 年）.
吉野作造『吉野作造選集 8　中国論二』（岩波書店，平成 8 年）.
吉野作造『吉野作造選集 9　朝鮮論　付中国論三』（岩波書店，平成 7 年）.

吉野作造『吉野作造選集 10　社会運動と無産政党』（岩波書店，平成 7 年）.
吉野作造『吉野作造選集 11　開国と明治文化』（岩波書店，平成 7 年）.
吉野作造『吉野作造選集 12　随筆』（岩波書店，平成 7 年）.
吉野作造『吉野作造選集 13　日記一』（岩波書店，平成 8 年）.
吉野作造『吉野作造選集 14　日記二』（岩波書店，平成 8 年）.
吉野作造『吉野作造選集 15　日記三』（岩波書店，平成 8 年）.
吉野作造『吉野作造選集　別巻　書簡・年譜・著作年表ほか』（岩波書店，平成 9 年）.
吉野作造講義録研究会編『吉野作造政治史講義』（岩波書店，平成 28 年）.

III　上杉愼吉著作

順番は発表年月日順とし，概ね本文で言及したもののみに限定した。

上杉愼吉「ねむけさまし」，『少年園』（明治 26 年）第 10 巻第 117 号，29 頁.
上杉愼吉「河上法學士ノ憲法論ニ付キテ」，『國家學會雜誌』第 16 巻第 189 号（明治 35 年），81–88 頁.
上杉愼吉「自殺＝一定ノ法則又ハ定則ニ從テ發生シ變動シ又ハ其間一定ノ常序ノ存スルト稱セラルヽ社會現象ノ一トシテ自殺ノ此見地ヨリスル實證的觀察」，『國家學會雜誌』第 16 巻第 190 号（明治 35 年），76–97 頁.
上杉愼吉「社會主義ト法律トノ關係汎論」，『法學協會雜誌』第 21 巻第 1 号（明治 36 年），76–79 頁.
上杉愼吉「公法學ノ獨立」，『國家學會雜誌』第 17 巻第 200 号（明治 36 年），119–127 頁.
上杉愼吉「ジァン，ボダーンノ主權論」，『法學志林』第 51 号（明治 36 年，法政大學），16–21 頁.
上杉愼吉「近世ノ帝王神權說」，『法政新誌』第 7 巻第 13 号（明治 36 年），21–30 頁.
上杉愼吉「多數決」，『法學協會雜誌』第 22 巻第 1 号（明治 37 年），84–93 頁.
上杉愼吉「碩學スペンサア先生を弔ふ」，『法學協會雜誌』第 22 巻第 2 号（明治 37 年），288–291 頁.
上杉愼吉「法律裁可ノ性質ニ就テ」，『法學協會雜誌』第 22 巻第 3 号（明治 37 年），373–382 頁.
上杉愼吉「カントの國家論（其の第百年回忌に）」，『法學協會雜誌』第 22 巻第 5 号（明治 37 年），737–747 頁.
上杉愼吉「社會ノ指導者」，『法政新誌』第 8 巻第 5 号（明治 37 年），13–19 頁.
上杉愼吉「國家學史上に於けるヘーゲルの地位」，『法學協會雜誌』第 22 巻第 7 号（明治 37 年），999–1015 頁.
上杉愼吉「民約說の先驅」，『法學協會雜誌』第 22 巻第 9 号（明治 37 年），1311–1321 頁.
上杉愼吉「帝國議會ノ議員ハ其歳費ヲ差押ヘラレアルニ拘ラス之ヲ受クルノ權ヲ抛棄スルコトヲ得ルヤ」，『法政新誌』第 8 巻第 10 号（明治 37 年），80–81 頁.
上杉愼吉『行政法原論　全』（有斐閣書房，明治 37 年）.
上杉愼吉「現行衆議院議員選擧法第十三條第二項ニ規定シタル政府ノ爲メニスル請負云々ナル請負ノ意義如何」，『法政新誌』第 8 巻第 12 号（明治 37 年），64 頁.
上杉愼吉「國家主權說の發達」，『法學協會雜誌』第 23 巻第 1 号（明治 38 年），71–80 頁.

上杉愼吉「所謂少數代表又ハ比例代表ノ選擧」,『國家學會雜誌』第 19 巻第 3 号（明治 38 年）, 79-89 頁.
上杉愼吉「自由權」,『日本法政新誌』第 9 巻第 4 号（明治 38 年）, 48-51 頁.
上杉愼吉「便宜の原則」,『法學志林』第 7 巻第 4 号（明治 38 年, 法政大學）, 42-46 頁.
上杉愼吉「緊急命令ノ承諾」,『法學志林』第 7 巻第 10 号（明治 38 年, 法政大學）, 22-29 頁.
上杉愼吉「天皇ノ國法上ノ地位ヲ論ス（一）」,『法學協會雜誌』第 23 巻第 5 号（明治 38 年）, 611-631 頁.
上杉愼吉「天皇ノ國法上ノ地位ヲ論ス（二）」,『法學協會雜誌』第 23 巻第 6 号（明治 38 年）, 802-822 頁.
上杉愼吉「國家家産說」,『法學協會雜誌』第 23 巻第 10 号（明治 38 年）, 1422-1428 頁.
上杉愼吉「循吏傳」,『國家學會雜誌』第 19 巻第 10 号（明治 38 年）, 56-59 頁.
上杉愼吉「立憲政治の妙用」,『日本法政新誌』第 9 巻第 10 号（明治 38 年）, 5-22 頁.
上杉生［上杉愼吉］「法學士吉野作造君著ヘーゲルの法律哲學の基礎」,『法學協會雜誌』第 23 巻第 3 号（明治 38 年）, 444-446 頁.
上杉愼吉『帝國憲法』（日本大學, 明治 38 年）.
上杉愼吉「大臣責任論」,『法學協會雜誌』第 24 巻第 2 号（明治 39 年）, 135-157 頁, 同第 24 巻第 3 号（明治 39 年）, 316-337 頁.
上杉愼吉「兵役と自治」,『法學新報』第 16 巻第 2 号（明治 39 年, 中央大學）, 1-12 頁.
上杉愼吉『比較各國憲法論』（有斐閣・東亞公司新書局, 明治 39 年）.
上杉愼吉「非立憲」,『日本法政新誌』第 10 巻第 10 号（明治 39 年）, 9-22 頁.
上杉愼吉「官僚政治」,『法學協會雜誌』第 27 巻第 9 号（明治 42 年）, 1353-1385 頁.
［上杉愼吉］『カールスルーエ市の公共施設：附　巴丁婦人協會の事業』（明治 42 年）.
上杉愼吉「美濃部博士著日本行政法第一巻」,『法學協會雜誌』第 27 巻第 12 号（明治 42 年）, 2021-2026 頁.
Uyesugi, Shin, Die öffentlich-rechtliche Gesetzgebung in Japan, in : *Jahrbuch des öffentlichen Rechts der Gegenwart*, Bd. IV, 1910, Tübingen（Mohr）, S. 530-536.
上杉愼吉「土耳其帝國憲法」,『法學協會雜誌』第 28 巻第 1 号（明治 43 年）, 90-114 頁, 同第 28 巻第 2 号（明治 43 年）, 317-337 頁.
上杉愼吉「獨逸ニ於ケル憲法ニ關スル近事」,『國家學會雜誌』第 24 巻第 1 号（明治 43 年）, 51-68（51-68）頁, 同第 24 巻第 2 号（明治 43 年）, 17-50（171-204）頁.
上杉愼吉「孛漏士衆議院議員選擧法改正問題」,『法學協會雜誌』第 28 巻第 3 号（明治 43 年）, 457-468 頁.
上杉愼吉「英國上院ノ豫算拒否權」,『法學新報』第 20 巻第 3 号（明治 43 年, 中央大學）, 7-20 頁.
上杉愼吉「立法, 司法及行政」,『法學新報』第 20 巻第 10 号（明治 43 年, 中央大學）, 65-73 頁.
上杉愼吉「憲法の欠缺」,『法學協會雜誌』第 28 巻第 10 号（明治 43 年）, 1719-1747 頁, 同第 28 巻第 11 号（明治 43 年）, 1922-1969 頁.
上杉愼吉『婦人問題』（三書樓, 明治 43 年）.
Uyesugi, Shin, Die Gesetzgebung in Japan im Jahre 1909, in : *Jahrbuch des öffentlichen Rechts der Gegenwart*, Bd. V, 1911, Tübingen（Mohr）, S. 640-642.

上杉愼吉「國體及政體」，『法學協會雜誌』第 29 巻第 1 号（明治 44 年），48–80 頁.
上杉愼吉「エリネック教授を弔す」，『法學協會雜誌』第 29 巻第 3 号（明治 44 年），465–471 頁.
上杉愼吉「「レフエレンダム」ニ就テ」，『國家學會雜誌』第 25 巻第 3 号（明治 44 年），45–85（351–391）頁.
上杉愼吉「國會政治の趨勢」，『實業世界』第 5 年第 41 号（明治 44 年），18–19（1730–1731）頁.
上杉愼吉「獨逸の農村にコンナ面白味がある」『青年及青年團』第 2 巻第 7/9/10 号（明治 44 年），16–18/36–38/28–31 頁.
上杉愼吉「公設住家制度」，『法學協會雜誌』第 29 巻第 8 号（明治 44 年），1307–1321 頁.
上杉愼吉「獨逸農村近況」『初等教育』第 40 号（明治 44 年），15–17 頁.
上杉愼吉『國民教育帝國憲法講義　全』（有斐閣書房，明治 44 年）.
上杉愼吉「豫算先議（帝國憲法第六十五條ヲ論ス）」，『法學協會雜誌』第 29 巻第 11 号（明治 44 年），1679–1695 頁.
上杉愼吉「國體に關する異說」，『太陽』第 18 巻第 8 号（明治 45 年），69–80 頁.
上杉愼吉「國體ニ關スル『憲法講話』ノ所說」，『國家學會雜誌』第 26 巻第 6 号（明治 45 年），74–96（892–914）頁.
上杉愼吉『帝國憲法綱領』第 2 版（大正元年，有斐閣書房）（初版は明治 45 年）.
上杉愼吉「再び國體に關する異說に就て」，『太陽』第 18 巻第 11 号（大正元年），69–76 頁.
Uyesugi, Shinkitsi, Die Gesetzgebung in Japan in den Jahren 1910–12, in : *Jahrbuch des öffentlichen Rechts der Gegenwart*, Bd. VII, 1913, Tübingen（Mohr）, S. 500–502.
上杉愼吉「予の國體論と世論」，『太陽』第 19 巻第 1 号（大正 2 年），81–89 頁.
上杉愼吉「皇道概說＝古神道大義ヲ讀ム」，『國家學會雜誌』第 27 巻第 1 号（大正 2 年），46–72（46–72）頁.
上杉愼吉「自由法說非ナリ」，『法學協會雜誌』第 31 巻第 1 号（大正 2 年），75–85 頁.
上杉愼吉「閥族政治末路に近く」，『太陽』第 19 巻第 2 号（大正 2 年），133–134 頁.
上杉愼吉「我憲法と政局」，『中央公論』第 28 年第 3 号（大正 2 年），公論 44–45 頁.
上杉愼吉「教育勅語の權威」，『太陽』第 19 巻第 5 号（大正 2 年），82–84 頁.
上杉愼吉「民本主義と民主主義」，『東亞之光』第 8 巻第 5 号（大正 2 年），10–15 頁.
上杉愼吉「區々たる宮内省問題」，『太陽』第 19 巻第 6 号（大正 2 年），118–121 頁.
上杉愼吉「貴族院ノ職分ト構成」，『法學協會雜誌』第 31 巻第 6 号（大正 2 年），899–914 頁.
上杉愼吉「新らしい良妻賢母主義」，『太陽』第 19 巻第 9 号（大正 2 年），29–34 頁.
上杉愼吉「現行法令ノ形式及形式的效力」，『法學協會雜誌』第 32 巻第 1 号（大正 3 年），12–38 頁.
上杉愼吉「近時ノ憲法問題」，『法學協會雜誌』第 32 巻第 5 号（大正 3 年），857–870 頁.
上杉愼吉「獨逸帝國宰相ノ不信任」，『法學協會雜誌』第 32 巻第 6 号（大正 3 年），1054–1070 頁.
上杉愼吉「民意代表」，『法學協會雜誌』第 32 巻第 9 号（大正 3 年），1449–1482 頁，同第 32 巻第 12 号（大正 3 年），2036–2083 頁.
上杉愼吉「政黨の存在を容さず」（大正 4 年 2 月），上杉正一郎編『日の本』（昭和 5 年），138–142 頁.
上杉愼吉「娼婦公認制度の誤謬（一）」，『廓清』第 5 巻第 3 号（大正 4 年），13–17 頁.

上杉慎吉「娼婦公認制度の誤謬（二）」，『廓清』第 5 巻第 4 号（大正 4 年），9-13 頁.
上杉慎吉「解題」，デルブリユック，ハンス（後藤新平訳）『政治と民意』（有斐閣，大正 4 年），1-26 頁.
上杉慎吉「近時ノ憲法問題」，『法學協會雜誌』第 33 巻第 5 号（大正 4 年），84-106 頁.
上杉慎吉「登極令謹解」，『法學協會雜誌』第 33 巻第 11 号（大正 4 年），1847-1890 頁.
上杉慎吉「我が憲政の根本義――議院中心の憲政論を排す」，『中央公論』第 31 年第 3 号（大正 5 年），公論 19-46 頁.
上杉慎吉「國家と道徳」，『博愛』第 350 号（大正 5 年），25-27 頁.
上杉慎吉「小引」，穂積八束『憲政大意』（日本評論社，大正 6 年），1-16 頁.
上杉慎吉「大學ヲ讀ム」，『法學協會雜誌』第 35 巻第 1 号（大正 6 年），1-32 頁.
上杉慎吉「解散」，『國家學會雜誌』第 31 巻第 3 号（大正 6 年），59-77（391-409）頁.
上杉慎吉「[『我が國』発刊の口上]」，『我が國』第 153 号（大正 6 年 5 月），6 頁.
上杉慎吉「寺内伯の決心覺悟すべき所」，『我が國』第 154 号（大正 6 年 6 月），13-18 頁.
上杉慎吉「諸大臣の訓示を讀む」，『我が國』第 155 号（大正 6 年 7 月），8-18 頁.
上杉慎吉「憲法と國民の覺悟」，『我が國』第 155 号（大正 6 年 7 月），18-54 頁.
上杉慎吉「第三十九回帝國議會通觀」，『我が國』第 156 号（大正 6 年 8 月），12-18 頁.
上杉慎吉「民主の世界潮流の何たるかを明かにして國民の自覺を促す」，『我が國』第 157 号（大正 6 年 9 月），1-9 頁.
上杉慎吉「民本主義」，『我が國』第 159 号（大正 6 年 12 月），1-2 頁.
上杉慎吉「桐花學會の志成るの秋」，『我が國』第 172 号（大正 8 年 1 月），7-21 頁.
上杉慎吉「桐花會記事――弘く同志を募るの檄」，『我が國』第 172 号（大正 8 年 1 月），15-21 頁.
上杉慎吉『デモクラシーと我が國體』（金光教本部，大正 8 年 6 月）.
上杉慎吉『暴風來』（洛陽堂，大正 8 年）.
上杉慎吉「獨逸新憲法の成立」，『國家學會雜誌』第 34 巻第 3 号（大正 9 年），117-136（373-392）頁.
上杉慎吉「大權に關する非違二項」，『國家學會雜誌』第 35 巻第 1 号（大正 10 年），44-47（44-47）頁.
上杉慎吉「根柢ある日米親善」，『オリエンタル・レヴュー邦字版』第 1 号（大正 10 年），9-11 頁.
上杉慎吉「復舊すべき現代文明――思想，社會問題の歸趣」，『日本一』第 7 巻第 2 号（大正 10 年），25-27 頁.
上杉慎吉『獨逸瓦解の原因に就て』（大正 10 年，獨協大学図書館蔵）.
上杉慎吉『憂國の叫び』（東亞堂，大正 10 年）.
上杉慎吉「國家及國家主義の理論」，『國學院雜誌』第 27 巻第 2 号（大正 10 年），79-97 頁，同第 27 巻第 3 号（大正 10 年），151-164 頁.
上杉慎吉「『人』の充實發展」，『帝國青年』第 6 巻第 3 号（大正 10 年），8-10 頁.
上杉慎吉「藝妓廢止論」，『實業之世界』第 18 巻第 3 号（大正 10 年），76-79 頁.
上杉慎吉「國家結合の原力」，『中央公論』第 36 年第 3 号（大正 10 年），公論 15-37 頁.
上杉慎吉「國家の不斷なる創造」，『太陽』第 27 巻第 4 号（大正 10 年），2-17 頁.
上杉慎吉「生活改善の根帶」，『大鵬』第 94 号（大正 10 年），18-20 頁.
上杉慎吉「政黨政治と青年の自覺」，『寸鐵』第 3 巻第 6 号（大正 10 年），2-13 頁.

上杉愼吉「新ドイツ共和國憲法に就て」,『法學協會雜誌』第 39 巻第 7 号（大正 10 年), 1198-1243 頁.
上杉愼吉「國土と國民」,『外交時報』第 34 巻第 1 号（大正 10 年 7 月), 23-26（23-26）頁.
上杉愼吉『日本人の大使命と新機運』(大正 10 年, 敬文館).
上杉愼吉「國家の創造」,『國學院雜誌』第 27 巻第 11 号（大正 10 年), 781-799 頁.
上杉愼吉『國家新論』(敬文館, 大正 10 年).
上杉愼吉「國家の不斷なる創造」,『弘道』第 357 号（大正 10 年), 49 頁.
上杉愼吉「私の觀たる山縣公」,『戰友』第 141 号（軍人會館出版部, 大正 11 年), 16-19 頁.
上杉愼吉『新稿帝國憲法』(有斐閣, 大正 11 年).
上杉愼吉「社會學の動機」,『國家學會雜誌』第 37 巻第 1 号（大正 12 年), 31-38（31-38）頁.
上杉愼吉「哲學流行と教育者」,『教育研究』第 251 号（大正 12 年), 378-379 頁.
上杉愼吉「民勞會と學盟の握手ではない―と上杉博士談」,『國民新聞』大正 12 年 6 月 14 日夕刊, 2 頁.
上杉愼吉「天下無敵」,『日本主義』第 2 号（大正 12 年), 1-3 頁.
上杉愼吉「國民性の發露」,『教育研究』第 263 号（大正 12 年), 3-7 頁.
上杉愼吉「戒嚴に就て」,『法學協會雜誌』第 41 巻第 11 号（大正 12 年), 1869-1892 頁.
上杉愼吉『日米衝突の必至と國民の覺悟』(大正 12 年, 大日本雄辯會).
上杉愼吉「全國軍人諸君に告ぐ」(大正 12 年), 上杉正一郎編『日の本』(昭和 5 年), 178-196 頁.
上杉愼吉「二院制度を誤る」,『東京朝日新聞』大正 13 年 1 月 19 日朝刊, 8 頁.
上杉愼吉「拜詔所感」,『教育研究』第 267 号（大正 13 年), 13-17 頁.
上杉愼吉「起てよ無產の愛國者」(大正 13 年), 上杉正一郎編『日の本』(昭和 5 年), 211-217 頁.
上杉愼吉「少壯憂國の同志に示す」(大正 13 年 3 月), 上杉正一郎編『日の本』(昭和 5 年), 197-210 頁.
上杉愼吉「普選と貴族院改革」,『國民新聞』大正 13 年 7 月 9 日朝刊, 3 頁, 同大正 13 年 7 月 10 日朝刊, 3 頁.
上杉愼吉「有爵議員選出方法に就て貴族院改革の一提案」, 報知新聞出版部『貴族院改革論集』(大正 13 年), 89-97 頁.
上杉愼吉「貴族院改革の一提案」,『憲政公論』大正 13 年 12 月号, 18-21 頁.
上杉愼吉「日本國民の覺悟」, 國民對米會編『對米國策論集』(讀賣新聞社, 大正 13 年), 90-120 頁.
Uyesugi, Shinkitsi, Das Verfassungsrecht in Japan in den Jahren 1912-22, in: *Jahrbuch des öffentlichen Rechts der Gegenwart*, Bd. XII, 1923/24, Tübingen (Mohr), S. 311-312.
上杉愼吉「序」, スコット・ニヤリング（上杉愼吉／稻葉一也訳)『世界を征服せんとする米大帝國』(未來社, 大正 14 年), 1-5 頁.
上杉愼吉「貴族院改革ノ限度」,『國家學會雜誌』第 39 巻第 1 号（大正 14 年), 44-53（44-53）頁.
上杉愼吉「普通選擧の大精神を國民に徹底せよ」,『教育研究』第 291 号（大正 14 年), 28-35 頁.
上杉愼吉「今期議會に於ける二三の憲法問題」,『國家學會雜誌』第 40 巻第 4 号（大正 15

年)，1-9（549-557）頁.
上杉愼吉「普選の實施と國民の共同一致」，『鹿兒島朝日新聞』大正 15 年 4 月 13 日，2 頁.
上杉愼吉「國家は最高の道德」，『鹿兒島朝日新聞』大正 15 年 4 月 14 日，2 頁.
上杉愼吉『斯の心國を救はん』（大正 15 年 5 月）.
上杉愼吉「民族の運命（講演）」，『商船學校校友會誌』第 318 号（大正 15 年），1-19 頁.
上杉愼吉『億兆一心の普通選擧』（中央報德會，大正 15 年）.
上杉愼吉「朴烈問題解決の唯一方策」，鶉山學堂編『朴烈問題の批判』（大正 15 年），55-57 頁.
上杉愼吉「貧しき妻の愛國的美擧」，『婦女界』第 34 巻第 4 号（大正 15 年），16-17 頁.
上杉愼吉「國家の價値」，『國家學會雜誌』第 41 巻第 1 号（昭和 2 年），1-18（1-18）頁.
上杉愼吉「解散は不當」，『東京日日新聞』昭和 2 年 1 月 8 日朝刊，2 頁.
上杉愼吉「三黨首の申合」，『讀賣新聞』昭和 2 年 1 月 27 日，2 頁，同 8 日，2 頁.
上杉愼吉「皇族の外國御遊學——蘇峰子に感謝す」，『國民新聞』昭和 2 年 2 月 25 日朝刊，3 頁.
上杉愼吉『選擧及普通選擧』（昭和 2 年 2 月 27 日福岡縣第一公會堂講演）（福岡縣社會教育課，昭和 2 年）.
上杉愼吉「日曜と郵便」，『中央公論』第 42 年第 7 号（昭和 2 年），公論 125 頁.
上杉愼吉「最近の憲法問題」，『法學協會雜誌』第 45 巻第 7 号（昭和 2 年），1213-1232 頁.
上杉愼吉「地方自治の冒瀆を愼め」，『東京日日新聞』昭和 2 年 9 月 5 日朝刊，2 頁.
上杉愼吉「日本思想界への一大貢献」，『改造』第 9 巻第 10 号（昭和 2 年），巻末広告.
上杉愼吉「貴族院改革案」，『報知新聞』昭和 2 年 12 月 4 日朝刊，2 頁，同 12 月 5 日朝刊，2 頁，同 12 月 7 日朝刊，2 頁.
上杉愼吉「クリスマス」（および柳田國男「右に就て」），『東京朝日新聞』昭和 2 年 12 月 18 日朝刊，3 頁.
上杉愼吉「全國小學校教員の名に於て一大警告を宣言すべし」，『教育研究』第 322 号（昭和 3 年），20-21 頁.
上杉愼吉「大日本帝國憲法講義」，末弘嚴太郎編『現代法學全集』第 1 巻（昭和 3 年），19-31 頁.
上杉愼吉「道理と正義の敵ムツソリニ論」，『中央公論』第 43 年第 2 号（昭和 3 年），公論 29-40 頁.
上杉愼吉「政治の新原理」，『愛國』第 2 巻第 2 号（昭和 3 年），1 頁.
上杉愼吉「多數代表を妨ぐる諸事情」，『國家學會雜誌』第 42 巻第 3 号（昭和 3 年），1-19（379-397）頁.
上杉愼吉「大日本帝國憲法講義」，末弘嚴太郎編『現代法學全集』第 2 巻（昭和 3 年），25-83 頁.
上杉愼吉「大日本帝國憲法講義」，末弘嚴太郎編『現代法學全集』第 3 巻（昭和 3 年），1-62 頁.
上杉愼吉「内閣改造奏請問題」，『報知新聞』昭和 3 年 5 月 26 日朝刊，2 頁.
上杉愼吉「憲政の基礎動搖す」，『東京朝日新聞』昭和 3 年 5 月 29 日朝刊，2 頁.
上杉愼吉「憂ふべき緊急勅令」，『東京朝日新聞』昭和 3 年 6 月 23 日朝刊，2 頁，同昭和 3 年 6 月 24 日朝刊，2 頁.
上杉愼吉「先ず樞府の改革を叫ばむ」，『時事新聞』昭和 3 年 6 月 29 日朝刊，2 頁.

上杉愼吉「憂ふべき緊急勅令」,『民政』昭和 3 年 7 月，13-18 頁.
上杉愼吉「優諚問題の取扱方」,『經濟往來』第 3 巻第 7 号（昭和 3 年），55 頁.
上杉愼吉「恐怖時代の製造（誤まれる治安維持令）」,『中央公論』第 43 年第 8 号（昭和 3 年），本欄 31-43 頁.
上杉愼吉「普通選擧と其實際」,『愛國』第 3 巻第 2 号（昭和 4 年），2-5 頁.
上杉愼吉「議會の實情と其解散」,『愛國』第 3 巻第 4 号（昭和 4 年），2-5 頁.
上杉愼吉（上杉正一郎編）『日の本』（昭和 5 年）.
上杉愼吉『改訂版　日本の運命　五・一五事件豫言』（日本學術普及會，昭和 8 年）.
上杉愼吉『新稿憲法述義』第 11 版（有斐閣，昭和 11 年）（初版は大正 13 年）.
上杉慎吉（上杉聰彦編）「上杉慎吉社会学遺稿（抜粋）」，竹村民郎編『経済学批判への契機』第 2 刷（三一書房，昭和 49 年），233-260 頁.
上杉愼吉「獨逸農村の實況」（博文館，出版年不明）（京都大学農学部図書館蔵）.

IV　その他の著作

IA 生「吉野作造と浪人會演說」,『新人』第 19 巻第 13 号（大正 7 年），111 頁.
青木周蔵（坂根義久校注）『青木周蔵自伝』（平凡社，昭和 45 年）.
赤坂幸一編集・校正『初期日本国憲法改正論議資料——萍憲法研究会速記録（参議院所蔵）1953-59』（柏書房，平成 26 年）.
赤澤史朗『近代日本の思想動員と宗教統制』（校倉書房，昭和 60 年）.
赤松明子『母子扶助法とはどんなものか』（社會民衆婦人同盟，昭和 5 年）.
赤松明子「亡き父を語る」，赤松克麿編『故吉野作造博士を語る』（中央公論社，昭和 9 年），187-196 頁.
赤松克麿「法科大學生の眼に映じたる上杉愼吉博士——祖國禮拜黨の重鎭上杉博士」,『解放』第 1 巻第 2 号（大正 8 年 7 月），60-63 頁.
赤松克麿「人道主義的政治思想の難點」,『先驅』大正 9 年 3 月号，15-17 頁.
赤松克麿編『故吉野博士を語る』（中央公論社，昭和 9 年）.
赤松克麿「人道の戰士，吉野作造」，赤松克麿編『故吉野作造博士を語る』（中央公論社，昭和 9 年），179-186 頁.
秋山真一「吉野作造に於ける明治文化の世界」,『吉野作造研究』第 5 号（平成 20 年），13-23 頁.
浅野和生「上杉慎吉の国体論の陸軍将校への影響——上杉・美濃部論争を手掛かりにして」,『中部女子短期大学紀要』第 17 号（昭和 62 年），59-79 頁.
浅野和生『大正デモクラシーと陸軍』（関東学院大学，平成 6 年）.
姉崎正治「前途不安なる獨逸文明」,『中央公論』第 30 年第 8 号（大正 4 年），81-84 頁.
安倍磯雄「獨逸社會黨の勝利」,『太陽』第 18 巻第 5 号（明治 45 年），60-74 頁.
安倍磯雄「獨逸の社會黨」,『六合雜誌』第 34 年第 10 号（大正 3 年），10-14 頁.
安倍磯雄「大戰後の歐洲諸國」,『六合雜誌』第 34 年第 12 号（大正 3 年），13-19 頁.
天野郁夫『大学の誕生——帝国大学の時代』上下 2 巻（中央公論新社，平成 21 年）.
天野貞祐監修『独協七十年』（独協学園，昭和 28 年）.
雨宮昭一「吉野作造と田中義一内閣」,『吉野作造選集（第 4 巻）月報 13』（岩波書店，平成

8年)，5-8頁.
アメリカ学会高木八尺先生記念図書編集委員会編『高木八尺先生を悼む』(東京大学出版会，昭和60年).
荒木武行『床次竹二郎氏評傳』(床次竹二郎傳刊行會，大正15年).
荒木康彦『近代日独交渉史研究序説――最初のドイツ大学日本人学生馬島済治とカール・レーマン』(雄松堂，平成15年).
有馬学／伊藤隆「書評：松尾尊兊『大正デモクラシー』／鹿野政直『大正デモクラシーの底流』」／金原左門『大正期の政党と国民』／三谷太一郎『大正デモクラシー論』」，『史學雜誌』第84巻（昭和50年)，60-72頁.
有賀長雄「穗積八束君帝國憲法の法理を誤る」，『憲法雜誌』第6号（明治22年)，20-24頁，同第7号（明治22年)，5-10頁，同第8号（明治22年)，5-13頁.
安宇植「吉野作造と呂運亨」，『吉野作造選集（第2巻）月報9』(岩波書店，平成8年)，1-5頁.
アンシュッツ，ゲルハルト（美濃部達吉抄訳)「巴威倫國の王位問題」，『國家學會雜誌』第28巻第1号（大正3年)，138-144（138-144）頁.
Anschütz, Gerhard, *Aus meinem Leben, herausgegeben und eingeleitet von Walter Pauly*, Frankfurt (M): Vittorio Klostermann, 1993.
Anzeige der Vorlesungen der Grossh. Badischen Ruprecht-Karls-Universität zu Heidelberg für das Winter-Halbjahr 1910/11, Heidelberg 1910.
飯田泰三「吉野作造随筆改題」，『法學志林』第92巻第2号（法政大學，平成6年)，95-141頁.
飯田泰三「吉野作造の哲学と生き方」，吉野作造『吉野作造選集12　随筆』(岩波書店，平成7年)，365-383頁.
編集室TI生［飯田泰三？］「吉野先生のアルバイト」，『吉野作造選集（第10巻）月報5』(岩波書店，平成7年)，7-8頁.
飯田泰三「吉野作造の留学時代」，吉野作造『吉野作造選集13　日記一』(岩波書店，平成8年)，415-437頁.
飯田泰三『批判精神の航跡――近代日本精神史の一稜線』(筑摩書房，平成9年).
家永三郎『美濃部達吉の思想史的研究』(岩波書店，昭和39年).
家永三郎『日本近代憲法思想史研究』第3刷（岩波書店，昭和46年).
家永三郎「上杉慎吉」，『國史大辭典』(吉川弘文館，昭和55年)，15-16頁.
Jellinek, Camilla, Die Kellnerinnen, in : *Frankfurter Zeitung und Handelsblatt*, Nr. 325, 24. November 1910, Erstes Morgenblatt, S. 1.
Jellinek, Georg, *Allgemeine Staatslehre*, 2, *durchgesehene und vermehrte Aufl.*, Berlin : Häring, 1905.
Jellinek, Georg, *Das Recht der Minorität*, Goldbach : Keip, 1996.
Jellinek, Georg, *Verfassungsänderung und Verfassungswandlung*, Goldbach : Keip, 1996.
イェリネク，ゲオルク（芦部信喜ほか訳)『一般国家学』(学陽書房，昭和49年).
五百籏頭薫「吉野作造政治史の射程」，吉野作造講義録研究会編『吉野作造政治史講義――矢内原忠雄・赤松克麿・岡義武ノート』(岩波書店，平成28年)，453-462頁.
五百籏頭薫／宇野重規／伏見岳人「見えてきた新しい吉野作造」，『中央公論』平成28年2月号，140-155頁.
井口孝親「大學講壇に於ける吉野博士」，『中央公論』第31年第6号（大正5年)，說苑69-

71 頁.
井口孝親「新政論家批判」,『中央公論』第 34 年第 1 号(大正 8 年),説苑 124–129 頁.
石井良助「国家学会の創立」,『國家學會雜誌』第 80 巻第 910 号(昭和 42 年),11–28(519–536)頁.
石井良助『天皇——天皇の生成および不親政の伝統』(講談社,平成 23 年).
石川県編『石川縣史』第 4 編(昭和 6 年).
石川健治「権力とグラフィクス」,長谷部恭男/中島徹編『憲法の理論を求めて——奥平憲法学の継承と展開』(日本評論社,平成 21 年),251–309 頁.
石川健治「解説」,佐々木惣一『立憲非立憲』(講談社,平成 28 年),223–253 頁.
石川禎浩「吉野作造と一九二〇年の北京大学学生訪日団」,『吉野作造選集(第 8 巻)月報 14』(岩波書店,平成 8 年),5–8 頁.
石黒忠悳『懐舊九十年』(昭和 11 年:大空社による復刻版,平成 6 年).
石澤理如「吉野信次の商工政策——政策思想の連続性と非連続性」,『吉野作造研究』第 9 号(平成 25 年),65–75 頁.
石田雄『近代日本政治構造の研究』(未來社,昭和 31 年).
石田雄「今日的状況の中で吉野のアジア論を読む」,『吉野作造選集(第 10 巻)月報 5』(岩波書店,平成 7 年),4–7 頁.
石田雄『社会科学再考——敗戦から半世紀の同時代史』第 2 刷(東京大学出版会,平成 11 年).
石堂清倫「吉野先生の思い出」,『吉野作造選集(第 3 巻)月報 3』(岩波書店,平成 7 年),1–4 頁.
石林文吉『石川百年史』(石川県公民館連合,昭和 47 年).
石渡敏一「穂積先生を憶ふ」,學士會編『故穂積男爵追悼録』(大正 15 年),39–42 頁.
和泉敬子「吉野作造と『六合雑誌』」,『吉野作造研究』第 4 号(平成 20 年),12–29 頁.
磯田良編『世界歴史』(冨山房書店,明治 25 年).
磯野誠一「吉野作造」,向坂逸郎編『近代日本の思想家』(和光社,昭和 29 年),161–178 頁.
井田進也「吉野作造式フランス途中下車留学(一)」,『吉野作造選集(第 8 巻)月報 14』(岩波書店,平成 8 年),8–11 頁.
井田進也「吉野作造式フランス途中下車留学(二)」,『吉野作造選集(第 15 巻)月報 15』(岩波書店,平成 8 年),4–8 頁.
井田進也「吉野作造式フランス途中下車留学(三)」,『吉野作造選集(第 5 巻)月報 6』(岩波書店,平成 7 年),4–8 頁.
井田輝敏『近代日本の思想構造——諭吉・八束・一輝』(木鐸社,昭和 51 年).
井田輝敏『上杉慎吉——天皇制国家の弁証』(三嶺書房,平成元年).
市村光恵「帝國憲政の前途」,『太陽』第 19 巻第 1 号(大正 2 年),64–68 頁.
市村光恵「教育勅語の權威」,『太陽』第 19 巻第 6 号(大正 2 年),64–69 頁.
市村光恵「上杉博士を難ず」,星島二郎編『最近憲法論——上杉愼吉対美濃部達吉』(實業之日本社,大正 2 年),99–102 頁.
一木喜德郎「民本主義に就て」,『我が國』第 171 号(大正 7 年),23–24 頁.
一木喜德郎「上杉博士を憶ふ」,七生社編『上杉先生を憶ふ』(昭和 5 年),1–3 頁.
一木喜德郎(一木先生追悼會編)『一木先生回顧録』(昭和 29 年).
井出武三郎『吉野作造とその時代——大正デモクラシーの政治思想断章』(日本評論社,昭

和 63 年).
伊藤晃「上杉慎吉論」，富坂キリスト教センター編『大正デモクラシー・天皇制・キリスト教』(新教出版社，平成 13 年)，61–93 頁.
伊藤慎一「砲弾騒動再説——第一次大戦とノースクリフ」，『情報研究』第 3 号 (昭和 57 年)，28–37 頁.
伊藤孝夫『大正デモクラシー期の法と社会』(京都大学学術出版会，平成 12 年).
伊藤隆『大正期「革新」派の成立』(塙書房，昭和 53 年).
伊藤隆『日本の近代 16　日本の内と外』(中央公論新社，平成 13 年).
伊藤之雄『大正デモクラシーと政党政治』第 2 版第 2 刷 (山川出版社，平成 10 年).
伊藤之雄『昭和天皇と立憲君主制の崩壊——睦仁・嘉仁から裕仁へ』(名古屋大学出版会，平成 17 年).
稲岡進／絲屋寿雄『日本の学生運動』(青木書店，昭和 36 年).
井上哲次郎『壊舊録』(春秋社，昭和 18 年).
井上ひさし「兄おとうと」，同『井上ひさし全芝居　その六』(新潮社，平成 22 年)，461–537 頁.
井上密「統治權の主體」，星島二郎編『最近憲法論』(實業之日本社，大正 2 年)，167–181 頁.
井上義和『日本主義と東京大学——昭和期学生思想運動の系譜』(柏書房，平成 20 年).
井上好人「郷友会ネットワークからみた学歴エリートのアイデンティティ——加越能郷友会の隆盛と混乱 (キャリア形成の社会史)」，『日本教育社会学会大会発表要旨集録』第 57 号 (平成 17 年)，153–154 頁.
今井修「吉野作造と『婦人之友』」，『吉野作造選集 (第 16 巻) 月報 16』(岩波書店，平成 9 年)，1–4 頁.
今井清一『大正デモクラシー』(中央公論社，昭和 59 年).
今井清一「社会運動の臨床診断」，吉野作造『吉野作造選集 10　社会運動と無産政党』(岩波書店，平成 7 年)，327–352 頁.
今井清一「河上肇と吉野作造における国家・天皇・民衆」，富坂キリスト教センター編『大正デモクラシー・天皇制・キリスト教』(新教出版社，平成 13 年)，20–60 頁.
今井嘉幸「頑冥者流より見たる普通選擧」，『黎明講演集』第 1 巻第 1 輯 (大正 8 年：龍溪書舎，平成 2 年復刻版)，48–66 頁.
今井嘉幸「支那時代の吉野君」，赤松克麿編『故吉野作造博士を語る』(中央公論社，昭和 9 年)，1–5 頁.
岩波茂雄「讀書子に寄す」，ゲーテ (林久男訳)『ギルヘルム・マイスター』上巻 (岩波書店，昭和 2 年)，末尾.
ヴァイニング，E・G (小泉一郎訳)『皇太子の窓』(文藝春秋，平成 27 年).
上杉聰彦「公法学者上杉慎吉における社会学＝相関連続の研究」，竹村民郎編『経済学批判への契機』第 2 刷 (三一書房，昭和 49 年)，17[217]–232 頁.
上杉聰彦 (上杉ゆりか編)『私の翻訳記録』(平成 15 年，国立国会図書館蔵).
上杉忍『アメリカ黒人の歴史——奴隷貿易からオバマ大統領まで』(中央公論新社，平成 25 年).
上杉忍／巽孝之編『アメリカの文明と自画像』(ミネルヴァ書房，平成 18 年)，1–13 頁.
上杉重二郎『議會政治の發展』(中央公論社，昭和 24 年).

上杉重二郎「おやじ（9）　上杉慎吉——国粋主義者の心奥」,『朝日ジャーナル』第5巻第48号（昭和38年12月1日）, 93-95頁.
上杉重二郎『ドイツ革命運動史』上下2巻（青木書店, 昭和44年）.
上杉重二郎『東ドイツの建設——人民民主主義革命の思想と社会主義』（北大図書刊行会, 昭和53年）.
上杉重二郎『統一戦線と労働者政府——カップ叛乱の研究』（風間書房, 昭和53年）.
上杉正一郎／上杉重二郎／上杉彌三郎編『上杉愼吉著作目錄』（昭和16年）.
上杉正一郎追悼文集刊行会編『追想　上杉正一郎』（平成3年）.
ウェーバー, マックス（世良晃志郎訳）『支配の諸類型』第13刷（創文社, 平成7年）.
Max Weber-Gesamtausgabe III / 5, *Agrarrecht, Agrargeschichte, Agrarpolitik. Vorlesungen 1894–1899*, Tübingen 2008.
Max Weber-Gesamtausgabe III / 1, *Allgemeine („ theoretische “) Nationalökonomie. Vorlesungen 1894–1898*, Tübingen 2009.
Wehberg, Hans, Alfred H. Fried, in : *Neue Deutsche Biographie*, Bd. 5, Berlin-West 1961, S. 441 f.
浮田和民「立憲政治の根本義」,『太陽』第19巻第5号（大正2年）, 2-11頁.
浮田和民「時代を取違へたる國體擁護」,『太陽』第19巻第10号（大正2年）, 2-12頁.
潮木守一『京都帝國大學の挑戦——帝国大学史のひとこま』（名古屋大学出版会, 昭和59年）.
潮木守一『ドイツ近代科学を支えた官僚——影の文部大臣アルトホーフ』（中央公論新社, 平成5年）.
潮木守一『ドイツの大学——文化史的考察』（講談社, 平成9年）.
氏家法雄「吉野作造（前期）のナショナリズム——日露戦争から第一次世界大戦までの対応」,『東洋哲学研究所紀要』第25号（平成21年）, 35-53頁.
氏家法雄「吉野作造〈中期〉のナショナリズム——第一次世界大戦前後の軌跡」,『東洋哲学研究所紀要』第26号（平成22年）, 47-70頁.
氏家法雄「吉野作造〈後期〉のナショナリズム——理想主義実現の足跡」,『東洋哲学研究所紀要』第27号（平成23年）, 77-98頁.
氏家法雄「吉野作造とキリスト教」,『吉野作造研究』第11号（平成27年）, 1-12頁.
内ヶ崎作三郎「カイゼルの政策と獨逸の文化」,『六合雜誌』第34年第10号（大正3年）, 2-9頁.
内ヶ崎作三郎「近代獨逸の思想的背景」,『六合雜誌』第34年第12号（大正3年）, 2-12頁.
内ヶ崎作三郎「吉野作造君に就いて」,『中央公論』第31年第6号（大正5年）, 說苑71-73頁.
内ヶ崎作三郎「人生觀上保守自由兩派の對立」,『黎明講演集』第2巻第1輯（大正8年：復刻版平成2年, 龍溪書舎）, 62-82頁.
内ヶ崎作三郎「吉野作造君と私」, 赤松克麿編『故吉野作造博士を語る』（中央公論社, 昭和9年）, 96-107頁.
内田満「吉野作造と早稲田」,『吉野作造選集（第4巻）月報13』（岩波書店, 平成8年）, 1-4頁.
A “Heathen Convert” [Uchimura, Kanzo], *How I became a Christian. Out of My Diary*, Tokyo : Keiseisha, 1895.
内山秀夫「黎明会前の吉野作造」,『吉野作造選集（第14巻）月報12』（岩波書店, 平成8

年），2-5 頁．

江橋崇「日本国憲法のお誕生　第 10 回　東京大学法学部系の出版物」，『書斎の窓』（平成 29 年 11 月），4-8 頁．

［海老名彈正］「乃木大將の死を論ず」，『新人』第 13 巻第 10 号（大正元年），1-6 頁．

海老名彈正「獨逸屈服の理由」，『新人』第 19 巻第 12 号（大正 7 年），10-13 頁．

海老名彈正「列國共通の民主主義」，『新人』第 19 巻第 12 号（大正 7 年），13-16 頁．

海老原明夫「ドイツ国法学の「国家学的手法」について」，国家学会編『国家学会百年記念　国家と市民　第一巻』（有斐閣，昭和 62 年），355-385 頁．

江村栄一『日本近代思想体系 9　憲法構想』（岩波書店，平成元年）．

遠藤乾「国際関係の平和的変革は可能か――吉野作造に学ぶ」，『吉野作造研究』第 11 号（平成 27 年），55-63 頁．

オイレンブルク，フリードリヒ（中井晶夫訳）『日本遠征記　上』（雄松堂書店，昭和 44 年）．

大内兵衛「ある距離に於ける吉野先生」，赤松克麿編『故吉野作造博士を語る』（中央公論社，昭和 9 年），35-40 頁．

大川真「幕末における共和制・大統領制・民主政治の理解」，『吉野作造研究』第 9 号（平成 25 年），29-15 頁．

大川真「記念館だより　NPO 法人古川学人指定管理　吉野作造記念館」，『學士會会報』第 901 号（平成 25 年），91-97 頁．

大川真「友愛会と吉野作造・赤松明子」，『労使研』第 152 号（平成 25 年），1-17 頁．

大川真「吉野作造の「民本主義」再考――吉野の考える民衆の政治参加とは」，『Forum Opinion』第 23 号（平成 25 年），22-51 頁．

大川真「貧しき者・弱き者のために――吉野作造編」，『吉野作造研究』第 11 号（平成 27 年），16-20 頁．

大木晃一「現代ドイツの國家・法理論」，『綠會雜誌』第 9 号（昭和 12 年），42-75 頁．

大串兎代夫「ガール，シュミットの主權論」，七生社編『上杉先生を憶ふ』（昭和 5 年），99-115 頁．

大串兎代夫『日本の勃興と政治の轉換』（第一出版社，昭和 9 年）．

大串兎代夫『最近に於ける國家學說』（日本文化協會，昭和 11 年）．

大串兎代夫『我が國體と世界法』（國民精神文化研究所，昭和 14 年）．

大串兎代夫「萬民翼贊の道」，『アカツキ』第 15 巻第 12 号（昭和 15 年），2-9，17 頁．

大串兎代夫「帝國憲法と臣民の翼贊」，『日本文化』第 54 冊（日本文化協會，昭和 15 年），1-48 頁．

大串兎代夫『現代國家學說』（文理書院，昭和 16 年）．

大串兎代夫『國家權威の研究』（高陽書院，昭和 16 年）．

大串兎代夫『日本國家論』（大日本雄辯會講談社，昭和 17 年）．

大串兎代夫『國家學研究』（朝倉書房，昭和 17 年）．

大串兎代夫『大東亞の思想』（モダン日本社，昭和 17 年）．

大串兎代夫『大東亞戰爭の世界史的意義』（文部省教學部，昭和 17 年）．

大串兎代夫「大東亞戰爭の意義」，『教學叢書』第 12 輯（文部省教學部，昭和 17 年），1-53 頁．

大串兎代夫「日本國家學」，『日本國家科學體系』第三巻（實業之日本社，昭和 17 年），139-292 頁．

大串兎代夫『國民文化の建設』（文藝春秋社，昭和 18 年）.
大串兎代夫「最近の東西ドイツと日本」，『憲法研究』第 10 号（昭和 49 年），5-20 頁.
「大串兎代夫先生の略歴・主要業績」，『憲法研究』第 10 号（昭和 49 年），1-4 頁.
大久保利謙ほか『日本歴史シリーズ 20　大正デモクラシー』（世界文化社，昭和 44 年）.
大島高精「吁碩學は逝きぬ」，『愛國』第 4 巻第 4 号（昭和 5 年），15 頁.
大島正德「輿論の人格的基礎」，『黎明講演集』第 1 巻第 2 輯（大正 8 年：復刻版平成 2 年，龍溪書舎），47-68 頁.
太田雅夫「吉野作造と大学普及運動」，『キリスト教社会問題研究』第 16・17 号（昭和 45 年），119-142 頁.
太田雅夫「吉野作造年譜」，『キリスト教社会問題研究』第 16・17 号（昭和 45 年），216-230 頁.
太田雅夫編『資料大正デモクラシー論争史』上下 2 巻（新泉社，昭和 46 年）.
太田雅夫「吉野作造の民本主義」，同志社大学人文科学研究所キリスト教社会問題研究会編『日本の近代化と基督教』（新教出版社，昭和 48 年），317-356 頁
太田雅夫『増補　大正デモクラシー研究――知識人の思想と行動』（新泉社，平成 2 年）.
太田雅夫「吉野作造の英文論文 “Politics in Japan”」，吉野作造『吉野作造選集（第 7 巻）月報 4』（岩波書店，平成 7 年），4-8 頁.
太田雅夫編『吉野作造「試験成功法」』（青山社，平成 12 年）.
大塚桂『近代日本の政治学者群像――政治概念論争をめぐって』（勁草書房，平成 13 年）.
大塚三七雄『新版　明治維新と獨逸思想』（長崎出版，昭和 52 年）.
大治町史編集委員会編『大治町史』（昭和 54 年）.
大村敦志『穂積重遠――社会教育と社会事業とを両翼として』（ミネルヴァ書房，平成 25 年）.
大山郁夫「マキアヴェリズムと獨逸の軍國主義」，『國家学會雜誌』第 29 巻第 9 号（大正 4 年），146-166（1612-1632）頁，同第 29 巻第 10 号（大正 4 年），98-116（1747-1765）頁.
大山郁夫「アメリカニズムとパン・アメリカニズム」，『中央公論』第 31 年第 11 号（大正 5 年），69-77 頁.
丘灯至夫編『明治・大正・昭和歌謡集』（彌生書房，昭和 43 年）.
岡義武（篠原一／三谷太一郎編）『岡義武ロンドン日記』（岩波書店，平成 9 年）.
小川鼎三監修（酒井恒訳）『ターヘル・アナトミアと解體新書』（名古屋大学出版会，昭和 61 年）.
小川原正道「吉野作造における維新と「公道」」，『吉野作造研究』第 8 号（平成 24 年），9-15 頁.
奥谷松治『品川弥二郎伝　付品川子爵追悼録（復刻版）』（マツノ書店，平成 26 年）.
小倉鏗爾『皇國日本を說く』（二松堂書店，昭和 10 年）.
Ogomori, Kenji, A Japanese on the War. Professor Yoshino Sees in Germany a Desperate Nation Unable to Win, in : *New York Times*, September 1915, No. p. 6.
尾崎愕堂「實際論から觀た軍備制限問題」，『忠孝之日本』第 2 巻第 1 号（大正 11 年），13-17 頁.
尾崎士郎『天皇機關說』（文藝春秋新社，昭和 26 年）.
尾崎護『吉野作造と中国』（中央公論新社，平成 20 年）.

尾高朝雄『國民主權と天皇制』(國立書院，昭和 22 年).
織田萬「國體と民政」，『太陽』第 19 巻第 8 号（大正 2 年），64–71 頁.
落合浩太郎「満州事変肯定派の自由主義者と批判派の自由主義者——新渡戸稲造と吉野作造」，『法學政治學論究：法律・政治・社会』春季第 12 巻（慶應義塾大学大学院法学研究科，平成 4 年），115–142 頁.
小野清一郎「最初の印象と最後の印象」，七生社編『上杉先生を憶ふ』(昭和 5 年)，67–69 頁.
小野清一郎『東亜の新なる法律理念——昭和十六年四月十五日，自午前九時半至正午中華民國々立新民學院第五期特科乙班ニ對スル司法研究所ニ於ケル講演』(愛知学院大学蔵).
小野清一郎『日本法理の自覺的展開』(有斐閣，昭和 17 年).
小野塚喜平次『歐洲現代立憲政況一班』(博文館，明治 41 年).
小野塚喜平次「獨逸帝國ニ於ケル宰相責任問題ノ政治的觀察」，『法學協會雜誌』第 27 巻第 7 号（明治 42 年），1029–1049 頁.
小野塚喜平次『政治學大綱』上下 2 巻，第 5 版（博文館，明治 44 年).
小野塚喜平次「獨逸ニ於ケル最近ノ立憲政況」，『法學協會雜誌』第 30 巻第 7 号（明治 45 年），1057–1097 頁.
小野塚喜平次『現代歐洲之憲政』(博文館，大正 2 年).
小野塚喜平次「獨乙社會黨ノ穩和化的傾向」，中田薫編『宮崎教授在職廿五年紀念論文集』(有斐閣書房，大正 3 年)，1–60 頁.
小野塚喜平次「現代獨逸ノ軍國主義トトライチケノ學說」，『國家学會雜誌』第 29 巻第 1 号（大正 4 年），33–52（33–52）頁，同第 29 巻第 2 号（大正 4 年），1–52（157–208）頁.
小野塚喜平次「ナウマンノ中歐論ヲ讀ム」，『國家学會雜誌』第 30 巻第 7 号（大正 5 年），83–107（2027–2053）頁.
小野塚喜平次『歐洲現代政治及學說論集』(博文館，大正 5 年).
小野塚喜平次「學問に對する忠實なる態度」，『帝國大學新聞』第 472 号（昭和 8 年 3 月 21 日），3 頁.
小野塚喜平次「何故に政治科を選んだか——綠會委員の問に答ふ」，『綠會雜誌』第 9 号（昭和 12 年），4–7 頁.
小野寺弘「第一次世界大戦期における農商務省の労働行政と吉野信次」，『吉野作造記念館研究紀要』創刊号（平成 16 年），12–23 頁.
『外務省年鑑』(自明治四十一年至明治四十二年).
學士會編『故穗積男爵追悼錄』(『學士會月報』第 458 号［『穗積男爵追悼號』］［大正 15 年］抜刷).
筧克彥「上下一心同體」，『博愛』第 347 号（大正 5 年），22–23 頁.
筧克彥『皇國ノ根柢　萬邦ノ清華　古神道大義　完』第 9 版（清水書店，大正 6 年).
筧克彥「天皇は清明心の根源にいます　大生命の能產者にいます」，『教育研究』第 322 号（昭和 3 年），3–4 頁.
筧克彥「東京帝國大學教授上杉愼吉」，七生社編『上杉先生を憶ふ』(昭和 5 年)，25–26 頁.
筧克彥『國家の研究』第 1 巻（春陽堂，昭和 6 年).
筧克彥『神ながらの道』皇太后宮職御藏版第 4 刷（岩波書店，昭和 12 年).
筧克彥『日本體操』增補版（筧博士著作物刊行会，昭和 14 年).
筧泰彦「父筧克彦のことども」，『学士会会報』第 690 巻（昭和 41 年第 I 号），37–52，77 頁.

嘉治隆一「吉野作造——人道の戰士」，同『歴史を創る人々』（大八洲出版，昭和 23 年），102-117 頁.
堅田剛『独逸学協会と明治法制』（木鐸社，平成 11 年）.
堅田剛「吉野作造と鈴木安蔵——五つの「絶筆」をめぐって」，『吉野作造研究』第 5 号（平成 20 年），1-11 頁.
堅田剛『独逸法学の受容過程——加藤弘之・穂積陳重・牧野英一』（御茶の水書房，平成 22 年）.
堅田剛「明治文化研究の三博士——『西哲夢物語』をめぐって」，『吉野作造研究』第 10 号（平成 26 年），1-14 頁.
片山哲「デモクラシーの吉野作造博士と堀江歸一兩博士」，同『民衆の幸福』（勞働文化社，昭和 22 年），47-48 頁.
片山哲『回顧と展望』（福村出版，昭和 42 年）.
勝田銀次郎編『服部一三翁景傳』（服部翁顯彰會，昭和 18 年）.
勝田政治『〈政事家〉大久保利通——近代日本の設計者』（講談社，平成 15 年）.
加藤史朗『江原素六の生涯』第 4 刷（麻布中学校・高等学校，平成 17 年）.
加藤弘之「予が侍讀に召されし頃」，『太陽』第 18 巻第 13 号（大正元年），37-39 頁.
加藤弘之「君主國體とは何ぞ」，『教育時論』第 1016 号（大正 2 年），3-8 頁.
加藤弘之先生八十歳祝賀會編『加藤弘之自敍傳：附・金婚式記事概略・追遠碑建設始末』（大正 4 年）.
加藤扶桑／上杉愼吉「改題の辭」，『我が國』第 153 号（大正 6 年 5 月），1-6 頁（上杉分 6 頁）.
加藤陽子『それでも，日本人は「戦争」を選んだ』（平成 21 年，朝日出版社）.
金沢大学医学部百年史編『金沢大学医学部百年史』（昭和 46 年）.
金子堅太郎「井上毅子」，『太陽』第 18 巻第 9 号（明治 45 年），122-129 頁.
金子勝「日本国憲法の間接的起草者・鈴木安蔵氏——吉野作造氏の教導ありて」，『吉野作造研究』第 12 号（平成 28 年），1-9 頁.
鹿野政直『日本の歴史 27　大正デモクラシー』（小学館，昭和 51 年）.
『加能越鄕友會雜誌』第 92 号（明治 30 年）.
鎌田慧『反骨——鈴木東民の生涯』第 2 刷（講談社，平成元年）.
神川彦松『國際聯盟政策論』（政治教育協會，昭和 2 年）.
神川彦松編『外交史論文集——立教授還暦祝賀』（有斐閣，昭和 9 年）.
神川彦松「日本外交二千六百年概觀」，東京帝國大學『東京帝國大學學術大觀　法學部　經濟學部』（國際出版，昭和 17 年），426-444 頁.
神川彦松「世界新秩序論」，『日本國家科學大系』第 14 巻（實業之日本社，昭和 22 年），1-85 頁.
神川彦松『近代国際政治史』（原書房，平成元年）.
神谷昭典『日本近代医学のあけぼの——維新政権と医学教育』（医療図書出版社，昭和 54 年）.
唐木順三編『外国人の見た日本 4　大正・昭和』（筑摩書房，昭和 36 年）.
苅部直『丸山眞男——リベラリストの肖像』（岩波書店，平成 18 年）.
苅部直『歴史という皮膚』（岩波書店，平成 23 年）.
苅部直「大正の「開国」と吉野作造——国をひらくこと，社会をひらくこと」，『吉野作造

研究』第 8 号（平成 24 年），1-8 頁.
苅部直「解釈改憲としてのデモクラシーとポピュリズムへの警鐘——吉野作造の洞察」，『中央公論』平成 28 年 1 月号，104-111 頁.
苅部直「日本のデモクラシー，生誕百周年——「憲政の本義」論文を改めてよむ」，『吉野作造研究』第 12 号（平成 28 年），19-28 頁.
河井道子「私は戰は嫌ひ」，『新女界』第 6 巻第 10 号（大正 3 年），16-17 頁.
河村力『ある憲法学者の足跡——元最高裁判事河村又介の生涯と現代史の一断片』（文芸社，平成 17 年）.
河村又介／木村毅／嘉治隆一／岡義武／林茂／吉野源三郎「日本における自由のための闘い——大正デモクラシイの運命」，『世界』第 112 号（昭和 30 年 4 月），100-119 頁.
神田文人「赤松克麿」，『國史大辭典』第 1 巻（吉川弘文館，昭和 54 年），66-70 頁.
喜入虎太郎『國家主義運動の理論と現況』（新光閣，昭和 9 年）.
祇園寺信彦「東北のこころ「吉野作造の民本主義」」，『政治・経済——東北の進路』第 11 号（昭和 60 年），98-102 頁.
祇園寺則夫「田澤晴子『吉野作造』・松本三之介『吉野作造』を読む」，『吉野作造研究』第 4 号（平成 20 年），35-39 頁.
岸信介ほか『私の履歴書　第八集』第 6 刷（日本経済新聞社，昭和 39 年）.
岸信介／矢次一夫／伊藤隆『岸信介の回想』（文藝春秋，昭和 56 年）.
岸信介『我が青春——生い立ちの記／思い出の記』（廣済堂，昭和 58 年）.
北岡伸一「吉野作造の国際政治思想」，吉野作造『吉野作造選集 5　大戦期の国際政治』（岩波書店，平成 7 年），381-405 頁.
北岡伸一『吉野作造と現代の政治』（吉野作造記念館，平成 11 年）.
北岡伸一『後藤新平——外交とヴィジョン』（第 3 版）（中央公論新社，平成 12 年）.
北岡伸一『「普通の国」へ』（中央公論新社，平成 12 年）.
北岡伸一『日本の自立——対米協調とアジア外交』（中央公論新社，平成 16 年）.
北岡伸一『門戸開放政策と日本』（東京大学出版会，平成 27 年）.
木下半治『日本国家主義運動史 I』（福村出版，昭和 46 年）.
木村久一「新國民心理の創造」，『黎明講演集』第 1 巻第 1 輯（大正 8 年：復刻版平成 2 年，龍溪書舎），33-47 頁.
木村靖二／千葉敏之／西山暁義編『ドイツ史研究入門』（山川出版社，平成 26 年）.
木本至『評傳宮武外骨』（社会思想社，昭和 59 年）.
姜尚中「後藤新平，新渡戸稲造そして吉野作造」，『吉野作造選集（第 11 巻）月報 7』（岩波書店，平成 7 年），1-4 頁.
玉芙蓉閣主人「世界的日本の國是を論じて所謂東洋モンロー主義者の謬見を排す」，『大學評論』第 1 巻第 1 号（大正 5 年），2-21 頁.
清宮四郎『外地法序說』（有斐閣，昭和 19 年）.
金原左門「「民本主義」共鳴者たちの青春譜」，『吉野作造選集（第 3 巻）月報 3』（岩波書店，平成 7 年），4-8 頁.
工藤章／田嶋信雄『日独関係史』全 3 巻（東京大学出版会，平成 20 年）.
工藤章／田嶋信雄『戦後日独関係史』（東京大学出版会，平成 26 年）.
工藤美代子『ジミーと呼ばれた天皇陛下』（幻冬舎，平成 24 年）.
宮内庁『昭和天皇実録　第三』（東京書籍，平成 27 年）.

宮内庁『昭和天皇実録　第四』（東京書籍，平成 27 年）.
宮内庁『昭和天皇実録　第五』（東京書籍，平成 28 年）.
クラハト，クラウス／タテノ＝クラハト，克美『クリスマス――どうやって日本に定着したか』（角川書店，平成 11 年）.
栗原基『ブゼル先生伝』（大空社，平成 4 年）.
來間恭「筧博士と上杉博士」，『解放』第 4 巻第 5 号（大正 11 年），110–113 頁.
久留米市教育委員会『久留米俘虜収容所　1914–1920』（平成 11 年）.
ゲーテ，ヨハン・ヴォルフガング・フォン（林久男訳）『ギルヘルム・マイスター』上巻（岩波書店，昭和 2 年）.
ケルロイター，オットー（矢部貞治／田川博三訳）『ナチス・ドイツ憲法論』（岩波書店，昭和 14 年）.
ケルロイター，オットー（大串兎代夫訳）『新國家觀』（日光書院，昭和 17 年）.
Kempter, Klaus, *Die Jellineks 1820–1955. Eine familienbiographische Studie zum deutschjüdischen Boldungsbürgertum*, Düsseldorf : Droste, 1998.
『憲法調査会における各委員の意見』（憲法調査会，昭和 39 年）.
小池求『20 世紀初頭の清朝とドイツ――多元的国際環境下の双方向性』（勁草書房，平成 27 年）.
黄自進「なぜ吉野作造なのか――近代日中関係史を考察する上で」，『吉野作造選集（第 8 巻）月報 14』（岩波書店，平成 8 年），1–5 頁.
小嶋翔「吉野信次の思想形成――旧制第一高等学校時代を中心に」，『吉野作造研究』第 9 号（平成 25 年），58–64 頁.
小嶋翔「吉野作造の倫理感覚と初期政論」，『吉野作造研究』第 11 号（平成 27 年），76–91 頁.
小嶋翔「『国民講壇』第五・六号（一九一五年）――吉野作造「欧米に於ける憲政の発達及現状（四）」他」，『吉野作造研究』第 11 号（平成 27 年），資料 1–13 頁.
児島襄『史録日本国憲法』第 9 刷（文藝春秋，昭和 55 年）.
『古地図・現代図で歩く　明治大正東京散歩』（人文社，平成 15 年）.
Gotoh, Shimpei, *Vergleichende Darstellung der Medizinalpolizei und Medizinalverwaltung in Japan und anderen Staaten*, München : M. Ernst, 1891.
近衛篤麿［文麿］「英米本位の平和主義を排す」，『日本及日本人』第 746 号（大正 7 年 12 月），23–26 頁.
近衛文麿「不愉快な日本を去るに際して」，『婦人公論』第 5 年第 2 号（大正 9 年 2 月），20–24 頁.
近衛文麿『上院と政治』（日本讀書協會，大正 13 年）.
木場貞長「孛國官衙ノ實況」，『國家學會雜誌』第 2 巻第 13 号（明治 21 年），122–132 頁.
木場貞長『教育行政　全』（金港堂，明治 35 年）.
木場貞長「森有禮子」，『太陽』第 18 巻第 9 号（明治 45 年），114–121 頁.
木場貞長『財政學講義』（発行所・発行年不明）.
小山常実『天皇機関説と国民教育』（アカデミア出版会，平成元年）.
故山川男爵記念會編『男爵山川先生遺稿』（昭和 12 年）.
故山川男爵記念會編『男爵山川先生傳』（昭和 14 年）.
ゴルヴィッツァー，ハインツ（瀬野文教訳）『黄禍論とは何か』第 2 刷（草思社，平成 12

年).
今野元「吉野作造のドイツ留学（一)」,『愛知県立大学大学院国際文化研究科論集』第 11 号（平成 22 年), 262–280 頁.
今野元「吉野作造のドイツ留学（二)」,『愛知県立大学大学院国際文化研究科論集』第 12 号（平成 23 年), 260–283 頁.
今野元「吉野作造のドイツ留学（三)」,『愛知県立大学大学院国際文化研究科論集』第 13 号（平成 24 年), 226–252 頁.
Konno, Hajime, Die Wahrnehmung der deutschen Politik an der Kaiserlichen Universität Tokio 1905–1933. Sakuzo Yoshino und Shinkichi Uesugi im Vergleich, in : *Berichte aus dem Internationalen Begegnungszentrum der Wissenschaft* e. V. 2012, München, 2013, S. 18–21.
Konno, Hajime, Die liberalen und konservativen Interpretationen der deutschen Politik an der Kaiserlichen Universität Tokio 1905–1933. Sakuzo Yoshino und Shinkichi Uesugi im Vergleich, in : *Vierteljahrshefte für Zeitgeschichte* 2 / 2014, S. 197–220.
今野元『教皇ベネディクトゥス一六世――「キリスト教的ヨーロッパ」の逆襲』(東京大学出版会, 平成 27 年).
今野元「「六八年」の終わり――ドイツ＝ヨーロッパ史研究の構造転換」,『UP』第 514 号（平成 27 年 8 月), 10–15 頁.
今野元「東京大学法学部のドイツ政治史研究――批判的回顧と建設的提言」,『愛知県立大学大学院国際文化研究科論集』第 17 号（平成 28 年), 189–208 頁, 同第 18 号（平成 29 年), 314–336 頁.
今野元「吉野作造対浪人会の立会演説会――論争の発端から終結までの過程分析」,『共生の文化研究』第 12 号（平成 30 年, 愛知県立大学多文化共生研究所), 5–25 頁.
載國煇「吉野作造と蔡培火」, 吉野作造『吉野作造選集（第 9 巻）月報 2』(岩波書店, 平成 7 年), 5–8 頁.
斎藤勇『思い出の人々』(新教出版社, 昭和 40 年).
『斉藤勇先生に聞く』(東京大学アメリカ研究資料センター, 昭和 55 年).
斎藤眞「もう一人のヘボン――東大ヘボン講座のことなど」,『学士会会報』第 753 号（昭和 56 年), 6–10 頁.
斎藤真／本間長世／亀井俊介編『日本とアメリカ――比較文化論 2：デモクラシーと日米関係』(南雲堂, 昭和 48 年).
斉藤眞／本間長世／岩永健吉郎／本橋正／五十嵐武士／加藤幹雄編『アメリカ精神を求めて――高木八尺の生涯』(東京大学出版会, 昭和 60 年).
斎藤信「独逸学」,『國史大辭典』第 10 号（平成元年), 7–8 頁.
齋藤由佳「吉野作造における「婦人」解放論［含 吉野作造における「婦人」問題に関する論考等一覧]」,『吉野作造研究』第 7 号（平成 22 年), 1–14 頁.
サヴィニー（大串兎代夫訳)『法典論争』(世界文學社, 昭和 24 年).
佐賀香織『国家形成と産業政策――中野武営の実業政策論』(志學社, 平成 26 年).
酒井哲哉「吉野作造の国際民主主義論」, 吉野作造『吉野作造選集 6　大戦後の国際政治』(岩波書店, 平成 8 年), 315–333 頁.
坂井雄吉「井田輝敏著『上杉慎吉――天皇制国家の弁証』(三嶺書房, 一九八九年, 三〇八頁)」,『國家學會雜誌』第 103 巻第 1 / 2 号（平成 2 年), 122–124（122–124）頁.
坂本義和『人間と国家』上下 2 巻（岩波書店, 平成 23 年).

坂本義和「私の吉野作造観」,『吉野作造通信』第 13 号（平成 23 年），1-3 頁.
向坂逸郎「吉野博士とデモクラシー」,『改造』昭和 8 年 5 月号，150-160 頁.
作内由子「吉野作造のヨーロッパ政治史講義」,『図書』第 804 号（平成 28 年），26-29 頁.
作道好男／江藤武人編『北の都に秋たけて——第四高等学校史』（財界評論新社，昭和 47 年）.
櫻井錠二「故穗積男爵の思出」，學士會編『故穗積男爵追悼録』（大正 15 年），19-20 頁.
佐々木惣一「貴族院の權威の當，不當」,『中央公論』第 31 年第 2 号（大正 5 年），公論 80-84 頁.
佐々木惣一「政治家の責任感」,『政界往來』第 12 巻第 10 号（昭和 16 年），81-85 頁.
佐々木毅「吉野の政論の一愛読者として」,『吉野作造選集（第 6 巻）月報 10』（岩波書店，平成 8 年），1-4 頁.
佐々木毅『政治学講義』第 4 刷（東京大学出版会，平成 13 年）.
佐々木力「古川学人吉野作造先生」,『UP』第 25 巻第 10 号（平成 8 年 10 月），1-5 頁.
佐々木力『21 世紀のマルクス主義』第 2 刷（筑摩書房，平成 18 年）.
佐藤公彦『義和団の起源とその運動——中国民衆ナショナリズムの誕生』（研文出版，平成 11 年）.
佐藤太久磨「「国際民主主義」から「東洋モンロー主義」へ——吉野作造の国際政治思想」,『ヒストリア』第 220 号（平成 22 年），59-84 頁.
佐藤太久磨「「社会進化論」と「国際民主主義論」のあいだ——加藤弘之と吉野作造」,『立命館大学人文科学研究所紀要』第 96 号（平成 23 年），1-24 頁.
佐藤太久磨「「政治」をめぐる闘争——「民主主義＝永久革命」と吉野作造」,『吉野作造研究』第 10 号（平成 26 年），50-62 頁.
佐藤弘幸「吉野作造記念館所蔵吉野作造発信書簡」,『吉野作造研究』第 10 号（平成 26 年），資料 1-12 頁.
佐藤弘幸「吉野作造論説五題——新収蔵史料から」,『吉野作造研究』第 12 号（平成 28 年），資料 1-21 頁.
里見岸雄『日本國體學概論』（里見日本文化研究所出版部，大正 15 年）.
澤柳政太郎「大學教授の權威」,『太陽』第 19 巻第 10 号（大正 2 年），62-67 頁.
斬馬剣禅『東西両京の大学——東京帝大と京都帝大』（講談社，昭和 63 年）.
參謀本部編纂『大正三年日獨戰史』上下 2 巻（東京偕行社，大正 5 年）.
參謀本部編纂『大正三年日獨戰史寫眞帖』（東京偕行社，大正 5 年）.
參謀本部編纂『大正三年日獨戰史附圖』（東京偕行社，大正 5 年）.
志賀泰山「穗積男爵の青年時代」，學士會編『故穗積男爵追悼録』（大正 15 年），27-29 頁.
宍戸朗大「尚絅女学院の黎明期に関する考察」,『尚絅女学院短期大学研究報告』第 40 集（平成 5 年），147-157 頁.
宍戸朗大「尚絅女学院の草創期に関する考察」,『尚絅女学院短期大学研究報告』第 41 集（平成 6 年），203-214 頁.
七生社『我等如何にして大學の危機を救ふべき乎』（昭和 3 年）.
七生社編『上杉先生を憶ふ』（昭和 5 年）.
七戸克彦「九州帝国大学法文学部と吉野作造（一）：九州帝国大学法文学部内訌事件の調停者」,『法政研究』第 83 巻第 4 号（平成 29 年），737-811 頁.
七戸克彦「九州帝国大学法文学部と吉野作造（二・完）：九州帝国大学法文学部内訌事件の

調停者」，『法政研究』第 84 巻第 1 号（平成 29 年），73-156 頁.
實業之日本社編『優等學生勉強法』（實業之日本社，明治 44 年）.
信夫清三郎『大正政治史』全 4 巻（河出書房，昭和 26/26/27/27 年）.
島田俊雄「戸水博士の所說に就きて」，『國家學會雜誌』第 14 巻第 164 号（明治 33 年），98-101 頁.
清水伸『明治憲法制定史（中）——伊藤博文による明治憲法原案の起草』（原書房，昭和 49 年）.
清水澄「勅語と輔弼の責任」，『東京日日新聞』大正 2 年 2 月 7 日朝刊，3 頁.
清水虎雄「明治憲法に殉死した憲法学者——父は信ずるところに死んでいった」，『文藝春秋』昭和 39 年 11 月号，274-281 頁.
清水靖久「吉野作造の政治学と国家観」，吉野作造『吉野作造選集 1　政治と国家』（岩波書店，平成 7 年），383-406 頁.
清水靖久『野生の信徒木下尚江』（九州大学出版会，平成 14 年）.
下村海南［下村宏］『日本はどうなる』（池田書店，昭和 28 年）.
社会問題資料研究会編『最近に於ける右翼学生運動に付て』（東洋文化社，昭和 49 年）.
社会問題資料研究会編『最近に於ける左翼学生運動に付て』（東洋文化社，昭和 49 年）.
社会問題資料研究会編『所謂日比谷焼打事件の研究』（東洋文化社，昭和 49 年）.
主幹「一條公を迎ふ」，『愛國』第 4 巻第 9 号（昭和 5 年），2 頁.
宿利重一『日本陸軍史研究——メッケル少佐』（日本軍用圖書，昭和 19 年）.
Schulthess' Europäischer Geschichtskalender 1911, München 1912, Bd. 1.
Schulthess' Europäischer Geschichtskalender 1912, München 1913, Bd. 1.
尚絅女学院 100 年史編纂委員会編『尚絅女学院 100 年史』（平成 14 年）.
昭和天皇『昭和天皇独白録——寺崎英成・御用掛日記』第 4 刷（文藝春秋，平成 3 年）.
白羽祐三『刑法学者牧野英一の民法論』（中央大学出版部，平成 5 年）.
白羽祐三『民法起草者穂積陳重論』（中央大学出版部，平成 7 年）.
シルバーマン，B・S／ナジタ，T／ドウス，P（宮本盛太郎／関静雄／大塚健洋訳）『アメリカ人の吉野作造論』（風行社，平成 4 年）.
白柳秀湖「學者，思想家のガウンを著けた大親分」，赤松克麿編『故吉野作造博士を語る』（中央公論社，昭和 9 年），245-252 頁.
新宮讓治『獨逸学協会学校の研究』（校倉書房，平成 9 年）.
『新聞集成大正編年史　元年度版』（昭和 53 年）.
末次エリザベート「漱石と作造——異国のクリスマス」，『吉野作造選集（第 14 巻）月報 12』（岩波書店，平成 8 年），5-8 頁.
末松謙澄「國家學ノ說」，『國家學會雜誌』第 1 巻第 6 号（明治 20 年），309-324 頁.
Skya, Walter A., *Japan's Holy War : The Ideology of Radical Shint Ultranationalism*, Durhamand London : Duke University Press, 2009.
杉原四郎「吉野作造と河上肇」，『吉野作造選集（第 12 巻）月報 1』（岩波書店，平成 7 年），5-8 頁.
杉村章三郎／我妻榮／木村龜二／後藤清『ナチスの法律』（日本評論社，昭和 9 年）.
鈴木楠緒子『ドイツ帝国の成立と東アジア——遅れてきたプロイセンによる「開国」』（ミネルヴァ書房，平成 24 年）.
翺天生［鈴木文治？］「ニコライ大主教敍聖二十五年記念會」，『新人』第 7 巻第 8 号（明治

39 年)，61–62 頁.
皓天生［鈴木文治］「希臘正教會の獨立問題に就て」，『新人』第 10 巻第 8 号（明治 42 年)，68–70 頁.
鈴木安藏『日本憲法學の生誕と發展』（叢文閣，昭和 9 年).
鈴木安藏『日本政治の規準』（東洋經濟新報社出版部，昭和 16 年).
鈴木安藏『政治・文化の新理念』（利根書房，昭和 17 年).
鈴木安藏『革命——その理論と實際』（北隆社，昭和 25 年).
鈴木安蔵『憲法学三十年』（評論社，昭和 42 年).
ステゲウェルンス，ディック（平野敬和訳）「吉野作造——大正世代の孤立した指導者」，『吉野作造記念館研究紀要』第 3 号（平成 18 年)，9–22 頁.
スミス，ヘンリー（松尾尊兊／森史子訳）『新人会の研究——日本学生運動の源流』（東京大学出版会，昭和 53 年).
住友陽文「代議制危機の時代の「民本主義」概念——上杉慎吉の政治思想をめぐって」，『人文学論集』第 19 巻（大阪府立大学，平成 13 年)，17–43 頁.
住友陽文『皇国日本のデモクラシー——個人創造の思想史』（有志舎，平成 23 年).
住谷悦治『鶏助の籠』（中央大学出版部，昭和 55 年).
住谷一彦「吉野作造と住谷悦治——父の「日記」から」，『吉野作造選集（第 1 巻）月報 8』（岩波書店，平成 7 年)，5–8 頁.
隅谷三喜男『日本の歴史 22　大日本帝国の試煉』（中央公論社，昭和 59 年).
銭昕怡「中国における大正期国際協調主義の研究に関する一考察」，『吉野作造研究』第 11 号（平成 27 年)，64–71 頁.
「全貌」編集部『進歩的文化人——学者先生戦前戦後言質集』（全貌社，昭和 32 年).
大正デモクラシー研究会編『大正デモクラシー研究——吉野作造』第 1 巻（平成 8 年 5 月).
大正デモクラシー研究会編『大正デモクラシー研究』第 2 巻（平成 8 年 10 月).
大正デモクラシー研究会編『大正デモクラシー研究』第 3 巻（平成 9 年 3 月).
大正デモクラシー研究会編『大正デモクラシー研究』第 4 巻（平成 9 年 5 月).
『大正ニュース事典』第 1 巻（毎日コミュニケーションズ，昭和 61 年).
大聖寺藩史編纂會『大聖寺藩史』（昭和 13 年).
大政翼賛會石川縣支部『郷土の烈士先覺に續かん』下巻（昭和 19 年).
第二高等学校史編集委員会『第二高等學校史』（昭和 54 年).
第二高等学校創立九十周年記念事業実行委員会『創立 90 周年記念“わが第二高等学校”』（昭和 51 年).
高木八尺「米國新移民法の批判——目下の日米問題に關して敢て識者の再考を煩はす」，『中央公論』第 39 年第 8 号（大正 13 年)，公論 41–53 頁.
高木八尺「米國移民法についての再考察」，『中央公論』第 40 年第 4 号（大正 14 年)，公論 167–174 頁.
高木八尺『政治史（全)——東京帝國大學法學部講義』（昭和 11 年度).
高木八尺「「アメリカン・スカラー」」，『緑會雜誌』第 9 号（昭和 12 年)，27–29 頁.
『高木八尺先生に聞く』全 2 巻（東京大学アメリカ研究資料センター，昭和 54 年).
高野淳一／狭間直樹／田澤晴子（解説）「新史料紹介　吉野作造旧蔵史料を中心に」『吉野作造記念館研究紀要』第 10 号（平成 16 年 3 月)，64–65 頁.
高橋作衛「七博士意見書起草顚末」，同『滿洲問題之解決』（清水書店，明治 37 年)，付録

1-41 頁.
高橋作衛「日米問題ノ要點竝其ノ解決法」，中田薫編『宮崎教授在職廿五年紀念論文集』（有斐閣書房，大正 3 年），301-頁.
高橋輝和編著『丸亀ドイツ兵捕虜収容所物語』（えにし書房，平成 26 年）.
高畠素之「大衆と愛國心」，『建國新聞』大正 15 年 11 月 15 日，1 頁.
高柳賢三「法理研究會十一月例會記事」，『國家學會雜誌』第 28 巻第 1 号（大正 3 年），147-153（147-153）頁.
高柳賢三「學生時代の想出」，『緑會雜誌』第 9 号（昭和 12 年），4-7 頁.
瀧井一博『ドイツ国家学と明治国制——シュタイン国家学の軌跡』（ミネルヴァ書房，平成 11 年）.
瀧井一博「上杉慎吉のゲオルク・イェリネック宛書簡」，『書斎の窓』第 501 号（平成 13 年），32-36 頁.
瀧井一博『文明史のなかの明治憲法——この国のかたちと西洋体験』（講談社，平成 15 年）.
瀧井一博『伊藤博文——知の政治家』第 5 版（中央公論新社，平成 23 年）.
瀧井一博『渡邉洪基——衆智を集むるを第一とす』（ミネルヴァ書房，平成 28 年）.
田口富久治『日本政治学史の源流——小野塚喜平次の政治学』（未來社，昭和 60 年）.
田口富久治「吉野作造と「政治学研究会」の人々」，吉野作造『吉野作造選集（第 9 巻）月報 2』（岩波書店，平成 7 年），1-4 頁.
田熊渭津子「吉野作造博士著書目録」，明治文化研究会編『明治文化研究』第 1 集（日本評論社，昭和 43 年），237-247 頁.
武田清子「大正デモクラシーにおける「人間」——吉野作造の思想をめぐって」，国際基督教大学湯浅八郎博士古稀記念論文集編集委員会編『湯浅八郎博士古稀記念論文集』（国際基督教大学，昭和 37 年），50-87 頁.
武田清子「吉野作造とミス・ブゼル」，『吉野作造選集（第 1 巻）月報 8』（岩波書店，平成 7 年），1-5 頁.
竹田稔和「筧克彦の国家論——構造と特質」，『岡山大学大学院文化科学研究科紀要』第 10 号，27-40（329-342）頁.
T［竹中英俊］「高橋進先生」，『UP』第 450 号（平成 22 年 4 月），65 頁.
竹中英俊「吉野作造のハイデルベルクでの下宿先」，『吉野作造記念館研究紀要』第 9 号（平成 25 年），51-57 頁.
竹村民郎「産軍連繋の高度化における天皇主義サンディカリズム——北一輝・上杉慎吉の再評価に関連して」，同編『経済学批判への契機』第 2 刷（三一書房，昭和 49 年），177-213 頁.
田沢晴子「デモクラシー発信機関・吉野作造記念館」，『宮城歴史科学研究』第 39 号（平成 6 年），16-20 頁.
田沢晴子「東北人としての吉野作造」，『吉野作造選集（第 11 巻）月報 7』（岩波書店，平成 7 年），4-8 頁.
田澤晴子「郷里意識からの脱却——「吉野作造日記」中国天津時代からヨーロッパ留学時代についての検討」，『吉野作造記念館研究紀要』創刊号（平成 16 年），24-41 頁.
田澤晴子「吉野作造の足跡を訪ねる——ハイデルベルク・ウィーンを中心に」，『吉野作造記念館研究紀要』第 2 号（平成 17 年），26-36 頁.
田澤晴子『吉野作造——人生に逆境はない』（ミネルヴァ書房，平成 18 年）.

田澤晴子「吉野作造における「国体」と「神社問題」」,『政治思想研究』第 9 号（平成 21 年），237-261 頁.
田澤晴子「「デモクラシー」と「生存権」——吉野作造と福田徳三の思想的交錯」,『政治思想研究』第 11 号（平成 23 年），118-242 頁.
田澤晴子『吉野作造と柳田国男——大正デモクラシーが生んだ「在野の精神」』（ミネルヴァ書房，平成 30 年）.
立作太郎「歐洲戰爭と各國最近外交關係」,『國家學會雜誌』第 28 巻第 11 号（大正 3 年），1-45（1553-1597）頁.
立作太郎「獨逸思想ト陸戰條規」『國家學會雜誌』第 29 巻第 8 号（大正 4 年），1-37（1251-1287）頁，同第 29 巻第 9 号（大正 4 年），1-35（1467-1501）頁，同第 29 巻第 10 号（大正 4 年），64-76（1713-1725）頁.
立作太郎述「外交史　完　大正十二年東大講義」（和歌山大学附属図書館蔵）.
立作太郎「モンロー主義の徹底的究討」,『外交時報』第 81 巻第 1 号（昭和 11 年），1-39 頁.
立作太郎「國際法上及外交史上に於ける日獨防共協定」,『外交時報』第 83 巻第 3 号（昭和 12 年），1-27 頁.
立作太郎『米國外交上の諸主義』（日本評論社，昭和 17 年）.
立作太郎『世界外交史』（日本評論社，昭和 21 年）.
立作太郎博士論行委員會編『立博士外交史論文集』（日本評論社，昭和 21 年）.
立花隆『天皇と東大——大日本帝国の生と死』上下 2 巻（文藝春秋，平成 17 年）.
田中義一『社會的國民教育——一名青年義勇團』（博文館，大正 4 年）.
田中耕太郎「時局の要望する學生」,『緑會雜誌』第 9 号（昭和 12 年），1-7 頁.
田中惣五郎『日本社會運動史』上中下 3 巻（世界書院，昭和 22/23/23 年）.
田中惣五郎『吉野作造——日本的デモクラシーの使徒』（未來社，昭和 33 年）.
田中英夫『御雇外国人ローレツと医学教育——愛知県公立医学校における新ウィーン学派医学の受容』（名古屋大学出版会，平成 7 年）.
田中昌亮「古川町における赤松克麿立候補演説会——応援弁士　吉野作造」,『吉野作造選集（第 5 巻）月報 6』（岩波書店，平成 7 年），4-8 頁.
田中昌亮「大正の終りと昭和の初め——「古川町における赤松克麿立候補演説会」——応援弁士　吉野作造」,『吉野作造記念館研究紀要』第 3 号（平成 18 年），23-31 頁.
田中昌亮「佐々木平太郎日記と佐々木平太郎宛書簡」,『吉野作造記念館研究紀要』第 4 号（平成 20 年），40-58 頁.
田中昌亮「吉野作造と文学者」,『吉野作造研究』第 6 号（平成 22 年），24-30 頁.
谷沢永一「『明治文化全集解題書目』読後」,『吉野作造選集（第 12 巻）月報 1』（岩波書店，平成 7 年），1-4 頁.
千葉龜雄「新聞記者として見たる三博士」,『國本』第 1 巻第 6 号（大正 10 年），150-150 頁.
千葉眞「吉野作造と千葉豊治」,『吉野作造選集（第 6 巻）月報 10』（岩波書店，平成 8 年），4-8 頁.
千葉眞「新しい公共と熟議デモクラシー——吉野作造に学ぶ」,『吉野作造研究』第 9 号（平成 25 年），1-19 頁.
千葉豊治編『排日問題梗概——加州外國人土地所有權禁止法成立と其善後策』（日米社印刷部，大正 2 年）.
千葉真弓『吉野作造——蒼穹色のまなざし』（吉野作造記念館，平成 10 年）.

茶目生「國體問題立會演說會」,『新人』第20巻第2号（大正8年）, 67頁.
趙暁靚「対華二十一ヶ条要求をめぐる北一輝と吉野作造」,『政治思想研究』第5号（平成17年）, 123-142頁.
趙暁靚「第一次世界大戦後の吉野作造の中国論——王正廷との対比を中心に」,『人間環境学研究』第3巻第2号（平成17年）, 37-47頁.
趙暁靚「満州事変下における吉野作造の中国論」,『人間環境学研究』第4巻第2号（平成18年）, 51-58頁.
趙暁靚「思想家としての吉野作造」,『吉野作造研究』第12号（平成28年）, 70-74頁.
趙星銀「デモクラットであることの意味——大正デモクラシーと戦後民主主義」,『吉野作造研究』第10号（平成26年）, 38-49頁.
津久井龍雄『右翼』（昭和書房, 昭和27年）.
佃速記事務所「浪人會對吉野博士國體問題立會演說會速記錄」,『亞細亞時論』第3巻第2号（大正8年）, 特1-特53頁.
鶴見祐輔『後藤新平』全4巻（後藤新平伯傳記編纂會, 昭和12/12/12/13年）.
『帝国議会誌』第1期第21巻（東洋文化社, 昭和52年）.
『帝国議会誌』第1期第49巻（東洋文化社, 昭和54年）.
手嶋泰伸「吉野作造の体制改革論の特徴——貴族院・枢密院改革論の変遷」,『吉野作造研究』第8号（平成24年）, 16-26頁.
手嶋泰伸「吉野作造の政治論とリーダーシップ」,『吉野作造研究』第11号（平成27年）, 38-54頁.
寺﨑昌男『プロムナード東京大学史』（東京大学出版会, 平成4年）.
寺﨑昌男『東京大学の歴史——大学制度の先駆け』（講談社, 平成19年）.
Delbrück, Hans, *Regierung und Volkswille. Eine akademische Vorlesung*, Berlin : Stilke, 1914.
デルブリユック, ハンス（後藤新平訳）『政治と民意』（有斐閣, 大正4年）.
『獨逸學協會學校五十年史』（獨逸學協會學校同窓會, 昭和8年）.
東京大学百年史委員会編『東京大學百年史　部局史一』（東京大学出版会, 昭和61年）.
東京大学百年史法学部編集委員会「東京大学法学部百年史稿」,『國家學會雜誌』第91巻第9・10号（昭和53年）, 152-174（656-678）頁；同第91巻第11・12号（昭和53年）, 122-144（800-822）頁；同第92巻第3・4号（昭和54年）, 124-142（286-304）頁；同第92巻第5・6号（昭和54年）, 122-162（438-478）頁；同第92巻第11・12号（昭和54年）, 123-150（849-876）頁；同第93巻第1・2号（昭和55年）, 109-122（109-122）頁；同第93巻第7・8号（昭和55年）, 157-171（601-615）頁；同第93巻第9・10号（昭和55年）, 127-144（751-768）頁；同第94巻第1・2号（昭和56年）, 127-149（127-149）頁；同第94巻第3・4号（昭和56年）, 119-135（279-295）頁；同第95巻第1・2号（昭和57年）, 93-110（93-110）頁；同第95巻第5・6号（昭和57年）, 108-124（362-378）頁.
東京大学法学部近代立法過程研究会「近代立法過程研究会収集資料紹介（一）「近代立法過程研究会」収集資料について」,『國家學會雜誌』第83巻第11・12号（昭和46年）, 104-123（852-871）頁.
東京帝國大學『東京帝國大學五十年史』上巻（昭和7年）.
東京帝國大學『東京帝國大學學術大觀　法學部　經濟學部』（國際出版, 昭和17年）.
床次竹二郎「青年に自由の天地を與へよ」,『愛國』第3巻第10号（昭和4年）, 2-3頁.

床次竹二郎「上杉博士を追悼す」，七生社編『上杉先生を憶ふ』（昭和 5 年），21-24 頁.
床次竹二郎「上杉博士を追悼す」，『愛國』第 4 巻第 4 号（昭和 5 年），12-13 頁.
獨協学園百年史編纂委員会編『獨協學園史 1881-2000』（獨協学園，平成 12 年）.
富井政章「穂積先生の業績」，學士會編『故穂積男爵追悼録』（大正 15 年），16-18 頁.
富坂キリスト教センター編『大正デモクラシー・天皇制・キリスト教』（新教出版社，平成 13 年）.
戸水寛人「穂積八束君ト「ロバート，フ井ルマー」」，『法學協會雜誌』第 18 巻第 5 号（明治 33 年），339-345 頁.
戸水寛人「社會契約の起源」，『法學協會雜誌』第 19 巻第 3 号（明治 34 年），95-200 頁.
戸水寛人「軍國主義を高唱して吾國の將來を思ふ」，『自由評論』第 5 巻第 10 号（大正 6 年），10-11 頁.
冨田弘（冨田弘先生遺著刊行会編）『板東俘虜収容所——日独戦争と在日ドイツ俘虜：新装版』（法政大学出版局，平成 18 年）.
トライチュケ，ハインリヒ・フォン（内務省警保局訳）『トライチュケ氏軍國主義國家論』（内務省警保局，大正 7 年）.
Treumann, Rudolf, *Die Monarchomachen. Eine Darstellung der revolutionären Staatslehren des XVI. Jahrhunderts (1573-1599)*, Leipzig : Duncker & Humblod, 1895.
ナイ，ジョゼフ（山岡洋一訳）『ソフト・パワー——21 世紀国際政治を制する見えざる力』第 2 刷（日本経済新聞社，平成 15 年）.
内務省警保局『我國に於けるデモクラシーの思潮』（大正 7 年）.
長井利浩『井上毅とヘルマン・ロェスラー——近代日本の国家建設への貢献』（文芸社，平成 24 年）.
長井利浩『明治憲法の土台はドイツ人のロェスラーが創った』（文芸社，平成 27 年）.
長尾龍一「上杉憲法学雑記」，小嶋和司／藤田宙靖編『行政行為と憲法——柳瀬教授東北大学退職記念』（有斐閣，昭和 47 年），471-527 頁.
長尾龍一『日本法思想史研究』（創文社，昭和 56 年）.
長尾龍一『日本憲法思想史』（講談社，平成 8 年）.
長尾龍一『日本国家思想史研究』第 3 刷（創文社，平成 13 年）.
長尾龍一「八束の髄から明治史覗く」，穂積八束『穂積八束集』（信山社出版，平成 13 年），259-416 頁.
中島力造「外遊所感」，『新人』第 11 巻第 8 号（明治 43 年），22-25 頁.
中瀬寿一『近代における天皇観』（三一書房，昭和 38 年）.
中田薫編『宮崎教授在職廿五年紀念論文集』（有斐閣書房，大正 3 年）.
中田薫「デモクラシーと我歴史」，『中央公論』第 34 年第 5 号（大正 8 年），公論 22-28 頁.
中田薫「上杉君を想ひて」，七生社編『上杉先生を憶ふ』（昭和 5 年），30-58 頁.
中原德太郎「模範とすべき獨逸國民」，『中央公論』第 30 年第 8 号（大正 4 年），76-78 頁.
中村勝範編『帝大新人会研究』（慶應義塾大学出版会，平成 9 年）.
中村敏「吉野作造と朝鮮問題——日韓併合前後から三・一独立運動までを中心として」，『吉野作造研究』第 7 号（平成 22 年），31-42 頁.
中山啓「上杉氏と高畠氏が提携するまで」，『改造』大正 12 年 3 月号，97-103 頁.
中山三保三「官學畑の異端吉野作造」，『日本及日本人』第 104 号（大正 15 年），88 頁.
中山善雄／江藤武人編『天は東北山高く——旧制高等学校物語（二高篇）』（財界評論社，

昭和 41 年).
中山善仁「海老名弾正の政治思想——儒学的キリスト教・「共和国」・「帝国主義」」,『國家學會雜誌』第 113 巻 1・2 号 (平成 12 年), 90-153 (90-153) 頁.
奈良岡聰智「吉野作造と二十一ヵ条要求」,『吉野作造研究』第 6 号 (平成 22 年), 10-23 頁.
奈良岡聰智『「八月の砲声」を聞いた日本人——第一次世界大戦と植村尚清「ドイツ幽閉記」』(千倉書房, 平成 25 年).
奈良岡聰智『対華二十一ヵ条要求とは何だったのか——第一次世界大戦と日中対立の原点』(名古屋大学出版会, 平成 27 年).
成田龍一『シリーズ日本近現代史④　大正デモクラシー』(岩波書店, 平成 19 年).
成瀬治『世界史の意識と理論』(岩波書店, 昭和 52 年).
南木摩天樓「上杉博士と美濃部博士」,『太陽』第 19 巻第 10 号 (大正 2 年), 38-42 頁.
南原繁「秋光」,『綠會雜誌』第 9 号 (昭和 12 年), 30-32 頁.
南原繁『國家と宗教——ヨーロッパ精神史の研究』(岩波書店, 昭和 17 年).
南原繁『祖國を興すもの』第 5 版 (東京大學新聞社出版部, 昭和 23 年).
南原繁『人間革命』第 5 版 (東京大學新聞社出版部, 昭和 23 年).
南原繁／蠟山政道／矢部貞治『小野塚喜平次——人と業績』(岩波書店, 昭和 38 年).
西尾林太郎『大正デモクラシーの時代と貴族院』(成文堂, 平成 17 年).
西川正雄『第一次世界大戦と社会主義者たち』(岩波書店, 平成元年).
西田耕三編『吉野作造と仙台』(宮城地域史学協議会, 平成 5 年).
西田耕三「若き日の吉野作造と仙台」, 同編『吉野作造と仙台』(宮城地域史学協議会, 平成 5 年), 7-107 頁.
西田耕三「吉野作造の原型質——若年期の精神史試論」,『吉野作造研究』第 5 号 (平成 20 年), 25-35 頁.
西田彰一「筧克彦「やまとばたらき (皇国運動／日本体操)」の分析——明るき国家の肯定と身体技法」,『日本思想史研究会会報』第 32 号 (平成 28 年), 29-46 頁.
西田彰一「筧克彦の皇族論について」,『立命館大学人文科学研究所紀要』第 107 号 (平成 28 年), 1-23 頁.
西田彰一「一九〇〇年代における筧克彦の思想」,『日本研究』(国際日本文化研究センター) 第 53 集 (平成 28 年), 253-266 頁.
西田彰一「植民地における筧克彦の活動について——満州を中心に」,『総研大文化科学研究』第 12 号 (平成 28 年), 37-53 頁.
西村裕一「憲法——美濃部達吉と上杉愼吉」, 河野有理編『近代日本政治思想史——荻生徂徠から網野善彦まで』(ナカニシヤ出版, 平成 26 年), 229-257 頁.
仁昌寺正一「鈴木義男と吉野作造——一つの覚書」,『吉野作造研究』第 4 号 (平成 20 年), 1-11 頁.
日独交流史編纂委員会編『日独交流 150 年の軌跡』(雄松堂書店, 平成 25 年).
新田均「上杉愼吉の政教関係論」,『明治聖徳記念学会紀要』第 7 号 (平成 4 年), 23-55 頁.
Nearing, Scott, *The American Empire*, 2. edition, New York : The Rand School of Social Science, 1921.
ニヤリング, スコット (上杉愼吉／稻葉一也訳)『世界を征服せんとする米大帝國』(未來社, 大正 14 年).
ニアリング, スコット (角田敬三訳)『大資本の制覇——アメリカ帝國』(希望閣, 大正 14

年).
丹羽修輔編『野地菊司自敍傳』(長濱繁，昭和 17 年).
ねずまさし［禰津正志］『日本現代史』第 3 巻（三一書房，昭和 41 年).
Neumann, Florian, Uesugi Shinkichi : Ultranationalist der Taishō-Zeit,『香川大学生涯学習教育研究センター研究報告』第 13 号（平成 20 年)，15–39 頁.
Neumann, Florian, *Politisches Denken im Japan des frühen 20. Jahrhunderts. Das Beispiel Uesugi Shinkichi (1878–1929)*, München : Iudicium, 2011.
野﨑敏郎「カール・ラートゲンの日本社会論と日独の近代化構造に関する研究」(平成 15・16 年度科学研究費補助金（基盤 C)（2）研究成果報告書，平成 17 年 5 月).
野村淳治「國家ト地方團體トノ區別」，中田薫編『宮崎教授在職廿五年紀念論文集』(有斐閣書房，大正 3 年)，515–554 頁.
野村淳治「貴族院の改造」，報知新聞出版部『貴族院改革論集』(大正 13 年)，1–28 頁.
野村淳治「傑出した人物」，『帝國大學新聞』第 292 号（昭和 4 年 4 月 15 日)，2 頁.
野村淳治「上杉さんの思出」，『上杉先生を憶ふ』(昭和 5 年)，59–66 頁.
Heiliggeistkirche Heidelberg, 3. Aufl., Regensburg 2000.
萩野富士夫「吉野作造と社会主義」，『吉野作造選集（第 15 巻）月報 15』(岩波書店，平成 8 年)，1–4 頁.
箱石大編『戊辰戦争の史料学』(勉誠出版，平成 25 年).
狭間直樹「吉野作造と中国――吉野の中国革命史と日中関係史について」，吉野作造『吉野作造選集 7　中国論一』(岩波書店，平成 7 年)，399–418 頁.
橋川文三『黄禍物語』(岩波書店，平成 12 年).
橋本章「吉野作造博士と賛育会」，『吉野作造研究』第 4 号（平成 20 年)，30–34 頁.
長谷川如是閑「國民的性格の構成と日本の國民性」，『教育研究』第 331 号（昭和 3 年)，152–157 頁.
長谷川如是閑「吉野博士の思ひ出」，『書籍展望』昭和 8 年 5 月号，424–426 頁.
長谷川如是閑「吉野博士と私」，赤松克麿編『故吉野作造博士を語る』(中央公論社，昭和 9 年)，9–14 頁.
長谷川正安「憲法学史（中)」，『講座日本近代法発達史 7』(勁草書房，昭和 34 年)，151–207 頁.
長谷川雄一編『大正期日本のアメリカ認識』(慶應義塾大学出版会，平成 13 年).
鳩山秀夫「穗積老先生　不朽の功績を憶ふ」，學士會編『故穗積男爵追悼錄』(大正 15 年)，92–94 頁.
馬場鍈一「畏友上杉博士を偲ふ」，七生社編『上杉先生を憶ふ』(昭和 5 年)，10–13 頁.
馬場義續『我國に於ける最近の國家主義乃至國家社會主義運動に就て』(司法省調査課『司法研究』第 19 輯報告書集 10)（昭和 10 年).
ハーバー，フリッツ（田丸節郎訳)『ハーバー博士講演集――國家と學術の研究』(岩波書店，昭和 6 年).
ハーマー，H・E（岩波哲男／岡本不二夫訳)『明治キリスト教の一断面――宣教師シュピンナーの『滞日日記』』(教文館，平成 10 年).
早川征一郎「上杉捨彦先生のご逝去を悼む」，『大原社会問題研究所雑誌』第 480 号（1998 年)，63–64 頁.
林健太郎編『回想・東京大学 100 年』(ビデオ出版，昭和 44 年).

林政武『綠地帶』（北國毎日新聞社，昭和 16 年）．

Hayashima, Akira, *Die Illusion des Sonderfriedens. Deutsche Verständigungspolitik mit Japan im ersten Weltkrieg*, München : Oldenbourg, 1982.

原秀成『日本国憲法制定の系譜 I——戦争終結まで』（日本評論社，平成 16 年）．

原秀成『日本国憲法制定の系譜 II——戦後米国で』（日本評論社，平成 17 年）．

原秀成『日本国憲法制定の系譜 III——戦後日本で』（日本評論社，平成 18 年）．

原平三『市川兼恭』（溫知會，昭和 16 年）．

原平三『幕末洋学史の研究』（新人物往来社，平成 4 年）．

原口鶴子「獨逸國民生活の一面」，『六合雜誌』第 34 年第 10 号（大正 3 年），15–16 頁．

原田武夫『甦る上杉慎吉——天皇主権説という名の亡霊』（講談社，平成 26 年）．

ハルガルテン，G・W・F（西川正雄／富永幸生／鹿毛達雄編訳）『帝国主義と現代』（未來社，昭和 42 年）．

坂野潤治「天皇制と共産主義に抗して」，吉野作造『吉野作造選集 3　大戦から戦後への国内政治』（岩波書店，平成 7 年），359–384 頁．

坂野潤治『近代日本の国家構想　1871–1936』（岩波現代文庫）（岩波書店，平成 11 年）．

坂野潤治『明治デモクラシー』（岩波書店，平成 17 年）．

樋口陽一『自由と国家——いま「憲法」のもつ意味』（岩波書店，平成元年）．

樋口陽一『憲法と国家——同時代を問う』（岩波書店，平成元年）．

樋口陽一『憲法』（創文社，平成 4 年）．

樋口陽一／小林節『「憲法改正」の真実』（集英社，平成 28 年）．

土方寧「故穗積先生の追懷」，學士會編『故穗積男爵追悼錄』（大正 15 年），32–39 頁．

ヒュースケン，ヘンドリク（青木枝朗訳）『ヒュースケン日本日記　1855–61』（岩波書店，平成元年）．

平沼騏一郎「穗積男爵を悼む」，學士會編『故穗積男爵追悼錄』（大正 15 年），43–49 頁．

平沼騏一郎回顧録編纂委員会編『平沼騏一郎回顧録』（歴代総理大臣伝記叢書第 26 巻）（ゆまに書房，平成 18 年）．

平野敬和「吉野作造のアジア——第一次世界戦争から国民革命の終結まで」，『吉野作造記念館研究紀要』創刊号（平成 16 年），1–11 頁．

「風雪の碑——「憲法論争」の立て役者　上杉慎吉」，『北国新聞』昭和 41 年 10 月 29 日夕刊，3 頁．

Verhandlungen des Reichstags, Stenographische Berichte, XIII. Legislaturperiode, II. Session, Bd. 306, Berlin 1916.

Verhandlungen des Reichstages. Stenographische Berichte, XIII. Legislaturperiode, II. Session, Bd. 310, Berlin 1917.

福岡万里子『プロイセン東アジア遠征と幕末外交』（東京大学出版会，平成 25 年）．

福島正夫／高橋勇治／宇高基輔編『山之内先生還暦　社会主義法の研究』（勁草書房，昭和 33 年）．

Fukuda, Tokuzo, *Die gesellschaftliche und wirtschaftliche Entwickelung in Japan*, Stuttgart : Cotta, 1900.

福田德三「戰爭と獨逸の將來」，『中央公論』第 30 年第 8 号（大正 4 年），67–73 頁．

福田德三「國本は動かず」，『黎明講演集』第 1 巻第 1 輯（大正 8 年：復刻版平成 2 年，龍溪書舎），67–104 頁．

福田徳三「世界を欺く者は誰ぞ」,『黎明講演集』第 1 巻第 2 輯（大正 8 年：復刻版平成 2 年, 龍溪書舎）, 1-18 頁.
福田徳三「如何に改造するか（吉野博士に答ふ）」,『黎明講演集』第 1 巻第 3 輯（大正 8 年：復刻版平成 2 年, 龍溪書舎）, 69-99 頁.
福田徳三「果然眞相を暴露せる英國の金輸出禁止令」,『黎明講演集』第 1 巻第 4 輯（大正 8 年：復刻版平成 2 年, 龍溪書舎）, 1-16 頁.
福田徳三「虚僞のデモクラシーより眞正のデモクラシーへ」,『黎明講演集』第 1 巻第 5 輯（大正 8 年：復刻版平成 2 年, 龍溪書舎）, 100-128 頁.
福田徳三「朝鮮は軍閥の私有物に非ず」,『黎明講演集』第 1 巻第 6 輯（大正 8 年：復刻版平成 2 年, 龍溪書舎）, 64-75 頁.
福田徳三「エホバとカイゼル（國本闡明の第一義）」,『黎明講演集』第 2 巻第 1 輯（大正 8 年：復刻版平成 2 年, 龍溪書舎）, 83-102 頁.
福田徳三「世界は欺くべからず」,『黎明講演集』第 2 巻第 2 輯（大正 8 年：復刻版平成 2 年, 龍溪書舎）, 90-98 頁.
福田徳三「勞働團結權及同盟罷工權」,『黎明講演集』第 2 巻第 3 輯（大正 8 年：復刻版平成 2 年, 龍溪書舎）, 1-58 頁.
福田徳三「言論自由の發達に就て」,『黎明講演集』第 2 巻第 4 輯（大正 9 年：復刻版平成 2 年, 龍溪書舎）, 1-60 頁.
福田徳三『黎明録』第 13 版（大鐙閣, 大正 10 年）.
福田徳三先生記念会『福田徳三先生の追憶』（中央公論社, 昭和 35 年）.
藤井昇三「吉野作造と近代中国」, 吉野作造『吉野作造選集（第 13 巻）月報 11』（岩波書店, 平成 8 年）, 1-4 頁.
藤川直樹「ドイツ立憲君主制における王統と国家――ヘルマン・レームの公法学」,『國家學會雜誌』第 126 巻第 3・4 号（平成 25 年）, 101-162（297-358）頁.
藤崎俊茂『学者の横顔』（不動書房, 昭和 8 年）.
藤田逸男「吉野作造博士を憶ふ」,『小天地』昭和 21 年, 19-20 頁.
伏見岳人「解説――吉野作造の政治史講義」, 吉野作造講義録研究会編『吉野作造政治史講義――矢内原忠雄・赤松克麿・岡義武ノート』（岩波書店, 平成 28 年）, v-xxxii 頁.
伏見岳人「現代によみがえる吉野作造――世界の潮流への視角」,『中央公論』平成 28 年 3 月号, 120-133 頁.
藤村一郎「吉野作造における国益と国際関係」,『吉野作造記念館研究紀要』第 3 号（平成 18 年）, 1-8 頁.
藤村一郎『吉野作造の国際政治論――もうひとつの大陸政策』（有志社, 平成 24 年）.
ブゼル, アンネ・S（宍戸慶子訳・解説）「バイブル・クラス物語」, 大正デモクラシー研究会編『大正デモクラシー研究』第 2 巻（平成 8 年 10 月）, 2-53 頁.
船越光之丞（關野直次編）『日獨國交斷絶秘史』（日東書院, 昭和 9 年）（復刻版：龍溪書舎, 平成 14 年）.
Brandt, Maximilian von, *Dreiunddreissig Jahre in Ostasien. Erinnerungen eines deutschen Diplomaten*, Leipzig : Georg Wigand, 1901.
Fried, Alfred H., *Die moderne Friedensbewegung*, Leipzig : Teubner, 1907.
古川江里子『美濃部達吉と吉野作造――大正デモクラシーを導いた帝大教授』（山川出版社, 平成 23 年）.

古川安『科学の社会史――ルネサンスから 20 世紀まで』増訂版第 7 刷（南窓社，平成 22 年）．

古屋久雄「上杉先生を憶ふ」，『愛國』第 4 巻第 4 号（昭和 5 年），16-17 頁．

Becker, Bert, *Japan an der Spree. Deutsch-Japanische Beziehungen im Spiegel Berlins und Brandenburgs*, Berlin : Stadt Berlin (Die Ausländerbeauftragte des Senat), 1996.

Benedikt XVI (Ratzinger, Joseph), *Licht der Welt. Der Papst, die Kirche und die Zeichen der Zeit. Ein Gespräch mit Peter Seewald*, Freiburg (Br.): Herder, 2010.

ヘリゲル，オイゲン（柴田治三郎訳）『日本の弓術』第 9 刷（岩波書店，平成 5 年）．

ベルツ，エルウィン（トク・ベルツ編・菅沼竜太郎訳）『ベルツの日記』上下 2 巻（岩波書店，昭和 54 年）．

ベルツ花子『歐洲大戰當時の獨逸』（審美書院，昭和 8 年）．

法學協會『詳解日本國憲法』全 2 巻（有斐閣，昭和 28 年）．

星島二郎編『最近憲法論――上杉愼吉対美濃部達吉　1913』（實業之日本社，大正 2 年）（みすず書房による復刻版，平成元年）．

細川政夫「上杉博士を悼む」，『愛國』第 4 巻第 4 号（昭和 5 年），14 頁．

北国新聞編集局編『風雪の碑――現代史を刻んだ石川県人たち』（北国新聞社，昭和 43 年）．

穗積重威「上杉先生を憶ふ」，七生社編『上杉先生を憶ふ』（昭和 5 年），14-19 頁．

穗積重威『英國法制研究』（三省堂，昭和 9 年）．

穗積重遠「大學に現はれたる米國々民性」，『大學評論』第 1 巻第 1 号（大正 5 年），94-100 頁．

穗積重遠「穗積陳重の祖父と祖母」，學士會編『故穗積男爵追悼錄』（大正 15 年），14-15 頁．

穗積重遠「諸先生の肖像額を仰いで」，『綠會雜誌』第 7 号（昭和 10 年），3-10 頁．

穗積重遠「法學部總說」，東京帝國大學『東京帝國大學學術大觀　法學部　經濟學部』（國際出版，昭和 17 年），1-28 頁．

穗積重行「穗積陳重とドイツ法学」，『法學協會雜誌』第 84 巻第 5 号，59-88（655-684）頁．

穗積重行『明治一法学者の出発――穗積陳重をめぐって』（岩波書店，昭和 63 年）．

Hozumi, Nobushige, *Ancestor-Worship and Japanese Law*, third & revised edition, Tokyo / Osaka / Kyoto : Maruzen, 1913.

穗積陳重『法窓夜話』（河出書房，昭和 26 年）．

穗積陳重『穗積陳重遺文集』全 4 巻（岩波書店，昭和 7 / 7 / 9 / 9 年）．

『穗積陳重八束進講錄』（岩波書店，昭和 4 年）．

穗積八束「法ノ社會的作用」，『法學協會雜誌』第 21 巻第 1 号（明治 36 年），1-13 頁．

穗積八束『憲法提要』上下 2 巻（有斐閣書房，明治 43 年）．

穗積八束「國體の異說と人心の傾向」，星島二郎編『最近憲法論』（實業之日本社，大正 2 年），80-98 頁．

穗積八束（上杉愼吉編）『穗積八束博士論文集』（大正 2 年）．

穗積八束『憲法大意』（日本評論社，大正 6 年）．

穗積八束（長尾龍一編）『穗積八束集』（信山社出版，平成 13 年）．

堀豊彦「吉野作造先生の軍備縮小論」，憲法研究所編『平和思想史』（憲法研究所出版会，昭和 39 年），97-98 頁．

堀川鷺陽「上杉愼吉氏（東京法科大學教授法學博士）」，同『初對面』（明文館，大正 5 年），51-54 頁．

本間久雄「吉野作造博士と與謝野晶子女史」,『中央公論』第34年第1号（大正8年）, 說苑132-136頁.
マイエル，ゲオルグ（一木喜德郎序・乾政彦／吾孫子勝／松本烝治／菊池駒次訳）『獨逸國法論　全』再版（有斐閣書房，大正元年）（信山社による復刻版，平成6年）.
マイニア，リチャード・R（佐藤幸治／長尾龍一／田中成明訳）『西洋法思想の継受――穂積八束の思想史的考察』（東京大学出版会，昭和46年）.
前川理子『近代日本の宗教論と国家――宗教学の思想と国民教育の交錯』（東京大学出版会，平成27年）.
前田雅英「裁判員裁判・法科大学院と教科書の役割」,『パブリッシャーズ・レビュー』第35号（平成27年），7頁.
牧野英一「留學中の吉野君」,『中央公論』第31年第6号（大正5年），說苑61-63頁.
牧野英一「常識と好意――吉野君を悼みつゝ」,『經濟往來』昭和8年5月号，18-24頁.
牧野英一「親切と樂天――吉野君についての思ひ出」，赤松克麿編『故吉野作造博士を語る』（中央公論社，昭和9年），136-149頁.
牧野英一「吉野作造君の思ひ出」，同『理窟物語』（日本評論社，昭和15年），162-185頁.
牧野伸顯「御親政初期の追憶」,『太陽』第18巻第13号（大正元年），40-48頁.
牧野隆信編『大聖寺藩士由緒帳』（加賀市図書館，昭和57-59年）.
升味準之輔『日本政治史2　藩閥支配，政党政治』第2刷（東京大学出版会，平成4年）.
松浦鎮次郎編『岡田良平先生小傳』（昭和10年）.
松尾尊兊『大正デモクラシーの研究』（青木書店，昭和41年）.
松尾尊兊『大正デモクラシー』（岩波書店，昭和48年）.
松尾尊兊「吉野作造」,『國史大辭典』（吉川弘文館，平成5年），426-427頁.
松尾尊兊「吉野作造の中国論」，吉野作造『吉野作造選集8　中国論二』（岩波書店，平成8年），351-372頁.
松尾尊兊「吉野作造の朝鮮論」，吉野作造『吉野作造選集9　朝鮮論　付中国論三』（岩波書店，平成7年），379-404頁.
松尾尊兊『民本主義と帝国主義』（みすず書房，平成10年）.
松尾尊兊「満州事変下の吉野作造」，富坂キリスト教センター編『大正デモクラシー・天皇制・キリスト教』（新教出版社，平成13年），329-372頁.
松岡八郎「吉野作造とキリスト教の影響（1）」,『東洋法学』第34巻第2号（平成3年），1-11頁.
松岡八郎「吉野作造とキリスト教の影響（2）」,『東洋法学』第36巻第2号（平成5年），1-20頁.
松岡八郎「吉野作造とキリスト教の影響（3）」,『東洋法学』第37巻第1号（平成5年），1-25頁.
松岡八郎「吉野作造とキリスト教の影響（4）」,『東洋法学』第37巻第2号（平成5年），41-65頁.
松岡八郎「吉野作造とキリスト教の影響（5）」,『東洋法学』第38巻第1号（平成7年），1-32頁.
松岡八郎「吉野作造とキリスト教の影響（6）」,『東洋法学』第38巻第2号（平成7年），1-68頁.
松沢弘陽「吉野作造と政治改革」，吉野作造『吉野作造選集2　デモクラシーと政治改革』

（岩波書店，平成 8 年），307–331 頁.
松田宏一郎／五百籏頭薫編『自由主義の政治家と政治思想』（中央公論新社，平成 26 年）.
松田宏一郎『擬制の論理　自由の不安——近代日本政治思想論』（慶應義塾大学出版会，平成 28 年）.
松田義男「上杉慎吉著作目録（2018 年 4 月 18 日改訂）」（http://ymatsuda.kill.jp：平成 30 年 8 月 2 日閲覧）.
松田義男「鈴木文治著作目録（2018 年 5 月 20 日改訂）」（http://ymatsuda.kill.jp：平成 30 年 8 月 2 日閲覧）.
松波仁一郎「故穗積先生」，學士會編『故穗積男爵追悼錄』（大正 15 年），67–70 頁.
松波仁一郎「日章旗」，『日本文化』第 50 冊（日本文化協會，昭和 15 年），1–48 頁.
松本健一「大正デモクラシーから昭和ファシズム革命へ」，『吉野作造選集（第 5 巻）月報 6』（岩波書店，平成 7 年），1–4 頁.
松本三之介「「民本主義」の歴史的形成」，『年報政治学』第 8 号（昭和 32 年），109–131 頁.
松本三之介「吉野作造とデモクラシーの煩悶」，『近代日本を創った百人』下巻（毎日新聞社，昭和 41 年），47–55 頁.
松本三之介『近代日本の政治と人間——その思想史的考察』（創文社，昭和 41 年）.
松本三之介『天皇制国家と政治思想』（未來社，昭和 44 年）.
松本三之介「吉野作造と明治文化研究」，吉野作造『吉野作造選集 11　開国と明治文化』（岩波書店，平成 7 年），369–388 頁.
松本三之介『吉野作造』（東京大学出版会，平成 20 年）.
松本真一『血笑記』（宮井書店，昭和 10 年）.
眞山青果「青年時代の吉野君」，赤松克麿編『故吉野博士を語る』（中央公論社，昭和 9 年），125–135 頁.
丸山鶴吉「朝鮮統治策に關し吉野博士に質す」，『新人』第 21 巻第 7 号（大正 9 年），47–54 頁.
丸山真男『日本の思想』第 53 刷（岩波書店，平成 4 年）.
丸山眞男『日本政治思想史研究』新装第 3 版（東京大学出版会，平成 5 年）.
丸山眞男「科学としての政治学——その回顧と展望」，同『丸山眞男集』第 3 巻（岩波書店，平成 7 年），133–152 頁.
丸山眞男「南原先生を師として」，同『丸山眞男集』第 10 巻（岩波書店，平成 8 年），171–196 頁.
丸山眞男（古矢旬編）『超国家主義の論理と心理　他八編』（岩波書店，平成 27 年）.
三浦周行「皇太子殿下の御偉績」，『忠孝之日本』第 2 巻第 1 号（大正 11 年），5–8 頁.
御厨貴『吉野作造と馬場恒吾——現代人と政治』（吉野作造記念館，平成 10 年）.
水野錬太郎『靜感』（清水書店，大正 4 年）.
三谷太一郎「吉野作造の明治文化研究」，『國家學會雜誌』第 83 巻第 1/2 号（昭和 45 年），110–137（100–137）頁.
三谷太一郎「解説」，同編『吉野作造論集』（中央公論社，昭和 50 年），335–344 頁.
三谷太一郎『新版大正デモクラシー論——吉野作造の時代』（東京大学出版会，平成 7 年）.
三谷太一郎『増補日本政党政治の形成——原敬の政治指導の展開』（東京大学出版会，平成 7 年）.
三谷太一郎「政治と道徳との一致を求めて」，吉野作造『吉野作造選集 4　大戦後の国内政

治』(岩波書店，平成 8 年)，389-415 頁.
三谷太一郎「晩年の苦闘」，吉野作造『吉野作造選集 15　日記三』(岩波書店，平成 8 年)，435-464 頁.
三谷太一郎「六〇年来の懸案――『吉野作造選集』の刊行と安江さん」，安江良介追悼集刊行委員会編『追悼集安江良介――その人と思想』(平成 11 年)，305-309 頁.
三谷太一郎『政治制度としての陪審制――近代日本の司法権と政治』(東京大学出版会，平成 13 年).
三谷太一郎『新版大正デモクラシー論――吉野作造の時代』第 3 版（東京大学出版会，平成 25 年).
三谷太一郎『学問は現実にいかに関わるか』第 2 刷（東京大学出版会，平成 25 年).
三谷太一郎『人は時代といかに向き合うか』(東京大学出版会，平成 26 年).
三谷太一郎『戦後民主主義をどう生きるか』(東京大学出版会，平成 28 年).
三井甲之「福田及吉野博士思想批判」，『國本』第 1 巻第 6 号（大正 10 年)，138-150 頁.
ミツゲ，マキシミリアン（石黒魯平訳・岡田朝太郎序)『トライチュケ――戰爭の讃美者』(中外印刷工業，大正 8 年).
三俣俊二『金沢・大聖寺・富山に流された浦上キリシタン』(聖母の騎士社，平成 12 年).
蓑田胸喜『蓑田胸喜　第三巻　『学術維新原理日本』』(柏書房，平成 16 年).
蓑原俊洋『排日移民法と日米関係』(岩波書店，平成 14 年).
美濃部達吉「「ハイデルベルヒ」大學百年間の國法學教授」，『國家學會雜誌』第 19 巻第 6 号（明治 38 年)，115-123 頁.
美濃部達吉『日本國法學　上巻　上　總論』(有斐閣書房，明治 40 年).
美濃部達吉「「エリネツク」教授ノ國體論」，『國家學會雜誌』第 23 巻第 10 号（明治 42 年)，55-86（1517-1548）頁，同第 24 巻第 12 号（明治 43 年)，92-120（1806-1832）頁.
美濃部達吉「近代國家ノ特質」，『法學協會雜誌』第 28 巻第 3 号（明治 43 年)，24-38（374-388）頁（未完).
美濃部達吉『憲法講話』(有斐閣書房，明治 45 年).
美濃部達吉「上杉博士の『國體に關する異說』を讀む」，『太陽』第 18 巻第 10 号（大正元年)，97-105 頁.
美濃部達吉「新刊紹介」，『國家學會雜誌』第 27 巻第 2 号（大正 2 年)，146-151（340-345）頁.
美濃部達吉「國民教育帝國憲法講義を評す」，星島二郎編『最近憲法論』(實業之日本社，大正 2 年)，1-12 頁.
美濃部達吉「近時の政界に於ける憲法問題」，『太陽』第 19 巻第 6 号（大正 2 年)，91-106 頁.
美濃部達吉『米國憲法の由來及特質』第 2 刷（有斐閣，大正 7 年).
美濃部達吉「穗積先生の追憶」，學士會編『故穗積男爵追悼錄』(大正 15 年)，80-82 頁.
美濃部達吉「美貌もまた堂々たる天才――上杉くんが羨ましかつた」，『帝國大學新聞』第 189 号（大正 15 年 12 月 6 日)，5 頁.
美濃部達吉「治安維持法改正の緊急勅令」，『經濟往來』第 3 巻第 8 号（昭和 3 年)，1-12 頁.
美濃部達吉『議會政治の檢討』(日本評論社，昭和 9 年).
美濃部達吉「私の大學學生時代」，『綠會雜誌』第 9 号（昭和 12 年)，8-14 頁.
美濃部亮吉『苦悶するデモクラシー』(文藝春秋新社，昭和 34 年).

宮川透『近代日本思想の構造』(東京大學出版會, 昭和 31 年).
三宅雪嶺「成り下つて蓋を明けた新獨逸」,『中央公論』第 35 年第 6 号 (大正 9 年), 公論 35-39 頁.
宮崎龍介「法科大學生の眼に映じたる上杉愼吉博士——時代と上杉先生」,『解放』第 1 巻第 2 号 (大正 8 年 7 月), 63-66 頁.
宮澤俊義「綠會懸賞論文を讀んで」,『綠會雜誌』第 9 号 (昭和 12 年), 76-80 頁.
宮沢俊義「憲法学の先達」①/②/③/④/⑤,『朝日新聞』東京版, 昭和 37 年 9 月 11/12/13/14/15 日朝刊, 13/9/13/9/13 頁.
宮沢俊義『天皇機関説事件』上下 2 巻, 初版第 3 刷 (有斐閣, 昭和 45 年).
宮田光雄『権威と服従——近代日本におけるローマ書十三章』(岩波書店, 平成 22 年).
宮武外骨「吉野作造先生の遠逝」,『公私月報』昭和 8 年 4 月, 16 頁.
宮本盛太郎「上杉慎吉とドイツ」,『人文』第 34 集 (昭和 55 年), 34-55 頁.
宮本盛太郎『天皇機関説の周辺』増補版 (有斐閣, 昭和 58 年).
宮本盛太郎編『近代日本政治思想の座標——思想家・政治家たちの対外観』(有斐閣, 昭和 62 年).
宮本盛太郎「吉野作造と大川周明」,『吉野作造選集 (第 10 巻) 月報 5』(岩波書店, 平成 7 年), 1-4 頁.
ミュルレル, レオポルト (石橋長英/小川鼎三/今井正訳)『東京—医学』再版 (日本国際医学協会, 平成 20 年).
民法成立過程研究會 (福島正夫編)『明治民法の制定と穗積文書——「法典調査會　穗積陳重博士関係文書」の解説・目録および資料』(昭和 31 年, 有斐閣).
向軍治「獨逸の國民性を論ず」,『中央公論』第 30 年第 8 号 (大正 4 年), 78-81 頁.
武者小路公共「獨逸國民性の長所と短所」,『中央公論』第 30 年第 8 号 (大正 4 年), 84-86 頁.
武藤秀太郎「吉野作造と中国知識人——キリスト教青年会 (YMCA) との関連を中心に」,『吉野作造研究』第 12 号 (平成 28 年), 58-69 頁.
無名隱士「吉野作造——雜誌記者」, 同『勞働運動者の棚卸し』(白水社, 大正 9 年), 164-170 頁.
村井良太「政党内閣制と吉野作造——デモクラシーをささえるもの」,『吉野作造研究』第 13 号 (平成 25 年), 20-28 頁.
村上堯「法科大學生の眼に映じたる上杉愼吉博士——上杉先生の印象」,『解放』第 1 巻第 2 号 (大正 8 年 7 月), 66-68 頁.
村川堅固「獨逸の根本主義に學べ」,『新女界』第 6 巻第 10 号 (大正 3 年), 8-10 頁.
室伏高信「福田德三氏と吉野作造氏」,『中央公論』第 34 年第 1 号 (大正 8 年), 說苑 119-124 頁.
明鏡生「浪人會對吉野博士立會演說會場外所見」,『亞細亞時論』第 3 巻第 1 号 (大正 8 年), 191-196 頁.
望月茂「畑毛理想郷の眞相——道樂半分の平民主義」,『國本』第 1 巻第 6 号 (大正 10 年), 160-169 頁.
森紀子「コロニアル空間・青島における文化摩擦と時代相」,『海湾都市研究』(神戸大学) 第 2 号 (平成 19 年), 59-68 頁.
森靖夫『永田鉄山——平和維持は軍人の最大責務なり』(ミネルヴァ書房, 平成 23 年).

森川潤『ドイツ文化の移植基盤――幕末・明治初期ドイツ・ヴィッセンシャフトの研究』（雄松堂出版，平成 9 年）.
森川潤『井上毅のドイツ化構想』（雄松堂，平成 15 年）.
森田明彦「吉野作造と賀川豊彦――日本の近代化とキリスト教」，『吉野作造研究』第 11 号（平成 27 年），20–25 頁.
森田敏彦「ハリストス正教と民権運動」，渡辺信夫編『図説　宮城県の歴史』（河出書房新社，昭和 63 年），280–289 頁.
森田敏彦「「大正デモクラシー」と杜の都」，渡辺信夫編『図説　宮城県の歴史』（河出書房新社，昭和 63 年），307–314 頁.
森戸辰男「クロポトキンの社会思想の研究」，『經濟學研究』第 1 巻第 1 号（大正 9 年），57–122（57–122）頁.
安世舟「独日のナショナル・リベラリズム的国民国家観の比較研究試論――M・ウェーバーと吉野作造の所説を中心として」，『大東法学』第 29 巻第 1 号（平成 9 年），57–99 頁.
安井郁「綠蔭閑話（三）」，『綠會雜誌』第 9 号（昭和 12 年），39–41 頁.
安井郁『歐洲廣域國際法の基礎理論』（有斐閣，昭和 17 年）.
Japanisch-Deutsches Zentrum Berlin / Japanisch-Deutsche Gesellschaft (Hrsg.), *Brückenbauer. Pioniere des japanisch-deutschen Kulturaustausches*, Berlin / Tokio 2005.
矢部貞治「ナチスと大學教授」，『綠會雜誌』第 9 号（昭和 12 年），33–38 頁.
矢部貞治『新秩序の研究』（弘文堂書房，昭和 20 年）.
矢部貞治『近衛文麿』（讀賣新聞社，昭和 51 年）.
山川菊枝／向坂逸郎編『山川均自伝――ある凡人の記録・その他』（岩波書店，昭和 36 年）.
山崎一雄「穗積重遠先生」，『解放』第 1 巻第 5 号（大正 8 年 10 月），140–143 頁.
山田三良「穗積陳重先生の不朽の功績」，學士會編『故穗積男爵追悼錄』（大正 15 年），74–79 頁.
山田三良「亡友上杉愼吉君を追悼す」，七生社編『上杉先生を憶ふ』（昭和 5 年），76–81 頁.
山田三良『回顧録』（山田三良先生米寿祝賀会，昭和 32 年）.
山田昭次『植民地支配・戦争・戦後の責任――朝鮮・中国への視点の模索』（創史社，平成 17 年）.
山田千秋『日本軍制の起源とドイツ――カール・ケッペンと徴兵制および普仏戦争』（原書房，1996 年）.
山之内一郎「攝政の概念及びその開始」，『國家學會雜誌』第 35 巻第 12 号（大正 10 年），54–113（1654–1713）頁.
山之内一郎訳『ソヴェト社會主義共和國連邦憲法』（有斐閣，昭和 29 年）.
山之内一郎『鬼之亟随想録』（學生社，昭和 35 年）.
結城豊太郎「畏友上杉」，七生社編『上杉先生を憶ふ』（昭和 5 年），86–90 頁.
弓町本郷教会百年史委員会『弓町本郷教會百年史』（昭和 61 年）.
横田喜三郎『天皇制』（勞働文化社，昭和 24 年）.
吉川宏「ロイド・ジョージとヨーロッパの再建（一）」，『北大法学論集』第 13 巻第 2 号（昭和 41 年），66–143（282–359）頁.
吉田武弘「大正期における床次竹二郎の政治思想と行動」，『立命館大学人文科学研究所紀要』第 100 号（平成 25 年），7–42 頁.
吉田博司「上杉慎吉における立憲主義観の転換――国家法人説排斥に至る思想過程」，『武

蔵野女子大学紀要』第 13 号（昭和 53 年），125-134 頁.
吉田博司「国体の政治思想――上杉慎吉」，宮本盛太郎編『近代日本政治思想の座標』（有斐閣，昭和 62 年），139-162 頁.
吉田博司『近代日本の政治精神』（芦書房，平成 5 年）
吉馴明子「民本主義とキリスト教」，『吉野作造選集（第 2 巻）月報 9』（岩波書店，平成 8 年），5-8 頁.
吉野作造記念館『吉野作造記念館所蔵資料目録（2012 年度版）』（NPO 法人古川学人）.
吉野作造記念館『戦後 70 周年記念　日本国憲法の誕生と吉野作造　展示目録』（大川真氏提供）.
吉野俊造「上版小序」，吉野作造『吉野作造博士民主主義論集　第一巻　民本主義論』（新紀元社，昭和 23 年），1-4 頁.
吉野信次『労働法制講話』（國民大學會，大正 14 年）.
吉野信次『我國工業の合理化』（日本評論社，昭和 5 年）.
吉野信次『日本工業政策』（日本評論社，昭和 10 年）.
吉野信次『日本國民に愬ふ』（生活社，昭和 12 年）.
吉野信次『商工行政の思い出――日本資本主義の歩み』（商工政策史刊行会，昭和 37 年）.
吉野信次追悼録刊行会編『吉野信次』（昭和 49 年）.
吉野先生を記念する会編『目でみる吉野作造――大正デモクラシーの先覚』（昭和 49 年）.
吉野先生を記念する会編『吉野作造の人間・思想を語る・記念講演会記録』（平成 10 年）.
鐵拳禪［吉野甫］「法博吉野作造論」，『中央公論』第 31 年第 6 号（大正 5 年），説苑 63-69 頁.
吉村武生「先生にお伴したる思出の中より」，七生社編『上杉先生を憶ふ』（昭和 5 年），95-98 頁.
米田實「吉野博士のことゞも」，赤松克麿編『故吉野作造博士を語る』（中央公論社，昭和 9 年），122-135 頁.
Reich, Emil, *Germany's Swelled Head*, 4. edition, London : Andrew Melrose, 1914.
陸軍省編『明治天皇御伝記史料　明治軍事史』（上）（原書房，昭和 41 年）.
柳坡記「法學博士吉野作造氏訪問録」，『亞細亞時論』第 2 巻第 12 号.（大正 7 年），67-77 頁.
浪人會同人「政教社及び吉野作造氏の誣妄言論に對する浪人會の態度」，『亞細亞時論』第 2 巻第 12 号（大正 7 年），60-61 頁.
浪人會同人「浪人會對吉野博士立會演說始末」，『亞細亞時論』第 3 巻第 1 号（大正 8 年），159-190 頁.
蠟山政道「アジア・モンロー主義の一批判――ウォルター・ヤングの所說に就て」，『國家學會雜誌』第 46 号第 3 号（昭和 2 年），129-135（443-449）頁.
蠟山政道「東亞新秩序と新文化の創造」，『紀元二千六百年記念新東亞建設東京懇談會　特別論文集』（東京市，昭和 15 年），133-146 頁.
蠟山政道『日本における近代政治學の発達』（實業之日本社，昭和 24 年）.
蠟山政道／堀豐彥／岡義武／中村哲／辻清明／丸山眞男「日本における政治學の過去と將來」，『日本政治學會年報　政治學』（岩波書店，昭和 25 年），35-82 頁.
蠟山政道「わが師吉野作造先生」，社会思想研究会編『わが師を語る――近代日本文化の一側面』（社会思想研究会出版部，昭和 26 年），149-174 頁.

蠟山政道追想集刊行会編『追想の蠟山政道』（中央公論事業出版，昭和 57 年）.
蠟山政道追想集刊行会（西尾勝）編『蠟山政道著作目録』（中央公論事業出版，昭和 58 年）.
六本佳平／吉田勇編『末弘厳太郎と日本の法社会学』（東京大学出版会，平成 19 年）.
ローゼンガーデン，セオドア（上杉忍／上杉健志訳）『アメリカ南部に生きる――ある黒人農民の世界』（彩流社，平成 18 年）.
我妻榮「大學入學の頃」，『綠會雜誌』第 9 号（昭和 12 年），21-26 頁.
我妻榮「民法に於ける「信義則」理念の進展」，東京帝國大學『東京帝國大學學術大觀　法學部　經濟學部』（國際出版，昭和 17 年），126-141 頁.
我妻栄『民法と五十年――古希を祈念して――身辺雑記（4）』（有斐閣，昭和 42 年）.
渡辺京二「逢わざりし師に逢う」，吉野作造『吉野作造選集（第 13 巻）月報 11』（岩波書店，平成 8 年），4-8 頁.
渡邊洪基「國家學會開設ノ主旨」，『國家學會雜誌』第 1 巻第 1 号（明治 20 年），1-5 頁.
和仁かや「金田平一郎と九州帝国大学」，『法政研究』第 83 巻第 3 号（九州大学，平成 28 年），219-238（485-504）頁.